中央党史和文献
研究宣传专项引
导资金重点项目

大别山革命历史回忆资料丛编

解放战争时期卷　中

主编：田青刚

本卷主编：田青刚　牛珂珂

中原出版传媒集团
中原传媒股份公司

大象出版社
·郑州·

★ 目 录 ★

在建立政权的日子里

◎ 穰明德

1947年6月，晋冀鲁豫野战军遵照党中央和毛泽东同志的命令，反攻南下，千里跃进大别山，8月底渡过淮河，进抵大别山区。当时，我是野战军司令部民运部部长，9月初，来到了新县。

新县——当时叫经扶县，是1947年8月28日由六纵一部解放的，当时的六纵政委杜义德同志到了经扶县城。9月2日，刘邓司令部进驻经扶县的宋家畈、小姜湾一带。六纵解放经扶县城以后，当天晚上就向红安进发了。六纵离开经扶时，给刘邓首长发了一个电报，主要是说他们没有留下干部建立政权，也没有与坚持大别山斗争的游击队负责人刘名榜同志联系上，要求司令部派人接管经扶县城。当晚在宋家畈邓小平政委找我谈话，说："你已经知道了，我们要在这里安家落户，下决心不走了。经扶那个地方有个游击队，现在还没有接上头，游击队的负责人叫刘名榜，他有多少人、多少枪，都不知道，现在要你去找。你去经扶，公开身份是县长，实际上是县委书记兼县长。到新集后，赶快出安民布告，建立民主县政府，开展地方工作。"我接受任务后，于9月3日上午带警卫团的一个排、半个通信班和文工团共近百人到了新集。到新集后，大家分头行动，贴安民布告，到街头宣传和维持社会秩序。文工团有个叫艾炎的木刻家，为县政府刻了个章子。布告有了，官印也有了，工作就这样开展起来了。

在新集时间不长，由于敌情的变化，当天下午就撤离了新集，向箭厂河方向进发，去寻找刘名榜同志。

我们撤离新集约两个小时后，敌人就到了新集。附近的群众也都上山了。我从望远镜里看到有两个人，一个人拿把斧子，一个人拿把砍刀，站着不走。这时我让一个同志上前喊话："你们不要怕，这是当年老红军回来了。"老百姓还是拼命地跑，而且越跑越快，但站着的两人不仅不跑，还向我们走来。这时，我对来人说："同志，不要怕，我们是老红军。"来人说："我知道你是老红军。"我想：这就奇怪了，既然知道我是老红军，为什么还跑呢？于是我说："我是刘邓派来的，到你们经扶来当县长的，我们是决心不走了。""你们说话算话不算话？"来人说。"既然知道我是老红军，为什么不听话呢？"我反问道。"我认识你。"其中一个人说。后来才知道这个人到过延安。经扶县那时有五六个人到延安学习过。我说："你认识我就好办，请你把老百姓都喊回来。现在敌人在浒湾，估计沿公路南下到新集，可能不会到箭厂河来。"他问我："你到这里来干什么？"我说："我是来找刘名榜的。""你真要见他？""那还是假的？""如果你们真的不走了，我就带你去找刘名榜。"我说："真的不走了。"于是，他才同意带我去找刘名榜。

这时，一纵也来到南向店、陡山河一带。参谋长潘焱、政治部主任王辉球都在郭家河。我们见面后，他们告诉我："刘邓首长已下了决心，要各纵把'大行李'都交给你们。你接到命令没有？"我回答："命令没接到，消息我知道了。"潘焱对我说："我把大炮、骡马和伤病员都交给你。"就这样，潘焱说罢带着部队继续前进了。潘焱走后不久，刘邓首长又从警卫团派一个营给我们。这样，我们的腰杆更硬了。一时间，郭家河的山沟里真热闹，堆放着许多物资。在敌人逼近的情况下，（我们）要隐蔽好这些物资，分散伤员，更急需找到刘名榜同志。

到郭家河后，一个外号叫彭癞子的把我带到一个老百姓家里。一位老大娘正在炖鸡。我去了，她操起一把菜刀，怒气冲冲地审问我："哪儿来的？"我说是老红军，刘邓的民运部部长，现在来当这里的县委书记、县长，我不走啦！她说："你是真不走还是假不走？你要知道，我们这里是革命的老蔸蔸，我们死了多少人？我一家除了我，都死光了。"她的话使我很受感动，我反复讲：只要我活着，我就不走。要走除非是两条：一是我死了，二是革命胜利了。否则，我就不走，我要跟你们同生死，共患难。讲到这里，她态度缓和了，说："同志，如果真是这样的话，我就把刘名榜找来。"我说："请你赶快去找，我有紧急任务要安排。"一听我这样说，刘名榜突然从里间走了出来，说："你不会怪老大娘吧？我们这里上过叛徒的当，吃过特务的亏。"这里，革命队伍五进五出，人民在长期的斗争中经受了严峻的考验。那位革命的老妈妈给我留下了很深的印象。

这时，鸡炖好了。老大娘请我们一起吃。于是，我们边吃边谈，我就把问题提出来商量。当时，我们考虑了一下，为了群众工作的方便，经研究决定由刘名榜同志当县长，我当县委书记。刘名榜同志兴奋地说："既然刘邓首长相信我，我就当了。这个时候不干，什么时候干！"我说："好！现在有个紧急任务，你要马上把伤病员送到山里去，把骡马隐藏起来，把大炮想办法埋起来。"刘名榜同志听后，来劲了，说："你了解的情况和我了解的情况一样。事不宜迟，要赶快行动。"于是，他便命令他的游击队员，这个到那个村子去，那个到这个村子去，这个埋什么，那个埋什么，很快把任务分配下去了。我也将队伍分散到泗店区一带，并立即任命文工团代理团长钱海宏同志为泗店区区委书记，开展工作。泗店区有个土匪头子叫陈世宣，后来就是他杀害了钱海宏同志。我和他打了六个月的交道，后来把他镇压了。当时，这个陈世宣把我们文工团的三个女同志捉去了，后来我们也把他的亲属抓来，才把三个女同志交换了回来。

队伍分散后，剩下我带的两个人、刘名榜的两个人。刚吃完饭，敌人来了，我们六个人就转移到山里。在一个山洞里，我把中央的方针、路线、政策和坚持大别山（斗争）的决心，向刘名榜同志作了传达。刘名榜同志也把地方上的一些情况告诉我。经研究，我们把一个协理员派到沙窝去当区委书记，一个叫罗村田的科长到浒湾任区委书记，张正明任陡山河区区委书记，罗世泽任箭河区区委书记。就这样，我们的工作就初步开展起来。

这个时候，敌人的企图是乘我们没站住脚跟的时候把我们消灭或赶走。我们针锋相对，一方面分散发动群众，另一方面集中兵力寻机歼灭敌人。有一段时间，为了便于工作，把经扶县分为经东和经西两部分。经东县长是我，经西县长是刘名榜同志，这个过程有一个多月。

我们当时没有电台，不知道大部队的行动。后来搞到一台收音机。有了收音机，就可以收听到延安党中央的广播和邯郸解放区电台的广播，还可以收听到国民党中央电台的广播。这时从广播里知道刘伯承同志到了光山的南向店。于是，我就和刘名榜同志商量，我先去见见。这个时候，彭晓林同志、王光力同志都来了。在南向店附近的一个村子里，见到了刘伯承同志，我向他汇报了会见刘名榜同志的经过和经扶县目前工作开展的情况。他听后很高兴，说："好。你现在就把刘名榜同志找来。"刘名榜同志很快被找来了，伯承同志接见他，对他坚持大别山斗争给予很高的评价，并说了很多安慰和鼓励的话。另外有两件事必须在这里提一下：一件就是我去见刘伯承同志，看到他穿得很单薄，我就把身上穿的一件旧皮袄脱下来送给他。但他坚决不要，并指着身上的旧布棉袄说："穿上它，更能打胜仗！"我很受感动。再一件事就是改经扶县名的事。"经扶"是刘峙的臭名，要改。当时，我们提出一是叫伯承县，二是叫新县。伯承同志听后严肃地说："不要以人名为县名，还是叫新县好！""新县"这个名字就这样定下了。这次接见正式决定我任新县县委书记，刘名榜同志任县长，王光力同志任副书记，邱进敏同志任副县长兼大队长，胡德发同志任副大队长。

我当新县县委书记不久，段君毅、万里都来了。中原局决定建立鄂豫区党委是在10月12日，而区党委真正建立又隔了一段时间。一次，段君毅同志找我谈话，他说："老穰呀，你留在这里工作好不好？"我说："我现在不是新县县委书记嘛，还有什么留不留的？"他说："不，让你当地委书记。"我说："我这人打仗可以，做地方工作恐怕不行。"但就这样决定留下了。

段君毅同志和我谈话以后，地委还没有正式成立。我又回到泗店地区的彭家大湾。在一次村长和农民代表大会上，我讲过这么一句话——"群众要怎么办，就怎么办"。这句话是我从收音机里听来的，是中央一位领导同志讲的。我们执行了，以致在工作中把一些可杀可不杀的杀了。时间到了12月底，我正在泗店区剿匪，有情报说东边来了一股"敌人"。我命令部队立即投入战斗。一接触，却是邓小平、李先念同志。这时刘伯承同志已到淮西去了。邓小平同志一见我就开玩笑地说，"穰明德，你这个小圈子可顽固啦，竟然把我们当俘虏给捉来了。"当时，我向小平、先念同志汇报了工作。接着，邓政委对今后的工作作了指示，我连忙掏笔记录。不巧，笔没水。小平同志就把他的一支加拿大派克笔送给了我。这支笔直到现在我还珍藏着呢。谈话是在一个火塘边，一边烤火一边谈的。在这里，小平同志正式宣布我为二地委书记兼军分区政治委员，刘名榜同志任专员，熊作芳同志任司令员，詹士山任副司令员，彭晓林同志任副专员，马一鸣同志任组织部部长，王黎之同志任宣传部部长，王光力同志任新县县委书记，邱进敏同志任新县县长。地委班子配齐了，也算正式成立了。

这次谈话刘名榜同志不在，是以后把他叫去的，邱进敏同志也去了。小平同志接见了他们，宣布了任职，布置了工作。

这样，我就留下来了。地委建立了，分区也建立了，电台有了，消息就灵通多了，部队也多了。我们把一纵的补充师编为二分区的第四团，把胡德发的那个大队和警卫团剩下的人编为第五团，把一纵的一部分编为第六团。熊司令也来了，二分区抖起来了。我保存的有一张照片，就是二分区建立时我和司令员熊作芳、参谋长魏文建以及政治部主任的合影。

1949年1月29日，二分区部队收复了潢川县城，地委、分区、专署才迁到潢川城内。10多天后的2月11日，我调到二野后勤司令部任副政委，离开了大别山。

没到大别山前，我们对当地党组织状况的看法总的说来有两点：第一是有组织，有工作；第二是情况不明。来了之后，感到罗礼经光中心县委的确是做了不少工作的。有两点可以证明：一是为我们埋藏了那么多东西，都保管得很好。有一位老太太，孙女被打死，也没有暴露一点情况。我上面说的保护刘名榜的那位老太太，我们的许多金条就是她保管的。二是我当县委书记是比较顺手的，县委到哪里，情报就送到哪里。群众基础很好！这个基础不是靠我们短时间可以创造的，是罗礼经光中心县委创造的，是刘名榜他们创造的。我们常说，大别山红旗不倒，火种不灭，指的就是罗礼经光中心县委和刘名榜他们。

大别山人民富有光荣的革命传统。大别山是革命的摇篮和"老苑苑"。远在大革命时期大别山区就是我党进行革命的重要阵地。二战（全民族抗日战争）时期的鄂豫皖根据地，是全国重要根据地之一。抗日战争时期，新四军第五师在这里发展壮大，进行了浴血奋战，做出了卓越贡献。以蒋介石围攻中原解放区，中原解放军胜利地进行了突围战役为标志的第三次国内革命战争是从这里开始的；我党我军由战略防御转为战略进攻，刘邓大军千里南征，大别山区人民又付出了巨大的牺牲，为中国人民解放事业做出了宝贵的贡献。我们党的历史、军史、革命史，应该为大别山区人民大书特书，那些为革命事业而牺牲的烈士应该在革命的史册上占据一席。

（竹阳湘　采访整理）

原载骆荣勋、郑明新主编:《挺进大别山》,河南人民出版社,1987年,第75～81页。

刘邓首长的亲切接见

◎ 刘名榜

　　1947 年 8 月 28 日，听说从北面来支部队打开了经扶县城。我们当时在鸡公寨乱石窝，因为很难见到报纸，也无收音机，不知是刘邓大军反攻南下进入大别山，但我们估计可能是解放军大部队过来了。当天下午，有一个过去有变节行为的人给我报信说是自己的部队打回来的时候，队员们欢呼雀跃，高兴万分。当天夜晚，我带 30 多名游击队员去经扶县城和大军会合，在路上遇到乡保队打了一仗，为避免伤亡没冲过去，又转回鸡公寨乱石窝。这时，红安县的游击队员来报告说，刘邓大军南下的先头部队已经到红安县的火连畈。我又率队赶去会合，走到七里坪和部队接上了头。31 日上午，在火连畈附近一个名叫黄石冲的村子里，碰到六纵十七旅旅长李德生同志，他是新县陈店人，和我是老乡，但以前不认识。见面后，李德生同志把这次刘邓大军到大别山来的战略意图和伟大意义向我作了介绍，我把一年多来坚持大别山斗争的情况及大别山地区的敌情作了较详细的汇报。李德生同志说："我听中央有人说到你，知道你这个人一直坚持大别山区的革命斗争。"接着还说了一些慰问和勉励的话。我们谈了一个上午，他留我在旅部吃了午饭。下午，我回到了七里坪。

　　回到七里坪后，正遇着王光力同志，他交给我一封信。原来经扶县城里来了个负责人叫穰明德，要光力同志叫我回河南工作。于是，我就回到了经扶县，在郭家河见到了穰明德同志。他对我说："受刘邓首长的指示，要寻找在这一带坚持斗争的游击队，重建自己的政权。"并说："刘邓首长知道你，要我找你。"穰明德同志同我商量后，立即宣布成立党的县委会和民主县政府，穰明德同志任县委书记，他同时还是刘邓大军民运部部长，我任县长。在这期间，还遇到一位同志叫潘焱，他是一纵的参谋长，新县卡房人，我向他要了一些武器弹药。

过了一段时间，刘司令率后方指挥所到了光山，穰明德同志通知我，刘伯承司令员要接见我们。我接到通知后，带十几个人去了。司令部驻在离光山南向店不远的一个村子里，村里到处都扯上了电线，还有发电机，照明用的是电灯。到这个村子里后，首长热情地请我们吃午饭，吃饭的时候，刘司令员亲切询问了我们坚持大别山斗争的情况，对我们始终在艰苦的环境中坚持革命斗争给了很高的评价，要求我们继续发扬这种精神，为重建大别山根据地做出贡献。首长的亲切接见，对我们是一个巨大的鼓舞，我们的劲头更足了。

饭后，首长指示分配给我们一个任务，让我们接收并保存大军的一批重要物资。这批物资是100多匹骡马、10多匹骡子驮的银元、5匹骡子驮的烟土，还有一大批中州票和冀南票及一门大炮、弹药等。首长指示让我们把这批物资分散保存起来。因为这时已得知敌人准备调重兵对大别山实行"围剿"，刘邓首长要南进鄂东地区作战略巡视，部队要轻装要打仗。当时我感到责任重大，怕担当不起。首长看出了我的想法，就对我说：这些东西是部队的给养，是吃饭钱、保命钱，一定要保管好，要对党负责，为党分担责任。过一段时间我们还会回来的。我接受了这个任务。当时，随大军南下的彭晓林同志任经扶县民主政府的财政科科长，他记下了这批物资的具体数目，协助我办理。

从光山南向店回来后，我们县大队从后勤部队手中接收了这批物资。我找了一些可靠的人，花了七八天的时间，才把这批物资埋藏好。为选择埋藏地点，费了不少的劲。选地点时，彭晓林同志穿了一个长大褂，化装成阴阳先生和我一起选地点。他是外地人，别人不识真假。我是本地人，很多群众认识。别人问我在山上做什么，就回答说要给我的母亲找一块坟地，群众也就相信了，并说："刘名榜真孝顺。"后来这批物资除被乡保队挖走了半麻袋烟土和被敌人赶走大部分牲口外，我们都按照刘邓司令的指示，按一定的交接手续，由部队分批领走了。邱进敏同志也参加了这一活动。我们埋藏好物资后不久，大部队就从新县一带走了。国民党部队对大别山发动了全面"围剿",形势很紧张,我们撤出县城,进行游击。与我们一块儿活动的还有穰明德、熊作芳同志。

1947 年 12 月大部队转回,第二次攻克经扶县城,邓小平政委、李先念副司令员率野战军前方指挥所回来了。记得当时在箭厂河南冲祠堂里召开了大会,邓小平政委作土改动员报告。接着我们就搞土改,仅搞了个把月的时间,因为效果不大好,改为减租减息。这时鄂豫二分区已经成立,我调任分区行署专员,直到潢川城解放,一、二分区合并。

（杨祝豫　采访整理）

原载骆荣勋、郑明新主编:《挺进大别山》,河南人民出版社,1987 年,第 82～84 页。

史河春色

——忆固始县人民政权建设

◎ 徐泽南

1947 年 8 月，刘邓大军南征到达大别山区。10 月中旬，随着我军的战略展开，上级党委决定，在富有革命传统的史河上游地区建立中共固始县工作委员会、固始县爱国民主政府。从此，党和人民政府领导着固始军民，为保卫、扩大和巩固人民政权而战。经过一年零两个月的艰苦奋斗，固始全境终于获得了解放，人民政权也得到了巩固。广大人民齐声称赞："刘邓大军真勇敢，千里跃进大别山，人民翻身得解放，史河春色永不残！"

一

我军一进入大别山区，刘邓首长就号召部队和随军南下的地方干部，要坚决地、义无反顾地为重建大别山根据地奋斗，使大家首先在思想上有了明确的奋斗目标。经过 9 月份商城、光山地区的三次较大的战斗，我军取得了进入大别山区的第一个回合的胜利，初步在豫南、皖西、鄂东三大地区展开（工作），为建立大别山根据地和人民政权奠定了基础。9 月下旬，在王大湾召开的旅以上高级干部会议上，邓小平同志又对重建大别山根据地作了具体部署，并严肃要求："一定要牢固地树立以大别山为家的思想。"接着，中原局、中原军区于 10 月 12 日发出了"关于放手发动群众，创造大别山解放区的指示"，决定成立鄂豫、皖西两个区党委和军区，以加强领导。同时还确定由每个纵队各抽三个团作军区基干武装，抽 1000 名至 2000 名干部和老区翻身战士参加地方工作。

10 月中旬，二纵政委王维纲传达鄂豫区党委指示，在固始东南部山区，以叶集为中心，建立中共固始县工委和县爱国民主政府，划归鄂豫区一地委领导，任命南下干部团第四支队政委叶蠓生为县工委书记，李光为副书记。我当时在二纵司令部办公室任秘书，被任命为固始县县长。与此同时，以二纵五旅十四团第二营为基础，组成固始县军事指挥部，马澄清任指挥长，叶蠓生兼任政委，信存忠任副政委。

固始县党政军领导机关成立后，县工委立即抽调地方干部与部队指战员组成若干武工队，分头开辟新区，先后建立了窑沟、锁口、小南京、卢大街四个区政府和一个集镇政府。区以下设乡和村政权，乡、村干部一部分从翻身农民和进步知识青年中选任，部分利用伪（政府）人员。

此时，由于敌正规军集结在豫东南的商城、光山、新县、潢川一带企图与我主力决战，所以固始境内只有县城驻守敌五十八师的一个营。当地乡保队虽然对我根据地时而进行骚扰，但规模不大，被我军一击即溃。总之，这一段局势较为平静。县工委抓住这一时机，围绕政权建设这个中心，积极开展工作。

一、清除右倾思想。在固始人民政权刚成立时，县、区干部都是北方人。他们从北方来到南方，许多方面都发生了变化：平地变成山区，旱地变成水田，平原大庄变成山沟小村，平坦大道变成崎岖小路，吃杂粮变成吃大米，老根据地变成新解放区，在作战、工作和生活上都一时难以适应；加之敌情严重，伤亡和疾病又不断发生。因此，在干部和战士中的右倾思想大为滋长，对立足大别山缺乏足够的信心。这种右倾思想给新区工作带来了严重危害。据此，县工委利用战斗间隙，组织干部、战士学习中原局"关于放手发动群众，创造大别山解放区的指示"，学习邓小平政委关于目前形势与任务的报告，联系实际，开展批评与自我批评，从而使大家认清了形势，明确了任务，清除了右倾思想，增强了必胜信心。大家纷纷表示："我们既然打进来了，天大困难也要顶得住，蹲下去！"

二、开展分浮财、土改运动。为了启发群众的阶级觉悟，以利（于）新区政权建设，我县干部和部队走到哪里，就在哪里打土豪、分浮财，把地主阶级的威风打下去，把贫雇农的优势树起来。广大群众看到我们为他们撑腰做主，对新政权就产生了好感。特别是他们在分得地主的浮财以后，对新政权就更加信赖、更加拥护了。有些贫雇农主动接近我们，为我们送来情报。于是，我们便趁热打铁，在斗争中成立贫雇小组与农协会，为开展土改运动作（做）准备。

在打土豪、分浮财的基础上，我们根据上级指示精神，选定一批工作基础较好的乡作为土改试点，由县工委或区委领导同志带领工作组，到那里宣传贯彻《土地法大纲》，结合发动群众，采取速战速决的办法，开展分田运动，仅锁口、窑沟、皮冲等地，就有5000人分得土地。这次土改是游击环境中，在群众没有充分发动起来的情况下进行的，侵犯了中农利益，扩大了打击面，政策上有失误，犯有"左倾"急性病的错误。但对贫雇农的教育是深刻的，对固始军民开展反"围剿"斗争和根据地的巩固起到了一定作用。

三、支援主力部队作战。这一年的12月，在固始县城和霍邱县姚李庙发生两次较大战斗。战斗期间，我们派民工为前方送去粮物，派担架为部队运送伤员，还派出部队在战场外围出击土顽，牵制敌人兵力，以利前方歼敌。战后，我县又主动承担数百名伤员的安置工作。这批伤员都被分散安排在山区群众家中。他们把伤员当成自己的亲人，有的上山挖野菜，有的赶集买药物，精心进行护理和治疗。院墙岗叶大娘还熬鸡汤、煮鸡蛋给伤员吃，增加营养，使其尽快恢复健康，重返前线。

四、筹集过冬棉衣。我县政权建立后，面临一个急迫的问题：寒冬即将到来，而我们的干部和战士都普遍没有棉衣。为此，我们本着自力更生的精神，采取四项解决办法：①捉大地主，罚款罚物；②搞好税收工作；③没收敌伪物资；④开展统战工作，动员开明人士捐献。乐道冲知识分子秦狄原思想较为进步，区政府安排他当教师后，他主动捐献一些银元和棉絮。经过一番努力，全县筹集了一大批棉布棉絮，然后按需要分配下去，动员干部和战士自己动手缝制，从而解决了棉衣问题。

我们在做好上述工作的同时，还非常重视扩大新区和新区的政权建设。截至1948年初，我县根据地向西发展到商城边境，向北已扩大到郭陆滩、石佛店附近，而且还占据了段集、方集、樟柏岭、赵岗、张老埠等10多个集镇。加上霍县、潢固县在固始东北部和西部所解放的地区，全县将近三分之二的面积成为解放区，并建立起各级人民政权。与此同时，原来在固始境内从事地下活动的共产党员及革命家属、进步人士（如曾少甫、杨青山、阮崇山、易志清、王伟之、方亚伯、张仲武、夏同海、蔡家声、张继承等）纷纷与我取得了联系，并愿为我们的政权建设贡献力量。这充分说明我们的新政权已经发挥了作用，打开了局面，在固始地区站住了脚。但是，这时敌人仍然盘踞固始县城，部分农村政权仍为敌人所控制，全县仍处于敌我政权并存的局面。

二

1947 年冬季，刘邓大军在大别山区连续获得张家店、高山铺大捷以后，国民党当局眼看我军在大别山区不仅立足生根，而且日渐根深叶茂，直接威胁着他们的首都南京和战略要地武汉，便决心与我争夺大别山这块中原腹地。伪国防部部长白崇禧亲自指挥 33 个旅，对我大别山解放区开展了全面进攻。固始境内的地霸、特务、土匪和伪人员相互勾结，也乘机组织与扩大反动武装，全县盗贼蜂起，有 100 多股，每股多者近千人，少者数十人，共 2 万人左右，造成对我已建立政权的地区的包围态势。与此同时，敌四十八师、五十八师和河南省保安团胡吉武部也经常袭扰固始。他们相互配合，彼此呼应，向解放区进行"围剿"，妄图摧垮我人民政权，消灭我地方武装。敌五十八师搜山部队，在伪自卫大队长张少芝的引导下，突然袭击我二区政府所在地——锁口，区委书记王青奇带领少数干部据守皇姑山巅，英勇抗击进犯之敌。在激战中有 3 名干部壮烈牺牲。锁口乡民兵队队长邓之荣为了救援被围困的区干部，也战死在沙场。由于形势日趋恶化，个别干部的思想发生了动摇，甚至投敌叛变。我一区一个干部贪生怕死，叛变投敌，勾结伪保长，开枪打死了区委书记王守焕。

在敌人重兵压境的危急关头，县工委和政府的领导同志临危不惧，当机立断，迅速动员和带领全县军民开展反"围剿"、保政权的斗争。鄂豫区党委为了支援我县的斗争，及时从二纵抽调干部 100 多人，在黎明同志的带领下来到我县协同工作。同时还派来英勇善战的原二纵六旅十六团副团长王雨青，以强化我县军事指挥部的领导工作。鄂豫一分区也派来富有作战经验的团参谋长刘仪，配合我们搜集和掌握军事情报。这就大大增强了我们反"围剿"、保政权的力量，也激励了我们打击敌人、保卫政权的斗志。在这场斗争中，县工委根据当时斗争的需要，一面抽出一批部队指战员配合县、区干部组成武工队，分散领导民兵和群众，实行空室、清野；一面集中优势兵力，寻机歼灭进犯之敌。2月底，我县军事指挥部的两个连，在赵岗乡西围子击溃伪自卫大队，活捉伪中队长朱铸陶等70多人，击毙敌中队长易佩民等20多人，缴获步枪80多支，手枪7支，轻机枪2挺。不久，敌五十八师一个营，向我根据地进攻，被我县主力部队在罗道冲、二道河一带打死、打伤100多人，迫使敌人再不敢轻举妄动。

在刘邓大军主力转出大别山区以后，只留下军区部队和地方武装就地坚持斗争，兵力显然不足。敌正规军又乘虚而入，采取"纵横扫荡""分区合围""捕捉奇袭"和"筑寨并村"等恶毒手段，对大别山根据地的重点地区大举"扫荡"。固始虽然不属于敌"扫荡"重点，可是敌"扫荡"部队的五十八师一二八旅却窜入固始境内，并加强其驻守固始县城的兵力。这时反共老手吴百愚当上了伪固始县县长，伪警察头子赵襄吾当上了副县长，反动军官出身的傅哲夫、牛友之当上了伪固始县自卫总队队长，统一指挥全县各地反动武装。敌正规军与反动地方武装结成一体，狼狈为奸，到处寻我作战，并对我根据地轮番"扫荡"，致使我县政权遭到严重摧残，根据地缩小了，许多优秀干部、战士牺牲了。在敌五十八师对祖师庙店的一次"扫荡"中，县武工队队员赵国珍同志牺牲。在敌人疯狂"扫荡"的日子里，我县地方部队大量减员，一度只能在深山区与敌周旋，处境极为艰险。

在我们为人民政权和根据地的前途艰苦作战的时候，中原局发出了关于开展游击战争的指示。这个指示是"及时雨"，为我们的斗争指明了方向。与此同时，一地委所属的金（寨）北工委奉命撤销，与固始县工委合并，正式成立中共固始县委。为了强化固始政权，地委决定由原金北办事处主任孙荣章任县长，我改任副县长。原金北的干部和部队统属固始县委领导。这就大大增强了固始县开展游击战争的实力。为了把游击战争迅速而广泛地开展起来，县委便根据斗争需要，决定把原金北部队改为固始县南集团剿匪指挥部，黄耀华任指挥长，李晓明任政委，负责在固始南部山区剿匪与开展游击战争，保卫南山根据地的政权。固始县军事指挥部则在全县范围内宽大机动，辗转作战，寻机歼敌。各区队配合民兵组织组成游击小分队或小组，分散活动，并建立为游击战争服务的情报网，就地坚持游击，保卫区、乡政权。在划定本县部队游击区域之后，我们又主动与临近的霍邱、金寨、商城等县的部队取得联系，组织联防，在战斗中相互支援，共同对敌。

在开展游击战争中，我们采用"好击必击，不好击就游而击"和进攻的伏击、袭击和急击的战术，因而不断取得胜利。敌五十八师、四十八师各一部，在当地匪团长张连合的配合下，突然从东、西、北三面向我南山根据地"扫荡"，妄图把我县主力部队与县政府消灭在五尖山。县武装部队在广大民兵和群众的积极配合下，居高临下，英勇抗击，予敌以重创。然后，转移到安全地带。一次，伪河南省保安团1000多人，向霍固县管辖的固始以北地区"扫荡"，霍固县武装部队在我县军事指挥部的密切配合下，夜袭驻扎在桥沟集的伪保安团，击溃其主力，毙、俘敌数十人，缴枪数十支，其中轻机枪两挺。接着，固始、霍固两县部队又主动攻破李家北围，全歼龟缩在围内的伪自卫大队董良才等部300多人，缴获长短枪100多支及一批物资。

1948年6月以后，由于全国各战场都取得辉煌战果，尤其是在我中原主力部队连续发动开封、睢杞、襄樊诸战役之后，蒋介石被迫将"扫荡"大别山的兵力大量外调，开始放弃对大别山的重点"扫荡"。加之我军在大别山反"扫荡"的游击战争中节节胜利，又认真执行了新区各项政策，因而大别山的斗争形势日益好转。在这种有利的形势下，我县的游击战争也随之由被动转为主动，由防御转为进攻，地方武装迅速扩大，各级政权普遍加强，根据地日益巩固与发展，取得了保卫政权的胜利。从我县地方武装力量看，除县军事指挥部直属连队在兵力与装备上都得到充实外，各区队都发展到数十人到100多人。绝大部分乡、村都建立起民兵组织，全县兵力达2000人以上。从我县人民政权建设看，除县城与个别大集镇仍被敌人盘踞外，广大农村和集镇均成为解放区或游击区。全县已建立区级政权8个，乡级政权250多个。我们的政权已推进到固始城郊。

三

1948年夏季，我县形势日趋好转。县地方武装迅速由游击战转向进攻战，由山地战转向平原战，追歼顽敌，收复失地，扩大了解放区。

9月，敌我双方开始酝酿淮海战役，敌正规军从大别山区纷纷调出，在豫东南数县只留五十八师一个旅守备。驻守固始县城的敌五十八师的一个营，知道大势已去，只能龟缩城内维持残局。在这种情况下，我县各地反动武装已预感到孤立无援，末日来临，有的缴械投降，有的插枪躲藏，有的虽仍负隅顽抗，但已是强弩之末，一击即溃。

11月9日，我县地方武装配合军分区部队，在全县范围内发起总攻击，再次解放了县城。下旬，固始县委、县政府、县军事指挥部陆续由乡下迁进城内办公。鄂豫一地委、专署、分区领导机关也同时进入城内。此时，固始境内已无敌正规军，残余股匪则流窜于深山区或沿河一带。我们进城后，一面开展政治宣传，贯彻党的政策，办理接管事宜，维护社会秩序，做好统战工作，实行减租减息，救济贫民，繁荣市场，恢复和发展各项建设事业，建立健全各级人民政权和群众组织，使城乡迅速出现安定局面；一面配合支前工作，集中主力部队，开展以政治攻势为主的剿匪活动。仅1949年元月至2月，县军事指挥部就先后在东乡击伤并俘获伪自卫大队队长蔡梦楼；在东南乡活捉伪营长汪树文；在西乡平息马岗集大刀会暴乱，击毙会匪首领姚贯一、陈洁生；在西北乡攻克期思集、张庄集、北庙集等边陲重镇，争取伪乡长吴润之缴械投降；在北乡打垮伪自卫队总队队长傅哲夫、大队长傅墨林等匪部，迫使其缴枪200多支。至此，全县残匪受到歼灭性打击。不久，全县陆续建立城关、段集等10个区政府，300多个乡政府。各区、乡的农会、妇联会、民兵等群众组织也普遍建立起来。

4月，由于我野战军胜利渡江作战，江北我军兵力一时不足，蒋介石便趁机派遣固始大匪霸、伪国大代表汪宪与特务分子樊迅，携带电台、印鉴潜入大别山区，设立"鄂豫皖边区反共自卫军"，汪宪任中将总司令，袁成英、樊迅任副总司令，网罗当地残匪，编成14个支队，对大小匪首封官加爵。固始的大匪首傅哲夫、张连合、岳岐山被委为支队司令，张新露、汪伯炎、陈少芳、蔡祥祯等匪霸被委为团长。马超凡被委为伪固始县县长。他们疯狂叫嚣要把我军赶出大别山区，在大别山重建反共基地。县内的一些残余股匪死灰复燃，认为有了靠山，重新纠合了三四千人，袭击我各地政权，杀害我干部，抢我仓库，断我交通。同时，他们还以山区为巢穴，向外扩张，占据叶集，控制商叶公路，计划攻打附近县城，反动气焰十分嚣张。匪团长汪伯炎、叶茂才勾结混进我内部的兵痞温少田（当时任民兵队队长），偷袭我汪南楼仓库，打死副区长董少海等数人。匪团长汪伯炎指使其部一个班伪装投降，混进我军内部，然后里应外合，夺我小炮2门、轻机枪2挺、冲锋枪2支、长短枪40多支。匪团长张新露率部500多人，在北庙集打死我副区长薛清海、区队长李金山及一个班的战士。匪司令张连合、岳岐山纠集1300多人，将我县委第二书记李晓明、副指挥长刘仪带领的两个连包围在黎集，激战一天。幸逢我主力部队及时赶到救援，才免遭重大损失。

7月，根据上级指示，成立鄂豫皖剿匪总指挥部，对大别山区的残匪开始了全面"清剿"。在斗争中，我县剿匪部队先后在青峰岭活捉伪县长马超凡，在花集活捉匪支队司令兼固始县县长傅哲夫，在窑沟活捉大匪首曹俊卿，在武庙集活捉伪中队长陈冠英及叛徒刘青山；在固霍边境击溃匪支队司令岳岐山部，在淮河沿岸打垮匪团长黄金田、张红鼻子等匪部。至此，全县股匪已溃不成股，东躲西藏。我们又乘胜组织侦捕小分队，奔走千里，捉回了一批逃亡匪霸。这一斗争，给敌人以毁灭性的最后一击，大长了人民志气，进一步巩固了我县各级人民政权。

（黄明远　整理）

原载骆荣勋、郑明新主编：《挺进大别山》，河南人民出版社，1987年，第96～105页。

烽火岁月大别山

◎ 罗　丰

一

　　1947 年的夏天，一个炎热的中午，我们部队赶到山东范县地区集结。经过整顿，人员、装备都进行补充。在纪念中国共产党诞生二十六周年的大会上，部队提出战斗口号，"坚决响应党中央的号召，外线出击，打出陇海路，打上大别山，把钢刀插到蒋介石的心脏上，保卫晋冀鲁豫解放区"。干部、战士一致认为党中央毛主席的决定是英明正确的。由于近年来在自卫战争过程中，每次作战计划都是按照毛主席的"十大军事原则"进行的，无论是大踏步前进的"阻击战"、大踏步后退的"运动战"，以及"防御战"和"攻坚战"，我们可以说是每战必胜，因而尝到了甜头，认为党中央这一决定是高明的一着儿棋。动员后。战士们个个士气饱满，斗志昂扬。一夜间我们这一团人马（包括二、三纵队等部队）就渡过了黄河。

　　在我们进军的时刻，摆在津浦、平汉两侧的敌人，约 40 万之众，准备打击或消灭我们，而在我们的正面羊山镇，蒋介石派出整编六十六师来阻击我们。这是蒋军的嫡系部队，全部美式装备，以及所属部队一共 9 个半旅，企图阻止我军南下。可是在 10 天之内，我晋冀鲁豫的主力部队，连夜轮攻，猛打苦战，羊头、羊腰、羊屁股等要地，被几个纵队分片、分段切开，敌六十六师覆灭了！师长宋瑞珂也被我们活捉。这是执行毛主席"集中优势兵力,四面包围,力求全歼,不使漏网"的军事思想产生的效果。真是旗开得胜,多么鼓舞军心民心啊!战士们诙谐地说:"送上门的礼物收下来,这才对得起解放区的老百姓哟。"

打下羊山镇后,部队在山东成武西南集结,纵队通知各团派领导干部到后方医院去看望病号,并把伤愈的老同志带回来。党委研究决定让我带着四五名工作人员和2名骑兵通信员跟随政治部主任一同前去。我把伤愈老兵带回来,昼夜兼程,赶到郓城附近野战医院所在地,但转眼间接到通知,前方部队已出发,要我们立即赶回去。虽然时间、敌情都万分紧急,但老战士一听我们来慰问他们,伤愈的主动站出来,未愈的、还有拄着拐杖的也站出来了要求跟上前线。经过医院领导动员与医生鉴定,准许一百零几名老战士回部队。我们一路讲讲笑笑回到原出发所在地,一打听,老百姓说部队在黄昏时就向西南方向出发了,大约走了两个小时。经过一夜的追赶,第二天上午我们终于赶上了队伍。

经过短暂的动员,夜晚,我团从驻地出发,迅速从陇海线上的柳河集车站穿过去,并于拂晓前拿下宁陵县。了解情况后,部队继续前进,以期摆脱敌人的追击。

当夕阳西下时,天空陡然乌云漫天,雷电交加,大雨滂沱。天黑了,雨猛了,伸手不见五指的行军路上,每个干部战士必须紧跟。人在暴雨中不是走,而是一步一步往前蹚。水从脚面深,慢慢到腿肚深,几个小时后已经溜腰深了。天快亮了,一问向导,我们一夜的工夫只走了30里,而且老百姓告诉说:过了柘城要走几道河,像惠济河、颍河等,实际上就通过黄泛区。果然在部队吃完早饭后,面前是浩浩荡荡的一片汪洋。部队在万顷浑浊的泥水中前进着。虽然也听到津浦、平汉两侧敌军的隆隆炮声,而我们的战士只当是对我们的欢迎与欢送,若无其事地走着自己的路。

在这个昼夜中,我们部队人马通过黄泛区,渡过了惠济河、颍河、洪河、汝河,直抵新蔡。

出了新蔡县,夜色笼罩了大地,千千万万个萤火虫在我们的大军前头上空盘旋飞舞。我们这支部队都是冀南平原人,很少见过这种"小玩意",战士们边走边笑,乐而忘苦了。有的战士说:"白天飞机嗡嗡嗡,两边大炮轰隆隆;晚上小小萤火虫,道路照得红彤彤。真有意思呃!"

部队到了河店,接到旅部通知,我左侧敌人一个师已抵达淮河,我们部队必须抢在敌人前头。到了淮河边,水面并不宽,只有300多米。部队经过紧急动员,病号、重机枪、炮兵连的武器都乘船,凡会洇水的,一班一排游过去。好在战士家是淮河两岸的较多,多多少少都会点水,不到两个小时,我们这个团全部人马都顺顺当当到达淮河南岸了。

渡过淮河以后,我团按照旅部的指示,绕过潢川县城向固始方向行进,远远地听到前方的炮声枪声。接着旅部指示我们从春河集转向商城方向前进。驻在商城之敌十五师一个师又带两个团,已离开县城逃向商城东南25里的高鼓山去了。我们这个团随二纵、三纵的大部队直追猛打高鼓山之敌。

(1)由于小部队不善于在水稻田埂散开和运动,尤其是在雨天,战士离开了大道而走上一尺来宽的稻埂,两只脚直打滑,走不动,严重影响了部队行军作战。(2)彩号问题不好办。在老解放区有一个伤员,民工抬着担架就送到前线医院去了。在新区一个伤员,两个人抬着,另加两个人扛枪背背包。基本上半个班解除了战斗力,负伤三五个,一个排都成为非战斗减员。(3)部队打仗下来,找不到老百姓(已被国民党保甲长强迫赶上山),同时也找不到粮食吃。好在稻子黄澄澄地成熟了,只好到地主田里去割稻子、摔粒子、推砻子。没有时间碾,就下锅煮熟吃。北方炊事员做不好大米饭,战士又不爱吃大米饭,体质渐渐弱了。(4)弹药供不上,对敌人用火力追击,杀伤都不像在老区那样猛烈,以致贻误了战机,使高鼓山敌人得以逃路。

二

根据中共中央的指示,晋冀鲁豫的主力部队打到外线去,将战争引向国民党区域,在外线作战,消灭敌人,保卫解放区。

从1947年6月底,部队对中央的指示精神进行贯彻,7月1日打过黄河,穿过陇海路渡过黄泛区,陡步五道河,上了大别山。虽然部队在装备上受到损失,但是把战争引到了国民党区域,国民党进攻我晋冀鲁豫解放区的兵力,终于被我们拉开了,扯散了,并受到极大打击。

晋冀鲁豫太岳兵团,由晋南强渡黄河,挺进豫西南地区。在我刘邓大军离开鲁西南地区后,华东野战军也相继挺进鲁西南地区。华东野战军的山东兵团在胶东地区发动了攻势作战。我们离开解放区，到达了大别山的新区，华东、东北、西北等地区作战形势，也都采取进攻的形势，使解放战争达到了一个新的转折点，标志着战争形势的根本改变。因此，我们就根据中央指示和全国各战场胜利的发展形势，来教育干部战士，鼓舞士气，增强斗志。我们全体指战员，并没有因为到达了新区后所遇到前所未有的困难而畏缩不前，相反，迎接大大小小的战斗，克服各种各样的、意想不到的困难，积极努力，去争取胜利。以期在新区中扎下根来，发展起来。

当大部队进入大别山新区后，蒋介石派遣武汉的白崇禧从武汉、信阳、黄冈、六安等方向压来，企图在我们立足未稳之际，把我们挤出去。

为了在大别山扎下根来，部队根据刘邓首长指示，从每个纵队抽出一个旅，组建了鄂豫军区、军分区等领导机构，又从每个旅抽出一个团负责某一个县的武装斗争与建立政权，同时成立了鄂豫区党委与行署等领导机构。这样就把有组织、有领导的摊子就地铺开了，为新区扎根开花结果奠定了有利的基础。

我们这个团留下来了，在商城坚持斗争。在指定我们这个团留下来后，部队干部战士思想活跃了。有的说："要打仗，把我们调到平原地去斗争吗？"有的认为："从野战军改为地方部队不光彩，要打仗有力无处使。"当然这种情绪反映，无论干部还是战士都是个别和少数。

根据中央指示，战斗部队也要在战斗空隙中进行"三查三整"。这是结合在老区的土地改革进行的整党整军的一个重要运动。当时在部队的"三查"是查阶级、查斗志、查工作，"三整"就是整顿组织、整顿思想、整顿作风。我旅在敌人重重包围中召开旅党委扩大会，抽出团的主要领导干部（约30人）在商、麻二县交界的一个高山上（部队在山下开展游击活动与进行群众工作），用了三天时间，所有到会人员对三查、三整主要问题都要发言表态，开展批评与自我批评。由于敌人就在驻地不远，而且还可以断断续续地听到枪炮声，这就必须抓住主要内容，进行自报共议，但都离不开批评的武器。在"三查"中着重是查阶级，自报共议后由旅党委会最后定下来（对家在老解放区土改中成分就定下来，家在国民党区只能形而上学地定下来）。接着就是"查斗志"。当然一方面查黄河两岸战斗表现，更侧重的是对"外线出击"是如何看待，有什么思想活动，特别是留下坚持大山战斗的部队要在各个领导成员中交待清楚，做到一个发言，大家互助，惠风和雨，说情说理，弄清问题。

在这个问题上，归纳起来有两个方面：一方面是："外线出击"是正确的。老解放区坛坛罐罐不能再打烂了，在那儿仗是好打，但会给解放战争胜利增加困难，延长时间。而把战争引到蒋管区，对我取得胜利更加有信心了。大多数同志都在这个观点上统一起来。另一方面则认为"外线出击"像没根的浮萍，四处漂来四处跑，这是被一时现象所迷惑而产生怀疑。有这种认识的同志经过帮助也都改变而与前者统一起来了。在"三整"中，"整顿作风"一项是重点，而在实际中就有重点事、重点人。因为在山区转了几圈子后，无形中已有了"打土豪、分浮财"的现象。哪个同志的马袋子放在马身上是贴在马肚皮的，就说明它是空空如也，有东西的话，也是从老根据地带来的被子和换洗衣服，一交待就过去了。反之，你的马袋子放在马脊梁上鼓鼓囊囊的，就说明你有东西。因为毛主席重新颁布了三大纪律八项注意的训令，因而对三大纪律的第二条"不拿群众一针一线"，第三条"一切缴获要归公"，必须交待清楚。这就不但是自我批评一下就能了事，而且要把吞进去的东西再吐出来，交到供给处，同时还要受到党委的严厉批评。这不仅真正维护了三大纪律，而且真正爱护了干部，不被物质所腐蚀。只有干部做出好样子，执行三大纪律八项注意才有坚强的基础。这虽然是个别同志间或是高级领导同志，但在党的纪律面前，必须是人人平等的，这才能使听者、见者心服口服。

这个"三查三整"，旅党委扩大会议开得是成功的，虽然仅仅三天时间，但问题是解决得好的。一是准确性比较好。既抓重点问题又联系重点人、重点事，有的放矢，没有"瞎子摸鱼"。二是战斗性较强，说对了，符合实际情况的就同意与支持；说得隐瞒想走弯路的，你一言，我一语，就把话题领到正道上来了。三是时间比较经济（因为那时谁也没写出提纲与成篇稿子），都是心里想到，口里说到，开门见山。这就是当时旅党委书记冠庆延同志对会议的基本评价，并提出各团回去后，基本做法是在全体干部战士中对"三查三整"以教育为主，不搞人人检查，个个表态，特别是用已经油印出来的、毛主席写的《中国人民解放军宣言》《中国人民解放军总部关于重新颁布三大纪律八项注意的训令》，以及全国各野战军打胜仗的好消息进行宣传与教育。

通过"三查三整"，仅在一周时间内，干部战士的精神面貌焕然一新，打仗行军有劲了，驻下之后，给老百姓村前村后打扫得干干净净，深受当地老百姓的欢迎。

有的老百姓说："老红军又回来了。"特别是向群众宣传时，有的提到鄂豫军区司令员王树声，行署主任刘子厚。过去在苏维埃运动时，他们是在这些地区活动过的。有的群众知道王树声司令员过去是带兵打仗的人，而刘子厚同志老百姓就说他过去在苏区做政府工作的，因而他们就说："老红军是真正回来了。"于是我们军民关系就进一步密切了。

"打打整整""整整打打"是我军的光荣老传统、好作风。在整顿教育之后，我们开始活动了。我们这个团是（坚持）在商城地区进行游击活动，同时也配备县委、县政府一套班子随军活动。虽然商城县城一度解放了，但不久，又被国民党军队占领了，第二次打下后，又被国民党军队占领，只有在第三次打下后，才算进城住下来。所以不计一时一地得失，要多次反复，在消灭敌人有生力量后，才能取得县城与失地，这是千真万确的事实。我团在离开军区、离开五旅从商城的"亲区"到磨盘山、马鬃岭、仙桃冲等地活动，一方面要回避敌人侦察，怕暴露目标，受到围攻与打击；另一方面把大别山的山川河流、敌人情况、居民与社会情况做一番了解。马鬃岭（山区）是原始森林，前后百余里杳无人烟。下到仙桃冲，这里给我们的印象是百里之内人烟绝迹。这是在第一次红军撤出时，国民党采取并村政策，不给共产党游击队活动余地；其次对人民采取大屠杀，对青年妇女出卖到外地给地主做妻做妾，对老年小孩就驱赶外地逃荒要饭。我们经过的村庄，有的墙上还能隐隐看见"扩大红军，保卫苏维埃政权"的标语，战士知道了是国民党"围剿"红军时所做的"大并村""大屠杀""大驱逐"的罪行，无比愤怒，这种仇恨也增强了部队坚持大别山斗争的力量！

当部队停下后，顶头的困难是没有房子可以宿营，没有锅做饭，于是我们就从墙旮旯儿找出破瓦缸，架在柴火上，烧上大半夜，饭煮熟了，觉也睡得差不多了，每人吃上几碗剩下来的饭，明天早上烧把火又吃一顿，就可以行军了。这样的生活在以后是经常碰上的。不过天冷了，架着柴火煮饭，围着火炕睡觉，习惯了也就不觉困难了。

我们部队从仙桃冲转到关王庙、兰溪河、四道河（安徽金家寨），又返回河南商城新区新店，转了方圆数千里的山区，熟悉了鄂、豫、皖三省交界的几个县属（河南商城、湖北乐城、安徽金家寨）地区深山大岭，就是找不到向导也可以走路了。

与此同时，经过大的战斗的接触，我们对该地区的国民党军队，河南省保安旅副旅长兼保安团团长张旭东的部队以及地方反动武装头子顾敬之的土顽，还有县属的区乡保安队都基本了解了。国民党军队有两部分：一部分是广西七军，外号叫"广西猴子"，是比较有战斗力的，可以拼刺刀。另一部分是国民党的非嫡系部队五十二师，部队过去和现在都同他们交过手。河南的保安团是本省、本地区的官和兵，装备虽不及国民党军队，但它有一股"亡命之徒"的拼劲，打得也很狡猾。比较麻烦的就是"乡保队"（群众说"小保队"）。他们是土生土长的，拿的武器大多数是"老套筒"与汉阳造，子弹也就是10发或20发，装束和老百姓一样，你一打，他就散开打"麻雀战"；你一走，他就一窝蜂上来扰乱你。他们当中，有个别是红军叛徒，有打游击战的经验。他们或者在两面山上的夹沟里，或者隐藏在树林内专门打骑马的，或者以冷枪来杀伤你。所以在大部队通过时，必须派出警戒，两边山岭各派一个连，把前进路上隐藏的"小保队""扫清"了，大部队才能安全地通过。天长日久了，我们干部战士概括有以下几句话：

> 遇到"广西猴子"，就要准备拼刺刀，
>
> 遇到五十二师，可以追"草包"，
>
> 遇到保安团、乡保队，免上钩子钓。

对我们经过的地区，社会民情和群众对我军的态度，我们也作了初步了解。首先是土地改革时期这儿是红四方面军的老根据地，广大的基本群众对过去的红军是有深厚感情的。因为在今天的解放军里不少中高级干部，就是他们的子弟，对解放军的到来，他们从心里是欢迎的，但有两种顾虑：一是红军走了，以后李先念同志带来的新四军不长时间也走了，因此他们认为我们在这儿也住不长。他们用老眼光来看新情况，是可以理解的。每次撤出后，国民党采取血腥镇压政策。而今，反动的地富武装，对待基本群众与我接近，同样也采用杀害手段。如新店西北角二道河一家贫农向我工作队提供情况，晚间就被反动分子用枪打死了。他们采用"杀一儆百"的政策，企图切断群众与我军联系，但在我军所过之处，扩大宣传我解放军在全国各战场所取得的伟大胜利及我军进入大别山对战争的重大意义后，基本群众的态度仍然为我军在开展新区时提供了有利的条件。如商城枫乡树地区王老虎（绰号）组织游击队与我联系，金家寨兰溪的曾××带上10个青年人来参加我军，曾是地下党、在我军渡黄河那天向敌人自首（投降）的（主要是受敌人欺骗）李××主动来找我军说明自首（投降）经过和要求参加工作，等等。总之，这些情况的出现是给敌人屠杀政策一个打击，也为我军在今后开展工作奠定有利的基础。

在商城期间，我们对商城地区社会情况也有个初步了解，在城东的枫乡树、大木厂、林家河等地，城西的白雀园等地，城北方家集、糯稻冲等地开展工作，遇到困难不大，困难较大的地区是城南的"亲区"。那儿一是地主、富农的反动势力比较坚实，在土地革命时期以及抗日战争时期，我们都没有在这个行政区域里建立起政权和扎下根来。主要原因是地富武装比较强，也比较集中，有河南省保安旅副旅长张旭东，有老反动头目民团团总顾敬之，等等。二是这一地区比较富裕，稻谷产量高，竹木、药材、茶叶，是商城经济收入最多的地区。三是在交通条件上，它是商城县南下武汉，北上潢川、淮河的一条咽喉要道。所以国民党反动势力必须巩固它、争夺它，而我们要在商城建立政权，要做到"得陇望蜀"，也必须不遗余力地争夺这一地区。

我们团在武装游击斗争中，是有很大收获的，为我们后来开展工作创造了极其有利的因素，但在现实生活中，问题一个接着一个跟上来了。

一、穿衣问题。秋去冬来，在深山密林里寒气袭人，难以忍受，从北方带来的军装与换洗衣服，都穿身上也难以御寒。根据上级指示，就地筹款解决棉衣，通过行商，凡是能够购买到的白色布匹（包括棉花），通通买下。在游击活动中，我们利用时间烧稻草灰或用青果树叶子放在锅里煮，把白布染成灰色或黑色，然后剪裁四大块（两条袖子，两条前后襟），把分配的棉花，用自做弓弦或用两根树条，弹弹束束，粗针大线，做成棉衣。军衣做起了，条件好的买到扣子钉上，条件差的就在对开大襟钉上两条布带子系起来。冬去春来，棉衣经过一个冬天，颜色褪了，布破了，棉花滴溜出来了。在苏仙石活动时，军区刚从北方来的徐参谋长见到我说："你把部队带得像个叫花子一样。"我把情况汇报后，他也就不加责难了。

二、吃饭问题。刚进山时，稻子熟了，可以到地主田去割；现在是"清野"了，我们每到村庄后，首先调查地主家宅在什么地方，弄清后，因为是分班做饭，每个班就派人到高坡向阳的土地上，见上面盖有树叶、松毛，就用枪探条或刺刀往里一捅，扒开一看，就是大米或稻谷埋在里面。当然，这种做法在政策上，不仅有时伤及富农，而且有时牵连到中农。有时为了战斗，我亲眼看见一位战士在向一位老大娘作揖打躬,求借粮食,而且终于借到了。我的热泪就夺眶流出来了。我想,"有这样好的战士,不为困难而悲观失望;有这样好的人民,在亲人面前能慷慨拿出白生生的大米来。这就是我们人民军队不可战胜的巨大力量"。

三、敌情紧张,供给困难。国民党有时用一两个主力团来围攻我们,保安团、乡保队天天在猛追我们、袭扰我们。根据现实的经验,得出的规律是:在一个村庄驻上三日后,拂晓前,敌人肯定打上来,要想冲出去,就要付出血的代价;在一个村庄驻上两天后,当你走出村,敌人很可能就在后面打上来,因而只能采取"夜行昼伏"。即使这样,但有时消息仍然走漏了。过后才知广西李品仙部队在安徽驻防八年,他的部队排以上干部几乎都要娶当地地主富农的姑娘做老婆。所以"探子"可能就是砍柴、放牛的"小娃子",使我们防不胜防,有时一天一夜要换上几个驻地,天天要响枪,天天要打仗,这在精神上、物质上威胁与消耗太大了,特别是子弹渐渐减少了,但决不能有"上发下领"的思想。根据了解,地主富农家里都有枪支弹药,部队进村后,就像找粮食一样,有时找到了粮食还找到了子弹,二者兼得,也给干部、战士一定的宽慰。

四、伤病号问题。病号出现了,非战斗减员不断在增加。由于营养不足,过度疲劳,卫生条件差,特别是疥疮发作了,而且传染还很快,全团大部分人员被传染。据团的卫生队调查,在商城"亲区"有个汤泉池(离商城25里),它的北面山包上,保安团驻有两个连,主要是把住隘口征收来往行商的税款。我们团党委根据城内、城外敌情判断,是可以驱逐这股敌人的,进驻汤泉池去清洁卫生。于一天拂晓前,部队运动到汤泉池附近隐伏起来,天亮时,冲锋号吹响了,步枪、机关枪射击了,步兵端起刺刀往上冲。敌人不防,遭到突然袭击,夹着尾巴向城里逃跑了。于是全团(三个营轮流掩护)全部进入池子去烫洗。在这一天之内,每人几乎洗了二三遍。撤出汤泉池时,部队里吱吱哇哇的叫声消失了,步子也快了,真是"无疥一身轻"。

对部队的伤员、重病号,在紧急情况下,找到地主家里,我们交上二三个伤员给他们护理。在两三个村子里,派一个医务人员,隐藏在群众中,为伤病号轮流换药。当然和地主定成严格的条件,当国民党军队来时,如告密或者不真心掩护伤员,我们就"以血换血"。同时也暗中交代几户基本群众,为我监视敌情与地主的行为,帮助护理伤病号。

五、经济问题。在老解放区，干部、战士还能发上二元或一元冀南票。打到大别山后，就发不上这种津贴费了。虽然后来有的纵队南下时，为我们送来一些银元，但在买布做棉衣、买药品等物后都用光了。解决的渠道：一是对罪大恶极的地主，抓到他们的家属罚款，规定送上多少钱、多少布匹来为家人赎罪，这并不是经常能做到的。二是在部队活动地区贴上县政府布告，征收来往行商的税款。由于我们规定的税率比国民党地区低，一些行商捎客，愿从我区通过，这只是敌情缓和时才能做到的。

在这半年的活动过程中，我们党委研究过，认为开辟新区，建立新政权，是可以坚持下去也一定会取得成功的。首先是中央提出战略转移，把战争引向蒋管区去。经过实践与旅党组织"三查三整"，一致认为是必要的、正确的。虽然我们远离中央、远离晋冀鲁豫大军区和二纵，但是我们行动，所执行的任务，完全是按照党中央、毛主席的指示办事的，也就是说在政治路线上与党中央是一致的。在我们战斗生活中，确实遇到重重困难，但在党中央指示与上级关怀及人民帮助下，我们都逐个克服了。虽然我们一个团在山区，天天打仗，天天行军，但全国各战场取得伟大胜利，却给我们极大鼓舞，因此我们的困难是眼前的、暂时的，而蒋介石的困难却是永远无法解决的，历史会证实，灭亡正在等待着蒋家王朝！其次我们的干部在新区行动中，都比较严肃认真地对待对敌斗争，在取得经验后，决不粗鲁莽撞，而能实事求是地对待各种问题，因而也取得了部队的信任。再次我们的战士充分表现出革命的乐观精神，无论行军打仗、吃饭穿衣服都继承了井冈山上和二万五千里的传统精神和艰苦奋斗、英勇牺牲的优良作风，所以处境那样困难，却打不散、拖不垮。这就是我们人民军队的本质因素所产生的不可战胜的力量。

三

经过近 10 个月的艰苦奋斗，我们在大别山区，迎来 1948 年的初夏。

据悉：在商城之敌，约一个团的兵力，从下马河向亲区来追击我们。拂晓后敌人小部队已靠近我们，我们即从肖家坳、新店向长竹园方向前进。敌人来势较猛，边打边追企图把我从长竹园赶到湖北麻城山区去。我们识破敌人诡计后，从长竹园左侧，拐到磨盘山，爬上高高的山岭，直上螺丝岩。到了中午，我们从山上看到敌人在我部左侧，影影绰绰，精疲力乏地在我相反的方向行进着。我们居高临下，隐蔽在高山密林里，观察敌人的行动是清清楚楚的，但是敌人无法观察到我们的行动与去向。纵然敌人发现了，正面是陡岩深谷也无法上来，如果敌人绕道磨盘山追来，我们就会把他们甩得更远了。于是我们就在这有利地形上——螺丝岩（顾名思义就像一个螺丝倒放在山巅上）吃干粮、大休息。

在暮色苍茫中，侦察员报告：敌人驻在福居店、长竹园一线。我们得到大半天的休息，精力充沛，便向亲区东侧林家河方向前进。我们一路急行军，甩掉了敌人。在林家河、大木厂一带，一面开展游击活动，一面做群众工作，特别是对有关系的基点村的骨干，进行情况了解与交代防备敌人的"清剿"。

在一个大雨滂沱的下午，驻在关王庙的军区王司令员，派来侦察员把团长和我找去接受任务。到了关王庙，进入司令部一看气氛是十分紧张的，我俩判断情况严重了。过了一会儿，王司令员向我们说当前情况是这样：敌人用几倍于我们的兵力，已把金寨县的主力部队追击、驱逐出境，部队伤亡很大，县委领导机构也受到重大损失，有的区长、书记也被捕……总之，金寨县损失不小！敌人取得金寨县后，企图以这种方法来对待商城县。现在，敌人兵力部署是：从金寨出发的一个团已达兰溪，明天上午可达四道河挥旗山一带，以金刚台做屏障，企图堵住你们；由商城来的一个团已到下马河、肖家坳、新店、长竹园一线；另一个团企图在城东余子店堵住你们；从湖北麻城的敌人兵力，约一个团搭两个营，企图在黄山岗、长竹园一线牵制你们，并企图伺机追击军区机关。因此，你们要立即紧张地行动起来，突破敌人的合击圈，从枫乡树、余子店跳出去，经苏仙石，越过商（城）六（安）公路向平原地区转移，采取游击活动，开展群众工作，今晚就行动。我军区机关拟向麻城地区转移。

我和团长从关王庙——军区机关所在地一出来时，遇到一个区的工作人员说："县政府民政科××科长，因打摆子（发疟疾），藏在关王庙东南小山头上一个竹棚里，现在找不到了。"我们当时判断：一是被敌人抓走了；一是怕艰苦，动摇逃向南京去了。据说他家在南京开设一个布店。总之，情况不妙。

晚饭后，部队出发了。大雨淋得眼睛睁不开。山区转熟了，好在不要向导，我们可以走路了。经大木厂向菊花尘、挥旗山西侧行进。拂晓前碰上三营一个排长，他说:"我们昨夜被敌人袭击了,郝区长被俘,书记打出来了,部队有少数伤亡。"我们把敌人合击情况告诉他,要他去找三营领导。上午,我们到达预定目的地,部队隐蔽在山林里,我和团长带着参谋人员到挥旗山南侧观察,同时,侦察兵也报告:"敌人约一个营兵力已抵达四道河,向挥旗山前进。"我们在山上从望远镜里看到敌人戴着大檐帽,横扛着枪,在烈日下没精打采地走着。我们判断:敌人今天可能上到挥旗山。这时派到余子店的侦察员报告:"敌人约一个团兵力,从商城到长岭岗、余子店摆成一道弧线,在驻地未动。"

根据敌人兵力部署情况,我们决定晚上行动。晚饭后,我们召开党委会,讨论如何突破敌人的合击。我说明会议意图后,团长接着发言:"根据当前情况,敌人在我们的部队周围约有三个团兵力,形成包围圈来围攻我们,从眼睛看到与侦察员的报告,在左翼下马河等地,约50里,在我右翼四五十里,正面之敌约40里,我团正处在敌人合击的中心。拂晓,正面之敌可能进攻我们,因此我们必须立即从余子店东侧突出去,迟了有被敌人歼击的危险。"团长发言后,党委成员包括县委同志,一致同意团长的意见。当然,也有人发言,从余子店穿过去,危险很大,最好从金刚台翻过去,虽难爬些,但比较稳妥些。接着我发言,首先同意团长对敌情的分析与(应对)意图,但如何突破敌人围攻,我提出了看法:

1. 从余子店方向突出去,可能性不大。敌人在那个方向,无疑是布置一个口袋在等我们。至于从金刚台穿过去困难更大。据说红军时期一个团上去了,下来的没几个。这条路是走不通的。2. 我们三营被敌人袭击打散,部队有伤亡,我们已知道这些情况,丢下三营在圈子里,从我们领导来说,没有尽到责任,再见三营时,怎么面对他们呢? 3. 我们撤出"亲区"是突然的,对基本据点和骨干分子都没有任何交代,群众会埋怨我们。4. 敌人是围攻我们,但不是当前就接触我们,因此还有回旋余地。

根据以上情况,具体做法是:

1. 我们不是今晚突出去,而是把部队从原地后撤到枫乡树、林家河隐蔽起来,再观察正面敌人的动向。

2. 在明天拂晓后,敌人可能向我进攻。如果我们后撤,敌人因为是围攻,就不可能在余子店按兵不动,必然跟踪,这就等于把口袋撕开,我们就趁机从敌人左侧钻出去。这一做法是有危险的，但比较稳妥。

3. 我们撤到指定地点后，可以做以下几件事：首先，派出侦察员，牢牢掌握敌人动向，好及时处置；其次，派出人员与打散的三营取得联系；再次，派出县委工作人员，在驻地附近，找基本群众取得联系，说明情况，在敌人进攻时，要主动躲避转移；最后，对区公所被敌袭击后失散人员力求搜集到。

在我的意见讲完后，会上出现急躁与抱怨情绪。有人说："道理是对的，但情况不允许啊。"有人说："在军事指挥上，由团长决定。快一点吧！时间不允许了！"团长说："你们要求我定，我已把及时突围的意见讲过了，没有什么重复了。"

从会议发言中，同意团长意见的占绝对多数，而我的意见只是我个人一票。按党的原则说，应该是少数服从多数，同意团长和大家的意见，我们现在就冲出去。但是我再次阐述了我的意见："一是，大家在发言中，没有对我发言的看法与打算进行反驳，而我的心情和大家一样着急，越快越好突出去，但要想到，面前是'口袋'，我退敌进，口袋就撕开了，我们就有空可钻，不至于去爬金刚台。二是，我们突出去之前，还要想到三营和区公所被打散，丢下不管，于心不忍，以及向基本群众和骨干分子一点情况都没有交代，以后回来，三营、区公所人员及骨干分子对我们会有什么看法？"我说完后，大家都没有吭声。一会儿，副参谋长说："我同意罗丰同志的意见。他分析情况是合乎实际的，向后撤退，观察敌情变化，搜集打散部队，都是必行的，因此，我同意这个意见。"接着，大家都挨个表态同意了。最后，团长也发言同意，并说，参谋长立即通知连以上干部和机关股长快来接受任务。

我和县委有关同志说明，到达林家河后，一是找骨干分子和基本群众做工作，一是找区公所有关人员谈话。

夜晚9点多钟，部队开始后撤。拂晓前，尖兵连抵达枫乡树山坡下，翻过右侧山梁就是林家河了。这说明我们已经走了40多里，快到目的地了，谁知尖兵连传来的情况是："前面有敌人，还有骑兵。"

我们很惊讶，也很纳闷，怎么敌人会从背后蹿上来，而且还有骑兵？

团长带着侦察员上去了。通知部队闪开路，向右侧山坡靠，做好战斗准备。"什么人？""老百姓，进城送柴火的。"月光下，十几个老百姓，挑着柴火，赶着四五头小毛驴，踩着山路向我们走来。

我们商量了一下，决定放开老百姓到前面去，如碰上敌人，说我们向林家河去，好让敌人闪开余子店，追向林家河。部队翻上山梁，碰巧又找到了三营。三营跟上部队，能有什么事比这更高兴、更快慰，况且三营的领导，完完整整地把打散的部队集合在一起。

晚饭前，我们做完了预定的工作。三营与区公所人员都集合齐了，对群众中骨干分子进行了串联活动；更重要的是派出侦察人员把敌人的情况查清了。

驻在余子店的敌人，拂晓后集合部队向林家河出发了。余子店附近没有敌人，只有小部队驻扎挥旗山下。商城南面汤泉池的敌人没有动静。于是我们在黄昏后，集合部队出发了。因为事前已把当前敌人动向以及遇到敌人怎样打法和我们明天上午预计到达的目的地都向部队做了交代，要求部队在一夜与明天上午要走一百多里，走过苏仙石公路以东，才能休息。部队在行动后是顺利的，通过余子店，似乎松了一口气，但不能休息。因为离商城较近，部队继续在崎岖的山道、谷口急速前进。

天亮后，部队快步过了苏仙石公路，在距离商城约 50 里的一个村庄住下。这时已经上午 9 点钟了。正当部队休息、吃饭时，突然一颗炮弹在团部门前爆炸了，接着机枪、步枪像鞭炮一样噼噼啪啪响起来，部队迅速向叶家集方向撤退。部队撤退时，二营在后面边打边跟着部队转移，但是敌人仅仅是火力袭击和追击，并没有用部队攻来。

我们终于摆脱敌人的围攻"清剿"，胜利地到达预定的活动区，但是，也付出一定的代价，首先是一位区长被俘和王连长在阻击时中弹牺牲，三位同志负伤，五连文书在宿营时单独一人睡在一个地方，连队转移时找不到他了。从领导角度来检查，所受到的损失，都是麻痹造成的。特别是当天上午被敌人袭击是完全可以避免的。一是离商城只有 50 里就驻下，本身就是麻痹和冒险，形成的原因是认为部队走了一夜零一个上午，"惜兵体力"造成伤亡。二是追来的敌人，从来往行人中了解到是保安团部分（约一个营兵力），只是（放）几发迫击炮弹，而不敢冲上来，说明我们当时判断有误，没有冷静地观察敌人行动，而急于按照原来预案转移，实际上也是一种右倾的表现。如果判断是保安团，组织部队利用有利地形进行还击，把敌人打回去，对这次突破敌人围攻的胜利就更大了，对士气鼓舞更加有益了。我们虽然跳出了合围，暂时摆脱了险境，但我们离开了山区，离开了军区，失去了领导。

我们住下后，从来往的行人与商贩中，打听着商城、叶家集、六安、固始等地的敌人情况，一天一个村落转移着，思考着今后应该有什么打算。

四

我们部队在商城糯稻冲一带活动，但既不能久住，又不能离开县境。因为有一次向军区段君毅政委汇报工作时，他提出，在坚持游击活动，建立区、县政权时，要做到"区不离区，县不离县"。在交换意见时，大家说到在山区开展游击活动时，这个原则要坚持，但又要灵活运用。当离则离，当坚持定要坚持。当离不离，就有被围、覆灭的危险。当坚持不坚持，既失信于民，又挫伤士气。一个坚强的领导者既要有原则性，又要有灵活性，要处理好这个严肃的原则问题。

商城和金家寨在地理条件上有个共同的特点就是都是山区，不同的是商城北部是丘陵，可以到丘陵地带活动。当时，我们想到丘陵地带了解情况，但一时还进不去，又不能在这里老是兜圈子，处理不好，有遭受合击的危险。于是，经多方了解，认为到商城、潢川、固始三县交界的春河铺、江家集、双柳河地区转移为有利。那儿一是离三个县城较远，敌统治力量较弱。二是南来北往的商贩较多，可开展税收活动补助经济收入。三是粮食问题比较好解决。四是解放军没有在那里住过，我们一住下，按"三大纪律八项注意"办事。打扫清洁卫生，向群众宣传《中国人民解放军宣言》，通过这些活动，可以较快地得到人民群众的信任和支持。于是，我们把部队向商城以北展开，来到了商、潢、固交界的三角地区。但来后不久，群众中又产生了一些疑问：听说解放军打了好多胜仗，为什么你们大部队进来了又出去？你们说国民党军队不好，我们相信；你们对来往商贩征收税率比国民党低，但你们却开"白条子"。也有群众怀疑我们是从哪里来的。总之，群众从不同方面提出了问题。

经过党委研究，我们提出以下几点意见，来回答外部内部提出的问题：

一、在我们活动的商、潢、固三县交界处，组建临时民主县政府，以便在人民群众中做工作。过去商城县政府的印章不能在这一地区使用，所以在税收上才出现"白条子"，有个县政府就好办了。

二、部队进山后，很少进行思想整顿和军事训练，利用间隙补上这一课是必要的。

三、建立税收点，增加税收，解决生活上油、盐、柴、菜的困难。

四、抓紧搜集敌情，相机进山和就地开展游击活动。

五、在讨论中还提出×××未经党委讨论，就擅杀领错路的向导，这是违纪行为，除个人承认错误外，应在部队中进行政策教育。这在新区是必要的。

六、新政权建立后，我建议由政治处主任××同志任县长。因为我的名字在商城出布告时用过，在这个地方就不便使用了。讨论中，党委委员和到会同志对以上意见都表示同意。于是我们立即着手组建商、潢、固民主县政府。

在商、潢、固民主县政府牌子挂出来后，这个地区的群众工作就活跃了。首先，小而言之，邻居吵嘴、婆媳不和都跑到县政府打官司；大而言之，如历史遗留下来的边界土地纠纷和对时局的看法，都有人来县政府要求帮助解决和回答问题。其次，在通途要道口设立税收点，财政收入大大增加，每天少者二三百元，多者六七百元。再次，部队通过足够的睡眠，疲劳消除了，精神状态变好了。

一切工作都在方圆四五十里的土地上正常进行着。但在群众和个别领导同志中却冒出来两个问题：一个是说没有经过上级许可，就成立一个新的县政府，这是无组织、无纪律的行为。另一个是出山后一个多月，山区情况怎么样？敌人合击不到我们，又有什么动向？前者是我没有料想到的，而后者却是我经常琢磨的问题。问题已经亮出来了，我建议召开党委会议研究怎么办。讨论中，对前一个问题发表意见比较激动的是政治处主任××同志，他认为县长委任县长，没报上级呈批，这是不是合法呢？意思说你罗丰无组织无纪律。也有人不同意这种说法。但我对这个做法也产生了疑虑：是无组织无纪律吗？要慎重。对后一种意见，我认为应该到山区了解一下敌情。同时，找找军区，向上级作汇报和请示今后怎么办。经过会议研究，确定由××副参谋长和我一起带二营进山，寻找军区。

在一天黄昏的时候，我们出发了。一夜脚步不停地来到苏仙石山豁口，派出侦察员打听到的敌情是：商城敌人仍然是一个师部带两个团，金家寨驻一个师，四道河、兰溪一带经常有敌人活动，商城东、余子店一带驻有乡保队，亲区汤泉池、下马河是张旭东的保安团驻扎地。于是，我们决定夜间从商城东、余子店插过去。天亮前，我们赶到林家河口住下。这是以前我们活动过的地方，找群众打听军区的情况，他们不是说不知道，就是说没见过。这样，我们决定穿过亲区向麻城方向去找。进入麻城的三河口，听说有解放军驻在附近，我们的心情舒展了。第四天上午我们赶到了军区所在地黄土岗，会见了司令员王树声、行署主任刘子厚二位首长。

当时。我们向军区首长汇报了以下几个问题：

一、突围前一天，三营、区公所遭敌人突然袭击，郝区长被俘，打散人员全部收拢，随部队一同出山。

二、挥旗山党委会研究如何突围。会上发生分歧：一种意见是立即冲出去；一种意见是向后撤，让敌人拉开口子再冲出去。前者占绝对多数，后者只是我一票。经过反复研究都同意后者意见。突围时顺当地出来了。第二天遭敌人袭击，五连连长不幸牺牲。

三、由于工作需要，我们在商、潢、固三角地区临时组建了商、潢、固民主政府，并由××同志任县长。这种做法是否必要？是否违背组织原则？

四、部队进山后从未整顿和训练，现在正集中时间搞思想教育和工作总结。

五、在三角地区税收条件好，现上交银元××××块。

汇报后，两位首长作了指示，概括为以下几点：

一、在对敌军事斗争上，以保存实力为原则，能打就打，不要急躁蛮干，要提高警惕，不要被敌人包围合击。这次你们跳出去，总的说是很好的。在可能情况下，对部队进行整顿，也是继"三查三整"之后给新式整军补上一课。当前仍然要在山外活动一个时期，因为白崇禧还有一部分兵力留在山区，随时可能向我进攻和围击。

二、在商、潢、固三角地区组织政府。是出于工作上的需要和对敌斗争上的考虑，是一种灵活的工作方法。当前，要着重宣传《中国人民解放军宣言》和《中国人民解放军总部关于重新颁布三大纪律八项注意的训令》的精神和全国各战场的胜利消息。要按中央有关农村工作政策办事，不能分土地，分浮财。你们在新区的做法不能再做了，例如成立农会、妇女会等组织都是徒具虚名，不必再费精力。

三、现在地委、军分区在霍邱的三刘集、河口集一带活动，你们要跟他们联系和汇报情况。

回来后，在党委会上，我们把军区首长的指示精神作了汇报，大家讨论研究，制订了行动方案：一、当前山区敌情仍很紧张，不允许我们进山；同时在商、潢、固三角区也不宜久留，因为时间长了，三县敌人可能会合击我们。因此要迷惑敌人，同时为了税收，我们决定把部队伸向三河尖一带活动并侦察淮北一带敌情。二、经过一段时间，再把部队移向固始东南柳树店、叶家集一带。这样飘忽不定，使敌人无从捉摸。

我们把这一计划向干部传达后，大家一致赞成。出发后，70里的路程，我们毫不费劲地到达了宿营地。

从来往行商中，我们了解到在淮北百十里内没有国民党的正规军，只有安徽省保安团驻在三河尖。我们部队驻在往流集附近，加强警戒后，派出税收人员和宣传人员，进行各种活动。在达到预期目的后，部队就从往流集穿插到固始东南的柳树店附近驻下。经了解，方家集驻有商城民团杨兰石中队（人枪不到100）。首先，杨兰石是这个地区的地头蛇必须打击、惩罚他，使人民知道我们是保护人民利益的。其次，部队好长时间没有打仗，适时出击，提高士气也是必要的。再次，把乡保队驱逐后，我们在这个地区驻的时间可以长一点，于是，我们决定消灭杨兰石中队。太阳落山时，部队接近了方家集，并一鼓作气冲进镇里，打死打伤敌人各1名。驱逐杨兰石中队后，我们根据军区首长指示，去找地委和军分区。一天下午，我们在河口集会见了分区政委寇庆延同志。我把军区首长指示与我们活动情况向他汇报后，他肯定了我们在这个时期部队活动和宣传教育工作的成绩，特别是保存了部队实力。并说全国各战场的形势发展很好，对我们坚持大别山的斗争更加有利。因此，两日后会合部队，一同进山，并嘱咐我们，要为再次解放商城做好准备工作。

五

时间在流逝，胜利在发展，一切都在飞快地变化着。去年我们这个团在大别山区无时无刻不在和敌人搏斗，今天就大不相同了。我解放大军攻克济南，歼敌11万之众；辽沈战役歼敌47万。这赫赫的胜利，给干部战士极大的鼓舞，大大震慑了敌人。

分区政治委员寇庆延同志召集金寨县县长林木森同志、黄团长和我开会。他说：

"根据形势变化与上级指示，你们两个部队（两个独立团）组成金商支队，黄家境同志任指挥长，罗丰、林木森两位同志为支队副政委，部队党委书记由罗丰同志负责。你们当前的任务是首先掌握商城敌人情况，相机组织部队拿下商城；对金寨县适时抽小部队插进去，除了解敌人活动特点，多向群众宣传全国的大好形势。"从此，我们把部队驻在两县交界的关王庙一带，开展游击活动并加强基点村的群众工作。

淮海战役后期，屯集在平汉线上信阳的黄维兵团向东抽调，原在大别山的白崇禧部队撤向武汉周围巩固防区，这就从大别山各县城向外抽调不少部队。不少县城原来由国民党部队驻守，现在则由原部队留下的一个团或一两个营，加上保安团来防守。商城敌军情况也变了，原来一个师部两个团，现在仅由一个营和一个河南省保安团来担任防守。这一变化，对我们攻克商城十分有利。根据军区司令员王树声同志的指示，金商支队的两个团以商城南门和东门作为主攻方向，从外地抽调的两个团以西北和北门为主攻方向，夜10点发起攻击，拿下商城。进攻时间一到，各部队立即发起进攻。守敌不堪一击，慌忙四处溃散，除北门一个连和保安团一部分在攻击时逃向六安方向外，其余均被歼灭或击溃。占领商城后，各部队按作战划分地区进行搜索、追捕残敌，并组织力量以防敌人袭击。

拂晓前，司令员王树声、行署主任刘子厚同志召集商城县委、县政府领导班子交代职务和分工，以及当时任务等。刘子厚同志宣布：罗丰同志任商城县委书记兼县长，并负责部队工作；路宪文同志任县委副书记；张春年同志任副县长。接着王树声司令员说：各部队在担任警戒区域内要严密搜索散兵，金商支队要组织区域纠察队，维护社会治安；立即派人去释放监狱犯人，其余部队在早饭后各回原防地。

1949年元旦，毛主席《将革命进行到底》的历史性文献发表了，这对全体解放军和新中国成立后的新区人民都是极大的鼓舞。我们县委根据中央文件精神和军区指示，以及我县实际情况，经过讨论研究制定了以下的工作措施，以迎接1949年更大胜利的来临。

一、剿匪反霸，收缴枪支。

二、召开民主人士座谈会及对在校学生进行我党、我军的政策宣传教育。

三、组建各区政府机构，开展基层政权工作，以及做好减租减息的准备工作。

四、抓好城市商业工作。

五、迎接四野部队南下渡江。

随着我军的不断胜利，大别山区的县城相继解放了。国民党军队有的被我们歼灭，有的溃散。保安团、乡保队多数化整为零，隐没在深山密林里或潜伏在居民中。针对敌人这种情况，经县委研究，由我带两个营进山剿匪。我们先后歼灭了盘踞在金寨皂靴河一带的200多名保安团，逮捕了国民党商城县副县长和盘踞在苏仙石一带的保安队队长杨兰石。同时，我们在城内召开民主人士座谈会，召开学校师生大会，开展政治攻势。我把全国的大好形势、党的政策及我党、我军解放全中国的决心向到会者进行宣传，要求到会的人，如有亲戚朋友仍在乡保队，一是把枪支交到区公所，二是家在本地区的回去务农，家在外地的听候遣散。在大张旗鼓的政治攻势下，商城街上谣言少了，工厂开工了，学校开学了，商店开门了。社会秩序良好，人心稳定，呈现出一个新的景象。

1949 年这个阳光明媚、山花怒放的春季，在迎接四野南下渡江的进军声中，我奉命离开了商城，离开了大别山区，开始了新的战斗。

原载中共信阳地委党史资料征编委员会编：《丰碑：中共信阳党史资料汇编》第四辑，1984 年，第 174 ～ 202 页。

重建大别山根据地

◎ 陈满池

    1947 年 6 月，中国人民解放军晋冀鲁豫野战军担任中央突破任务，由战略防御转入战略进攻，将战争引向国民党统治区，于 6 月 30 日强渡黄河，反攻南下，8 月底千里跃进到大别山区。重建大别山根据地是关系到整个战局发展和能否尽快消灭蒋匪军解放全中国的重大战略问题。我军进入大别山后，以邓小平同志为首的中原局，立即向部队和地方干部发出号召："要坚决地义无反顾地为重建大别山革命根据地而斗争。"刘伯承司令员还形象地说："我们必须寻机歼敌，在军事上打击敌人；我们还必须建立政权发动群众，只有把这两个轮子都转动起来，我们才能在大别山站稳脚跟。"

    在刘邓首长的号召和指挥下，重建大别山根据地的战斗打响了。

    我们一纵根据上级的指示和要求，抽调了上千名干部到地方，负责在潢川、商城、固始、光山、罗山、礼山和黄安等七个县开辟工作，建立地方政权。同时，还将第十九旅划归为地方军区部队，我二旅五团三营也改为商潢支队。纵队文工团几乎全部抽调到地方。

    文工团兵分两路。一部分在纵队政治部科长杨小如带领下去商城县建立政权。杨小如任商城县县长，文工团副团长汪德荣同志任县委秘书。另一部分在纵队政治部科长冯祖华率领下到潢川县建立地方政权。我在文工团任音乐队队长，跟冯祖华同志到潢川县。

潢川县位于大别山北麓、淮河南岸，南部丘陵多山，是湖北、河南两省接壤处，也是中原南北交通的要冲。潢川县又是豫东南主要产粮县，有豫南"鱼米之乡"之称。

潢川县民主政府，于1947年9月在商（城）、光（山）、潢（川）三县交界的白雀园胡家油坊成立。县、区政府进入潢川县境之后，潢川县人民日夜盼望的当年"红军"又回来了！"苏维埃"政府又建立起来了。人们脸上又洋溢着胜利的喜悦，革命的火焰又在大别山区燃起。

潢川县、区政权的成员由军队抽调的干部和地方干部两部分人员组成，共计不到百人。地方干部是由冀鲁豫湖西根据地抽调来的随刘邓大军南下的工作团的成员。部队来的同志，除一纵文工团成员外，还有一纵政治部和二旅补充团的部分连排干部，县长冯祖华，县委书记田洗文（南下工作团干部），副书记包正堂（一纵政治部保卫科科长），组织部副部长李云峰，民运部部长孙化三，宣传部副部长张萍。县下属三个区政府，均由军队和地方干部混编组成，潢川县、区政府依托潢川南部丘陵山区向北开展工作。一区在右，二区居中，三区在左，后又组建第四区，配置在一区右方。我先在二区任财粮委员，后任二区副区长。二区排以上干部连同战士和收容的病号不足40人，以凌小集为中心，活动于双轮河至仁和集公路东西两侧，南至白雀园、观庙铺，东至中铺、双柳树，纵横不过二三十平方公里。此时，潢川、商城两县城仍被国民党所盘踞，是我重建大别山根据地的两个"钉子"。

潢川县民主政府业经成立，给各区部署的任务是：发动群众、组织群众，六个月内完成分田任务。我二区全体干部战士，人手一支枪，有的还背一长一短两支枪，有两挺机关枪，是个挺精干的区队。我们在县委统一领导下，既是工作队，又是战斗队。初期工作开展得较为顺利。我们白天分散发动群众，夜晚集中宿营研究工作。以两三个人为一个小组，早出晚归，分别在几个湾子里挨门挨户地去宣传群众、组织群众，调查阶级斗争情况。

大别山区是革命老根据地，人民具有光荣的革命传统。但在土地革命和抗日战争时期，我军主力曾三次撤离这一地区，群众受到国民党和地方反动地主武装的残酷镇压，大多数村干部和军属、烈属被杀害了，革命力量遭到了严重摧残。而今，潢川县民主政府刚刚成立，当地的反动势力尚未摧垮，他们大都逃进潢川、商城县城里，时常潜回暗中恫吓威逼群众，群众有一定的顾虑，担心我民主政府站不住脚，怕敌人回来进行报复。因此，虽经我宣传和发动，部分群众组织起来了，有的湾子还分了地主的浮财，有的还分了田，插了牌子，但大多数湾子的群众还是顾虑重重，不敢接近我们。

凌小集北有个李老湾，这个湾子东边住着的一位老贫农（我已记不清他的姓名了），曾对我说："打土豪、分田地好是好，但是你们先莫急分喽！地主浮财你也莫当人面把（给）呀！你要当人面把（给）我，我也不敢要的喽。群众家里没田，也不敢要你分给他的田；穷人身上没得衣服穿，也不敢要你把（给）他的衣裳，就是担心你们站不住脚。你们当兵的说走拔腿就走了，老百姓往哪儿走！搞不好要掉脑壳的……"这位老贫农主动给区政府送过米，真心实意拥护共产党，他的话反映了大别山区基本群众的顾虑和愿望。

我刘邓大军进入大别山区后，经过一个多月的艰苦斗争，先后解放了23座县城，建立了17个县的民主政府。我们的胜利，使敌人十分恐慌。蒋介石急调33个旅的重兵，在敌国防部部长白崇禧的九江指挥所统一指挥下，于12月初开始对我大别山区展开全面围攻。从此，大别山区的革命斗争进入艰苦阶段。

我潢川县、区政府，恰恰活动在潢（川）麻（城）、潢（川）商（城）两条公路交通要道上，不仅敌主力过往频繁，而且地方反动武装也趁机向我们反扑，十分猖獗。我县、区政府既要对付反动地方武装，又要警惕国民党主力部队对我之袭击。我们除和敌保安团多次交火外，曾先后在杨家湾、观庙铺、铜山子等地，同袭击我军之敌主力十一师、五十八师、八十五师等部队进行过战斗。我县、区政府曾两次被冲散。国民党豫东南五县联防司令陈履谦也率部多次同我县、区政府和商潢支队交火，并将我二区工作员周汝河（文工团员，因病在老乡家休养）搜捕带走。潢川三区一次遭敌人袭击时，文工团员童梦春同志牺牲。一区在遭敌保安团两次袭击之后，又在一次敌我主力部队作战时，夹在两军中间不得脱身，全区同志走失了很多天，才返回潢川。

由于战斗频繁，我们只得白天上山打游击，晚上下山到湾子里做饭吃，进行宣传群众和组织群众的工作。大家的行装都非常简单，每人一个小包袱往腰间一扎，说走就走。包袱里只有一两件换洗的衣服和一双布鞋。身上穿一件布棉袄，白天御寒，夜晚当被子盖。有的睡觉铺的是稻草，盖的也是稻草。环境虽然艰苦，但大家对坚持大别山根据地的斗争很有信心。有个同志被打散了，好多天找不到他，大家还以为他牺牲了呢，过了几天他自己又找回来了。

1947年冬，一日早起，我刚走出门外，准备到小山坡上去散散步，区哨兵向我跑来报告说："发现敌人！"我跟他跑上山冈向北一看，果然发现一队敌人正由凌小集向我扑来，约有一个排的兵力已走出村外，村里有多少尚且不知。我立即派人通知县政府，县、区紧急集合向东转移。当我县政府及三个区的人员行至杨家湾时，敌人追上来了。在县政府统一指挥下，由区委副书记孔震同志（二旅补充团教导员）和我带领二区抢占了靠近大路最前沿的一个山头，占据了有利地形。一、三区和县政府在我侧后。敌人耀武扬威，大大咧咧地来到山下。我认准是敌人主力部队，便突然开火，一阵密集射击，将敌人打得抱头鼠窜，狼狈不堪，有几个死伤倒在地上。我瞄准敌人队前头一个军官，由于我的枪法不高明，三枪竟没有打中他，这也成了我终生憾事。

我县区参战人员都是干部，尽管地形对我方有利，也不宜与敌人冲杀恋战。经过一阵战斗之后，敌人已跑到对面山上，只一沟相隔与我方对射。县领导果断决定，已给敌人以火力杀伤，便主动撤出战斗。

事后得知，敌人乃国民党主力十一师，其搜索营被我方击毙7人，击伤多人。

战斗中我二区工作队员、原二旅补充团陈排长负重伤。干部战士争先恐后抬担架，将伤员抬至宿营地。陈排长不便再继续随县、区转移，我们把他安置在晏岗集西山湾一位老大娘家里。老大娘50多岁了，身边只有一个十三四岁的小女儿。据了解她丈夫是在土地革命时期被国民党杀害的。我们临走时，给伤员买了一些食品，还留下了几块银元做抚养费。陈排长在老大娘的精心护理下，很快脱离了危险，伤势也有了好转。后来由于敌人采取梳篦战术搜捕我们的同志，老大娘想尽办法掩护，结果陈排长还是不幸被反动的小保队捕获，被拉到河滩里杀害了；老大娘也遭到毒打，被抄了家。人民群众就这样冒着风险掩护我们的同志，为革命做出了牺牲，付出了代价。

1947年的最后一天，我潢川县民主政府率各区机关支队会合进驻观庙铺以北的一个湾子里。我们接到县里的通知："明天是1948年元旦，放一天假让大家休息一下；还可以买点肉过个年。"大家听到这个通知很高兴，县、区管伙食的同志合伙买了一头猪，连夜屠宰准备过年。

元旦早晨，太阳爬上山头时，肉已煮在锅里，香气扑鼻。因为改善生活，早饭时间比通常晚了好长时间。当大家好不容易盼到要开饭时，突然支队的警戒哨和正匆忙十万火急北调的国民党八十五师前卫打响了。敌人从观庙铺潮水般地冲过来，支队以一个连的兵力掩护县、区撤退。我二区也未及整队便向西北方向撤走，支队和县政府则向西转移了。我走在二区队伍最后，支队八连指导员李洪珠同志带两个排退下来，边掩护我们边催促大家快走。李洪珠同志是二旅补充团的干部，区政府成立时，他被编到二区任工作组组长，后调支队八连任指导员。有了他这两个排，我心里有了点底。

我们身后，观庙铺方向的枪声刚稀落下来，前面却又响起了枪声。当我县、区队伍准备在仁和集以南地段穿越潢麻公路时，又遭到由此行军北调的国民党主力部队的拦击，给挡了回来。队伍于是又向东北方向转移，直到爬上朱陂店西山，在山上又发现山下有敌人大队人马正沿商潢公路北上，这才就地停了下来。山下，敌人正沿河东岸公路二路纵队北进；顺河往双柳树方向瞭望，敌人的行军队伍一眼望不到头。我们已被夹在两路敌人的中间，无路可走了……

我和李洪珠指导员分析，敌人在元旦这天急慌北调说明：第一，敌人是大军过境，并非有目标的来围攻我县、区政府；第二，淮河以北敌人告急，所以敌人从大别山区往外调兵，说明我大别山外线形势好转；第三，敌人既然是过境，又没有追赶我县、区队伍，我们可以暂且就地隐蔽休息，等待敌人过往。我们把这个分析告诉给后赶上来的县委民运部部长孙化三同志，他同意我们的看法。我们即各自整理自己的队伍，在原地山坳里休息了。

我和李洪珠指导员将八连的部队布置在山头上，占据有利地形，以防万一。一切安排妥当之后，我便回到二区休息的地方了。

坐等时间的日子是最难熬的。论季节说，元旦时白天仍然是较短的，但大家仍然觉得昼日太长。太阳像被钉子钉住了一样，我们越是盼望快点天黑下来，越觉得它慢得使人心烦。

一阵口干舌燥，饥肠雷鸣。我看了一下表，已是午后 2 点。大家从昨晚到现在，已经 20 多个小时没有吃东西了，但此时又不能下山进村做饭。我躺在山坡草地上，紧了紧裤腰带，又饿又累，不由得想起了早晨为过元旦而煮熟的那锅没有到嘴的肉，真香啊！我咽了两口唾液，就全当会餐了……

敌人过境后，天也黑下来了。我们整队下山，在凌小集以北的一个湾子里与县政府和支队会合了。一天的战斗，我县、区及支队人员无一伤亡，真是万幸！大家相见后，互相恭贺新年第一天的胜利。

1948 年元旦就是这样过去的。大约在晚上 8 点钟，部队匆忙吃了一顿饭后就又转移了。艰苦的战斗生活，使新生潢川县、区政府经受了考验，军队和地方的同志更加紧密地团结在一起，结成了一个拖不垮、打不散的铁的整体。大别山区的艰苦斗争，此时正处在外线的内线，坚持内线斗争十分艰苦。但是，困难是暂时的，光明就在眼前，胜利一定会到来。

1948 年初春，毛主席的声音传到了大别山区："坚持住大别山，不被敌人赶出来就是胜利！"毛主席的话极大地鼓舞了坚持在大别山区内线斗争的全体同志。为实现党中央毛主席制定的战略部署而奋斗，变成了大家的自觉行动。

此时，潢川县委按照上级的指示，也及时纠正了"打土豪，分田地"的做法。为适应斗争需要，县、区组织机构做了适当调整，组建了武工队。从此，潢川县的工作重点转移到严格执行"三大纪律八项注意"爱护群众、宣传群众和以军事打击敌人为主的方针上来。这时，我也由二区调到支队新建侦通连任指导员了。

1948 年 4 月，我支队在朱陂店与敌五十八师隔河交火。支队指挥部鲜正萍同志（原二旅五团三营副营长）被敌迫击炮弹片击伤脚部不能行走，他坐在担架上，手里拿着地图，坚持工作，协助指挥长赵鹤亭组织作战指挥，与敌人周旋半月余，直到我反"围攻"胜利。

1948 年 5 月，我支队参加了鄂豫二分区统一组织指挥的对潢川、商城国民党反动武装保安团和区乡小保队的围歼战。国民党豫东南五县联防司令陈履谦被我支队击毙，狠狠地打击了国民党反动地方武装的气焰。潢川县斗争形势日趋好转。

经过近 10 个月的艰苦斗争，我军终于在大别山区站稳了脚，扎下了根。整个大别山区的形势已有了明显好转。1948 年盛夏，潢川、商城两城虽未解放，但敌人已陷入我军包围之中，如瓮中之鳖。大别山区全境的最后解放已指日可待。

1985 年 6 月 18 日

原载中共信阳地委党史资料征编委员会编：《丰碑：中共信阳党史资料汇编》第十四辑，1987 年，第 296 ~ 304 页。

八方风雨会中州

——忆刘伯承司令员在大别山区的一次讲话

◎ 夏　夔

我第一次见到刘伯承元帅，是在40年前的大别山区，可还是像在昨天一样。

1947年9月下旬的一天，风轻气爽，天高云淡。中原独立旅排以上干部500多人，奉令在河南光山县砖桥镇附近的一片松树林里集合。各人坐在自己的背包上，你一言，我一语，都在猜测今天要开什么会，可谁也说不准。不一会儿，一位身材魁梧、步履矫健的首长在张才千等旅首长的陪同下走了过来。只见他身穿一件缴获的美制蒋军高级军官的风雨衣，显得慈祥可亲而又英气逼人。不用介绍，大家一眼就认出了这是刘伯承司令员。在座的同志都怀着深深的敬意注视着这位叱咤风云、名震中外的常胜将军，会场顿时鸦雀无声。

"起立。""立正——！"旅参谋长吴昌炽的口令刚下，500多人"唰"的一声站得整整齐齐，列队向刘司令员致敬。我们中原独立旅是前一年参加中原突围后，坚持敌后游击战争，转战大江南北的一支部队，前不久和刘邓大军在大别山区胜利会师。由于长期远离主力，孤军奋战，对全国的革命形势和党的方针政策不甚了解。同志们都渴望能直接听到刘邓首长的指示。

李人林副政委宣布开会。他说："我们和野战军会合后，大家都想见到'一号首长'（刘司令员的代号），今天一号首长亲自到我们这里来了，这是我们最大的光荣。现在欢迎一号首长给我们讲话。"他的话音刚落，就响起了暴风雨般的掌声。

刘司令员虽然年过半百，又经长途征战跋涉，但精力旺盛，声音洪亮，他以浓厚的四川乡音，给我们讲了足足两个小时的话。

首先，刘司令员向我们传达和阐述了毛主席的外线作战方针。他说：解放战争第一年，我们是自卫战争，采取的是内线作战，诱敌深入，在解放区消灭敌人。经过一年的作战，我军歼灭敌人97个半旅112万余人，迫使蒋介石停止了全面进攻，改为集中兵力向山东和陕北实行重点进攻。解放战争第二年，我们的方针是举行全国性的反攻，主力打到蒋管区去，实行外线作战。晋冀鲁豫野战军千里跃进大别山，就是执行党中央毛主席的外线作战方针。好比踢足球，我们进军大别山，就是向蒋介石的"球门"攻进了一个球。蒋介石前些时正在庐山避暑，但他听见了我们的炮声，很可能睡不着觉。

刘司令员精辟的论述，使大家的情绪顿时活跃起来。会场（姑且也叫"会场"吧）上不时爆发出一阵阵欢笑声。接着，刘司令员又进一步阐述了中国革命的两大任务：革命战争和土地改革。他说：这好比推动中国革命前进的两个车轮，我们要好好开动和驾驭这两个车轮，使中国革命走向胜利。最近，中央在华北召开了土地会议，颁发了《土地法大纲》。我们的公式是："消灭敌人，土地改革；土地改革，消灭敌人。""用革命战争消灭敌人，支持群众进行土地改革；用土地改革发动群众，支援军队进行革命战争。"刘司令员以极其严肃的态度向我们指出，现在全党全军的中心任务是要彻底打倒美帝国主义的走狗蒋介石，建立新中国。在这个问题上要"重新站队！"有谁不赞成打倒蒋介石的，不赞成毛主席的外线作战方针的，不赞成土地改革的，"站出来！""站出来！"

有谁会站出来呢？有谁愿意站出来呢？整个会场又是鸦雀无声。突然，响起了春雷般的掌声，与会人员一致以热烈掌声来表达自己的意志和态度。

刘司令员对我们转战大江南北、坚持敌后游击战争给予了很大的鼓励，并针对我们的特点指示说：现在战争的规模越来越大，有时几个旅、几个纵队在一起协同作战，一定要加强纪律性，不能像你们过去那样，打得赢就打，打不赢就走；现在指挥上高度集中统一，没有步调上的一致，是不能战胜敌人的。大家一定要服从命令听指挥，攻必克，守必固，党到哪里，就战斗到哪里，不能讲任何价钱。

这时，一架蒋军侦察机从松林上空低低掠过，好像要擦到树梢似的。刘司令员连头也没抬，继续以其高昂的声音讲到大别山的形势。他说：现在陈赓兵团已经打过黄河，开辟豫西根据地；陈粟大军进军到豫皖苏，和大别山呈"三足鼎立"之势，真是"八方风雨会中州!"刘司令员用非常兴奋的语气说：我们反攻进军大别山，是"子弟兵返故乡"。在晋冀鲁豫野战军里，有当年红四方面军的，有红二十五军的，有新四军五师的，"三批子弟返故乡"。他重复了句："八方风雨会中州，三批子弟返故乡。"

最后，刘司令员号召我们说：只要我们坚决执行外线作战的方针，敢于发动群众和紧紧依靠群众，我们一定能够在大别山站住脚，一定可以重建大别山革命根据地。

整整两个小时，刘司令员以伟大的革命气魄、深刻的战略思想和生动朴实的语言，把当前的形势和任务、党的方针政策，分析得非常透彻、明确；对大家关心的问题也解释得一清二楚。每一个人都有茅塞顿开、心明眼亮之感。刘司令员大无畏的英雄气概和革命乐观主义精神，使到会的人无不为之激动，受到感染，人人心情振奋，个个斗志昂扬。

在刘邓首长指挥下，在刘司令员讲话精神的鼓舞下，中原独立旅于10月1日向南出击。攻占经扶（今河南新县），继克黄（红）安……所向披靡，连战皆捷。10月26日至27日，配合野战军在高山铺全歼蒋军整编四十师和五十二师八十二旅12000余人。为此，新华社曾于1947年11月10日专门播发了一则电讯：

> 〔新华社鄂豫皖前线十日电〕前线记者柯岗报道：年来转战大江南北、深入蒋匪后方的张才千、李人林两将军所部自与刘邓大军会合后，士气更盛，加以熟悉山地战，两月来六战六捷，捉到的俘虏超过自己人数一倍半，各种武器换了两遍……，高山铺之战……仅以伤亡百余人之代价，俘敌两千一百二十一名，毙敌四百余名，缴获大小炮一百二十门，榴弹筒二十六个，轻重机枪一百三十余挺，子弹十五万余发……（原载《东北日报》哈尔滨版一九四七年十月十六日第三版）

40年过去了，刘伯承司令员所给予我们的教诲令人终生难忘。每当回想起那次亲聆的讲话时，总是觉得言犹在耳；刘司令员的大将风度、言谈举止也一直留在我们的记忆里。

原载中共信阳地委党史资料征编委员会编：《丰碑：中共信阳党史资料汇编》第十五辑，1987年，第342～345页。

曙光又在这里升起

◎ 鲁彦卿

一

1947年冬，我随晋冀鲁豫野战军第十二纵队南下大别山，执行创建解放区的战略任务。翌年初，我党在大别山腹地的游击战争继续向平汉路沿线发展，到敌人心脏地带开辟新区。元月上旬的一天，陈少敏在宣化店找我谈话，鉴于过去我对信阳的情况比较熟悉，她让我仍回信罗边工作。第二天正式组建信罗边党政军机构：我任县委书记，张波任县长，刘心任宣传部部长，李林任统战委员，还有刘民和张盾。同时配有一个600多人枪的独立团，辖一营，一教导队，一警卫排，凌云任指挥长，我兼政委，杜秀岩任副政委。队伍刚开到罗山杨万店南山，就同"围剿"大别山的国民党大部队遭遇，独立团立即转移到淮北。我和张波带一个班在山里活动了几天，感到敌人气焰甚嚣，不宜西进，遂决定让刘民、徐大宽、杨春太三人先回信罗边打前站，以便同在那里坚持斗争的游击队及早取得联系，加强领导，掌握情况。我则同张波等又折回司令部（商固一带），组织上临时决定我任光罗县委书记。

1948年夏，在我中原主力部队连续发起开封、睢（县）杞（县）和南阳诸战役之后，国民党守备豫南交通沿线的兵力相对减弱，地方反动势力亦开始分化动摇，开创信罗边工作新局面的历史时机已经到了。6月下旬，二地委书记穰明德让我再次到信罗边工作，重新宣布了县委组成人员：书记鲁彦卿，副书记伍仁文，委员有郑杰、刘民。接受任务后，我带一个班的武装（有2挺机枪）和10多名干部于第二天清晨从光山某地出发，沿小路昼夜兼程，偶遇国民党地方小保队，我也无心恋战，边打边走。此时此刻，我才真正体会到"归心似箭"这个成语的寓意所在。信罗边，这个大别山余脉的富庶地区，她是我的第二故乡。从1939年春至1946年夏，我在这里曾经战斗和生活了8个年头，同人民群众建立了深厚的革命情谊。前不久听徐大宽同志谈道：中原突围后当地干部和群众遭受了极大的磨难，有的被杀身，有的被关进监狱，有的被逼得妻离子散，家破人亡。值得庆幸的是，原李家畈党支部一部分党员同志，虽然长期与上级党失去联系，但仍抱定革命信念，誓死不向敌人妥协，隐匿于深山老林，坚持地下斗争。目前已聚集数十名骨干分子，组成一支游击队，正在盼望上级党的到来。这批地方同志的革命精神是多么难能可贵啊！……队伍进入灵山冲时，已至傍晚，我走在前面充当向导。是夜天高月朗，凉风习习，随着难以名状的激奋心情，我不由自主地加快了前进步伐。夜半时分，赶到曹家楼，听当地群众讲，刘民、徐大宽等同志大概在西山宿营。我带队立即上山，走到半山腰，我感到路旁的露水脱落，估计同志们离此地不远。为了避免误会，我让大家停止前进，独自猫腰上去。突然一个熟悉的声音发问："谁?"话音刚落，紧接着是一片推枪栓声。我只答声"我"。"啊! 老鲁哇，您可回来了!"徐大宽等几十个同志一下子把我"包围"了。战友久别重逢，大家都格外高兴，问长问短。月光下，我发现有的同志眼睛闪烁着激动的泪花。我即简单地向大家介绍了全国的形势和目前的任务，借景生情地说："革命形势同现在的天色一样，已是黎明的前夕，不一会儿就要大亮，离胜利不远了!"

二

春到风骤冷，夜尽五更寒。黎明前的信罗边，周围形势异常险恶，信阳县城和交通沿线驻有数万国民党正规部队和伪县保安团队、乡保队。反动势力虽然已成强弩之末，但其垂死前的挣扎很疯狂。县委到的第二天，就被敌人侦知，尾追而来，我们则分散在深山中同敌周旋。

为迅速打开工作局面，变被动为主动，当时县委的首要任务是扩大武装，提高独立作战的能力。我们大力动员中原突围掉队的老兵归队，号召青壮年农民入伍。因为我在这里是人地两熟，每到一个地方，就向群众宣传全国各地的胜利形势，激励大家的斗争热情。记得有一次我到土城郭篾匠家，他问："鲁政委，这回咱们能胜利吗？"我说："准能！"下午他就领着儿子找我，说要参加穷人的队伍。在扩军时，鉴于外地的教训，我们比较注意政治条件。对于有些不大可靠的人员要求当兵，我也不直接拒绝，而叫他们先到国民党那边去干，有情报及时送来，遇着机会把武器拖过来，以示检验真伪，从而基本上保证了队伍的纯洁性。1948年冬，正式成立信罗边军事指挥部，周建国、徐大宽任正、副指挥长，刘民、钱国华任正、副政委，下辖三个正规连队：一连连长张善堤，指导员张厚春；二连连长张登宽，指导员娄其德；三连连长陈世斌，指导员吴化仁。共300多人枪，其中机枪4挺。另外还有数百民兵武装。有了这支队伍，国民党地方保安团队就不敢轻易来犯，我们则可以主动地寻机消灭那些乌合之众了。那时上级曾经提出一个口号，叫作"县不离县，区不离区，乡不离乡"。"县不离县"倒还可以行得通，"乡不离乡"就脱离实际了，实质上等于坐等挨打。我们没有完全照搬这一套。在一般情况下，将武装人员以连为单位分别活动在山南、山北，既可缩小目标，又可互相策应。当国民党大部队"清剿"时，只留下少数工作人员在地方隐蔽坚持，其余全部转移铁路西的深山区搞学习整训。待敌军"清剿"一过，我再率部归来，出其不意，打击乡保队。由于采取了这种灵活的游击方式，信罗边的我军政人员从未遭受大的损失。

在扩军工作中也曾有过一次教训。1948年秋，县委确定在淮南建一个区，并让区里自己发展武装，区干部李运昌等通过与黄家院一个地主家丁刘崇高及中原突围掉队的某部通信员李德升联系，将他们那里一部分为地主看家的游杂武装汇集起来，很快发展到一个大队，名称叫"路东淮南大队"，李运昌当教导员，有300多人，4挺机枪。这些人过去多是土匪出身，匪性难改，后来弄得尾大不掉，驾驭不住，不仅不听指挥，反而在信潢公路、明正公路到处抢劫，还杀了我们的战士，完全成了土匪部队。指挥部同李运昌等商量，打算把队伍拉到信潢公路同国民党部队遭遇，以求两败俱伤，也未实现。到了冬初，我又派李运昌找桐柏区一地委段远钟、信应县委马任平商定了智取计划，随之由李再去淮南大队，怂恿李德升、刘崇高率队去路西领子弹和冬装。信应指挥部以"请客"名义，于笃祜殿沟将这个"淮南大队"一网打尽。事后从该大队头目李德升身上搜出了国民党的委任状，原来他们已被国民党特务暗地收编为一个"混成旅"。

其次，建立革命政权。信罗边革命政权建于1948年7月，对外称作"信罗边民主政府"，辖三个区：山北区（土城、辛店一带），区长徐大宽；山南区（左家店、杜家畈及罗山的涩港店、朱堂店一带），区长钱国华；淮南区（信潢公路以北黄家院一带），区长陈冠五。因为当时的活动处于半公开状态，县政府只是一个名义，既无县长，也无办事机构，实际工作在各区进行，县里工作由县委代替。解放战争时期的信罗边有个不同的特点，就是县、区级干部中绝大多数是当地人或是抗战时期在这里工作多年的同志，他们熟悉地方情况，便于联系群众和号召群众，能够及时掌握社会各阶层人士的思想动态。比如扩军，许多青年人都是我们看着长大的，谁可靠谁不可靠，一见便知。再如对解放区的基层保甲组织，开始我们未作大的更动，这个时期我党对于统战工作未加强调，但县委在实践中比较重视这项工作，因为相当一部分保甲长过去同我们有过长期的统战关系，并有良好的个人友谊，像家住佛山马家冲的马辑武，他不仅在抗战期间同我党合作得较好，五师突围后他还积极地掩护我党人员，经常向游击队提供情报，后来还把保公所三支枪暗中交给我们使用。所以我对他讲，你的保长还继续当，只要不反对我们，我也不伤害你。因此，在这个时期信罗边的许多国民党的保甲组织被我所用。有次北山区的一个保长在我活动区征派粮，他事先找到我说：这是五里店军团部的命令，不得违抗。我说你只管征派，等你把老百姓领到河边时，我们就在山上打枪，再让老百姓把粮食挑回来，你好去"交差"，结果他照着这样做了。同时我们还发动一些地方士绅和保甲长［如郝（家）堂的张善雨和马辑武等］联合起来，以民众名义，向国民党上级政府机关写信，控告当地驻军，说他们的军纪如何坏，如何危害老百姓，直至把有些国民党驻军告走。当然，这些人之所以能够听我们的，与当时的形势和我们初到信罗边严厉惩治了一些反动分子有关。

其三，开展税收，筹措给养。在方法上，我们仍沿用抗战时期行之有效的那一套做法，大体上规定了一些商品的税率，对于过往行商，实行一次性收税，保护商人的合法权益。这种政策颇受商贾的拥护，许多人专走小路携商品到我区交换，主动向政府缴纳税收。同时我们还组织有征粮工作队，征收田赋，在东双河设有税卡。赋税虽然较低，但收入相当可观，开销不存在任何困难。

三

我们既然活动在敌人心脏地区，中心任务就是消灭敌人，壮大自己。因此，军事斗争比较频繁。初来时，敌人到处"围剿"我们。1948年7月至9月，信阳、五里店的国民党正规军配合伪保安团队先后数次向我们合围，偷袭县委和游击队的驻地，因我们情报及时，使敌屡遭扑空。9月上旬，伪十四师及驻五里店保安团出动1000多人，到郝家堂包围我们。头天得到消息，县委将两个连的主力部队一下子拉到路西谭家河山区。由于开始我们力量较弱，尽量避免同国民党正规军死打硬拼，集中力量着重打击伪乡保队。在方法上则采取"交远灭近"，即在我势力暂时发展不到的地方，像九里关、当谷山、洋河等地的乡保队，我们通过写信或派人联系，表示"井水不犯河水"，在我活动区域的反动武装则坚决予以消灭。如土城、左家店、杜家畈、徐家台等保公所以及罗山丰家店十三保的武装，先后都被我游击队解决。对于俘获国民党乡保长和保丁，我们很少采用镇压手段。一般情况下是要枪不要命，只要不是血债累累，愿意交出武器，听从我们指挥，就留条生路。这样做既得民心，也可减少敌对势力，孤立最反动分子，争取更多的国民党军政人员向我靠拢，加速敌营垒的内部分化。洋河乡（镇）公所驻有一保安中队，队长叫杨济坤（原是理发的，方城人），有几十人枪，我们派胡心广（医生）同志打入内部，同其"拜把子"，促其反正。1948年初冬的一天夜晚，胡事先与县指挥部约定时间，他把这个中队的主要头目都邀集到一间屋子里打牌，由刘民率指挥部30人枪前去"接应"，一枪未发，把这个伪保安中队全部人枪都拉了过来，洋河镇亦同时被我军占领。国民党驻五里店的伪保安三团一姓牛的大队长，我们通过写信向他宣传形势，指明出路，促使他转变了态度。每逢国民党布置"剿共"任务，他总是事先通知我们，有时还送些子弹来，并同意我们派一名姓余的干部常驻在大队部，当他的参谋。

四

形势的发展比人们预料的要快得多。随着淮海战役的胜利，国民党驻豫南部队军心动摇，风声鹤唳，草木皆兵。1949年元月下旬，国民党信阳当局获悉解放军大部队开始南下（实际是淮海战役结束后的休整，疑为意在进攻信阳和武汉）。春节那天信阳城的大部分驻军及国民党第五绥靖区司令部、河南省政府等军政机关仓皇撤到武汉，城内一片混乱。一些参议员联名贴出布告，要求解放军速去接管县政，并写信请我进城。我恐有诈，立即派几个人去侦察，回来都说情况属实。于是我派周子权为代表，带一支精悍的手枪队先去接头，走到城门口，伪警察立正、敬礼，参议会还宴请了他们，再三表示"静待贵军首长早点到来"。这下我可犯难了：经过长期艰苦的山间游击生活，我们干部战士都弄得须发蓬松，破衣烂衫，如此进城岂不让人笑话？正在筹划之时，获悉国民党大部队又从武汉开回信阳。

敌人的末日已经临近，再经春节期间的这番"折腾"，信罗边敌之阵营遂起骤变，分崩离析，地方各色人物都自动上门请我"赐教"，我的房东门前每天车水马龙，络绎不绝，像"赶会"般。革命高潮终于来到了。县委、县指挥部趁此机会，发动政治、军事攻势，到处张贴标语布告，宣传党的政策，收缴地方枪支，迅速解决了五里店、中山铺、东双河等地的保安队，共收枪3000余支，革命武装扩大到4个正规连，加各区中队、乡游击队共2000余人。1949年4月1日，信阳县城解放。3日，信罗边军政人员奉命接管罗山县，开始了新的战斗历程。

（严诗学　整理）

原载骆荣勋、郑明新主编：《挺进大别山》，河南人民出版社，1987年，第113～120页。

精辟的论述　巨大的鼓舞

——回忆邓小平同志在光山的一次讲话

◎ 阎代举

　　1947 年秋，刘邓大军遵照党中央毛主席的指示，千里跃进大别山，揭开了战略大反攻的序幕，使全国各大战场的形势，发生了根本的变化。但是，我们在进入大别山以后，由于远离后方作战，弹药、物资供应困难；部队指战员多系北方人，不习惯山地作战，不服豫南水土，病号日益增多；又由于当地群众受国民党反动宣传和威胁，开始时不敢公开与我们接近；加之蒋介石调集重兵对我军围追堵截，使我们的环境和条件变得十分艰苦，部队天天在山林里拖着敌人转，战斗频繁，长时间得不到休息。加之有些同志对进军大别山的重要意义认识不足，对能否坚持大别山的斗争表示怀疑，战士和下层干部中怕苦怕累、发牢骚的人也多了起来，个别人违反群众纪律的现象也时有发生。针对这种情况，邓小平同志曾多次给部队讲话，阐明进军大别山的重要意义，鼓舞部队的士气，并对一些错误的现象进行了耐心而严肃的批评。我作为一纵二旅四团三连的指导员，曾在光山县王家大湾附近的一个山坡上，亲耳聆听过邓小平政委的讲话，至今记忆犹新。当时我曾认真地做了记录，可惜在过去的岁月里遗失了，现在只能根据回忆，把聆听邓政委讲话的过程和内容，大致记述如下：

　　记得是 1947 年 10 月初的一个晚上，我接到了上级的通知，让我第二天随营里部分连以上干部一起去参加一个会。第二天早饭后，冒着深秋的浓雾，我们从部队驻地步行了七八里路，来到了会场。会场设在一个树木环抱的小山坡前，我们坐在朝南面山坡的草地上。到会的人，多是二旅的连以上干部，也有一些外旅的同志。10点钟左右，雾散了，太阳显露出来，开会的人已经到齐了，大家都在悄声猜测会议的内容。突然，我们看到亲爱的邓小平政委在纵队首长苏振华政委的陪同下走了过来。这时，我们才知道是邓政委要给我们讲话，会场上爆发出热烈的掌声。

邓小平同志身穿褪了色的灰布军装，腰扎皮带，很精神地微笑着，向我们鼓掌致意。

苏振华政委示意大家静下来后说，邓政委工作很忙，刚刚开过一个会议，他对大家很关心，今天特意来看看大家，给我们作报告，希望同志们认真记录，把精神带回去，很好地传达贯彻。

邓政委在热烈的掌声中讲话。他首先讲了我们到达大别山后取得的初步胜利和全国各大战场形势的变化。接着便谈起了我们当前遇到的种种困难。他说，现在有的同志不敢对部队讲困难，你不讲，困难也还是客观存在着。我们不要怕讲困难，相反，应该勇敢地正视困难，实事求是地向大家说明困难。这样，才能对困难有充分的思想准备，才能积极主动地想办法战胜困难。

他说，在我们进军大别山之前，毛主席就已经估计到我们会面临的困难，毛主席对我们的前途有三个估计：一是付出了代价站不稳脚，转回来；二是付出了代价站不稳脚，在周围打游击；三是付出了代价能站住脚。毛主席之所以作这三种估计，就是充分估计到了我们可能面临的困难。我们远离后方，在敌占区还能没有困难？我们整天背着几十万敌军在这里转，弹药、粮食、被服得不到补充，战士们不服水土，很多人生病闹疟疾，伤病员得不到很好的治疗，群众基础、物资供给，都远不如解放区，所有这些都给我们带来了极大的困难。有困难是事实，但有困难并不可怕，我们干革命就难免要同困难打交道，就要有克服困难的耐力。我们在红军时期有没有困难？抗战时期有没有困难？都有。但也都被我们克服了。邓政委接着讲了坚持大别山斗争的重要意义。他说，毛主席估计到了我们在大别山的困难情况，但是毛主席又说，你们只要走到大别山就是胜利！这是为什么呢？因为我们插入了敌人的心脏，打中了敌人的要害。我们把敌人大量吸引过来，压力大了；我们远离后方，困难多了。但是我们的兄弟部队在其他的战场上就轻松了，就可以腾出手来打胜仗了。讲到这里，邓政委举了两个生动的比喻，他说，我们进军大别山，就像"打篮球"一样，蒋介石看我们到大别山来"投篮"了，要"得分"了，他就把前锋、后卫都调来跟着我们。这样，他顾了南就顾不了北，他不让我们在南面"投篮"，不惜用几十万大军缠着我们，可他北面的"篮板"就空出来了，我们的兄弟部队在北面就可以"投篮"得分了。他又说，我们在大别山困难很多，是在"啃骨头"。但是，在其他战场上，我们的兄弟部队已经开始"吃肉"了。邓政委在列举了我军在全国各大战场上取得的胜利，讲了我军解放的地区、城市和消灭敌人的数字后，接着又说，我们背上的敌人越多，我们啃的"骨头"越硬，兄弟部队在各大战场上消灭敌人就越多，胜利也就越大。而各大战场上的胜利，反过来也有我们的支援，只有我们和兄弟部队互相支援，不断歼灭敌人，才能不断减轻我们的压力，才能使我们的条件从根本上得到改善。

当谈到大别山斗争的意义时，邓政委说，过去我们同蒋介石打仗，都是在解放区打，我们的人力、物力都要由解放区的人民负担，敌人的人力、物力也要由解放区的人民负担，打来打去，解放区遭受的破坏越来越厉害，解放区人民的负担越来越重，他们无法得到休养生息。现在我们根据党中央、毛主席的指示，把战争引向蒋管区，由战略防御转入战略反攻，不但打乱了敌人的部署，而且还可以用蒋管区的人力、物力来补充我们，使解放区的人民，可以喘一口气，得以休养生息，发展生产，更好地支援解放军作战。

邓政委对困难进行了科学的分析，他说，要讲困难，我们有，蒋介石也有。我们的困难是局部的、暂时的，是前进中、胜利中的苦难。而敌人的呢？他们面临的是解放区、蒋管区人们的重重包围，他们的苦难是全局性的，是一步步走向灭亡的不可克服的苦难。我们坚持大别山的斗争不是孤立的，我们有各大战场兄弟部队的配合和支持，有人民群众的大力支持。现在，陈赓兵团已挺进豫西，在伏牛山区胜利展开；陈粟大军也进入了豫皖苏地区。我们在蒋管区互相配合作战，与全国各大战场的人民解放军一起，与解放区和蒋管区的人民一起，对国民党反动派形成了全国规模的巨大攻势，全国革命的胜利已经为期不远啦，眼下，我们虽然苦一点，这没有什么了不起，为了全国革命的胜利，这是值得的，是很光荣的。

接着，邓政委又讲了我们克服困难的有利条件。他说，我们有党中央、毛主席的关怀和指引，有野司、中原局的直接领导，有杰出的司令员刘伯承同志的军事指挥，我们一定能克服眼下的困难，在大别山站住脚跟。他说，现在野司、中原局的同志，包括刘伯承同志在内，都和我们在一起吃苦，一起战斗，和我们一样天天在山沟里跑来跑去。我们要消灭敌人，就要跑路，在运动中消灭敌人，我们的供给没有来源，我们也没有飞机给我们空投物资，子弹打一发就少一发，所以我们不能同敌人硬拼，不能打消耗战，只能打运动战。讲到刘伯承同志的指挥艺术，邓政委风趣地讲了群众中流传的两个传说。我刘邓大军渡过淮河，胜利进入大别山以后，当地群众传说，六月伏天淮河结冰，刘邓大军踏水过了河，老天爷也给共产党帮忙。还说刘司令员打仗不用看地形，只要在山脚下摸一摸土就知道地形是个啥样。邓政委笑着说，其实我们取得的胜利并不是什么"天助"，而是"人为"的结果，刘伯承同志虽然不是什么神仙，但他确实有高超的指挥艺术，是作战经验极为丰富的杰出军事家。正是在刘司令员和中原局、野司的指挥下，我们不但走到了大别山，而且还取得了钟铺、斛山铺、高山铺等战斗的胜利，初步实现了毛主席的部署。他说，我们坚持大别山的斗争，还有一个有利的条件，那就是在大别山区我们有较好的群众基础，我们的红军、新四军都曾在这里建立过根据地，群众对我们有过了解，只要经过我们积极努力，就一定能够打破敌人的反动宣传，争取到群众的支持。邓小平还着重讲了遵守三大纪律八项注意的问题，他批评了部队中出现的放群众的鱼塘水抓鱼吃等现象。他很生气地说，现在这些人把三大纪律八项注意丢到脑后了，敌人在那里宣传，说我们共产党在那里杀人放火，群众一时不明白，有的到现在还不敢回家。你再在那里搞一些名堂，群众会怎么看？他们还怎么相信我们？邓政委严肃地说，三大纪律八项注意不是简单的规定，它是我们党政策的体现，是我们军队宗旨的体现，是我们团结群众、战胜敌人的法宝。今后不管是谁，只要是违犯三大纪律八项注意，破坏群众纪律，就一定要严肃处理。

邓政委鼓励我们要坚定信心，克服目前的困难。他指示我们要开动两个车轮，一方面要积极开展军事斗争，打运动战，不断歼灭敌人的有生力量；另一方面要放手发动群众，积极建立地方政权，重建大别山根据地。要向群众讲清，我们就是从前的红军、新四军，我们这次来大别山，再也不走了，要打消群众的顾虑。还指示我们，要大力加强政治思想工作，党员、干部要发挥模范带头作用，带头做好工作，克服困难，要自己动手，做棉衣、打草鞋、采集中草药，解决部队治病和越冬的问题。

最后，他号召我们积极行动起来，克服困难，争取在大别山站稳脚跟，为实现毛主席指出的三个前途中最好的前途而斗争，为全国革命的胜利贡献力量。

邓小平同志讲了两个多小时。他那深入浅出，闪耀着马列主义、毛泽东思想光辉的讲话，一字一句讲到了我们心里，使我们的心胸豁然开朗，使我们真正地明白了进入大别山的重要意义，看到了全国革命的大好形势和光明前途，极大地增加了克服困难、战胜敌人、坚持大别山斗争的胜利信心，同时也给了我们做好政治工作的锐利武器。此后，我们在部队中反复向战士们讲"投篮"战术，说明大别山斗争的重大意义，极大地鼓舞了战士们的斗志。部队自己动手，克服困难，较好地解决了部队过冬和防病问题。一手抓军事斗争，一手抓建设根据地的斗争，取得一个又一个的胜利。

（韩宗德、甘德金　整理）

（本篇回忆录，由当时任一纵二旅宣教干事，聆听过邓小平同志这次讲话的唐玉胜同志协助回忆，并提出修改意见后整理而成）

原载骆荣勋、郑明新主编：《挺进大别山》，河南人民出版社，1987 年，第 125～131 页。

鱼水情深

◎ 刘树森

　　那是 1947 年的冬天，刘邓大军向鄂豫皖交界的大别山挺进。当时，我在二野二纵四旅十团一营一连任排长。一个漆黑的夜晚，当部队经过固始县东南的姚李庙附近时，与从前线溃逃下来的大股国民党残部遭遇，双方立即展开了近距离战斗。霎时，枪声大作，火光冲天。激战中，敌人的一颗子弹击中我的头部，顿时血流如注。我感到天旋地转，四肢无力，渐渐昏厥过去。当我醒过来时，已躺在担架上，伤口虽被包扎过，但仍然流血不止，疼痛难忍。战斗打到拂晓，残敌终被我军击溃，部队按原计划继续向深山区进发。出发前，经部队和地方党组织联系，决定把这次战斗中负伤的 100 多名同志分散在附近的乡亲们家里养伤。我被安排在陈淋子以南汪岭保张堂子村农民徐立昌大伯家里。

　　一听说是解放军的伤员来了，徐大伯一家热情地迎到村口，拉的拉，搀的搀，几乎是把我抬到他们家的。到了徐家，真像是到了自己的家，大娘忙着做饭，大伯张罗着床铺，大女儿为我拆洗换掉的血衣……那热乎劲儿，真像是大伯的亲儿子回到了家。看到这一切，我心里甜蜜蜜的，头上的伤口顿时像好了许多。

　　徐大伯是个壮实的中年汉子，全家五口人，夫妻俩领着三个孩子，大女儿也只有十几岁。在那兵荒马乱的日子里，徐家饥寒交迫，穷困潦倒，可我在他家养伤期间，他们总是把全家能拿出的最好食物做给我吃，并想方设法弄些汤汤水水给我补养身子。在徐大伯一家精心照料下，我的伤势慢慢有了好转。

可不久，形势又有了变化。我军大部队向深山转移后，只留下一个小队在地方上坚持斗争。国民党反动地主武装伙同地方乡保队立即猖狂起来，"清剿"拉网，派伕抓丁。我区小队由于人少，不能正面与敌人对抗，只好转移到山里和敌人周旋。当敌人得知汪岭一带有解放军伤病员时，便丧心病狂地昼夜搜捕。匪徒们把偶尔搜出的伤病员，有的拖进深山用乱石砸死，有的严刑拷打，摧残致死。不几天，就有好几名战友被敌人杀害。

情况十分危急。我们这些伤病员虽然换下了军装，穿上了当地老百姓的服装，但由于大都是北方人，说话口音和当地人不同，很难瞒过敌人。如果继续留在村里，早晚会进遭敌人毒手。为避开敌人搜捕，保证我的安全，一天晚上，徐大伯把我转移到附近大山沟里的一个石洞里，每天，让他的大女儿冒着生命危险给我送饭。可没过几天，敌人又开始了大规模的搜山，不光白天，几乎每天夜里也都有荷枪实弹的匪徒，提着灯笼，打着火把，在山上搜人。在山洞里，我甚至能听到他们拉动枪栓的"咔嚓"声和奔跑的脚步声。

敌人搜山的风声很紧，徐大伯看到在近山也难藏下去，在一个深夜，又把我转移到离他家几十里远的一个深山区的亲戚家里。每隔几天，徐大伯总要来看看我，并带来一些粮食。我心里明白，这是他一家老小忍饥挨饿节省下来的。每当我手捧饭碗，心里总是热乎乎的，这里面盛有多么深厚的人民对子弟兵的情谊啊！

在徐大伯亲戚家住的十几天里，敌人仍在继续搜查我军伤病员，密草丛生，岩石山洞，他们一点儿也不放过，又有些伤员被搜出后杀害了。经过一段紧张的搜山后，大概他们以为解放军留下的伤病员杀光了，因而搜山活动暂时停止了。当形势稍有缓和，徐大伯就赶忙把我接了回来，为避免万一，仍把我藏在他家附近的山洞里，不分晴天和风雨，一天三次送饭。当时，正值严冬，一次老天连降大雪，山上雪封地冻，滴水成冰。我蹲的山洞里，潮湿阴冷，寒气透骨。徐大伯来送饭，看我冻得打战，心疼得不知说什么好。下午便带一把镢头，抱着一床被子上山了。他先在山洞里为我挖了一个二尺多深的土坑，又垫了干土，铺上稻草，让我睡到里面，果然，暖和了许多。可一看到大伯还要给我加一条被子，我坚决不答应。我知道，大伯一家五口人只有两条破被子，拿来一条，只有一条了，我怎么也不忍心盖这条被子而让他全家老少受冻。徐大伯临走的时候，我坚持要他把被子带回，可他说啥也不带，结果硬是留给了我。看着徐大伯远去的背影和那床补丁摞补丁的棉被，我心头热乎乎的，热泪又一次夺眶而出。

"穷人常年都挨饿，到了冬天更难过。"徐家和所有的穷苦庄稼人一样，到了大雪封门的季节，总是吃了上顿没下顿。为了我，他们全家早就开始吃野菜、粗粮了，并逐渐改成每天吃两顿、一顿，硬是口里省、肚里挪留下一点儿细粮给我吃，并且把能挣来的一点钱，用于我改善生活。一天早上，徐大伯送饭时对我说："小刘，很久没有让你吃肉了，大伯对不住你。"我连忙说："大伯，我不想吃肉，你千万别再为我受苦受累。"到了第二天，大伯又来送饭，我打开饭罐一看，里面装满一罐还在冒着热气的猪肉。我噙着泪水，看着徐大伯惬意的微笑，心潮起伏，热血沸腾，面对这香喷喷的猪肉，我却难以下咽，我要大伯一定把肉带回去给孩子们吃，大伯却平静地说："你伤没好，就吃点补补身子吧，孩子们都吃过了。"事后，我才知道，这次买肉钱是徐大伯起早贪黑到山上打柴，然后挑到30里外的叶集卖掉换来的，买来的肉全家谁也没吃一点儿……

到了1948年秋，我的伤势基本痊愈了。我归队心切，几次要走。徐大伯怎么也不放心。他利用打柴、卖柴的机会为我打听大部队的消息。一天夜里，我军五旅十四团的一个连从汪岭经过，找到徐大伯为他们带路。一听这消息，我喜出望外，赶紧找到部队首长。看到确实留不住我了，徐大伯也只好向首长说明情况，首长最后同意把我和在附近养伤的车长清同志一块带走。

临走的时候，我拉着大伯、大娘的手，望着他们饱经风霜的面容，想起在他们家度过的日日夜夜，一种儿子离别父母的感情油然而生，当时，我不知说了些什么，只记得滚烫的泪水不断打在两位老人的手背上。大伯、大娘把我送出很远，并嘱托我，等全国胜利后，一定再来汪岭住。

我和徐大伯一家分别后，随部队转战南北，在战斗的岁月里，我一直惦念着徐大伯一家。全国新中国成立后，我多次去信寻找大伯、大娘。但由于地方行政区划变动，加之地址没有记准，始终没见回音。1957年，征得团首长的同意，我从开封出发专程到固始，在当地人民政府和乡亲们的帮助下，我终于回到了我日夜想念的"第二故乡"，见到了大伯、大娘一家亲人。当我走进屋时，大伯、大娘双双抱住了我，高兴得老泪纵横，向我问这问那。我早已经控制不住自己，依偎在两位老人身上，幸福地哭起来。那几天，大伯一家欢天喜地，杀鸡宰羊款待我。大娘逢人便说："我的大儿子从部队回来了！""当兵的大儿子回来了！"还煮了好多红鸡蛋，送到全村各家各户。按当地风俗，用红鸡蛋请客，表示这家有了大喜事。此后，我又于1967年、1978年两次回固始，看望徐大伯一家。

每当想起这段不平常的往事，我总是感慨万端，在战争年代，不是徐大伯一家冒着生命危险掩护我，我怕早已不在人世了。我们的人民军队，正是在千千万万像徐大伯这样的群众支持下，才能无坚不摧，永远立于不败之地，中国人民的革命事业，才能不断取得胜利。

（孙克新、阎乃燮　整理）

原载骆荣勋、郑明新主编：《挺进大别山》，河南人民出版社，1987年，第137～141页。

切身感受

◎ 戴润生

在千里跃进大别山和坚持大别山斗争那些极其艰苦困难的岁月里，我们能经常得到刘伯承司令员、邓小平政治委员的严肃而亲切的教导，有时是言简义明的三言两语，有时是充满军事哲理的长篇讲话。这些讲话如同灿烂的朝阳及时地驱散笼罩在大别山上的迷雾，使我们看清了前进的道路，坚定了胜利的信心。刘邓首长那沉着坚定的性格和充满革命乐观主义精神的光辉形象，更是鼓舞部队排除万难，去争取胜利的巨大的力量。

我当时是第一纵队第二旅的政委（以后是旅长），我在这里记述的是至今仍深印在我脑海里的刘邓首长的一些重要指示和我当时的切身感受。

一

1947年5月28日，河南安阳战役宣告结束，部队转入紧张的休整补充，信心百倍地准备迎接新的战斗任务。

6月8日，一纵队司令员杨勇、政治委员苏振华同志，向我们传达了晋冀鲁豫军区政治委员邓小平同志的重要讲话。邓政委说：蒋介石"3个月"和"6个月"消灭共产党的美梦破灭以后，将全面进攻改为"重点"进攻，集中力量向我陕北和山东解放区进攻，对其他解放区依靠占据的城镇、交通要道采取守势。刘司令员把蒋介石这种"重点"进攻叫作"哑铃战术"。国民党反动派已经不能照旧统治，国民党统治区人民不能照旧生活下去，新的第四次大革命高潮即将到来，我们要逐步把战争引向蒋管区，准备迎接战略大反攻。

邓政委这些重要讲话，实际上是根据党中央、中央军委的战略部署，向全军发出的进军预先号令。

听了邓政委的讲话，我心情无比振奋，眼界大为开阔，心里揣测：不久的将来，一定会有大的军事行动。

就在邓政委讲话后不久，刘司令员、邓政委向晋冀鲁豫军区野战军发出了强渡黄河的伟大号令。6月30日我晋冀鲁豫野战军，从西起濮县、东到东阿300里宽的正面上强渡黄河，以迅雷不及掩耳之势一举突破了国民党蒋介石军队的黄河防御，以排山倒海之势，勇猛迅速尾追逃敌，在鲁西南地区取得了歼灭敌人9个半旅5.6万余人的巨大胜利，从而扫清了向蒋管区进军的障碍。

鲁西南战役结束后不久，刘邓首长就遵照党中央、中央军委关于"下定决心，不要后方，以半个月的行程直出大别山"的指示，以不怕疲劳、连续作战的精神，于8月7日亲率野战军主力向大别山地区挺进。11日越过陇海路，18日跨过黄泛区，19日抢渡过沙河，27日渡过淮河，胜利到达大别山地区，完成了战略任务的第一步，拉开了战略大反攻的序幕。

刘邓大军挺进大别山就像一把尖刀插进敌人的心脏，打乱了蒋介石的战略部署，严重威胁国民党蒋介石的反动统治。蒋介石惊恐万状，急忙从各解放区战场抽调大批军队对我大别山地区进行围攻和"扫荡"，企图做垂死的挣扎。于是一场更加艰苦、更加持久的对敌斗争任务就摆在我们面前。

二

我们刚进入大别山，困难很多。大兵团远离后方作战，弹药物资得不到及时补充，伤病员没有地方安置；从平原到山地，部队不习惯在山地和水网地区行军作战，干部战士不会走山路和田埂小径，常常滑倒在长狭的田埂上和崎岖的山道上，行动极其迟缓，有时一整夜还走不到5里，部队机动受到很大的影响；当地群众因受国民党反动派的残酷镇压和反动宣传的影响，对解放军心存疑虑，不敢主动公开接近；加之我们南进时因情况紧急没有来得及对部队进行充分的教育、深入的动员，思想准备不充分，以致有些同志对全国胜利形势和进军大别山的重大意义认识不足，对能否坚持大别山斗争表示怀疑；进入大别山以后的初战又没有打好，连续行军作战得不到休整，少数干部战士产生了怕苦怕累思想，个别同志甚至公开发牢骚讲怪话，违犯纪律的现象也时有发生。

形势教育和思想教育就显得极为重要。邓政委一贯重视部队的形势教育和思想教育。记得1936年至1937年他任红军一军团政治部主任时，经常为部队撰写形势教育材料，亲自给部队作形势报告。我当时在军团随营学校任政治教员，就亲自听过他向随营学校全体人员作的关于西班牙内战共产党英勇保卫马德里的形势报告。在他的带动下，每月向部队作一次形势报告形成制度。他还很重视干部理论学习。他任红军一军团政治部主任，就亲自组织政治部干部理论学习，学习政治经济学，他亲自任教，亲自组织考试和改试卷。并多次指出：干工作不能光靠资格，要靠知识，靠本领。他说，你们都是有实际工作经验和战斗经验的，如能学好理论，就如虎添翼了。在他亲自组织领导下，军团政治部的干部，学习蔚然成风，政治理论水平迅速提高。

在大别山斗争困难时，刘邓首长及时指示部队要抓紧形势教育，多次通过电话、电报向部队发出指示，并召开各种形式的会议，对广大指战员进行教育。

我们刚进入大别山地区，刘邓首长就指出：我们已经胜利到达大别山地区，完成了战略任务的第一步。大别山地区是敌人的战略要地，蒋介石一定要在这里做垂死的挣扎，会在我们立足未稳的时候，加紧向我们围攻和"扫荡"，艰巨的任务摆在我们面前，我们坚持大别山的斗争是义无反顾的。

当敌人集中兵力对大别山地区进攻时，刘邓首长指出：蒋介石对大别山地区的疯狂围攻，是垂死挣扎的表现，是垂死前的回光返照。敌人越是接近死亡，就越要拼命挣扎。敌人已经没有战略进攻的力量，只能组织一些有限的战役进攻。我们跃进大别山，正是要吸引大量的敌人，把敌人吸引得越多，我们背得越重，对其他解放区进行大规模的反攻和进攻就越有利。

刘邓首长指出：大别山地区的群众是要革命的。历史上我党我军曾几次在大别山地区发动群众建立革命根据地。徐向前同志领导的红四方面军，徐海东同志领导的红军第二十五军和李先念同志领导的新四军第五师，都先后在这里进行过长期艰苦的斗争。大别山地区有着光荣的革命历史，有着良好的群众基础，只要我们善于寻找战机，打几个胜仗，歼灭敌人，站稳脚跟，群众很快就会发动起来。刘邓首长还强调思想教育要向干部战士讲老实话，讲真话。越是困难，越要向干部战士交心。不要回避困难，隐瞒困难。并指出：我们当前确实存在很多困难，要向部队如实讲清楚。有的干部不敢对部队讲困难，就是不敢讲老实话。现在冬天到了，我们穿的棉衣还没有着落，这就是一大困难，困难是客观存在的。我们不要怕讲困难，相反我们应该实事求是地向大家讲清困难，勇敢地正视困难，这样，干部战士才有充分的思想准备，才能积极主动地想办法克服困难。刘邓首长同时指出，我们的困难是暂时的困难，是前进中胜利中的困难。只要我们扎扎实实地做工作，深入发动群众，困难就一定能克服，我们不要为困难所吓倒。共产党、人民解放军是不怕任何困难的。又指出：当前各级领导干部最重要的工作，是做好部队的政治思想工作，提高部队的斗志，克服怕苦怕累的右倾思想。要尽快适应南方地区的习惯，学会在山地行军作战的本领。要积极寻找机会，打几个歼灭战。要严格执行三大纪律八项注意，协助地方党政机关，放手发动群众，开辟新区工作。

刘邓首长这些重要指示，体现了贯彻党中央毛主席战略部署的坚强决心，给我们以极大的教育和鼓舞。遵照刘邓首长的指示，我们信心百倍地对部队进行深入的思想动员，提高部队斗志，增强坚持大别山的决心和信心。同时精简机关，充实战斗连队，抓紧一切机会进行山地行军作战训练。经过全体同志一致的努力，部队很快就学会了山地行军作战的本领，战斗力迅速得到提高。

三

在斗争极其艰巨复杂的形势下，刘邓首长总是及时地针对右的和"左"的两种倾向向各级干部敲起警钟，开展积极的思想斗争，总结经验，吸取教训，不断提高干部政策水平和斗争艺术，使对敌斗争和发动群众工作不断取得新的胜利。

9月25日双轮河战役（战斗）后，27日，野司在河南光山县王家（大）湾召开了旅以上军政高级干部会议。会议气氛十分紧张严肃。过去开会，刘邓首长总是面带笑容，热情地向大家打招呼，亲切地和同志们握手。这次刘邓首长态度非常严肃。会上刘司令员、邓政委、李达参谋长先后作了重要的讲话，系统地分析了我们进入大别山后的形势，总结了对敌斗争的经验教训。同时严肃地批评了一些干部特别是高级干部对重建大别山根据地的重大意义认识不够，思想上存在着严重的右倾情绪。刘司令员说："有些同志打起仗来左顾右盼，顾虑重重，走起路来非常迟缓。"邓政委说："就像小脚女人一样，一步三摇摆。"刘司令员说："走路像小脚女人一样迟缓，错过了一些歼敌的好机会。"刘邓首长都强调，特别是高级干部一定要树立以大别山为家的思想，坚决克服怕打仗特别是怕打硬仗、纪律松弛等右倾思想情绪。指出，越是在困难的时候，高级干部越是要以身作则，鼓舞和带领部队坚决勇敢地歼灭敌人。我们既要反对在条件不许可的情况下轻率地作战，更要反对在条件可能的情况下不敢勇猛地去歼灭敌人。强调要严格执行三大纪律八项注意，模范地遵守党的政策。刘邓首长要求到会干部回去以后要认真组织传达学习这次会议精神，认真总结经验教训。最后首长满怀信心地说：我们共产党领导的军队就有这样的特点，几仗没打好，或者发生什么倾向，只要党内党外开几次会，首长作几次报告，动员讨论一番，劲头马上就会鼓起来。

王家（大）湾高干会议虽然只开了一天时间，但它的意义极其深远，到会同志都感到思想震动很大，受到教育很深。开完会，我们火速赶回部队，立即召开各级会议进行传达，集中时间组织干部学习讨论，联系进入大别山以后的斗争实际，总结经验教训。通过学习讨论，广大干部战士武装了头脑，精神面貌为之一新。同志们纷纷表决心，立誓言，决心在困难面前不当孬种，从上到下个个摩拳擦掌，准备迎接新的更加艰巨的斗争任务。

四

大别山地区 10 月天气已经开始寒冷，广大指战员身上穿的都还是南进时的单衣，解决过冬棉衣已成了一项紧迫的任务。为了调动敌人，寻找机会歼敌，同时为了收集布匹、棉花和筹集资金，自力更生地解决冬装，野司确定分兵南下，我第一纵队第二旅于 10 月 1 日开始向长江北岸挺进。在开展对敌军事斗争的同时，各部队都抽调了大批军政干部组成工作队，发动群众，筹集资金，征购布匹、棉花。由于任务急，时间紧，有些工作队产生了急躁情绪，发生向群众强征强购现象，有的集镇甚至被强购一空，以致有的集镇关门闭市，严重影响了工商业者的利益，在群众中造成了极坏的影响，也给国民党的反动宣传提供了借口。

邓政委很重视党的政策和人民军队的纪律对群众的影响。他针对部队这种严重倾向，进行了严肃的批评。他指出，"这种不讲政策违反纪律的做法，严重地损害了我党我军的声誉，破坏了我党我军与人民群众的关系"，"是自己封锁自己，自己孤立自己"，要求立即纠正这种错误做法，并妥善地做好善后处理，"该赔偿的赔偿，该退回的退回"。由于邓政委及时批评指示，部队很快就纠正了这种错误倾向。

10 月 22 日，我们第一纵队第二旅解放了长江北岸要点武穴。武穴是长江北岸商业比较发达的集镇。纵队和野司领导机关都希望我们在武穴能多筹集一些资金和多征购一些布匹、棉花。但由于我们过于谨慎，束手束脚，结果只筹集到 10 余万元资金和有限的布匹、棉花。纵队苏振华政委对我们很不满意，批评我们太右倾了。邓政委听了却风趣地说："对取自群众的事，右一点比左好。只要母鸡在就能取到蛋，不要杀鸡取卵、竭泽而渔就好了。"邓政委的话，当然不是对我们的表扬，实际上是对我们的批评。刘司令员曾经说过："政策是有一定极限的，不到限是右，超过限是左，过左和过右都会损害党的利益。"我体会到，在反对错误思想的斗争中，反右必须防左，反左必须防右，执行党的政策过左过右都是不好的，都会损害党的利益。

五

我们在大别山地区经过一段艰难的斗争，与敌人进行了几个回合的较量，终于胜利地站稳了脚跟。蒋介石惊恐万状，急忙从其他战场抽调 11 个整编师共 33 个旅的重兵，向我大别山根据地进行围攻和"扫荡"。刘邓首长考虑到敌人兵力占绝对优势，且密集靠拢，采取向心合击，我们难以捕捉有利战机；根据地刚建立，群众还未充分发动；中心区山高路小，回旋余地狭窄，食粮困难，不便大兵团宽大机动，不宜集中过多的部队在大别山打大仗。为了有利于粉碎敌人的围攻，巩固大别山根据地，刘邓首长根据党中央、中央军委的指示，决定实行战略再展开。决定以野战军主力，配合地方武装，留在大别山内线作战采取宽大机动，敌向内，我向外，敌向外，我亦向外，以小部牵制敌人大部，以大部消灭敌人小部。以这种机动灵活的战术，积极打击和拖散敌人，坚持大别山斗争。刘司令员率领纵队和野司机关一部暨中原局，北渡淮河，在淮西地区展开，同豫皖苏军区配合，创造新的根据地，从外线配合大别山内线作战。同时，指挥刚到大别山的后续部队第十纵队、第十二纵队向桐柏区、江汉区展开，与进入伏牛山地区的陈谢兵团，成掎角之势。这是继挺进大别山之后又一次出敌意料的绝妙的战略行动。但一开始，有些同志对北渡淮河这一战略行动的意义认识不足，抵触思想很大。有的同志甚至发牢骚，说什么"我们前进了 1000 里，倒退了 500 里"。邓政委听了这个反映，严肃地批评了这种错误思想，针对这种说法严肃而又带点幽默地说："我的数学不高明，我的看法是前进了 1000 里，又前进了 500 里。"邓政委这机智而风趣的话，一下子就点明了这次战略行动的实质。这句话立即成为鼓舞部队进行战略再展开的思想武器。邓政委的指示常常具有这个特点：话不多，但准确清楚，一针见血，发人深思。

斗争的发展，证明邓政委的指示是完全正确的。由于我们采取了以坚持大别山根据地为重点的内线外线配合作战的方针，我们行动就更加机动，斗争的声势就更加浩大，而蒋介石军队则被拖得疲于奔命，从而不但大大发展和巩固了大别山根据地，而且在中原战场上与蒋介石军队展开了更大规模的斗争。

邓政委的指示和后来的斗争实践，使我体会到，革命战争根据敌我力量对比的变化，有时前进，有时后退，有时来回打转转，这从表面看好像在走回头路，是退却，但实质都是为了更大地前进。革命的发展规律也同天下一切事物发展的规律一样，是沿着波浪式轨迹前进的，这就是生动的军事辩证法的体现。

原载杨国宇、陈斐琴、王传洪编：《邓小平——二十八年间》，中国卓越出版公司，1989 年，第 82 ～ 91 页。

向西方略

◎ 陈斐琴

这是 1947 年、1948 年冬春相交时候的事情。

大别山经过四个回合斗争之后，已经站稳了脚跟，陈谢兵团创建的豫西根据地，已经巩固起来，并且向陕西鄂北发展，江汉、桐柏已经继大别山、豫西之后，完成了战略展开；豫皖苏军区也有了进一步的发展和巩固。全国转入战略进攻之后，敌人不得不转入全面防御，现在又从全面防御转为以中原为重点的重点防御。

自从 1947 年 12 月上旬刘邓分成两个指挥部之后，邓小平政委已经在大别山独力指挥游击战争两个月。大别山游击战争的坚持和发展，拖住敌人 33 个旅，配合了全国转入反攻，并且掩护了全军的整军运动。

"稳渡长江遣粟郎"的决定已经改变。

正在黄河北岸濮阳地区整训的粟裕兵团，决定加入中原作战。

华东野战军司令员陈毅，奉命准备前来中原和刘邓合力经略中原。

集中兵力在中原打中等以上歼灭战的计谋，在密云不雨中。

这时准备北渡淮河与刘伯承后方指挥部会合以便作下一步战略行动的邓小平，却率前方小型指挥部，在豫皖边由西向东行动。

> 隘门关峰回径转，
>
> 陡山河雪拥暗路。
>
> 长竹园重山夹道，

福田河寒彻肌肤。

这个 1947 年大别山的严冬，邓小平穿着单薄的自制冬军装，在重山中的暗路上，借着雪光月华，步履艰难地行进。在他的身边，是同样穿着单薄的自制冬军装的副司令员李先念、参谋长李达、鄂豫区党委书记兼政治委员段君毅。人们仿佛看见他那瘦削而坚强的没有戴手套的手，紧紧地捏着一条长长的无形的绳索的一端，拖住白崇禧戴着白手套的手指挥的 28 个半旅。白崇禧"扫荡"大别山的 33 个旅的另外 4 个半旅，秋天已在钟铺、张家店、柳子港、高山铺等战斗战役中，像秋风中的败叶似的被扫掉了。

"在大别山再拖敌人一个月，对全国各战场有利。"

这是邓小平的想法。但设计之后的工程施工，却需要做许多艰辛的工作。这样做就要把集结起来准备和陈粟、陈谢配合行动的野战部队重新分遣行动。要考虑分遣到哪些方面去，袭击哪些敌人占领的城市，如何去触怒白崇禧，使他一触即跳，部署错乱，朝令夕改，到处扑空。还要考虑到大别山鄂豫、皖西两个军区部队，在主力转出大别山后的严峻处境，坚持的决心和信心。……虽然决定再在大别山拖敌人一个月，但下一步的战略行动，必须此时此刻就未雨绸缪。

在金寨地区度过了 1948 年元旦的邓、李、李、段，在漆店区楼房村除夕之夜摇曳的松明中，同金寨县党政军的领导同志共同听了振奋人心的《目前形势和我们的任务》，还听取了当地的工作汇报。之后，他们又由东向西，在雪拥的暗路上行进，来到鄂豫二地委所在的河南省新县地区。在这里，邓小平向二地委的干部作了长篇的报告，具体而生动地向他们讲明了全国形势、大别山形势、我们的任务和整党问题。

他指出：更重要的是我们前进了 1000 里，创造了三大解放区，都已展开了工作。人口多了 4500 万，建立了各级政权及军区组织。大别山敌情最严重，而我们不仅战略展开了，而且战术也展开了，到处有我们的工作。我们已经在新解放区站住了脚，我们不会走是已经明确了，这就在敌人也看得清楚。二陈（指陈士榘、唐亮兵团和陈赓、谢富治兵团）的情况，比我们更松些。我们最后展开的江汉、桐柏两军区，因接受了我们的经验，已顺利地展开了。我们的跃进，打破了蒋介石把战争扭在解放区打，摧毁解放区，使我们不能持久的毒计，实现了我们把战争引向蒋管区的计划，剥夺了蒋介石 4500 万人口，这对蒋介石是一个沉重的打击。由于我们的跃进，蒋介石征兵 100 万的计划，只完成了百分之五十，逃兵便有百分之三十到百分之七十，现在靠拉夫来凑，这等于消灭了他 100 万人，形势不能不起变化。这就是敌人彻底地输了，我们胜利了，而这一反攻胜利正在发展……

密云不雨的天空，电波中正酝酿着下一步的战略行动。

1948 年 2 月 12 日，邓小平以刘邓的名义给粟和中央军委发了一封电报说："根据总的任务，我们三军应确定向西。战役组织应以陈谢、陈唐两部先向西进，吸引敌十师、十一师向西，以便大别山部队集结，迅速补充新兵，尾十师、十一师之后，并吸引大别山之敌向西进。"

这是邓小平的向西方略。

这是他设计的指挥我军和敌军向西行动的连环套，这是行动之前的庙算。

敌我按顺序向西。

第一梯队是陈赓、谢富治和陈士榘、唐亮率领的两个兵团。

第二梯队是参加围攻大别山的敌军两个主力师：十师和十一师。

第三梯队是刘邓部队的一、二、三、六纵队。

第四梯队是"围剿"大别山的其他敌军部队。

这个庙算中的战役在什么时候什么地方打呢？邓小平在电报中说"视情况而定"。

对这一战役提出什么要求呢？

邓小平说："既要调动敌人，又要歼灭敌人。"

3 月初，一个颇好的情况出现了。我西北野战军在宜川取得大捷，全歼敌二十九军军部、整编二十七师师部、整编九十师师部及其所属的三十一旅、四十七旅、五十三旅、六十一旅、整编七十六师的两个团共 2.8 万余人，其中俘虏了 2 万人，二十九军军长刘戡被击毙。这一伟大胜利，造成了我军威胁西安的态势，在全国战局中，蒋介石的西线受到巨大的震撼，敌统帅部急调陇海线潼关、洛阳间的裴昌会兵团兼程西援。"攻敌所必趋"，"使敌人不得不趋而救之也"。这一仗既歼灭了敌人，又调动了敌人。敌军兵力不足，捉襟见肘，郑州、洛阳间成了一个缺口，暴露在我军面前。怕我斩断郑洛交通，便调平汉路上担任守备的孙元良兵团集结郑州附近。但这时敌军的主力胡琏兵团远在漯河地区护路，洛阳城仅有青年军二〇六师（5个团）防守，兵力薄弱。

于是，实行向西方略中打洛阳战役的时机来到了。

向西的第一梯队陈谢、陈唐两兵团一打洛阳，连环套设计中的第二梯队、第三梯队、第四梯队就将按邓的设计图行动。

3月8日，陈谢、陈唐两兵团协同发起洛阳战役。只花了一周的时间，就攻克了九朝故都洛阳，全歼青年军二〇六师，俘师长兼洛阳警备司令邱行湘。这样一来，敌统帅部果然完全按照邓的设计，调动了敌十师、十一师西救洛阳。"攻敌所必救"，"使敌不得不相往而救之也"。这一仗既歼灭了敌人，又调动了敌人，而且使相往而救洛阳的敌十师、十一师拖在漫长的泥泞道路上受困受饿，成为疲惫之师。其狼狈的情景，从缴获的敌军日记就可以窥见其一端。于是，我打开了作战科科长张生华后来交给我的敌军将领王元直的日记。

三月十二日，午前阴，午后大雨。

［行动］道路泥泞，且全部是凹道，车辆速行尤其困难，夜半尚未到齐。

［感想］食米供给中断，由各单位以每斤六千元之代价向民间购粮。此间人民自身尚以野菜、树叶充饥，哪有余粮可购？

三月十三日，阴历二月初四，白昼微雨，入暮大雨。

［记事］因沿途人民逃避一空，无粮食可购，官兵中有枵腹行军者，余行至吉成，饥不可支，欲求一鸡蛋亦不可得。

三月十五日，阴历二月初六，阴。

［行动］由参驾店出发，行约六十五里，抵袁付庄、康庄附近地区，设法渡河。因天色已晚，水宽流急，又缺乏渡河材料，致未渡过伊河。但工作人员、渡河部队均彻夜疲劳矣！

三月十六日，阴，微雨。

［行动］昨夜想尽各种办法，均未能渡过伊河，徒涉部队不顾共军火力，向对岸前进，终因水深流急，冲走了十四人，不得已中途折返我岸。

余彻夜疲劳，用尽脑力，对渡河仍无良策。天色微明，即赴河边，目睹汪洋一片，唯有望河兴叹而已。郑州指挥所指挥劣拙，事先对兵要地志毫无调查，驱使部队至此阵地,又不准备渡河器材或配给以渡河工兵,似此庸劣,安得不失洛阳?!

[感想]伊、洛两河在洛阳附近,原可随处徒涉,不料近日来大雨,山洪暴发……今年系特殊例外。天意欲失洛阳以助共军,岂人力能为!

敌劳我逸。既然敌军主力甘受刘邓的指挥,沿着泥泞的凹路西向洛阳,刘和邓的两个指挥部,就安逸地在淮河以北安徽临泉南的苇寨会合了。他们所指挥的野战部队二、三、六纵,也按计划北渡淮河,转出大别山,进行新式整军,补充才从老根据地送来的新兵。

洛阳失陷,刘邓出山,此后的战略行动,是把中原逐鹿的统帅部安放在豫西,背靠伏牛山、武当山,以江汉为前进阵地,挥军向西南方向作战,以威胁蒋介石的大巴山防线和长江防线。在这两条防线背后,蒋介石无可奈何地实施空心战略了。

此时此刻,宏观全局,蒋介石最怕的是林彪进关,刘邓入川,陈粟渡江。

鼙鼓西响,大军东动。

骑兵通信员立马横枪,箠指西蜀,望断巫山云雨。

步兵指挥员展开军用地图,细辨巴山旧时熟路。

进川干部蹲在起跑点——陕南军区刘金轩司令部,枕戈待发。

这西面的行动和声势,正利于粟兵团在东面的鲁西南地区南渡黄河,加入中原作战,并歼灭当面的敌军兵团。

"小住杨沟一月长"的陈毅,目睹"北国摧枯势若狂,中原逐鹿更当行"。这时他由陕北的杨家沟东归,来到濮阳的华东野战军司令部,又为渡黄河作歌,感慨万千。他回顾过去一年,"大军反攻从此去。江淮河汉入掌握,南京群丑苦无计。……满眼战局皆丧气",如今"中原已告堤防决,长江何处能守御?"他预卜不久就将出现"华夏独立新世纪"。

5月里,粟兵团南渡黄河加入中原作战。

1948年6月14日,豫西宝丰县皂角树村,中共中央中原局所在地。下午5点,刘邓派出军政处处长杨国宇率参谋出村西郊迎华东野战军司令员兼政委陈毅同志。同来的还有邓子恢同志。行里许,见吉普车东来,他便伸手拦车,举手敬礼,登车引道。

进村后,刘伯承、邓小平、张际春、李达,以十分欣喜的心情出迎。

就在这一天，陈毅就任中原局第二书记兼中原军区副司令员；邓子恢就任中原局第三书记，兼中原军区副政治委员。

6月16日，刘伯承、陈毅、邓小平向中原野战军下达"阻击敌十八兵团保障华东野战军作战"的命令。

中原逐鹿，从此进入一个新的阶段。

原载杨国宇、陈斐琴、王传洪编：《二十八年间——从师政委到总书记》，上海文艺出版社，1989 年，第 147 ～ 154 页。

千里跃进壮举

◎ 潘　焱

1946 年 7 月到 1947 年 8 月，解放战争经过一年的时间，我军已消灭国民党蒋介石的正规军 65 个半旅，全国形势开始发生新的变化。

中共中央确定：解放战争第二年的基本任务，是以主力打到国民党占领区域，由内线作战转入外线作战，即由战略防御阶段转入战略进攻。

我晋冀鲁豫野战军在司令员刘伯承、政委邓小平指挥下，在鲁西南战场取得连歼敌 4 个师部、9 个半旅的胜利之后，蒋介石又慌忙从山东、西北等地抽调了大批的兵力，妄图迫使我在鲁西南地区背水一战，将我主力消灭于黄河南，或逐回黄河以北。这时，中央指示我晋冀鲁豫野战军：下决心不要后方，以半月行程直出大别山，把战争引向国民党统治区。刘邓首长根据中央这一指示精神，为了更多地吸引和调动敌人，命令所属部队：利用敌之错觉，乘其主力对我分路进击，后方空虚之际，向大别山挺进。

1947 年 8 月 7 日，晋冀鲁豫野战军兵分三路，友邻纵队、野战军机关为中、左路，我第一纵队为右路，光荣地担负起了向大别山跃进的艰巨任务。

遵照刘邓首长指示，一纵在司令员杨勇、政委苏振华、我（纵队参谋长）和政治部主任王辉球等领导同志指挥下，又兵分三路：一旅在旅长杨俊生、政委陈云开率领下，二十旅在旅长匡斌、政委石新安率领下为右路；二旅在旅长尹先炳、政委戴润生率领下为中路；十九旅在旅长昌炳桂、政委李仕才率领下为左路。纵队领导机关随一旅一同行动。沿曹县、宁陵、柘城方向开始向大别山进军。

出其不意突外围，神速跨越陇海路

遵照刘邓首长指示，8月8日，我纵二旅进到临濮集，以积极佯动造成北渡黄河的态势，掩护我和其他主力南进。敌发觉我控制渡口，错误地判断我军将向北"溃退"，时逢雨季黄河水涨，以为是消灭我军的"天赐良机"，即令鲁西南地区的部队迅速北进，抢占渡口，对我合围寻求决战。纵队根据刘邓首长的部署，乘各路敌人将要对我形成合围之势、其南线空虚之际，以出其不意的神速行动，突破了敌人合围进击线，尔后，向南开进。

为了避免敌人发觉我军意图，部队一路夜行晓宿，隐蔽行动，经过紧张的行军之后，于8月10日到达了陇海路北的胡集、龙门寨、褚庙店地区，准备跨越陇海路。据侦察报告：陇海路一线，只有敌两个团分别驻扎民权、野鸡岗、柳河镇防守。纵队当即决定采取西攻东阻手段，命令二旅四团、二十旅五十九团一部担负佯攻民权车站；五十九团主力在民权以东协同晋鲁豫五分区部队破坏铁路，阻敌东运；十九旅以一个营兵力逼近柳河镇，对该镇之敌进行警戒监视；骑兵团提前跨越陇海路，进至辘轳湾地区，对睢县守敌进行警戒，并相机占领之；二旅主力为纵队后卫，负责后方警戒和收容任务，掩护主力部队于11日晚通过陇海路。

当日下午，当一纵骑兵团出至辘轳湾时，睢县守敌闻风丧胆，仓皇向宁陵、商丘逃去。该团随即占领了睢县县城。纵队主力也于夜晚从柳河镇与民权之间越过了陇海路。纵队直属队后尾在通过罗岗车站时，与敌一个营遭遇，二旅、二十旅负责掩护的部队及时赶到，将敌全部歼灭，使纵队以出其不意的行动迅速地跨过了陇海铁路，进至睢县东北的和楼及其附近地区。

风雨征程克险阻，艰难跋涉永向前

纵队跨过陇海路后，又粉碎了蒋介石利用道路泥泞遍地沼泽的黄泛区阻滞我军的图谋。主力部队于8月16日通过黄泛区后，又准备继续强渡急流汹涌的大沙河。

为能顺利通过，我派司令部参谋处处长李觉同志率骑兵团和侦察、工兵分队随前卫一旅先行，到沙河以北沿岸一带筹集船只、架桥器材，做渡河准备工作。根据敌情和河水暴涨等情况，纵指决定所属部队必须于17日至20日利用黑夜由新站、祝湾、水寨、牛口4处抢渡过河。并命令一旅于17日夜，在新站附近以船渡先过河，袭取商水县城，担负右翼掩护主力渡河。中原独立旅（归属一纵指挥），在旅长张才千、政委李人林率领下渡过沙河，前出至平店积极佯动，伪装我主力越过铁路向西行动的假象迷惑敌人，然后，沿遂平、西平、平汉铁路东向南挺进，并担负侧方警戒掩护。同时，二旅、二十旅各一部在赵洼、姚路口、湾寨担任阻敌追兵。

18日夜，杨、苏和我又在渡口商定：由杨勇司令员带几名参谋，先行过河指挥一旅、二旅、十九旅及直属队一部。由于架桥器材很缺，架起的桥质量也不行，加上河水暴涨水流湍急，天亮后敌机还会来进行轰炸扫射。杨勇司令员在过浮桥时，即在桥上大声告诉我："老潘，浮桥不能再继续通行了，你和老苏带直属队后勤辎重赶快到水寨选点船渡吧。"

我也考虑再继续从新站或附近选点渡河是不行了，于是，我和苏振华同志商量后，率二旅八团、二十旅（除留在河北岸担任继续阻击敌人部队外），直属队后勤辎重又风驰电掣般地向水寨开去。

赶到水寨渡口，我令李学增参谋通知部队将找到的船只隐蔽好，以防敌机轰炸，并做好夜间渡河准备工作。

在船少的情况下，一夜间将这么多部队和炮兵辎重运过沙河，难度真是太大了。为了安排好船渡，我告诉李学增马上通知司令部参谋人员和后勤部干部，在一起作了具体分工，决定大些的船渡火炮、弹药，小的船只渡队伍。骡马编成队由人乘小船牵着泅渡过河。运不过去的物资一律集中起来销毁处理。具体由李觉同志负责指挥实施。苏振华同志同意我这样部署后，部队即开始了行动。经过一夜间的忙碌，使部队全部渡过了沙河。

在部队渡河中，尾我之敌整十师和骑兵一旅先头部队于19日已进至淮阳以南地区。我阻击部队指战员与敌人展开了战斗，并采取正面与侧翼反击相结合的战法，粉碎了敌人一次又一次的进攻，掩护纵队主力渡过了沙河进至洪河北岸地区。

我军自渡过沙河后，蒋介石才如梦初醒，意识到我军是有计划地向大别山挺进，打到他统治的区域里去。这下，他可慌了手脚，急忙调兵堵截我军去路。

我军在抢过洪河大桥（通汝南府必经的桥梁）时，敌人已抢先对洪河大桥进行了破坏——在桥的中间部位炸了个大洞。我们的先遣部队只好找来了几棵大树将桥洞搭盖上，并设上哨兵，在部队通过时，提醒大家不要踩滑掉下桥去。当大部队通过洪河大桥时，中原独立旅也已在西进途中炸毁了铁路桥数座，破坏铁路数十公里，正沿铁路西侧南进。

23日晨，部队抵近汝南城，敌五十二师八十二旅已先到汝南城内，我纵一、二、十九旅以一部分兵力围城而不攻，掩护主力部队继续前进。苏振华同志和我率纵直属队、二十旅（除阻敌部队外），沿汝（南）新（蔡）公路正向汝河行进，这时，骑兵侦察员回来报告：敌八十五师正在通过汝新公路，平舆店也发现敌一个旅的兵力。根据敌情，部队白天行动危险很大，于是，我急令部队停止前进返回原地待命，天黑后，再行动。当部队停顿下来，我同苏对部队夜间行动又进行了一番部署。我的意见："纵直为右路，由我率领，二十旅为左路，由苏政委率领。这样兵分两路，目标小便于行动。"苏听后赞同地说："这样行动快，就这么办。"

经过急促的行军，渡过了两条河流，纵队各路人马在刘寨、鲁店地区汇合了。纵队几位领导高兴地在一起叙说了各自一路的经历，又研究了下一步渡淮河的行动计划。会上，杨勇司令员对我说："老潘，你到一旅去指挥，要抓紧时间，先渡过河去。"会后，我带着一个骑兵班急忙赶到了一旅驻地，杨俊生向我讲了有关情况，接着，又勘察了水情。然后向杨、苏发电："淮河尚未涨水，黄昏前行动，大部队涉过淮河最为适宜。否则，洪水到来，徒涉既无希望，又无船只，后果不堪想象。"杨、苏接电后，便于黄昏前带领大部队涉过了淮河。为了加快向大别山进军的速度，纵指决定：部队再次轻装，将难以携带的野炮拆散埋藏。尔后，杨、苏率一旅，我率纵直和炮兵部队分兵向南挺进。行进中，十九旅在信阳东五里店地区遇敌激战，战斗持续一天，毙伤敌人500余名，争取了时间，掩护主力安全绕过了罗山县城。

在刘邓首长的英明指挥下，一纵全体指战员以顽强的毅力，千里跋涉，战胜了困难和尾追的敌人，于8月29日胜利到达了大别山区。

深入发动，建立革命根据地

进入大别山后，为了尽快建立根据地，完成战略展开任务，根据刘邓首长指示，纵队决定分两个梯队行动：杨、苏、王辉球同志率一、二旅为第一梯队担任机动作战任务；第二梯队以十九、二十旅、教导团组成，由我率领开展地方群众工作。当我带领开展地方工作的部队来到叶家山杨树坳刚住下3天，敌十师便进到了卡房地区。我们只好转移。途经箭场（厂）河时，教导团晋士林团长向我汇报了几天来工作展开情况，并见到了坚持在大别山斗争的游击队领导人刘名榜同志。我和刘名榜同志都是大别山区新县人，他也是红军时期参加革命的。见面后，自然感到非常亲热。他给我谈了红军撤离大别山根据地后，国民党反动派对革命苏区进行灭绝人性的摧残，红军游击队如何坚持斗争的经历。接着，我又向他详细地说明，了刘邓大军进入大别山的伟大战略意义，要向大别山的人民群众做好宣传发动工作，使群众相信："全国革命就要胜利，曙光就在眼前。"刘名榜同志听后兴奋地说："真是太好了！我们要抓紧时间开展工作。"

在地方县政府的积极配合下，部队一面发动群众，一面帮助地方恢复和健全政权组织，工作很快铺开了。人民群众纷纷说："刘邓大军过黄河时，五黄六月降大雪，河面上结了几尺厚的冰，大炮车辆就从上面走过的。真是神了！"这虽是神话，但却烘托出了人民群众对子弟兵的热爱和信任。

为了更好地指导地方工作开展，刘名榜随我一同又从郭家河区启程沿途进行检查了解。在团寨（二十旅部驻地），匡旅长向我们汇报了这一地区工作开展情况，当谈到徐家围子工作时说：这里是老苏维埃红色根据地，群众基础很好。"我打断匡旅长的话说："是啊！1929年我从家里出来，扛着红缨枪参加了红军游击队。1930年红军游击队就是在徐家围子改编为光山县红军独立团的。那时这里的群众在共产党的领导下，打土豪、分田地，革命热情就非常高涨。"

根据中原局和野司的指示，为了开辟豫东南的工作，建立豫东南根据地，又成立了鄂东、豫东南区党委。由段君毅任书记。随后，我又陪段君毅同志检查了豫东南地区的地方工作开展情况。段君毅同志对工作取得的成绩感到很满意，并对今后工作提出了许多意见和要求。在不长的时间里，我们即在光山县、新县、大悟县、红安县（部分地区）建立了民主政权、民兵组织和地方武装。在地方人民群众的积极支援下，部队也解决了几万人初到大别山所面临的最困难的供给问题，实现了建立根据地和战略展开的任务。

粉碎敌人进攻，集中主力寻机歼敌

当我军迅速实施战略展开时，蒋介石以23个旅的兵力进到淮河以南，准备乘我军在大别山立足未稳与我军争夺大别山战略要地。刘邓首长根据毛主席"目前几个月内，你们作战似应避开桂系主力七师、四十八师，集中注意歼灭中央系及滇军"的指示，确定先打滇军五十八师，牵制桂军，掩护部队立即展开地方工作。

9月上旬，我纵队及友邻纵队主力在商城以北歼敌五十八师一部。为了吸引敌人继续向北增援，我纵队二旅、六纵十六旅（暂归一纵指挥）继续向中铺进击，全歼中铺守敌。敌八十五师慌忙东援，敌四十师一部西援，从而牵制和调动了敌人。

为集中兵力消灭敌八十五师，二旅自光山县东南斛山铺及其北侧阻击敌人。为了诱敌深入，全歼该敌，纵指令一旅担任侧击，友邻纵队断敌退路。由于敌发觉了我军意图，便于当夜仓皇窜回潢川城。这次战斗结束后，刘邓首长亲自在白雀园王大湾召开了旅以上干部会议。严肃认真地总结了这次作战的经验教训，强调了今后一定要打好仗，更多地歼灭敌人的有生力量。并针对山地作战特点，提出了注意的问题。这次会议，对鼓舞部队的士气，对在今后更有力地歼灭敌人有生力量起了重大的作用和深远的意义。

在不到一个月的时间内，经过三次作战，敌人的机动部队已被我调至大别山北麓，友邻纵队也迅速进到鄂西、鄂东地区执行创建根据地的任务。

10月初，敌人又从皖西、鄂东调来4个多师的部队，与原在山北的3个师对光山、新县地区我军主力发动进攻。为了捕捉战机，刘邓首长命令一纵及友邻纵队除各留一个旅在新县、光山罗山、商城地区伪装我军主力，迷惑敌人，纵队主力及中原独立旅乘大别山南麓敌空虚，直出鄂东，向长江边挺进。沿途多次歼敌。此时，敌人主力仍被牵制在大别山北地区，而只有敌四十军及五十二师的八十二旅跟踪我纵队主力向南移动，企图占领广济。

刘邓首长命令我们：要抓住这一有利时机，集中兵力杀它个"回马枪"，以一纵队、六纵队、中原独立旅为第一梯队，归一纵统指挥，二、三纵队为预备队，将敌包围于高山铺地区，然后一举全歼。高山铺位于浠（水）广（济）公路的山谷地段，距高山铺附近1公里的清水河、马骑山紧卡公路两头。南有茅庵山、大王寨山，北有蚂蚁山，形成一条狭长的山谷，是我们伏击歼敌的极好战场。

10月25日，敌四十军三十九旅，一〇六旅及五十二师八十二旅共5个团兵力继续向广济进犯，到达漕河镇东北之杨家岗地区。

次日拂晓，中原独立旅派出便衣小部队在蕲春县游击队的配合下，引诱迟滞敌人。我各路部队这时按预定计划向预伏地区前进。

当一旅部队占领蚂蚁山西南无名高地后，敌八十二旅亦到达高山铺，向一旅阵地连续发起攻击，均被击退。敌四十军这时想越过八十二旅继续朝广济运动。为了阻敌去路，一旅一团轻装跑步先敌占领了界岭和洪武垴。与此同时，五十九团也占领了公路南侧诸高地，拦住了敌人的去路。

敌人在飞机大炮掩护下，向我军阵地发起猛烈的进攻。战士们一边打着进攻的敌人，一边相互鼓励着说："一定要坚决守住洪武垴、界岭阵地，决不让一个敌人溜掉。要人在阵地在！"敌人的炮弹在我军阵地上轰响着，恼羞成怒的敌人一次又一次疯狂向我军阵地轮番冲击。而洪武垴、界岭和公路两侧的制高点始终被我军牢固地控制着。

我纵在阻敌的同时，友邻纵队也已于当日黄昏占领了马骑山、李家寨山，完成了切断敌人的退路。

我仅以7个团的兵力完成将敌包围在清水河与高山铺之狭谷地带的任务，使敌欲进不能欲退无路，成了瓮中之鳖。

27日拂晓，我军开始发起总攻。敌人在惊慌失措中，只有向清水河溃退。一旅部队由洪武垴、界岭，二旅由高阳山经茅庵山，中原独立旅由茅庵山西侧分别向清水河出击。敌人在我追歼和截击下，无路可逃，纷纷跑进了水深过膝的稻田地里，完全失去了战斗力，只好举手缴械投降。高山铺这一战役，既激烈又漂亮。我纵在兄弟部队有力配合下，仅以伤亡800余人的代价，取得了全歼敌1个师部、3个旅部、5 个整团，共 12500 余人，击落敌机 1 架，缴获各种炮 70 余门，轻重机枪 370 余挺，还有大量军用物资的辉煌胜利。这是自我军进入大别山以来，有名的一场战役。

高山铺大捷，受到了刘邓首长的表扬和鼓励。这一胜利不仅给了在武汉以东地区人民群众极大鼓舞，也增强了新开辟的根据地人民坚持巩固根据地的信心。使敌人再也不敢轻举妄动，也使我更利于集中兵力寻机歼敌。

回顾我一纵全体指战员自鲁西南战役后，又千里跃进大别山，始终不断得到刘邓首长的关怀和给予的指示，时刻牢记着刘邓首长"不要怕任何困难和敌人，只要团结好，就能克服困难，战胜敌人，争取胜利"的教导，终于在大别山站稳了脚跟，巩固了根据地，使大别山成为夺取全国胜利的战略前进基地，实现了党中央、毛主席的伟大战略部署。

原载杨国宇、陈斐琴主编：《二十八年间续编——从师政委到总书记》，上海文艺出版社，1990 年，第 166～176 页。

"清区"宿营

◎ 黄兴正

    大别山的"清区"是鄂豫皖苏区时代，因国民党常用而留下来的一个名称，具体是指金寨以西，新县以东，商城以南，麻城以北的一片山区。当时苏区主要有两块根据地，东面一块以金寨为中心，西面一块以新县为中心。国民党军队为割断东西两块根据地的联系，结合当地地方反动头子顾敬之，对这片山区的革命力量实行凶恶的"剿杀"，使革命力量几乎无法在该地区存在与发展。以后国民党就把这片山区称为"清区"。

    1947 年 12 月，刘邓大军在千里跃进大别山，又完成了战略展开之后，我们野战军直属队就活动在这块灾难深重的"清区"土地上。

    长期受着反动派残酷压迫的"清区"人民，他们的苦难重于山，反动头子顾敬之倒台之后，继之以张旭东（商城反动县长），对群众欺压迫害更甚，奸淫抢掠，抽丁派款，无所不为。当地群众无衣无食，有家不能归。我军到达前后，张旭东等反动分子和他们的爪牙就强迫群众空舍清野，并说："谁接近解放军，将东西借给解放军用，就杀谁的头！"在这种情况下，我们的行军、宿营和开展群众工作就遇到了很大的困难。

    我记得那是 1947 年冬快接近年关的时候，我们大别山前方指挥部，在邓小平政委、李先念副司令员、李达参谋长率领下，从长竹园村出发，冒着雨，整整走了一天一夜，行程约百里，到达新宿营地——熊家畈。这时人困马乏，两条泥腿，再想向前移动步都觉得很难了。同志们一个挨一个地向稻草堆上一躺，牲口不等卸下鞍架就趴下了。首长们照例找了老乡作调查。李达参谋长并没有进房子，在村外召集各部门负责人开会。他讲："我们已经进入'清区'了，这里的群众由于长时间受着反动派的残酷压迫和欺骗宣传，对我们还不了解，加上反动头子张旭东的恐吓，暂时还不敢公开接近我们。各单位就在附近小湾子（大别山把村子叫湾子）找房子住下，做饭吃，稍微休息一下继续出发……"接着，有的单位提出："连锅也没有，怎么办呢？"参谋长便和蔼地解释："同志！大家多想办法总可以克服困难的，红军长征的时候没有锅，用脸盆、茶缸做饭也能解决问题，你们也可以采用这个办法嘛。另外也还可以派人到附近小湾子去借锅。"

会毕，我们走时，他又再三地叮嘱："你们要千万注意群众纪律。如果借到锅，用后一定要送还；并且要给些代价，这里群众生活很困难。"这些话他差不多逢会必讲，而且一点一滴交代非常具体。为了不打扰群众，多数人都没有进房子。严寒天气，我们青年人都冷得够受了，我想首长年纪大了，同样穿着单薄的粗布棉衣，一定冷得更厉害，便帮警卫员出主意，让他拿点稻草给首长们烧火烤烤手。可是平时不多说话的邓政委说了："不用烧火，大家都过得去，我们怕什么？你要知道群众的一根草也是不容易得来的呀！"

于是，在这个又冷又饿的早晨，整个直属队也没有一个烤火的。

战争环境中，全靠电台指挥作战，我们机要室照例一到宿营地，先办完公，再争取时间休息。我从参谋长那里开会回来，各科的同志以皮包搁在膝盖上代替桌子，正在办公，见我回来便说："今天吃饭成问题，通信员找了好几个小湾子，才借了一个很小的破锅。漏得一塌糊涂！"我便照参谋长的指示，对他作了解释，并将破锅糊了糊，又加两个小脸盆，架起来做饭。刚下进米，邓政委走来，很关心地问："你们吃饭了吗？"转身见地下很多玉菱被雨淋湿了，已经生了芽，便说：

"那堆玉菱多么可惜呀！快拾起来送给你们借锅的老乡吧。"说着他自己就弯下腰拾起一把玉菱，看了看说："还能吃。"我们就跟着拾了起来。吃完饭临出发了，他又问我："那玉菱你们送给老乡了没有？"并且恳切地说："这里群众太苦，你们一定不要忘记随时照顾群众利益呀！"

原载杨国宇、陈斐琴主编：《二十八年间续编——从师政委到总书记》，上海文艺出版社，1990年，第197～199页。

义无反顾地重建大别山根据地

◎ 李德生

1947年夏天，解放战争已进行了一年，我军在全国各战场取得了巨大胜利，共歼敌110余万。党中央和毛主席根据国内政治、军事形势的发展，决定人民解放军由内线作战转入外线作战，由战略防御转入战略进攻，把战争引向国民党区大量歼灭敌人，建立新的解放区，为推翻蒋介石的反动统治，夺取全国胜利奠定基础。这是我国人民革命高潮到来前夕扭转历史车轮的伟大战略决策。当时，我任晋冀鲁豫野战军第六纵队第十七旅旅长，亲身经历了这一伟大的历史转变。现我把自己的这一经历及在此以后所了解的有关情况叙述于后。

在我军转入战略进攻时，敌人正集中60万兵力，分别向我陕北、山东解放区重点进攻，其战略部署为两头粗中间细的哑铃形。党中央、毛主席选定敌人中部兵力薄弱这一环节，命令刘伯承、邓小平同志率领晋冀鲁豫野战军主力，从中央实行战略突破，跃进千里，深入敌后，直插大别山，重建根据地。并以西面陈（赓）谢（富治）集团，东面陈毅、粟裕同志率领的华东野战军主力，先后向南进军，三军成"品"字形，互为掎角，配合作战。从而调动陕北、山东战场敌人回援，歼灭其有生力量，夺取整个中原地区，建立解放全中国的前进基地。

大别山雄峙于鄂豫皖三省交界地区，西至平汉路，东达淮南路，北临淮河，南临长江，东西山脉横亘，南北平原广阔，物产丰富，人口1200余万，为中原枢纽重地。在当时我军转入战略进攻的形势下，重建大别山根据地，直逼敌长江动脉，威胁南京、武汉，将成为蒋政权"心腹大患"，蒋介石必将调集大军与我拼死争夺。因此，毛主席对我军进入大别山的前途，作了三种估计：一是付了代价站不住脚，转回来；二是付了代价站不稳脚，在周围打游击；三是付了代价站稳了脚。三种情况的前提，都是要付出代价。刘邓首长深深懂得这一行动对全局的重大意义，下定决心，不惜一切牺牲，毅然率领野战军，实行了战争史上空前未有的、大兵团千里跃进敌后的南征壮举。进入大别山后，立即向全区军民发出了"义无反顾地重建大别山根据地"的号召。在坚持大别山斗争中，野司首长坚决执行毛主席关于"到国民党区域作战争取胜利的关键：第一是在善于捕捉战机，勇敢坚决，多打胜仗；第二是在坚决执行争取群众的政策，使广大群众获得利益，站在我军方面"的指示，实施正确的军事指挥，紧紧地依靠人民群众，发扬了我军艰苦奋斗的优良传统。经过 4 个多月极为复杂而艰苦的斗争，终于在大别山站稳了脚，扎下了根，实现了毛主席提出的最好前途。

一

我晋冀鲁豫野战军百里横渡黄河，在鲁西南连续歼敌 9 个半旅以后，主力经过20 多天的急行军，战胜敌人的前堵后追，越过了陇海路、黄泛区、沙河、涡河、洪河、汝河、淮河等一道又一道的障碍，胜利地进入了大别山，像一把锋锐的利剑刺入了蒋介石的心脏。我军这一战略行动，牵制和调动了大量敌军，配合陕北和山东战场我军粉碎了敌人的重点进攻，实现了毛主席将战争引向国民党区域的战略计划，揭开了全国各战场从战略防御转入战略进攻的序幕。

党中央、毛主席始终关心着南下大军的行动，并在每个关键时刻做出具体指示。刘邓首长根据这些指示，灵活运用毛主席军事思想，辩证地执行集中与分散、内线与外线相结合的方针，成功地实施了战略展开，并相机歼灭敌人，在敌军重围中，运筹帷幄，纵横驰骋，屡屡转危为安，克敌制胜。

进入大别山后，首先遇到的问题，就是既要开辟根据地，又要牵制打击敌人兵力。野司首长创造性地运用毛主席"分兵以发动群众，集中以应付敌人"的原则，取得了斗争的胜利。

根据当时情况，中原局成立鄂豫、皖西两个区党委和军区，从各纵队各抽调3个团作为各军区、军分区基干武装，和南下干部一起开展地方工作，建立政权发动群众，繁殖（开展）游击战争。野战军主力则集中机动作战，攻占县城，扫除土顽，寻机歼敌正规部队。这时，蒋介石凑集了23个旅跟过淮河，尾我追击。我军以9个旅的兵力将敌牵制、滞留在大别山北面，而以5个旅分别向鄂东、皖西迅速实施战略展开，建立了17个县的民主政权，先敌一步，取得立足之地。敌人见我主力集结在大别山北，以6个多师合击我军。根据敌情发展，毛主席电示：分散大敌，使敌主力疲于奔命；歼灭小敌，使我获得歼敌正规军一旅两旅、一团两团之多数机会。中央军委还及时通报了当前敌情，指出：敌湖北全境空虚，长江沿岸守敌甚少，我军如速出兵力攻占大别山以南、长江以北各县，必能威胁长江，分散敌人发展形势。野司首长研究了这些指示后，立即部署进一步实施战略展开。以两个旅兵力留大别山北，伪装主力迷惑牵制敌人，而主力则大部南下：7个旅出鄂东，3个旅向皖西，以扩大解放区，拖散敌人，寻机歼敌。南下大军锐不可当，一路扫除了守备之敌和地方反动武装，连克沿途县镇，直下长江岸边的江防重镇武穴华阳。企图包围我转向皖西部队之敌第六十二旅，在运动中被我全歼于张家店。我军声威大震，长江北岸300余里悉为我所控制，枪炮之声，江南可闻，形成随时均可渡江南下的声势。南京、武汉反动当局惶惶不可终日，急忙宣布汉口至九江沿线口岸同时戒严，敌海军总司令桂永清到九江应急。蒋介石也仓皇飞至庐山牯岭坐镇指挥，以图挽救危局。但大别山区敌兵力已被我分别牵制各处，仅有敌整编第四十师和第五十二师的第八十二旅跟踪我军南下。蒋介石生怕我渡江南进，急令该部赶赴江边，拦截我军。

　　我军见来敌孤军突出，决心杀它个"回马枪"。据报，敌正从浠水向广济急进途中，将经过地形险要的高山铺。这是一个四面环山的小盆地，两侧山峦起伏，公路蜿蜒其间，最南端为一狭长山谷，西南有一缺口，是一条1300米长的丘垅，表面是稻田，底下是深及膝盖的淤泥。这里真是歼敌的好战场。刘邓首长即移至与高山铺一山之隔的胡凉亭指挥战斗。处于机动位置的我军主力，日夜兼程向心集结，两天内全部赶到了指定战场。第一、第二两个纵队和中原独立旅在高山铺四面设伏；第三、第六两个纵队于外围机动和控制敌人，保障战斗进行。我以一支小部队化装游击队诱敌进入包围圈。当敌与我主力前哨接触后，误判为"零星共军"，仍按4

路纵队沿公路南行。10 月 26 日，敌人全部钻进口袋，其先头已达伏击圈最南端之洪武垴山。我军突然猛烈开火，敌拼命突围。激战终日，敌受重创，仍未逃脱。27 日 9 时，我发起总攻，敌全线溃乱，一部残敌涌向南缺口，陷进没膝的淤泥，纷纷向我军缴枪投降。这次战役，仅用两天时间，共歼敌 12600 余人，俘敌 7500 余名，给蒋介石以沉重一击。战后，党中央发来电报热烈祝贺战役的胜利。

在敌人大规模"围剿"形势下，我军执行毛主席内外线紧密配合，军民协同作战的方针，扯破敌人合围阵势，粉碎了敌人的疯狂"围剿"。

11 月，蒋介石在南京召开"大别山作战检讨会议"及湘、鄂、皖、豫、赣、苏 6 省"绥靖会议"。决定成立"国防部九江指挥部"，由其国防部长白崇禧亲任总指挥，统管豫、皖、赣、湘、鄂 5 省军政大权，进行所谓"总力战"，企图拼力消灭我军，摧毁我大别山根据地，与我争夺中原。敌人以整编第五军（辖整编第五、第七十师）附第七十五师及第五兵团（辖整编第三、第十五师共 6 个旅）分别钳制我华野部队及陈谢集团，并从豫皖苏和山东战场抽 5 个师，加上已进入大别山的 9 个师，共 33 个旅的优势兵力，开始对大别山进行全面的"围剿"。

党中央、毛主席针对这一形势，及时指出：大别山根据地的确立和巩固，是中原根据地能否最后确立和巩固的关键，足以影响整个战局的发展。因此，南线军必须内外线紧密配合，寻机歼敌，调动和分散围攻大别山的敌人，直到彻底粉碎敌人的围攻为止。为增强力量，中央军委又从晋冀鲁豫军区调来第十、第十二两个纵队加入大别山作战。

面对严重的敌情，刘邓首长向全体军民发出紧急号召：要求全军指战员，在决战时刻，英勇奋斗，坚决打敌，不惜牺牲，不怕伤亡，保护群众。要求广大群众空舍清野，与敌游击，破坏敌之交通补给。在全局上，宁愿多吃苦，也要拖住敌人，决不放弃根据地，以利全国战局的发展。并决定将进入大别山的野战军主力部队和指挥部一分为二。刘司令员转入外线指挥，以新调来的第十、第十二两个纵队西越平汉路，向桐柏、江汉地区发展，以第一纵队北渡淮河，向淮西方向发展，实施战略再展开，开辟 3 个新的根据地与敌作战。以华野主力一部及陈谢集团对陇海路、平汉路进行大规模破击作战。这样就在大别山西北面，构成外线迫敌阵势，牵制、拖散了围攻大别山的敌人一部。邓政委则率领第二、第三、第六 3 个纵队和鄂豫、皖西军区部队、地方武装，在大别山坚持内线斗争，采取"敌向内，我向外，敌向外，我亦向外"，"以小部队牵制大敌，以大部队消灭小敌"的方针，与敌周旋。当敌围我主力时，我外线部队兜击敌后路，内线主力分散机动，歼灭小股敌人；当敌主力被迫分散，我又适当集中，歼灭孤立之敌。军区部队、县区武装、游击队和野战军配合行动，广泛开展游击战争，破坏敌人的交通补给线和通信联络。我军还适时消灭敌地方武装，仅宋埠一战，就歼敌保安中队及土顽骨干 2400 余人，狠狠打击了残酷迫害群众的地方反动势力。由于我作战方式灵活机动，行动迅速，战斗顽强，使敌人既不能集中，又不能分散，终日疲于奔命，被动挨打，最后只得收缩兵力，退守维护其交通线。与此同时，华野主力一部和陈谢集团，在平汉、陇海线破击作战中，破路 420 余公里，歼敌 2 万余人，攻克 23 座县城。随后，华野主力和陈谢集团又在西平以南将敌第五兵团部和整编第三师全部歼灭，有力地配合了我野战军主力在大别山的反围攻斗争。经过 1 个多月激烈、艰苦的斗争，敌人不得不从大别山调走 13 个旅到周围应急。至此，我粉碎了敌人对大别山进行的最后一次大规模"围剿"。

看看敌人国防部对这次"围剿"失败而总结的"教训"，是很有意思的。敌人认为，"因守备兵力薄弱"，使共军突过平汉路，"造成目前鄂西严重局势"；又说："敌常于我大军合围势态将形成时，行离心退却，以退却之部队，绕至我军后方，围攻我孤立弱小部队。"还承认"部队行动每为敌情所诱"，致使"包围圈破裂，予敌北窜机会，影响全盘'围剿'计划，以致功亏一篑"。……这些在后来为我缴获的敌人内部"绝密"文件，有力地证明了在大别山反"围剿"斗争中，刘邓首长卓越的军事指挥和我军的英勇作战能力。

二

革命战争是群众的战争，只有动员群众才能进行战争，只有依靠群众才能进行战争。毛主席关于争取群众、依靠群众的思想，为我军在大别山重建巩固的根据地指明了方向。1947 年 8 月 30 日，刘邓首长在渡过淮河不久，即发出指示，要求全军在打胜仗、歼灭敌人的同时，大力宣传群众、组织群众，放手发动群众。并指出：使大别山人民"同我们一块儿斗争，是实现我军战略任务的决定条件"。大别山是我党的老根据地，人民群众有着光荣的革命传统。土地革命战争时期，这里就建立了鄂豫皖苏维埃政权，组建了人民自己的武装工农红军第一军，后又扩建为红四方面军。第4次反"围剿"后，四方面军转战川陕。红二十五军、红二十八军及新四军第五师，又相继在此与当地人民一起进行过艰苦卓绝的斗争。由于我军主力曾3次撤离该区，国民党反动派勾结地主武装对当地人民进行过多次残酷镇压，许多村镇被敌人夷为废墟，许多军属、烈属惨遭敌人屠杀，不少村庄只留下老弱妇孺，看不见青年和壮年人。大别山人民对敌人怀有深仇大恨，见我刘邓大军重返大别山，一方面欢欣鼓舞，庆幸重得解放；另一方面又担心我军站不住脚，怕敌人回来后施加报复。加之我军初到，反动统治尚未被彻底摧垮，仍在暗地里威胁群众，因此，群众不敢公开与我军接近。为了迅速展开工作，重建政权，发动群众，我军在寻机歼敌、打击土顽的同时，主力所到之处，组织大批工作队，深入群众，访贫问苦。通过各种形式向群众宣传全国各战场上我军大量歼敌的有利形势，说明我们是当年红军——鄂豫皖子弟兵打回家乡，是在歼灭了100多万敌人以后的战略大进军，我军誓与大别山人民同生死、共患难，重建大别山根据地，决不会再走，以消除群众的顾虑。在斗争环境复杂的地区，采取了秘密串联的方法组织群众，以保护群众安全。与此同时，主力部队抽调大批干部和老区翻身战士，在各级党组织的领导下，发动群众组织农会，领导群众清匪反霸，减租减息，开展游击战争，密切配合主力部队的战略展开。在发动群众的过程中，许多优秀的工作队员，在极端险恶的环境里，兢兢业业，全心全意地为群众的利益工作，甚至献出自己的生命。原第六纵队政治部宣传干事马丰年，是一位深受人民爱戴的工作队员。他在麻城县肖家坳开展群众工作时，不幸被小保队捉住。敌人用4颗铁钉将他钉在地上，威胁他问："你还要不要穷人翻身？"马丰年同志坚贞不屈，大义凛然地回答："我死了，穷人也要翻身！"最后被敌人挖眼割耳残酷杀害。中原独立旅宣传干事梁桂华，是位女同志，在蕲春县边街六斗观组织群众斗争，与贫下中农建立了深厚的感情。在"清剿"斗争中，因叛徒出卖被捕，押解途中，奋身跳下响水岩，又遭敌人残酷折磨壮烈牺牲。当地人民将附近的水库命名为"桂华水库"，在她墓前立牌坊、刻碑文，寄托哀思。这些优秀的人民子弟兵为建设大别山根据地抛头颅、洒热血，受到人民群众深深的怀念和尊敬。在创建大别山根据地的斗争中，野司首长十分重视部队执行政策纪律、维护群众利益问题。把严格执行三大纪律八项注意、严整军风军纪看成是我军"树立良好影响使群众敢于接近的先决条件"。邓政委曾严肃指出："三大纪律八项注意，是毛主席亲手订（定）的……不能看成一个枝节问题，而是一个战略、策略和政策的事。""一切行动要以群众的利益为出发点"，"严守纪律，关心群众，这是关系到我们能否在大别山生根的大事。破坏纪律，脱离群众，是自掘坟墓"。在我军初进大别山时，部分地区在发动群众过早地进行土地改革中，曾发生过打击面过宽、损害中农和工商业利益的倾向。野司首长很快予以纠正，明令停止了"急性"土改，改变了农村的过左政策，制订了一系列保护工商业的规定，对违反政策纪律的事情抓得很紧，处理得很严，改正得很快。针对少数部队出现违犯纪律的现象，刘邓首长于 9 月 2 日在新县小姜湾召开整顿纪律的干部会议，严厉地告诫部队，反复强调依靠群众对建设大别山根据地的重要意义。刘司令员讲："部队群众纪律这样坏，如不迅速纠正，我们肯定站不住脚。"邓政委严肃地指出：这是我军政治危机的开始。会后，即命令政治机关组织人员下到各部队传达会议精神，整顿军队的纪律。检查组对一名强取商贩物资的副连长，依法执行了最严格的军纪，解除了群众的疑虑，密切了军民关系，对全军指战员也是一次极为深刻的教育。在行军作战中，野司首长和统帅机关，以自己的模范行动，时时处处带头执行群众纪律，不放松点滴的小事。刘司令员在胡凉亭指挥作战时，发现警卫人员在地上拾了一个拐枣吃，立即批评教育，并要警卫员给老乡付了钱。野司每到一地，都要组织通信员另挖厕所，邓政委还亲自检查此事，再三提醒大家尊重群众的生活习俗。隆冬严寒时节，为了不用群众的柴火烤火，李达参谋长亲自带领警卫排上山砍柴、背柴。有一次，邓政委和李先念副司令员等到皖西视察工作，有群众反映：小保队抢了他一头牛，解放军赶跑了小保队，把牛给牵走了。邓政委立即让部队查清此事，速将牛送还老乡，并道了歉。他告诉大家说："我们能不能在大别山站住脚，会不会被敌人赶走，决定的一环，就是团结群众发动群众的工作……你们是做这方面工作的，你们的一举一动，就像一面镜子，群众就是透过你们来认识我们党、我们军队的。因此，我们要时时刻刻，处处注意自己的行动。"由于部队抓紧了纪律教育，出现了许多遵纪爱民的事迹。刚进大别山时，一天夜里滂沱大雨，有一个班来到老乡门口，叫不开门，全班就在房檐下过夜，战士们浑身淋透，冷得发抖，也不进屋。某部重机枪连过旧历年时住在群众家，为了尊重老乡过年不泼水的风俗，全连一整天没有洗脸。这些乍看起来都是生活上的小事，却在群众中产生了强烈的反响。老乡们高兴地说："解放军纪律严明，真是当年的红军回来了。"由于我党我军与人民亲密无间、血肉相连，在坚持大别山的斗争中，得到了人民群众的广泛支援。高山铺战斗前，当地党和政府动员群众连夜舂米，支援部队粮食，并在几天内备齐1000多副担架。战后，迅速将我军700多名伤员转运至斌冲山区。战斗中，派出武工队和民兵为我军带路、侦察敌情、运送弹药、打扫战场，保证主力歼敌的胜利。一位不知名的民工，在战斗中冒着密集的炮火，爬上阵地，为战士们送干粮。一路上，干粮袋被穿了7个弹孔，当干粮送到战士们手中时，这位民工也英勇牺牲了。在敌人向我大规模"围剿"期间，我军主力与敌转战，部分伤病员分散在曹大山、谈家沟一带养伤，处境十分危险。老乡们夜以继日看护调理，喂汤熬药，像对待自己亲生儿女一样。敌人进山搜捕，群众白天将伤员背到深山岩洞里隐藏，晚上接回家中休息。曹（大）山长凹张顺昌家里住着9名伤员，他常去毛嘴、白水为伤员买肉，被敌人怀疑抓去审问，吊在梁上拷打，打得死去活来也未向敌人暴露情况，掩护了伤员的安全。皖西金（寨）东县委书记白涛同志被敌杀害后，暴尸城关，敌人扬言："谁敢收尸，与白涛同罪！"住在附近的老贫农吕绍先夫妇，冒着生命危险，在群众的帮助下收殓了白涛同志的遗体。有着光荣革命传统的大别山人民，与人民子弟兵同生死、共患难，并肩战斗，谱写了一曲曲可歌可泣的壮丽篇章。刘司令员在回顾这段斗争历程时说："这表现了人民战争的本质。我们依靠的是人民，蒋介石依靠的是碉堡……这就是二野在大别山战斗及全部人民解放战争胜利的关键。"

3大兵团跃进到敌人战略纵深重建大别山根据地，是一场十分艰巨、十分严峻的斗争（任务），必须下定决心，不怕牺牲，排除万难，去争取胜利。刘邓首长预见到斗争的严重情况，进入大别山后，向全军发出庄严号召："重建鄂豫皖解放区的任务是非常光荣的，是中国近代史上重要的一页，我们的决心是十分坚定的，解放区定要建立起来，困难一定要克服，共产党的特点是愈困难愈有劲，越团结。我们要有信心克服困难，我们一定要站住脚，生下根。"广大军民在重建和坚持大别山的斗争中，响应这一号召，艰苦奋斗，不怕牺牲，英勇斗争，发扬了我党我军一不怕苦、二不怕死的革命精神。我军远离晋冀鲁豫老根据地，跃进到敌占区进行无后方作战，首先面临的是物资供应困难。毛主席和党中央于9月中旬电示："应从根本上改变依靠后方接济的思想。""人员、粮食、被服、弹药一切从敌人和新区取给。"我军初入新区，开始是利用旧保甲筹借军粮，以后是在解放了的城镇中征税和向商人筹借物资的办法。并号召广大指战员发扬艰苦奋斗的优良传统，自己动手，克服困难，厉行节约，反对浪费。部队在紧张频繁的斗争中，没有鞋子穿，就组织战士们学习打草鞋；没有足够的药品，卫生部利用食盐水等代用品为伤员消毒，并组织卫生人员采集中草药。最困难的阶段，有的部队20多天没有吃到油盐，有的部队在断粮的情况下，拔野菜或以清水煮马肉充饥。高山铺战役之后，气候已转寒冷，10万大军尚穿着单薄的夏衣在山区转战。刘邓首长决心发动全军将士自己动手，依靠群众解决冬装。各部队派出采购人员，根据野司规定的政策，向商家和群众购借布匹和棉花。干部战士动脑子、想办法，用树条制成弹弓弹棉花，用稻草灰将各色杂布染成灰色，请当地妇女传授缝衣技术。刘司令员还亲自教干部战士裁缝领口。全军上下，一齐动手，终于克服困难，穿上棉衣，战胜了大别山严寒的威胁，满怀信心去迎接更加艰苦的考验。我军从北方来到南方，从平原转进到山区，环境的变化，给部队战斗、生活带来不少新的问题。渡淮河后，干部战士对南方气候变化、生活习惯、地形条件极不适应。吃大米，爬高山，行军走田坎小路，进行山地、水网战斗，均成为新的课题。时值阴雨连绵，道路泥泞，山高路窄，重炮和大车都不便行动。且敌情严重，部队得不到休整，痢疾、疟疾等山区地方疾病造成大量减员。特别是在进入大别山初期，无后方基地，伤病员得不到妥善安置，不少指挥员产生思想顾虑。有的同志过多看到局部的暂时困难，产生了"避敌不打，躲躲闪闪"的右倾情绪。9月下旬，刘邓首长在商城西北之王大湾召开旅以上干部会议，指出我军战略进攻的伟大胜利和重要意义，强调了政治思想教育，号召全军指战员，增强斗志，提高信心，克服右倾情绪，发扬人民军队的优良传统。刘司令员在会上指出："我军之来此是在消灭蒋军110多万人之后的战略大进军，蒋军则是在被歼110多万人之后的战略大退却"，"全党全军愈认识自己的政治任务和光明前途，信心就愈高，斗志就愈强"，"而创立解放区的进程，就愈是突飞猛进"。为了适应大别山的斗争环境，缩减了机关，减少了重武器和牲口，以利山地机动。各部队采取了领导与群众相结合，南方战士与北方战士展开互助等办法，引导部队熟悉南方环境的作战与生活习惯。并在全军范围内，普遍开展了形势与任务的教育，提高思想认识，增强斗争意志。高山铺战斗前夕，刘司令员来到第六纵队，对连以上干部讲了话。他说：革命战士要勇敢。"勇"是男子头上戴的一顶光荣的帽子。站队要看一看，是不是男子汉，是不是真正黄帝的子孙？不是的，就让他们去吧！刘司令员的讲话传到部队，全体指战员斗志昂扬，信心倍增，勇敢地投入歼灭敌整编第四十师和第五十二师第八十二旅的战斗，取得了全胜。在重建大别山根据地的斗争中，敌情严重，战斗频繁。有的连队经过昼夜行军，连续战斗，病员、伤员大量增加，减员三分之二。当敌人重点围攻开始以后，形势更加严酷，险象丛生。为掩护桐柏、江汉、淮西（淮河以北、沙河以南）3个地区的战略展开，配合陈粟、陈谢部在外线歼敌，刘邓首长号召全区军民克服最大的困难和艰苦，将敌人几十个旅的包袱背在自己的身上，吃大苦，耐大劳，为全局的胜利而做出牺牲。我主力部队在敌人合围开始以后，不顾疲劳，忍受饥寒，以紧张的急行军，适时跳出包围圈，转到外线，不断拖疲、消耗敌人。有的部队一夜之间奔袭60多公里，甩开敌人主力，寻机打击敌后之土顽；有一支部队连续行军一天两夜，行程120公里，只吃了一顿饭。野司首长和部队一起行军作战，甘苦同尝。刘司令员眼睛不好，常挂着棍子爬山越岭，备受艰苦。由于敌我犬牙交错，遭遇敌军的情况经常发生。1947年12月14日，刘司令员率野司机关及第一纵队向淮西展开。在光山县西南北向店之菜园，与敌整编第十一师不期而遇，陷入极端危急的情势之中。刘司令员沉着果断，凭借大雾的掩护，采取紧急措施摆脱了敌人。在腹心地区坚持斗争的部队和地方干部，以英勇顽强的精神与敌周旋。他们风餐露宿，在极度困难的条件下袭击分散孤立之敌，摧毁敌政权，保护我政权。我分散行动和隐蔽的工作队员及伤病员，在遭遇敌人"清剿""驻剿"的艰难时刻，自动组成战斗小组，到处打击敌人，牵制敌人。许多战士英勇不屈，壮烈牺牲。活动在蕲春张家湾的工作队员和伤病员，在沉重打击敌人之后被敌俘获，20多人高唱《国际歌》《三大纪律八项注意》的歌曲壮烈就义。其中一位姓吴的干部临刑前对群众说："老乡们，不要悲伤，我们不久就会胜利，敌人一定要被消灭！"话未说完就被敌人开枪杀害。大别山的军民为坚持斗争取得最后胜利，付出了血的代价。1948年元旦，邓政委在敌人重点"围剿"的危急、困难情况下，组织了机关团拜,并检阅了警卫部队。战士们连夜剃了头刮了脸,把破烂的军装缝补得整整齐齐,成营横队排列在山角的田埂上。天还没有大亮,邓政委和李先念副司令员等领导同志向警卫部队走来。邓政委用洪亮的声音向大家拜年,鼓舞大家坚定胜利信心,克服困难,紧紧地把敌人拖住,坚持到最后胜利! 频繁的战斗,恶劣的环境,残酷的斗争,对我广大军民是一次最大的磨炼。在斗争的紧要关头,毛主席发表了《目前形势和我们的任务》,指出:"中国人民的革命战争,现在已经达到了转折点。""这是蒋介石的二十年反革命统治由发展到消灭的转折点。这是一百多年以来帝国主义在中国的统治由发展到消灭的转折点。"而且,"这个事变一经发生,它就将必然地走向全国的胜利"。毛主席的指示,使广大军民认清了形势,明确了坚持斗争的意义,看到了胜利的前景,成为鼓舞我们克服困难、坚持斗争战胜敌人的巨大精神力量。我刘邓大军自 1947 年 8 月进入大别山,经历了 4 个多月艰苦卓绝的斗争终于站稳了脚跟。鄂豫、皖西根据地得到了巩固,新创建了桐柏、江汉根据地和军区,使大别山和鄂豫陕、豫皖苏连成一片。在 4 个多月的作战中,刘邓、陈粟、陈谢 3 路大军共歼敌 19 万多人,解放县城近百座,在 4500 万人口的江、淮、河、汉广大中原地区,完成了面的占领,迫使敌人缩守到铁路沿线,把敌人筹集军需、补充兵源、进攻我军的后方,变成我军继续歼敌、发展革命力量的前进基地,调动了敌人南线全部兵力 160 多个旅中约 90 个旅到中原地区,为大兵团逐鹿中原,大量歼灭敌人打下了基础,使全国战局发生了根本的变化,取得了战略上的伟大胜利,为尔后的淮海决战和夺取全国胜利创造了有利条件。

1988 年 2 月

原载中国人民解放军历史资料丛书编审委员会编:《解放战争战略进攻回忆史料》,解放军出版社,1997 年,第 97 ～ 107 页。

千里跃进皖西的第三纵队

◎ 陈锡联

解放战争第一年的伟大胜利,使全国形势发生了重大变化。一年来,解放区军民,在党中央的正确战略方针指引下,(消)灭了敌人 97 个半旅,连同地方部队共 112 万人,胜利地粉碎了敌人的全面进攻,并有力地打击了敌人的重点进攻,奠定了我军战略进攻的基础。党中央、毛主席确定的第二年作战的根本任务是:立即由战略防御转入战略进攻,把战争引向国民党区域,将中国革命推向新的高潮,以争取在全国范围内的胜利。并且制定了两翼牵制、中央突破、三军配合的战略计划。以晋冀鲁(豫)野战军主力,于 1947 年 7 月以前,在鲁西南突破黄河,跃进大别山;以晋冀鲁豫野战军一部,在晋南突破黄河,挺进豫鄂陕;以华东野战军主力,在打破敌人重点进攻后,挺进豫皖苏。三军在中原布成“品”字阵势,互为犄角,密切协同,歼灭敌人,发动群众,建立中原根据地。

根据上述任务。我纵队在刘伯承、邓小平首长直接领导下,在豫北作战之后,于安阳以西地区休整 1 个多月,学习了野司颁发的“敌前渡河的战术指示”,围绕大反攻进行了思想与组织等方面的准备工作。

跃进千里

6 月 30 日,我军发起了鲁西南战役。我纵作为总预备队于 7 月 13 日投入对羊山守敌发起的总攻。28日战斗胜利，我纵共毙、伤敌4000人，俘敌7000余人，缴获榴炮9门，汽车30余辆。鲁西南战役胜利结束，此役历时28天，我野战军在战略进攻的主要方向上，歼敌9个半旅、4个师部，共6万余人，揭开了战略进攻的序幕。迫使敌先后从西北、山东和中原等地调动9个整编师22个半旅向鲁西南驰援。打乱了敌人的战略部署，为跃进大别山开辟了通道。

鲁西南战役后，我野战军主力和华野外线兵团5个纵队，集结于巨野、郓城地区，形成强大的进攻态势，无论在战略上和战役上都处于主动地位。刘邓首长决心利用这一有利时机，让部队休整半个月，于8月15日南进大别山。

但是，这时调进鲁西南的国民党13个师30个旅，分5路正向巨野、郓城地区分进合击，企图迫使我军背水连续作战。还阴谋破坏黄河大堤，把我军和河南岸数百万人民淹没在鲁西南。加之当时连日阴雨，河水猛涨，南岸之老堤由于敌人破坏，未加修复，时刻有决堤的危险。新的情况已不利于我久停，刘邓首长审时度势，当机立断，决心提前于8月7日经巨野、定陶之间跳出敌人的合围圈南进；并要求我们勇往直前，不向后看，坚决勇敢地完成这一光荣艰巨的战略任务。当时，毛主席对我野战军主力南进大别山，曾估计了三个前途：一是付了代价站不住脚，准备回来；一是付了代价站不稳脚，在周围坚持斗争；一是付了代价，站稳了脚。要我们从最困难方面着想，坚决勇敢地战胜一切困难，争取最好的前途。

为了保持我军行动的隐蔽突然，制造敌人错觉和出其不意，刘邓首长确定野战军主力分3路南进，即以一纵并指挥中原独立旅为西路，沿曹县、宁陵、柘城、项城之线以西南进；我三纵为东路，沿成武、虞城、夏邑、界首之线以东南进；中原局野战军指挥部和二、六纵队为中路，沿单县、虞城、亳州、界首、临泉之线以西南进。千余名地方干部分随各纵队行进，以便于迅速开展地方工作。为配合和掩护我野战军主力南进，刘邓首长还确定：北面以十一纵和冀鲁豫军区部队在黄河渡口佯动，造成我军北渡的假象，吸引敌人继续合围；东面以暂归我野战军指挥的华野外线兵团5个纵队的少数兵力钳制敌人，主力积极寻机打击敌人，掩护我军主力南进。在西面以豫皖苏军区部队破击平汉路，断敌交通，中原独立旅参加破路后，绕道平汉路西侧南进，分散迷惑敌人。

当时，我军是胜利之师，群情激昂，信心十足，有完成各项任务、克服任何困难的思想基础。但在实际工作上，却存在不少问题，如部队连续作战一个月没有休整，新解放战士来不及教育，对进军大别山还没有具体动员和充分的准备；敌重兵压境，从鲁西南到大别山，远隔千里，横在前进道路上有陇海路、黄泛区、涡河、茨河、沙河、泉河、淮河等许多天然障碍。加之正值雨季，我纵队又行进在东路，河宽水深，大多数河流不能徒涉，运动困难。且东临津浦路，如敌人察觉我战略企图，沿铁路向南，堵截我去路，将造成我更大困难。克服障碍，使部队迅速进到大别山去，是急待解决的重大问题。刘邓首长果断决定采取 3 路前进的队势，固然已为我们创造了加快进军速度的前提，但我们靠两条腿行动，是比不上敌人的车轮子的。因此，做好战备和组织好行军，就更显得重要了。我们反复琢磨，既要前进快，又要保持部队的体力，采取了各旅交替前进的办法。首先以七旅为先遣队，掩护纵队通过陇海路，抢占新黄河（即沙河）渡口，架设浮桥，保障主力通过沙河。尔后由九旅担任先遣任务，过沙河迅速前进，抢占淮河渡口，攻占固始。八旅即向皖西展开，要求各级干部深入下去，边前进，边动员，边整补，开展思想、体力互助，切实做好巩固部队的工作。经过动员，各部队都抢着在千里跃进中立战功。

8 月 7 日，我纵队与兄弟纵队一起，开始了千里跃进的壮举。

黄昏时部队出发，连续 4 个夜行军，跳出了敌重兵集团合围圈。先遣部队七旅二十一团于 11 日夜攻占陇海路上马牧集车站，歼守敌一部并对东西铁路进行破坏，炸毁了桥梁；纵队主力于 12 日胜利越过陇海路。同时野战军各纵队也跨过陇海路，向敌人辽阔空虚的战略纵深疾进。这一突然的战略行动，将敌人主力甩在陇海路北，彻底粉碎了蒋介石企图在鲁西南合击我军的计划。开始，敌人判断我军要北渡黄河，结果合围扑空；继而又误认为我是在大军压境情况下"北渡不成而南窜"。因此，仅令驻蚌埠的四十六师一部西进太和，结合地方团队在沙河布防，堵截我军；以主力罗广文兵团、张淦兵团等部共 12 个旅分路尾我南进，并以 4 个旅在平汉路侧击，妄图把我军一举歼灭在黄泛区。可是我军已先敌两天进入黄泛区，把敌人远远抛在后边。

8 月 14 日，刘邓首长指示："决乘敌分散，对我企图尚未判明之前，乘隙以 3 日急行军向太和、阜阳、界首之线前进，抢渡新黄河（即沙河）。"据此，纵队令先遣队七旅直趋沙河。纵队主力过涡河后，即进入黄泛区。早在 1938 年，为阻拦日军进攻，蒋介石在河南中牟县花园口破坏河堤，使黄河决口，招致（造成）数百万人民生命财产的严重损失。1947年为防御我军的进攻，又引黄河水归故道，就造成了当时的黄泛区。它宽30至40里，遍地积水淤泥，没有道路，没有人烟，行军、食宿均很困难。全体指战员以惊人的毅力战胜重重困难，经过4天艰苦行军顺利通过了黄泛区。8月17日，七旅十九团进至太和，与已占领太和城之敌四十六师先头部队（约一个团）展开激烈战斗，该团二营袭占沙河渡口——旧县集，并在旧县集渡口搭好了浮桥。18日纵队主力通过沙河。19日，尾追我纵队之敌第三、五十八师与我八旅后卫部队接触，遭我阻击，未敢冒进。

我军渡沙河后，蒋介石才大梦方醒，察觉到我军并非"南窜"，而是矛头直指大别山。于是急忙调动部队，沿平汉路南下堵击。我为抢占淮河渡口，8月21日，改九旅为先遣队，令其先行出发，抢占三河尖渡口，同时令纵队教导团和补充团抢占洪河口、祝皋集渡口，以保障主力通过。8月22日，敌四十六师抢占了三河尖下游40里之南照集渡口并向三河尖运动。我二十五团轻装疾进，于23日夜抢占了三河尖渡口。与此同时，教导团、补充团亦抢占了祝皋集渡口。他们架好了浮桥，保障纵队主力于8月25日全部顺利渡过淮河。

此时，传来陈赓、谢富治兵团于8月23日夜在平陆、济源间渡过黄河的胜利消息，极大地鼓舞了我们的胜利信心。为保障纵队主力顺利向南挺进，九旅二十六团渡淮后立即出动，于8月26日拂晓，占领固始县城。至此，经过20天的连续急行军，战胜了敌人追堵，克服了重重的天然障碍，胜利地进入大别山，完成了千里跃进的战略任务。

在皖西展开

进入大别山后，刘邓首长明确指出，今后的任务是：全心全意地、义无反顾地创建巩固的大别山根据地。与友邻兵团配合，全部控制中原。具体部署是：以一纵、二纵阻止钳制尾我之敌，三纵、六纵占领南线诸城，打开创建根据地的局面。并明确指示我三纵队，"应迅速攻占立煌（即今金寨县），并侦察六安、霍山、舒城、庐江、桐城、潜山、太湖诸城，准备占领之。"

纵队在固始召开党委会，首先由我传达刘邓首长关于胜利完成进军大别山的总结和向皖西、鄂东地区实行战略展开，重建巩固的大别山根据地战略任务的部署。纵队经过研究确定兵分两路。一路是郑国仲副司令员率八旅于8月29日由固始直取立煌；另一路纵队主力于30日经叶家集向皖西六安、霍山挺进。八旅部队以勇猛动作，于9月2日攻占立煌城，全歼守敌四十六师五六四团大部及保安队大部，俘敌千余人。尔后该旅迅速东进，分路出击，连克舒城、庐江、桐城、潜山等县城。九旅二十六团于9月2日袭占六安城，俘敌百余人。尔后，该旅即在六安城以东之十五里墩、以西之徐家集地区阻击敌人并掩护开展地方工作。七旅二十一团于8月31日全歼叶家集之敌四十六师五六四团二营及安徽省保安三团一部，俘敌480余人。该旅主力位于六安以南地区，配合南下工作团开展地方工作。其十九团三营于9月3日袭占霍山，二十团于9月9日至20日逼近六（安）合（肥）公路椿树岗、官亭镇一带，进行游击活动，并在防虎山歼六安逃亡的国民党县政府及保靖大队一部，俘敌百余人。

我纵队以半月时间，解放了固始、立煌、六安、霍山、舒城、桐城、庐江、潜山、太湖、岳西等10个县城，消灭了守敌，摧毁了国民党县政权，建立了民主政府，初步打开了局面。我军所到之处，都受到当地群众的热烈欢迎。

我纵队在实施战略展开过程中，处处得到皖西游击队的配合和支援，坚持皖西地区武装斗争的主要力量是皖西人民自卫军。他们是由原中原军区一纵队副司令员、我的老战友刘昌毅同志率领的800余名鄂豫皖人民子弟兵，于1947年4月从鄂西北打回大别山，在潜山地区与长期坚持敌后斗争的皖西工委书记桂林栖同志领导的皖西支队会合后组成的。刘任指挥长，桂任政委，下辖3个支队，共2400余人，活动在东达巢湖、无为，西至潜山、岳西，南自太湖，北达定远的广大地区。他们时刻盼望主力打回来。这支人民武装与我纵队会合后，如虎添翼，声威大震。9月中旬，各支队先后与我纵各旅会师，并积极配合，于9、10月间，连续攻占潜山、岳西、安庆附近的石牌镇、太湖、望江、华阳镇以及庐江县府所在地盛家桥。他们还积极配合建立地方政府，开展地方工作，为大军筹集粮秣，侦报情况，等等，不仅为主力展开创造了极有利的条件，而且是建设皖西根据地的重要力量。

在我实施战略展开时，蒋介石急令尾我南下的23个旅追过淮河，分路扑向大别山区，妄图乘我立足未稳，寻歼我军或将我军逐出大别山。9月上旬，北线敌四十六师进入六安、霍山地区，五十八师进到固始、商城地区。为打击敌人气焰，掩护展开，刘邓首长于9月间在商城以北、以西地区连续组织了以歼敌五十八师为主要目标的3次作战，仅歼敌2个团。在展开初期，由于我军刚刚由内线转到外线，由北方转到南方，各方面都发生了很大变化，许多同志一时难以适应这种情况，部队中出现了一些纪律松弛的现象。为解决部队的思想问题，野战军于9月27日在白雀园召开会议。会上在肯定成绩的同时，着重严肃批评了一些干部和部队存在着的右倾情绪和违法乱纪行为。刘邓首长指出：增强斗志，反对右倾情绪，克服纪律松弛现象，是大举歼灭敌人，充分发动群众，建设大别山根据地，实现党的战略进攻方针的根本环节。要求各级干部要牢固地树立以大别山为家的思想，严肃军纪，发扬勇敢顽强的战斗作风，率领部队克服暂时困难，担负起打仗、做群众工作、筹集给养等三大任务。这次会议，对坚持大别山斗争，实现党中央的战略进攻方针，起了重要作用。

张家店歼敌

10月初，敌从鄂东调七师、四十师，从皖西调四十八师、四十六师一部，并结合在山北地区的八十五师、五十八师、五十二师等部，对光山、新县地区之我野战军主力进行合击。野战军根据这一情况，令我三纵"趁敌西调，皖西空虚，迅急回师，放手歼敌"。我纵主力由商城，一部由固始，共5个团于10月1日兼程东返。为了隐蔽行动企图，我们绕道山地，在崎岖小路上行军。连日阴雨，道路泥泞，经7个昼夜，才如期赶到霍山、六安之间。此时，敌八十八师师部率六十二旅由舒城沿舒（城）霍（山）公路向西进犯。真是冤家路窄，八十八师曾与我纵在正月鱼台战斗中交过锋，我们同兄弟部队一起，消灭它一个半旅，剩下的逃回徐州去了。这次是经过补充由徐州调来合肥，9月中旬进占舒城、庐江、桐城地区。现该敌处于运动中，是我歼灭良机。为防敌逃跑，纵队指示各旅：只要抓住敌人，不必请示即可合围歼击。

10月6日，八旅二十三团在舒城以西的南官亭附近接敌，与之激战数小时。7日，沿舒霍公路东进的九旅二十五团与该敌先头部队在山王河遭遇，敌迅即龟缩抱儿岭一带。纵队当即下达命令：七、八、九旅分由北、东、西三面向抱儿岭、三保墩及其以北山地合围该敌，务期一举歼灭。纵队特别强调：必须机动灵活捕捉战机，积极主动协同作战。

8日晨，三保墩之敌继续北撤，我九旅二十六团乘势逼近敌人，敌以小部队与我接触，主力趁黑夜绕道北窜。九旅童国贵旅长亲率二十六团和二十七团两个营取捷径向北追击，二十六团在马长岗捕捉敌哨兵，查明敌全部猬集在张家店，当即占领295高地，向敌开火。二十七团也迅速逼近韩家畈。接着，七旅赵兰田旅长率二十团也赶到了。赵、童两旅长立刻以到达的部队，大胆地包围了敌人。次日拂晓，敌发现被围，当即抢占有利地形，构筑工事，并以2个营至4个营的兵力，在炮火掩护下，连续猛扑北面二十团阵地，企图夺路而逃。在紧急关头，赵旅长立即向团的干部进行了动员。该团奋勇反击，打退了敌人一次又一次的突围；阵地失而复得，最后把仅有的预备队——团特务连用上去，就连旅的侦察连也投入了反冲击。由西南方进攻的二十六团在打退了敌人反扑后，以炮火支援主力出击。下午3时，敌人倾全力作最后挣扎，猛烈地突围，但在我二十、二十六两团密切协同、奋力夹击下，被彻底粉碎了。与此同时，郑国仲副司令员率领的八旅正在张家店以东展开，九旅后续部队也赶到了。这里，需要特别提到的是：由当地政府和群众组织的1000副担架也赶来支援，极大地鼓舞着全体指战员的杀敌斗志，决心以全歼敌人的战果来报答新区人民对子弟兵的爱戴和支援。

为迅速歼灭该敌，纵队要求各旅针对山地、稻田，认真区分任务，严密组织火力。以九旅全部由西、南两面主攻，大部炮火也集中在这里；七旅由北面攻击；八旅由东、东南面攻击。晚7时发起攻击，由于部队攻击勇猛，一个小时就肃清了外围。此时，敌人依靠优势火器，利用村沿顽抗。我各旅不给敌人喘息的机会，迅即向村内突击，四面八方的炮火齐向村内射击。10日1时许，纵队配属九旅的化学臼炮，命中敌师指挥所，引燃了村内草房。风助火威，整个张家店顿时变成火海，敌阵大乱，我各攻击部队趁势发起总攻。九旅二十七团首先从南面突破，七、八两旅同时向敌猛扑，攻入村内。各部队一面奋勇歼敌，一面协助群众救火。混乱的敌人，抱头鼠窜。战至10日拂晓，除敌八十八师副师长张世光化装逃跑外，其师部及六十二旅全部被歼，战斗胜利结束。此役共毙、伤敌副团长以下500余人，俘敌六十二旅副旅长汤家辑以下 4300 余人，缴获战利品甚多。当张家店敌人被围时，敌四十六师 3 个团的兵力，由六安驰援，8 日进至槐树岗。我二十一团发扬以少胜多、英勇顽强的精神，在敌前进道路两侧选定有利地形阻击敌人。经持续 3 天的激烈战斗，敌前进只不过 10 里，被阻于距张家店尚有 30 里的中店子地区，保障了张家店作战的胜利。

张家店作战，取得了"我军在无后方依托的条件下，第一次消灭敌人一个正规旅以上兵力的重大胜利"①。它对发展和巩固皖西根据地，提高群众的胜利信心，教育和鼓舞部队，都有极重要的意义。正如中原军区 12 日贺电所指出的，"你们此次大捷，对建设皖西根据地关系极大"。这次胜利，也标志着我们在皖西完成了中原局及野战军首长所赋予的战略展开任务，打开了皖西斗争的新局面。

皖西根据地的重建

皖西地区位于大别山东南，有着光荣革命历史。刘邓大军到达前，皖西人民自卫军在潜山、舒城、桐城、岳西一带，保有较完整的根据地，周围各县是游击队经常活动的地方。由于皖西与鄂豫连接，南锁大江，威逼南京、武汉，历来为兵家必争之地。

在我军进入大别山之初，中原局即决定，在新区党、政组织机构未建立之前，先成立豫东南、鄂东、鄂皖、皖西等 4 个区工委，负责开展地方工作。8 月 30 日，还明确划分了部队展开和各工委的工作区域，其中规定皖西区为我三纵队展开地区。决定桐城、庐江、舒城、霍山、六安、无为、寿县、霍邱 8 县书记仍由原中共皖西工委书记、皖西人民自卫军政委桂林栖担任，于一川副之。部队进入皖西地区后，纵队领导分工：我和曾绍山、郑国仲副司令员负责指挥作战，阎红彦副政委率领纵队教导团、补充团一部和纵队辎重部队，一面在霍山、岳西地区安置纵队后方，一面负责和皖西地方党联系，肃清土顽，发动群众，开辟根据地工作。

10 月 10 日，人民解放军发表宣言提出了"打倒蒋介石，解放全中国"的口号。同一天，党中央公布了土地法大纲，宣布废除封建性及半封建性剥削的土地制度，

---

① 中国人民解放军军事学院编：《刘伯承军事文选》，中国人民解放军战士出版社，1982 年 11 月，第 777 页。

实行耕者有其田的土地制度。为了贯彻宣言和土地法大纲,中原局于10月12日发出《放手发动群众创建大别山根据地的指示》。根据上述精神,纵队党委为加强皖西根据地建设,指示各级党委向军民宣传土地法大纲,立即发动群众开展分浮财、分田地的斗争。决定各旅着重工作区域为:七旅加强桐城、安庆,八旅加强舒城、庐江,九旅加强六安、合肥;教导团和补充团加强三工委;纵队直属队抽出近千人组成两个武工队加强潜山、太湖。各旅组织两个武工队,每队50人,由坚强的军政干部和翻身农民战士组成,作为潜(山)怀(宁)、潜山、舒城、庐江、六安、合肥县地方武装,归县委领导,主要任务是开展群众工作,进行土改,摧毁旧保甲,建立基层政权,发展和巩固游击队,建立根据地。到10月中旬,在已解放了的12个县中,建立了固始、金寨、六安、霍山、舒城、桐城、潜山、岳西、庐江、太湖等10个县的民主政府,为创建皖西根据地奠定了基础。

11月上旬,我纵队在太湖、潜山一线休整时,刘邓首长来到太湖刘家畈视察,接见了皖西人民自卫军刘昌毅、桂林栖同志和我们纵队的领导同志,我们纵队政委彭涛同志也从后方赶来了。刘邓首长一是看望坚持大别山斗争的皖西人民自卫军指战员,听取他们关于坚持大别山斗争情况的汇报;二是开会研究、部署成立皖西区党委、军区和行署等问题。会上宣布刘昌毅同志来我纵任副司令员。11月15日,皖西区党委、行署、军区在岳西县汤池畈成立,曾绍山为军区司令员,彭涛为区党委书记兼军区政委,桂林栖为区党委副书记兼军区副政委,于一川为区党委副书记,罗士高为行署主任,何柱成为军区政治部主任,徐立行为军区副参谋长。下辖三个地委、专署、军分区,全区共17个县(包括新设的县在内)。

为了坚持皖西的斗争和武装力量的建设,由纵队调出七旅二十团、八旅二十四团、九旅二十七团,共7000余人,作为3个军分区的基干团;将皖西人民自卫军第一支队编为三十七团,归皖西军区建制。此外,由纵队、各旅抽调大批干部(仅八旅就抽调300余名)组成军区、军分区领导机关。后来由二十、二十四团各调3个连为基础,组建6个县独立营。这些部队在区党委和军区领导下,在配合主力作战,对敌人"合围"与"清剿""驻剿"的严酷作战中,经受了很大的锻炼,战斗力大为提高,对剿匪安民、建设和巩固皖西根据地,发挥了重大作用,深受皖西人民的拥护。随着形势的发展,部队进一步扩大。1948年8月15日,军区决定以二十、

二十四、二十七团组成皖西军区独立旅，三十七团随旅行动。此前已由纵队教导团、补充团、皖西人民自卫军各一部组建三分区基干团和两个县大队。由于区分了纵队与军区两套机构，纵队可以实施宽大机动，歼灭敌人；军区部队则可扩占地盘，发动群众，广泛开展游击战争，消灭反动地方武装和打小仗，进一步解决了分遣与集结的问题。

与皖西根据地建立的同时，在鄂豫区也成立了区党委、军区和行署。这样，以鄂豫和皖西为核心的大别山根据地就形成了。我军在大别山深深扎下了根，实现了毛主席估计的 3 个前途中最好的前途。

辗转机动，粉碎敌人围攻

我军在大别山取得的重大胜利，使敌人极为惊慌。为了与我争夺大别山这一战略要地，敌人从山东和豫皖苏战场调来 5 个师，加上原在大别山的 9 个师，共 14 个师 33 个旅，于 11 月 27 日开始对大别山展开全面围攻。

为了坚决粉碎敌人的围攻，野战军司令部制定了"内线坚持和分兵向外、内外配合、寻歼弱敌"的方针。根据这一方针，我纵进行了紧急动员和战前准备。随后，立即投入了反对敌人围攻的战斗。

在经扶（现新县）城以北的行进途中，我到野战军前方指挥所，见到了邓小平政委和李先念副司令员。一见面，李副司令员就开玩笑地讲：锡联同志，背得动吗（指背着敌人行动）？邓政委接着说：就是要多背一些，背重一些；釜底抽薪就不要怕烫手。调动敌人回援其根本重地，这是个关系到全局的战略行动。我们多背些敌人，宁愿本身多忍受一个时期的艰苦，也要拖住敌人几十个旅于自己的周围，使山东、陕北的兄弟部队能腾出手来，大量消灭敌人。现在陈粟、陈谢的部队，为配合我们粉碎敌人的围攻，已开始向陇海、平汉路的敌人出击。我们准备告诉他们，要作长期打算，我们在大别山背重一些，他们可以放手歼敌，对全局极为有利。

12 月 7 日，纵队由麻城白果地区北上，拖着敌人几个师在麻城、新县、黄安（现称红安）、商城、潢川、固始等地区周旋，最后强渡史河，跨过六（安）叶（家集）公路，于 24 日到达英山以北地区。部队连续在冰天雪地里战斗行军 18 天，行程千余里，胜利完成吸引多路强敌并将其拖疲拖困的艰巨任务。在此期间，我们曾先后摆脱了敌七、二十八、四十八、五十八、四十六等师的多次大合围。12月13日，当我纵队全部进至新县正向商城以西转移时，敌五十八师在余家集与我前卫九旅接触，后面敌七师已越过麻城北上，步步逼近，构成合围态势。我九旅二十五、二十六团连续击退敌五十八师多次进攻，激战终日，顺利地掩护了纵队主力的转移。为了把五十八师拖向西南，九旅单独向福田河方向运动，以后该旅即在麻城以北山区机动作战。16日，七旅十九团在商（城）潢（川）公路上的江家集，与尾追之敌展开激烈战斗。战至黄昏，冒着大风雪，徒涉泼皮河，摆脱了敌人。第二日，当我纵队连续行军到达商（城）固（始）公路之上石桥时，上有敌机轰炸、扫射，前有敌军阻拦，后有追兵，侧翼敌人正在运动。在此紧急情况下，我和八旅二十二团的领导同志共同研究决定：该团一营抢先渡过灌河，占领阵地；团主力就地展开，阻击敌人；纵队主力连夜冒雪破冰迅速徒涉过河。部队过河后，夜行百余里，终于摆脱了敌人。12月20日部队在黎集以南渡过史河后，原准备休息一两日，但刚进入宿营地，即获悉敌四十六、四十八与五十八师，正分别由六安、商城、固始向叶家集地区合击。为迅速跳出合围圈，部队马上向麻埠方向转移，高速度通过了六（安）叶（家集）公路。当我主力通过不久，几路敌人即接踵而来。为迷惑和拖住敌人，纵队令七旅出皖西霍山、舒城。纵直率八旅经霍山以西进入英山以北地区。原留在麻城以北地区拖敌的九旅，经过连续行军作战，克服了重重困难，于12月25日，到达英山以南四姑墩地区。七旅在皖西辗转歼敌后，也于1948年1月10日转移至英山东北陶家河地区休整。

在此期间，皖西军区部队及广大地方干部，以英勇顽强的精神，积极投入到艰苦的反"围剿"斗争。他们一面发动群众反抓丁、反抢粮、反掠夺，破坏敌人设置的"三网"和经济封锁政策；一面组织游击集团，配合主力部队作战。12月份，皖西军区部队积极出击，连续攻克宿松、岳西、潜山、太湖县城和望江以北之石牌镇，俘敌潜山县长以下250余人。较大的战斗还有：在六安姚李庙击退敌四十六师部队3次进攻，毙、伤敌50余人，在攻占桐城南部重要据点青草塥时，歼敌400余人，俘敌200余人；在六安东南之张家店歼敌保安队300余人。由于皖西区的游击活动战绩甚大，荣获中原军区通令表扬。

正值我纵队在英山休整之际，敌又调集七、二十八、四十八、五十八、十一、二十五师等部，向英山以东、罗田以北、商城以南岳西腹地进犯，并派出大批特务与土顽结合，企图对我主力进行"重点合围"。为粉碎敌人新的围攻，我纵于1月28日转向皖西。纵队副司令员郑国仲率八旅向桐城、舒城、霍山、六安地区机动；九旅向太湖、英山、罗田地区机动；七旅向罗田、商城边界地区机动。当敌人跟踪我转到外线的主力准备合围时，我各旅便甩开集中的强大敌人，辗转机动，攻歼分散之敌。九旅1月6日在太湖以西李杜店战斗中，给敌二十五师一〇八旅重大杀伤。八旅2月8日在桐城挂车河伏击敌四十六师五六二团和四十八师五二七团，毙伤敌300余人，郑国仲副司令员负伤。

在整个反"围剿"过程中，大别山广大人民群众，给了我们很大支援，除供应军队粮食、柴草外，还协助部队作战，当向导，送情报。特别是在救护工作上，帮助部队抢救伤病员，把一些经治疗、包扎后的重伤病员，隐藏在自己的家中或山上，他们采药送饭，送衣送被。当敌军"清剿"时，又想尽一切办法，积极保护伤病员，充分体现了军民骨肉之情。

在我野战军主力内线坚持的同时，陈粟野战军和陈谢兵团在平汉、陇海线积极活动，破路840余里，歼敌20000余人，攻克县城23座，有力地配合了我们在大别山区的反"围剿"斗争。一纵在淮西展开后，与陈粟野战军、陈谢兵团胜利会师，进一步巩固和扩大了豫陕鄂和豫皖苏根据地，并使两区连成一片，为大量歼灭敌人开辟了广阔的战场。敌人在我强大打击下，被迫先后从大别山调走13个旅，使其在大别山的全面围攻惨遭失败。敌人大量被歼，平汉、陇海铁路干线被切断，重要据点被包围，这就使其中原战场全面防御体系遭到粉碎，被迫转（而采）取分区防御。从战略进攻开始，经过半年的作战，南下大军已在江淮河汉之间的广大地区站稳了脚跟，全国各个战场的进攻和反攻，也大量歼灭了敌人，形势有了进一步的变化，战争已经主要是在国民党统治区里进行了。

1948年2月，中央军委为了使中原地区各野战军集中作战，打中等和大的歼灭战，确定我野战军主力转出大别山进至淮河、汉水、陇海路、津浦路之间广大地区，寻机歼敌，我纵队奉命于3月28日北渡淮河，尔后转入豫西地区。当时部队中有的同志认为，这是"前进一千里，后退五百里"。邓政委说："这是从形式上看问题，不是从本质上看问题。我的说法是：前进一千里，又前进了五百里。因为大别山仍然在坚持，并没有放弃，而且今后还要坚持。""大别山斗争已经前进了一步，前进到当地的人民和军队已经能够坚持大别山，前进到主力已经可以逐步抽出来集中机动作战。"[①]

1949 年春天，在第二野战军刘邓首长直接指挥下，我们又回到了大别山。这时，经过严重斗争的大别山，已成为渡江作战的前进基地，为支援解放全中国，继续做出贡献。

原载陈忠贞主编:《皖西革命回忆录》第三部《解放战争时期》，安徽人民出版社，1991 年，第 86 ～ 102 页。

---

① 杨国宇、陈斐琴主编:《刘邓大军南征记》，河南人民出版社，1982 年，第 35 页。

牵"牛"征战大别山

——七旅在皖西

◎ 赵兰田

在挺进皖西的日子里,我们全体指战员在十分艰苦的条下,机动灵活,团结协作,英勇奋战。在反"清剿"战斗中,与敌辗转周旋33天,使我们难以忘怀。

一

1947年11月下旬,正当刘邓大军胜利完成在大别山地区展开,并发动群众建立革命根据地的时候,蒋介石大为震惊,为了实现其"坚守中原,经营华南"的方针,慌忙在南京召开了"湘、鄂、皖、豫、赣、苏六省绥靖会议",成立了由白崇禧为头目的"国防部九江指挥所",并从山东、陕北两个重点战场抽调了5个整编师,加上原在大别山的9个整编师共14个师33个旅的兵力,对我大别山区发动了总体战。

白崇禧施行的"总体战"是指军事"进剿"、政治欺骗与经济封锁"三位一体"。这并非是他的新发明,只不过是当年侵华日军"三光政策"的翻版。

白崇禧自鸣得意,在他看来,凭借众多的兵力,还有这"新"的战法,"摧毁共军在大别山的根据地","拔除共军插进中原腹地的刀子"是肯定没有问题的了。大别山区一时乌云翻滚,敌人杀气腾腾。

面对敌人进行全面围攻的严峻形势,刘邓首长详实地分析了敌我双方的情况,认为敌人对大别山区的疯狂围攻,是垂死挣扎的表现。只要我们坚决执行中央军委和毛主席制定的方针，就一定能粉碎敌人的围攻。在反围攻的部署上，考虑到敌人兵力占绝对优势，且密集靠拢，向心合击，难以捕捉战机，以及根据地新建，群众尚未充分发动，没有可靠的后方，粮食困难，且山区山高路窄，回旋余地狭窄，不便于过早地集中主力在大别山打大仗等众多的因素，刘邓首长决定采取内线坚持和分兵向外，内外配合的作战部署。根据刘邓首长的反围攻指示，我们七旅随纵队担负起了在皖西地区辗转机动，吸引并拖住拖散敌人这一光荣而艰巨的任务。

二

根据纵队的统一部署，我们七旅于12月初进行了内线作战的紧急动员和战前准备。通过教育，干部、战士们认清了当前的形势，明确了任务。转移途中，邓小平政委、李先念副司令员指示我们要多背些敌人，多吃些苦，才有利其他战场多歼灭敌人。首长的指示更增强了我们反围攻的政治责任心和光荣感。

在与敌周旋期间，几乎每天都要与敌人遭遇，不是前有堵截，就是后有追兵，甚至处在敌人的夹击之中。我们依靠干部战士的智慧和勇气，既拖住了敌人，又巧妙地一次又一次地跳出了敌人的包围圈。12月8日，当部队进至麻城宋埠附近时，与敌遭遇，我先头二十一团二营张满喜营长果断地指挥四、六两连迅速占领宋埠西南阵地，配合二十六团三营，与敌3个团激战，保证了主力沿宋埠北的肖家大湾、相家榨、杨家河一线安全转移。16日上午，我旅进至潢川江家集地区时，发现有敌尾追，为了掩护野战军指挥机关、纵队和旅主力前进，十九团与尾追之敌展开了激烈的战斗。黄麻起义时组建的十九团不愧是一支英雄的部队，土地革命战争时期曾受过红四方面军"以一胜百"的奖旗；抗日战争时期参加过著名的阳明堡、响堂铺和百团大战等战斗，是一二九师的主力部队之一，被誉为"太行山上的拳头"。这次，他们与陆空配合的敌人一直战斗到黄昏，头顶着漫天大雪，冒着刺骨的寒风，徒涉过了冰冻的泼皮河，在极度艰苦的情况下，终于摆脱了敌人。

那时，我们基本上是白天宿营，晚上行军，每天下午三四点钟，警戒分队便与尾追之敌接触，进行阻击。在查明周围的敌情后部队实施有计划的转移，后卫部队消除部队行进的痕迹以摆脱敌人。白天是敌人的天下，晚上则是我们的天下，根据敌我情况与敌周旋。

　　每次行动时，我们都进行了深入动员，给战士们讲清情况，让大家心中有数，不走糊涂路。行军中，干部们关心体贴战士，和战士打成一片，主动把马让给体弱多病的同志乘骑，不少干部还背双枪、双背包。宿营时，干部亲自烧水，让战士们烫脚、洗脸、暖暖身子。夜间还查铺、查哨。战斗越频繁，生活越艰苦，我们各级干部越关心爱护战士，处处严格要求自己，使战士们格外感到革命军队的温暖，从而使部队在连日作战、跋涉、缺粮、缺衣的情况下，始终保持了旺盛的革命斗志，为粉碎敌人的包围合击，提供了有力的保障。

三

　　12月下旬，围攻我们纵队的敌人愈来愈多，为了掩护纵队主力转移，陈锡联司令员命令我们七旅单独出霍山、舒城、合肥、六安方向，与堵截、尾追之敌兜圈子。

　　25日，我们转移到青布滩地区，正在召开团以上干部会议。忽然，侦察员报告，敌自与儿街、山王河分两路向我合击。在这紧急关头，我们发扬军事民主，立即做了研究，采纳同志们的建议，变部队前卫为后卫，后卫为前卫，倒序列前进，以摆脱敌人。同时令十九团一营向与儿街方向，二十一团三营向山王河方向进行运动防御，节节抗击敌人，这两个营与敌激战7小时之久，才使部队得以安全转移。

　　一次，我们抓住了一个经常尾追我们七旅的敌人参谋，我们问他："为什么老是跟着我们部队的屁股转？"他说："因为刘伯承将军就在你们部队里。"我们问他："你是从哪儿弄到的情报？"那个参谋竟有些洋洋得意地说："那还有错，这是我们密探亲眼看到的。那个高高的个子，有一只眼不好的长官不是你们的刘将军吗？"听了回答，我们不禁哈哈大笑。原来敌人把我们七旅十九团二营营长李孟先同志当成刘伯承司令员了。李孟先同志是位老红军，年纪较大，作战很勇敢，在战争中，有一只眼被敌人的子弹打瞎了。

　　其实，李营长并不像刘司令员，他既没装假眼，也没戴眼镜，熟悉的人是根本不会把他们搞错的。既然敌人把李孟先同志误以为刘司令员了，我们就来了个以假当真，将计就计。有时，我们故意让李孟先同志在部队的先头或后尾露露面，讲讲话，以吸引更多的敌人到我们周围，果然敌人被我们蒙混住了。一时间，围攻我们旅的敌人竟达六七个旅之多。

为了进一步迷惑和拖住敌人，12月底，我旅突然进到六安东南和舒城西北地区，摆出向合肥进击态势：侦察敌情，询问道路，动员群众准备担架，放出攻打合肥的气氛。31日我旅以十九团（缺第一营）轻装带电台向合肥方向出击。该团在李长林团长的率领下，经过两昼夜急行军，不仅引开了尾追我旅之敌，而且还以突然敏捷的动作，袭击了舒（城）六（安）公路线上的重镇山南馆，歼敌国防部反共救国团特务军官10余人及地方反动武装一部，缴获三八式马枪12支，子弹万余发。当夜，即撤出山南馆，转移至龙王庙一带。这一行动，又吸引了更多的敌人。次日下午，敌十九旅和六安、合肥保安团自西南、西北、东南三个方向向龙王庙合击。李团长沉着地指挥部队，边战，边阻，边转移，终于在1948年1月3日清晨出其不意地从敌人的包围圈中钻了出来。

在与敌人辗转周旋的日子里，皖西人民给了我们七旅很大的支持和帮助。初到皖西，群众由于受国民党反动派的残酷镇压和欺骗宣传，担心我们还会走，对我们有点敬而远之。后来，我们在积极歼敌的同时，向群众讲清我们就是当年的红军，这次在刘邓首长的率领下，就是要在大别山扎下根，重建和巩固革命根据地，从而使群众消除了心头的疑虑，由开始时对我们观望、怀疑变成了信任和支持。在辗转作战期间，皖西人民省衣节食，除了供应我们部队粮食、柴草、布匹外还主动带路、抢救伤员，特别是在收集情报方面，他们成了部队的耳目，一有敌情，便冒着生命危险，利用各种办法送给部队。我们在行军中，就曾多次从群众中获得了敌人前阻、后追的情报，避免了大部队与敌直接遭遇，减少了伤亡和损失。

在33天的与敌周旋作战中，我们七旅冒风雪，踏冰河，忍受饥饿，不顾疲劳，牵着敌人的鼻子行程近千公里，多次摆脱了敌人的合击，胜利地完成了吸引敌人、拖住敌人、疲惫敌人的艰巨任务。1948年1月10日，我们七旅奉命向外线转移，经过九椏树、河图铺一线，翻越大山，进至了英山县陶家河地区集结，开始了三查三整运动。

（孙祥林　整理）

原载陈忠贞主编:《皖西革命回忆录》第三部《解放战争时期》，安徽人民出版社，1991年，第103～108页。

挺进皖西第一仗

——忆叶家集战斗

◎ 林有声

1947年8月，我们千里跃进大别山的左路军，越过陇海线，渡过涡河、茨河、沙河、淮河后，来到了固始。我们三纵七旅奉命在固始城北进行短暂休息，以消除连续20余天的艰苦行军作战给部队带来的疲劳。这时，传来了刘邓首长关于今后的任务是全心全意地义无反顾地创建大别山根据地的指示，部队干部、战士个个精神振奋，斗志昂扬，巴不得能插上翅膀，立时就飞到皖西腹地，完成党和人民交给的重建巩固的大别山革命根据地的光荣而又艰巨的任务。

根据刘邓首长的指示，纵队陈锡联司令员决定兵分两路向皖西进发。一路由陈司令员率领七、九两旅，经叶家集向六安、霍山挺进；另一路由纵队郑国仲副司令员率领八旅由固始直取立煌。

8月30日，我们二十一团作为先遣团踏上了进军皖西的征程。当时，我在这个团任参谋长。当部队行进至黎家集北侧一带时，旅部作战参谋匆匆地送来了赵兰田旅长关于叶家集已被敌占，望速查明情况，将敌歼灭，掩护主力展开的命令。

接到赵旅长的命令后，我们立即派出侦察员去了解情况，同时组织部队进行战斗准备工作。侦察员侦察到的情况和旅部掌握的情况基本一致。叶家集是一个约有200多户人家的集镇，它位于豫皖交界处，西傍史河，是部队挺进皖西征途中的一个交通要口。原先这里没有敌人设防，为了阻止我军向皖西进发，前几天，敌四十六师五六四团的一个营并配属安徽省保安三团一部，才匆匆赶来这里驻防。从敌人的防御组织来看，还比较薄弱，没有什么比较坚固的工事和障碍物。

弄清楚了情况以后，我们召开了营以上干部会议，研究部署作战任务。会上，何志聪团长首先传达了赵旅长的命令，并详细介绍了团侦察员侦察到的敌情、地理情况，以及团领导对这次攻打叶家集的基本部署。何团长讲话后，发扬军事民主，各自发表了见解。大家总的意见是，要求乘敌立足未稳出其不意打个措手不及，迅速歼灭叶家集守敌。何团长同意了大家的看法，要求各营回去后抓紧做好战斗准备。最后，团政委燕登甲讲了话，他说："攻打叶家集意义重大，它关系到纵队主力能否迅速向皖西展开。赵旅长把这一重要任务交给我们，这是对我们团的信任。我们二十一团要发扬朱德警卫团的光荣传统和战斗作风，坚决打好进入大别山后的第一仗，为纵队主力挺进皖西开好道。"

大约在下午3点钟，部队做好了一切准备，按照一营、二营、团指、三营的序列，从黎家集出发，向叶家集逼近。何团长随一营行进。晚9时许，先头部队（一营）进至叶家集东侧，正当越过六（安）叶（家集）公路时，忽然从六安方向传来隆隆的马达声，并依稀可见一道道闪亮的灯光向叶家集方向移动。

听到这响声，看到这光亮，何团长判断这是敌人的运输车队。"不能让他们跑掉"，何团长默默地下了决心，随即命令二营营长张满喜拉上1个连在公路两侧展开，打一个送上门来的伏击战。

二营长指挥五连迅速在公路两侧占领了有利地形，为敌人的运输车队设置了送命的"口袋"。

马达声越来越响，灯光越来越亮。当敌人的7台运输车进入我伏击区时，"打！"只听二营长一声口令，隐蔽在公路两侧的战士们一起怒吼了起来，顿时，枪声、手榴弹爆炸声、喊杀声，淹没了汽车的轰鸣。敌人还没有弄清是怎么一回事，就乖乖地当上了俘虏。这一仗击毁敌汽车5辆，缴获2辆。这些汽车还都是美国造的哩。

伏击了敌人的运输车队后，部队按原定计划，继续朝前运动。深夜12时左右，各营先后进入指定位置，叶家集守敌陷入了我们团的包围之中。

31日拂晓，东方刚吐出鱼肚白色，何团长、我和一营张良营长来到了叶家集东南侧的一个小高地旁，对叶家集又作了一次抵近观察。在晨曦中，看不出集内有什么异常动向。"嗵！嗵！"8时整，攻打叶家集的战斗开始了。我们的山炮、迫击炮先进行了火力猛袭，乘着炮火射击的效果，一营、二营分别从东南和东北两个方向，同时对叶家集之敌发起了攻击。在战士们猛烈的攻击下，防守之敌慌作一团，有的当场毙命，有的当了俘虏，有的没命似的向后逃跑。

战斗进行得十分顺利，不到 30 分钟，我们就占领了集内的东大街。残敌逃至集西北角的雷祖庙内，企图依托庙宇坚固的房屋和暗堡负隅顽抗。为了尽快消灭残敌，我们调整了战斗部署，将预备队三营投入战斗，二营担任助攻，一营转为预备队。根据庙宇的建筑比较坚固和有暗堡的特点，决定预先进行火力侦察，查明敌暗堡的情况。在此基础上，以工兵对敌暗堡和庙宇围墙实施爆破，部队再发起攻击。

团工兵排的爆破手进行了精心准备，他们把炸药包扎得结结实实。下午 4 时，随着两颗红色信号弹腾空而起，工兵爆破开始了。只见团工兵排的爆破手们抱着炸药包，像离弦箭似的飞速前进，守敌对我爆破手进行了扫射。我山炮、迫击炮、轻重机枪一齐对敌实施了压制射击，掩护爆破手爆破。

"轰！轰！轰！"随着一声声巨响，敌人的一个个暗堡飞上了天，庙宇的围墙被炸开了好几处缺口。我三营、二营在工兵爆破暗堡成功的瞬间，乘着硝烟，像潮水般地涌进了雷祖庙内。与此同时，我友邻十九团也赶来参加了战斗，攻占西北角。

下午 5 时，我们消灭了雷祖庙残敌，顺利完成了攻打叶家集的战斗任务。傍晚时分，我们把 400 多名俘虏集中到了叶家集西侧的史河滩上。在落霞余晖的照耀下，敌人一个个耷拉着脑袋，哭丧着脸，像死了天王老子似的。而我们的大队人马，却像夜老虎一般，正雄赳赳、气昂昂地开过叶家集关口。这次战斗缴获迫击炮 2 门、轻重机枪 34 挺、汽车 3 辆，毙俘敌 600 多人。部队还打开敌人的仓库，将其中囤积的 40 万斤大米全部分给了群众。

次日上午，在纵队主力大部通过了叶家集之后，何团长、燕政委率一、二营，向南进击，扩大战果。我率三营留在叶家集打扫战场，掩护野战医院及纵队新成立的野炮营的行动。

叶家集守敌被歼灭后，敌四十六师惊恐万状，赶忙从霍山方向调集人马，企图夺回叶家集。9 月 2 日下午 2 时，集外东北角响起了激烈的枪声。我从望远镜里看到，敌人正向叶家集方向射击。他们一会儿用机枪扫，一会儿用小炮轰，接着又用小股兵力试探着向我们冲击。我判断来援之敌可能没有搞清楚我们有多少兵力，他们尚不敢轻举妄动。于是，命令三营在叶家集以北和东北一线全部展开，占领集外野战阵地组织了防守，阻止敌人进攻。

来援之敌几次小股冲击被我粉碎后，以为我有重兵在内，再也没有发动大的进攻。下午 5 时，根据旅部指示，我们交替掩护撤出了战斗，以移动防御，继续掩护纵队主力向纵深展开。

（孙祥林　整理）

原载陈忠贞主编：《皖西革命回忆录》第三部《解放战争时期》，安徽人民出版社，1991 年，第 109 ～ 113 页。

驰骋江淮逞英豪

——八旅在皖西

◎ 马忠全

一

为执行党中央、毛主席实行战略反攻，把战争引向蒋管区的作战方针，刘邓大军于 1947 年 8 月向大别山挺进。8 月 7 日，三纵队由山东巨野地区南下，向大别山进军。为保证纵队和主力顺利跨过陇海路，我旅 11 日直插虞城外围，以二十二团、二十三团各一个营佯攻县城。当晚我旅由马牧集以西跨过陇海路，于 12 日进入黄泛区。

进军途中，指战员们目睹在国民党统治区的人民长期遭受军阀、官僚、地主恶霸压榨的苦难情景，更加体会到我军反攻的重大意义，认识到只有打败蒋介石，人民才能得解放。部队情绪高昂，不怕艰苦疲劳，日夜兼程。

敌发现我军南进，急调兵追堵，并派飞机袭扰，但为时已晚，我军已于 16 日通过了黄泛区，蒋介石又调重兵企图阻我前进。为摆脱敌人，掩护主力南进，我旅在友邻部队配合下，抢渡涡河、沙河，于 26 日在三河尖以西渡过淮河到达固始境内。

二

我旅 8 月 27 日下午进驻固始城，即接到纵队召开作战会议的通知。几位旅的领导同志十分高兴，顾不得 20 多天行军的疲劳，围坐在一起，回顾前一段战斗历程，议论新的战斗任务，大家的心愿是争取打头阵，打硬仗，准备担负最艰巨的任务。

28 日上午，我和林凯副政委到纵队开会，一进会场，陈锡联司令员等几位纵队首长亲切地和我们一一握手，互致问候。

陈司令员首先传达了刘邓首长对前一段胜利完成了进军大别山情况的总结，以及迅速向皖西、鄂东实行战略展开，重建和巩固大别山根据地的战略任务。接着他指着墙上的作战地图，向我们部署新任务：由纵队率七、九旅经叶家集直插六安、霍山一线；我旅经金寨直插舒城、桐城、庐江、太湖等地。会上，纵队其他首长讲了挺进皖西，创建根据地的重大意义。要求部队做好战胜各种困难的思想准备，严格执行三大纪律八项注意，紧紧依靠广大人民群众，完成挺进皖西的艰巨任务。

接受任务后，我们心情十分激动，同时也感到责任之重大。我旅要在人地生疏，既无后方依托，又远离纵队主力的情况下单独作战，前进中困难一定很多；但想到纵队首长的信任和期望，想到挺进皖西，建立根据地的重要意义，增强了完成任务的决心。会议结束后，我们回到驻地。随后纵队曾绍山副司令员来到我旅，对我们几位领导说："你们在太行山同日本鬼子打了多年仗，有山地作战的丰富经验，大别山是老根据地，群众基础好，你们这些'山老虎'可要多打胜仗噢！"接着他说："你旅是单独作战行动，要胆大心细，遇事要依靠群众，多同下级商量，有问题及时向上级汇报请示。当前敌人已成惊弓之鸟，望风而逃，你们要穷追猛打，发扬勇敢顽强的战斗作风，抓住敌人，绝不让其跑掉，务求歼灭之。"我们表示："请首长放心，一定完成任务。"曾副司令员临走时还风趣地说："要告诉战士们挽紧鞋带，不然鞋掉了就跑不得路了。"

送走首长，我们立即召开了团以上军政干部会议，传达纵队会议精神。当我们把纵队挺进皖西的战斗部署传达后，会场顿时沸腾起来。二十二团团长涂学忠等同志家就在皖西，听说马上要打回家乡、重建根据地，心情十分高兴，大家一致表示，决不辜负刘邓首长和纵队首长对我们的期望，要克服困难，发扬英勇顽强的战斗作风，多打胜仗，歼灭敌人，用实际行动回答上级对我们的关怀和信任。会后各部队立即整装待发，准备执行新的战斗任务。

<h2 style="text-align:center">三</h2>

经过广泛深入的思想发动，部队于 8 月 29 日先于纵队主力从固始出发，向皖西挺进。经过两天急行军，于 31 日到达史河北岸。金家寨原有敌驻军保安团 400 余人，29 日敌四十六师五六四团两个营又进驻城内，加强了防守。迅速攻克金家寨对进军皖西具有重大意义。为此，我立即召集各团干部研究作战方案。此时，纵队发来电报，传达了刘邓首长关于"先以马旅于 29 日经郭陆滩、苏仙石攻击立煌。希望你们勇猛顽强，首战必胜，力求全歼，坚决打好这一仗"的指示，与会干部情绪更加高涨。经过认真讨论研究，一个完整的战斗方案形成了。

为进一步查明敌情，保证主力渡过史河，先派二十二团能攻善守的三连"投石问路"，隐蔽越过史河，随即猛打猛冲攻入城内。守敌溃逃上山，史河南岸全被我控制，主力遂分路渡河。在强大的炮火掩护下，我二十二团、二十四团分别向黑龙潭、张家畈以西的高地进攻，部队勇猛顽强，占领制高点和敌碉堡。敌多次反扑，均被我击退。当晚阴雨，进攻不利，我决定以少数部队监视、袭扰疲惫敌人，主力部队抓紧时间休息。

9 月 1 日拂晓，部队向敌发起猛攻，经过激战，二十四团占领包公祠以西高地全部碉堡，二十二团占领樱桃山以西高地碉堡，两团继续向敌迅猛攻击，到下午 4时，守敌大部被歼，残敌被压缩到包公祠以西十余个碉堡之中负隅顽抗。次日，我命令将山炮抵近射击，敌堡被迅速摧毁。上午 10 时战斗胜利结束，毙敌五六四团上校团长陈铁汉，俘敌千余人。

四

全歼金家寨守敌，部队士气高涨，未作休整，继续前进。在六安县毛坦厂以西石河歼灭霍山保安队后，部队分路出击，轻装疾进，逢敌必歼，扩大战果。

9月8日，二十三团先逼舒城，守敌保安团弃城逃窜。该团追歼逃敌至桃溪镇，经激战敌弃尸多具北逃。我部队9日追敌于肥西花子岗，该团三营猛烈攻击，敌人有的还没来得及放下饭碗，就乖乖地当了俘虏。这一仗俘敌百余人，缴获轻机枪6挺、迫击炮2门、汽车1辆，少数敌人逃往合肥。

10日，二十二团抵桐城，晚6时，二连连长李永福带部队伪装成敌人接近北门。守门敌人问："哪一部分的？"李大声回答："国军八十八师。"李带队进入城内，保安队信以为真，站出来表示欢迎。李连长突然大喊："不许动，缴枪不杀！"战士们端着上好刺刀的枪将敌人围住，保安队一看是解放军，只得举手缴械。三连连长崔玉保带着部队从东门攻击，守敌四十六师1个连不敢抵抗，向西门逃跑。三连猛追，俘敌一部分，缴重机枪5挺、步枪20余支以及敌皖西桐城供应分站全部物资。

10日晚，二十四团进至庐江县城，敌未发觉。部队从东北、西南两路，迅猛攻击，敌保安团来不及抵抗，夺路出逃。我俘敌正、副中队长以下30余人，庐江解放。

桐城、庐江新中国成立后，我二十二团、二十四团分别同坚持皖西斗争的皖西人民自卫军钟大湖部和庐江、巢县地区的游击队会师，解放了潜山县城。并在庐江盛家桥俘敌一部。

我旅半个月中在皖西地方武装和人民的支援下，解放5座县城和多处重镇，摧毁了反动政权及其武装，建立了人民政权，有力地配合了主力作战，完成了上级交给我旅在皖西战略展开的任务。

五

我旅奉命坚持皖西斗争，拖住敌人，掩护纵队主力对商城地区之敌作战。敌四十六师、四十八师、八十八师等部趁我主力西移，进占我六安、舒城、太湖、潜山等县城。为打击敌人，我二十三团到舒城东南地区阻击、牵制敌人，二十四团和游击队活动于桐城、庐江，旅直和二十二团转入山区，配合政府开展工作。

9月30日，三纵主力遵照刘邓首长指示，趁敌空虚，立即回师皖西，放手歼敌。此时，敌八十八师六十二旅由舒城向西北进犯，纵队首长立即决定集中兵力歼灭该旅，并令我旅进至毛坦厂待命。

10月6日，该敌分别在南官亭受到我旅二十三团和七、九旅的阻击，预感不妙，为摆脱我包围，以一部迷惑我军，主力星夜北撤回窜六安。但纵队早已布置好包围圈，决不让敌人逃掉。8日夜该敌被我军紧紧包围在张家店一带。

9日，我旅二十二团、二十四团已在张家店以东地区展开，给企图东逃之敌以迎头痛击。纵队为迅速全歼敌人，决定当日晚九旅从西、南面，七旅从正北，我旅从正东和东南向敌发起总攻。纵队集中炮火猛轰，敌火力配系、防御工事被摧毁。我旅二十二团一营直插胡家祠堂强攻敌人，二十四团也向张家店突击，九旅部队很快攻进张家店。当纵队炮兵击中了敌师指挥所，引燃大火，敌人乱作一团时，我立即令各团勇猛穿插，分割歼灭敌人，决不让敌人跑掉。各兄弟部队也从四面八方进攻张家店。敌除副师长张世光在我未总攻前带几个亲信逃跑外，敌六十二旅全部被歼灭。我旅俘敌少将副旅长汤家辑以下2000余人。

汤家辑被俘后，我在战场上见到了他，他点头哈腰地说："本人是汤家辑，惭愧、惭愧！……"后将他押送到旅部，对他伤臂作了包扎，为他做了面条。当政治部张玉新同志审问他时，汤还余忿未息地说："张世光这小子见情况不妙，对我说要和旅长巡视阵地，叫我指挥，他们却先溜掉了！"我告诉他，不管他是张世光还是王世光，只要他不投降，跑到哪里也逃脱不了被歼灭的命运，汤不断点头说："对，对，跑不了他们！"

六

为贯彻执行刘邓首长关于"全心全意义无反顾地创建巩固大别山根据地"的指示，部队除积极活动打击敌人外，还随时做宣传、组织、武装群众的工作，同皖西人民鱼水相依，团结战斗，共同建设巩固的皖西根据地。

部队初到皖西，群众因受反动派残酷镇压和欺骗宣传，担心我军不能长期留在大别山。我们及时向群众宣传党中央、毛主席的英明决策和全国各个战场上的胜利形势，说明刘邓首长领导部队到大别山来，是同大别山人民同生死共患难，绝不走了。我们所到之处即建立人民政权，组建人民武装，发动群众打土顽。部队认真执行刘邓首长关于"严整军纪"的指示，无论在任何困难环境下，都严格执行三大纪律八项注意，处处保护群众利益。经过一系列的工作，得到了群众的信任，由躲躲闪闪到热情支持，部队每到一地群众就让房子，帮助解决困难，战斗中送情报、抬伤员，支援部队打胜仗。有一次，我们住在毛坦厂时，一位60多岁的房东老大爷亲笔写了一副对联，贴在我们住的房上。上联"大别山纵横南北"，下联"蒋介石不是东西"，横批是"红军必胜"。另一次，几位老乡在一起纷纷议论，一个中年农民拿一张纸，愤恨骂道：蒋介石瞎了狗眼，解放军是人民军队，帮咱们翻身过日子，谁能没良心出卖解放军干部！经通信员询问得知是蒋介石空投的传单，上写"活捉马忠全，奖赏大洋三百元"。此情此景，使我想到毛主席关于共产党人和人民群众是种子和土地的形象比喻，更加感到没有人民的支持，就不会有我们的胜利。

原载陈忠贞主编：《皖西革命回忆录》第三部《解放战争时期》，安徽人民出版社，1991年，第114～120页。

飞兵直入大别山

——九旅在皖西

◎ 高治国

我们三纵九旅于 1947 年 7 月 28 日在山东嘉祥羊山集战斗中，配合兄弟部队歼敌精锐六十六师之后，于 8 月 7 日，奉纵队令由巨野附近之冯家海冒酷暑以急行军步伐向大别山地区挺进。8 月中旬，越过陇海线，经过黄泛区，尔后，沿亳州、太和以西继续前进。8 月 22 日，我旅担任纵队前卫抵淮河北岸。接着，我二十五团抢占渡口，搭好浮桥，保证主力顺利渡过了淮河。然后，三纵按野战军的统一部署，在兄弟部队掩护下，迅速向皖西挺进，担负起重建皖西根据地的任务。

8 月 25 日，我二十六团攻占河南固始县城。28 日晨，敌四十六师一部窜至固始东之分水亭，与我旅二十五团激战至黄昏，该团完成阻击任务，保障了纵队直属机关的安全。28 日接到纵队开会通知，由于政委秦传厚同志因伤未能南下，九旅政工由我主持，我便和旅长童国贵同志一起赶到纵队部。陈锡联司令员传达了刘邓首长关于迅速向皖西、鄂东地区实行战略展开，重建和巩固大别山根据地的指示。接着，他具体布置了战斗任务：兵分两路，七旅、九旅经叶家集直奔六安、霍山一带；八旅经金家寨直插舒城、太湖等地。

大别山曾经是我红四方面军的老根据地，也是推翻蒋介石统治的前进阵地。因此，我们要用打胜仗与发动群众来重建大别山根据地。

8 月 30 日，我旅以高昂的战斗热情，从固始出发，踏上了挺进皖西的征程。9 月 1 日，我二十六团连夜进击六安，抵达城郊后，了解到守敌有保安团 4 个中队，决定迅速歼灭该敌，并立刻渡过淠河，进逼西关。在老百姓的帮助下，2日清晨很快攻占了六安。俘敌百余名，缴获了大批枪械、弹药、物资，其中子弹40万发，粮食50万斤。当天晚上，我二十六团五连又在城北十里桥猛扑敌四十六师十九旅先头部队，穷追十多里路，歼敌一个排，活捉40多人。

六安人民深受国民党反动派的欺凌，我军进城受到热烈欢迎，商店照常开门做生意，许多家门、墙上写了"欢迎解放军""解放军是大救星"的标语。人们端茶送水，还有的摆上桌子，放上点心、纸烟等，部队很受感动。当天晚上就组织六安县人民政府，随军南下的宋尔廉同志任县长，立即开始办公。

9月4日，敌四十六师一部进到城北十五里墩。9月11日起，敌由大桥畈向二十里铺、三十里铺、四十里铺运动，我部出击，但因敌系有组织的行动，加之秋雨连绵，道路泥泞，出击不很顺利。同时，敌分3路向我二十七团胡守富部一营进攻，激战中三连支书牺牲。此后，我旅即在六安以东之十五里小庙及以西之徐家集先后阻击敌人，掩护开辟地方工作。

9月7日，旅部从六安城西关移往东关。纵队陈锡联司令员电告，在大别山周围敌麇集7个师的兵力，要部队做好战斗准备，打草鞋，备辎重。我旅立即召开团干部会议，重点是解决树立根据地的思想。主要强调，今天的任务是要把大别山加快速度变成"太行山"。因此，部队中尤其在干部中必须切实树立建设巩固的根据地的思想，要作长期打算，反对抓一把就走的流寇思想，其关键在于积极寻找战机歼灭敌人，在于有良好的纪律和积极发动群众。

我们虽然胜利地来到大别山，但是在无后方作战的情况下，要完成这一任务，困难却很大。首先是物资，特别是衣、粮的困难；其次是运输的困难。另外，如何消除群众因担心我军立脚不稳再遭敌军残害而不敢大胆接近我军的思想顾虑，也是一项艰苦细致的工作，必须把争取人心作为当务之急抓好。为此，我们明确提出了"把大别山变成'太行山'，团结一致，同艰共苦与敌斗争"的口号。还根据当时的敌情具体研究了作战原则：在我未站稳脚跟之前，不搞大的行动，对敌人能吃掉的坚决吃掉，不行就不硬拼；敌进我退，在运动中寻机歼敌，不怕多走路，不怕丢地方。

9月中旬，纵队决定，以我旅二十五团、二十六团和七旅向商城移动，寻机歼敌。9月19日下午，我部由黄家沟、白河冲店子出发西行，向商城东南地区集结。9月

21 日，我二十五团两个营袭击三河尖敌后勤基地，歼敌警戒部队一部，缴获大批枪、弹，解决了部队弹药不足的困难。

9 月下旬，蒋介石抽调皖西之整编四十八师、四十六师西进商城企图合围我三纵主力。此时，皖西敌人兵力空虚，唯留八十八师及四十六师一部守备。在敌人尚未形成合击态势前，野战军指示我纵队乘东敌西调之机，迅速回师皖西，歼灭分散薄弱之敌。10 月初，我部即冒雨日夜兼程东行，继于 10 月 4 日由固始县清河集出发，经过霍邱张家岗，进抵六安县崔家。6 日由崔家出发，经独山两河口到达庙岗集。7 日，经但家庙、山王河，于中午 12 时许到达石河。同日，敌人八十八师师部率六十二旅由舒城经南官亭继续西窜，敌一部分于上午约 11 时攻占三保墩，一部分于中午 1 时左右在山王河以东与我旅二十五团遭遇，敌迅速回头集于抱儿岭、落马岭一带。纵队决心歼灭该敌，命令我旅由西南向东北，八旅由东向西，七旅由北向南，在抱儿岭、三保墩附近一带实施合围。纵队指示各旅要积极主动协同，机动捕捉战机，以期一举歼敌。

我旅按照纵队部署，以二十六团、二十七团攻击三保墩、抱儿岭之敌，二十五团在山王河待命。8 日，敌且战且退，并在普安堂一带利用山地屏障，以小部队和我作战，八十八师师部及六十二旅两个团乘黄昏向凤凰台、张家店方向逃跑。我旅一部于 10 时从石河，经三保墩向吴油坊方向进击。旅长童国贵亲自率冯成国之二十六团、胡守富之二十七团三分之二的兵力经周家冲、黄土岭向张家店追击，二十五团和二十七团另一个营迅速跟进。半夜，二十六团在马长岗捕捉到敌哨兵，查明逃敌已全部聚集张家店，便立即占领张家店附近高地，首先向张家店开火，抓住敌人；二十七团进逼张家店南面之韩家畈，与友邻部队紧密配合，在张家店包围了数量上占优势的敌人。

10 月 9 日下午，敌企图向北突围未成。此时，我后续部队已相继赶到，纵队决定当日晚向敌人发起总攻。我旅接受从西、南两面攻击的任务。我旅 3 个团克服连续行军作战的极度疲劳，干部身先士卒亲临前线指挥作战。我旅以山炮、迫击炮打击村沿的守敌，并以纵队配属的 7 门化学迫击炮集中射击。10 日凌晨，炮火正中敌八十八师师部，敌师部及周围的茅草房顿时火光四起，敌人乱作一团。拂晓前，我军发起猛攻，二十七团一营首先冲入村内。此时，各兄弟部队也相继从四面八方潮水般地涌入张家店。向西突围的一路敌人也被我二十五团、二十六团歼灭。拂晓后，除敌副师长张世光带几个亲信化装逃跑外，敌师部及六十二旅全部被我彻底歼灭。敌少将副旅长汤家辑被我八旅生擒。此役，我旅俘敌1285名，缴获山炮、迫击炮10多门及其他大量武器弹药。

10月份后，敌以七师、五十八师等4个整编师，从不同方向对我霍山、六安、桐城腹地实行重点"清剿""合击"。在敌人的疯狂进攻面前，我们在皖西人民和地方武装的支持下，机动灵活，避敌主力，击其懈怠，歼其分散之敌。

10月30日，我旅转移至六安县独山地区，以此为中心，协同南下工作队，发动群众，参加土地改革运动。11月中旬，皖西军区成立，我旅二十七团调归皖西军区建制，作为三分区的主力团队。

12月初，蒋介石从山东战场抽调5个整编师，加上原在大别山的敌军共33个旅归白崇禧统一指挥，对我实施全面围攻。我旅遵照上级指示，灵活采用分遣和集结相结合的办法，伺机打击和拖散敌人，配合外线作战，先后到河南商城、湖北麻城、安徽潜山、太湖一带活动。随后到河南息县整党整军，转战豫北（南），1948年11月于安徽宿县参加淮海战役。

1949年3月1日，根据中央整编的命令，我旅改番号为第二野战军三兵团十一军三十三师，随即准备参加渡江战役。3月7日，部队又重返六安地区，在霍邱之冯井子、夏店、洪家集、六安之罗家岗、槐树岗、李家店子住宿，作渡江准备工作。3月17日到达舒城，接着开赴安庆地区，参加了伟大的渡江战役。此时的皖西，政权巩固，土顽匿迹，群众拥军支前热情高涨，形势变化之大，令人欢欣鼓舞。

使我永远不能忘怀的是皖西老区群众对我们极大的支持和关怀。初到皖西时，群众热烈欢迎我们，向我们提供敌人活动的情况；在战斗中，为我们带路，运送补给，护理伤病员；当隆冬降临，寒风凛冽，我们尚穿单衣作战，吃穿供给遇到很大的困难时，还是皖西人民克服国民党反动派的横征暴敛所带来的种种困难，筹集粮食、布匹支援我军，从而使我军得以度过重重困难，胜利地坚持了大别山斗争。

原载陈忠贞主编：《皖西革命回忆录》第三部《解放战争时期》，安徽人民出版社，1991年，第125～130页。

首进六安

◎ 宋尔廉

1947 年，我们太行一分区的地方干部共 80 多人，组成一个干部队，跟随刘邓大军三纵九旅南下大别山。

我们这个队仅是太行区党委抽调的南下干部的一部分，大多为县、区级干部，也有部分村干部。出发前，区党委书记李雪峰同志对全体南下干部作了动员，而后经武安、邯郸、大名进入山东地界，赶到了黄河边沿的曹县。[1] 在此休整一个时期，由带队的刘建勋同志作了过黄河的动员。过河前，我们这个队被分到九旅，在旅部我们见到了童国贵旅长和高治国副政委[2]。这个部队的战士大部分是太行一分区的人，我们在这里遇到了不少本县甚至本村的老乡，倍感亲切。

我们过黄河是在 8 月上旬的一个夜晚，当船抵达彼岸时，天已破晓，朝霞满天。当我们赶到村庄与队伍会合时，我们干部队先期过河的赵振华同志，已在为大家烙大饼哩。

经过近 20 天的行军，我们于一个清晨进入已被解放的六安城。该城依淠河而建，是皖西重镇，也是进入大别山区的大门户。这是一个典型的南方古城，街道狭小，石条铺路，中间显露出一条由独轮车压出的深沟，留下了岁月悠悠的印痕。

---

①作者笔误，曹县在黄河南岸。
②疑有误，查相关资料，童国贵时任三纵九旅二十六团团长，高治国任团政委。中原野战军成立后，童治国任三纵九旅旅长，高治国任政委。

我们进城后便生火做饭,稍事休息,准备夜行军。下午突然接到刘邓电令,要我们全队留驻六安城,成立六安县民主政府,并任命我任六安县工委书记兼县长。

我们受命后,当即进驻原国民党县政府机关。这是一个很大的院落,院内还有一个简陋的防空洞,从洞内搜出一些文件、军衣,还有一支手枪。办公室是一座二层的木楼,楼内文卷、纸张丢得满地都是,粗笨的桌椅东倒西歪,可见他们仓皇溃逃时是多么狼狈。

第二天一早,我们在旧县衙的大门口挂出了"六安县人民民主政府"的大牌,在各重要街口张贴安民告示。我们做的第一件事便是开仓分粮。那时,敌人搜刮来的大米,都集中存放在一个大庙里,堆满整个大殿,直达屋顶。当时贫苦群众缺粮,我们除保留部分作军粮外,决定将大部分都分给群众。组织分粮的只有三四个同志,人手不够,同时我们对分粮困难估计不足,群众闻风而至,秩序有些混乱,我们尽力维持秩序,可又有坏人捣乱说飞机来了,结果群众又混乱起来,各自动手,将粮分光。事后,我们了解到一些年老、体弱、胆小的群众没敢来分粮,我们便组织一些同志,将大米直接送给那些住在城郊窝棚里的贫苦市民。这些人大都衣不蔽体,很多人靠乞讨为生,当我们把大米送到他们手上时,许多人感动得热泪盈眶。

放粮工作由于种种原因,组织得不太好,但这件事却震动了全城,群众纷纷传扬"老红军又回来了"。这比什么宣传工作都有用,我们马上被群众看成是他们的亲人,有人到县政府打听他那参加红军北上的家人,一位红军亲属老大爷还到县里来检举当地的坏人。对此,我们都给以热情的接待。

当时,城外虽然敌我对峙,但城内社会秩序良好。为了稳定群众,恢复生产,在政府号召下商店大都开张营业,六安城内唯一的一家京戏院也开锣唱戏,城区附近的农民也挑担到城里做生意。陈锡联司令员和曾绍山副司令员还专门进城视察,由我陪同浏览了市容。他俩在街上转了转,又到戏院看了看,当时正在演出,大约有七八成座。陈锡联同志见了很高兴,出戏院后问我:"这比你那邢台市如何?"邢台市属太行一分区,是与太行区刚解放的山西长治市并列的两大城市之一。陈锡联同志把六安比作邢台,可见对六安城评价之高。

此时,大别山的天气渐渐转凉,为部队筹办冬衣就提上了议事日程。我们召开会议,研究如何筹措钱款和棉花布匹,这是新区,一切举措更要稳妥慎重。为了掌握情况,我们从商会拿到了商号底册,对大小商号做到了心中有数。当时大小商号约有六七百家,真正资金雄厚的不过一二十家。根据摸底情况,按合理负担原则,采取有物出物，有钱出钱，按一定比例缴纳的办法拟定出负担方案。主要负担分到大户身上，如六安城内一个国民党军界要人，既在农村有土地，城内又开商店，靠自己船队长途贩运，还雇佣工匠织布做衣，是个地主兼工商业者，这次负担就多点。中等户则少负担一点，小户基本豁免。

方案拟定后，便在新新戏院召开全城商人大会。下通知是沿用旧办法，由一位打更老人沿街打锣吆喝，这办法还真灵，开会时全城商人都按时到达会场。由我先作动员报告号召大家自愿认捐，支援前线，帮助部队解决冬装。谁知动员后却冷了场，商人们互相观望，没有人主动认捐。当时大局未定，商人们的心情是可以理解的，我见此便提出，如大家不愿自动认缴，就由政府确定各家应负担的份额，折款交布都可。由县府秘书马肇修当场宣布，限期交纳。名单宣布后，商人们感到十分惊奇，他们想不到共产党刚进城几天就把情况掌握得如此准确。此后六安群众中便出现传言，说什么宋县长早几天就化装成一个卖药的郎中，潜伏在六安城里，已把情况掌握得一清二楚。其实我当时还跟随部队在行军途中，何曾化装进城侦察呢？

六安城的商人还是尊重政府法令的。此后商人们便按分配的任务数，纷纷到县政府交纳，有的交钱，有的交实物。我们又拿钱购买了布匹等物资，只三五天便完成了任务，由九旅的一个团押送进山交给主力部队。这次不仅解决了三纵队的棉衣问题，还摸索出一条在无后方作战条件下，解决部队供给的经验，即利用合法政权，采取合理负担办法筹办给养。上级认为这个办法比较合理，群众能接受，因此受到刘邓首长的表扬，并介绍给其他纵队学习推广。

不久，我们奉命撤出六安城。出城前在各要道口张贴了布告，我还在街头作了一次讲演，说明我们现在是暂时撤出，不久就会回来，并告诫敌军，对和我们联系以及分到粮食的群众，不得借机报复。我们撤走时城内气氛紧张肃穆，街上行人稀少，即使如此，还有不少群众围送我们。告别时，我一再告慰大家："我们一定会回来！"1949年1月21日六安最后解放，这座古城终于回到人民的怀抱。虽然当时我已离开皖西，调往中原人民政府工作，但六安城解放的消息仍使我激动不已，六安毕竟是我们挺进皖西后较早建立县级人民政权的地方啊。

原载陈忠贞主编:《皖西革命回忆录》第三部《解放战争时期》,安徽人民出版社,1991年，第131～134页。

会师皖西

◎ 钟大湖　张伟群　滕野翔　杨　震

喜讯越来越确切

对于长期孤悬在敌后游击的武装来说，最大的喜讯莫过于同主力部队会师的事了。

当桂林栖、钟大湖、张伟群等奉命率部在皖西坚持敌后斗争时，上级领导就指示要做好两年苦战、三年会师的准备；当刘昌毅率领鄂西北军区部队一部突围转战到皖西时，他就再鼓励大家说："大别山是敌人的心脏，也是革命老区，党中央是永远不会忘记大别山的。我们要在这里打几个胜仗，再坚持一年或半年，在1948年一定能与主力会合！"与主力会师的话，不知已讲了多少遍了，虽然大家都坚信会师的日子一定会到来，但到底什么时候才能会师，却谁也没准，同志们真是望穿了秋水。

然而，革命形势发展如此之快，同志们谁也没想到。1947年7月底的一天夜里，皖西工委和皖西人民自卫军的刘昌毅、桂林栖等领导同志，通过收报机收听到我军邯郸指挥部的一则广播电讯：刘邓野战军在为时一个月的鲁西南战役中共歼敌9个半旅6万余人。接着同志们从缴获的国民党报纸上又看到"国军戡乱战果辉煌，刘共匪军，被迫南窜"之类的歪曲报道。国民党的报纸向来要从反面看，报上说我军"南窜"，那就是说我军正胜利向南挺进。消息传出后，指战员们不禁欢呼雀跃，但对主力南下的具体情况并不了解，只是热切地希望主力能早日到来。

8月23日，又从电台听到敌人的广播，我军先头部队4000多人今从三河尖渡过淮河……敌人的这则报道，没有再说我军"被迫南窜"了，这证实了大军南下的消息。战士们奔走相告，无限欣喜。8月底，皖西人民自卫军指挥部转移到岳西县来榜河。这时，无线电台和马达已修理好。刘昌毅、桂林栖早就拟好了5000多字的电报稿，准备用密码向上级汇报大别山区的部队及其坚持斗争的情况。于是，机要人员在来榜河街上迅速架起了天线，向上级电台呼喊了一天一夜，没有回答，第二天又继续呼喊了一上午都无回音。到吃中饭时，报务员突然欣喜若狂地喊起来："联络上啦！联络上啦！"这时大家都欢天喜地，纷纷放下饭碗，围在电台旁屏住呼吸，静静地等候好消息的到来。但对方只是说："你们有什么事，快报来吧！"我们的无线电台就开始"嘀嗒、嘀嘀嗒"地工作起来，一口气把大别山的情况做了汇报。才过了两个多小时，便得到上级回电，表扬和勉励坚持大别山区斗争的全体同志。刘昌毅、桂林栖急切地发电向上级询问："从国民党报纸上看到有我们大军南下，不知真否？已到什么地方？"过了一会收到复电："刘邓大军……现已南下，东至六安，西抵麻城。三纵陈锡联司令员即派侦察连与你们联系。你们也注意联系。"

这个消息恰似一阵惊雷，震撼了每一个人，同志们都激动得跳起来欢呼，有的互相拥抱、拍打对方，有的高兴得竟连翻起跟头。热闹了好一阵，刘昌毅、桂林栖才设法使大家安静下来，并立即召集大队以上干部开会，研究如何配合大军挺进大别山，讨论下一步行动计划。会议决定将大军南下的消息迅速传达到各部队；钟大湖、张有道等率原皖西支队第二大队回潜山、岳西、太湖、桐城等地整顿游击队，准备配合南下大军的行动，同时摸清敌情，并布置掩护地方工作的开展；刘昌毅、桂林栖、胡鹏飞、何德庆等率部向六安方向迅速运动，以迎接大军的到来。

战友重逢大别山

大别山的9月，风和日丽。当刘昌毅、桂林栖率部经岳西茶棚岭、包家河赶到霍山王家店时，刘邓大军三纵陈锡联司令员派出寻找游击队的侦察员也到了这里。

看到三纵的同志，就像看到盼望已久的亲人，全体指战员无不欢欣鼓舞。刘昌毅同志立刻派何德庆同志带几个人先行，与三纵联系，同时命令部队整顿军风军纪，晓谕同大军会合的注意事项。

就在何德庆同志带着几个便衣匆匆赶到霍山县城时，中共岳北县委书记滕野翔等率领的原皖西支队一大队已进城与三纵会师了。原来一大队在一连打掉岳西北部、霍山南部十几个乡公所后，于9月初进驻霍山磨子潭。他们听到刘邓大军攻占霍山城的消息，就立即派出3名战士，化装成贩草纸的挑贩到县城探听虚实，得知刘邓大军三纵7旅已于9月3日解放霍山城。听此消息，大家异常振奋。滕野翔同志即带一个班的战士于9月5日赶到霍山县城，会见了三纵副司令员郑国仲和副政治委员阎红彦，受到热情的接待。双方互相介绍了情况，交换了今后配合行动的意见。三纵的同志看到游击队战士身上背的米袋里装的是银圆，都觉得很新奇，就问滕野翔为什么不背米。滕野翔回答说吃了老百姓的米可以给钱。背一袋米只能吃几天，背一袋光洋管的时间长。他们觉得这个办法好，可以仿效。

此时，何德庆同志也赶到霍山，找到了郑国仲同志。两人乍见，都觉眼熟。略经询问，原来是红四方面军和八路军太行军区的老战友。郑国仲又将何德庆介绍给三纵副政委阎红彦和其他旅、团干部。战友久别重逢，真是兴奋极了，大家在一起亲切地交谈着离开华北以后各自的斗争情况。交谈中，何德庆得知三纵的许多领导同志也都是当年转战大别山的红四方面军的，如今重返大别山，重建根据地，感到无比兴奋，约定皖西人民自卫军第二天就下山与主力会师。

第二天中午，刘昌毅、桂林栖同志率部到达霍山管家渡时，早已等候在那里迎接他们的三纵部队指战员，呼啦一下围了上来，与自卫军指战员相互拥抱，热烈地紧握着对方的手不放。大家拉着手笑着跳着，眼睛里都涌动着兴奋的泪花。

自卫军的同志说："你们千里远征来到大别山，辛苦了！"

三纵的同志说："你们在敌人心腹中间坚持斗争，更是了不起！"

"我们坚信你们一定会打回来的！"另一个自卫军的干部说。

"是啊，革命忘不了大别山，我们这些鄂豫皖的子弟兵更忘不了大别山！"三纵的一个干部抢着回答。两支部队的干部战士就是这样亲如兄弟，相携相挽，一路谈笑进了县城。

郑国仲、阎红彦同每个同志一一握手，大家都沉浸在无比的欢乐之中。刘昌毅、桂林栖等同志向三纵的同志介绍了坚持敌后斗争艰苦曲折的情况，并感慨地说：我们一直在山里钻来钻去，电台也坏了，听不到消息，全国转入战略反攻的形势，还是现在才知道，真是落后了。三纵的干部战士听了这些话，对皖西地方武装这种忠于革命事业和百折不挠的斗争精神，更是钦佩不已。郑国仲和阎红彦同志也把毛主席关于解放战争第二年的战略方针的指示精神，以及刘邓首长关于挺进大别山的战略意义的讲话，向皖西工委及自卫军的领导作了传达。在相互介绍了情况后，讨论了今后协同作战的计划，决定刘昌毅率部分武装随阎副政委由纵队统一安排，桂林栖带一部分随郑国仲同志开辟地方工作，并协助九旅二团到岳西、霍山交界地区建立三纵的后方基地。

接着，郑、阎、刘、桂首长在霍山城主持召开了军民大会。郑国仲同志在会上赞扬了皖西工委领导皖西支队和广大人民坚持大别山斗争的事迹。他在简略回顾鄂豫皖边区红军的战斗历程后，充满豪情地说："长期以来，饱受国民党迫害的皖西人民，一直坚信'铁树早晚要开花，红军一定能回家'。我们这些鄂豫皖的子弟兵，决不会辜负老区人民的期望。就在我们离开这里15年，就在我们进行自卫战争1周年后，我们就回到这里，而且再也不走了。我们这次会师是胜利的会师，是要在这里重开人民的天下。"

游击健儿下山来

金秋九月，碧空如洗。大别山区山清水秀，花木繁茂，成熟的稻子颔首待客，成片的竹子招手迎宾。这时，不少地方党组织和游击队已知大军南下，发动群众迎接慰劳大军，在路旁树上，房屋墙上，张贴着一张张"欢迎老红军回来""欢迎解放大军""打倒蒋介石"等标语口号，部队指战员们见了激动地说，到底是老苏区，群众觉悟就是高。

9月8日，三纵八旅从霍山经过与儿街、毛坦厂、下五显、毛竹园、九井、新街、干汉河到达舒城城关。旅领导从国民党报纸上看到"活捉共匪杨震"的通缉令，知道当地有游击队活动，就派人找到皖西支队第三大队大队长杨震的老家。杨震的婶娘告诉他们，杨震就在这山里头活动。

其实第三大队就在舒城西黄土关活动，他们也得到卖柴农民的报告说："八路来了！"杨震问怎么知道是八路。农民纷纷说：八路军穿的是灰军装，一口北方话，军纪好，大路让老百姓走，他们在河堤下面走，他们买卖公平不拉伕，对老百姓很亲热，跟国民党军队完全不一样，还到处贴标语，说共产党的话。接着，又有一批卖柴的农民回来报告了上述情况。

为了弄清真假，杨震立即派了一个班，也化装成卖柴的到城关探听情况，得知确是刘邓大军。第二天，杨震又赶紧派便衣班到上七里河与部队取得联系，还向部队要了一个证件派几个战士赶送回来汇报。

马上要与大军会师了，这个大好消息不翼而飞，指战员们都高兴得跳了起来。9月10日一大早，杨震和副教导员高明集合了400余人，作了会师前的动员讲话，随后将第三大队开到县城南门外住下。杨震、高明先带几个同志来到码头街八旅旅部驻所，旅长马忠全、政治部主任彭宗珠等同志热情地迎了出来。相互通报了姓名，马旅长传达了刘邓大军挺进大别山的情况、意义，介绍了全国的革命形势，还关切地询问杨震等人在大别山坚持斗争的情况及皖西的敌情。马旅长说："大别山是革命老根据地，群众基础好，你们坚持敌后斗争，历经艰难困苦，取得这样成绩是很难得的……上级决定部队解放一个县城，立即建立县委和县人民政府，人选都准备了，现在随军行动，还要吸收坚持原地斗争的党组织和游击队负责人参加。"

杨震、高明等人听了非常高兴，立即传令将三大队开进城来与大军会师。中午，杨震同志邀请当时在舒城的八旅团以上干部举行会师聚餐。下午，八旅首长又回请了他们。大家心情极为欢快，频频举杯祝贺胜利会师和舒城县人民政府的成立。12日，两支部队在桃溪镇北击溃省保安团1个营敌人，以战斗来迎接胜利会师。

9月10日，三纵八旅一部解放庐江县城后，当即派人四处寻找游击队。不料游击队大队长姚守永却主动找上门来，欢快地同大军会师。在游击队配合下，八旅二十四团很快解放了盛家桥等地。

9月11日，皖西人民自卫军副司令员钟大湖带一部分武装到桐城南部的范家岗，准备在桐城至安庆公路上伏击敌人车辆。部队黎明前进入阵地，一直到上午8点多钟，还未见敌人，公路上的行人也很少。钟大湖很奇怪，就派便衣沿公路向桐城方向侦察。便衣回来报告说，满城都是八路军，三纵八旅先头部队两个连已于10日晚袭占了桐城，后续部队陆续开进。钟大湖再派人进城了解情况，证实了消息后，就赶忙率队进城同大军会师。

同一天，驻在潜山县龙山的皖西工委副书记、皖西人民自卫军副政委张伟群探得桐城敌人守备空虚，准备奇袭桐城县城。部队化装成敌人保安队，走到城关附近的龙眠河渡口毛河时，巧遇八旅先头部队，发生误会，打了一阵枪，幸得双方警觉，乃停止射击。经喊话双方各派两人到中间地带接谈，认真验看证件。当证实对方就是自己所寻找、所等待的亲人时，大家都又惊又喜，热血奔流，在一片欢呼声中互相拥抱起来。

9月12日，张伟群也赶到桐城，与头一天进城的钟大湖一起会见了八旅负责人马忠全和其他一些旅团干部。下午，两支部队在桐城中学联合召开了连以上的干部会议。会上，马忠全旅长报告了全国解放战争的形势，张伟群则介绍了坚持大别山游击斗争的情况。会后，游击队帮助八旅筹措粮草、侦察敌情；八旅指战员则支援游击队一批枪支弹药，介绍攻城作战经验。9月15日，八旅二十二团三营在皖西人民自卫军配合下，一口气解放了桐城青草塥等地和潜山、太湖两个县城。

9月15日中午，张伟群率吴江游击队在前，三纵200多人在后，从桐城方向沿着公路开进潜山源潭铺。正在此地活动的张凯辉、张海游击队指战员看到解放军武器精良，冲锋枪、轻重机枪的配备一应俱全，还有一些驮重武器的骡马，显得威武雄壮，都非常羡慕。一个游击战士情不自禁地说："嗨！咱们老大哥真神气，光那些大家伙就够保安团队喝一壶。这回有老大哥撑腰，'广西猴子'真像猴子一样乱窜不可！"双方指战员一见面热烈地握手，紧紧地拥抱，亲切地交谈。有几个游击战士奔过去摸摸骡马，瞧瞧火炮，模拟着开炮动作说："'咚'！这一炮正好打在梅城敌军指挥部中间开花！"说得大家都欢快地笑了起来。

吃过饭后，张海率游击队带路，两支游击队同八旅二十二团三营一部向潜山县城梅城镇开进。梅城敌人闻风而逃。游击队和三纵一部顺利进城，立即张贴布告，宣布潜山县人民政府自即日起成立。解放军在县城住了一夜，次日一早就同游击队握手告别，向南开拔了，县城由游击队驻守。

9月16日，桂林栖、滕野翔、荚存秀同志率领皖西支队第一大队，配合三纵教导团解放岳西县城衙前镇。大军进城之前，国民党岳西县军政人员都已跑光，只有老街后山的碉堡里尚驻着少数自卫队。他们见到解放军大队人马到来，吓得屁滚尿流，没命地向潜山方向逃窜。

第二天，正在太湖县北乡收缴土顽武装的皖西支队第二大队接到桂林栖内容为"大军已进大别山，解放了岳西县，请接信后即来岳西县城，有新的任务布置"的来信。大队长张有道立即带领部分战士赶到岳西，只见许多人在围看布告，张有道便也挤进人群，一看，布告写得气壮山河，震撼人心！开头就写道："蒋贼介石，罪恶昭彰……"通篇是用四言诗写成的，署名刘伯承、邓小平。他看过后，惊喜地思忖：果然是刘邓首长亲自率领大军来了。

张有道首先找到桂林栖、滕野翔同志，简单汇报了情况后，要求会见部队首长。见到三纵郑国仲副司令员、阎红彦，于一川副政委，以及三纵教导团团长伍国仲、政委袁文波同志。此时，张有道激动得热泪盈眶，连声说道："太好了，太好了！我们盼星星，盼月亮，终于盼来了与大军的会师，这下太阳就属于我们的了，国民党反动派就要完蛋了！"张有道的话说出了皖西人民自卫军和游击队全体指战员的心声。

遵照皖西工委的指示，皖西各地的游击队纷纷下山，配合大军行动，解放了皖西各县城。到9月下旬，皖西人民自卫军所属大小20多支游击队都已先后与大军会师，人员与武器都有很大发展，成为各地方人民政权的基干武装力量。随着斗争形势的发展，部分游击队又上升为主力部队，加入了解放全中国的野战军序列。

（蒋二明　整理）

原载陈忠贞主编：《皖西革命回忆录》第三部《解放战争时期》，安徽人民出版社，1991年，第135～143页。

胜利相逢

——与庐江游击队会师纪实

◎ 程庆荣

1947 年中秋节前，天高气爽，月光皎洁，我八旅二十四团奉命沿舒（城）庐（江）公路疾进，直指庐江县城。

按战前的作战部署，一营为主攻部队，在团炮兵连的配合下，从县城西南面发起攻击，二营的一个连从县城北面策应助攻，余下的两个连为团预备队，由团长吴先洪同志掌握。

9 月 12 日夜 10 时，部队向守敌发起了进攻。敌守城部队是县保警队，共 4 个中队，战斗力虽然较弱，但他们凭借有利地形，负隅顽抗。我部由于地形不熟，又缺乏水网地带作战经验，在敌居高临下、封锁开阔地的不利情况下，进攻速度被迫放慢。但战士们敢打敢拼，终于在拂晓前，涉过护城河，逼近城关，我一营率先攻入城内。

部队进城后，即搜索前进。敌县长率县府人员早已弃城逃跑，守城敌军也大部狼狈逃窜。唯有 1 个中队敌人因未来得及逃跑，被我军包围在南门桥头附近一个圆形碉堡中。我军迅速逼近碉堡，组织喊话，争取残敌投降。但敌人据险顽抗，于是一营营长调来炮连，将迫击炮直接瞄准，实施平射，终于将碉堡炸开一个窟窿。敌人这才慌了手脚，乖乖地举手投降。

13 日上午 8 时，庐江县城获得解放。部队进驻敌县政府，只见到处呈现出纷乱的情景：大院内空空荡荡，纸片飞扬；公文、档案、图表、账册依然摆放在木桌、书架上。战士们在搜查县长办公室时，发现了一个公文包，里面装满了机密文件，其中有份《"围剿"共匪游击队作战计划》，我仔细翻阅了几页，只见上面写着庐江游击队"姚大麻子""黄大荣"等姓名。经过分析，大家认为庐江一定有咱们的游击队。为了更好地配合作战，团首长决定立即派出侦察员到各处探访。

由于侦察员不会讲当地话，又穿着便衣，老乡们不敢讲真话，找了一天也没打听到游击队的下落。侦察员们感到有点失望，有的干部也认为在敌人严格控制的地区，游击队很难活动，即使有也不易找到。但大多数同志认为，如果没有游击队，敌人何必挖空心思去拟定"围剿"计划，至于一时探听不到游击队的下落，这正说明游击队有坚实的群众基础。为了取得地方武装的支持，我们应该尽速（快）同游击队接上关系。

第二天，准备派出寻找游击队的人刚要出发时，哨兵赶来报告说有一个大麻子农民要找部队领导，问他有什么事，他又不肯说。团首长要哨兵把他领进来。不一会，只见一个中等身材，头戴草帽，身穿黑布衣服，满脸麻子的农民走进来。他神情镇定，态度自然，进屋后机警地扫视一眼，然后深深地鞠了一躬，问道："请问你们是哪一部分队伍？"

"我们是人民解放军。老乡，你有什么事情就请讲吧！"

他沉思了一下，便谨慎地从内衣袋里掏出一封信交给我们。拆开一看，原来是中共庐（江）巢（县）工委会的介绍信，大家这才恍然大悟，站在面前的就是我们正要派人去找的游击队姚大队长。大家高兴得跳起来，几双粗壮的大手紧紧地握在一起，心情都很激动，姚队长的眼眶里早已滚动着晶莹的泪珠。他把手重重地一握，豪爽地笑着说："找到解放军，这就放心了！"

我们连忙请他坐下，倒了一杯开水，又点上一支香烟。姚大队长深深地吸了一口烟，紧张的心情放松了，像在家里谈家常似的说了起来："昨天听卖柴的老乡说，不知哪一部分队伍打开了县城，队伍上的人对老百姓很和气，城里商店照常做生意，老百姓还是同往常一样坐茶馆、吃点心，小商贩们也可以自由进城。我想，一定是我们的队伍来了，要不谁还会打蒋介石的遭殃军呢？哪个队伍对老乡会这样好呢？可又想，既然是主力来了，上级为何不通知我们呢？上次在工委开会，领导还说要我们再坚持一年，主力部队怎么来得这样快？"他滔滔不绝，好像面对久别重逢的亲人，心里有着说不完的话。

"是的，我们刘邓大军挺进大别山，迅速进行战略反攻，一路势如破竹，谁也没想到会这样快！"

姚大队长点点头，说："是呀，我想来想去，一夜没睡着，不能再等上级通知了，还是自己主动混进城看一看再说。唉，早知道是自己的队伍攻城，我们配合起来，管叫城里的敌人一个也跑不掉！"

"是啊，你们对敌情、地形都很熟悉，要是有你们配合，敌人肯定成为瓮中之鳖，叫他一个也跑不了，让他们瞧瞧，到底是谁'"围剿"'了谁。"

姚大队长一听，哈哈大笑起来："就是，就是，昨天我一听到消息，便把队伍编成两个连。我把大军攻城的喜讯告诉大家，同志们听了都快活得乱蹦乱跳，今天都要跟我到城来。"说着说着，他不禁感叹起来："这回我们再也不用东躲西藏地打游击了，现在要见一见太阳了！"

原来姚大队长是我新四军七师北撤时留下的本地干部，他同一位姓李的同志一起，凭着两支破手枪起家，发展到今天拥有200多人、2挺机枪、七八十支步枪、二三十支手枪的游击大队，给庐江国民党政权以很大威胁。敌人虽然千方百计要"围剿"他，但游击队在群众掩护下每次都巧妙地战胜了敌人，姚大队长也成了这个地区的传奇人物。他们在坚持期间，每天昼伏夜出，天不亮就隐蔽到村里睡下，夜里才出来活动，两头不见太阳，如今他们就要公开地配合主力部队大显身手，叫他们怎么不兴奋哩。

"昨天狗崽子们还把我们叫'土匪'，要'"清剿"'我们，今天姚老子快快活活进了城，他们自己倒夹着尾巴溜了，明天我们就配合老大哥去"扫荡"这些王八羔子，只要给我们一门炮，两挺机枪，打盛家桥我包了！"

游击队真神。正交谈间，外面传来人群的喧闹声，游击队员们已经进了城。原来姚大队长已派人送出信去，要游击队即刻进城。这时，我们走出大院，广大指战员也纷纷涌上街头去迎接他们，就像久别重逢的亲人。游击队员们一律穿黑色便服，围着用白布缝制的子弹袋，只是帽子各式各样，有草帽、解放军帽，还有敌警察的黑大盖帽、敌军的黄大盖帽。他们个个兴高采烈，笑语连连。

城里的老百姓们，听说游击队进了城，也都挤上街头，用惊喜的目光迎接他们。群众都知道有支姚大麻子领导的游击队，神出鬼没地打敌人，一打一个准，敌军要"围剿"他们，却连影子也摸不着。可是城里人谁也没见过游击队长什么样子，大家都想亲眼瞧瞧这支神奇的队伍。我们站在大门口，大声地对老乡们说："姚队长带的队伍同我们一样都是共产党领导的人民解放军，是人民的队伍。"街上顿时传来一阵阵掌声和欢呼声。

游击队的队伍浩浩荡荡，开始走得蛮整齐，忽然，有的队员从欢迎的人群里看到了几年没见的亲戚朋友，就从队伍里跑出来，挤进人群里；有的市民也跑到队伍里同熟人谈话，处处欢声笑语，再也分不出哪是游击队员，哪是欢迎的群众。

游击队来到一块开阔的场地停下休息。我们的指战员涌进场地，和游击队员们三三两两亲热地叙谈起来。有的介绍自卫作战一年消灭敌军100多万，刘邓大军渡过黄河歼敌9个半旅的辉煌战果；有的谈千里跃进大别山的壮举，告诉游击队员们，我们再也不走了，要在大别山区建设一个巩固的根据地。听到立煌（金寨）、六安、霍山、舒城、桐城等县城已解放的消息，游击队的同志们都十分兴奋。

他们也向我们介绍在敌后艰难困苦的环境里坚持斗争的感人事迹。告诉我们，他们为了保证安全，怎样化整为零，一夜转移几个地方；为了打击敌人，怎样集零为整消灭敌军。望着我们的武器，羡慕地说，王八羔子们欺侮我们缺少子弹和大炮，如果有老大哥在这里，保险赶着他们跑；今后一定向你们学习打炮技术，也叫兔崽子们知道我们的厉害。

战友们之间有说不完的话，讲不完的故事。这时我们派人给游击队送来小炮1门、步枪30来支、几万发子弹、几百枚手榴弹。游击队员们见了都高兴地跳了起来，一拥而上，有的去摆弄机枪和小炮，有人赶紧抓了一把子弹就往衣袋里装。姚大队长一见，皱起眉头，赶紧吹哨子，连声喊着："站队，集合！"

队伍终于站好了，姚大队长亮开嗓子说："同志们，这是老大哥送给咱们的，不准乱拿，要统一分配；不要乱摆弄，防止走火伤人。我们也是解放军了，要听指挥，守纪律，游击习气一定要改掉，向老大哥好好学习。明天我们还要配合他们出击，肃清逃窜的土顽，解放我们全县的老百姓！"

第二天，曙光初照，两支队伍便整装出发了，游击队作为前导，部队扛着重武器紧紧跟上，一起去消灭盘踞在盛家桥的敌军。

原载陈忠贞主编：《皖西革命回忆录》第三部《解放战争时期》，安徽人民出版社，1991年，第144～149页。

征程纪实

◎ 方　德

1947 年

8 月 7 日

刘邓大军从 7 月 7 日到 28 日，经过 21 天连续作战，歼灭蒋军 9 个半旅。 7 月 28 日，活捉敌第六师师长宋瑞珂，胜利地结束了鲁西南战役，部队隐蔽在巨野、郓城之间进行了小休整，迎接党中央和毛主席交给的 "跃进大别山" 的新任务。

上午，我忙着发稿。午后 4 点，李普找我单独传达命令。他说左翼是三纵队，八旅是纵队的前卫，随纵队还是随旅，具体位置自己决定，马上出发。

快马加鞭，赶到天近黄昏，找到纵队直属队，部队已集结好，待命出发。炊事员给我几个蒸馍，吃罢，喝了一大茶缸凉水就走。12 万大军从横宽 30 里这么一个狭窄的口子南征，"秋夜行军静悄悄"，一夜疾行 65 里，把敌人甩到北面去了。

8 月 12 日

在黑夜里走了个通宵，跨过陇海路，到了路南虞城的王集。行军 60 里，虽然很累，可是群众已经为我们搭好铺板，烧好了茶水，准备了粮食，到地方就能休息。

8 月 27 日

白天渡淮河。为我们摆渡的船夫们从早到晚，忙得顾不上吃饭喝水，只有一个共同心愿：快些把八路军渡到淮河南岸，叫国民党军到来，连人影儿也见不着一个。

8月31日

6天前，驻蚌埠的蒋军第四十六师一八八旅五六四团的1个营，配合安徽保安第三团赶到霍邱县叶家集向解放军"献礼"。

叶家集是河南、安徽边界上的集镇，一座小桥把镇子分成东西两半，长期以来省界两边土匪猖獗，相互劫掠。8月30日午后，国民党竟然像土匪一样，挨家挨户洗劫。河南土匪看到桥头"国军"动了手，也一哄而起，大抢特抢起来。

叶家集的老百姓跑来找解放军快去解救他们。解放军迅速赶到，包围了敌人。两省土匪同蒋军正规军、保安团来了个大联合，他们每个人都背了个抢来的比命还重要的包袱，端着上了刺刀的步枪要杀出包围圈，结果都被打了回去。

午后1时，战斗胜利结束，敌人被全部消灭。部队把从匪徒们身上收缴的包袱一字排列解开请群众前来一一认领。

9月1日

自叶家集东南行90里到石婆店，它东面是六安，西面是当年皖西苏区中心金家寨。乡亲们还清楚记得当年红军离开皖西的情景，当看到部队从这里开进的时候，沿途男女老幼都站在路口，指点着说："红军回来了！"指战员们也忘记了长途跋涉的劳累，同时欢呼："我们回到家啦！"吴团长兴奋地告诉我，当年军民亲如家人，乡亲们都管红军叫"红军哥哥"哩。

红军长征后，敌人推行残酷的法西斯统治。为了保存力量，石婆店的革命群众将枪支掩藏在掏空的屋梁或夹墙缝里，外面再抹上麻刀灰。当群众知道"红军哥哥"回来时，立刻把珍藏多年的武器取出来，站岗放哨，他们要向反动派讨还血债，要武装保卫自己的新生活，准备配合大军大干一场。

9月6日

今天到六安。六安是安徽省会合肥的西大门，为了拱卫省会，敌人像幽灵一样在六安西北徘徊。等到他们察觉刘邓大军正向六安以北运动，有"相机攻取合肥"的迹象时，就突然逃之夭夭。9月2日，六安解放。

六安城区有12064户，共计70554人。他们在国民党政府残酷压榨所造成的饥饿中苦苦挣扎着，捐税多如牛毛，淠河上的船夫告诉我，"月有月捐，季有季捐，年有年捐"，还有谁也说不出名堂的捐税，国民党省政府建"中正堂"要捐款，县里要为兰大老爷祝寿建"兰大堂"也要捐款。人民在死亡线上挣扎，壮丁已卖到法币7万，只相当于35斤大米，或一只肥猪的六分之一。

六安新中国成立后，民主政府办的头一件事就是打开蒋政府的仓库，救济群众。穷苦缺粮的群众每人可分得140斤口粮，虽然天上还下着绵绵细雨，领粮的群众却挤满街头。一个无处不欢乐的新六安已代替了几天前的悲惨世界。

9月11日

大前天刘邓大军左翼部队还在六安城里召开军政干部会议，国民党中央社却宣布"国军于7日占领六安"，真是天大笑话。

9月12日

我们从六安去霍山，午后至芮草洼，截获蒋介石运输大队长送来的汽车，便乘车向霍山城进发。到达霍山，收到前方来电，今天占领桐城。

9月14日

从霍山东去，行军70里，到达舒城、六安之间的毛坦厂。在这里新划了一个舒六县，县政府就设在这里。

县长林杰同志告诉我：新县，很穷。印布告要30万法币，去六安取钱说是没有，只能用粮食支付。县府大印得到六安去刻，刻成后也得支付粮食。

县府人员刚到这里，没钱没粮，只好向几家商号暂借些现款，以维持饭食。现在每人每天只发给一斤半米作主食，两斤米作菜金，这笔开支也很惊人。办公费、棉衣原料全靠米，米的来源靠缴获库存，这极有限。秋收还未结束，征粮还不能过急过早。

9月15日

部队经过独木桥向舒城县中梅河开进。部队集中通过，将桥板都压断裂了。雨后水涨3尺，大家只好涉水而过。

全镇各家门前挂出煤油灯，把个镇子照得通亮，便于部队行走。各家还在招待部队住宿的房间里烧上一盆火，让指战员烘烤淋湿了的衣服。

我同营部住在一家小百货店里，老板想拉关系，炒了几个菜要我们去坐坐。营长却拉他过来，一边喝开水，一边给他讲解共产党保护工商业政策。老板心上的石头才落了地。

9 月 17 日

今天行军到桐城。晚上收听新华社新闻：蒋介石匆匆召开国民党四中全会与党团中央联席会议。蒋介石绝望地嘶叫"危险困难较之过去任何时候为甚"。前途如何呢？说是"至少可以维持两年"。怎么办呢？回答是"为政不在多言"。

会议 9 月 9 日开场，13 日草草闭会，14 日上海米价涨到法币 60 万元一石的新高峰，同日蒋介石宣布南京戒严。

这一切都是因为刘邓指挥的人民军队占领了无为和桐城的结果。按解放军通常的行军速度，从无为出发两天就能走到南京；从桐城南去，一天就能走到安庆。熟读曾国藩全集的蒋介石懂得安庆是东到南京、西到武汉的战略要地。当年太平军和湘军为了争布店，曾进行浴血苦战。为此他拉起死保安庆，拼命要打的架势。12 日空运 3 个团增援安庆，同时派遣空军每天到安庆、桐城沿线不停地侦察、扫射、轰炸。蒋介石不懂得"伸头讨打"并不是赢得什么主动，打与不打的主动权掌握在刘邓两将军的手里，龟缩在安庆城里敌人的命运只能靠上天保佑了。

10 月 5 日

昨晚从晓天镇出发，今天去下五显。

两晚夜行军都碰上蒙蒙细雨，我们冒雨同敌人在大别山作一次 150 里的长途竞走。夜行军要求绝对没有亮光，没有话音，在伸手不见五指的夜色里，我们只能凭着耳朵辨析前边同志的脚步声。要是碰上斜坡，来个哧溜滑，那简直就要命。

> 山岩细雨没征程，
>
> 流萤几点笑繁星。
>
> 征夫去后路空悬，
>
> 夜莺起处林自惊。

我这首《雨夜行军偶成》打油诗，多少再现了雨夜行军的艰辛。

大别山的 10 月，秋风瑟瑟，细雨蒙蒙。此时我们还穿着在晋冀鲁豫时发的单衣，毛毛雨洒在身上不仅湿透衣服，且浸透毛孔，闹个透心凉。一到休息时，大家便急着找隐蔽所，有条件时便忙着烘干衣服。可有个宣传股长却总是先忙着工作，我只知道他的外号叫"消息"，因为他每到一地便抢先报告新华社最新消息，刘邓大军的最新战报，战士中的好人好事，所以他到哪里便在哪里引起欢腾，说是"消息"来了、"消息"来了！他的背包上总放着一个圆鼓隆咚的包，里边放着钢板、铁笔、蜡纸、油墨滚子、白纸。每逢宿营，他便急忙刻印载有最新材料的宣传品，忙完了才和衣而卧。

不知他患的什么病，手臂皮肤皲裂成一小块一小块，鱼鳞似的，发干就翘起来，鲜红的嫩肉便暴露出来，劲风一吹便钻心地疼。可人们看不到病魔给他带来的痛苦，却随时看到他那张欢快的脸，听到他滔滔不绝地向战士们报告好消息。

今天我赶回八旅旅部去整理资料，通信员给我送来一封有个窟窿的信，正是"消息"同志写的活动情况。我看了一眼通信员，他已掉下两行热泪，哽咽地说："'消息'同志牺牲了！"

10 月 8 日

毛坦厂新近成立了区政府和区干队。

这一带，反动政府的爪牙也并不老实，小河口乡乡长带领下属 8 个保长同我们打游击。留在家的保长也千方百计包庇地主,暗中搞破坏。逃亡地主还发出威胁："你们吃我一石粮，我叫你们赔一百石！"

翻身农民对地主的回答是，"恶狗敢吃我一粒粮，我们就给你一百颗子弹"。成百的群众要求参加民兵、游击小组，区干队一下扩大到 200 多人，两河口乡还有 5 个青年集体要求参军。在九桠树斗地主，头一天群众到了 20 多人，第二天就增加到 300 多人。

土顽患的是一样病——"顽而不固"。解放军占领霍山，这里反动区乡武装人员就四散奔逃，藏在镇公所的枪支统统被群众搜查出来，武装了自己。土顽们东躲西藏，毛坦厂的警官黄泰来无可奈何地说："到处流浪，还不如回家投降。"

10 月 10 日

张家店战斗胜利结束，国民党八十八师师部和六十二旅被我们消灭，副旅长汤家辑和 4700 多官兵统统做了我们的俘虏。

10 月 12 日

舒城城外太平街是敌我双方必争之地。两个战士双脚负伤掉队，他们慢慢爬进老乡屋里。老乡回家发现了彩号，便为他们做饭，还请医生来换药。这时，另一批敌人进街，乡亲们赶快把我们的伤员放进稻草堆伪装起来，另一些老乡抄小道上山找部队。当听说部队转移到西边 30 里处时，他们立即抬上彩号，满山遍野去找。中途碰上游击队，打听到部队已转移到张母桥，他们便连夜把伤员抬送到部队。

10 月 19 日

部队一路行军，许多知识青年纷纷参加革命队伍，他们跟着共产党，而且越来越坚决。潜山县人民政府的王区长初来县政府做科员，随后被派到水吼岭搞征粮，很快就适应了艰苦生活，学会做群众工作。黄柏区一个知识青年在国民党乡公所干过，他感到自己干的都是残害人民的昧心事，便投向革命，当了爱国民主政府的财粮科员。有个被乡长卖了壮丁后押送入伍的知识青年，逃出国民党军后就投身革命了。潜山县参加革命的 70 多个知识分子除学生外，还有不少是小学教员和中学教员。

11 月 2 日

10 月 29 日记者到太湖。太湖是皖山南麓的大县，1930 年中国工农红军曾一度攻占县城。此后反动派进行了血腥的镇压，仅土顽武装就有 6 个自卫中队。刘邓大军南下后，他们又着手扩大 2 个自卫中队。县、区、乡、保行政人员大都由广西籍退伍军人担任，取代不稳的本地人员。

9 月 26 日刘昌毅司令员率游击队突袭太湖，守军一听到枪声就狼狈逃窜，掉在后面的商会 2 个自卫中队全被活捉。来不及运走的 2000 多套棉衣、500 多支步枪和四大银行的 1 亿元现款，以及官办垄断购销的食盐、布匹在群众协助下全部被缴获。

30 日成立爱国民主县政府，接着全县 31 个镇中就有 16 个同时建立起人民政府。经过近 1 个月的武装斗争，全县土顽武装已消灭得所余无几，革命秩序已基本建立。

10 月底刘邓大军司政领导机关到达太湖，消息传开，从四面八方涌来的送慰问品的吹打乐队就没断过线。40 头大肥猪把县府大堂挤得满满的，天井院里分类陈列着鸡、鸭、蛋、鱼和各种鲜菜。当地群众还挑选出自己最好的黄梅戏演员，组成一个临时剧团到城里献演，表达了翻身人民的喜悦。

11 月 15 日

本月 4 日到 12 日，在太湖以西 50 里的刘家畈，刘邓首长召开高级领导干部会议，会议研究决定，在我军千里跃进大别山战略展开之后，应立即转入战略再展开，发动群众，进行土改，建立根据地。

在皖西地区成立皖西区党委、皖西军区、皖西行署，领导群众建设巩固的皖西根据地。

15 日，在太湖中学召开皖西地区县、团以上干部会议，邓小平同志在会上作题为《思想作风问题》的报告，他把作风问题概括为"实事求是，调查研究"8 个字。他号召留在地方工作的同志在战略展开中一定要"艰苦朴素，厉行节约，反对浪费，把工作做得好上加好"。

11 月 19 日

今日至潜山县黄龛乡参加群众大会，散会后群众把我们分头领到各家住下。刚落座，妇女们就送上热腾腾的洗脸水、洗脚水。待我们盥洗完毕，她们已搭好铺，把武器、挎包挂在十分顺手的墙壁上，很合军事要求。后来才知道，这完全是按照当年招待红军的老规矩办事的。

我们这支机关直属队，除司令员曾绍山是大别山人外，都是些南腔北调的外地人。群众便教给我们当地的风俗习惯，如不能说"借奶奶盆"，因"奶奶"是"老婆"的同义词，说错话就会严重影响军民关系。女当家的则教我们怎样做红薯吃。真是聆听一夜话，胜读十年书啊！

11 月 24 日

岳西地处皖西大山区，刘邓大军刚接近岳西，敌人就闻风而逃了，剩下的土顽武装在 9 月上旬就被皖西人民自卫军摧毁了。现在，群众已发动起来，土改和参战工作都搞得十分活跃，皖西根据地的首脑机关就设在这里。

今天皖西区党委召开首次机关干部大会，宣布彭涛为党委书记，桂林栖为副书记，曾绍山为军区司令员，罗士高为行署主任。

彭涛在会上指出，新的革命高潮已经到来，其特点是，敌我力量对比起了基本变化；各线反攻，打了较大歼灭战，歼灭了很多敌人。在分析了敌我形势之后，他代表区党委提出今后的任务：抓紧时机，发动群众，开展土地改革运动，迅速把皖西建成第二个太行根据地。

1948 年

2 月 9 日

明天就是农历正月初一了。我们《皖西日报》社、新华社皖西分社组成的游击小组住进岳西青天畈到包家河之间的山口小庄里。土顽在附近骚扰,不让我们过个安稳年。南下同志大都是北方人,都有吃饺子过春节的习惯,但在艰苦斗争的环境里,要为部队、干部准备一次过年饺子实在是不容易。加上敌人像恶狼般掘(抉)剔搜寻,一旦发现猪肉、白面,除没收之外,主家会立即招来杀身之祸。在斗争中群众变得聪明了,他们把准备好的饺子用料缜密地收藏起来,等到部队、干部到达的时候,便从四面八方一份份送来,保证大家吃上节日饺子。

除夕之夜到了,老乡们冒着大雪给我们送来了大袋大袋的白面、猪肉、蔬菜。大家动手包饺子,唱歌,讲翻身故事,热热闹闹度过了除夕,而愚蠢的敌人在雪地里窜来窜去,什么也没捞着。

6 月 10 日

为了粉碎敌人对大别山的"围剿",刘邓首长决定采取内外线相结合的作战方针。3 月下旬,主力甩掉敌人西去之后,敌人对皖西进行疯狂的"扫荡",对腹心区实行"三网""三光"[①]政策,斗争空前艰苦。

国民党军带上还乡团"扫荡"桃李河,房子烧了 80 多间,杀了 40 个人。敌人窜到舒城县陈冲,捉走 5 个人,为的是敲诈一大笔赎金。临走时,抢走 23 头牛,连尺长的猪娃、小孩衣服、油盐罐子也不放过,共挑了 20 来担,一路叫卖。

敌人的残暴更激起了群众对人民军队的支援。潜山敌人在水贵杀掉一个青年农民,他的老婆回到家,顾不得干别的,先去邻村借来米,赶快熬粥送到游击队伤员隐蔽处,然后才含泪回家张罗埋葬惨死的丈夫。

国民党霍山县县长隆武功是个杀人不眨眼的家伙,他调到太湖后,发誓要肃清"共匪",连同我们有联系的甲长,也被他杀了 7 个。有次"清乡"时,一个游击队员被堵在一家店门口。这时,四邻老乡都来求情,女主人也哭天抹泪地说:"我韩

---

① "三网"指公路网、碉堡网、特务网;"三光"指烧光、杀光、抢光。

家老板是个好人!"隆武功一时拿不定,便问这个游击队员敢不敢和女主人拉手。

"咋不敢?"游击队员招呼这个素不相识的女主人说,"你来,你来,握握手锻炼锻炼!"女主人爽快地伸手一握,还有意把嘴一噘:"你好不害臊……"

隆武功讨了个没趣,只好带着喽啰走了。

6月28日

任弼时同志写的《土地改革中的几个问题》,由新华社以记录新闻形式向全国播发。

我在不断转移的环境中收完这篇报告,用蜡版刻印下来,社里存的纸不多,只能满足领导机关的要求。没有商店,没有市场,想买纸也无处可买。后来找到几本账本、几本宣纸印的《二十二子》,翻过来印够700份很快送发出去。坚持地方斗争的同志把报告看成是及时雨,如饥似渴地学习贯彻。

7月7日

新区政策开始执行,坚决纠正"左"的倾向。在王屋村没有田地的30户,187口人,每人分得5升种的稻田。地主和贫农分的土地一样多,一样好。还留给一所住房。逃亡户应分的土地房屋都保留着,由农会代管。

朱启鸾是个跑得最早的地主,他读了文件和摸清村里情况后,6月初就带着全家回了村。

一户富裕中农被吓跑了,到敌占区混日子。新区政策贯彻后,立即回村,恢复过去亦教亦农的生活。

行商毕宗尧听到特务散布的谣言,拔腿就跑。群众凭感情办事,把他撇下的粮食、家具全分了。现在学了政策,知道这违反了工商业政策,便把分掉的东西如数送到农会保存,还分给他一份田地。毕宗尧知道后,便带领全家老小赶回家,依旧作行商兼种庄稼。

7月7日

皖西区党委召开县以上领导干部会,彭涛同志在会上指出:"皖西已处在从坚持进入发展的新阶段,是建设皖西的开始","今天,我们控制区已有四万平方里,周围还有广大的游击区"。为迎接新形势的到来,他号召大家"进一步认真贯彻执行好正确政策,把一切可以团结的力量团结在自己周围"。最后他说,"我们完成了坚持皖西根据地的任务，我们正在满怀信心去完成建设任务，迎接一个更新的历史时期的到来"。

原载陈忠贞主编:《皖西革命回忆录》第三部《解放战争时期》,安徽人民出版社,1991年，第 197 ~ 209 页。

激战刘家圩

◎ 张见礼

　　1947年12月间，我们九旅二十七团二营活动在离毛坦厂不远的舒六县滑水河一带。27日，团长胡守富向我营下达奔袭张家店的战斗任务，下午2时，部队出发到金子冲集结，7时许在胡团长和政治处主任高德润率领下，全营向张家店疾进。

　　那几天，山区下了一场大雪，一尺多深的积雪把沟沟坎坎打扮成银装世界，此时，虽然雪后初晴，可天气却特别寒冷，小河、水田的积水结成了厚冰，天寒地冻，行军十分困难。而战士们大都穿着草鞋，背着枪支在冰雪地里一步一滑地前进，遇到行军受阻，部队停顿下来，身上的汗水让夜风一吹，冰冷刺骨，浑身激起鸡皮疙瘩。指战员们只有在原地不停地活动身子才能抵御住冬夜的严寒。

　　拂晓前，部队赶到了张家店，没有发现敌人，找到居民一问，才知敌人在刘家圩。弄清情况后，团首长决定突袭刘家圩，部队在向导的指引下，又马不停蹄地向刘家圩扑去。

　　新街刘家圩离张家店不足10里，是个年收入800石租的地主庄园。庄园有两道水壕，一人多深，全用条石铺砌。壕边还砌有砖石垒成的围墙，入口是道狭窄的石桥，砖石砌成的门洞，铁制的厚实大门，在当时真可说是"一夫当关，万人莫人"了。驻守刘家圩的是敌六安县保安团涂景岚部，他们凭险据守，活动十分猖獗。

　　到刘家圩后，营长杜德云即带领部队从南面进攻，我随四连插向刘家圩西北，这时圩子里的敌人开始用机枪扫射。通信员吴玉贞对我喊了声："教导员，不能过！"

话音才落便中弹负伤，战斗结束后抬下战场，已因流血过多而光荣牺牲。我则利用地形地物，冲过敌人火力封锁，进到安全地带。

离刘家圩200米外还有一个马家圩，驻有少数敌军，与刘家圩里的敌人相互策应。为了解除敌人侧翼火力的威胁，我们利用稻田、地形作掩护，从北面将马家圩包围。守敌见势不妙，仓皇逃窜。在追击中打死敌人3名，俘敌14人，缴获步枪7支。

消灭马家圩的敌人后，除抽出少数兵力警戒六安方向可能来援之敌外，部队集中力量攻击刘家圩。我便带着通信员从刘家圩北边绕到南边大门。此时，敌人虽然还在作垂死抵抗，但我攻击部队冒着敌人密集的火力已通过第一道水沟和围墙，并已突过第二道水沟，却无法攻破大门，突击班只好在大门西侧的墙下隐蔽起来，攻击暂停下来。经过研究，我们决定重新组织火力，采用迫击炮平射的办法将门打开。攻击开始，只听"咣咣"几炮，厚实的铁门被炸开一个大洞，我随突击班攻进了圩内，这时圩子里像炸了窝，敌人有的惊叫，有的乱窜，寻找避身的地方。我们勇猛动作，把敌人震慑住了，他们没敢再抵抗，一个个乖乖地放下了武器。

这次战斗歼敌六安县保安团两个中队和一个区中队，俘敌250多人，俘虏经教育后释放。同时还缴获轻机枪1挺、小炮2门、步枪143支，更重要的是我们缴获了棉衣200余套，棉花1000多斤、棉布若干匹，解决了部队过冬服装这一难题。

在张家店地区，我们曾围歼敌第八十八师师部及其六十二旅，时隔两个月我们又消灭敌人的地方团队，这两次战斗对打击敌人嚣张气焰，稳定群众情绪，为我们开辟以毛坦厂为中心的根据地创造了有利条件。

值得提出的是，这次军事行动得到地方政府和广大群众的有力支援，行动时原拟在毛坦厂动员20副担架、40位民工，结果群众自愿报名70多人，临出发时，群众自发参加竟达90人，从而保障了战斗胜利。虽然时隔40多年，但当年群众抬担架、送伤员的动人情景仍历历在目。

原载陈忠贞主编：《皖西革命回忆录》第三部《解放战争时期》，安徽人民出版社，1991年，第224～226页。

除夕的教诲

——邓小平政委、李先念副司令员在楼房村

◎ 张延积　杜炳如

1947 年年底，我们有幸聆听了中原野战军邓小平政委、李先念副司令员关于坚持党的领导、密切联系群众和严格执行党的政策的亲切教诲，这对于坚持大别山斗争的同志们来说，如同久旱遇上了甘霖。时间虽然过去了 40 多年，但当时的情景依然历历在目，首长的教诲言犹在耳，时时激励我们为革命事业奋斗献身。

1947 年冬，大别山区已经接连下了几场大雪，树叶早已脱落，唯有满山遍野的马尾松，在风雪严寒面前，仍然挺拔青翠。此时，在金寨县的随军南下干部和指战员们正紧张进行发动群众、剿匪反霸、土地改革，为重建大别山根据地而夜以继日地战斗着。

12 月 31 日上午，我们正研究在新的一年里如何深入开展土地改革、扩大武装、支援前线等工作，忽然接到二纵队政治部民运部副部长、漆店区委书记江川的紧急通知，要我们迅速前往楼房村。接到通知的除了金寨县委书记兼独立团政委张延积、县长王相卿、县委副书记张健三，还有在关王庙区开辟工作的五旅教导队政委高峰以及杜炳如等同志。

我们估计一定有重要的事情，便急匆匆上了路，穿过蜿蜒崎岖的七里冲，直奔楼房村。由于心情急切，30 多里山路 2 个多小时就赶到了。刚走到村头，就远远看见几位部队上的同志，正背着松柴从山上下来。进了村，只见到处打扫得干干净净。我们两步并一步地走进江川同志住处，只见江部长笑呵呵地迎上来神秘地说：

"有个好消息，不知你们哪个能猜到？"

我们大家乱猜一气。有人说："一定是咱们纵队要过来啦。"也有人说："准保是前方打了胜仗。"江川同志都摇头说"不是"。大家猜得发急，便推着江川，要他快点儿把谜底揭开。江部长这才笑着告诉大家说："邓政委和李副司令员等几位首长来了，要找大家来一块儿谈谈。"

"什么?!"我们几个人被这突如其来的喜讯惊呆了，都睁大眼睛望着江部长，不知说什么才好。事情太出乎意料了，几个月来我们脱离主力，分散各地开展工作，别说见不到野司首长，就连报纸也看不上，今天邓小平政委竟要当面听取我们的汇报，聆听他的指示，怎不叫人高兴。大家急不可待地向江部长问这问那："邓政委身体咋样？""刘司令员在哪？""整个形势如何？"……一连串问题，搞得江部长不知回答谁才好。

说话间，不知谁看到桌上堆放着不少牛肉、鸡、米花糖等好吃的东西，便叫起来："明天过年，咱们应给首长们送点礼物才好。"这个提议立即得到大家一致的赞同，可江部长却摇着头说："不成。我已经碰过钉子了。"原来江部长上午就派人送过了，邓政委再三查问东西是哪里来的，当他知道这些都是群众送的慰问品后，便立即叫把东西退还群众。邓政委还说："接受群众慰问品要分个时间、地点。这里是新区，群众生活很苦，因此，我们当前最主要的是为群众多办好事，要想一切办法去团结他们，发动他们。"

接着，江部长又说了另一件事。两天前，邓政委路过商南黑河村，听一个老乡说，他的耕牛被土匪抢走，我剿匪部队将土匪击溃后，将拾到的牛牵走了。邓政委答应帮他调查。第二天，邓政委进入金寨地区，宿营时遇到了我们工作队的陈科长带的工作组，一问，正是他们在黑河剿匪时拾到一头牛，因一时找不到失主只得将牛牵走。邓政委马上叫他们把牛送还老乡，并严肃地说："你们怎么不去想一想土匪的牛是从哪里来的？凡事一定要多动脑筋，对群众有利的就做，否则就不做。一切行动都要以维护群众的利益为出发点，在新区工作，尤其应特别注意这一点。"

听了江部长的话，我们每个人的心情都很沉重。进入大别山以来，刘邓首长对群众纪律、新区政策一直抓得很紧，强调在大别山能否站住脚，"一方面靠多打胜仗，另一方面靠团结人民，两者缺一不可"。可由于我们工作做得不好，还存在这样那样的问题，内心实在不安。

通信员终于来催我们开会了，到了河对岸的一个院子里，只见首长们正围着一堆冒烟的木柴，边烤火边收听新华社广播的毛泽东同志关于《目前形势和我们的任务》的重要报告。"黑暗即将过去，曙光即在前头"，听到广播员激动的话语，大家感到无比振奋，同志们都沉浸在无限喜悦之中。

听完广播，鄂豫区党委书记、军区政委段君毅同志站起来，将我们介绍给邓政委、李先念副司令员和李达参谋长。这时，警卫员点燃了两支油松柴，亮光下，我们仔细端详几位首长，面庞都很消瘦，邓政委虽然十分瘦削，但两眼依旧炯炯有神，给人一种无限坚毅和充满信心的感觉。首长们穿的都是灰粗布棉衣，和战士们穿的一样。相比之下，我们倒比首长穿得厚实，心中油然产生崇敬之情。

柴似乎很湿，火堆燃得不旺，浓烟十分呛人，屋子里显得很冷。李先念副司令员低下头去，对着木柴使劲地吹，邓政委也拿起一本书轻轻地煽火。江部长悄悄地告诉我们说："这些柴全是首长们来到后，亲自上山打来的。"这使我们想起进村前在村头看到的从山坡背柴下来的同志，原来那都是野司的首长，后来听说其中就有李达参谋长。

火，总算燃烧起来，室内暖和了一些。邓政委亲切地开始说："我们从这里路过，顺便找大家来谈谈，你们先讲讲到大别山后给群众做了哪些好事，这里的群众发动得怎样。"

张延积首先汇报，解放金寨4个月来，初步发动了群众，建立了后方基地，但在敌人进攻中又受到一些损失。首长们听得非常认真，不时提出问题。

邓政委问："干部和群众的情绪怎么样？从部队上调来的同志安心不安心？"

张延积回答说："干部情绪很高，对坚持大别山斗争很有信心，除工作外，还帮助群众搞生产，给红军家属打柴、挑水，群众很拥护我们，说我们就像当年的红军。同志们对坚持和建设大别山根据地的积极性很高，尽管北方来的同志一时吃不惯大米，平原来的同志一时爬不惯山路，但同志们斗志高昂，情绪饱满。"邓政委听了，点头表示满意。

张延积接着进行汇报："金寨县地区辽阔，山大林密，位于鄂豫皖老苏区中心，烈军属多，群众基础好，对重建大别山根据地非常有利，自9月初金寨县城解放以来，已在 11 个区建立了区、乡政权。"

邓政委赞同地说："没有政权不行，有了政权才能团结群众，打击敌人。你们要充分利用这里的有利条件，坚持大别山的斗争。党中央和毛主席命令我们千里挺进大别山，就是由战略防御转入战略进攻。这是一个重大的战略决策，广大指战员和地方干部，都要认清我们坚持大别山斗争的伟大意义和光荣职责。"然后他指着李副司令员："先念同志对大别山地区的情况熟悉，请他谈谈今后应注意的问题。"

李先念同志说："你们在大别山建立乡村基层政权，要注意一个问题，这里是老苏区，敌来我往，多次拉锯，情况比较复杂。有许多老同志和革命家属，对党有深厚的感情，要团结他们，发挥他们的作用。也有少数不坚定的人为敌人利用了。要注意，不要上当。"

张延积回答说："我们已注意吸收了不少地方干部，其中大部分是红军家属，有的已当了我们的区干部了。在敌四十八师第二次向金寨县城进行奔袭时，一位烈属为了掩护我，不仅受严刑拷打，连房子都被烧了。后来全村人都出面担保作证，敌人才无可奈何地撤走了。"

邓政委听了，满怀深情地说："老苏区群众觉悟高，看来，你们已在群众中扎下根了。我们能不能在大别山站得住，会不会被敌人赶出去，决定的一环便是团结群众、发动群众的工作搞得深入不深入。"他把手伸向火堆烤了烤，抬起头来环视大家说："你们的一举一动，都是一面镜子，群众就是透过你们来认识我们党、我们军队的，因此你们要时时刻刻处处注意自己的行动。"

说到这里，邓政委忽然回过头去问江部长："你们那位陈科长把老乡的牛送还没有？"江川回答，陈科长已经亲自去送还，并当面向老乡道歉了。

邓政委点点头说："这样就很好。不要认为这是件小事情，严守纪律，关心群众，这是关系到我们能否在大别山立足生根的大事；破坏纪律，脱离群众是自掘坟墓。记住，这是个教训。苏联有本小说《不走正路的安得（德）伦》你们看过没有？可以看一看，看看搞地方工作，单凭热情，武断蛮干会闹出什么样的恶果来。"

接着，邓政委又问我们群众发动的情况。张延积汇报说："各乡村都建立了贫农团，但没有充分发挥作用，我们以后定注意这个问题。"

邓政委点头说："对，你们一定要把贫农团建设好，你们刚才听到没有，毛泽东同志讲：贫农团应当成为一切农村斗争的领导骨干。少奇同志也很重视贫农团的组织建设问题。"

这时李先念同志插话，问我们工作还有什么问题。张延积考虑了一下说："解放金寨后，二纵队和一地委都派出大批干部来开展工作，但由于大家来自各个方面，组织还不够统一。"

邓政委严肃地说："县委是全县党的领导核心，应当有魄力统一组织各方面的力量，搞好工作，坚决不允许有各自为政的现象。在当前斗争比较复杂的情况下，同志们务必要注意这个问题。这是你们能否坚持大别山斗争的根本的问题。"

最后，段君毅同志代表区党委指示我们要迅速组织全县干部、战士认真学习毛主席关于《目前形势和我们的任务》的报告，学习邓小平、李先念同志对金寨工作的重要指示，战胜各种困难，坚持大别山的斗争。

夜已经很深了，首长们虽然白天行军，到楼房后也未很好休息，但他们个个精神焕发，毫不疲倦地听取我们的工作汇报，给我们做指示，使我们的思想认识大大提高了一步，对今后工作更加充满了信心。隆冬的山乡，寒气袭人，但越烧越旺的柴火驱走了我们身上的寒意。首长们的分析，又使我们心头充满了温暖。我们一致表示，决不辜负首长和大别山老区人民的期望，坚决执行党的指示，在县委统一领导下，加强革命团结，搞好各方面的工作，坚持金寨县的斗争。

告别首长已是深夜时分，抬头望去只见星斗满天，万籁俱静，更显得天高地阔，旷野里虽然冷风袭肤，我们却感到心里火一样的热，归途中同志们反复背诵着毛主席报告中的话，"曙光就在前面，我们应当努力"，欢欣地迎来了 1948 年的第一个黎明。

原载陈忠贞主编：《皖西革命回忆录》第三部《解放战争时期》，安徽人民出版社，1991 年，第 230 ～ 236 页。

忆刘家畈会议

◎ 陈锡联

　　露寒霜重，菊黄枫红，千里跃进的刘邓大军迎来了南下后第一个初冬季节。挺进大别山后，部队迅速分遣，实施战略展开，一面寻机歼敌之有生力量，一面发动群众建立革命政权。到 1947 年 9 月底，在刘邓首长指挥下，各纵队经过紧张艰苦的行军作战，解放县城 23 座，歼敌 6000 余人，并建立 17 个县级人民民主政权。10 月上旬，我们三纵在六安县张家店战斗中一举歼敌 4800 余人，取得了在无后方依托条件下，首次歼敌一个正规旅以上兵力的重大胜利，大大鼓舞了民心士气。10 月下旬，我一纵、六纵及中原独立旅在二纵有力配合下，又于蕲春县境的高山铺歼敌万余人。这两次战斗，奠定了大别山斗争的胜利基础，使形势发生了有利于我的变化，我们不仅实现了党中央、毛主席指出的争取最好前途，在大别山站住了脚，而且进一步实施战略展开，大量歼敌。

　　此后，刘伯承司令员和邓小平政委离开蕲北，翻山越岭于 10 月底经张家榜来到安徽太湖县刘家畈。此行，一来是传达党中央、毛主席的指示和部署皖西根据地的工作；二来是看望坚持大别山斗争的同志和从鄂西北转战到皖西根据地的刘昌毅同志及所属部队。皖西是革命老根据地，有良好的群众基础，在党的领导下，从土地革命到解放战争，革命斗争没有间断过。在坚持根据地的斗争中，党依靠人民，人民支持革命，历尽千辛万苦，做出很大贡献。

　　为了进一步巩固皖西根据地，深入开展对敌斗争，刘邓首长决定在刘家畈召开三纵旅以上和坚持敌后斗争的皖西工委及皖西人民自卫军支队长以上干部会议，会议于11月9日在刘家畈召开。参加会议的中野及中原局首长有刘伯承司令员、邓小平政委、张际春副政委、李达参谋长及刘子久同志；三纵参加会议的有我、曾绍山、郑国仲、阎红彦及一些旅级干部；皖西工委及皖西人民自卫军参加会议的有桂林栖、刘昌毅、于一川、钟大湖、胥治中、何德庆、胡鹏飞、张伟群、梁诚、孔令甫等，共约30余人。我们三纵彭涛政委，因病在大军南下初期留在后方休养，此时也赶来参加了会议。

会议地点设在刘家畈的胡家祠堂里，没有桌椅板凳，大家席地而坐。会议共进行了4天，大会开了1天，其他时间分头开小会。这中间，刘邓首长分别找部队和地方党的一些同志谈话，了解情况，指导工作，交代任务，协调行动。

会议由张际春同志主持，听取了刘昌毅、桂林栖同志关于坚持皖西根据地斗争的情况汇报。刘邓首长对刘昌毅等同志从鄂西北突到皖西开展游击战争所做出的贡献予以勉励。

刘伯承司令员、邓小平政委都在会上讲了话。刘邓首长在讲话中分析了当前形势，阐明了今后任务，着重讲了坚持皖西根据地斗争的重要意义，指出我军挺进大别山后，打了张家店、高山铺两个大胜仗，我们不仅站住了脚，而且形势正朝着有利于我的方向发展。根据我军在各战场的胜利形势，遵照党中央、毛主席的总战略意图，部队要进一步展开，兵力要相对集中，准备组织更大规模的战役。因此，大部队不必再在大别山，而要渡过淮河到外线作战，只留一部分部队在大别山坚持斗争。刘邓首长反复强调坚持皖西根据地斗争的重要意义：皖西东接津浦线，西北与鄂豫根据地相连，南控长江，威慑南京，战略位置十分重要。刘邓首长分析了坚持皖西根据地斗争的有利条件：皖西是革命老区，有党的光荣传统，有良好的群众基础，有长期进行武装斗争的经验。要求坚持皖西根据地斗争的同志，发扬我党、我军密切联系群众的优良传统，党政军民团结一致，建设好根据地，建立起人民政权，深入开展对敌斗争，全力支援大军作战，迎接解放的到来。刘邓首长还告诫大家：在胜利面前要保持头脑清醒，防止松懈情绪，坚持大别山的斗争，巩固皖西根据地，任务艰巨而光荣。在大部队离开后，留下来的同志眼光要看得远一些，困难要想得多一些，必须做好充分的思想准备，克服一切艰难困苦，进行英勇顽强的斗争。在对敌斗争中，要机动灵活，寻找战机，歼灭敌人。

为了适应形势的发展和斗争的需要，刘邓首长决定：调刘昌毅同志任三纵副司令员。原皖西人民自卫军第一支队（主要是从鄂西北转战到皖西的部队）组编为三十七团，暂归七旅指挥。成立皖西区党委和皖西军区，下辖3个地委和军分区。彭涛同志由三纵调任皖西区党委书记和皖西军区政委；桂林栖、于一川同志任皖西区党委副书记；三纵副司令员曾绍山同志调任皖西军区司令员。为加强皖西军区武装力量，决定从三纵各旅分别抽调一个建制团，配属各军分区。这样，区分了野战军和军区部队的任务，野战军主要用于实施机动作战，歼敌之正规军，军区部队则用于开展游击战争，消灭地方反动武装，从而进一步解决了兵力的集结与分遣问题。

刘邓首长还传达了中共中央颁布的《中国土地法大纲》，讲解了有关土改的政策问题。与会同志进行了认真学习讨论，研究了进行土改的宣传工作和准备工作。

会上被宣布留在皖西的党政军领导同志也都表示了态度，坚决拥护刘邓首长的决定，决心贯彻执行会议精神，以新的姿态投入到新的战斗和工作之中，迎接新的胜利。

刘邓首长每到一个地方，总要深入到部队和群众中去看一看，亲自进行调查研究，了解下情，熟悉民情，及时发现和解决问题。这是刘邓首长一贯的工作作风，也是对下级的言传身教。这次到刘家畈时间紧、工作忙，刘邓首长仍挤出时间到部队找干部、战士谈话，到驻地群众家里去访问，教育部队，宣传群众。40多年过去了，刘邓首长爱护下级、关心群众，同下级、同群众打成一片，促膝相谈的情景，我仍记忆犹新。记得在刘家畈，刘伯承司令员看到三纵指战员身上穿的都是自己缝制的棉衣时，满意地表扬了我们。看到这些棉衣颜色各异时，又风趣地说：我们的部队变成姑娘队了！于是，他亲自向战士们传授用稻草灰代替颜料染衣服的经验。这个办法既经济又好学，很快全纵指战员的衣服就变成了统一的灰色军装。

会后，刘邓首长与与会同志依依惜别，离开了刘家畈，经鄂东的英山、罗田北上，去商南同中原局机关会合。三纵部署在英山、霍山一带活动，在内线坚持斗争一段时间后，于1948年3月初转至外线作战。彭涛同志告别三纵赶赴新的工作岗位，落实刘邓首长指示和刘家畈会议精神，组建皖西区党委和皖西军区，11月15日皖西区党委和皖西军区在岳西县汤池畈正式成立；11月29日，中共皖西第一、

二、三地委和专员公署、军分区在舒六县三石寺宣布组成。至此，皖西党政军致电报告刘邓首长组建任务顺利完成，新的工作相继展开。这个电报同时发给了三纵，预示着大家为着一个共同的目标去夺取新的胜利。

在三纵主力转出大别山后，皖西党政军认真贯彻执行了刘邓首长的指示和刘家畈会议的精神，进行了大量卓有成效的工作，粉碎了敌人的冬季围攻和春季"清剿"，取得了对敌斗争的胜利，终于巩固和发展了皖西根据地。1949 年 1 月 10 日，伟大的淮海战役胜利结束。第二野战军在刘邓首长直接指挥下，挥师南下，实施渡江战役。我们三兵团部队路经皖西时，受到了当地人民群众的热烈欢迎。这时的皖西根据地已成为我军渡江作战和渡江后的巩固后方，他们以巨大的人力、物力和财力支援了战争，为全国的解放做出了重要贡献。

原载陈忠贞主编：《皖西革命回忆录》第三部《解放战争时期》，安徽人民出版社，1991 年，第 237 ～ 241 页。

莫道秋风急 红叶正满山

——兼忆皖西三地委的斗争历程

◎ 马芳庭

千里跃进大别山

1947 年夏，为了配合刘邓大军进军大别山，开展地方工作，我所在的晋冀鲁豫太行区党委，从地、县、区三级党政机关抽调了 500 多名干部，组成干部大队随军南下，因为当时我是太行一分区副政委，便任命我为干部大队大队长，刘毅（新中国成立后曾任地质部办公厅主任，已逝世）为政委。

我们干部大队是开辟新区的骨干力量，由于这些地方干部集中学习的时间短，缺乏军事训练，行军途中可能会遇到困难，能否保证大队安全顺利地到达目的地，便成了一项十分艰巨的任务。对此，刘邓首长和太行区党委十分重视，除派一分区一个营的兵力护送外，我们干部大队同刘邓大军三纵队司令部一路同行。我们干部大队出发时带了一些牲口驮行李，有时自己也要背行李，全都是步行，一天要走六七十里路，一直走到大别山。行军虽艰苦，但大家精神振奋，充满信心，当时杜润生、于一川等同志一直跟干部大队行动，由于同志之间互相关心互相爱护，共同克服困难，全体同志顺利到达目的地，没有减员，也没有发生什么大问题。过黄河时，我和刘毅分工，他带队走在前面，我尾随队后，前后关注，防止事故。正当我们组织队伍乘船过黄河时，七八架敌机突然向我们袭来，运送我们过河的渡船恰到河心，敌机的轰炸使驮行李的骡马受惊，掉到河里，行李全部都被水浸透了，警卫员急忙把骡子牵住拉过了河。我们刚过了河，敌机又向我们扫射、轰炸，虽然干部大队大多为地方干部，但在一些有经验同志带动下，很快向四周分散隐蔽起来，基本上没有伤亡，我们总算顺利地过了黄河这一难关。

渡汝河也是关键一仗，刘伯承在他的回忆录中也讲到这次战斗的情景。当时敌人的主力部队紧紧追在我们后面，前面有汝河挡住了部队的去路，又没有船，刘伯承同志果断地命令部队迅速拿下汝河渡口，这才保证了渡河的实现。根据情况的变化，我们干部大队仅靠一个营部队保护，单独行军已经不能应付复杂的战斗局面。这时决定把干部大队分散插入部队，一个旅带上干部大队的一个分队约七八十人，分头行动。一个护送营，也交给三纵队。我则随三纵司令部。各旅对干部大队都很关心，经常同他们研究工作，帮助他们解决问题，使我们能随部队顺利进军。

重建皖西根据地

刘邓大军过了淮河，立即乘敌 23 个旅被甩在淮河以北的有利时机，迅速分遣部队向预定地区实施战略展开，重建根据地。

第三纵队在固始集结后，即遵照中原局和刘邓指挥部的决定，在司令员陈锡联、政委彭涛及副司令员曾绍山、阎红彦等率领下，于 9 月底分路向皖西展开。坚持在这一地区斗争的中共皖西工委领导的皖西支队和广大人民群众积极配合，歼灭分散之敌及地方团队，摧毁敌人地方武装，建立人民民主政权，巩固和扩大根据地。截至 9 月 15 日，仅用半个多月时间，就攻占了六安、金寨、霍山、岳西、舒城、桐城、潜山、宿松、庐江 9 座县城，解放了广大乡村，并在六安县张家店取得歼敌一个正规旅的重大胜利。

刘邓大军三纵在皖西迅速展开，节节胜利，为解放区的建设奠定了可靠的基础。皖西地区党组织在中原局领导下，在发动群众、支援战争的同时，建立和加强人民政权、人民武装，分配土地，进行整党整军，贯彻党的新区政策，使广大群众重新站到我党方面来，以巩固和扩大革命根据地。

为适应重建根据地的需要，中原局于 1947 年 8 月 30 日将大别山区划分为豫东南、鄂皖、皖西、鄂东4个工作区。中共皖西工委仍由桂林栖任书记，增调于一川任副书记，管辖舒城、霍山、六安、霍邱、寿县、桐城、庐江、无为8县。

10月12日，中原局、中原军区发出《关于放手发动群众，创建大别山解放区的指示》，肯定刘邓大军进军大别山以来取得的巨大成绩，批评在作战和建设根据地中的一些右倾情绪，要求在全区普遍宣传《中国土地法大纲》，发动群众，进行土地改革。

刘伯承、邓小平于11月9日在太湖县刘家畈胡家祠堂召开旅以上干部会议，贯彻土地法大纲，研究战略、战术，讨论中原解放区开辟及皖西地区新中国成立后党政军组织设置等重大问题。会议历时4天。会议决定：为了加强对皖西的领导，从三纵抽出一批干部到地方工作，撤销中共皖西工委，成立中共皖西区党委，由彭涛任书记，桂林栖、于一川任副书记，曾绍山、马芳庭为委员；成立皖西行政公署，由罗士高任主任。会议还决定成立皖西军区，由陈锡联兼任司令员，彭涛兼任政委，曾绍山任副司令员，从三纵队的3个旅各抽调出1个团，作为军区及分区的基干武装。

皖西区党委、行署和军区成立后，于11月29日在舒六县三石寺同时宣布成立皖西一、二、三地委、专署和军分区。三地委、专署和军分区首任领导为：我任三地委书记，三专署专员霍衣茹，三分区司令员朱光，我兼政委，主力部队为三纵九旅二十七团和分区基干团，管辖舒六、独山、霍山、岳北、六合、肥西等县。

皖西解放区各级民主政权建立后，遵照中原局指示，认真学习土地改革政策，广泛进行宣传动员，很快轰轰烈烈的土改运动便开展了起来。在具体做法上，我们当时对困难估计不足，如我们在思想发动上不深入、不细致，匆忙将土地分给农民，其结果是群众思想上有顾虑，土改中便遇到了一定的阻力。

由于全国土地会议对一些地区前一段土改中已经出现的"左"的倾向缺乏注意，因而使"左"的错误进一步发展。随军南下的干部把老区土改中一些"左"的东西也带到新解放区。在皖西区党委提出的6个月完成土改的过急任务影响下，个别县委又提出3个月甚至"三天组织贫农小组，七天分田"的要求。在这些"急性土改"地区，一方面强迫群众接受土地，另一方面片面强调贫雇农路线，把有些富裕中农甚至中农错划为富农，侵犯了中农的利益，同时有些地区还出现了乱杀人的现象。

皖西党组织内部这种严重问题，妨碍了党的政策的贯彻执行，客观上提出了整顿党的任务。

1947年12月，中央召开了"十二月会议"，开始系统纠正党内出现的"左"倾偏向。皖西区党委即赶印了任弼时《土地改革中的几个问题》700份，下发各地、县委。考虑到当时敌情严重，各级党组织暂时还不能集中起来进行较长时间的整顿，同时也考虑到通过整党实行思想作风和政策的转变，少数干部思想可能不通，但只要县委以上的领导干部保持清醒的头脑，下定决心，就能排除阻力。因此，区党委决定负责同志分工到各地委并重点帮助一些县委利用战争间隙进行整党。

我们三地委于1948年1月在晓天召开地委成员及县委书记联席会议，传达、学习了上级党委指示，开展批评与自我批评，整顿思想作风。检查"左"倾错误，总结几个月来的经验教训，研究整顿基层党组织和纠正"左"倾错误的措施。会上，同志们头脑开始清醒，认识到"左"倾错误危害性，从而统一了思想，加强了团结，增强了坚持斗争的信心。会后，地委又于1月28日给各县、区委和部队党委发出指示信，批评了错误倾向，规定杀人必须经过群众公审，县政府正式出布告，信中要求各县委必须亲自深入检查，凡有以上错误的村庄必须召开群众大会，领导向群众承认错误，公开宣布对作风恶劣的干部的处分，重新宣传我党政策。1948年2月以后，随着贯彻执行中央《纠正土地改革宣传中的"左"倾错误》等一系列指示，皖西地区土改真正走上了健康发展的道路。

坚持游击战的困难岁月

刘邓大军挺进大别山，实现了中央把战争引向蒋管区的战略方针，蒋介石为了拔掉插进他腹内的这把钢刀，急忙从陕北、山东两个重点战场调军回援，于1947年冬季发动了对大别山的全面围攻。刘邓大军和军区部队、地方武装经过（两）个多月极其紧张艰苦的反敌围攻，在大别山区共歼敌正规军和土顽11000余人，中原整个斗争形势开始转向为于我有利。当然，这时我们部队的困难还是相当严重的，战士们经常吃不饱肚子，天气寒冷仍身着单衣，穿山越岭，鞋袜缺乏，战士们还光着脚。在这种情况下，刘邓首长经过全面慎重考虑请示中央，建议除留一部分兵力在大别山坚持游击战外，大部分兵力转移淮河以北平原地区，配合陈毅部队在中原地区打几个大战役，以消灭敌人有生力量。经中央同意后，刘邓大军主力开赴中原作战，皖西地区进入了游击战争的困难岁月，经受着严峻的考验。

1948年2月底，刘邓大军主力转出大别山，皖西地区只留下1个旅的兵力坚持游击战争。根据形势需要，曾绍山调任皖西军区司令员。成立了第四地委、专署和军分区，管辖临江、湖东、湖西、无为、无南、和含、巢合、肥东等县。

我们主力撤走后，面对敌人疯狂的扫荡"围剿"，皖西军区部队分散到各个地区进行游击战争，我们带二十七团在六安地区进行游击活动。杜德云带一个营去毛坦厂、山王河一带活动，曾庆梅在敌人"扫荡"时带1个连与霍山县委书记李坚在霍山一带活动。分散可以减小目标，便于开展游击战争。但是，为了防止被敌人吃掉，又不能分得太散，所以我们常常是以营为单位活动。我们在同敌人周旋中，充分利用游击战灵活机动的特点，保存自己，消灭敌人。当敌人向我们"围剿"时，我们机动转移，敌人向我们"扫荡"过后，我们就迅速消灭敌顽地方政权，保护根据地。当时我们部队将大炮等重武器全部埋掉，只剩下轻机枪、步枪等轻武器。子弹很不足，一挺轻机枪只能配200发子弹。由于我们力量小，不能在一个地方长住，必须经常转移。有时在一个地方长则住两三天，短的一天转移数次。军区和区党委机关就设在我们三分区，领导同志同我们一起开展游击活动。

由于敌我力量悬殊，我们在同敌人频繁的战斗中，受到一些损失。在六安独山落地岗，国民党桂系四十八师乘我们不备突然袭击，使我们遭到很大的损失，县委副书记张克前等10多位同志在同敌人的搏斗中牺牲，只有赵子厚等少数同志脱险。一地委在同敌人的斗争中，也受到敌人的突然袭击，致使地委副书记李唐同志牺牲了，同时也有十七八个同志壮烈牺牲。地委书记卢仁灿同志脱险，突围时还带出一部电台。

当时，我们的处境是十分严峻的，有些同志产生了"右"倾情绪，对坚持游击战争信心不足。正当这时，党中央给我们发来了指示，要我们停止土地改革，在新区实行减租减息政策。为了贯彻中央指示，确定新的斗争策略，区党委彭涛、曾绍山等在六安地区主持召开了一次重要会议。会上，我根据六安地区的实际情况，认为我军在山中与敌人周旋，固然可以疲惫敌人，然而我军缺衣少粮，长此下去，我们的战斗力亦将削弱。为此，我提出，应采取敌进我进方针，敌人向我们"扫荡"，我们即深入敌后，开展游击战，借以补充自己。会议最后采纳了我的建议。

在敌人向我根据地"扫荡"时，我和曾庆梅、彭宗珠同志则带领二十七团趁敌人不备迅速奔袭苏家埠，得到了一些物资补充后立即退出，军区以两个团接应我们，迅速向霍山一带转移。这时雨下得很大，我们队伍的最前面由旅长马忠全带领两个团开路。到达霍山后，马忠全带领两个团继续前进，军区机关人员在诸佛庵休息。不料，这时国民党六十六师一个加强连及当地地主武装200多人，趁机突然袭击我们的军区机关。当时我们的部队距这个镇子还有四五里山路，这时军区机要科长背着电台向我们跑来，向我们汇报了前面发生的事情。鉴于这种情况，我们当即命令团长胡守富率领二十七团从两侧上山包围过去，打跑了地主武装，但是，军区特务连和宣传队也受到了一些损失。

在坚持游击战的困难岁月里，刘邓首长一直挂念着我们，知道我们处境困难，便派人用骡子给我们送来两垛子银圆。在路上由于遇到敌人阻截，被敌人劫走了一半。就是这仅剩下的一半，还是帮助我们解决了很多困难。淮海战役前后，形势开始好转，我们不失时机地开展反攻，最后解放了六安城。1949年渡江战役开始前，二野指挥机关由刘伯承司令员率领进驻六安，我和曾庆梅同志前去看望他。刘司令员穿一身灰布军装，在房里踱来踱去，一看我们去了，便和我们亲切地握手，让我们坐下，认真地询问我们支前的准备情况。我们汇报后，他高兴地对我们说："你们皖西坚持下来了，站住了脚，坚持得好，主要是你们区党委团结得好。有的军区搞得不好，就是因为不团结。你们工作中要注意培养和提拔本地干部，不要在这方面犯错误。"最后，他向我们通报了中央关于撤销安徽省委，建立皖南、皖北两个区党委的决定。刘司令员对我们工作的评价，给我们以极大的鼓舞和鞭策；他对下级坦率诚恳、平易近人的态度，给我们留下难忘印象。

迎接人民革命的最后胜利

在战略决战即将开始之时，为了做好全国胜利的准备，皖西区党委于1948年9月至10月，连续举行了区党委扩大会议，总结了皖西一年来革命斗争的成果及经验教训，提出了为争取皖西地区全面解放的各项战斗任务和完成任务的具体措施，在政治上、思想上为迎接全国胜利作了具体准备。

会后各级党组织都召开会议，传达区党委扩大会议精神，总结工作，落实各项措施，使整个皖西地区的革命斗争很快掀起了新的高潮。

1948年11月，我中原解放军打响了淮海战役，利用这一有利形势，大别山根据地军民也转入了进攻。我们三地委领导军民在巩固控制区的同时，积极开辟新区。为了向东发展，与四分区连成一片，地委于10月中旬正式划六安双河以东，合肥、巢湖以西地区为肥西县，宣育华任书记，周心抚任县长；为了向北发展，地委又将丁继哲、江声等派到六安一带，建立六安县委（后改称六北县），马力任书记（未到职，由副书记江声代理），丁继哲任县长；为了向西发展，与鄂豫一地委领导的金寨县连成一片，10月上旬成立了霍山中心县委，李坚任书记，领导霍山、岳北、太平3县。这样就在组织上不仅使皖西四分区连成一片，而且北与江淮四分区，西与鄂豫一分区连成一片。

不久淮海战役胜利结束，这一胜利给国民党反动派以致命的打击，长江以北的华中、中原等广大地区的解放，使南京处在我军直接威胁之下，国民党反动统治集团从此陷入土崩瓦解的境地。此时，我们皖西地区面临的新任务是一方面支援解放军渡江，保证大军的粮食供应；另一方面巩固我们的胜利成果，开展剿匪工作。在组织上，中央决定撤销皖西区党委，成立安徽省委，以宋任穷为省委书记，不久又决定成立皖南、皖北两个区党委，我任六安地委书记。

为了搞好支前，我们三地委根据区党委指示，早于2月到4月，连续发出《关于支前工作的指示》《关于支前工作的补充指示》《关于动员常备担架的决定》《关于支前工作的几个问题的指示》《关于动员组织群众春耕生产、继续完成支前任务的指示》等一系列文件，在这些指示和决定中，明确提出了支前的任务和要求，制定了支前的方针和政策，指出了工作方法及应注意的问题，特别强调了支前工作的重要性。

2月中旬，皖西全区普遍建立起各级支前机构，分区以唐晓光、霍衣茹为首成立了战勤指挥部，均由各级党政负责同志挂帅。同时建立了3条主要供给线：东线在水家湖、下塘集、合肥等处；西线在三河尖、河口集、三元店等处；中线在正阳关、大店岗、迎河集等处。另外还设立了兵站和民站，两站之间设立茶水站，以保证南下大军和随军民工的物资供应，并办理运输、通信联络等事项，还在水陆交通线上增设了临时车站、码头。组织了船筏委员会和工程队，负责调集运输工具和修筑公路、桥梁。

为了完成征粮任务，我们六安地委的具体做法不是平均分摊，而是实行合理负担，向富户借粮。由于政策对头，我们工作进展比较顺利，很快筹集了大批粮食，不仅保证了大军渡江的需要，并且支援了其他地区的用粮。

在全国胜利已成定局的情况下，国民党反动派并不死心，他们从皖西撤退时，有计划地留下一部分反动官吏、保安团队、武装特务，网罗地方惯匪、反动会道门头目、地主恶霸以及地痞流氓、散兵游勇等，于1949年2月底以前，先后组成大小七八十股顽匪，近万匪众。为此，我们三地委于3月底即发出《关于剿匪与整理部队工作指示》，要求在繁重的支前工作同时，积极剿匪，并整理部队。

为了安定社会秩序，保护人民生命财产，扫除支前障碍，恢复与发展生产，新成立的皖北区党委更把剿匪作为当时的三大任务之一，对剿匪的方针、政策、方法、步骤都做了明确的规定。

各地在积极进行剿匪准备之时，即对顽匪实行军事打击，整个剿匪经历了8月底以前的分区"清剿"和9月以后的三省会剿两大阶段。鄂豫皖边区成立了东线、西线、南线三个剿匪指挥部。东线指挥部于8月25日成立，设于金寨麻埠，司令员梁从学（未到任），政委何柱成（兼），第一副司令员梁金华，第二副司令员兼参谋长曾庆梅，副政委由我担任，政治部主任崔文斌，副参谋长刘盛起。东线指挥部下设两个剿匪指挥所，东线剿匪的主力部队为新调来的三野二十四军的七十四师，皖北军区警备一旅的一团、三团，警备二旅的四团、六团，六安军分区有七团、八团，安庆军分区的警备团，岳西县独立团，共计11个团，约1个军的兵力。

各部队在统一指挥下，从9月5日起对大别山之匪进行包围合击，反复"清剿"给匪部以沉重打击。9月底，我军活捉敌"豫鄂皖人民自卫军总司令"汪宪等匪首。以后，我军遂以开展强大政治攻势为主，开展群众性的瓦解工作，乘机扩大战果。金寨有个反共起家的土匪头子黄英，20多年来罪恶累累，杀了许多共产党员的家属，最后在我军强大的攻势下无立身之地，只好向我们投降。这样经过半年多的战斗和艰苦工作，基本上肃清了土匪武装，巩固了新生政权。

皖北地区支前工作和剿匪任务的顺利完成，有力地配合了人民解放军的进军，也迎来了皖西地区人民革命的最后胜利。

原载陈忠贞主编:《皖西革命回忆录》第三部《解放战争时期》,安徽人民出版社，1991 年，第 242 ~ 253 页。

坚持在黄冈贺店的日子里

◎ 石　川[1]

我于 1947 年 6 月随刘邓大军南下，到达大别山区，先进入河南省经扶县（今新县），然后重新组织编队。我们那支队伍，由张若谷、孙石两人负责，任务是到麻城宋埠，成立一个市，建立根据地。我们离开经扶后，头天晚上住麻城林店，国民党乡公所派人扰乱了一阵，我们对打了一夜，天明，他们不见了。第二天，我们到了宋埠。

宋埠那时很繁华，号称"小汉口"。我大军解放宋埠后，留下一个排守备。当时，张若谷任市委书记，孙石任市长，我任民运部长。我们首先把敌人库存的粮食分给群众，把炮弹都搬出镇外。到第三天，先有敌机来轰炸，接着有敌人进攻，留守的那个排很快撤走了，我们也退向麻城县城，找到第六纵队副政委鲍先志，就随大部队转移。到阎家河后，鲍先志进行了一番动员，要求我们在大别山跟敌人开展"脚力竞赛"。我们就在麻（城）罗（田）一带游击。到了黄岗庙，我们觉得这一带地形不错，就进入七道河、茶林冲活动，任务是宣传党的政策，发动群众，打土豪，分浮财，扩大影响。

由于国民党长期统治、欺骗，群众对我们不了解，不敢接触。一天晚上，我们

---

[1] 石川，1947 年 9 月至 1949 年 3 月先后任中共黄冈县贺店区委书记兼区长，中共黄冈县委委员，新中国成立后，曾任中共浠水县委书记、中共黄冈地委书记等。

找了 6 个人，都是穷苦出身，化了装，到地主家搞浮财，但他们只要帐子、棉絮、衣服，其余的东西都不敢拿。第二天晚上，又找了大概十七八个群众，抄了另一个地主的家。紧接着第三天晚上开了个小会，宣传党的政策，打消群众疑虑。第四天晚上，我们带了十来个群众到砧子石打土豪，得了 500 块光洋、两个元宝（每个元宝值 48 两银子）、一罐子铜钱。当场把这 500 块光洋全部分给他们。留下两个元宝叫他们自己推选人来保存。这样，在群众中造成了很大影响，认为我们的确是穷人自己的队伍。于是群众很快就组织起来了，打土豪、分浮财，闹得轰轰烈烈。为了扩大影响，我们决定打出去，到邱家河、砧子石一带活动。

半个月以后，鄂豫区党委王树声、刘子厚、李友九和杨殿魁等同志来了。他们听了我们的汇报后很高兴，决定由我带十多人进驻黄冈贺店（今但店），开辟工作。

1947 年 9 月底到达贺店。开头的几个月时间，主要是宣传政策，放手发动群众，打土豪、分田地，同时与敌人进行武装斗争，扩大我们的影响。

贺店地处黄冈县东北角，与罗田、浠水两县交界，是进出大别山区的一条重要通道。当时我们为了与国民党区别，改"但店区"为"贺店区"。我任区委书记兼区长，苏明任区委副书记，杨超任副区长。我们选择在泉华山下庙儿咀熊家埫住下。当天，林培林、高杰两位本地原五师的同志来了。据他们介绍，敌乡公所在杨家庙一带活动，要提高警惕。为完成组织上交给我们的任务，经研究决定：第一，要在这个地方站住脚，跟敌人在这儿打游击；第二，由林、高前去监视敌人行动；第三，开展政治攻势。于是，我们以两个人为一组，分头行动，一个埫子一个埫子地宣传我们的大军要打团风、黄州，要筹集一些粮食，把所有的梯子、门板都集中起来作为爬城和担架之用。这一下，从庙儿咀、沙塘坳，一直到巴河边的黄家坳、鲍家店一带都闹轰了。这个消息一经传出，敌人都被吓跑了。我们就这样初步站住了脚，并决定以离三角园近一点的但店东港冲为大本营，采取类似黄岗庙、七道河的办法，动员群众起来打土豪、分浮财、分田地。大概是第四天，我们有一个旅的部队路过住在但店。旅领导很关心地方，看我们力量小，主动给了我们 50 支步枪，1 个掷弹筒，一些子弹、手榴弹，还给了我一支手枪。这样我们就有本钱了。东港冲有个叫易维成的人，家里很穷，靠打草鞋为生。他跟着我们搞了一段，串联了一些群众，后来我们就召开群众大会，让他披红戴花，骑在马上，风风光光地当贫农团的主席，这样震动很大。同时我们还将当地的地主阶级的情况弄清楚了，以便准确地发动群众开展打土豪、分浮财、分田地活动。

在此期间，刘邓大军相继解放了麻城、红安、罗田、黄冈、浠水等县，把大批国民党广西军吸引走了，使我们能更好地开展工作。1947年10月，黄冈县委在黄冈项家河建立，漆少川任县委书记，孙石任县长，彭超任县指挥部指挥长，我参加县委，为委员，兼贺店区委书记。后来上级又派李永题任区长，将杨超调到总路任区长。为了广泛深入地发动群众，我们请老红军、老前辈漆先庭同志到庙儿咀来帮助工作，群众听说"漆大爷"来了，不敢见面的人都出来了。组织上又派原五师的贺佑三、郭辉等同志到区来工作。为了便于领导，将全区划分为四片，即但店、庙河、贺坳、河东。我住区政府所在地但店李家半山。

当时形势发展很快，贫农团纷纷建立，就是河东群众不敢动。据群众反映，是丰家大塆的丰楚川对群众进行威胁的缘故。如果能够把他给镇住，河东就好办了。于是我们把在但店的镇长找来，镇长告诉说："只要你到他家吃顿饭，他就可以出来帮助工作。"我想这没什么问题。为了不引起丰楚川的疑虑，我独自一人到丰家，可丰楚川并不愿帮助我们，于是把他抓到区政府关起来了。

几天后，我们听到浠水那边枪声大作，以为是我们部队在那边打了胜仗。其实是广西军的一个师的兵力追击我们驻那儿的一个连。子夜，敌乡公所100多人把李家半山区政府包围了，我们破门而出，迅速转移，没有受什么损失。天明，正要吃饭，发现大批广西军从团陂方向蜂拥而来。当时我们仍采用抗日的办法，在山头上敲钟，通知群众躲避。一打钟，广西军的一个前哨连"哗"地就冲上来了。我们分散下山，约定下午四五点钟在泉华山口会合。我、苏明，还有两个通信员、一个贫农团干部，趁天黑下山了解情况。但店一带敌军驻扎满了，于是我们决定过浠水，向背后李婆墩突围。闯进敌人驻地又回头，第二天夜晚又过河回黄冈，在石家庄祠堂躲藏，直到第三天敌军过去，我们才在庙河马家冲会合。敌军走后，我们还是继续开展工作。可驻守在上巴河的土顽，凭借路熟人熟，不断地在夜间前来骚扰破坏，威胁群众。一天，我们9人到河东小区，晚上住在丰家大塆的张家祠堂，半夜里被从团陂过来的土顽包围了，我们凭着六七支枪、几个手榴弹与他们对峙到天亮，敌人才撤。我们住在村里的一位队员，被抓去杀害了。为了稳定群众情绪，我们便大造舆论，只要你敢来，我们就在这里等。从此敌人夜袭我们也少了。一次，住上巴河的敌人突击队长丁蛮子，带"突击队"到易家大塆去捉李永题区长。李区长有经验，听到有情况从后门上山了。丁蛮子没有捉到李区长，把贫农团主席捉去了，还带走了我们没收地主的浮财。群众情绪很快下降。看来问题不解决，再要群众起来不容易。于是，我当即决定以牙还牙，派一个班，到夏铺河熊家细塆把丁蛮子母亲、叔父、老老少少十几口人抓来，一面向他们宣传我们的政策，一面斥责丁蛮子不该当地主的走狗。随后，把丁的叔父放回去送信，要丁蛮子三天内放人，把东西送回来。第四天晚上，人和东西都送回来了，我们也把捉来的人都放了。这样一搞群众情绪又高涨了。群众得到利益，有什么话都向我们讲，并举报但店国民党乡长陶耀华家中藏有枪支。接到举报后，我们当即派人前往搜查，结果搜出 1 支枪，1 箱手榴弹，还有 300 发子弹；同时将其父、弟抓来，将 1 担烟叶、1 头牛没收，交给贫农团。据了解，陶家系中农成分。为了团结一切可以争取的力量，我们通过向群众做工作，将人放回，并退还牛和烟叶。这样，既遵守了关于"不侵犯中农利益"的政策，又通过对陶的父、弟的感化教育，对敌起到了分化瓦解的作用。经过一段轰轰烈烈的群众运动，于 12 月中旬，群众就开始分田了。

我们在贺店区开展工作，有个有利条件，就是和领导接触比较多。贺店这个地方处在交通路口，是鄂豫军区和军分区到黄冈、新洲的必经之路。所以，中央的有些政策，我知道得比较早。鄂豫军区司令员王树声、鄂豫行署主任刘子厚同志从我这里过了两次，他们每次都向我们传达了中央的指示。鄂豫四地委书记李友九、四军分区司令员张体学路过这儿，也是这样。那时得到共同的精神是打土豪、分浮财、分田地，发动群众建立根据地。政策有些"左"，我们看不出来还是坚决执行了。不久，子厚、体学同志带着五十一团路过这儿，传达中央指示，纠正"左"的偏差。按照子厚、体学的要求，我们做了一系列工作：第一，不侵犯中农利益；第二，坚决执行保护工商业的政策；第三，不乱杀人，少树一些对立面。后期还有意识地吸收中农参加民兵。按中央政策，我们转得比较快。我记得有两件事在群众中产生了很大影响。

一是，当时敌人常趁夜晚突袭，对我中心地带数次进行"围剿"，我们付出了不小的代价，群众情绪很不稳定。庙儿咀有户做泥塑的人家，他的儿子吃喝嫖赌，不务正业，被敌人利用，专门搜集我们的情报。我们将其抓获后，当即决定组织一次声势浩大的宣判会，把他枪毙。后来了解到他是两门共守的一个独子，如将其枪毙，这家人也就绝了后；不枪毙吧，他又是一敌探。会前，几位负责同志商量了一下，为了全面执行党的政策，更好地教育群众，决定不枪毙。召开宣判大会时，他家准备棺木收尸。会上我们宣布，鉴于他是独子，决定当场释放。同时责令他：1. 不准再给敌人通情报；2. 不准赌博；3. 每天为他家打两担柴。我们 10 天检查一次。这个决定一宣布，会场震动很大，群众都觉得我们这样做在情在理。

二是，有一次，敌乡公所围攻我们，并将庙儿咀的牛牵走了 70 多头。我们利用当地有影响人的关系，给敌乡公所带话："你们和解放军打仗，为什么要牵老百姓的牛？老百姓没有牛，这么多人怎么活？"几天后，牛陆续都放回来了。同时，我们还帮助群众发展生产，调节市场。贺店有柴缺粮，而上巴河有粮缺柴，于是我们组织群众打柴换粮食。

通过这样一些工作，我们在老百姓心中的威信大大提高，为坚持对敌斗争打下了群众基础。

为了集中兵力歼灭敌人，刘邓大军主力于 1948 年 2、3 月间陆续转移到淮北地区作战。大军主动撤出以后，敌人乘机以大量的兵力，在反动地方武装配合下，对大别山进行疯狂"扫荡""围剿"。从此土地改革被迫停止，我们也进入更艰苦的斗争时期。

大概是 2 月底 3 月初，鄂豫四地委书记李友九赴黄冈召开县委扩大会议，传达地委精神，要求我们准备对付敌人的大"扫荡"，一定采取措施就地坚持下去。

我开会回来，广西军已进驻。但店、庙儿咀敌乡政权都在恢复。李永题区长已把近百个贫农团团员带领到淮河沿边，其他同志分散跑到贾庙一带。我们在陈家畈遭敌人袭击，损失不少。经县委批准，我们将收缩的人员暂时带离本区，去麻东、金寨游击活动了两个月。4 月 11 日，张体学司令员带着部队打了黄冈胡家坳，消灭了以王克夷为首的 400 多人的敌县"自卫"大队，王克夷畏罪自杀。拔掉了这个钉子，我们的困难小了。4 月中旬，我们又回到了贺店。

当时，敌人大军压境，反动地方武装气焰嚣张，群众心惊胆战。我们把多数人交给黄冈指挥部，留下精干的 12 个人，坚持游击。先是摸清情况，回贺店的当天晚上，我们就到庙儿咀，到塆子里叫门，群众都不开门。没办法，我们中有个姓熊的当地人去叫自家的门，他父亲看到我们，吓得不得了，说："现在到处是敌人，但店乡公所一天要来搜好几次，保甲政权都建立起来了，你们快离开吧。"晚上，我们12个人，住到王家山下一个穷人家。第二天，敌人又到贺家坳"清剿"，我们发现后就立即分散转移，约好到夏石冲集合。下午三四点钟人集合齐了。晚上开会，大家认为现在的办法还是不切合实际，待不住，队伍还要缩小。找到漆少川同志汇报，少川同志说："按你们的办法来，我尊重你们的意见。"最后确定，只留我和贺佑三、郭辉、马旭东4个人，回去坚持。即使这样，还是活动不开，只好再精简，马旭东、郭辉自找门路，隐蔽活动。我和贺佑三一起，第一天到他舅父家住一夜，第二天晚上住他姐家，第三天我们住到黄家冲。该塆黄汉儒是个迷信职业者，给了他几块光洋，作为我们的伙食费。一次，敌乡公所来搜查，我和贺佑三在屋里床底下藏起来。敌人折腾了个把小时，走了。晚上，我们又找他大哥商量，在田埂下挖个洞，敌人来了，躲到洞里去。后来通过贺佑三家人的关系，找到林培林的线索，并与林培林会了面。他与易炼九、易齐华、易汝清、孙心平有联系。以后，我与这几个人都单独会面，每人每月给两元光洋的生活费。通过一段的活动，我们了解到了一些情况，开辟了不少新的据点。但敌人也同时加强了对我们的搜捕，除"清剿"以外，还强把群众编为三人一组，在路口要处设哨，叫"递步哨"。由于前段我们做了艰苦深入的工作，与群众的关系比较好，群众对我们有感情，所以，走到群众的"递步哨"前，还可以和他们说话，谈情况。

我们在极端困难情况下站住了脚，统一战线的建立是重要因素。后来，友九、体学带着队伍到贾庙，我向他们请示工作，并研究了统战问题，进一步明确了统战工作方针：凡是我们可以利用的积极因素都调动起来，千方百计地瓦解敌人，使消极因素不至于对我们不利，进一步建立我们的通信情报网络。

我们站住了脚，有活动的地盘，就把分散隐蔽下来的易炼九、易汝清、易齐华、林培林、贺佑三、孙心平、郭辉、马旭东等8个人集中起来，开展活动，利用一切关系瓦解敌人。我们给国民党上巴河区长林六芹带信，警告他不要与我们对立。林六芹口出狂言，要我们投降。我们随即回了一封措辞严厉的信，意思是说国民党失败已成定局，共产党必胜，你对人民犯下了很多罪行，再这样下去，后果自负。对这个顽固透顶的人始终未争取过来。后来还是体学同志在沙河图战斗中消灭其部属，将林六芹击毙。其他头面人物，如总路咀的曹殿成、夏铺河的丁蛮子、但店的熊悌斋、上巴河的贺品山都争取过来了，我们要求他们保持中立，给我们通报敌情，并在可能的情况下，为我们搞些子弹。

我们除了与敌乡公所上层建立统战关系，还着手搞下层关系。凡是在敌方工作成员的家属，我们基本上都做了工作。同时还在群众中建立我们的情报网。这一带的屠夫都和我们有些关系。屠夫到处收购生猪，消息多，我们就把屠夫组织起来，给我们提供情报。还有些迷信职业者，以及和尚、道人，他们不易引起敌人的注意，利用职业的方便，也给我们提供了一些情报。所以只要敌人出来"清剿"，我们就能及时知道。

但是，尽管有这些关系，由于斗争复杂，还是有不少险遇，付出了重大代价。但在群众帮助下，往往化险为夷。1948年7月间，我因病在熊家塆熊宗禄家休养。第三天中午，上巴河的敌人"清乡"来了。听到兵马嘈杂声，我在这家女主人马惠聪的帮助下，翻上了柴楼。敌人在她家乱翻腾，并威胁她，要她将"匪"交出来，折腾了一会儿，抓了两只鸡就走了。

总之，我们可以利用的关系，大多利用上了。这些工作成绩归功于地委、县委正确、及时的指示，特别是友九、体学同志的指导，归功于本地的同志。本地人情况熟悉，而且都有千丝万缕的社会联系，把这些关系联成一个网络，这对我们能坚持斗争起了很大的作用。

1948年秋季，友九和体学同志到铁冶，我去汇报工作，他们还是满意的，并要求继续做好统战工作。体学同志还交代说："你就这么几个人，不要让敌人把你吃掉。"

当时，全国各大战场捷报频传，敌我态势正发生根本变化，军事形势进入一个新的转折点。但是，黄冈县（包括现在的新洲县）地处武汉近郊，白崇禧的广西军对这一带始终不放松，所以这里的形势还相当严峻。这一段，我们的活动有时集中，有时分散。当时我的目标是把但店乡公所彻底瓦解，准备做做但店带兵中队长倪健中的工作。但倪健中这人很顽固，据说是三青团的骨干分子。10月11日（阴历重阳节），我得到消息，说但店乡公所把贺佑三、易炼九、易齐华3人抓去了。我急忙赶到贺家坳贺佑三家里，与他家人研究，由指挥部（100人）把被捕者劫回来。但他家人要求无论如何不要采取这个办法。我问还有什么别的办法，他家人要我给当地有头面的人物写信，把他们保释出来。我写了几封信很快送出去了。可敌人当天晚上就把他们3个杀害了。这3位同志很坚强，高呼"共产党万岁"倒下的。这种精神值得我们敬仰和怀念。

失去了3位好同志，我们受到很大损失。我们总结经验教训，认为老靠隐蔽活动搞统战工作还不够，我们已有一定力量，就把队伍拉起来，公开地和敌人斗争。后来和敌乡公所交锋数次，鼓舞了群众，同时做好了物资储备工作，准备大军渡江。

1948年10月下旬，我们决定，把对我们威胁最大的但店乡公所拔掉。于是，我们放风，要坚决消灭敌乡公所。逼得他们不敢住在但店街上，跑到河东去住。 当时，我黄冈指挥部有百把人，我们配合，做向导，进入浠水，沿河边到河东，从朴树店，一个垸子一个垸子地搜索，没有搜到，他逃到团陂去了。从此，敌乡公所在但店待不住了，乡长也跑到武汉了，实权基本上落到熊悌斋手里。我们先做他侄儿和妻子的工作，来影响他。几天后，熊悌斋和我们见了面约定有什么情况给我们通气。这时，我们采取武装斗争和隐蔽相结合的形式，扩大统战对象，广泛建立我们的地下政权，逐步变国民党的乡保长为为我们办事的乡保长。我们可以公开在富贵山一带活动，局面也一天比一天好。我们的力量一直延伸到总路咀，连民事调解也找我们。我们还招收了几个新兵，共组成了30人的队伍。形势好转，对我们有利，可敌人还做垂死挣扎。一次，体学同志准备打团陂，要我们将团陂的情况摸清楚。我们找到熊悌斋，要他带着名叫小杨的同志到团陂去侦查。晚上我们住在桃树坳的一个独垸里，天麻麻亮就被敌人包围了。我们奋勇突围，才安全地脱险。还有一次，上巴河乡公所到富贵山"扫荡"，这时我和警卫员华金山正在贺家坳向群众宣传大好形势。群众发现敌人后及时报告，我俩各蹲一处，鸣枪阻击，敌人听到几处枪声，以为有很多人，乱打了一阵枪便很快撤退了。其实我们只有两个人。

敌人不甘心失败，总在想方设法挽救残局。驻扎在黄冈的一七五师，看到分散于各乡的"自卫队"成不了气候，便将他们集中起来，整编成两个团，向我根据地合围"扫荡"。1949年元旦，我驻铁冶的黄冈县委正在庆祝全面大反攻的胜利，突然被敌军袭击，在突围战斗中，优秀党员刘伯欣同志牺牲。

为了粉碎敌人的合围"扫荡"，在地委、县委的指示下，我们一方面转向外围灵活机动地打击敌人，一方面大力宣传我各大战场的胜利形势，并给一些有名气的地主士绅写信，表明只要不和我们作对，保证他们无事。把所有能团结的人都团结起来，以孤立最顽固的分子。

2月15日，鄂豫四地委给黄冈县委发出指示信，指出"大军渡江在即，大别山全部解放已近眼前"，要求黄冈的同志，"在备战状态下加紧工作"，积极组织人力和物资，支援大军渡江。我们接到通知后，白天宣传大好形势，宣传党的政策，晚上利用我们建立的乡保政权，筹集布匹、鞋子、棉花和现金，搞一批，送上一批。

随着人民解放军迅速向南推进，四地委所属的麻城、罗田、浠水、黄冈等县相继解放。为了适应新中国成立后的新形势，地委于3月份在罗田祠堂铺召开会议，部署下一步的工作。我参加了这次会议。会上决定调我到浠水县委工作。会后，我作了些交代，便到浠水去了。

从1947年9月底到1949年3月初，这一年半时间我一直在黄冈贺店（现但店溢流河乡）工作。这以前的一段时间在黄冈、麻城、罗田各地游击。虽然我们常处在敌人的残酷"围剿"之中，但我们在上级党组织的领导下，团结当地干部，紧紧地依靠群众，坚持建立根据地，由小到大，队伍由少到多。这是党正确领导的胜利，是当地干部和群众的功劳。我永远怀念为革命牺牲的同志！并借此机会向黄冈老区的干部和群众致敬！

原载中共黄冈市委党史办公室等编：《鄂东解放斗争史》，中共党史出版社，1997年，第204～214页。

回忆解放战争时期在罗田工作的情况

◎ 姜 一[①]

刘邓大军南下时，我们干部队随部队经固始到金家寨的吴家店住了一段时间。我来罗田的时间是 1947 年 9 月 29 日（即农历八月十五日）。我们是从松子关过来的。先到滕家堡。当时第六纵队驻在滕家堡。中央局的领导同志孔祥桢、何英才、刘子厚、杜润生也到过滕家堡。

部队到滕家堡时，地主、保长都跑了，街上的商人和群众有疑虑，也跑了。开始我们搞不到粮食，吃饭相当困难。

解放罗田县城的是第六纵队五十三团。五十三团还贴过布告，转过头就走了。

在滕家堡上头乱石河的一个垮子里，我们与张玉阶等同志接上了头。他们一直在当地坚持斗争，已经把工作搞起来了。

我们来的时候，刘子厚同志同我们谈了，他要我们发动群众剿匪，开展武装斗争。以后我们工作队就在乱石河、黄家垮一带开展工作。每人发了 1 支枪，以武装斗争的形式开展工作。我是工作队队长。

大概是 10 月间（1947 年），鄂豫四地委在黄冈三解元（今属罗田）成立了。不久，地委书记李友九同志到牌形地召集我们开了个会。会上，我和刘敏同志第

---

① 姜一，1947 年 10 月至 1949 年 5 月先后任中共罗田县工委书记，中共麻城县委书记，新中国成立后曾任中共黄冈地委书记。

一次见面，当时就把工作队按地区划分，成立了区委。曹剑影同志是滕家堡的区长。这个同志意志很坚强，一直坚持斗争，大约是1948年年初被敌人杀害了。还有个副区长叫任水旺，这个同志死得更惨，是敌人用干柴活活烧死的。还有李化堂同志也是这个时候牺牲的。他两人都是我们工作队的。

卢耀武是第六纵队的，他来时，还从部队带来了一批人，大部分分到各区，只留个把人不曾分下去。

那时的县政府设在李家楼（原来地下党的活动主要在河铺、李家楼一带）。李家楼一带是廖鹏负责，河铺一带是廖吉夫负责。廖吉夫不公开出来，我们见他很困难，在李家楼一带找了好几遍没找着，以后是在廖家楼见到他的。我们在廖家楼、乱石河、板桥、黄家塆建立了根据地。

当时，罗田的党员连部队下来的干部和地方的一起不到200人。地方党组织没有公开活动，我们没有接触多少党员。我们和张玉阶同志接触多些，刘敏同志活动比较多，也很大胆，他总是戴个礼帽、穿着长衫到处跑。

我们来罗田后，主要任务是剿匪。在县城北面的王道山上有土匪，国民党县长带人在这里活动。大概是11月底，我带了一个排的部队，绕到县城附近，刚一过河，王道山上的土匪就打下来了，我们撤到南门的山上，没有伤亡。这时，第六纵队五十一团就驻在叶家河的叶家嘴，这个团派了一支部队，由熊心乐同志带领，前来接应我们。敌人得知后逃跑了。我记得打县城时，国民党县长还挨了一枪，挂了彩，我们不了解，也收兵了，他就偷偷地跑了。老百姓告诉我们说，如果再追一下就会抓到。

五十一团是在石桥铺会议后划归五军分区的。熊心乐带部队接应我们的时候，正是准备到五军分区去。我记得石桥铺那个会议是传达剿匪和开展武装斗争的精神。当时有四十八团、五十一团参加。

11月份，四地委在涂家铺召集了黄冈、浠水、麻城、罗田4个县的工作队头头会议。会议的内容是传达土改工作精神，学习土地法大纲。可能是11月上旬，鲍先志来八迪河楼下塆，也是传达土改工作精神。他是向县委领导传达的，传达后他就走了。

根据上级指示精神，县委在八迪河召开了大会。工作队、南下的干部、部队领导都来了，大约200人。这次会议，一是传达土改工作精神，二是研究如何发动群众的具体措施。记得杨殿魁同志在会上还介绍了打土豪、分浮财的经验。大家在讨论时都有看法，尤其是卢耀武同志，他说："3个月怎么能完成土改呢？"但是，最后大家还是分头下去了。群众开始很害怕，白天分的东西，晚上又送回地主家去，也有搞得比较好的，像河铺、滕家堡、李家楼、大雾山就搞得不错。过了一段就开始分田。那次土改的搞法是过急了些，有不少错误，事实证明效果也不算好，真正的大地主都跑了。但还是起到了发动群众的作用，斗争是轰轰烈烈的。整个土改工作的时间，是从1947年12月至1948年2月左右。

1948年年初，四地委在三解元开了由4县地方干部参加的会议，刘子厚、王树声到会作了讲话。内容有两个：一是纠正"急性土改"和乱打乱杀；二是发展武装，进行剿匪。这次会议我参加了。

正式传达停止"急性土改"的精神是傅甲三。傅甲三当时是四团的政委，后来是四军分区政治部主任。他于1948年2月份来罗田传达精神，进行纠偏。当时没有开什么会，有些地方还找不到人，县委分头下去传达。

我于1948年2月25日离开罗田随部队上山去了。在这之前，孟景于告诉我说："你们要准备吃苦了。"我就把他拉着问缘由，后来他就告诉我大军主力要转移的情况。果然后来各部队都接到急电，同时撤走了。我们刚一走，敌人就在后面追，把我们追到金家寨。我们工作队都打散了，找不到部队，后来在斑竹园找到了第二纵队后勤部。他们再三挽留我们，但由于我们同他们不是一个部队，后来还是找到鄂豫四军分区副司令员王毓淮，回到自己部队去了。

在罗田期间还有一些情况是难忘记的，如麻东有股土匪煽动群众搞暴乱。暴乱头头派人送信到罗田，通知罗田反动派也搞暴乱。滕家堡区土改工作队队长王学治（现在河南水利厅工作）把这个送信的人捉住了，打得半死。李友九同志叫我们把那个人送回去，但那个家伙已被撵走了。他到金家寨、河南一带转了一圈，到处造谣，对我们搞统战工作很不利。

还有一次，王学治在薄刀峰山下，一下子抓了12个人，其中有一个保长，其余是土匪。因为这些家伙杀了我们滕家堡区副区长和一个贫农团长，他也没有请示，把他们杀了。后来，在夏家墩开会，批评王学治乱打乱杀，撤销了他的工作队队长职务。在滕家堡战斗中，我们打死了国民党罗田县"自卫"大队队长徐国伟。这个家伙很坏。为了搞好统战工作，张体学、李友九要我们将徐国伟的尸体装进棺材，派人送到他家。这样做的确争取了一些群众。

又如，麻东的徐庆澜杀了我们很多人。我们把他捉住了，为了统战，还是把他放了。

有一次，在饼子铺打了一场遭遇战。敌人事先隐蔽起来了。我们吃饭时敌人未动，这些敌人很狡猾，我们吃完饭一出村，敌人就打起来了。这次战斗中，宋希德同志牺牲了。

我初到罗田时，是刘敏任县委书记，廖鹏任县长，我任县委副书记。1947年10月，改由我任县委书记，刘敏任县委副书记，廖鹏还是县长。年关左右，廖鹏病了，由梁柏朴当县长。1948年3月，傅甲三来罗田任县委书记，我和刘敏任县委副书记。1948年5月，罗田、麻（城）东合并成立了罗麻工委，杨劲任工委书记，任爱生、张若谷和我都是县委副书记。成立罗麻工委时，罗田县委继续存在。

我在罗田任职期间，县委成员是：姜一、刘敏（分管组织）、廖鹏（常委）、郑铎（常委）、陈政刚（常委）、卢耀武、李尚春、韩瑞田、汪稼和，张进先好像也参加了县委。1947年年关期间，廖鹏病了，梁柏朴来补上了。1948年元月陈政刚调走了，2月卢耀武调走了，3月韩瑞田同志在麻城宋家冲牺牲了。

当时县政府下面设了一个财粮科，科长叫籍治帮；还有公安，局长名字记不清了。

各区的组成人员是：

第一区（骆驼坳）区长陈靖，政委李尚春。

第二区（宜林）区长丁少川，政委是部队的一位同志，现在也记不清他的姓名了。

第三区（平湖）区长刘绍智，政委郝松如（1948年被敌所俘，解放初出狱）。

第四区（滕家堡）区长曹剑影，政委张进先，副区长任水旺。

第五区（僧塔寺）区长刘景禄，政委陈家瑛，副区长陈汝云，副政委陈林水（1948年在九资河一个山沟里摔死了）。

第六区（八迪河）区长李森，政委韩瑞田，副区长萧显汤，郝茂云（在牌形地遭敌人袭击牺牲了）。

第七区（长塘坳）区长汪斌，政委武英才。

第八区（萧家坳）区长樊玉，政委王玉轩，副区长李庚辛。

第九区（大河岸）区长赵梅禄，政委是部队的一位同志，名字记不清了。

当时，各区都没有设委员。

（罗田县委党史办公室　整理）

原载中共黄冈市委党史办公室等编：《鄂东解放斗争史》，中共党史出版社，1997 年，第 215 ～ 219 页。

和舒六县人民共同战斗的回顾

◎余 光

　　1947年8月底，刘邓大军第三纵队由固始向东进军，很快解放了立煌、六安、舒城、霍山等县十几座城镇，我们太行区的南下干部随军到达指定地点。为了迅速发动群众，建立根据地，发展地方武装，以配合野战军有力地打击敌人，上级决定在六安县东南和舒城县西南地区建立舒六县委和县人民政府，指派我任县委书记，林杰任县长。

　　9月初，我和林杰同志带领部队和40余名南下干部，由霍山县城出发进驻六安东南重镇毛坦厂。当时我们感到责任重大，既光荣又艰巨，因为舒六县靠近南京、安庆、合肥，是敌军重点防守的战略要地之一，到这样复杂的环境里立足生根，重建革命根据地，任务十分艰巨，搞不好就可能站不住脚。但这一带人民具有光荣的革命传统，一直有我党领导的游击武装在坚持斗争，想到此，又增强了我们的勇气和信心。

　　我们开赴毛坦厂时正是仲秋天气，大别山区景色十分迷人，到处是黄灿灿的稻谷，清风送来山花的芳香。经过连夜行军，天亮到达了毛坦厂，虽然大家都很疲劳，但都有一种回到"家"的感觉，心情十分愉快。毛坦厂的进步人士和商会事前已组织好欢迎队伍，清晨，群众从四面八方赶来迎接亲人解放军和政府干部，使我们深受感动。

　　进驻毛坦厂后，我们立即着手建立区乡政权，首先成立毛坦厂、晓天、毛竹园、东西溪 4 个区委和区政府，迅速派出工作队深入各乡镇贴出安民布告，宣传形势、政策。

由于土地革命战争以来，我军主力在大别山曾三进三出，群众遭到国民党反动派极端残酷的镇压，加之我们初到，当地反动势力仍在暗地里威胁和控制群众，因此，虽然大多数群众心里很欢迎我们，但又不敢公开接近。为了尽快解除群众的顾虑，迅速把群众发动组织起来，县委成员和工作队干部，分头深入到各村镇访贫问苦，宣传我军的胜利和大好形势，向广大群众说明，我们这次回来再也不会走了，一定要和人民在一起，为重建皖西根据地斗争到底。同时，县委和县政府把关心群众、解决群众的生活困难当作首要的大事来抓，使大部分贫苦农民和集镇贫民分得了粮食、衣物、耕牛、农具等，部队和工作队有时还把自己带的口粮分给最穷苦的群众。老百姓看到党的干部这样关心他们，工作实在，决心很大，很快打消了疑虑，靠拢政府，纷纷参加农会、民兵组织；群众看到我们有困难，也把自己冒险保存的粮食和用竹、茶等土特产换来的油盐送给部队和工作队的同志们。由于党的政策深入人心，军民关系、干群关系逐渐融洽，大大促进了工作的开展。仅仅在 40 多天的时间里，全县 180 多个行政村中，即有 118 个村掀起了打土豪、分田地的斗争，开展了赈灾救济工作，有 40 多个村组织了农会，同时有 400 多人参加民兵。广大群众靠拢党的组织，增强了对敌斗争的信心和勇气。刚进大别山时的冷清状况，很快转变成军民团结、一致对敌的新局面。

我们在工作中也曾发生过"左"的错误，造成一定损失，但很快执行中原局的指示，以整党精神检查总结工作，提出坚决改正的有力措施。县委于 1948 年 1 月 15 日，在晓天召开了县委扩大会议，提出镇压反革命分子的十大条件，规定区无杀人权，对罪大恶极、罪证确凿者必须通过人民法庭审判，县民主政府批准方可处决，坚决制止了乱打乱杀现象。2 月 15 日，县委又于马鞍山召开全县干部大会，总结半年来的工作，肯定成绩，检讨了"左"的错误。对蛮干打人、脱离群众的坏作风进行了批判，处分了个别严重违法乱纪的干部，表扬了 20 多名积极负责、联系群众的好干部。会议还听取了民主人士的意见，尽量缩小打击面，扩大团结面，瓦解土顽，大量争取逃亡户。为了执行好党的新区政策，县委首先在和岗、东石笋、三元观等地进行试点，然后召开全县干部会加以推广。并在中梅河、九井、毛竹园等集镇召开群众大会，宣传停止土改和分浮财，实行减租减息，合理负担，保护工商业的政策和具体措施。县委还发动和组织各方面人士给逃亡绅商等写信，共发出 730 多封信，宣传党的政策，动员他们回乡。不久，晓天商民便由观望到踊跃返回，整理门面，开张营业。

在我们贯彻新区政策中，皖西区党委书记彭涛同志和地委负责同志一起到我县毛坦厂等乡镇，广泛听取人民群众的意见和要求，指导我们编写新区政策宣传提纲，开展工作；地委还及时推广了我县反对"左"右倾向的经验，给我们工作以肯定和鼓舞。

由于县委对"左"的错误危害认识较深，纠正较快，很快便取得成效，密切了党与群众的关系，干群关系也恢复了正常。地主、富农回家，工商户开业，农业生产恢复，土顽动摇分化，根据地得到巩固。工商业经过赔偿和扶持，逐步得到恢复和发展，毛坦厂镇除外逃工商业者全部回来，330 家商店开张经营外，还新增加 20 家米行，中梅河、毛竹园、晓天等镇 75% 的工商业者也回来开业了。土顽人数逐渐减少，在短短几个月中，即由 2180 人减少到 760 人，使我控制区扩大。又建立了三石寺、沈家桥、中梅河、张母桥、张家店 5 个区委和区政府。群众称赞，"共产党的新政策，顶 40 万大军"。

我们重建舒六县根据地的过程，是不断消灭反动武装并逐步扩大革命武装的过程。我们到达毛坦厂之初，即配合三纵教导团一个营袭击驻舒六县南部重镇晓天之敌，部队趁夜色奔袭包围了晓天，从西北方向发起猛攻；原在这一带坚持的皖西支队的一支游击队从东南方向攻打。敌人先是借碉堡进行顽抗，后在我军有力打击下弃械逃窜。解放了晓天，为重建舒六根据地扫除了一大障碍，南下部队同当地坚持部队战地会师，大家情绪都特别激动，同志们热烈地拥抱，亲切地问好。

不久，我县干部和群众，积极配合三纵主力进行张家店战斗。在很短的时间内即动员了 2000 余名民工，1000 余副担架，投入支前。同时，我县、区武装也趁张家店战斗取得歼敌一个正规旅的重大胜利之机，向敌区乡武装出击，仅在东西溪的查湾、屏峰山就配合军分区部队歼灭土顽联防队的两个中队，缴获机枪、步枪 50 余支，狠狠打击了敌人的嚣张气焰。

蒋介石为了与我争夺大别山这一战略要地，集中 33 个旅的重兵对我新解放区实行疯狂的"围攻",并利用地主、恶霸、特务、还乡团,设置三网（谍报网、公路网、碉堡网）,实行五家连坐,颁布"十杀"条令,捕杀我地方干部,搜刮资财,严密经济封锁,企图摧毁我根据地。

面对敌人大军压境、全面围攻的严重局势,我们遵照区党委的指示,坚定信心,坚决依靠群众,发展地方武装,组成4个游击集团配合军区部队开展机动灵活的游击战争。1947年12月13日,我县大队及毛坦厂区民兵配合二十七团二营,歼灭了盘踞张家店刘家圩的六安县保安队两个中队,缴获枪炮及一批军用物资。大队还与六合县大队一起,配合二十七团副团长杜德云所带二营在毛坦厂、金子冲、东西湖、毛竹园、中梅河一带活动。1948年2月12日夜,敌舒城联防大队和土顽约500多人,对我进行偷袭。拂晓时,县大队和张母桥区干队依托有利地形予以反击,在三分区主力部队配合下,将敌击溃,消灭30余人。3月,我县大队和区干队在九井、沙埂击溃一支地方反动武装,俘敌210多人;又在东西溪杨树口伏击土顽,在追击途中,与二十七团一营部队一起消灭土顽30余人。4月,我县大队同六合县大队从滑水河奔袭张家店,俘敌180多人,毙敌50余人,缴机枪13挺、步枪150支。5月,我县独立营又在九井、新街一带消灭土顽150余人。

舒六县人民武装也在战斗中不断壮大成长,1948年春,县大队发展成独立营,到这年11月编足3个中队。同时培养70多名本地干部,经过教育和斗争锻炼,大都成为区乡领导骨干。

舒六县对敌斗争之所以能取得胜利,是同广大人民群众的支持分不开的,并为之付出了很大牺牲。在反敌"清剿"的日日夜夜里,舒六群众主动在自己院里挖地洞,在山坡上搭棚,为政府保存物资,积极给部队送信、带路,侦察敌情;为伤病员送水送饭,有的群众为掩护伤病员和干部而被敌人抓去吊打,甚至被枪杀。毛坦厂民兵队长朱文应被捕后,敌人施以电刑,逼他说出游击队和县委及部队伤病员在什么地方,朱文应鄙夷地对敌人说:"游击队多得很,满山都有……"敌人见朱文应死不张口,便凶残地将他杀害。敌人还不死心,又在朱沙冲一带逮捕了正在田里做活的农民潘加顺等13人,用扁担抽打威逼他们说出游击队在哪,他们全都拒不回答,从而保护了干部和战士。

反敌"清剿"十分艰苦,我们不仅缺粮、缺油盐、缺衣服,更缺药品和安全的医院。但由于有群众支持，我们才能战胜重重困难，不断取得胜利。

毛坦厂区万家冲，有位刘志远老人，人们都爱叫他刘铁匠。他全家老小都积极投身革命，为部队带路送信，保护伤病员，送饭送药，站岗放哨，啥事都干。他的家简直成了我们的兵站，从前方回到这里的同志，吃住都由他家无私照料。为了支持革命事业，刘老汉的家被敌人抢光，毁尽了。可他毫无怨言，一如既往地尽力帮助我们。

在长达一年多的艰苦激烈的反敌"围攻""清剿"中，全县地方干部和部队指战员，表现出大无畏的英雄气概，忍受千难万苦，与敌人进行顽强的拼搏，许多同志献出了宝贵的生命，仅干部就多达41人，其中王希司、刘凤岐、李宝珠、王瑛、杨华柱、杨玉贵、张喜顺、秦干明、刘道三等同志均为区级领导干部。石河乡乡长郭品正同志1948春在一次战斗中，顽强阻击，子弹打完后，便拉响手榴弹，牺牲时年仅20岁。平田乡乡长朱海山被敌人活埋，英勇捐躯。

我们和舒六县人民团结战斗，不怕牺牲，经受了严峻的考验，度过了艰苦的阶段，赢得了最后胜利。舒六县与六合县广大群众为支援大军渡江，解放全中国，短短两个月提供军粮1300多万斤，柴草800多万斤，军鞋3万多双，有13000多人参加运送军粮和弹药。

1949年1月，舒城、六安全境解放，皖西区党委决定撤销舒六县，将其所属各区仍分别划归舒城、六安两县，我也随之调往六合县工作。

原载陈忠贞主编：《皖西革命回忆录》第三部《解放战争时期》，安徽人民出版社，1991年，第339～344页。

千里跃进大别山的左路军

◎ 陈锡联

千里跃进大别山，把战争引向国民党深远后方，这是党中央、毛主席的伟大战略方针。刘伯承司令员、邓小平政委率领晋冀鲁豫野战军主力12万人，在取得鲁西南战役胜利后，下决心不要后方，长驱直入，一举跃进到敌人的战略纵深，实现了这一伟大战略方针。我三纵作为千里跃进大别山的左路军，直插皖西，通过艰苦努力胜利地完成了这一光荣任务。40年过去了，回想当年情景，仍历历在目。

审时度势，定下决心

1947年8月1日，在这个光辉的建军二十周年纪念日子里，刘伯承司令员、邓小平政委把各纵队及冀鲁豫、豫皖苏军区的负责同志，召集到设在山东郓城以南的赵家楼的野战军司令部，研究足以影响战争全局的作战行动问题。

一纵杨勇司令员、苏振华政委，二纵陈再道司令员、王维刚政委，六纵杜义德政委、韦杰副司令员，冀鲁豫军区王秉璋司令员，豫皖苏军区张国华司令员都到了。我也参加了这次会议。

作战室的墙上挂满了从黄河到长江边的二十万分之一的军用地图和一张非常醒目的敌情标图。李达参谋长用木棍指着敌情标图向大家介绍说，鲁西南战役后，蒋介石以进至鲁西南的13个师30个旅分五路对我实施分进合击，企图与我决战。具体部署是以刘汝明集团的六十八师、五十五师残部共四个半旅为一路，主力集结于菏泽地区待机，并以一部固守东明、考城，一部进占鄄城之江苏坝、崔楼等地沿黄河据点防我北渡，还企图掘黄河堤放水，淹没我军和鲁西南人民。一路为吴绍周指挥的八十五、七十五师共 3 个旅进至宁阳、汶上、嘉祥及以西地区。一路为罗广文（第四兵团司令，王仲廉因鲁西南战场失利，押送南京审判，罗广文升任兵团司令）集团的 9 个旅进占菏泽以东地区向顺城集、什集推进。一路为王敬久集团的 6 个旅自金乡进至汶上集。一路为张淦、周嵒指挥的 8 个旅，由商丘、民权地区向定陶方向推进，妄图迫我背水连续作战，将我军主力消灭于黄河以南或迫我返回黄河以北，以堵塞被我军在国民党整个南线中央打开的大缺口。

接着，李达参谋长谈到华东野战军外线兵团 5 个纵队结束了津浦线上的攻势后，到达郓城、巨野地区时，大家顿时兴奋起来。有的同志说我野战军 4 个纵队是胜利之师，虽然连续作战，部队疲劳，但我们士气旺盛，加上华野 5 个纵队，我们的力量更强大了，完全有能力、有把握歼敌一路或两路。有的同志谈到，我鲁西南内线作战有很多有利条件，根据地人民的支援、物资弹药补充及地形有利于我。在内线歼敌越多对我实施战略跃进和外线作战就越有利，如能再在内线打一仗，再歼灭他几万人，我军南下包袱（指敌人的尾追、堵截兵力）就会轻些。也有的同志建议：可否将当前之敌甩开，到豫皖苏地区再寻机打一仗，对进一步打开豫皖苏的局面和扩大战果都很有利。还有的同志提出：我军连续打了一个多月仗，尚未休整，干部调整、俘虏的补充和训练、部队教育、武器弹药的调整均需时间进行，不管内线作战或立即南下都有一定的困难，建议还是按原计划休整到 8 月 15 日左右，尔后视情况再定。

会议讨论非常激烈，气氛也非常活跃。刘司令员、邓政委坐在椅子上聚精会神地听着大家的议论，不时发出喜悦的笑声。刘司令员还时而拿着放大镜，走到地图前凝视着，时而张开他的大手，用拇指和中指在地图上上下左右丈量着；邓政委不时地提出一些问题，将讨论引向深入；两位首长又不时地相互交谈着。会议围绕着这些问题讨论了一整天。第二天一开始李达参谋长就谈到，经与华野外线兵团联系，他们经过一个多月的连续作战，长途跋涉，部队非常疲劳，短时间继续打大仗困难很多。李达参谋长接着又转向地图边，指着黄河沿岸说，近日来阴雨连绵，黄河水位猛涨，溃堤险情不断在这些地段发生，形势要求我们必须迅速做出决断。这时大家才渐渐将话题转到如何组织千里跃进上来，谈到各项准备工作，途中注意事项及到达后的一些重大问题，其中提到重型火炮带不带的问题。因鲁西南作战缴获了大批大炮，再加上原来部队的重型火炮，是相当笨重的。有的同志提出大别山山大路小，行动困难，不如集中起来留在华北根据地加强训练，以待将来打大歼灭战时再调归前方。但看到墙上挂的大别山军用地图上，纵横交错着不少公路，认为缴来的这批重火炮不易，还是带上的好。

8月2日下午，刘伯承司令员开始讲话了。他首先传达了中央军委、毛主席7月23日的指示："立即集中全军休整十天左右，除扫清过路小敌及民团外，不打陇海，不打新黄河以东，亦不打平汉路，下决心不要后方，以半月行程，直出大别山，占领大别山为中心的数十县，肃清民团，发动群众，建立根据地，吸引敌人向我进攻打运动战。"接着他说："我和小平同志一致认为，我军跃进大别山，是党中央、中央军委赋予我们的战略任务，是我们考虑一切问题的出发点和立足点，把战争引向蒋管区，彻底粉碎敌人的重点进攻，有利于扭转全国的战略局势，因此困难再大我们也要克服。当前敌集重兵于徐郑间陇海线，妄图与我决战。我们也曾考虑在鲁西南再打一仗，再歼灭他几万人。但当前陇海线南至长江边广大地区，敌兵力薄弱，后方空虚，正是我跃进大别山的大好时机，所以要当机立断，抓紧时间，越早越好，越快越好，以发挥战略突然性的奇特效果。机不可失，时不我待。党中央要求我们一定要先敌进入大别山，先敌在大别山展开。"刘司令员把最后一句话的两个"先敌"讲得口气特别重，以引起大家的重视。

邓政委接着说："毛主席对我军千里跃进大别山估计了三个前途，一是付了代价站不住脚，转回来；一是付了代价站不稳脚，在周围坚持斗争；一是付了代价站稳了脚。并要求我们从最困难方面着想，坚决勇敢地战胜一切困难，争取最好的前途。同时中央军委已令陈赓、谢富治率四纵并指挥太行纵队等共7万余人，8月下旬出豫西，建立鄂豫陕边区根据地，吸引胡宗南一部打运动战。这样我野战军主力在鄂豫皖、陈谢兵团在鄂豫陕、陈粟大军西线兵团在鲁西南就形成了掎角之势，可以相互配合，宽大机动。"他接着说："我军必须勇往直前，不向后看，坚决勇敢地完成这一光荣艰巨的战略任务。当然我们马上行动，会有很多困难，但在党中央正确领导下，在全国各战略区的有力配合下，有广大指战员的艰苦奋斗，任何困难也是可以克服的，也一定能够实现毛主席所预料的三个前途中最好的前途——在大别山站稳脚跟，建立根据地。"

最后，刘司令员布置了我野战军跃进大别山的部署。为了保持行动的隐蔽突然，造成敌人的错觉和不意，确定野战军主力分三路南进：以一纵并指挥中原独立旅为西路，沿曹县、宁陵、柘城、项城之线以西南进，直插豫南；以三纵为东路，沿成武、虞城、鹿邑、界首之线以东南进，直插皖西；中原局、野战军指挥部和二、六纵为中路，沿单县、虞城、界首、临泉之线以西南进。千余名地方干部随各纵行进，以便于迅速开辟地方工作。为迷惑敌人，继续调动合围我区之敌北进，确定北面以十一纵队和冀鲁豫军区部队在黄河渡口佯动，准备船只造成我军北渡之势；东面暂归我野战军指挥的华野外线兵团 5 个纵队以少数兵力牵制敌人，主力积极寻找战机打击敌人，掩护我野战军主力南进。在西面以豫皖苏军区部队破击平汉路，断敌交通，中原独立旅参加破路后，绕道平汉路西侧南进，分散迷惑敌人。同时，他对部队千里跃进过程中应注意的问题提出了很多具体要求和安排，会议一直进行到深夜。

夜 12 时，我才躺倒在床上，但翻来覆去睡不着。刘邓首长的指示和部署在脑海里回荡着。忆往事，自己在他们的直接领导下，不论是对日寇作战还是整师整旅地歼灭国民党军队，刘邓首长的军事谋略和指挥艺术，总是高出敌人一筹，逼敌就范。今天，在这关系到战略进攻胜负的重大关头，刘邓首长纵观战争全局，审时度势，做出的指示和部署是非常正确的，是胜利的保证。同时也感到我们三纵的任务重大，左路纵队前进道路上有敌人占据的陇海路和黄泛区、涡河、茨河、沙河、泉河、淮河等许多天然障碍，加之正值雨季，我们又行进在东路，河宽水深，大多数河流不能徒涉，运动困难，且东临津浦路，如敌人察觉我战略意图，沿铁路向南堵截我去路，将造成我更大困难。面临这些情况，我翻来覆去想着两个问题：一是先敌控制要点，保障部队顺利通过；二是从左翼保障中央纵队的安全。重任在身，怎么也睡不着，天不亮就爬起来了。向刘邓首长告别后，就急忙驱车向东，返回纵队部——巨野东南的姚家集。

回纵队后，立即召集有曾绍山、郑国仲、阎红彦等参加的党委会，传达了野战军会议精神及刘邓首长的指示，着重研究我们纵队的任务和部署，并认真分析部队存在的各种困难和问题。如羊山作战中我纵队伤亡4700余人，不少营连干部负伤和牺牲，干部急待调整，新补入的4000余名俘虏兵急待教育，武器弹药和物资器材急待调整和补充，师团领导干部中关于战略跃进的思想动员急待进行，等等，但这些问题必须服从大局。最后确定：刘邓首长决策野战军分三路前进队势，为野战军加快行进速度创造了条件。我们纵队为保持部队战斗力，提高行进速度，不再分散，各旅采取交替前进的办法，即首先以赵兰田旅长、周维政委领导的七旅为先遣队，掩护纵队通过陇海路，再抢占涡河、茨河和沙河渡口，架设浮桥，保障主力通过；尔后改以童国贵旅长、高治国政委领导的九旅为先遣队，迅速前出，抢占淮河渡口架设浮桥；进大别山后，以马忠全旅长、芦南樵政委领导的八旅先向皖西展开，抢占诸县城。至于当前存在的种种问题和困难，要求各旅团在首先作好组织调整的基础上，各级领导干部深入下去，边行进，边动员，边整补，积极开展思想体力互助，切实做好巩固部队的工作，并号召部队不畏艰险，勇往直前，在千里跃进中立新功。紧接着，纵队召开了师团主要负责干部会，除总结羊山作战外，着重传达了刘邓首长关于千里跃进的指示和我纵队的任务、部署和各项要求。会后群情激奋，决心认真细致地做好各项工作，克服各种困难，坚决完成刘邓首长和纵队赋予我们的战斗任务，在战略进攻中当先锋。

跃进千里

8月7日黄昏，我纵队位于跃进大军的左路，和中、右路军一起，以雷霆万钧之势开始向大别山进军。

此时，敌五军、八十五、六十五、五十七师已进至济宁、汶上、嘉祥以北地区，并以一部向开河前进；王敬久集团之五十八、三师和四十六师的两个旅已进至羊山、独山集地区；罗广文集团的四十、四十八、六十八、五十五师已进至定陶、菏泽以北，鄄城及其以南地区，继续向郓城地区合围。

当时，我纵队处于北进之敌罗广文、王敬久集团之间，夜间可以看到敌人营地的灯火，我们以金蝉脱壳的隐蔽行动先向西南避开独山、羊山之敌，尔后再向南经成武、单县之间南下，我们除适时向两侧派出警戒外，均以夜行晓宿向南挺进。部队经过 4 个夜行军，于 11 日晨进抵陇海线以北之郭村集地区。是夜，七旅先遣部队二十一团在团长何自聪、政委燕登甲率领下攻占陇海线上的马牧集车站，歼敌一部并对该站东西段铁路进行了破坏，炸毁了桥梁，纵队主力于 12 日胜利越过陇海路。同时野战军各纵队也相继跨过陇海路，向敌人辽阔空虚的战略纵深疾进。这一突然的战略行动，彻底粉碎了蒋介石企图在鲁西南合击我军的计划。那时，敌人判断我军要北渡黄河结果合围扑空，继而又误认为我是在大军压境的情况下"北渡不成而南窜"。因此，仅令驻蚌埠的四十六师一部西进太和，结合地方团队在沙河上布防，控制船只，防我南渡；以其主力罗广文、张淦兵团等部共 12 个旅分路尾我南追，并以 4 个旅在平汉路侧击，妄图把我军一举歼灭在黄泛区。可是我军已先敌两天进入黄泛区，把敌人远远抛在后边。

8 月 14 日，刘邓首长指示：在分散之敌对我意图尚未判明之前，乘隙以 3 日急行军，向太和、阜阳、界首之线前进，抢渡沙河。据此，我们即令七旅加快行军速度，直趋沙河，选择渡口，搜集船只，架设浮桥，以保障纵队主力通过。同日，九旅二十五团在朱光团长、程永药政委率领下，抢占亳县城，守敌逃窜。纵队主力过涡河后，即进入黄泛区。这里遍地积水淤泥，形成沼泽，没有道路，人烟稀少，部队行军食宿均很困难。广大指战员亲睹人民群众长期遭受国民党摧残蹂躏之惨状，更加深刻体会到大举反攻的伟大意义。为了和敌人争时间，部队不顾疲劳，奋勇前进。没有道路，他们就派出会游泳的战士组成小组，手撑木棍在前面探路，后边人员手挽手相互支撑，蹚着齐腰深的泥水，移动着沉重而健捷的脚步。这几天有时倾盆大雨，有时烈日当头，战士们雨天一身水晴天一身泥。最艰苦的是炮兵部队。我们纵队野炮连的 4 门野炮，是把炮装在大车上，用黄牛来拉。进入黄泛区，就越发走不动了，不时地陷入黄泥浆中停下来，有时大车被淹没了，牛把头伸出水面喘着粗气。他们就动员部队来扛炮弹，把完整的火炮卸开，用人抬着走，把拉大车的牛卸下来牵着走。榴弹炮部队就更热闹了，过陇海路前，野司确定将榴弹炮营随我纵队行动，他们有汽车，平时不担心，只要给他们选择好道路，派好警戒就行了。但到黄泛区就麻烦了，没有道路成了大难题，他们就在部队行进的道路上进行步测，两侧再派出部队，15 至 20 米一个战士当标杆，让这些"老太爷"（因为它个子大，威力大，开过来时别人都为它让路，所以战士们就给榴弹炮起了此绰号）从中间通过。就这样一段一段地向前移动，有时因地面泥泞，汽车打滑，光哼哼不移动，就组织部队来推。汽车轮子把泥浆带起来，泼到推车战士们的头上、脸上以至全身，个个成了泥人，但他们毫无怨言。他们深深知道，这是他们用鲜血换来的，是战斗中最好的"伙伴"。全体指战员以惊人的毅力战胜重重困难，经过 4 天艰苦行军，顺利通过黄泛区。8 月 16 日，七旅十九团主力在李长林团长、刘瑄政委率领下，一夜急行军 90 里，17 日晨直扑太和城，并与已占领该城之敌四十六师先头部队（约 1 个团）展开激烈战斗。同时该团二营以机警动作抢占了沙河渡口——旧县集，将敌压回太和城，毙敌百余人，俘敌 20 余人，并夺回了被敌驱赶的最后一批船只。白天由于敌机不断侦察、轰炸、扫射，只能以小船零星摆渡部队；黄昏时分，工兵连的同志们全部下水了。他们在当地群众和船夫的密切配合下，很快搭起了浮桥，当地群众又搬来了门板和高粱秆敷设桥面，从而保障了纵队主力的顺利通过。8 月 18 日，纵队后卫八旅部队过来了，但炮兵和辎重部队还留在河的北岸。马忠全旅长非常着急，一面派出部队向北构筑阵地，阻击尾我之敌，一面组织部队协助炮兵和辎重部队通过。最麻烦的又是炮兵部队，浮桥承受不了这些"老太爷"的重量，只能靠船只摆渡，而船身短，不能同时装运汽车和榴弹炮，只能将车与炮分开过，谁知榴弹炮离开汽车就拉不上船。他们就组织部队配合炮手们推的推，拉的拉，一门一门地、稳稳当当地将这些"老太爷""请上"了船，摆过了沙河。部队全部渡河后，他们向船夫和当地群众道谢，给了报酬，宣传了我党我军政策，并按照我们指定的方向疏散了。19 日天明，太和的敌人出城了，敌三师、五十八师也赶来了，到河边一看，桥拆了，船也不见了，解放军过河了。敌人睁着眼睛没有办法，只好对着我们去的方向打了一阵空枪。

我军渡沙河后，蒋介石大梦方醒，察觉到我军并非"南窜"，而是矛头直指大别山。于是急忙调动部队，沿平汉路南下阻击，但此时，平汉路已为我军破坏，要想调整部署，以主力沿铁路南下堵击，为时已晚。我纵 20 日渡过泉河后，休整一天，在部队公开进行了到大别山的政治动员，提出"到大别山就是胜利"的响亮口号；并进行了轻装，下决心把笨重武器和车辆就地埋藏或炸毁，野司榴弹炮营此时西去归建。部队经过动员和整顿，情绪高昂，信心倍增，以更快速度，直奔淮河。为尽快抢占淮河渡口，8月21日，改九旅为先遣队，令其先行出发，抢渡三河尖渡口；同时令纵队教导团和补充团抢占洪河口、祝皋集渡口。22日，敌四十六师一部抢占了南召集渡口后向三河尖运动。在这紧急关头，我九旅二十五团轻装疾进。该团政治处主任段超杰同志率两个班，乘小船划过12里湖面夺船，于23日晚抢占了三河尖渡口，拂晓时，团主力也赶到，歼保安队百余人，控制了南北渡口，九旅主力随后由此通过。教导团、补充团亦于23日拂晓抢占了祝皋集渡口。这里船只甚多，架好了浮桥，纵队主力于8月25日全部渡过淮河。为打开大别山的门户，九旅令赵玉亭团长、杨立堂政委率二十六团在渡过淮河后，尽快夺取固始城。尹书信副团长率三营跑步前进，于26日拂晓占领固始县城。至此，我纵队经过20天的连续急行军，战胜了敌人的追堵，克服了重重障碍，胜利地先敌进入大别山，圆满地完成了千里跃进的战略任务。

此时，传来了陈赓、谢富治兵团于8月23日夜在平陆、济源间渡过黄河挺进豫西的胜利消息，极大地鼓舞着我们继续奋勇直前。

在皖西展开

进入大别山后，刘邓首长明确指出：今后任务是全心全意、义无反顾创建巩固的大别山根据地，并与友邻兵团配合，全部控制中原。实现此历史任务，要经过一个艰难困苦的过程……因此要求我们切戒骄傲，兢兢业业，上下一心完成每一个具体任务。在具体部署上确定以一、二两纵阻止钳击尾追我之敌，争取时间，使三、六纵占领南线诸城，完成战略展开，打开创建根据地的局面。并明确指示我三纵："应迅速攻占立煌（即今金寨县），并侦察六安、霍山、舒城、庐江、桐城、潜山、太湖诸城，准备占领之。"

8月29日，纵队确定由郑国仲副司令员率八旅由固始直取立煌。纵队主力于30日经叶家集向皖西六安、霍山挺进。七旅二十一团于31日全歼叶家集之敌四十六师一个营及安徽省保三团一部，俘敌480人。八旅于9月2日攻占立煌城，全歼守敌，俘虏千余人，缴获迫击炮1门，轻重机枪24挺，其他物资甚多。尔后，八旅迅速东进，分路出击，抢占皖西诸城，歼灭敌人，建立政权，搜集物资，筹集棉衣。团长涂学忠、政委田维新率领二十二团于9月10日袭击桐城，15日，该团三营在皖西游击队配合下解放潜山城和青草塥；以团长唐兴盛、政委何明智率领二十三团，8日解放舒城，并沿舒（城）合（肥）公路向北出击，首先袭击桃溪镇、化子岗，佯攻合肥，迷惑敌人。团长吴先洪、政委邓易非率领二十四团，10日袭击庐江。九旅二十六团三营9月2日晨攻占六安城，俘敌百余人，占领修械所一处，缴获子弹40万发，布匹、物资、粮食甚多。该日下午，与我争夺六安城的敌四十六师十九旅从霍丘方面赶来，当先头部队进至城北清水湖村，为我二十六团五连发现。即以迅猛动作扑向敌人，一口气追了10多里地，歼敌1个排，活捉排长以下40名。尔后即与敌人对峙在十五里墩、徐家桥地区。在半个月时间内，虽有零星战斗，但敌未敢前进一步。七旅主力位于六安以南地区，配合南下工作团开展地方工作，其十九团三营9月3日袭击霍山，二十团9月9日至20日逼近六（安）合（肥）公路上椿树岗、官亭镇一带，进行游击活动，并在防虎山歼（从）六安逃亡的国民党县政府及保靖大队一部，俘敌百余人。

我纵以半月时间，解放了固始、立煌、六安、霍山、舒城、桐城、庐江、潜山、岳西等9个县城，消灭了守敌，摧毁了国民党县政权，建立了民主政府，初步打开了局面。我军所到之处，都受到当地群众的热烈欢迎。

我纵队在实施战略展开过程中，得到皖西游击队的密切配合和有力支援。皖西地区力量较强的是皖西人民自卫军。他们是原中原军区一纵队副司令员、我的老战友刘昌毅同志率领的800余名鄂豫皖人民子弟兵，于当年4月从鄂西北千里迢迢打回大别山，在潜山地区与长期坚持敌后斗争的皖西工委书记桂林栖同志领导的一支隐蔽革命武装会合后组成的。刘任指挥长，桂任政委，下辖3个支队，共2400余人。他们活动在东起巢湖、无为，西至潜山、岳西，南自太湖，北达定远的广大地区，在潜山北、岳西东、桐城西、霍山南有宽广的根据地。他们时刻盼望主力打回来。当年8月，他们从敌人报刊以及商贩口中得知刘邓大军反攻南下的消息后，喜出望外，一面派人四处打听、联络，一面由刘昌毅同志率部队北上，争取早日与主力会师。这支人民武装与我纵会合后，如虎添翼，声威大振。游击队整编为3个支队，一支队在潜山、太湖、怀宁、望江、宿松五县开辟新区，二支队在岳西、潜山北、英山、舒城、霍山，三支队向潜山东、桐城、庐江、无为发展，建立各级民主政权，扶植地方武装发展。9月中旬，该部积极配合我纵攻占潜山，解放岳西，26日打下安庆附近的石牌镇，27日又解放太湖，在棋盘寺打垮了敌人一个中队，10月占领望江，解放华阳镇，又拿下庐江县府所在地盛家桥。他们还积极配合地方政府开展工作，为大军筹集粮秣，侦报情况，等等，不仅为主力展开创造了极有利的条件，而且是建设皖西根据地的重要力量。

在我纵队到达皖西后，立即在霍山以西山区积极设置后方，修械所设新店坪，医院设诸佛庵，办事处在黑石渡。同时，根据大别山山大路小，城市、公路还不能完全为我控制，大兵团机动作战困难的特点，我们根据野司指示，对机关和装备再一次进行了精简和轻装，确定纵队只留山炮连，每旅各留山炮2门，团留迫击炮4门，营留重机枪4挺，多余的重火器一律送后方深山埋藏，马匹送深山放青，以提高部队山地机动作战能力。

在我实施战略展开时，蒋介石急令尾我南下的23个旅追过淮河，分路扑向大别山区，妄图乘我立足未稳，寻歼或将我军逐出大别山。9月中旬，在北线敌四十八师由商城向六安地区前进，敌五十八师盘踞商城。为打击敌人气焰，掩护展开，刘邓首长决定一、二、三纵主力于9月间在商城地区歼敌五十八师。我们纵队领导商定，由郑国仲副司令员、阎红彦副政委统一指挥八旅，结合刘昌毅部和教导、补充团仍在舒、桐、庐、霍、六地区开展工作及游击战争，建立根据地。以九旅二十七团在团长李润堂、政委张敬一率领下留六安城附近阻敌，消耗疲惫敌人，掩护主力西进。我和曾绍山副司令员率七、九旅主力5个团，于9月16日由六安西南地区西进，18日到达商城之东苏仙石时，敌已缩回商城，兄弟部队在商城以西和潢川地区歼敌2个团。此次作战虽未能全歼敌五十八师，但调动敌八十五师、七师、四十八师等分别由潢川、光山和六安地区回援，有力地掩护了鄂东和皖西地区的展开。

当时，我们鉴于敌重兵聚集商城地区，一时难于捕捉战机，而淮南空虚的情况，决心以七旅二十团于9月20日奇袭固始城，歼敌一部；另以九旅二十五团奔袭固始以北的桥沟集、三河尖敌补给基地，缴获山炮弹2000发，迫击炮弹4000发，手榴弹万余发，解决了部队弹药不足的困难。

在展开中，我全体指战员发挥了顽强坚韧、团结一致、英勇奋斗、不怕牺牲、不怕疲劳的作风，在优势敌人进攻面前，在无后方依托和山高路窄地形不熟等重重困难下，一面连续作战，一面担负工作队任务，积极发动群众，创建根据地，争取了时间，迅速打开了局面。大别山的群众，经过第二次国内革命战争和抗日战争，有着深厚的革命传统，殷切地盼望着解放军早日打回家乡。但由于我军曾数次退出这一地区，群众受到反动派的残酷镇压，加上我军初到，反动统治还未彻底摧毁，仍在暗地里威胁群众，因此群众对我军这一次能否站住脚还有怀疑。为了迅速地发动群众，除大量歼灭敌人，迅速完成展开，使群众看到我军确实有力量能够站住脚外，并积极开展对群众的宣传教育，说明我们是当年的红军——鄂豫皖子弟兵，打回了家乡，是在消灭了敌人100万以后的战略大进军，决不会再走。同时还要认真地执行三大纪律八项注意，以实际行动给群众以良好印象，并在部分地区开始领导群众向地主进行分浮财斗争。经过上述工作，逐渐消除了群众的疑虑，大大激发了群众的斗争热情，许多乡亲积极地行动起来支援军队。在这期间，部队还担负了筹粮筹款任务，解决了部队初到新区后急待解决的供应问题。我们还发动广大指战员自己动手，学习打草鞋做大米饭，首长带领机关干部抬伤员，运粮弹，多方面节约经费开支，克服困难。这样，我军执行了作战、发动群众、筹粮筹款的三大任务，战胜了困难，实现了毛主席所赋予的将战争引向蒋管区的光荣任务。

正如刘邓首长早就预料的那样，在大别山展开，"要经过个艰难困苦的过程"。初进大别山，我军刚刚由内线转到外线，由北方转到南方，从有后方到无后方，各方面都发生了许多不适应。在军事上，部队缺乏无后方和山地、稻田地带行军作战经验；在生活上，北方战士普遍吃不惯大米，穿不惯草鞋，对南方气候、水土不适。再加上部队自南进以来，一直处在连续行军之中，未能进一步进行政治思想动员，部分同志由于较多地看到局部暂时困难，对全国的胜利形势及本身所执行任务的意义认识不足，克服困难的思想准备不够，对重建大别山根据地的战略意义和艰巨性认识不足；再加上政权初建，后方无依托，部队得不到调整补充，伤员无处安置等情况，因而在部队中出现了一些疲惫和纪律松弛现象。对此，野战军于9月27日在光山以南王大湾召开会议，会上在肯定成绩的同时，着重批评了一些干部和部队存在着的"右"倾情绪和违法乱纪行为。刘邓首长指出：增强斗志，反对右倾情绪，克服纪律松弛现象，是大举歼灭战人，充分发动群众，建设大别山根据地，实现党的战略进攻方针的根本环节。要求各级干部要牢固地树立以大别山为家的思想，严肃军纪，发扬勇敢顽强的战斗作风，率领部队克服暂时困难，担负起打仗、做群众工作、筹集给养等三大任务。这次会议，对坚持大别山斗争，实现党中央的战略进攻方针，起了决定性作用。

张家店歼敌

10月初，敌从鄂东调七师、四十师，从皖西调四十八师、四十六师一部，并结合山北地区的八十五师、五十八师、五十二师，对光山、新县地区之我野战军主力进行合击。刘邓首长根据这一情况，令我三纵队"趁敌西调、皖西空虚，迅急回师、放手歼敌"。我纵主力由商城、一部由固始于10月1日兼程东返。为了隐蔽行动企图，我们绕道山地，不顾小道崎岖，连日阴雨，道路泥泞，经7个昼夜赶到霍山、六安之间。此次敌八十八师师部率六十二旅由舒城沿舒（城）霍（山）公路向西进犯。真是冤家路窄，今年正月敌八十八师曾与我纵在鱼台交过锋，我们同兄弟部队一起，一天之内消灭他一个半旅。这次敌人是经过补充换装由徐州调来合肥，9月中旬进占舒城、庐江、桐城。30日又窜到舒城九井及其以西地区。该敌处于运动中，是我歼敌良机。我们决定以九旅先进至望山河、石河一线，迅速沿霍（山）舒（城）公路向东搜索前进，迎击该敌；以七旅主力进至舒家庙以南，十九团到但家庙、大河厂，二十一团带电台，主力到芮草凹，一个营向六安伪装主力侦报情况；八旅主力到毛坦厂以东，从敌左侧或尾敌兜击之。同时要求各旅，千方百计抓住敌人，不必请示就合围歼灭之。

10月6日，我八旅二十三团在舒城以西之南官亭、太平街一带阻敌，经数小时激战后，我主动撤出战斗，一面保障我主力适时到达，同时继续诱敌西进。10月7日夜，九旅二十五团与该敌先头部队在望山河遭遇，敌迅速龟缩抱儿岭、落马岭一带。纵队当即命令：七、八、九旅分由北、东、西面加速向落马岭、三保墩及其以北山地合围该敌，务求一举歼灭。我们特别强调机动灵活捕捉战机，积极主动协同作战，这一点正是这次作战取得全胜的重要原因。

8日晨，三保墩之敌继续北撤，我九旅二十五团乘势逼近敌人，敌以小部队与我接触，主力趁黑夜绕道北窜。九旅童国贵旅长亲率二十六和二十七团两个营取捷径向北追击，各级指挥员均在部队先头勘察道路，查明敌情，部队在崎岖道路上搜索前进。二十六团在马长岗捕捉敌哨兵，查明敌全部聚集在张家店，当即占领295高地，向敌开火。接着七旅赵兰田旅长率二十团也赶到了。赵、童两旅长立刻以到达的部队，大胆地包围了敌人。次日拂晓，敌发现被围，即抢占有利地形构筑工事，并以2至4个营的兵力，在炮火掩护下，连续猛扑北面二十团阵地，企图夺路而逃。在紧急关头，赵旅长立即向该团动员，指出：这次战斗成功与否，取决于你们的意志和动作，为了全局的利益，应有付出重大代价的决心，即使牺牲局部也是值得的。该团在团长左魁元、政委汪羽楚率领下奋勇反击，打退了敌人一次又一次的突围，阵地失而复得，最后把仅有的预备队团特务连用上去，就连旅的侦察连也投入了反冲击。由西南方向进攻的二十六团在打退了敌人反扑后，以炮火支援主力出击。下午3时，敌人倾全力作最后挣扎猛烈突围，在我二十、二十六两团密切协同奋力夹击下，被彻底粉碎了。与此同时，郑国仲副司令员率领的八旅正在张家店以东展开，九旅后续部队也赶到了。这里需要特别提到的是，由当地政府和群众组织的1000副担架也赶来支援，极大地鼓舞着全体指战员的杀敌斗志，决心全歼敌人，来报答新区人民对子弟兵的爱戴和支援。

为迅速歼灭敌人，曾绍山副司令员到前沿指挥，并要求各旅针对山地、稻田特点，认真区分任务，善于组织队形和火力，切断分割敌人；以九旅全部由西南面主攻，大部炮火也集中在这里；七旅由北面攻击；八旅东面攻击。由于部队攻击勇猛，一个小时就肃清了外围。此时，敌人依靠优势火器，利用村沿顽抗。我各部队不给敌人以喘息的机会，迅即向村内突击，四面八方的炮火齐向村内射击。10日1时许，纵队配属九旅的化学臼炮，命中敌师指挥所，引燃了村内草房，风助火威，整个张家店顿时变成火海，敌阵大乱。我各攻击部队趁势发起总攻。九旅二十六团首先从南面突破，七、八两旅同时向敌猛扑，攻入村内。各部队一面奋勇歼敌，一面协助群众救火。混乱的敌人，被歼的被歼，投降的投降，战至10日拂晓，除敌八十八师副师长张世光化装逃跑外，其师部及六十二旅全部被歼，战斗结束。此役共毙敌副团长以下500余人，俘敌六十二旅副旅长汤家辑以下

4300余人，缴获战利品甚多。

当张家店敌人被围时，敌四十六师3个团的兵力由六安驰援，8日进至槐树岗，我二十一团发扬以少胜多、英勇顽强精神，在敌前进道路两侧选定有利地形打击敌人，战斗持续3昼夜，予敌以大量杀伤，阻敌于距张家店尚有30里的中店子地区，保障了张家店的胜利。

张家店作战，取得了"我军在无后方依托的条件下，第一次消灭敌人一个正规旅以上的兵力的重大胜利"，它对发展和巩固皖西根据地，提高群众的胜利信心，教育和鼓舞部队，都具有重要意义。正如中原军区贺电所指出的："你们此次大捷。对建设皖西根据地关系极大"。这次胜利，也标志着我们在皖西完成了中原局及野战军首长所赋予的战略展开任务，开了皖西斗争的新局面。

张家店作战胜利后，六纵队在广济高山铺地区歼敌四十师等部16000余人，而后野战军各纵队沿长江展开，直逼武汉、安庆，威震大江南北。

皖西根据地的创建

皖西地区位于大别山东南，面积近3万平方公里，有着光荣的革命历史。刘邓大军到达前，皖西人民自卫军在潜山、岳西一带，保有较完整的根据地，周围各县是游击队经常活动的地方。

为了尽快完成"重建鄂豫皖解放区的任务"，中原局和野战军首长十分重视对地方工作的领导。在我军进入大别山之初，即决定在新区党政未建立之前，先成立豫东南、鄂东、鄂皖、皖西4个区工委，负责开展地方工作。8月30日，还明确划分了部队展开和各工委的工作区域，其中规定皖西区为我三纵队展开地区，"辖桐城、庐江、舒城、霍山、六安、无为、寿县、霍丘八县"，并决定书记由皖西人民自卫军政委桂林栖担任，于一川副之。随着主力部队的推进和展开，新解放各县陆续成立了县工委。根据中原局的指示，我们还分遣部队随工委一起行动。部队自进入皖西地区后，纵队党委研究确定由我和曾绍山、郑国仲副司令员负责指挥作战，阎红彦副政委率领纵队教导团、补充团一部和纵队辎重部队，一面在霍山、岳西地区安置纵队后方，一面负责和皖西地方党联系，肃清土顽，发动群众，开辟根据地。

10月10日，发表中国人民解放军宣言，同时颁布解放军口号，重颁三大纪律八项注意。党通过人民解放军宣言，提出"打倒蒋介石，解放全中国"的口号，宣布了党的八项基本政策。在解放军宣言发表的同一天，党中央公布了《中国土地法大纲》。宣布废除封建性及半封建性的土地制度，实行耕者有其田。为了贯彻双十宣言和土地法大纲，纵队党委指示各级党委立即发动群众，向封建地主恶霸开展斗争，决定各旅着重工作区域为：七旅加强桐城、安庆；八旅加强舒城、庐江；九旅加强六安、合肥；教导团、补充团加强霍山、独山、舒城、六安地区；纵队直属队加强潜山、岳西；刘昌毅部加强太湖、宿松、望江。各旅第一批各组织两个武工队，每队50人，由坚强军政干部和翻身农民战士组成。规定这些武工队即为各县地方武装，归县委领导，主要任务是开展群众工作，进行土改，摧毁旧保甲，肃清土顽，建立基层政权，发展和巩固游击队，建立根据地。到10月中旬，纵队主力初步完成了战略展开，建立了固始、立煌、六安、霍山、舒城、桐城、潜山、岳西、庐江、太湖等10个县的民主政权，为创建皖西根据地奠定了基础。

10月12日，中原局决定于11月间正式组成鄂豫、皖西两个区党委和军区。据此，我们纵队党委和皖西工委桂林栖、刘昌毅、于一川同志就皖西区党委、军区、行署以及地委、军分区、专署的区域划分、干部配备、部队建设等，交换了意见。纵队增派数百名干部并分遣建制部队加强地方工作，帮助建立村、区政权和游击队。11月上旬，我纵队在太湖、潜山一线休整时，刘邓首长在指挥高山铺战役取得大胜后来到太湖刘家畈视察，接见了皖西人民军刘昌毅、桂林栖同志和我们纵队的领导同志。我们纵队政委彭涛同志也从后方赶来了。刘邓首长一是看望坚持大别山斗争的皖西人民自卫军指战员，听取他们坚持大别山斗争情况的汇报；二是开会研究、部署成立皖西区党委、军区和行署等问题。会上宣布刘昌毅同志来我纵队任副司令员。会议最后，邓小平政委做了重要指示。他除概括地讲了我们进军大别山以来进行战略展开的大好形势外，着重讲了皖西根据地的建设问题。他说：皖西地位极为重要，敌人必然与我反复争夺，我们必须提高斗志，经过一段艰苦过程才能打开局面，这一点要有足够思想准备。进入新区后，首先要打胜仗，要建设根据地、占地盘，两者不可分，但也有矛盾。不打胜仗，不消灭敌人，根据地建设无从谈起，但建设根据地占地盘就不能不分散一部分兵力，乃至削弱主力，但不建设根据地就没有后方，不能发展，不能发动群众，无法解决军需供应，不能使敌人分散，也就不能打好仗。所以说，我们军事行动要服从地方工作。要不惜削弱主力，加速军区、行署、军分区和县基干武装的建设，抓紧基层政权建设，发展地方武装，肃清土顽，放手发动群众，进行土改，这些应成为我们的当务之急。邓政委还特别强调，完成以上任务，关键是我们内部的团结，即主力部队与地方部队、游击队的团结，南下干部与当地干部的团结。要尊重和支持游击队和当地干部，他们对坚持大别山斗争是有功劳的。大家团结一致是我们事业胜利的重要保证。

11月15日，皖西区党委、行署、军区在岳西县汤池畈成立。曾绍山为司令员，彭涛为区党委书记兼军区政委，桂林栖为区党委副书记兼军区副政委，于一川为区党委副书记，罗士高为行署主任，何柱成为军区政治部主任，徐立行为军区副参谋长，下辖3个地委、专署、军分区，连新设县在内共17个县。

为了坚持皖西的斗争和武装力量的建设，由纵队调出七旅二十团、八旅二十四团、九旅二十七团，共7000余人，作为军分区的基干团，并确定将已展开在地方工作的教导团、补充团大部及纵队供给部大部、山炮营一部、纵政文工团全部留归皖西军区。以皖西人民自卫军第一支队编成的三十七团归七旅指挥一段后又调归皖西军区建制。此外，纵队、各旅抽调大批干部组成军区、军分区领导机关，抽调3个连组建6个县独立营。这些部队在区党委和军区领导下，在配合主力作战，反对敌人"合围"与"清剿""驻剿"的严酷作战中，经受了很大的锻炼，发挥了重大作用，深受皖西人民的拥护。随着形势的发展，部队进一步扩大。以6个县独立营同皖西人民自卫军组成基干第一、第二团，这两个团和三分区的二十七团编成皖西军区独立旅。又由纵队教导团、补充团、皖西人民自卫军各一部组建三分区基干团及两个县大队。由于区分了纵队与军区两套机构，纵队可以实施宽大机动歼灭敌人；军区部队则可扩占地盘，发动群众进行游击战争，消灭反动地方武装和打小仗，进一步解决了分散与集结的问题。

鄂豫与皖西同时建立了军区并有较强的机动部队，这就形成了以大别山为中心，方圆数百公里，面积相当于浙江省的根据地。两区人口共达1100多万，先后建立了8个地委、33个县民主政权。地方武装发展到3万多人。1948年1月15日，邓小平政委致电毛主席说："现在看来，我们业已站住脚，不管情况如何严重，敌人撵不走我们的。"我军在大别山深深扎下了根，实现了毛主席估计的三个前途中最好的前途。

原载杨国宇、陈斐琴、汪德荣编：《战争亲历记：刘邓大军老战士作品集·上卷》，百花文艺出版社，1988年，第65～86页。

千里跃进大别山的右路军

◎ 潘　焱

1947年7月1日至28日打罢了鲁西南战役，8月7日就开始向大别山进军。

刘邓大军4个纵队14个旅12万人，分三路南进。杨勇司令员、苏振华政委率领的一纵队及张才千旅长率领的中原独立旅为右路军，沿曹县、宁陵、柘城、项城之线以西南进，直奔豫南并保障野战军主力右翼安全。杨勇司令员、苏振华政委根据刘伯承司令员、邓小平政委的指示，兵分两路：以一旅、二十旅为右路，以二旅、十九旅为左路，纵队领导机关随一旅南进。

出敌不意，跨越陇海

8月初，我纵以二旅进到临濮集积极伴动，配合十一纵等部队，造成刘邓大军北渡黄河之势，并严防敌掘堤放水，以掩护我主力南进。敌发觉我控制渡口，错误判断我军将向北"溃退"，时逢雨季，河水猛涨，敌人认为这是消灭我军的"天赐良机"。蒋介石即令他在鲁西南地区各路部队迅速北进，占领渡口对我合围钳击。8月3日，当罗广文部进至辛集附近地区时，我二旅及时归建，连夜抵达胡集地区。5日黄昏，敌罗广文、王敬久、张淦、周喦等集团，分别进至什集、顺城集、汶上集，向定陶及周围地区前进。这时，正是我乘敌之隙跳出敌合围圈向南挺进的好机会。我纵队于7日夜出发，进至定陶、成武之间地区。纵指根据对敌情道路的侦察，决定将宿营地设在定陶西南之马集附近，8日再继续南进。纵指上报刘邓首长批准后，以二旅四团在马楼任翼侧警戒，掩护纵队按时出发。7日13时，四团击退了自汶上集北犯之敌五十八师。我纵队乘各路敌人将要对我形成合围态势，其南线空虚之际，于8日19时由驻地出发，在马楼至孟庄之间约8公里宽的地段上出敌不意地穿过敌合封封锁线，向南进击。当十九旅进至定陶以东之黄店附近时，与敌七师遭遇，该旅为避免与敌纠缠，迅速摆脱敌人，立即南进。部队这次急行军60至90里，次日19时进至预定宿营地区。

为隐蔽行动企图，防敌尾追，部队夜行晓宿。分别经砖庙集、郑集和赵庄、高堤圈，于10日进至陇海路北之胡集、龙门、褚庙店地区，准备跨越陇海路。当即派出侦察人员查明陇海路当面沿线情况，并以十九旅在褚庙店北侧展开，准备阻击尾追之敌，掩护纵队主力通过陇海路。我如隐蔽、迅速地越过陇海路，就能打破敌人的封锁、堵截，把敌人甩掉。侦察员报告："陇海路上敌人只有八十八师两个团在民权、野鸡岗、柳河镇布防驻守。"我纵队决定以西攻东阻手段，掩护主力于11日晚通过陇海路。以二旅四团、二十旅五十九团一部，佯攻民权东站，五十九团主力，在民权以东之小殿铺附近，协同冀鲁豫五分区破路，防敌东运；十九旅以一个营逼近柳河镇对敌警戒。骑兵团提前过陇海路，进至辘轳湾地区，对睢县警戒，并相机占领之；二旅主力为纵队后卫，负责后方警戒和收容。骑兵团前出至辘轳湾时已是11日了。睢县守敌于当日下午向宁陵、商丘方向逃窜，该团随即占领县城。纵队主力夜晚在柳河镇、民权间越过陇海路。这时已是12日13时了。纵队直属队后尾过罗岗车站时，与由柳河镇向民权西进的1个营敌人遭遇。二旅、二十旅各一部迅速赶到，将其大部歼灭。全纵队胜利地跨过陇海铁路，进至睢县东北之和楼及其附近地区。

征程险阻，步履艰难

跨越陇海铁路后，摆在我们面前的障碍首先是通过黄泛区。在抗日战争时期，蒋介石曾不顾人民的死活，在花园口决堤放水，使黄河改道，造成宽约20公里、长数百里的黄泛区。蒋介石错误地以为我军北渡不成而南逃，就把他在鲁西南的主力兵团尾我追击，妄图利用所谓不可逾越的黄泛区天然障碍阻遏我军，将我军歼灭在黄泛区以北陇海路以南地区。

我纵队进至睢县西南之孙聚寨及其附近地区已是 14 日了。得知太康城为我豫皖苏军区地方部队控制，即派骑兵团先进至太康以南，逼近淮阳侦察敌情。当夜正赶上倾盆大雨，指战员们有的穿着雨衣，有的披着油布，有的什么遮盖也没有，冒着大雨前进，但个个精神抖擞，斗志高昂。进至太康以北之杨庙及其附近地区时，已是 8 月 15 日了。接骑兵团报告："淮阳城守敌整编十五师六十四旅一个团，于 15 日中午向周口方向逃窜，城内仅留少数土顽守备。"纵队首长决心乘敌尚未发觉我南进企图，以骑兵团占领淮阳城，掩护纵队主力沿太康城东西两侧继续前进，迅速通过黄泛区。骑兵团占领淮阳城，纵队主力进入黄泛区，已是 8 月 16 日的早晨了。这天，部队一方面要在泥泞中行军，一方面还要对付天空中敌机轰炸。经过顽强跋涉，17 日清晨，我们的炮兵、辎重部队的指战员们，光着膀子，卷着裤腿，在淤泥污水中推的推、拉的拉、扛的扛、抬的抬，喊起响亮的号子前进。我们终于进至沙河北岸之王店、白楼地区，准备渡沙河，克服了黄泛区这第一个障碍。

南征途中的又一天然障碍，就是通过大沙河。纵队首长预见到这一点，事先就派参谋处长李觉先行，于 8 月 16 日，率骑兵团和侦察、工兵分队随前卫第一旅前进，先到沙河北岸调查水情，筹集渡河船只与架桥器材，选定桥点。17 日，纵队主力进至淮阳附近地区，已在豫皖苏军区活动的中原独立旅归我纵指挥。纵队首长率各旅干部到沙河沿岸，了解情况，布置渡河工作。计划全纵队从 17 日至 20 日，利用夜暗，由新站、祝垻、水寨、牛口 4 处渡河。我们根据敌情和河水暴涨以及架桥器材等情况，命令一旅于 17 日夜在新站附近先以船渡过河，袭取商水并负责右翼警戒；中原独立旅渡过沙河后前出至平店，担任前方警戒；二旅主力船渡；二旅、二十旅各一部在赵洼、姚路口、湾寨阻敌追兵，掩护纵队主力渡河。一旅成渡后，于 18 日夺取了商水县城。18 日 22 时，十九旅、一旅辎重和纵队直属队一部连夜渡河。杨、苏和我在渡口商量决定：由杨带领几名参谋人员先行过河指挥一旅、二旅、十九旅及纵直一部。苏振华同志和我率纵队直属队一部及二旅八团、二十旅（留在河北岸担任掩护的部队），拂晓前就开始向水寨转移。时至 19 日晨，天已拂晓，敌人飞机十余架开始轮番轰炸、扫射浮桥，浮桥被炸毁了。为了组织好夜间的船渡，我们的参谋人员靠两条腿往返于指挥部与部队之间，很快将我们的决定和要求传达给掩护部队，要他们保护部队安全渡河。这对我来说，要一个夜间将这么多炮兵辎重和直属队渡过沙河并不是一件容易的事，一方面要阻挡敌人的追击，另一方面还要设法解决渡河的工具。我们经过研究后，由李觉具体负责实施大船渡炮兵、弹药，小船渡队伍。骡马一律组成群，由一匹会泅水的牲口引头，派人乘一只小船牵引过河，后面组织些鞭督人员，挥鞭吆喝，赶过河去。大车上的辎重，除炮弹和子弹分给部队带足外，带不过去的物品集中起来听候处理。炮兵营长很乐观地说："五号（参谋长代号）你放心，有这样的组织分工，我炮营保证今晚渡过河去。"就这样，干部战士经过一夜间的忙碌，全部渡了过去。

19日12时，尾我之敌整十师和骑兵一旅，其先头部队已进至淮阳南。我二旅八团、二十旅五十八团，在预定阻击地区顽强抗击敌人。敌人在炮、空火力支援下向我发起疯狂的攻击。我阻击部队指战员英勇奋斗，以刺刀、手榴弹与敌拼杀，并采取正面与侧翼反击相结合的战法，粉碎了敌人的进攻，掩护了主力部队安全渡河。五十八团参谋长郑忠在此次战斗中光荣牺牲。骑兵团至倒栽槐涉水过河。八团完成掩护主力渡河任务后，向东南方向前进。21日夜，在槐店西船渡过河，尔后向东，随六纵队之后南进。我们在前有天然障碍大河阻隔，后有敌人追兵，上有敌人飞机轰炸的极端困难情况下，由于严密地组织了警戒和掩护，并根据实际情况果断行事，采取多种、多路、多点的手段抢渡，纵队主力终于按预定时间，胜利地渡过了大沙河，于22日进至洪河北岸。

自渡过大沙河后，大雨昼夜不停，只是在短暂的间隙出点太阳。洼道处积水及膝，水浅处泥浆盈路。蒋介石发觉我军有计划地向大别山挺进，便慌了手脚，急调八十五师和五十二师八十二旅到汝河沿岸占领渡口，企图堵截我去路。部队经过冒雨急速行军，在夜色中抢过了洪河大桥（是通向汝南必经的桥梁）。我们要求大家决不向后看，奋勇前进，坚定地实现党中央、毛主席指示的"走到大别山就是胜利"的战斗口号，使部队更加信心百倍，斗志昂扬，前进的步伐更快了。

根据刘邓首长的意图，以中原独立旅在西行进，并在西进中破坏平汉路。22日晚，在西平、遂平地段炸断铁路桥数座，破坏铁路数十公里，尔后沿铁路西侧南进。一、二旅分别经东岸镇、彭庄向汝南前进。当日，十九旅占领上蔡。23日晨，部队抵近汝南。敌五十二师八十二旅已到汝南城内。一、二、十九旅抵近汝南城，以一部兵力围敌而不攻，主力选点，徒涉汝河。苏和我率纵队直属队、二十旅（除在庙湾北侧阻击经项城追来之敌十师和骑兵一旅的先头部队外），派出侦察部队，查明汝（南）新（蔡）公路上的情况。正在太阳升起时，骑兵侦察员报告："敌八十五师部队正通过汝新公路，并在平舆店有敌一个旅的兵力。"我速令行军途中的部队返回原地待命注意掌握敌情，准备夜间行动，通过汝新公路，渡汝河。我们进入宿营地后，重新研究了部队夜间行动的计划，决定兵分两路，纵直为右路由，我率领二十旅为左路由苏振华同志率领，于黄昏后出发通过汝新公路直出汝河。我们刚出发，又得到侦察员的报告："进到平舆店的敌人八十五师 1 个旅已于黄昏前向汝南埠方向开去了。"我带着纵直急速行进，当夜 12 时前就通过了公路。机关干部小声纷纷议论着："敌人梦想破灭了，拦不住我们的部队通过公路啊！"大家急速行进着，每个同志都在默默思索着。虽然敌人的拦阻已被我们战胜了，但又担心汝河水，山洪暴发，所以抢时间快步行军。有的同志在泥路中跌倒了，又急忙爬起来赶上队伍。经过几个钟头的奔走，东方发白时，纵队直属队到了赵埠口附近。走下河岸看到河水清澈如镜，大家高兴极了。同志们个个忘记了行军疲劳，将裤子挽起来，朝水浅处多路分进涉水过河。有的同志顾不上这些，干脆跳到水里，扑扑腾腾奋勇涉过河去。这时，东边和北面的枪炮声、空中的飞机隆隆声在我们耳边响起，而我们的勇士已顺利地赶在洪水到来之前抢先涉过了汝河。同志们高兴地说："这真是天时地利人和呀！算是天助我也！"我纵队主力摆脱敌人后，十九旅由王庄、刘楼，二旅由大新庄，一旅由赵埠口，二十旅和纵直骑兵团由大埠口都顺利地涉过了汝河。

我们纵队的几位领导同志在抢渡沙河后，就根据指挥分工分别随同各旅纵直行动，渡过两条河流障碍。过了汝河，纵队领导同志汇合在一起，互相间谈了各自所率部队一路的经历，怎样抢渡河流，阻敌追兵，接着又研究了下一步部队渡淮河的行动计划。

此时全纵队进至汝南间之野猪岗、马乡、于店、沙口地区。一旅进至正阳东南之吕河、台天铺地区，并查明淮河大林店渡口水情。二十旅进至正阳东北之李阁、楚庄地区，准备阻击敌人追兵，掩护纵队主力，保障安全。25 日，十九旅进至宋店，敌五十二师主力已经宋店东去。二旅逼近正阳城郊，侦悉敌五十二师主力已到正阳。该旅当即以一部兵力监视该敌，主力绕道南进，尽快渡过淮河。当日下午，我率骑兵团赶到大林店河岸，了解水情及渡口情况，并指挥一旅由该处先行过河，逼近罗山县城。同时，以十九旅、二旅连夜南进，分别在肖店、陡沟过河。二十旅尾纵直担任后卫。任务布置后，我即带一个骑兵班，在指定地点给骑兵团详细交代了任务，让他们立即行动赶过淮河。26 日下午，一旅逼近罗山县城，得悉敌军 1 个营及国民党县保安武装已先我占领该城，又卡住沿公路南进的路口。因此，一旅以一部在城北监视敌人，主力经小路绕道至县城以东及东南地区宿营。二十旅（除六十二团）、纵队直属队当晚进至罗山县城东北地区。六十二团及骑兵团在大店以北地区阻击敌人，掩护主力过河。

我阻击部队被阻隔于淮河北岸，沿涂店、宋楼方向节节阻击和侧击尾追之敌。激战至 26 日深夜，留六十二团团长率第三营继续在河北岸担任掩护。骑兵团及六十二团主力，由宋楼渡河归建。该团第三营完成掩护任务后，为摆脱尾追之敌，转变前进方向，北上迷惑敌人，于 27 日拂晓将曹庄敌地方武装 200 余人，伪县长 5 名全部活捉。他们隐蔽到夜幕降临，以声东击西的战法，突然南进息县城以西用船渡过了淮河。28 日，尾追我之敌主力进到淮河北岸，并有一个营沿涂庄、林寨方向强渡淮河，向烧盆店我二十旅阻击阵地攻击，该旅顽强地予以反击，将敌全歼。

于是，千里跃进大别山的右路军，全部胜利地到达了预定地域。

原载杨国宇、陈斐琴、汪德荣编：《战争亲历记：刘邓大军老战士作品集·上卷》，百花文艺出版社，1988 年，第 87 ～ 95 页。

第六纵队在千里跃进大别山的中路

◎ 杜义德

1947 年 6 月至 1948 年 3 月，我们第六纵队光荣地参加了千里跃进大别山的战略行动。全体指战员在刘邓首长的指挥下，与友邻部队和地方党政军民密切协同，团结一致，发扬不怕艰难困苦、不怕流血牺牲和敢于挑重担的革命精神，夜以继日地连续行军作战，终于粉碎了优势敌人的围追堵截，大量地牵制和歼灭了敌人，重建了大别山根据地，圆满地完成了各项任务。

突破黄河天险，参加鲁西南战役

1947 年 3 月至 5 月，我晋冀鲁豫野战军配合陕北和山东我军反对国民党军的重点进攻，为扫除黄河以北残敌，巩固后方，先后发动了豫北和晋南的攻势作战。我纵参加了豫北战役，进行了汲县作战，配合友邻消灭了敌第二快速纵队。5 月 2 日，在第三纵队八旅的配合下攻克汤阴，歼惯匪孙殿英部国民党军第三纵队。之后，奉命集结于汤阴西北之王佐、鹤壁地区整训，积极准备迎接新的作战任务。这期间，野司首长电令，在司令员王近山养伤期间，由我担负军政指挥的全责。

当时，全国形势正发生重大变化。解放战争进行了一年，我军歼灭敌正规军 97 个半旅，连同非正规军共 110 多万人，粉碎了敌人的全面进攻，并使敌人对山东和陕北解放区的重点进攻屡遭挫折。我军愈战愈强，总兵力增至 195 万多人，装备改善，士气旺盛，广大解放区经过土改更加巩固。敌军愈战愈弱，总兵力下降到373万多人，内部矛盾加剧，士气低落，经济枯竭，失败情绪严重。在国民党统治区，由于蒋介石政府坚持卖国、独裁、内战的反动政策，人民反对美国侵略和"反独裁、反饥饿、反内战"的爱国民主运动蓬勃发展，蒋介石反动政府"已处于全民的包围中"。依据上述形势，党中央、毛主席规定我军第二年作战的基本任务是："举行全国性的反攻，即以主力打到外线去，将战争引向国民党区域，在外线大量歼敌，彻底破坏国民党将战争继续引向解放区、进一步破坏和消耗解放区的人力物力、使我不能持久的反革命战略方针。"

为了实现党中央、毛主席的战略意图，野司首长分别到各纵队召开干部会进行动员。6月6日，邓政委来到我们纵队，首先要我汇报团以上领导干部思想与指挥情况，尔后向团以上干部作了一次精辟的形势与任务报告，后又应我的请求，向纵队机关和附近部队的连以上干部讲了一次话。邓政委指出，当前形势的特点是，解放区人民进行的伟大解放战争和蒋介石统治区人民的民主爱国运动这两大革命潮流正走向汇合，中国人民推翻国民党反动统治的革命高潮已经临近，我军转入战略进攻的时机已基本成熟。我们一定要抓住这一极其有利的时机，不待我军总兵力超过敌军，也不待敌军重点进攻被粉碎，立即由战略防御转入战略进攻，不让敌人有喘口气的机会。邓政委说，我们应当把战争推到蒋管区去，不能让敌人把我们家里的坛坛罐罐打烂。我们晋冀鲁豫区好似一根扁担，挑着陕北和山东两大战场。我们要坚决执行党中央、毛主席的战略方针，责无旁贷地打出去，把陕北和山东的敌人拖出来。我们打出去挑的担子愈重，对全局就愈有利。邓政委最后特别强调，军队不仅要打好仗，而且要抽调大批干部做地方工作。只有把当地群众发动起来，军队才能站住脚，才能把蒋介石统治区变成巩固的解放区。邓政委的报告鼓舞了我纵全体指战员，部队迅速掀起了一个抢任务、争贡献的热潮。

6月10日，刘邓首长在安阳石林村召集纵队干部会议，讨论战略进攻的问题，我参加了这次会议。会议传达了1月党中央、毛主席关于在适当时机以晋冀鲁豫野战军"向中原出动，转变为外线作战"的战略设想，传达了5月上旬中央军委关于预定（6月）上旬以主力渡黄河南下，第一步向鲁西南、豫皖苏地区进击，第二步"向中原进击"的电报指示，然后就部署和作战准备进行了详细的讨论。会议确定由我纵和一纵、二纵担负突破黄河的第一梯队,以第三纵队为第二梯队。为切实做好渡河的准备工作,保证一举突破黄河天险,刘邓首长决定将发起渡河战役的时间推迟到6月底,并报告了中央军委,得到了批准。

按照野司渡河作战命令,我纵为右路,在濮县以南之李家桥、于庄、大张村渡河。我纵渡河成功后,即迅速包围割歼郓城及其以北地区之敌,防敌向西南逃窜。在我纵渡河地段的南岸为敌五十五师第一八一旅约两个团防守,东明临濮集地段有敌八十一旅,菏泽有敌一一九旅。敌人在各渡口均构筑了野战工事。当时,正值夏汛,黄河水宽达千米,水流湍急,增加了我渡河的困难,但河防之敌都是我军手下败将,一一九旅曾经被我彻底歼灭过,敌人士气低落,战斗力不强。针对敌人防线长,兵力不足的弱点,我决心集中兵力实施突然而有重点的突破。以第十八旅从后大张村渡河,第十六旅从后李家桥渡河,以第十七旅为二梯队,随第十六旅后渡河,争取偷渡成功,偷渡不成,立即转入强渡。成功后两路迅速插至郓城以南,协同友邻歼灭郓城及其以北地区之敌。各旅受领任务后,随即进行了深入的动员。广大指战员情绪高昂,信心百倍,全力投入了紧张的渡河准备工作。6月30日上午,我和韦杰副司令员、姚继鸣参谋长到第一梯队十六旅和十八旅检查渡河准备情况。我们对他们的准备工作很满意。我再三嘱咐十六旅旅长尤太忠和十八旅旅长肖永银,渡河后如敌建制尚未打乱,应当稳扎稳打,巩固滩头阵地,掩护后续部队渡河。如果敌建制已被打乱,就应不顾一切猛插猛追,迅速抓住敌人,予以各个歼灭。黄河北岸是我解放区,濮县人民政府领导全县人民做了许多渡河准备工作,对沿河地区严密封锁了消息,增修了大小渡船50只,在树林中挖好了隐蔽的船坞和进入黄河的河道,动员了数百名水手。这些都在隐蔽中进行,敌人无法侦察到我军的行动。

6月30日22时40分,我刘邓大军从8个地段强渡黄河。我纵十八旅在张庄渡口,采取横宽队形破浪前进。敌发觉后,我军立即以猛烈炮火压制南岸,掩护突击队登岸,迅速占领了东于谷、董口滩头阵地。第十六旅在后李桥渡口,以隐蔽的动作偷渡成功。两个旅迅速向西南追击,郓城守敌慑于我军声威,弃城南窜。7月1日夜,第十七旅渡过黄河。与此同时,兄弟纵队亦强渡成功。蒋介石吹嘘能抵40万大军的黄河防线,顷刻之间即被我冲破,从此揭开了中国人民解放战争战略进攻的序幕。

我军突破黄河之后，敌慌忙从豫北、豫皖苏抽调整编第十二师、六十六师、五十八师及六十三师一五三旅，连同原在济宁、巨野地区的七〇师，由王敬久统一指挥，从陇海铁路方向分两路北援。一五三旅向定陶进逼，准备与退守菏泽的六十八师及一八一旅从西路牵制我军主力，掩护东路之敌4个师侧击我军之背，妄图迫我背水作战。刘邓首长及时识破了敌人的诡计，乘势发动了鲁西南战役，决心采取"攻其一点，吸其来援，啃其一边，各个击破"战法，首先歼灭郓城、定陶、曹县之敌，尔后集中主力在运动中各个歼灭王敬久集团。

7月4日下午，我纵接受了围歼定陶之敌的任务。

定陶城是国民党军的重要据点。敌一五三旅依托城垣和城外土堤构筑了多道工事和障碍。依据敌情和地形，我决心采取夜暗长途奔袭，首先占领四关和土堤，包围定陶，尔后以强攻手段歼灭该敌。经过一夜百余里急行军，7月5日拂晓前我第十六旅和十八旅突然包围了定陶城，袭占了四关。十七旅主力集结于城北方向，准备阻击菏泽方向援敌。7月7、8日我击退菏泽敌一个营的反扑，又击退定陶敌两个营的反扑。10日19时我向定陶守敌发起总攻。在强大炮兵火力准备之后，十六旅四十七团从东门、十八旅五十二团从北门迅速登城，后续梯队分路突入城内，将敌人分割围歼。战至午夜，城内守敌大部被歼，残敌一部向城南突围逃跑，为我撒网之第五十团歼灭。是役，我全歼守敌第一五三旅及地方团队，创造了我一个纵队单独全歼敌一个旅的范例，受到野司首长的表扬。

在定陶战斗中，闻名全国的战斗英雄王克勤同志光荣牺牲。刘邓首长发来唁电。为了永远纪念王克勤同志，授予王克勤同志生前所在排为"王克勤排"，号召全军学习王克勤同志，继续开展"王克勤运动"。定陶县曾命名为"克勤县"。

正当我纵激战定陶之际，援敌王敬久兵团分别由济宁和金乡进到巨野以南地区，其七〇师在六营集，三十二师在独山集，六十六师在羊山集，王敬久亲率五十八师及一九九旅位于金乡，从南到北排成一字长蛇阵。刘邓首长根据军委关于我军"愈在内线多歼灭敌人则出到外线愈易发展"的指示精神，抓住王敬久集团处在运动中和队形分散的有利战机，决心集中兵力，拦腰斩蛇，各个歼灭敌人。我纵奉命以十六旅切断金乡与羊山集之间的联络，主力协同兄弟纵队分割围歼羊山集、独山集和六营集之敌。

7月12日黄昏，我纵自定陶向张凤集东进，经急行军140里，拂晓，分别到达指定位置，协同友邻将羊山集以北之敌切成三段。这一突然行动使敌人大为震惊。王敬久张惶失措，部署错乱，竟然先令七〇师向南，六十六师向北，企图在独山集形成一个"核桃"，避免被我各个歼灭。后又改令第三十二师放弃独山集出六营集，接七〇师南下，解羊山集之围。14日10时，十八旅在六营集西北薛扶集地区歼敌三十二师三九旅1个连。得知三十二师主力已进至六营集与七〇师汇合，我即令十七、十八旅协同一纵将六营集之敌团团围住。

敌两个师共3个半旅挤在不到400户人家的集镇里。兵力难以展开，粮弹饮水极端困难，部队十分混乱。刘邓首长鉴于敌2个师聚集一处，我如采取四面围攻，敌必作困兽之斗，因此，决定采用"围三阙一"的战法，网开一面，虚留生路，布下一个"口袋"阵，等待歼灭逃敌。我当时认为一纵刚歼灭郓城敌人，需要短暂的休整时间，而我纵攻克定陶伤亡不大，有十七旅没有动用，因此主动请求担负主要突击的任务，建议一纵在东面下网，以逸待劳，张好"袋口"准备歼敌。

14日黄昏，敌突然以猛烈炮火向我轰击。肖永银旅长立即判明敌人突围企图，即令第五十三团团长蔡启荣带领部队迅速冲入村内，随即其他部队也突入村内，给敌以猛击，顿时逃敌乱成一片，争相逃命，溃不成军。在我纵与一纵的夹击下，敌全部就歼于六营集以东预设的口袋内，仅五十三团即俘敌3000余人，缴榴炮10余门。

六营集之敌被歼灭后，被围困在羊山集之敌第六十六师已成瓮中之鳖，束手就擒了。

第六十六师是蒋介石的嫡系，陈诚起家部队之一。敌人依托羊山集及北侧之羊山，抢修坚固工事负隅顽抗，等待援兵。蒋介石慌忙飞到开封亲自指挥第六十六师固守待援，以牵制我军；严令王敬久北援解羊山之围，同时从陕西、山东和中原战场急调8个师又2个旅的兵力驰援鲁西南，企图与我在鲁西南决战。刘邓首长决心趁敌主力尚未赶到之际，集中兵力歼灭羊山集守敌，并调我纵第十六旅配属兄弟纵队以增强突击力量。

7月18日11时，我十六旅首长受命由阻击金乡之敌改为参加攻击羊山。19日，我十六旅部队陆续赶到羊山集以北地区。由于受命仓促，准备极不充分，连加强炮兵均未赶到，当晚即发起攻击。我第一梯队两个团经过彻夜苦战、逐步攻占了敌山腰阵地。拂晓,我一个连一度占领敌主阵地东北两个小山头,俘敌 70 余人,遭敌反扑后,伤亡很大。又投入一个连,终因受敌主阵地及两侧密集火力压制,部队被迫撤到山腰。年仅 21 岁的二连连长、战斗英雄张天才同志殉职于羊山之巅。20 日晚 8 时,以四十七团配合四十八团继续攻击敌之主阵地,未能得手,但占领了山腿上几个碉堡,立即构筑工事和前后贯通的交通沟,作为再次攻击羊山主峰的依托,为总攻击的成功创造了有利条件。

与此同时,王敬久在蒋介石严令督促下,亲率第五十八师及第一九九旅,在飞机坦克掩护下,自金乡北进,企图解羊山之围。此时,我十七旅旅长李德生率四十九团两个营及 1 个侦察连追击六营集逃敌到达万福河北之袁楼,随即奉第三纵队陈锡联司令员的命令,从 20 日起,阻击金乡北援之敌。三天后,第十八旅到达袁楼,接替了十七旅的防务。我军依托袁楼和万福河北岸河堤,坚决阻击来犯之敌,予敌以严重的杀伤,使敌人不能越雷池一步,这一打援的胜利,有力地保障了羊山集歼敌的作战。

为确保有把握地彻底歼灭羊山集之敌,我十六旅旅长尤太忠、政委张国传、参谋长赖光勋到第一线反复侦查敌情、地形,讨论研究作战方案,严密组织步炮协同。27 日黄昏,我第四十七团担任主攻任务,七连是突击连,协同三纵七旅十九团对羊山主峰之敌发起了总攻。四十七团指战员发扬英勇顽强、不怕牺牲和善于啃硬骨头的优良作风,采取小兵群多路冲击,经过 45 分钟激战,攻占羊山主峰,并乘胜向羊山集之敌发起进攻,协同友邻迅速将敌全部歼灭,胜利结束了鲁西南战役。战后,四十七团七连荣记特等功。刘伯承司令员在征战之余,写了一首《记羊山集战斗》的诗:"狼山战捷复羊山,炮火雷鸣烟雾间。千万居民齐拍手,欣看子弟夺城关。"

鲁西南战役,是我军由战略防御转入战略进攻的序幕。是役,历时 28 天,歼敌 4 个师部 9 个半旅,共 6 万余人,缴获各种炮 872 门及大量军用物资,迫敌从山东、陕北和中原等地调动 9 个整编师 22 个半旅驰援鲁西南,从而打乱了敌人的部署,有力地配合了我军在山东、陕北的作战,并为跃进大别山开辟了通路。我第六纵队在刘邓首长的直接指挥下,同兄弟纵队一道,战斗在进攻的主要方向上,突破黄河天险,一战定陶,二战六营集,三战羊山集,连战皆捷,歼敌 2 万余人,其中俘敌 1 万余人。我纵经受了连续作战的锻炼,进一步提高了战斗力,为战略跃进的胜利奠定了基础。

排除艰难险阻，杀开血路挺进大别山

鲁西南战役结束后，我纵奉命转移成武以北汶上集地区休整待机。

下一步我军怎样行动，刘邓首长决心如何，是立即进军大别山，还是乘胜在鲁西南再打几仗然后南下，这是我在部队休整中经常考虑的问题。

当时，在鲁西南再打几个歼灭仗是有许多有利条件的。一是部队连续打胜仗，战斗情绪高，兵员充实，装备也有新的改善；二是鲁西南是老解放区，群众条件好；三是地形非常熟悉，且紧靠后方作战，能得到及时的支援。有了这些条件，打几个胜仗是完全有把握的，而且我军在鲁西南歼敌越多，南下背的包袱就越轻，对我们行动就越有利，我想打几仗再走为好。8月6日下午，邓政委来到我们纵队征求行动意见时，我把自己的想法向他汇报过。邓政委讲，打下羊山集之前，党中央、毛主席有个电报，基本精神是能迅速打下羊山更好，否则就不要纠缠，收拢部队，休整10天左右，下决心不要后方，以半个月行程直出大别山。他说，几天来，他和刘司令员也正在考虑下一步行动问题。根据邓政委的讲话，我已预感到部队可能很快行动，我们工作的立足点必须放在提前南下上面，迅速完成行动的必要准备，以免陷于仓促被动。邓政委回去的当晚，我们就接到了立即出发的命令。

刘邓首长果断定下了部队提前行动的决心是完全正确的。鲁西南战役的胜利，对蒋介石震动很大。敌人被迫从陕北、山东和中原急调部队驰援鲁西南，企图堵塞其南线中央被我军打开的缺口。蒋介石并未察觉我军南进意图，甚至错误判断我军已疲惫不堪，难以再战，因此集中8个整编师18个旅14万人分由菏泽、袁口、嘉祥等地对我军分进合击，企图迫我军背水作战，将我军主力歼灭于陇海路和黄河之间；或者把我军驱逐到黄河以北。如这招不成，敌人还阴谋掘开黄河河堤，放水淹没我军和黄河南岸数百万人民。敌合击重兵日益逼近，破堤放水阴谋正在加紧进行，加之连日大雨，黄河水位猛涨，时刻有决堤危险。这种情况，不利于我军在鲁西南久留，但也使得我军可以调动敌人再打几个胜仗，但也很可能被敌拖住一时不能南下，影响整个战局。因此刘邓首长当机立断，提前南进，运用战略的突然性，先机抢占大别山和在大别山展开，是完全符合党中央、毛主席的战略意图的。

从鲁西南到大别山相距千里，要通过陇海路、黄泛区、涡河、沙河、洪河、汝河、淮河等重重天然障碍。时值盛夏雨季，更增加了部队运动的不便。敌人控制制空权，而且可以利用铁路、公路运输；我则主要靠黑夜徒步行军，越向南走，困难越大。若因敌过早发现我之意图，调兵堵我进路，将会对我造成极大的困难。为保持行动的隐蔽突然，加快前进的速度，野司决定采取宽正面分兵三路南进。以第一纵队为西路，第三纵队为东路，中原局和野战军指挥部和第二、第六纵队为中路。中路沿宁陵、淮阳、项城、息县之线南进。另以第十一纵队冀鲁豫军区部队向北行动，造成我大军北渡黄河的假象，迷惑敌人；以皖苏军区部队破击平汉路，中原独立旅绕道平汉路西侧作出挺进桐柏山的姿态。按照中央军委的部署，华东野战军西兵团在陇海路北积极寻机打击敌人，太岳区陈谢兵团过黄河出豫西，与华野西线兵团东西呼应，掩护我刘邓大军安全南进。

1947年8月7日晚，刘邓大军开始了向大别山的进军。8日，我纵一部在成武以西九女集歼敌曹武交通大队1个营。12日，跨越陇海路，于宁陵又歼敌地方团队1000余人。我军神速南下，很快突破了敌人的合围。这时，蒋介石对我军挺进大别山的意图仍然毫无察觉，还错误地判断"刘邓所部是北渡不成而南窜"，乃急速调整部署，以整编第四十六师一部自蚌埠西进太和，结合地方团队到沙河以南堵击，以位于陇海路沿线的罗广文兵团和刚从鲁中回援到徐州附近的张淦兵团共12个旅为第一梯队，王敬久部8个旅为第二梯队尾追我军，并以4个旅在平汉路许昌、漯河等地，以2个整编师及1个交警总队布防于柘城、鹿邑地区东西侧击，企图围歼我军于黄泛区。敌人在频繁调动，而我军则加快行军速度，于8月17日赶到了黄泛区。

我纵指战员不顾敌机轰炸扫射，不顾连续行军疲劳，冒着大雨，踩污泥，涉积水，推车拉炮，连续十余个小时艰难地走过长达40余里的行程，通过了黄泛区。8月18日，我十八旅前卫营赶到沙河，扫除了水寨的土顽，随后由十六旅架起浮桥，保证全纵渡过了沙河。

此时，蒋介石才如梦初醒，发觉我刘邓大军向大别山进军的意图，惊呼"局势重"，除令罗广文和张淦所部加紧尾追我军外，又急令整编第八十五师附六十四旅以火车南运，堵截我军，寻我决战，妄图阻我挺进大别山。

过了沙河以后，我纵除前卫十八旅继续前进外，其余在刘辛庄、菊园、田寨一带休息了一天。在刘辛庄，纵队召开了团以上干部会议，进行了向大别山进军的政治动员，提出了"到达大别山就是胜利"的口号，号召全纵同心协力，继续发扬不怕苦、不怕累、顽强作战的英雄气概，赶在追敌前面占领大别山区。部队及时传达了会议精神，并实行了轻装。

8月20日，纵队分左右两路继续南进。左路由第十七旅掩护纵队炮兵和辎重部队经马店寨、袁庄，由岳城过汝河；右路按第十八旅、纵直、第十六旅的顺序，经项城、苏阁、刘莹，由汝南埠过汝河。22日，刘邓首长率中原局及野战军直属队转随我纵前进。保证刘邓首长和统帅机关安全到达大别山是一项光荣而艰巨的任务，我相信我们纵队一定能够完成这一任务。刘邓首长同我们一起行动，能够随时得到他们的指示，就更增加了我的这一信心。23日上午，十八旅前卫到达汝河北岸之柳茔、柿树园。汝河水深三四米，两岸陡峭，水流湍急，不能徒涉，渡口船只早被当地反动民团破坏和截走。十八旅副旅长邢荣杰即令侦察工兵分队找来器材。架设便桥。旅长肖永银发现南岸有反动民团阻击，迅速以五十二团1个连利用就便器材，加上仅有的一只木船，冲到南岸，驱逐了南岸的反动民团，占领了南岸河堤及大雷岗一段桥头阵地，掩护工兵继续架桥。

当日中午，突然发现南岸油坊店、泥楼、汝南埠已有了敌人，并以迫击炮向我轰击。下午，敌200余人向大雷岗进犯。我十八旅即以五十二团一营抢过汝河，击退敌人，占领了大、小雷岗，随后五十二团全部到达南岸。22时许，十八旅和十六旅工兵协同在汝河上架起了一道能通行车马的浮桥。据俘虏供称，占领油坊店、汝南埠一线的敌人是从平汉路赶来的蒋军嫡系八十五师和六十四旅。我军南进的道路已被截断，前有阻敌，后有追兵，中间还有一条不能徒涉的汝河，形势非常紧急。

就在这种情况下，我赶到汝河边十八旅指挥部，要他们立即强行过河，占领汝河南岸阻我前进的敌占村庄，掩护中原局野战军直属机关安全前进，不能犹豫。这时刘司令员、邓政委、李达参谋长也来到了。刘邓首长询问了肖永银同志前面的情况，立即要李参谋长打开地图，简单地介绍了敌情。李达参谋长指着地图说："敌人正以十几个师的兵力从背后向我追来，紧跟我们的是敌人罗广文的3个整编师，距我只有25公里，明天就可以赶到。我们正面敌人是整编第八十五师附六十四旅，挡住了去路，妄图打乱我军挺进大别山的战略计划。"刘司令员接着说："情况就是这样，如果后面的敌人赶上把我们夹在中间，不但影响整个计划，而且使我军处于极不利地位。我们要采取进攻手段，打开一条通路，要懂得狭路相逢勇者胜嘛！要勇、要猛，明白吗?!"最后邓政委斩钉截铁地说："现在没有别的出路，只有坚决打过去！要不惜一切代价，不怕任何牺牲打过去。"接着，刘邓首长下令，部队立即轻装，将带不动的野炮炸毁；把机密文件清理，该烧的烧掉；要中原局、野战军直属队分为3个梯队，并告诉每一个人集合地点是彭店。另告诉赖光勋带电台指挥四十六团在后面掩护，万一情况紧急不能过河时，可以向水东军区转移。

刘邓首长的指示是那样明确，决心是那样坚定果断。离天明只有四五个小时，不能多耽搁。我当即向肖永银、尤太忠同志说："我们第六纵队历来完成任务都很坚决，这次一定要坚决打过去，保护中原局和野司首长的安全。十八旅从正中杀出去，向两边撕开，顶住敌人，打开通道，掩护刘邓首长和野战军、纵队直属队前进。十六旅除以四十六团担任后卫阻击追兵外，主力接替十八旅坚决扼守大、小雷岗阵地，抗击敌人，保护浮桥，掩护全军渡河。四十六团在后面15公里处以机动防御阻击追敌，要掩护全军渡过汝河后才能撤退。如撤退不及，可留在水东军区打游击，以后再归建。这一次旅长、政委要亲自带队伍冲，各级干部和共产党员应冲锋在前，起模范作用。我相信我们六纵是敢于挑起这副重担的。只要我们发扬敢于拼杀的光荣传统，我们就一定能把阻挡的敌人消灭，杀开一条血路前进。"

8月24日2时，十八旅旅长肖永银率领五十二团在左，参谋长邢荣杰率领五十三团在右，部队端着刺刀，攻击前进。打下一个村庄，又扑向另一个村庄，碰上敌人就打，打完又往前冲。五十二团迅速打垮了泥楼、大杨庄的敌人，控制了公路左侧，向汝南埠派出了警戒；五十三团在扫清了沿河几个村庄的敌人之后，立即攻歼了位于公路北侧杨柳楼守敌1个营，并打垮敌人的反扑，迅速占领了公路右翼之陈庄、彭庄，向油坊店派出了警戒。从而杀开了一条长约5公里、宽约3公里的通路。第二梯队五十四团，除应十六旅首长的要求，由李震政委带1个营支援坚守大、小雷岗的作战外，团主力立即从五十二团和五十三团之间插出去，保护刘邓首长、中原局和野战军、纵队直属队前进，刘昌副政委则指挥旅直属队跟进。我当时紧随五十二团前卫营后面指挥。战士们看着旅、团长都在最前面指挥，特别是看到刘邓首长同自己战斗在一起，勇气倍增，觉得没有打不垮的敌人，没有过不去的难关。

凌晨3时，十六旅旅长尤太忠、政委张国传亲自率领第四十七团过了汝河浮桥，以第四十七团、第四十八团分别接替大、小雷岗的坚守任务。交接中，第四十八团同企图复占小雷岗之敌进行激战，以猛烈冲击将敌赶出村外。大雷岗的部队在肃清残敌后也立即加固工事，准备迎接天明以后敌人的进攻。为确保浮桥和十八旅杀开的血路的安全和畅通，尤太忠和张国传同志不顾敌人密集炮火的轰击和飞机的轰炸扫射，将指挥所分设在大雷岗村东西两侧。拂晓以后，敌人以飞机和大炮向小雷岗、大雷岗和浮桥进行狂烈轰击。大、小雷岗一片火海，房屋多处倒塌，阵地烟尘弥漫。敌分三路向小雷岗猛扑，我军沉着应战，连续打退了敌人3次冲击。战至8时许，敌再次发起攻击，突入了我小雷岗阵地，占去了一半村子，直接威胁着浮桥。情况十分紧急。尤太忠同志考虑坚守一天任务非常艰巨，批准四十八团团长李耀光以营的预备队，实施反冲击，并以河堤上的侧射火器全力支援，将敌人逐出村外，恢复了阵地。此战，一营营长陈达身先士卒，壮烈牺牲。与此同时，我军架设的浮桥在敌机和炮火猛烈扫射轰炸下，曾被打断。坚持在浮桥旁指挥的参谋长赖光勋立即命令工兵连干部带头跳下河去抢修抢接，保证中原局、野战军和纵队机关渡河。

敌攻不下小雷岗，夺占不了浮桥，遂改变进攻方向，企图攻占大雷岗，拦腰截断我军南进通路。10时许，敌以4个连兵力向大雷岗发起攻击。我军坚守村外开阔地的四十七团一营尖刀连，依托工事，把敌人放近打，与数倍于我的敌人进行白刃格斗，敌人遭受惨重伤亡才进至村边。我军即以猛烈火力迎头痛击，将敌阻止在我军阵地前沿。敌不甘心失败，以两个营再次进攻。经过一上午激战，我军勇猛顽强的战斗作风，使敌失魂落魄，尽管敌冲锋号吹了几遍，他们的士兵始终趴在地上不敢向前半步。旅长尤太忠抓住这有利时机令团长安仲昆先集中火力予以杀伤，随后令两个连和五十四团1个营从敌翼侧勇猛反击，顿时，敌被杀得东奔西窜，弃尸盈野，慌忙撤退。

与此同时，我由岳城渡河的十七旅，掩护纵队野炮营和辎重部队安全渡过汝河。李德生旅长以其主力进到汝南埠东南，直接威胁汝南埠之敌侧后，有力地配合了十六旅的作战。敌八十五师惧怕我军围歼，未敢再动。

激战中，刘邓首长、中原局和野战军机关、纵队直属队和南下工作团的2000多名干部，全部安全渡过汝河向彭店前进。我军担任后卫任务的四十六团在万金店顽强阻击敌人后，也渡过汝河。下午4时，十六旅拆掉了浮桥，以四十八团在间河店，四十七团在彭店以北，阻击追敌。

汝河之战，是我军挺进大别山途中最紧要、最严重的一次作战，也是一场最激烈的作战。它不仅关系到我们纵队的安危，更重要的是关系到中原局和野战军首长、统帅机关的安危。我们纵队全体指战员经受了一次严峻的考验。在极端危急的情况下，我们沉着勇敢、坚定顽强地压倒嚣张的敌人，杀开一条血路前进。刘邓首长高度评价了这次渡河战斗。部队到彭店后，刘司令员高兴地对我说："这一仗打得好！我们这次能突出敌人的重围，主要靠我们向敌人采取了坚决的进攻，迫使进攻的敌人变成防御，主动变成被动。打仗就是这样，在关键时候只有勇猛才能战胜敌人。"

26日，十八旅五十四团前卫营袭占息县城，守敌大部被歼。我中路大军全部进入淮河北岸。这时，敌罗广文和张淦兵团共12个旅紧追我军而来，八十五师已接近彭店，猛烈地向我后卫十六旅进攻。我军必须在很短时间内渡过淮河，才能避免与敌在汝河与淮河之间纠缠，顺利完成千里跃进的最后行程。

我随刘邓首长来到淮河边的十八旅指挥所。刘司令员仔细地询问了水情，要我们派干部亲自下水探测能不能架桥，能不能徒涉。此时，邓政委提出，要刘司令员先过河指挥部队，张际春副政委一同过河掌握部队，李达参谋长组织渡河，由他在后面指挥部队阻击尾追的敌人。刘司令员当即表示："政治委员说了就是决定，大家立即遵照行动。"刘司令员登船后，用带上的竹竿在水中探测着，不久即让人告诉李参谋长，河水不深应坚决架桥。过了一会，我们又接到刘司令员从彼岸捎来的信，说他亲眼看见上游有人牵马过河，要部队不要架桥。应迅速查明徒涉场，实行徒涉，不可延误。为加速渡过淮河，韦杰副司令员亲自下水探路，标出徒涉路线，部队分路徒涉过河。待我全军渡过淮河时，尾追的敌八十五师则被上涨的河水阻在北岸，我军则先敌进入战略要地大别山，取得了具有战略意义的伟大胜利。

转战歼敌，重建大别山根据地

1947 年 8 月 27 日我军全部进入大别山。当天，刘邓首长即下达命令，以第一、第二纵队展开于商城、潢川、光山、罗山地区，阻击追我之敌，掩护第三纵队在皖西、我纵在鄂东北地区迅速进行战略展开，开展地方工作。

党中央、毛主席对我们到大别山曾经估计可能有三个前途：一是付了代价站不住脚，转回来；二是付了代价，站不稳脚，在周围打游击；三是付了代价，站稳了脚。我们要争取最后一种前途，避免前两种前途。为了实现最好的前途，刘邓首长于 8 月 30 日发出了创建大别山根据地的指示："今后的任务就是全心全意地、义无反顾地创建与巩固大别山根据地。实现此历史任务要经过一个艰难困苦的过程，应向全军说明，我们完全有胜利把握；同时向全区群众说明，我们是鄂豫皖子弟兵的大回家，我军不再走，我们与鄂豫皖人民共存亡，要使鄂豫皖人民获得解放。为完成这一历史任务，在军事上就要积极作战，歼灭敌人，肃清土顽；在政治上则要迅速发动群众，建立起自己的政权，而我军严格执行三大纪律八项注意，则是团结和发动群众的先决条件，有着重要的战略意义。"

根据上级部署和指示，我们的首要任务，就是趁追我之敌尚未赶到，大别山区较为空虚之际，立即实施战略展开。于是，我纵除十六旅跟随野司留在大别山北麓配合兄弟部队作战外，我率纵队主力乘虚南下。根据事先划定的区域，十八旅为前卫，在旅长肖永银、政委李震指挥下，连续攻克麻城、罗田、英山、浠水，并沿长江横扫黄梅、蕲春、广济、宿松等县。9 月 4 日十七旅攻占黄安（今红安）、新洲、大悟、黄冈。从 8 月 27 日攻克光山，至 9 月 16 日，我纵先后攻克了 15 座县城，打击了当地反动势力，我纵许多地方干部迅速分到各地开展群众工作，筹建民主政权。部队的行动和胜利，大大扩大了我军的影响。大别山的群众从内心中欢迎当年红军打回来。

大别山正如刘司令员形象比喻的那样，它就像大孩子肚子戴的一块肚兜儿似的摆在国民党核心统治区的中央。东达霍山、太湖，威胁国民党的首都南京，西出黄陂、孝感，直逼武汉，南临长江，北至淮河，是我军夺取中原必须先控制的要地。故当我军占领大别山之后，蒋介石急令尾追我之敌 23 个旅，也进入大别山区，同我军进行争夺。

9月上旬，敌第四十六、第五十八师进到我纵东侧的固始、商城、霍山之线，敌第八十五师占领信阳、罗山一带；西面之敌第十、第四十、第六十五师分别向我黄安、麻城地区进犯；敌第五十六师则设防于武汉外围及信阳以南的平汉路沿线，对我构成一个大的包抄态势；另以对大别山情况十分熟悉，且各处设有其谍报网的桂系第七、第四十八师进入大别山腹心地区寻我军主力作战，妄图趁我军立脚未稳之际把我军赶出大别山。

为粉碎敌之企图，我军第十六旅配合兄弟纵队在刘邓首长指挥下，于9月上、中旬前后在商城北之河风集和商城西之中铺地区打了两仗；下旬，兄弟纵队又在光山附近打击了向东增援之敌1个师，三仗共重创敌1个师，歼敌1个团，把敌机动兵力全部调到了大别山北麓，从而对我纵主力向鄂东地区实施初步的战略展开起了很好的掩护作用。

十几万人的大兵团，采取跃进的形式深入到敌人的战略纵深地带，在远离后方依托，面临优势敌人进攻的条件下创造新的根据地，这在历史上的确属空前的创举，没有远见卓识和伟大的战略气魄是不可能的。当然由此而带来的种种困难和问题有些是难以预料的。

在展开初期，由于我军刚刚由内线转到外线，由北方转到南方，各方面都发生了很大的变化。在军事上，部队缺乏无后方作战和山地、水稻田地带行军作战的经验；在生活上，北方战士普遍吃不惯大米，穿不惯草鞋，对南方气候水土不适，语言难懂，打仗没有后方，伤病员难以安置；等等。加之部队两个多月连续行军作战，未得休整，因此有些同志对重建大别山根据地的重要意义和艰苦性认识不足，处处感到了无后方依托的困难。于是，有的人对于大别山根据地能否建立与坚持信心不足，讲怪话，发牢骚。部队中右倾情绪逐步滋长，违犯纪律的事屡有发生。甚至出现了个别单位不听招呼，执行命令不坚决的严重情况。

为了及时解决部队的思想问题，克服右倾情结，野司于9月24日在光山的王大湾召开了旅以上高级干部会议。刘邓首长严肃地批评了部队中一些领导干部的右倾思想，强调指出：创立大别山解放区是我们坚定不移的政治任务。并说，要创立起解放区，就必须使多打胜仗歼灭敌人和发动群众实行土改这两个轮子同时转动起来，缺一不可，而推动这两个轮子转动的原动力则是提高信心和加强斗志。邓政委语重心长地说："党中央对我们这次行动的意义作了充分的估计。现在我们不但保存和进一步巩固了原有解放区的基本区域，而且把战争引向蒋管区，迫使蒋介石把战线由黄河移到长江。同志们可以看到，中央这步棋下得多么英明，多么有远见。可是，我们有些人只看到自己的艰苦，而看不到全国战局这种新的变化，个别人甚至产生右倾情绪和违法乱纪行为。这种错误倾向是绝对不能允许的。"刘司令员尖锐而深刻地说："我们共产党员在入党的时候，宣了誓要打倒帝国主义、封建主义和官僚资本主义，要永远忠于党、忠于人民，要为共产主义事业奋斗一生。现在我们具体地消灭蒋介石反革命，我们的手不要抖啊！每个共产党员都应称一称你这个共产党员是否足秤！"最后，会上重申了部队必须认真地执行三大纪律八项注意，指出毛主席在井冈山建军之初规定的三大纪律八项注意，绝不是什么简单规章制度的规定，而是党的路线与政策的体现，能否坚决贯彻执行，关系到我们在大别山能否站住脚的问题。因此要求部队一定要牢固树立起以大别山为家，和大别山群众同患难、共存亡的思想。两位首长的讲话给大家敲了警钟，同时也给大家指出了今后行动的方向和准则。

我纵本来是一支有着光荣革命传统的部队，通过这次学习，更把大家的觉悟提高了一步，认清了形势和对自己的要求，许多部队提出了"一分艰苦一分光荣""克服困难就是胜利"的口号。因此，部队又以新的精神面貌投入到了新的斗争中去。

10月10日党中央发表了《中国人民解放军宣言》《中国土地法大纲》，重新颁发了三大纪律八项注意，提出了"打倒蒋介石，解放全中国"的口号。据此，中原局发出了《放手发动群众，创建大别山根据地》的指示，要求立即发动群众，向封建地主恶霸展开斗争，并决定成立鄂豫、皖西两个区党委和军区。这些文件发表以后，使部队受到了极大的鼓舞，进一步增强了斗争的信心和求战热情。此时，我纵根据野司的决定将第四十八团、五十一团、五十三团、教导团、补充团等5个完整的建制单位，300余名干部和老解放区战士调归地方、军区建制。纵队副政委鲍先志，十六旅政委张国传，十七旅政委何桂成、副旅长张体学，纵队参谋处长王毓淮以及一大批优秀干部都是这个时候调到地方去工作的。这样就更好地解决了既能保障地方工作的开展，又能集中兵力作战的问题，使建设大别山根据地的工作向前发展了一步。

大别山人民具有光荣的革命传统和丰富的斗争经验，对于我军进入大别山，内心深处是高兴的、拥护的。但是因为我军在土地革命（战争）时期和（全民族）抗日战争时期三进三出和解放战争初期中原突围的又一次退出，使当地群众受了敌人的残酷镇压，做出了极大的牺牲，而此次我军进入大别山以后，因战斗频繁，一时未将反动统治彻底摧垮，且敌人兵力仍占优势，土顽猖獗横行，并在暗中控制和威胁群众；加之我们在一段时间内执行土地改革政策过急过"左"，打击面过宽，侵犯了工商业和部分中农的利益，因而群众对我们能否在大别山站住脚，尚心存疑虑，所以不敢随便靠拢我们。但是，在以鲍先志同志为书记，刘子厚、刘建勋同志为副书记的鄂东工委及其所属各县工委的领导下，广大地方干部积极进行发动群众，建立地方政权，进行武装斗争。特别是不少同志为了人民的翻身，不怕艰难困苦，不怕流血牺牲，像纵队政治部干事马丰年那样，当敌人把他处死时，他还向群众宣传人民群众一定会翻身的道理。广大群众深受感动，与我们逐步接近，并积极支援军队。这样就给我们坚持大别山斗争提供了更好的条件。这时我地方武装捷报频传，人民政权逐步巩固。

10月初，蒋介石集中整编第七、第四十、第四十六、第四十八、第二十五、第五十八、第八十五等7个师的兵力合击光山、新县地区，企图寻我主力作战。为粉碎敌人企图，寻机歼敌，刘邓首长根据中央军委"分散大敌，使敌疲于奔命""歼灭小敌，发动群众，解决物资"的指示精神，令各纵队适时跳出敌之合围圈，乘机向鄂东各县发展并准备于此地筹措解决冬衣问题。据此，我纵协同南来之第一、第二纵队，乘势拔除沿途及长江北岸分散孤立之敌据点。10月7日，我纵十七旅攻克长江北岸重镇团风；12日，十六旅攻克下巴河镇，以后又占领林家大湾，均筹集到一部分制作冬衣的材料。此时，第三纵队也进至望江地区，我军控制长江北岸达300余里，威慑大江南北。

在此之前，早于9月末，我华野陈粟兵团进至豫皖苏地区，位于大别山左后侧；陈谢兵团解放洛阳，进至豫西南伏牛山区，位于大别山右后侧。三方构成了掎角之势，互为策应。这个时候的蒋介石，既怕这三支大军会合，中原不保，又怕我们在大别山扎下根来；他尤其怕我军横渡长江，挥戈南进。因此，当我各路大军兵临长江之际，他急调青年军第二〇三师从九江伸至蕲春、黄梅，又令整编第四十师加强五十二师八十二旅，经浠水向广济，跟踪我军，并拊我之侧背。敌人孤军来追，正是我军求之不得的良机。当他从浠水向东南前进时，刘邓首长即计划将其诱入地形险要便于设伏的高山铺地区加以围歼，决定部队立即向心集结，在高山铺地区之东、北、南三面设伏，兜击敌人；以中原独立旅诱敌上钩；令我纵闪到敌之左侧，不予理会，待其通过后，即尾敌向东，一旦敌人进入我伏击圈时，即从后面捅他一刀；第二、第三纵队为战役预备队。为了及时抓住敌人，我急令十七旅参谋长宗书阁指挥四十九团两个营和五十四团1个营为先遣队，紧紧盯住敌人，掌握敌之动向；同时迅速集结主力随后急进。10月26日敌向东前进遭我一纵阻击，当晚聚集高山铺山沟内。黄昏时我先遣队赶到高山铺西山，趁敌不备，抢占了李家寨山和马骑山，迅速构筑了工事，从而扎死了口袋。27日拂晓前，敌发觉情况不妙，即一面拼命向东进攻，企图夺路逃命；一面派连、营兵力向我马骑山和李家寨山攻击，以保护它的侧后。敌向马骑山连续进攻四五次，曾一度突破我前沿阵地。四十九团团长苟在合以1个连反冲击，将敌击退。敌人向东进攻受阻，企图向西南突围，乃拼命向李家寨山攻击，战斗异常激烈。此时，我纵主力赶到，由西向东猛攻，配合第一纵队把敌压在山沟内加以全歼。10时许战斗结束。是役，全歼敌第四十师及八十二旅共12000余人，击落敌机1架。仅我纵即俘敌4000余人，干净利索地打了一场漂亮的歼灭战。

高山铺战斗后，已是初冬季节，一个最大的问题就是部队仍然穿着单衣。严冬临近，将何以御寒？晋冀鲁豫老区虽已做好了十几万套棉服，因无法运送，可望而不可即。刘邓首长指示，当务之急是发动部队自己缝，解决冬衣问题。我要各旅按照分配的地区，采取向地主征集、向商家和一部分富裕农民开借条进行筹借的办法（新中国成立后，人民政府偿还了借据折合的款项），筹集布匹、棉花，发动干部战士动脑子，想办法，用稻草灰代替染料，将布染成灰色，请当地老乡传授缝衣技术，上下一起动手缝制棉衣。尤其是刘邓首长都自己缝衣。刘司令员教干部战士用搪瓷碗扣在布上挖领口的消息传到部队，更加激励了干部战士克服困难的信心。经过努力，全纵干部战士终于很快穿上了自己做的棉衣。虽然我们的棉衣经雨一淋，太阳一晒，变得灰不灰，花不花，五颜六色，但我们的战士穿上它，仍感到自己不愧是刘邓大军的无畏战士。

1947年11月下旬，蒋介石以伪国防部长白崇禧组成"国防部九江指挥部"，统辖豫、皖、赣、湘、鄂5省军政大权，从豫皖苏、山东及豫西调来6个师，加上原在大别山区的9个师，共15个整编师又3个旅的兵力全面进攻我大别山解放区。敌人以整编第八十五、第二十八、第九、第七、第二十五、第四十六等师从孝感、广济、太湖、霍山一线，由南向北逐步压缩我军，以整编第四十八师、第五十八师进占商城地区，以整编第十、第十一、第二十师和第五十六、第五十二师各个旅在光山、罗山及信阳、花园一线堵击；另以整编第十三、第六十九师等5个旅防守长江南岸，以整编第五、第七十、第七十五师在淮河以北钳制华东野战军，以第五兵团在豫西钳制陈谢兵团。敌人加强保甲统治和反动地方武装，建立碉堡网和谍报网，并效法日寇使用过的"总力战"，妄图一举肃清大别山的我军。

这是我军能否在大别山存在和发展的一场严峻斗争，也是我军夺取中原最关键的斗争。党中央、毛主席指出，大别山根据地的确立和巩固，是中原根据地能否最后确立和巩固的关键，足以影响整个战局的发展。刘邓首长决定采取集中与分遣、内线与外线相结合的方法，以第一纵队和新到的第十、第十二纵队向外线实施战略再展开，开创淮（河）西、桐柏、江汉新解放区，以第二、第三和我六纵坚持大别山解放区的内线斗争，采取"敌向内，我向外，敌向外，我亦向外"，"我以小分队牵制大敌，以大部队消灭小敌"的作战手段，实施广泛的机动，拖住敌人，并且密切配合军区地方武装，寻歼孤立分散之敌土顽武装，掩护深入开展地方工作。刘司令员率中原局及野战军机关随一纵到淮西区指挥，由邓政委、李先念副司令员和李达参谋长组成野战军前方指挥所留大别山指挥内线作战。我纵先以五十二团参谋长沈伯瑛带领1个营，后由五十团副政委张镰斧带1个营掩护野战军前指行动。

我纵接受任务以后，立即在部队中进行了紧急动员。广大指战员充分认识到敌人围攻的兵力虽然强大，但已是被迫进行的垂死挣扎。我纵处于内线作战，穿插于数百倍于己的敌人之间。困难虽然很大，但我军已熟悉了大别山区的敌情、地形，习惯了大别山区的生活，学会了山地攻防作战，又有人民政权地方武装的配合，有强大的外线兵团的协同作战，我们不仅能够胜利粉碎敌人的"围剿"，而且能够更好地贯彻刘邓首长的意图，宁愿本身忍受一个时期的困苦，也要拖住敌人主力在自已周围。我们背得敌人愈多，愈有利于华野和陈谢兵团大量歼敌，并保证一纵、十纵和十二纵的顺利展开。

12月初，敌人"围剿"开始，迅速占领了浠水、英山、罗田、金寨和商城，并向中心区压缩。我纵除10月下旬奉刘邓首长之命，由纵队副政委鲍先志同志带领第十六旅先期到英山、罗田、麻城，剿灭土顽，掩护新建立的中共鄂豫区党委和鄂豫军区建设后方以外，主力适时跳出敌之合围圈，转移到黄安（今红安）、黄陂地区。3日晚，乘敌师西移、宋埠空虚之际，我令肖永银旅长指挥第十八旅第五十二、第五十四团及第十七旅第四十九团，以突然的动作一举攻克了鄂东重镇宋埠，全部歼灭了麻城伪县长以下地方团队2000余人。这是在粉碎敌人围攻中打的又一个出色的胜仗，受到野司的通报表扬。这一仗，不仅给黄（安）麻（城）地区反动势力以毁灭性的打击，直接援助了这一地区的地方工作，而且严重威胁敌人后方补给线，迫使进入中心区的一部敌人回援。

为拖散敌人，破坏敌人随时实施的合围阴谋，12月中旬以后，纵队采取以旅为单位活动。我带十七旅掩护纵队直属队，书杰同志带十八旅穿插于敌人之间，以机敏的行动与敌辗转周旋，使敌人吃不下，围不着，处处扑空，疲于奔命；我军则寻找战机，适时分散与集中，消灭分散孤立之敌和地方反动武装以支持与掩护地方工作。

独立活动于英山、罗田的我第十六旅，11月2日再次攻占英山之后，于16日开始，协同鄂豫军区第四、第五分区武装，撒开大网，四面兜剿进攻大别山主峰天堂寨之土顽。他们不顾山高路陡，不顾饥饿疲劳，日夜搜剿，10多天歼灭国民党地方反动武装800多人，受到野战军首长的表扬。12月24日，又乘敌主力远在浠水、罗田、麻城"清剿"之际，旅长尤太忠看准战机，适时指挥全旅转到外线，以200余里急行军，突然包围和歼灭了广济守敌青年军第二〇三师第六团，俘敌800余人，再次受到野司首长表扬。当敌第七师赶来增援时，该旅已转移到龟峰山下木子店地区活动。

旅长李德生指挥十七旅掩护纵队机关，转战于黄安、麻城、黄陂，每天白天作战，晚上转移，越高山，涉冰河，斗争异常艰苦。在同敌人重兵周旋中，我经常找李德生同志和纵队参谋处长贺光华同志研究纵队机关和十七旅的行动问题。他们提出许多很好的建议，对我的指挥帮助很大。纵队几次遭敌合击或埋伏，均因处置适当而免受损失。1948年1月8日，为摆脱合击麻城、木子店地区的敌第七和第二十八师，我军一夜行军140余里，突然出现于宋埠以西地区，包围并歼灭了驻守长轩岭之敌黄陂县两个保警中队（欠1个排）及黄陂县特工队、区公所等200余人；攻克了从第二次国内革命战争以来就未曾打开过的反动地主的顽固堡垒——"鲍家"，全歼守敌，为黄陂人民除了一大害。

活动于大小悟山、宣化店、禹王城和七里坪之间的我第十八旅，在肖永银旅长机动灵活的指挥下同敌第十一、第二十、第五十二师周旋，一直将敌主力第十一师等吸引在自己周围，减轻了坚持内线斗争部队的压力。在七里坪战斗中坚决打退了敌人疯狂的进攻，掩护了野战军前方指挥所的安全转移。

近3个月的反"围剿"斗争，我纵各旅部都是日日夜夜在极度紧张的行军作战中度过的。我们有时在内线与敌周旋，有时跳到外线，拣好吃的敌人吃上一口；有时向东，有时向西，使人捉摸不定；时而集中兵力歼灭敌人，时而分遣部队发动群众，消灭土顽，帮助建立我地方政权。总之，数月内虽然环境异常险恶，但由于我们实事求是，依据情况采取正确的行动，因而取得了一个又一个的胜利。在斗争中我们虽然也遭受过一些损失，但部队始终保持了旺盛的斗争意志和战斗力，终于度过了最艰苦的时期。当挺进江汉、桐柏、淮西的兄弟纵队胜利地开辟了新区和华野、陈谢兵团突然集中兵力打击平汉和陇海路之敌的时候，敌人不得不先后从大别山抽出13个旅的兵力驰援平汉路和鄂西地区，使其大别山的全面围攻计划遭到了破产。我军终于在大别山站住了脚。蒋介石在"大别山剿共检讨会议"的训词中虽然大肆责怪部属在大别山"完全陷入盲目作战"，把失败的责任推给下面，但终于承认他在大别山是"作战失败"了。

刘邓大军千里跃进大别山的伟大战略行动，彻底扭转了解放战争的战局，加速了战争胜利的进程。邓小平政委1948年3月6日在野战军直属队干部会上的讲话中指出：我们完成了党中央、毛主席赋予我们的战略任务，已经在大别山建立了继续向前跃进的基地。同时他又指出："革命不是那么容易的，总是要过关的。碰到的险关只要硬一下就过去了。……我们有毛主席为首的党中央领导，凡是险关，保证都能过得去。过险关就须不怕吃苦，还须不怕死。"邓政委的这一段话，不仅对我军夺取大别山这一行动做出了最高评价，而且对我们当前的国家建设和军队建设也具有重要的指导意义。我们应当把跃进大别山和坚持大别山斗争时期曾经高度发挥的照顾全局、勇挑重担、团结一致、艰苦奋斗、相信群众、依靠群众和实事求是的优良传统，一代一代传下去。我们永远怀念许多为完成这一伟大任务而英勇献身的烈士们，应当学习他们坚韧不拔、英勇杀敌、不怕牺牲的革命精神和高尚品质，为更好地完成党和人民在新时期赋予的任务而奋斗。

原载杨国宇、陈斐琴、汪德荣编：《战争亲历记：刘邓大军老战士作品集·上卷》，百花文艺出版社，1988年，第95～123页。

终生难忘的北向店战斗

◎ 戴润生

  1947 年 12 月，我晋冀鲁豫野战军千里跃进大别山以后，为了更有力地粉碎敌人的围攻和"扫荡"，巩固大别山根据地，决定由刘伯承司令员率野司机关一部和中原局及一纵回师北上，北渡淮河，实施战略再展开，去淮西广大地区，从外线配合大别山内线作战。进军途中，我和石新安政委率领的一纵二旅，于 12 月 14 日在淮河南岸河南省光山县的北向店地区，与敌整编第十一师不期遭遇，展开了一场使我终生难忘的恶战，这就是著名的北向店战斗。38 年过去了，许多往事已经渐渐淡漠，然而这次战斗的情景却依然时时浮现在眼前，使我思绪万千。每当回忆起这次战斗，我的心情就久久不能平静，我仿佛又听到刘帅坚定沉着的声音，仿佛又看到血与火的厮杀场面。战士们栩栩如生的面容，又一个个出现在我的脑海里。那些长眠在北向店土地上的烈士们，用鲜血和生命表达了对党、对人民、对统帅的忠诚，在光山人民的心中树起了不朽的丰碑，在人民军队的战史上写下了感人的一页。

  北向店战斗的情况是这样的。1947 年 12 月 13 日夜，一纵二旅经马家畈、罗陈店向北疾进，预计到北向店东北地区宿营，行程约 90 里，途中我旅四团与刘司令员率领的野司机关和中原局机关相遇。刘司令员挂着一根棍子，正沿着田埂山坡小道，健步走过来，他问我们："你们是哪个部队？"战士们回答："我们是一纵二旅四团。"刘司令员看到前面几个单位同时挤过一座小桥，秩序较乱，就马上叫参谋找到四团三连连长姬雁树和指导员阎代举同志，告诉他们说："要一个单位一个单位地通过桥梁，不要拥挤。互不相让，反而通过得慢。过桥后不要跑步，要大步跟上，前面一跑，后面就乱了。通过桥梁要有人负责指挥，要派出警戒，保证安全。"三连立即将司令员的指示报告了四团团长晋士林同志。晋团长立即命令四团部队靠路边止步，让野司机关和中原局机关先过，四团随后跟进，同时派出了警戒部队，保证首长和机关部队的安全。这样几个单位都顺利地通过了小桥。通过小桥后，大家边走边说："刘司令员真是会带兵，会用兵，想不到过一座小桥，还有这么大的学问。"统帅爱士兵，士兵更爱统帅，统帅与士兵的心联系得更加紧密了。

当我们旅部离北向店还有三四里时，一个意想不到的情况发生了：我先遣分队侦察员报告，在我们预定宿营地东北村庄发现敌整编第十一师部队，企图阻止我北渡淮河。我们当即命令部队跑步前进，迅速占领北向店有利地形，并立即报告纵队首长，请示处置。我们刚到北向店正在紧张地进行战斗准备时，忽然看到刘司令员带着一些人来到我们这里，大家都感到很惊讶。我连忙问："首长，您怎么到这里来了？"刘司令员笑着说："我们差一点同敌人打交手，我们刚刚进到预定的宿营地，一进村就发现了敌人，我们就悄悄地退出来了。敌人没有发现我们，也许还以为我们是他们自己人呢！"我脱口而出："好险呀！""没有什么！没有什么！"刘司令员笑着摇摇头，接着他又问："你们看到中原局机关的同志没有？"我回答："没有。"刘司令员一听，脸上立刻露出严肃而又焦虑的神情，说："你们马上派人去找。"我说："好。我们立即派人去找，请首长放心。"

为什么会发生这样严重的势态？情况是这样的：当我们向北向店开进时，并不知道敌整编第十一师的行动情况。在行进途中，纵队才侦悉敌人五大主力之一的整编第十一师也正在我们纵队左侧向北向店方向开进，企图截击我军。由于开进途中有线电话和无线电话均无法联系，纵队立即通知前卫旅（我旅未得到通知），要他们立即派人通知靠近野司的一个团的指挥员，要他们注意敌人的动向，并迅速将情况报告野司首长，建议野司首长改变当天的宿营位置。但由于派出的干部未能及时将此重要情况送到，不但靠近野司的部队不知道情况有变化，仍按原计划行动，注意力仍放在准备渡淮河上，而且野司机关也仍按原计划宿营，致使刘司令员和野司机关、中原局机关在河南光山县的北向店菜园地区与敌人前伸到该地的部队发生遭遇。我们感到情况十分严重，立即派人通知尚在行军途中的四团、五团和八团，命令他们以最快的速度前进，迅速抢占北向店南侧至罗陈店以东地区的有利地形，修筑防御工事，准备战斗。与此同时，派旅部作战训练股股长高涨同志，率领旅警卫连以最快的速度，先敌抢占张大湾西北无名高地，掩护旅主力进入阵地。

北向店是个有百户人家的小集镇，位于大别山北麓河南光山城西约三四十里，没有高山峻岭，地形起伏也很小，是一块小丘陵地带。14日清晨小雪转晴，一层浓雾紧贴地面，视界很差，对较远的目标看不清楚。旅警卫连刚刚到达指定地点展开，敌人就开始进攻。战士们在高涨同志的带领下，沉着应战，先后打退了敌人1个排至2个连多次进攻。晨时的太阳从我们左后方高高升起，浓雾渐渐消散，只有几处低洼地还有一层薄薄的雾纱，顺着阳光看去，可以看清几里外的目标。高涨同志向我报告情况说："刚才被我击退的敌人，在我步兵火力有效射程外的小山梁后面调整战斗队形后，分班组成多路队形，越过小山梁向我方跃进。在小山梁西北和西面，敌人至少集结有两个团的兵力，成梯次多路纵队向我防御阵地疾进。从望远镜里还看到，西北方向的高白庙西侧，敌人排兵正在展开。看来，敌人已决心展开他的主力，想一举冲过这一带对他们有利的防线，向我们发动全面进攻。刚才被我连击退的敌人，似乎被我打怕了，跃过小山梁后，就停在那里，不断向我射击，看样子是要掩护他的主力上来后，再向我冲击。"不久，高涨同志又报告："发现我防御阵地正前方，大约有敌人一个营的兵力，已展开成连纵队向我前进，同时发现右前方有大量敌人向前疾进。"听了高涨同志的情况报告，我们判断敌人可能已察觉到与他们遭遇的我军是我野战军统帅部，并可能知道我们只带有少数警卫部队，妄想凭借他的优势兵力和美式装备，一口吞掉我们。我们当即命令高涨同志："不管敌人来多少，都要顶住，剩下一个人也要守住阵地。"正在这紧张的时刻，四团部队赶到了。团长晋士林，政治委员布克同志，气喘吁吁地跑进旅指挥所。我们高兴地说："你们来得正是时候，你们部队跑步去接替旅警卫连的防御任务。"晋团长回答："好!"我接着说："面前的敌人，是整编第十一师，我们的老对头，全是美式装备，是美国军事顾问团亲手训练的，国民党蒋介石吹嘘的'五大王牌军'之一，是国民党军队战斗力较强的部队，今天肯定是一场恶战，你们须认真对待，不能掉以轻心。今天的防御战有着特别重要的意义，我们的指挥所就在这里，距你们前沿阵地只有几百米，我们稍后就是纵队，再稍后就是'老头'(战时对刘伯承司令员的保密代号)，没有任何回旋的余地。你们要坚决守住阵地，不许后退一步。"同时，我告诫晋团长："要注意保存力量，节约弹药。"晋团长和布政委匆匆离去。看着他们的背影我不由得想起四团的光荣历史。四团的基础是红三军团十三团，抗日战争时为六八六团，一次又一次的战役战斗，使这支部队锻炼成为英勇善战、能攻善守的英雄部队。今天，我们依靠这样的部队，一定能战胜蒋介石吹嘘的所谓"王牌军"，一定要叫老对头再次尝尝我们的厉害！有这样的部队阻击敌人，我们一定能完成保卫刘司令员和统帅机关安全的任务。

晋士林同志是山东人，大学肄业，作战勇敢，机智沉着，是一位富有战斗经验和指挥能力的指挥员，这在当时是十分难得的。晋团长回到指挥所，立即向各营传达了作战命令，分配了任务，并根据高涨同志的建议，亲自带领三营先拿下被敌人占领的小山梁，掩护主力展开。他以三营十连和十二连分别从旅警卫连防御阵地的左右两翼，突然向占据小山梁之敌发起攻击，在旅警卫连火力支援下，两个英雄连队就像两只长了翅膀的猛虎，猛扑过去。这当头一棒，使敌人吓破了胆，慌忙丢弃几十具尸体，狼狈逃窜。我四团三营乘胜占领了有利地形。晋团长抓紧这短暂时机，命令十一连、十二连和十连从左至右构成环形防御。同时命令第二营和第一营主力，在三营的左翼占领有利地形，支援三营，准备粉碎敌人的反扑。

时过不久，我们就听到四团方面传来阵阵炮声，三营阵地上更是硝烟弥漫，尘柱冲天，我们判断敌人进攻就要开始，重点将是四团三营的防御阵地，果不出我们所料，敌人在一阵狂烈的炮轰后，先以1个团的兵力，分数路成梯次队形，向三营防御阵地冲击。三营在教导员许绰、副营长张申明、副教导员朱恒金同志率领下顽强抗击，连续打退敌人三次冲击。敌进攻受挫后，又重新集结了约两个团的兵力，准备发动更大的进攻。敌人用猛烈的炮火狂轰滥炸，妄图摧毁我三营防御阵地，并不时向我纵深无目标地乱轰，企图凭借优势火力阻拦我增援。有一排炮弹落在旅指挥所不远的小村庄边的水塘里，村内鸡飞狗跳，塘里水柱冲天，炸死的鹅鸭和鱼儿漂了一层。三营无名高地的防御工事大部分被摧毁，十连和十二连遭受重大伤亡，十连连长李朝同同志光荣牺牲，十二连连长张玉宝同志负伤。在这十分危急的时刻，十连指导员白玉和十二连指导员王福勤同志挺身而出，率领两个连的第二梯队投入战斗。大约是11时左右，敌人又向三营防御阵地发动规模更大的连续进攻，十二连二排阵地被敌占领，一排阵地被敌人突破。我们立即命令四团三营十连和十二连用连的预备队坚决进行反击，指战员们勇猛地向敌人实施反冲击，用刺刀、手榴弹、铁锹、石块与敌人展开白刃格斗。刀光闪闪，杀声震天，有的战士右胳膊打断了，就用一只左手与敌人拼杀；双腿负伤了，就跪着坚持战斗；眼睛炸坏了，仍然不肯下火线。指战员们就是以这样视死如归的英雄气概，压倒了敌人。经过20多分钟的激战，一举歼灭了突入我防御阵地之敌，夺回了阵地。与此同时，我十连也击退了敌人4个连的轮番进攻。在战斗激烈的时候，旅政治委员石新安同志用电话对四团政委布克同志下达指示说："今天的战斗非常激烈，要全体指战员发扬红军英勇善战、不怕牺牲的战斗精神，坚决顶住敌人的进攻。"布克同志响亮地回答："我们全体指战员都懂得今天战斗的意义，只要人在，阵地就在。"

12时左右，纵队司令员杨勇同志来电话询问敌人的动向和战斗进行的情况，我向他报告后，建议纵队调整一下部署。我说："今天的战斗，我们完全是仓促进行防御的，没有构筑什么工事，又没有有利的地形作依托，完全凭靠战士们的英勇顽强、不怕牺牲和指战员的坚强决心，经过大半天的激烈战斗，部队伤亡很大，弹药消耗将尽。我们一定坚守阵地，但为了防备万一，保证纵队和野司领导机关的安全，纵队和野司领导机关最好稍向后移一下。"杨司令员听了我的意见后，用深沉的语气对我说："老戴，'老头'就在你们后面，离你们只有1里左右，确实太危险了！我已经向他建议过，要他们向后移一下，但他坚决不同意。他说相信你们一定能守住阵地。"我很激动地回答说："我们一定坚守住阵地，决不后退一步，请首长放心！但是我们与纵队中间约有500米左右是个真空地带，没有部队，请首长注意。"杨司令员马上说："你们派点部队把它占领。"我小声回答说："我这里除通信员外，再没有部队。是否请纵队警卫连派一个排或一个班去，至少可以起到警戒作用。"另外，我还建议纵队令二十旅派出一部分兵力，在敌人左翼佯动一下，牵制一下敌人。杨司令员说："好。"放下电话后，我的心情久久不能平静，刘司令员的沉着镇静和对我们的信任，使我信心倍增。

就在我四团与敌人激战的同时，八团团长薛宗华同志打来电话，报告说敌人有两个团的兵力向他们压来。薛宗华同志是河北人，作战勇敢，有一定的指挥能力。他对我说："我们已做好一切准备，3个营成前三角布置，小于子（三营营长于海荣）

那儿已经打退了敌人两次进攻。"我说："很好。四团打得很英勇、很顽强，敌人在那里碰了钉子，但决不会罢休，可能要投入更大的兵力向四团防御阵地两翼迂回。敌人向你们正面发动进攻的可能是另一个旅。敌整编第十一师是国民党军队中最凶狠残暴的，也是最骄傲的一支部队，你们面临一场恶战，要有充分的思想准备。要不惜任何代价守住阵地，切实保证四团侧翼安全。同时，要注意同五团团长曾长柏同志保持联系。"薛团长响亮地回答："保证完成任务。"我刚刚放下电话，就听到八团方面激烈的枪炮声，大家急忙到一个小高地观察，该团三营从翼侧向后撤。我马上询问薛团长是怎么一回事。薛团长说："三营已经完成了第一线阻击任务，为团主阵地赢得了组织防御的时间，现在一、二营已准备好，三营撤回作为团的第二梯队。"

果然不出所料，八团正面的战斗，很快就达到了白热化的程度。看来国民党所谓"王牌军"今天是豁出来了。敌人在对八团连续四次冲击被我击退后，纠集了更大的兵力，在猛烈的炮火掩护下，又发动了疯狂的进攻。八团阵地一度被突破，反击未能奏效。一营营长谢茂森同志在率领通信员、司号员、卫生员向敌人英勇反击时壮烈牺牲，一营副教导员张广才、一营教导员徐中信、二营营长陈凤岐等同志光荣负伤。在这危急时刻，我们一面命令八团坚守纵深阵地，一面命令在文殊寺的五营主力除坚守阵地、严密监视敌整编第十师的行动外，立即组织一支精干部队，向敌第十一师右侧积极行动，牵制敌人，保障八团侧翼的安全。

四团正面的战斗仍在激烈地进行。15 时左右，敌人又集中大兵力，在其猛烈的炮火掩护和军官督战队的威逼下向我方阵地轮番实施集团攻击。敌人在督战队的卡宾枪、冲锋枪和手枪的驱赶下，像潮水一样向我方阵地涌来，敌我双方在无名高地展开了反复争夺战，阵地失而复得。三营十连、十二连伤亡很大，阵地上只剩下二三十人。三营阵地被突破，情况万分危急。在这种情况下，作为一个指挥员只好横下一条心，与敌人拼杀到底，别无选择。我果断地命令四团团长晋士林同志说："不管情况如何严重，只有两个字'守住'。不准后退一步，否则，按军法从事。要告诉全体指战员，坚持到底就是胜利，两强相遇勇者胜。现在离天黑只有两三个小时了，天一黑就是我们的天下，胜利就是我们的。你立即组织团预备队（一营三连和三营能组织起来的人员），进行一次坚决有力的反击，一定要把敌人赶回去。"在晋团长亲自指挥下，我军迅速向突入的敌人右翼实施反击，指战员个个像猛虎一样冲入敌群，勇不可当。经过数十分钟的白刃肉搏，敌人被迫撤退，我军恢复了阵地。

　　一天的激战，我们的战士越战越勇，敌人却像泄了气的皮球，进攻的劲头，一次不如一次。下午5点以后，夜幕降临了，敌人慑于我军夜战的威力，不得不停止疯狂的进攻并向后收缩。这时，我们命令四团和八团各组织一支精干的小分队，乘我反击胜利的余威和夜间有利条件，袭击突出孤立之敌，逼迫敌人从我阵地前面全部撤退，转入防御。

　　北向店战斗，从拂晓6点左右到晚上9点左右，约打了15个小时。我们以1个旅抗击了敌人3个旅以上的兵力数十次进攻，尽管敌人炮火猛烈，但在我军英勇顽强抗击下，敌人始终未能前进一步。"撼山易，撼人民解放军难"。我军虽付出了很大的代价（伤亡近千人），但给了国民党蒋介石的所谓"五大王牌军"之一的整编第十一师极其沉重的打击（毙伤敌人3000余人），胜利地完成了任务。战后，野战军司令员刘伯承同志称赞："这次战斗打得好。"并授予四团十二连"铁塔堡垒"、四团三连"攻如猛虎，守若泰山"的光荣称号。14日晚上9时，我们趁着夜幕奉命胜利转移。17日夜北渡淮河，进入淮西广大地区。

　　原载杨国宇、陈斐琴、汪德荣编：《战争亲历记：刘邓大军老战士作品集·上卷》，百花文艺出版社，1988年，第124～133页。

我随刘邓大军转战大别山

◎ 任德贵

    在粉碎数十万国民党军队对陕甘宁等解放区的重点进攻之后，1946 年春，党中央、毛主席和中央军委发出了对蒋军实行战略反攻，把战争引向国民党统治区的命令。我晋冀鲁豫野战军迅速强渡黄河，转战豫东及鲁西南，歼敌六七万人。然后挥师南下，奉命实行中央突破，千里跃进大别山，重建鄂豫皖革命根据地，在"蒋家王朝"的心腹地带——南京与武汉之间插入一把利剑。

    我们二野[①]六纵十八旅于 1947 年 8 月 26 日黎明开抵淮河北岸息县大埠口。当时，我是五十三团骑兵通信员。看到刘伯承司令员、邓小平政委和李达参谋长都亲临我团所在的渡口，侦察水深，指挥渡淮，我很受鼓舞。首长们一边指示杜文德政委和尤太忠、肖永银旅长准备架桥，一边又带领大家测试水深，准备徒涉。因为我军渡沙河后，蒋介石才发现我军要向大别山作战略进攻，就立即派数十万军队前堵后追，空中轰炸。敌八十五师已追至彭店，离大埠口不到 40 里。在这紧要关头，刘司令员指示我旅沿河多侦察几个地方。团作战参谋尹萍带领我和几名侦察员在下游河西较宽的地方测试水深。我骑马渡到河心，最深处才到马肚子一半，尹参谋又让我牵马徒渡回来，水最深处也只淹到我腰部。这时刘司令员也早就赶来了。他高兴地说：

---

①二野，即中国人民解放军第二野战军，1949 年 2 月由中原野战军改称。此处系作者笔误，应为晋冀鲁豫野战军。

"小同志，你这一试可解决大问题了。"他当机立断，命令各部不再架桥，立即徒渡。我十几万大军终于赶在洪峰到来之前抢过了淮河。

我军兵分数路向大别山纵深展开，一面辗转迂回，流动歼敌；一面宣传发动群众，让群众明白当年鄂豫皖的子弟兵又返回老苏区①了。

8月底，上级指示我军要义无反顾地重建大别山革命根据地，要大力宣传蒋军必败，我军必胜，人民子弟兵决不再走，要与鄂豫皖人民共存亡，使老区人民得解放的战略思想。同时，要严整军纪，坚决执行三大纪律八项注意，发动老区群众同子弟兵一起进行对敌斗争。在战术上，各纵队分地区进行流动迂回的山地游击战，不急于打大仗，只打些小仗歼灭敌人，鼓舞群众。

我们六纵在鲍先志首长带领下，奉命在鄂东区流动转战。渡淮之后，我六纵经潢川、光山、经扶（今新县），进入湖北黄安（今红安）、麻城、新洲、黄冈、浠水、罗田、英山、广济、黄梅等县，在攻占蕲春后，才在白水畈驻下休整了几天。

六纵有不少当年鄂豫皖苏区的同志。我们团长蔡××就是商城人。（第十八旅）旅长肖永银、（第十六旅）尤太忠都是大别山根据地养育出来的革命将领。我们五十三团大都是北方人，刚进山区，很不习惯，爬山坡挺累，走田埂摔跤，吃大米拉肚。把稻穗当谷子，把桐子当青梨。我们驻扎麻城木梓店时，司务长错把木梓油买来炒菜，吃得大家都闹肚子。

休整后，我团又一路攻打广济、黄梅、罗田等县。在罗田外围时，我们就断了给养，只好买板栗、南瓜当饭吃，攻占罗田县城后，缴获了敌人空投的糙米，才饱餐了一顿。当我团返回黄冈、新洲一带同敌人周旋时，斗争形势更加严峻了。一是蒋介石要拔掉捅到他心窝里的尖刀，派重兵"围剿"大别山，二是寒冬已到，我们还穿着单衣，真是大兵压境缺衣少粮。

为牵制敌人，策应和支援兄弟部队在主战场作战，我军主力避开国民党部队的正面进攻，迂回于江（长江）淮（淮河）河（黄河）汉（汉水）的广大地区，伺机歼灭敌人。我团仍留守在大别山南、长江以北的鄂东地区，以运动战的战术牵制迷惑敌人。国民党部队被我们牵着牛鼻子，以重兵在鄂东追击我部，以阻止我军渡江

---

①老苏军：指土地革命战争时期的鄂豫皖革命根据地。

南下。

这一时期，我团面临着内无粮草、外无援兵的困难境地，忍着饥饿同国民党几个师的兵力在深山中周旋。寒冬季节还穿着单衣；没有鞋穿就光着脚行军打仗；当缺粮最严重的时候，我们骑兵把马都杀吃了。在经济十分困难的情况下，上级党组织一方面千方百计筹款、筹粮、筹集冬衣；另一方面允许党员暂时停交党费。在地方党组织的大力支持下，我们把所到的集镇上的黑白布及花布全部买光。把白布用稻草灰染上色做面子，其他布做里子，自己裁剪，缝制冬衣。没有棉花，只好做成夹衣挡寒。即便这样，仍有一小半指战员连夹衣都未穿上。大别山区雨水多，我们经常穿着湿衣服日夜在深山密林中辗转。在敌众我寡的情况下，怕暴露目标，还不敢拾柴烤火。我们不但要行军打仗，保护自己歼灭敌人，还要宣传发动群众减租减息，进行土改。只有不折不扣地保护群众利益才能在大别山老区站稳脚跟。所以，上级首长对部队纪律要求很严，强调必须诚心诚意替老区群众做好事。我们转战在某地时，司务长看到大家舍生忘死忙于打仗，还忍饥挨饿，就设法搞来了豌豆、小麦，蒸煮给大家吃。还搞来了一头猪为战士改善生活。没料到豌豆、小麦和猪是司务长在群众对解放军尚存疑虑的情况下强行买来的。为此，上级命令对司务长就地惩罚，执行枪决。干部和战士们，边吃东西边掉泪，心情非常难过。严肃的军纪赢得了群众的信赖和拥护。刚开始见到我军就躲进深山的群众，这时都连家带眷，牵牛赶猪各回各家，并纷纷来部队安慰和支援我们。在湖北新洲县，我们发现土豪家里存放着很多粮食和财物，就在地方党组织配合下，把地方土豪的粮食财物分发给贫苦农民。很多群众都激动地说：刘邓大军跟当年的新四军五师是一样的，都是俺鄂豫皖人民的子弟兵。

党中央、毛主席得知我们坚守大别山根据地遇到的艰难险阻，对我部十分关怀，派专人给我们送银圆和其他给养。但是，白崇禧派国民党军在当时的经扶县盘查很严，防守很紧。送给养的同志很难通过封锁，只好把给养交给地下党转交。地下党又派人把给养埋在约定的山林里，让我们派人秘密去取。

为了摆脱敌人的"追剿"，我们团首长带领我团先向远离经扶的安徽金寨方向转移，引走敌人视线后，钻进深山密林。敌人失去了目标，只好在鄂豫皖三省交界的险峰深谷里到处寻找。

我们开抵金寨县地界后，马上翻过豫皖交界的长竹园观阵山，隐蔽在药铺，正要继续前进时被山涧洪水挡住，只好住了一夜。第二天一大早，我们就借来群众的木料、门板和粗草绳，做成木排先派几名战士渡过河去,把粗草绳拴在两岸的大树上，全团官兵才渡过河去。我团一营的一个战士在渡河时落水牺牲了！当天夜晚，我军择险路、走捷径、翻山越岭急行军终于甩掉了敌人，到达约定的秘密地点，并取回了银圆和给养。当我们迂回到湖北麻城福田休整一天后，敌人才反扑过来包围我们。我军向东杀出一条血路蹚过一条沙河，钻进深山沟。当我军顺山沟向上走时，敌人也从右边山岭向下走，与我军正面遭遇，只隔几十米。敌人错把我军当成从福田河追来的自己人，就几长几短吹号同我们联系，我们也几长几短吹号回答。对上了敌人的联络暗号。当敌人走近，发现我们准备开火时，我团一营从敌人后面的山顶上冲着敌人屁股猛烈开火，我们团部率部队从山沟底下向上打。狠狠教训了敌人一阵之后，我军马上转移，于第二天中午钻进湖北麻城月形塘一带的深山里。这时，真是人困马乏。因为我们还是头天下午6点左右在福田河吃的晚饭，直到这时还粒米没尝。团首长命令非战斗人员继续前进，寻机做饭吃，战斗部队立即就地做饭，吃了再走。没料到，一营吃罢饭刚走，三营饭刚做好还没吃，我们骑兵班刚吃上黑粗面疙瘩，东北方向的敌人又围过来了。子弹像雨点一样落向我军阵地。我和团作战参谋尹萍突破敌人包围，冲上一个山顶。他四处观察，看到地形不利我军突围，即命令我迅速向东追赶先行出发的一营和二营，调转方向掩护三营突围，杀敌人一个回马枪。这一招真灵。稍稍先行的一营听见后面打响后，马上调回头来奋勇冲杀，打得敌人溃不成军，伤亡约500余人。这次突围战的情况是近年来，我从已在南京离休的尹萍参谋给我的来信中才知道的。因为我奉尹参谋之命，追赶先行的一营时，穿过一个河沟，刚爬上东大山坡，就被东北面敌人大部队发现了，就猛烈向我开火。我仍加劲向山上猛冲，不料右手和胳膊连中数弹。敌人见我负伤跑不动了，声嘶力竭地狂喊着要活捉我。我誓死不让敌人活捉，就从前面的悬崖陡壁上跳了下去，在一个小河里摔得不省人事了。后被长竹园药铺群众救护躲到他们家里，群众又把我送到在新建坳剿匪的我一二六师部队医疗队养伤。养伤中我找到了原来的部队，向他们汇报了我受伤后的情况。伤好后，我转业到商城县民警队工作。

　　月形塘战斗中，我团三营的16位战士壮烈牺牲，长眠在大别山里。但是，他们用鲜血和生命换来了我团用少数兵力袭扰牵制敌人，完成了坚守大别山革命根据地的光荣任务。

刘邓大军挺进大别山，已近50周年了。这一伟大的战略壮举，揭开了我军向国民党军实行战略反攻的序幕，把战争从解放区引向了敌占区，把敌人的部分主力钳制在鄂豫皖，有力地支援了我兄弟部队在华北、华东歼灭了敌人的大批兵力。正当我们艰苦转战在大别山区时，我军主力部队在江淮河汉连连取胜，洛阳、襄樊、郑州、开封、徐州、蚌埠相继获得解放，把蒋军主力从黄河沿逼退到长江南，为"打过长江去，解放全中国"奠定了基础。

这一段艰苦的斗争生活虽然我吃了不少苦头，也负了伤，但回忆起来觉得很幸福，因为我毕竟为中国的解放事业做出了自己的一点贡献。

任德贵，1927年2月生于河北省邢台县宋家庄北店村。1944年2月参加八路军太行独立旅邢台独立营，后改编入二野六纵十八旅五十三团任骑兵战士、班长。晋冀鲁豫野战军东渡黄河后，他曾参加定陶、郓城、羊山、六营集一系列战斗。刘邓大军千里跃进大别山之后，他随团留守该地辗转游击。在月形塘战斗中他身负重伤，被长竹园药铺群众救护，送一二六师医疗队养伤。

商城解放后，他曾任县公安局副排长、侦察员、政保股员、驻粮食局公安特派员等职。

现为县粮食局离休干部。

（任德贵口述　徐阳执笔）

1996年4月24日整理完稿

原载政协河南省商城县委员会编:《商城文史资料》第4辑,1998年,第21～27页。

鄂豫四地委工作的回顾

◎ 李友九 [1]

一、南下途中及金寨一月

（1947 年 6 月 28 日—9 月 28 日）

1947 年 6 月，我在太行五地委任副书记，接区党委通知，调去新区工作。交代后，下旬至涉县赤岸报到。区党委书记李雪峰对杜润生、于一川和我 3 人谈了以下几点：1. 野战军将南下，把战争引向蒋管区；2. 他本人调动，南下做地方工作；3. 我们 3 人由杜负责，由小部队掩护先期到豫皖苏，调查新区的社会情况、阶级关系、群众要求，发电报报告，以供决策参考，要尽可能了解到大别山的情况；4. 在区党委住一段，大家一起议论抗日时期创建太行根据地的历史经验，想想到新区如何借鉴。我们住了不过 2 天，还在考虑，尚未和区党委的同志们交谈。因主力即将出动，前方催促，我回林县料理下（孙鹏将分娩），于 6 月 28 日到安阳东善应（或西善应）向野战军政治部主任张际春报到。当晚我们 3 人和新华社李普，即随野战军政治部

① 李友九，解放战争时期，任中共鄂豫四区地委书记，新中国成立后，首任中共黄冈地委书记。后调中南局和中央农村工作部工作。

行军。于 30 日夜晚渡过黄河。在部队掩护下过陇海路。鲁西南战役迅即展开，派不出部队，际春同志要我们做一些被俘军官的工作。7 月 27 日晚，小平同志从羊山前线指挥所回野战军司令部，过野战军政治部驻地休憩，他告诉我们：战役即将结束，不几天"天池"支队（地方干部队，1300 人）将到。这样，我们没有起到先行作用。

8 月 7 日过陇海路，我们 3 人随第三纵队司令部行动。渡淮后，于一川仍随纵队司令部，去皖西。杜和我随该纵八旅在固始城住了两天。

我军 9 月 2 日攻克立煌县，中原局即来电，杜任县长，我为书记，并划"天池"一大队三中队归我们领导。这是太行二分区干部队，160 人左右，由任爱生、姜一、张起、李尚春、崔廷智等同志带领。我们去电请示改立煌县为金寨县，回电同意。我们二人 3 日即分头赴金家寨附近农村访问，看到老苏区群众经过严重的白色恐怖，不敢多说话。大约在 5 日与三中队会合，他们休息两天即和我们到金寨县西南角及大别山主脉北侧的吴家店、漆家店一带（原鄂豫皖三省交界的三省垴在吴家店东南）。过几天才有些原来的红军、苏维埃干部黑夜里悄悄反映情况，这才知道国民党乡"自卫队"尚在附近山上观察动静。这时，李尚春同志已带六七人，每人一条步枪，向东到前后畈试探开展工作。那里是反共老手黄英的老窝，和顾敬之的商城"亲区"一样，都是老苏区里的白钉子。我送他们到吴家店河边，眼看尚春横背着枪的身影在翻过山坳后消失，本有说不定出意外的感觉。得知这一情况，又没有枪不敢派人徒手去叫他们回来，甚为不安。好在黄英威胁群众"见了'共党'就得跑"，这一手过于绝对，尚春他们固然因此而一点情况也没有了解到，对方也因此而摸不清他们的底细，不敢下手。几天后，他们无收获也无损失地回来了。在这一带工作半月多，了解到了一些社会情况，因群众顾虑大，未打开局面。没有打土豪，想反霸，发动不起来。当时知道是临时分派工作，并未建县委、县政府的机构，安民布告用野战军的。因对苏区沦陷后地主倒算、土豪报复、干部叛变三个突出问题尚未了解清楚，县的布告不好出。

9 月下旬，第二纵队后方（在丁家埠一带）转来中原局电报，调杜去中原局任秘书长（后先派去开辟淮西），调我到鄂豫四地委任书记兼军分区政委，带三中队走。该地委工作区域为罗田、麻城、黄冈、浠水 4 县。当时金寨划归鄂豫一地委（地委书记、军分区政委刘毅，司令员雷绍康，第二政委寇庆延），县委书记余光已带另一支干部队在石牌方面开展工作。我们留下十余人交给余光，继续吴家店、漆家店的工作，两人即分赴新的岗位。我和余光当时未见面，是杜北上顺路办的交接。

二、开辟根据地及急性土改

（1947年9月5日—1948年3月4日）

我于9月29日（中秋节），和姜一带干部三中队的一半同志，从吴家店出发，过松子关进入罗田，到滕家堡以东宿营，与鄂豫四军分区副司令员王毓淮同志会合。姜一带干部住方家垮一带，我到油榨垮毓淮住地。同日，任爱生带三中队的其他同志，从漆家店出发，到麻城木子店一带。

（一）鄂东工委的工作

这以前，8月30日中原军区划分各纵队展开地区。第六纵队司令部到麻城阎家河一带后，9月5日已成立鄂东工委，书记由第六纵队政治部主任（不久任副政委兼主任）鲍先志兼任，副书记为刘子厚、刘建勋，工作区域为麻城、罗田、黄冈、浠水、英山、蕲春、黄梅广济8县。该纵十八旅8月31日克麻城，9月1日到白果，6日克罗田，8日克英山，11日克浠水，14日克广济，15日克黄梅，势如破竹。随第六纵队的"天池"支队二大队共4个中队，工委派出一部分到罗、麻、冈、浠，其中有原新四军五师干部汪进先、孙石、胡仁、刘天元、吴德简、蔡云生、温英、栗栖、林达等，有原河南竹沟干部郭欠恒（后到五师）、张若谷等，有薄怀奇率领的部分北方大学学生，有中央党校调来的余清（石辟澜，原粤南省委宣传部长）、谭申平、李宇超等同志。刘仲峤、赵辛初、谭扶平等同志，被分到待补黄冈、广（济）和英山方面，后到五地委。当时工委下设罗麻工委（相当于地委），杨殿魁为书记，顾大椿为副书记，驻木子店一带。先后建立罗田县委，书记刘敏；麻城县工委，书记郭欠恒、县长张振兴（第六纵队教导团政委）；麻东县工委，书记薄怀奇。

鄂东工委除派出地方干部随部队展开外，还与当地坚持游击的同志会合。1946年6月26日中原军区部队突围时，留林桂华为黄冈中心县委书记，人枪百余，在大崎山一带活动。后因敌我力量悬殊，又出叛徒，大部损失，林于10月19日负伤被俘，拒绝国民党的治疗，10月30日在武汉逝世。不久已回家乡附近隐蔽的中原独二旅（政委张体学）六团副团长漆少川把留下的人员组织起来。1947年1月，钟子恕、黄明清、邵成德、叶家其等由蕲春转移至黄冈，经陈蕚南与少川取得联系。此时，在大崎山坚持斗争的已有40余人，组成黄冈县委（后恢复中心县委），推漆少川为书记。当年夏季，独二旅五团团长彭超、四团政委萧德明从东大山刘明榜处来，参加黄冈的斗争。黄冈县委领导的武装是手枪队，十六七人，队长梅建民、曹建廷，指导员余良贵，负责交通、筹款和镇压极端反动分子。曹建廷经常带一二人在外线活动。滕家堡东山由独二旅六团政治处副主任刘敏负责，有廖鹏（经常在自己家附近山上隐蔽）、徐文初、张玉阶等十多人，张为手枪队队长。刘与少川有联系，归黄冈中心县委领导。大军到达，他们主动迅速联系。9月2日或3日，梅建民在白果附近与十八旅雷营长联系上；萧德明很快到旅部，与旅长萧永银兄弟相聚。9月5日（或4日），刘敏化装进滕家堡，与第六纵队司令部联系上。在落梅河的於保诚、在商城靠麻城山上的白万顺、在福田河附近山上的白宪文，均为（替）人佣工隐蔽；他们和分散各地以各种方式隐蔽的张岱松、胡大祥、马次堂、王从楼等同志，都很快出来。在江西永修山中隐蔽的孙侠夫、龙光裕、黄金标等同志亦闻讯回来，夏瑞金、谭道如仍留在原地工作。这些同志和当地先北上后南下的同志一样都是残酷斗争后的精华，熟悉情况联系群众，而中央党校来的同志政策水平较高，他们都对日后工作开展起了重大作用。

鄂东工委不失时机地开展工作。除上述外，9月6日十八旅克罗田，该旅五十三团政委李震宇即以代理县长名义布告安民。不久，组成罗田县委，刘敏为书记，廖鹏为县长。以后任四专署专员的王克文，随纵队司令部进入滕家堡后，即印刷粮票和收税票据，并着手组织人员向商旅收税。11日克浠水，中原局电令刘建勋兼浠水县委书记。他带於保诚等到团陂的何家寨雀儿林村，进行社会调查和土改试点。杨殿魁在木子店一带，领导工作队打土豪、分浮财并通报以此作为"打开局面的关键"。蔡云生带工作队，在黄冈三里畈一带，也打了土豪。其他未动。但部队过境，有不少打土豪以解决军需。

（二）建立地、县领导机构及分遣部队

我 9 月 29 日到职前，中原局已通知结束鄂东工委工作，成立鄂豫区党委和鄂豫军区，鲍先志改兼鄂豫军区副政委（未到职），刘子厚改任鄂豫区党委副书记兼鄂豫行署主任，刘建勋西去，与赵基梅纵队会合，担任纵队政委，过平汉路任江汉区党委书记兼军区政委。罗麻工委的工作随之结束。以后，毓淮派部队护送刘建勋、杨殿魁、顾大椿及要带走的干部西去。

我到时，毓淮已领到电台一部，并和第六纵队分遣到四分区的两个团建立联系。十六旅四十八团团长李耀光、政委张志、政治处主任陈居江，经羊山及汝河渡口战斗，兵员 1100 多人。十七旅五十团，副团长赵天云已带团部一些人员去了麻城，政委宋焕文、政治处主任陈六顺（广济人），兵员 1400 人左右。我到两天，刘子厚同志来指导工作，他传达区党委、军区指示：地委由张体学（原中原独二旅政委兼鄂皖地委书记，尚在随赵基梅纵队南下途中）、王克文、王毓淮、汪进先、漆少川及我组成，分区司令员张体学、副司令员王毓淮、参谋长熊心乐，专员王克文、副专员徐觉非，以后再逐步充实。我和毓淮、克文建议漆先庭同志参加地委，因他从 1927 年担任农协交通后，一直在大崎山坚持工作，声望较高，子厚同意；毓淮建议傅甲三任政治部副主任，亦同意。于是，在黄冈三解元离黄土岭不远的一个村子小学教室中，地委和各县、团及准备去各县的负责同志开会 3 天。子厚报告形势，动员建设大别山根据地，传达中央工委指示："如果不能在半年内基本完成土改，将遇到极大的困难。"工作部署方面，强调发展县、区武装，组织贫农团，以推行土改和建立基层民主政权；并肯定了打土豪分浮财。军区副司令员郭天民，在会议中间到达，讲话动员，并对军事工作具体指示，强调歼灭敌县、乡武装。

地委决定，充实罗田、浠水县委，改麻城、麻东工委为县委，改黄冈中心县委为县委，成立新洲县委（包括麻城的夫子河、白果两区，不少同志仍按五师时的习惯，称为冈麻县委）。各县县委书记：罗田仍为刘敏，姜一为副书记；麻城仍为郭欠恒；麻东为任爱生；薄怀奇是优秀教育工作者，缺乏地方工作经验，要求到区，乃以县委委员兼三河口区委书记；黄冈为漆少川，副书记为张起；新洲汪进先兼，副书记为张若谷；浠水为胡仁。我和姜一谈，骨干绝大部分从华北来，按照党的传统，工作或团结搞不好他要负主要责任，姜一同意（11 月区党委又将两人对调，姜为书

记，刘副之）。各县县长：罗田仍为廖鹏；麻城仍为张振兴；麻东为张剑石；黄冈为孙石（后为孙侠夫）；新洲为张若谷兼（后为刘天元）；浠水为张彦明（稍后才到职），刘浩副之。各县工作队，按鄂东工委已经分遣及一大队三中队已分遣情况，不作大的变动。分遣各县人数大约是：麻城20多人（补充团带来干部除外），麻东120多人，罗田70多人，浠水30多人，黄冈20多人，新洲10多人（这两县坚持干部在内，归队干部在外）。加上补充团来的及第六纵队按中原局指示抽调干部及战士中的翻身农民支援地方的，除去到县、区武装的，再加上归队干部，共计地方干部约380人左右。

归队干部中，对敌被迫承认自己党员干部身份，但未引起党组织和部队损失者，均录用。引起损失者集中训练后，情节不严重者亦录用。严重者送区党委、军区，记得共10余人，内一团长，好像姓黄。独二旅作战科长谢挺（曾任×团团长），在爱人家浠水可家店被迫自首，未引起破坏，参加工作后失踪，估计被敌暗杀。

确定四十八、五十一两团各分遣3个连（每营1个连）到县，作为县大队的基干。四十八团分遣罗田、黄冈、新洲各1个连，五十团分遣麻东2个连、浠水1个连。麻城县大队，鄂东工委已派第六纵队补充团团长任定一带其2个架子连（有干部，无战士），会同赵天云带的人员组成。以上共计分遣8个连，约720人。教导团驻麻城三河口一带，当时尚归第六纵队建制，团长于振河，有6个干部连，700余人，素质强，会同薄怀奇工作队开展工作。次年3月底，第六纵队北渡淮河，才交鄂豫军区；环境很严重，才交四军分区。那时第六纵队已陆续调走约4个连，分区组织直属机关又要走一些人员，全团余1个干部连，1个侦察排，归分区时约120人。

各县大队指挥长：罗田为郑铎；麻东为白万顺（正）、白宪文（副），不久白万顺调分区任作战科科长，赵天云继任；麻城为赵天云，不久白宪文接任；黄冈为彭超；新洲为陈居江；浠水为游正刚。

第一步工作部署：1.首要任务是建立山区根据地，计划三块、7个区，分别是：大别山主脉南侧，包括罗田的僧塔寺、滕家堡及麻东木子店、三河口4个区；麻城的老苏区西张店、乘马岗两个区；大崎山及其周围即贾铁区。2.大别山、大崎山中间的木榨河、河铺、三里畈、但店等区，争取打开局面，使大别山、大崎山南北两块能够联系，开辟团陂使浠水县有个依托。3.此外的丘陵和平原，乃人力财源所在，应努力开展工作。

三解元会议后，因开会未等进先、先庭，接着在大崎山李家塆李家祠堂开了第一次地委委员会，体学尚未到，进先和先庭均赞同三解元会议地委的各项决定。会议开得短，具体划分黄冈和新洲的工作区域，但个别交谈不少。

（三）发展县、区武装及解决棉衣问题

10、11 两月，形势对我开展工作很有利。10 月上旬刘邓首长率主力进入四军分区，8 至 10 月分别在歧亭、柳子港、李家集歼敌近 1 个旅。9 日克团风，以后又连克广济（梅川）、黄梅、武穴。27 日在蕲春的高山铺，全歼尾追之敌四十师及五十二师八十二旅共 1.2 万多人，尔后六纵仍留鄂东活动。群众看见我军力量强大、接连打胜仗，踊跃参军，特别是原五师战士在大军到后纷纷归队。县、区武装发展很快，各县大队和区干队人数，到 11 月底约达 3100 名。各县大约人数：黄冈 820 人、新洲 640 人、罗田 340 人、麻东 560 人、麻城 340 人、浠水 400 人。收容野战军掉队人员约 300 人，绝大多数是四十八、五十一两团收容的。

野战军总部到总路咀，刘邓首长住在李婆墩附近的一个小塆。大约是 10 月 12 日，邓小平政委派人把我找去，要我简要汇报当地工作情况。汇报中我根据和群众商量土改的情况提出：半年基本完成土改，估计会有假分田的现象。他指出：对假分田，只要头脑清醒，经过深入发动群众，可以弄假成真。以后他到商城，县委书记耿万清同志提出暂时不能土改，小平同志也同意了。相比之下，我远不如老耿深入实际。我还请示：主力东来，给不给四军分区两个团什么任务，他说不给，要求仍按自己的部署行动。他指示：应乘主力逼近长江之机，向产棉区征收并大量购买棉花、布匹，以解决部队棉衣问题，具体事项找野战军供给部接洽。我临走前，他要我到作战室，指一下李婆墩的位置，我说军分区的地图也没标明，因它正处于南北两幅之间，漏了。去作战室经过他和刘司令员在一间过道小屋的稻草地铺，刘司令员已睡，他要我别惊动。我要补写地名，他制止，让作战参谋写。我回来向地委、军分区传达后，棉衣任务由克文去供给部接洽，并和少川商量布置。乘大军声威，供给部也尽了极大努力，结果完成近 5 万套棉衣所需棉花和布匹，包括我们军分区所需。征收不敢过多，过多了怕反而完不成，因此大部购买。而供给部和军分区拿出的钱不够，有一些打了借条，言明以后归还。湖北全省新中国成立后，克文任财政厅厅长，人们都拿条子来兑现，我们守信用付足了钱。

缝制棉衣绝大部分是自己动手做的。在传来刘司令员在高山铺作战后亲自缝棉衣的消息后，部队和地方干部群起仿效。染色一般用草木灰，虽难均匀，但可凑合。

在安置高山铺战斗的伤员时，第六纵队临时后方起了很大作用，那是纵队参谋长姚继鸣同志在罗田牌形地一带苦心经营一个多月建设起来的。否则，只靠四、五两军分区力量，很难安置。

（四）"急性土改"及国民党乡、保武装的发展

李家大湾地委会后，我检查了三里畈的打土豪（工作）。如上所述，在吴家店、漆家店，三中队没有打土豪。他们发现地主大量存粮，连夜派人到吴家店报告，第二天杜润生同志去看了，只取所需口粮，其余封存。我们觉得：群众尚未发动和组织起来，难以分配，如分光而不留军粮，即后续部队给养很困难。这以前，南下行军到豫皖边境，干部队（不是三中队）住在一大地主家里，这家人跑光了，有的同志连夜开仓分粮。来自陕北的一位同志坚决反对，虽未能制止，但给我们印象很深。区党委已肯定打土豪，我对三里畈区检查很不深入。当时子厚曾亲自指导，我认为偏差不大，与吴家店群众不愿起来不同。当鄂东解放斗争时尚未侵犯工商业和中农。打土豪的失误，应当说比急性分田严重，因它毫无章法，难以控制，范围更广，树敌众多，而且容易出现贪污、浪费、多占等混乱现象。正如毛主席1947年7月30日所分析："土地革命时打土豪，所得不多，而影响甚坏。"（《毛泽东军事文选》第308页，1981年12月出版）

土地法大纲、党中央发布大纲的决议和双十宣言一起，是姚参谋长那里收抄广播，油印给地委送来的。我们当即向各县分发，并在附近湾子宣传，和群众商量如何进行。我走了几个湾子，农民都说："你们站稳了，我们再分田。"而我却动员他们："你们起来分田，我们才能站稳。"用今天的话说，就是唯上而不唯实。对此，农民响应者不多。我没有从此现象出发，深刻思索，而轻率地判断：已经比较巩固地控制的地区，敌能"扫荡"但不能全部夺回，因此群众的顾虑是经过工作可以解决的问题。更严重的，我提出："反奸分田一锅煮。"也就是把抗日时期减租减息以来行之有效的先反对恶霸地主（当时一般是为蒋办事的）、再触动所有地主的两个阶段，合为一个阶段。我既不想放弃已有的成功经验，又想加快速度，所以提出这个典型

的"急性土改"口号。"一锅煮"这个提法就很不确切,不如"相结合"好。要求既急,执行中"反奸"就"煮"不进去,或者胡乱把地主、富农等都集中在一起,不论恶霸非恶霸,潦草斗争一下,走了过场。我还错误地布置"征粮与均粮相结合",原意有两个方面,首先,在分配地主粮食中不能一律分光,要交纳征粮。因为当时我们比较巩固地控制的地方,已派有粮食任务,克文在滕家堡印的粮票,已开始使用。部队用粮得交粮票,避免部队常通过的地方负担过重。这样,各村完成征粮,就是一件需要做好的工作。其次,要求在分粮中,缺粮的贫苦农民多分些,使各户粮食比较均衡,都能度过来年春荒。"均粮"这个提法本身就有缺点,在执行中出现了侵犯中农,把全村粮食均分的现象。虽不很多,影响却很坏。当时罗田县委委员卢耀武同志(老红军,第六纵队来的)坚决反对有些同志提出的3个月完成土改,觉得半年完成也过急,不对头。我听姜一反映这一情况后,认为地委没有布置3个月完成,也就未找他深谈。我还要求"开展面对面的斗争",作为充分发动群众的标志。其实这在当时于事无补。急了,没有时间去充分发动群众。黄冈、新洲就出现农民到远处打土豪的现象,因在本乡撕不开脸面。这就说明"面对面的斗争"并未做到。

我主要负责地方工作,或者说发动群众工作。当时最重要的,是亲自蹲点,取得经验以推动全面,根据所掌握的情况调整部署。当时也曾想这样做,但又觉得各方面的干部会合到一起,地委和县委之间需要沟通,县委之间的团结也需注意,展开的情况应及时掌握,因此决心跑面。事后看,这违背了从群众中来到群众中去的传统,是轻重倒置。面还没有跑完,而麻东木子店区于11月3日发生东义洲暴乱,使地委工作陷于被动。

东义洲封建统治和宗族势力较强。土地革命时期,郑氏族长曾组织武装与苏区对抗。我工作队进入后,恶霸地主郑绍生、原国民党区长郑家学等,即勾结曾经当过土匪头子的郑家贤、徐庆澜、雷振武(外号"矬儿排长")等人,一面操纵保、甲长应付我们,并派人打入贫农团;一面秘密组织乡"自卫"中队,准备武装反扑。武装秘密组成了,10月23日后,即逐户胁迫和欺骗群众参加暴乱。这以前,杨殿魁已接到金寨方面我工作队送来的情报,告知东义洲正在准备暴乱,他没有在走以前转告地委,以引起注意。对方串联到总户数的80%时,任家垸乡工作队才知道10月31日可能被攻打;县委派去一个排,对方推迟发动,等到该排撤走后,才于

11月3日拂晓动手。县委2日下午接到次日拂晓暴乱的消息，又未立即通知工作队集中，以致有的干部被保、甲长分头骗去吃饭而遇害。3日4时，任爱生随两个连赴任家垮，拟在拂晓前歼灭敌乡"自卫"中队。而率领前去的五十一团三营教导员王子端，把部队带到寺基山，依托高地防守。任爱生随后赶到，批评了王。王可能是看到群众性暴乱（这一点县委未料到），而擅自处置。当晚王子端查哨时对不上口令被哨兵击毙，故此事未查清处理。结果敌乡"自卫"中队武装几十人裹胁群众约2000人，杀害我工作队长余清及其警卫员和工作组组长李晓林（县级干部），以及18名队员、5名战士，连伤病员及贫农团积极分子或其家属共50余人。白宪文当时参加土改，手擎机枪，掩护原太行区党委组织部长何英才（将走未走）冲出来了。木子店区委书记廉希圣从县委回任家垮，遇见暴乱，还大喊"我是廉希圣"，被敌人追了几里地。

暴乱波及黄冈三里畈区，毛家乡国民党区分部书记欺骗群众二三百人，企图捕杀我区委书记蔡云生和区长温英，两人一面手持冲锋枪准备自卫，一面向群众喊话宣传，才将其瓦解。后抓住打锣召集的人，追出后台惩办。三河口也有骚乱，乡保队得乡长（陈家垮人）女儿情报，袭击陈家垮附近的蒋家垮我工作队，队长王振德牺牲，炊事员被俘，刘佩英（女，振河爱人）等同志突围。郑家贤等人暴乱前派人向滕家堡送信，要求同时起事，被我截获。大河岸区有少数村暴乱，杀我工作队员二三人。

暴乱后，郑家贤等人进一步威胁群众下水，将乡保武装扩大到300余人，分郑家贤、徐庆澜、雷振武三股活动。四十八团一部，会同县大队"进剿"郑部200余人。在寺基山歼30余人，余滚下崖逃脱。后又偷袭我县大队，被发觉，追击至阁家河分散逃往宋埠。

僧塔寺区，部队路过时对两家大地主打了土豪。匪徒也在此时唆使陈新民出头拉起乡"自卫队"100余人，上山打游击。四十八团二营"进剿"半个多月，因耳目不灵，捕捉不住，缴获很少。区委书记陈家瑛等，在盆地不能立足，只能在西北大地坳一带活动。这样，在大别山主脉南侧建立根据地的计划，就基本落空了。

这一重点计划失败，使我焦虑，感到将来对付围攻，后方很不巩固。但当时未能深刻总结东义洲事件，也就不能采取有效的补救措施。我和克文、毓淮于11月12日在台子垮和麻东县委一起总结这一惨痛事件时，县委得出5条教训：1.封建势力强大，乡保统治、宗族势力和土匪武装三者结合；2. 打土豪分浮财刺激了敌人；3. 利用保甲反被利用；4. 领导麻痹；5. 军事行动右倾。我们同意这 5 条，但我强调了群众路线问题，说接触群众的面太窄，依靠的积极分子在群众中孤立。这是从工作人员的素质去找原因，没有看到真正的原因是策略方面，没有看出策略不对头，群众路线就很难走。在地主力量强大的地方，毫无妥协、迂回和分化；相反，打土豪树敌过多，使广大群众更加惧怕报复，只有极少数人敢接近我们，多数被欺骗裹胁，终于出事。此时恰遇中原局常委、民运部长刘子久同志巡视到麻东，他调查研究之后，说他的"初步感想"，主要原因是利用保甲。这使群众不敢接近我们，而我们反而被保、甲长所麻痹，以至出事。我们认为到新区利用保甲难以避免，而没有就他的思路，着重考虑策略问题。以后当段君毅同志问我对新区利用保甲的看法时，我说未建立基层政权前，对甲长几乎天天利用，我们不能挨家挨户去要粮，保长跑了，否则我们也只好暂时利用。

随着我县、区武装的扩大，干部逐步增多，区政府逐步建立，我控制区域逐步展开。6 个县最多曾建立 43 个区：罗田 9 个，麻东 8 个，麻城 5 个，黄冈 8 个，新洲 5 个，浠水 8 个。11 月底，白崇禧组织 33 个旅向大别山进攻。不久，整编七师即进驻浠水、罗田、麻城县城。这是强敌，和四十八师都是桂系主力。抗战期间，七军（整编前番号）军长张淦，长期住滕家堡，与我五师体学部摩擦。这两个师熟悉大别山，擅长山地作战，而张淦已任兵团司令，统一指挥。1947 年 12 月至 1948 年 1 月，浠水县浠罗公路以东的白石、关口、鸡鸣等 5 个区，罗田的骆驼坳、宜林庵 2 个区，我难以立足，基本退出；大河岸区、黄冈的回龙山区、新洲的潘塘区、麻东的阎家河区、麻城的福田河区，均完全或大部沦为游击区。这样我们实际能全部或大部控制的，仅有 31 个区，约 70 万人口；其中还包括上述有乡保武装游击的僧塔寺和木子店两区。分田的区域约 20 万人口，打土豪的面即宽得多。土改和打土豪，都有侵犯工商业和侵犯富裕中农的问题。

除了打土豪、分田地中的偏差，还有杀人过多（可杀可不杀的也杀了及杀错）的问题。10 月间，滕家堡区就发生一起乱杀事件。国民党某保长带保"自卫队"（当时通称小保队）杀害贫农团长，后保长及队员 12 人被我所俘，工作队队长（北方大学学生）不是只处决保长一人，而是把他们都杀了。县委准备开除队长党籍，因如上述，他截获串联暴乱的信件，将功补过，只撤销职务。地委没有从这个事件吸取教训，请示上级规定杀人权限和手续。因此，在东义洲暴乱和宋埠战斗（12月3日）、上巴河战斗（12月23日）后处理俘虏时，均有杀人过多的现象，其他则零星发生。反"扫荡"中，还杀了一些可以不杀，而当时不敢放的案犯。杀人共计200人左右，不包括十八旅在宋埠处决的。其中属多杀和错杀的，地委曾查过一次，认为有20多人。事后看不只此数，但不超过四五十人。

总体来说，农民亲自经历1927年以来20年反复的、残酷的斗争，看到解放有望，愿意帮助我们党去争取胜利，情绪是高涨的，由踊跃参军现象即可证明。但他们尚有顾虑，不接受我们打土豪和急于分田的做法。我自己没有创造典型，又没有深入总结经验教训，因而失去有利时机，使地主、富农结为一体，从惊慌失措转入组织武装，经我打击或歼灭的，又重新组建，顽固抵抗。

上述12月3日的宋埠战斗，乃十八旅旅长萧永银发起，率五十二、五十四两团（五十三团分遣到军分区，团长蔡启荣，政委李振宇）及十七旅四十九团，在蒋军重兵围攻的情况下，抓住其主力整编第八十五师西移之机，全歼麻城保安团8个中队；俘国民党县长罗维建（文郎）和县、乡、保武装人员（不少是被抓来的壮丁）及逃亡至宋埠的乡、保人员和地主、恶霸等2000多人；当即处决罪大恶极分子及保安团排长以上骨干60来人。麻城、麻东两县领走俘虏去清查处理。麻城县委处理慎重，而麻东处决了班长以上骨干。

当时我过宋埠，和任定一到西张店附近，向县委了解麻西情况，向区委书记程孝候同志了解其发动群众的经验。在那里迎接张体学和张珉等同志。张珉从晋察冀带来20多名干部（王泽江、李方炎、唐振华、石源、白林等），区党委将其分给五军分区，只他留下任副专员，参加地委，并兼浠水县委书记，接替胡仁。胡仁在调往区党委途中负重伤牺牲。

同月23日，体学、毓淮率四十八、五十一团及黄冈县大队，奔袭上巴河，歼4个保安中队和7个乡武装400余人。但王克夷很狡猾，在得知我军于贾庙集结后，便作准备，在战斗打响前溜了。王克夷是贾家庙附近人，积极反共多年，血债累累。此外，新洲县大队曾击溃几个乡的"自卫队"，一度占领新洲。

至1948年3月5日敌开始"扫荡"前，4个县的国民党县、乡保武装约有

4000 多人，其中黄冈约 1500 人，麻城 1200 人（原人数超过黄冈，宋埠覆灭后，未恢复），罗田 500 多人，浠水 800 多人（驻守正规军较多，我之力量较弱）。至 6 月国民党"围剿"部队主力开始撤走，4 个县国民党地方武装约 6000 多人，其中黄冈 2660 人，麻城约 1800 多人，浠水约 1200 人，罗田 600 人。这是我们创立根据地的主要障碍，也是打土豪和急性分田的严重恶果。

（五）纠"左"和准备反"扫荡"

1948 年 1 月 2 日，体学、毓淮率四十八、五十一两团在何家寨包围七师 1 个营和浠水县绥靖团蔡以尧部，共千把人。入夜该营连发照明弹，我军难以看清目标，撤出战斗。当时情报，对方是青年军 1 个营，所以部署围死，如查明是七师，会留一个口子，等突围中歼灭。接着，军分区电台收抄了毛主席《目前形势和我们的任务》全文的广播。那时我在黄冈县委，和他们一起学习毛主席文章，我注意到主席强调团结中农，提出如果中农不同意分田办法，应向中农让步；也注意到主席重申土地法大纲保护工商业的规定，并将工商业者解释为独立的小工商业者和中、小资本主义成分。我认识到前一段我们在这方面有错误，应该纠正。但对整个错误严重程度估计不足，没有敏感地看到这是政策大转变的开端。因此，当区党委书记段君毅和子厚来麻东，于 1 月 21 日至 24 日在夏家塆（军阀夏斗寅家）召开全县干部会议时，我只是强调保护工商业和保护中农，没有提出地富顽抗、我们需要改变策略这一日益紧迫的问题，并且缺乏得力措施，会议对麻东干部批评过多，有消极影响。

那年的春节是 2 月 9 日。春节后不几天，体学调独立旅任旅长，鲍先志为政委，准备渡江。五十一团调五分区，接替五十三团调独立旅。邹国厚接任四军分区司令员。这以前，区党委、军区已先后派王进前、王树成、杨劲 3 位同志充实分区和地委。大体记得进前来得比体学晚一点，是 12 月下旬或 1 月上旬，开始只任政治部主任，以后参加地委。树成是 1 月下旬或中旬到地委，先任民运部长，后任宣传部长，参加地委。杨劲 9 月在但店区某村任工作组组长，夏家塆会议以后不久，升任副司令员，参加地委，兼麻东县委书记、县大队指挥长、政委，任爱生和赵天云都转为副职。

2 月下旬初，地委接区党委两次来电，前后相隔只一两天，得悉两件大事。一是中央提出新区一切尚无基础，土改应分两个阶段，需 3 年时间完成，先中立富农，照顾小地主，尔后分配全部地主的土地和富农出租及多余的土地。二是第三、第六纵队撤到淮北休整补充，以便集中主力作战，大别山要迎接残酷"扫荡"。当时军区要求各分区适当集中县大队兵力，充实或组建主力团，方案自定报批。不久又指示"县不离县，区不离区"，但可以按地形几个区组成游击集团，就地坚持。我们理解，不离县区并不是绝对的，情况不许可时，总可以跳出去再回来。

面对这样大的转折，我集中注意于准备反"扫荡"，没有去着重思索过去错误的严重性，没有意识到充分估计错误是正确部署反"扫荡"的基础。反奸分田应当分阶段进行，"一锅煮"是急性病，回顾历史经验，这一点我很快醒悟了。但是，既然我们违反群众要求和客观规律，错误就是严重的了，这一点感觉到了但未进一步思索。当时我对敌情有盲目乐观，对群众基础也有盲目乐观。我想主力撤离必然吸引国民党军一部北上，没有料到白崇禧宁可屁股被打烂，也要坚持争夺大别山。我想强敌压境、地主还乡，会出现三种情况：一是很少村庄团结一致帮助我们；二是有些村庄只有少数积极分子给我们送情报、供饭吃、掩护伤病掉队人员；三是不少地方我们全然得不到这种支持，只能带出少数积极分子加以武装。我对以后全区几乎完全变成最后一种情况（除大崎山 4 个保外）根本没有料到，因此整编部队的方案很不彻底。起初毓淮提出：彻底整编为 2 个团，各县留精干武装就地坚持，地方干部基本集中。事后看，采取这个方案，可能减少许多损失。另一方案是编 3 个团。正在举棋不定，军区来电要"县不离县，区不离区"（我记得是大军区指示）。地委、军分区决定：先以县为单位整编，然后黄冈、新洲合并，少川任书记，罗田、麻东不合并，但组织工委由杨劲负责。执行结果，罗田编了 3 个基干连，留滕家堡区干队为武工队；麻东编 4 个基干连，区干队合编为 3 个大区干队作武工队；浠水整编 2 个基干连，大部分地方干部集中和部队一起过浠罗路东宽广地区活动；路西留 1 个武工队，由组织部长崔廷智、副县长刘浩领导，在团陂活动，归黄冈县委节制。浠水县大队于 2 月 21 日协同开往五军分区的五十一团打团陂的一个县保安中队和乡"自卫队"，因王克夷增援未克。黄冈、新洲未整编，而敌人打过来了。整编部队不彻底，未能避免本可避免或减少的损失。

区党委当时还部署了纠偏的一些工作，四地委已经来不及贯彻执行了，反"扫

"荡"结束才陆续做这些善后工作。

三、反"扫荡"中坚持斗争的胜利与严重损失

（1948年3月5日—6月11日）

（一）撤出黄冈、新洲、浠水及胡家坳、潘塘（包括李婆墩、熊家铺战斗）、望江山战斗

敌之"扫荡"部署，因我第三、第六纵队已集结大别山北麓，先从南部下手，以七师、四十八师、二十八师3个整编师之绝对优势兵力，进攻我四、五分区，张淦率兵团司令部在宋埠指挥，力求歼灭我之有生力量，至少是赶出不能回来。

敌"扫荡"四军分区的第一阶段，事后了解目标是白果、黄麻坳、三里畈一线以南，使用四十八师一七六旅，于3月5日占潘塘，立即连续3次"围剿"上述地区，大体上到3月底告一段落。

记得我到大崎山去传达形势严重和纠偏问题，并整编部队，已是3月2、3日。商谈黄冈、新洲两个县先分头整编武装、然后合并双方都同意地委决定。进先赞成由少川任合并后的黄冈县委书记，但对他本人回地委提出自己身体不行、难以转移奔波的现实条件，要求合并后就地隐蔽。我同意考虑，由地委再作决定，他立即回去，商定整编两个基干连、两个大区干队，但未具体整编。黄冈摊子较大，方案未最后确定，而6日敌分路从北向南压过来，我和彭超、漆少川，带县大队和淋山河区干队（队长梅建民，政委林达）、百福寺区干队（政委陈燮南），黄昏被压到淋山河西南的古城寨。当晚敌主力驻淋山河及以北。有人提议找船渡过一个小湖和举水，以免被敌歼灭。当夜下雨，道路泥泞。我们认为敌发现我集结在此的可能性很小，决定休息一天，万一敌人进攻，以一部依托东面的河堤抵抗，掩护退却。7日，敌搜索部队未到河堤即回淋山河。当晚，部队从淋山河以北敌人驻地2公里的空隙钻回山地，留陈燮南带小股武装在原地活动。我和他们又一起活动两三天。看到许多村庄对广西军并不"跑反"或稍微"跑反"，立即维持，觉得情况不妙。大约是10日晚，我和警卫员阎玉平、饲养员岳贵堂回地委，坐骑存农家（后被敌搜去）。

临分别前，我嘱咐彭超，实在坚持不了就向分区靠拢，允许他们离县。我走后不久，15日漆少川、彭超、张起3人在将军山开会决定：彭、张带县大队到麻城龟山，向军分区靠拢，以免被歼；漆带手枪队隐蔽坚持。彭、张带县大队行动被尾追，在李家坳遇敌截击，一连（即分遣之四十八团二营四连）掩护打得很英勇，连长苏过才牺牲，全连殉难。张起带少数战士从沈家山、李家山之间翻山到狗皮崖村后树林隐蔽，后经贫农团员（外号"大炮"的）与少川取得联系，3月17日（一说是16日），彭超在项家河牺牲，两个连被打散。这时当地战士跑回家中或在家附近隐蔽的很多。黄冈县大队从820人减员到100来人，分散数处，不能集中。新洲从640人减员到85人，留四十八团分遣的1个连余部及1个小手枪队。事后看，我回地委应把黄冈县大队及能集合到一起的部队和地方干部带走，跳出圈子。但我拘泥于不离区、县，认为还不到无法存在的时候。这种主观主义导致重大损失。

我回到地委，开始感到前一段盲目乐观的严重后果。当时麻东、罗田县委建议把村积极分子集中起来，发给枪支，地委同意了。

敌进攻黄冈、新洲两县得手，大约4月初转移兵力北向，"扫荡"进入第二阶段，目标是英山、罗田、麻城3个县县城以北、大别山主脉以南地区。

此时黄冈方面，王克夷在胡家坳他老家附近修筑碉堡，准备搜山。4月初，邹国厚同志因病调回军区，体学渡江不成，回四分区继续任司令员。参加独立旅的皖西三十七团，调来四分区。三十七团团长陶怀德、政委张洪升、政治主任田开荣，两个营，六七百人，一时尚未到达。当时体学认为胡家坳修碉堡是个战机，提议跳出去打，吸引向北"扫荡"之敌。大家意见一致。大约4月9日，分区带四十八团从木子店附近出发，不久即与郑家贤（他在宋埠漏网，一度逃至汉口，又潜回拉起武装）部遭遇，当时他企图袭击从邓家山一带北移的木榄河大区干队。体学、耀光和我在前卫连后，当即上山观察战斗。白万顺摊出地图，和3位警卫员卧在坡地。我们发现南面山下的塆子有敌人，体学命军分区警卫连出击。木榄河区委书记谭申平当时是大区干队政委，误认为山下是他派出的人，跑过来嘱咐不要打。该敌撤走，留下一射手在稻草堆后，连发两弹，后一弹贯通我左右大腿后，中白万顺左腰。幸好左腿伤处不深，右腿很浅，白万顺的子弹取出，前面还牺牲一指导员，其他无伤亡。部队因此停留。我带一个班、一副担架，由王子丰医务主任护理。他曾于1947

年9月下旬为何耀榜截膝下双肢，手术很成功。我们转移到木樨河西的个小塆子不动，部队继续出发，体学告五十一团前来援助。在五十一团协同作战下，奔袭得手，11日上午全歼该保安大队400余人，缴获步马枪400余支、机枪若干挺，摧毁其碉堡，王克夷畏罪自杀。此战粉碎了地头蛇王克夷搜捕我分散隐蔽人员的计划。同日（一说10日），新洲县县长刘天元因叛徒告密被俘，他毫不屈服，押至宋埠后被车裂，英勇就义。刘天元同志1927年即参加革命，在那一带声望仅次于漆先庭同志。不久，漆先庭的独子漆林（当时很小，现湖北省计委主任）和易鹏的女儿又被乡保队抓去，万般勒索。情况好转后，交换俘虏并交一些赎金，才救回。

四十八团北返后，三十七团4月20日左右到军分区。体学又提出这两个团转到麻西，会合麻城县大队，渡河突袭潘塘，然后经大崎山，渡巴河从团陂或其以东转回。对此方案，我和大家都很犹豫，经他说服，大家同意了。他建议我此次随大队，我觉得此番作战需高度灵活机动，怕成累赘，仍带该班留下。打潘塘大约在5月2日凌晨，是100多里外奔袭。潘塘居高临下，地形对我不利；有广西军一个排和乡"自卫队"依托碉堡工事固守；夜间下雨，行军缓慢，发起战斗较晚，因此，拂晓前未能全歼守敌。周围据点又近，只好撤出战斗，尔后被敌尾追，在大崎山的李家山接火。摆脱敌人后，把陈居江、张若谷带的新洲干部及四十八团分遣的县大队1个连余部和张起带的黄冈干部带走。5月4日到李婆墩又被敌截击。四十八团三营为后卫，伤亡二三十名，其中阵亡的一位排长，群众就地掩埋，墓旁长出一西瓜，群众说吃了能治病。营长张慎同志负伤，破坏机枪后被俘。教导员周礼带该营北返。张慎被押到南京，1949年春南京解放，他才出狱，当年夏从南京乘江轮去重庆归队，事先相约，我在黄冈码头见到他，安慰勉励。因被截击，军分区在李婆墩未能架起电台，接不到军区关于四十八师两个团正赶向熊家铺堵击的通报。加以行军未及组织好，速度不快，以致5月5日晨遭堵击。战斗打响后，大行李和黄冈、新洲的部队、干部，包括张起、张若谷、陈居江等，由王进前主任率领从西绕道北上，未受损失。麻城大队由白宪文率领，从东绕道北上，损失很少。四十八团一面抗击，一面组织部队向侧翼转移，脱离危险区域，三十七团跟进，主力终于安全北上。此次战斗，伤亡比李婆墩少，但零星掉队人员两三天后才归队完毕。郭欠恒收容各单位失散人员七八十人，内有伤员数人，将战士编为4个战斗班,有机枪两挺,干部有王扶民、张建材、王建章等 20 余人,编为 1 个排。编成后,郭欠恒率他们经龟山到金寨境内,转向双庙关与麻城县委及分区会合,前后不到一星期。熊家铺战斗后,我第二次与地委军分区会合,伤基本好了,想归队,子丰同志怕功亏一篑,因此仍单独活动。

打胡家坳得手后,黄冈、新洲只是避免了更大的损失,情况并未好转。两县原已在魏家冲开会合并,少川任书记,进先因身体不好,就地隐蔽休息。决定林达带少数人回阳逻,孙侠夫、刘浩带少数人回冈浠,均在江边,是他们五师时代工作过的地方,关系很多,有把握存在。并决定张起、张若谷、陈居江带地方干部和四十八团的 1 个连,寻机北返。如上所述实现了。其他武装人员,组成分散隐蔽的武工队,保持联系,相机集中打击敌人。在前沿的陈燮南武工队在鹅公包、望省亭一带坚持,程志远、欧少伦武工队在旧街方面坚持。贺店区委书记石川同志,虽是外来干部,没有北上,和当地干部林培林等同志,继续联系群众、转变政策、争取乡保人员,在那里"搭窝"坚持下来了。

浠水方面,游正刚率整编的两个基干连到路东后,因原来工作基础太弱,辗转转移,3 月 7 日驻罗田月山。敌七师两个营从罗田出发,和浠、英、罗"自卫"大队各一部,共 1000 多人对其合围。我县大队加干部 300 人,渡河转至望江山,没有摆脱。8 日,只好居高临下抵抗,教导员杨晓泉重伤(后牺牲),牺牲 6 人,即分路突围。张珉找到当时在五军分区的刘子厚同志,5 月下旬回来。游正刚留在五军分区任参谋主任兼作战科长,至 1949 年 3 月归建,仍任浠水县指挥长,於保诚任五军分区民运科长,年底归建;栗栖负伤,在蕲北养伤。崔廷智、吴增训、徐斌(刘浩如上述已去冈浠)领导的武工队在团陂一带活动一个时期,5 月间存在(坚持)不住撤出,先和罗田县委会合,再和分区会合。事后看,如当时请示区党委,浠水县委、县大队暂时归五地委、五军分区领导,向其靠拢,损失会少。

(二)罗田、麻东、麻城沦为游击区

敌"扫荡"四军分区(包括英山)第二阶段使用的兵力,以一七六旅(缺一个团,调去"扫荡"蕲黄广)及一七二旅全旅为主,在敌优势兵力反复"清剿"下,罗田、麻东的地方干部和拉出来的贫农团积极分子(约 120 多人,其中罗田二三十人、麻东近 80 人、麻城 20 人左右),都只好全部集中,和县大队一起打游击。这 3 个县

的武装和地方干部各自形成游击集团。加上分区主力四十八、三十七团，共 4 个游击集团。当时主要是躲开敌之合击，无法集结力量、寻找弱点作战。而弹药无从补充，亦不敢放手打仗。大约到 5 月中旬，敌感到设据点我无力拔它了，一七六旅就分遣到僧塔寺、滕家堡、木子店各 1 个营，结合当地乡"自卫队"，进行"清剿"，搜捕我分散隐蔽人员，挖我埋藏资财。分区后方的重伤员，和第六纵队北撤时不能长途抬走的重伤员，在"扫荡"以及"清剿"中，大多被杀害。

此时，离区、离县、离分区甚至离军区已经难以避免。我和子丰带一个班，就曾连续遇敌，只好找没有敌人的方向走，转移到金寨、英山、太湖，遇见子厚同志和张珉，于 5 月下旬与分区会合，离开集体半个月。罗田县委和县大队，于 4 月底就被打成两半。姜一带地方干部及积极分子，和金寨西部同志会合，一起活动几天，又和他们分开并南下，5 月下旬碰见我，一起与分区会合。郑铎带县大队（树成随行），和金寨东部武装会合，一起活动一段，后又和他们分开，于 5 月底回来。麻东在杨劲、赵天云率领下，没有失散，在商城、金寨南部、麻城北部辗转活动。反"扫荡"前组织的罗麻工委，未起作用。麻西方面，非敌"清剿"中心，但也得不断转移。教导团侦察工作较好，活动比较灵活，没有走出多远；他们收容地方干部多人，加以保护。

5 月底，4 个游击集团和教导团均在商城长竹园附近这个空隙，相距不太远，且与军区接近易取得联系。军区指示整编部队，将罗田、麻东两县大队合编为十团，团长为郑铎，政委傅甲三；麻城县大队与第六纵队教导团合编为十一团，团长于振河、政委张振兴。地委将各县地方干部及积极分子集中组织教导队，脱产干部为一队，积极分子为二队，学习政策、总结教训，做群众工作。这时军区首长曾召集军分区和四十八团领导同志开会，解决团结问题。因为对潘塘、李婆墩、熊家铺等战斗的组织指挥，团领导有意见。而在严重的战斗环境中，未及充分发扬民主加以沟通，这就有自由主义，产生某些误会。会议临时发起，我在县里，没有参加会议，回来碰见王树声司令员正和体学争论此问题，知道会议没有开好。军区还命令将四十八团番号改为十二团，五军分区的五十一团改为十三团，三十七团番号未动。引起四十八团某些同志的思想波动，做工作后，大体安定了。

5 月 9 日，中央改组中原局，成立中原野战军，原来两个野战军的 10 个纵队变成统一建制，连打胜仗，而粟裕兵团又于 5 月 3 日渡黄河南下加入中原序列。这时，蒋介石、白崇禧再也不能不顾其屁股了，6月初开始从大别山调出兵力，僧塔寺、滕家堡、木子店3个"驻剿"营撤退，敌人"扫荡"四军分区的第二阶段结束了，也就是"扫荡"结束了。我们胜利地坚持下来了！我军分区部队整编后先将教导队的老弱干部五六十人送往淮北，于6月12日回攻木子店，乡"自卫队"逃跑，这是四地委工作一个新的转折点。

但是，这时大别山主脉地区已是游击区了。乡保武装仍然严重威胁群众，无人敢给我们送情报让我们去消灭他们，打土豪、分田地的果实已被倒算。干部积极分子中，对过去的严重错误，有许多的怨言和各种看法，总结经验教训成为当务之急。如何执行新的政策，如何处理过去工作的善后问题（包括反倒算），极为复杂，需要认真研究。

（三）部队与地方干部的严重损失

建立四军分区的兵力，如果撇开五十一、三十七两团不计（因他们中途调出），只计算五十一团分遣的3个连，即数目大体是2000多名：坚持大别山40余名；分遣720名；四十八团尚留6个连加团部约900名；收容野战军掉队人员，扣去五十一团收容的不超过200名，教导团支援分区10余名，后来编入120名。1948年底分区统计总兵员是2030名，加四十八团打徐古部队阵亡约10余名（伤亡共40余人），共2040余名。6月至12月基本无补充，因此可以判断：我们从近2000人发展到4000人，反"扫荡"损失2000人。

地方干部损失，比部队严重。四地委初建投入干部为380人左右，已如上所述。"扫荡"前发展到560多人。现存的《四地委干部损失统计表》（1948年12月1日登记，有姓名、籍贯、职务等），除去军事干部，地方干部牺牲140人、失踪81人（估计大多牺牲）、被俘60人、投敌3人，共计284人。而同年12月10日的《四地委地方干部简历登记册》，当时干部总数231人，带出的积极分子不计算在内。6月至12月，地方干部也基本没有补充。加上送淮北的老弱五六十人，即保存干部数为两百八九十人，大体与损失数相等。两者相加，与560人总数大体符合。这就是说，大"扫荡"损失了一半干部，而保存数仅占原投入干部数的70%多，不如部队保持原数。何况刘天元等许多干部的损失，是无法弥补的。在麻城，干部损失较少，比例低于其他县，这与郭欠恒同志和县委掌握政策较稳当有很大关系。当年底登记尚随我工作的积极分子38人，其他在登记前因情况好转陆续回家了。从投敌数量很少看，大别山的干部是坚定英勇的。

总之，我们取得了巨大的胜利，坚持了斗争，度过最严重的时期，初步实现了毛主席所预计的最好可能，"付出了代价，站稳了脚"。敌人再也无法把我们赶出大别山了。但是，这个代价，在四地委是很大的血的代价！为人民事业而献身的烈士们，将永垂不朽！

代价过大，有种种原因，而我的错误，是一个重要因素，对此虽事隔多年，仍深感内疚！

四、总结经验教训和建设游击根据地

（1948 年 6 月 12 日—1949 年 3 月 24 日）

（一）地委和各县主要领导干部研究经验教训和今后任务

我和地委、军分区会合，看到 5 月 24 日中央发出的《新解放区农村工作的策略问题》。其中提出新区先实行反奸、减租减息和合理负担，待战争推向遥远区域，才分浮财和土地。思想更受启发，回忆当初群众的呼声，"你们站稳了，我们再分田"，乃是千真万确的。

中央还指出运用抗日初期经验，使我回想到离开太行时未及谈论创建根据地的历史经验。抗战初期，我们集中力量打击汉奸，结果很快站住了脚，建立了政权。但当时减租减息未实行，群众未发动，根据地是不巩固的。以后发动农民实行减租减息，根据地巩固起来了，渡过了种种困难。像我这样从城市到农村、原来不了解农民的知识分子，此时有了一些进步。因此，对发动群众削弱封建的重要性，印象是非常深刻的。而另一方面，对初期不去刺激地主的经验，却淡漠了。这就是我当时对"急性土改"没有抵制，碰了钉子不能及时正确总结教训的原因。我还回想到，反"扫荡"前接到华北冶陶会议的通报，感到从太行出发前已有"左"的苗头，以后大为发展。北方干部带此思想南下，不尊重原来新四军五师地方干部的成功经验，以致发生各种恶果。

6月中旬，地委和各县主要负责同志，在略为稳定、仍需不断转移的空隙中，开始研究过去的教训和今后任务。地委经常参加的有克文、树成、张珉和我。各县同志有姜一、刘敏、任爱生、张若谷、张起、崔廷智等。6月14日，我在上马石祠堂（木子店北）讲了《今后我们的策略任务》，后又讲了《过去错误检查及今后方针（自我反省）》，大家认真议论（以上两件记录，均在湖北省档案馆）。

当时一致认识大体是：1.把过去创建根据地经验丢在一边，过急创建，欲速不达；2.对大别山形势和干部力量估计过高是骄，对无后方作战困难急于克服，对群众恩赐命令是躁，两者都犯了；3.以贫农路线否定过去五师经验，华北后期的"左"没有批判；4.今后形势会逐渐好转，但不能过高估计；5.今后任务是坚持游击战争，首先创造隐蔽的游击根据地，减租减息只能准备条件，一切为了消灭和瓦解土顽（即国民党乡保武装），一切为了建立歇脚点（对伤病、掉队、交通、侦察人员而言）；6.对侵犯过的中农、工商业者，杀错、打错的人，斗错的有功开明人士等，应诚恳地、无条件地承认错误，并适当善后。

（二）滕家堡战斗及转两个大圈子

正准备发动教导队全体同志总结教训、研究今后工作时，发生了滕家堡战斗。6月21日，驻罗田敌七师一七一旅五一二团，派1个加强连，会同罗田县"自卫"大队长徐国伟率其一部，向滕家堡进攻。当时我十二团（原四十八团）、三十七团、十团集结在滕家堡河西及河北，在敌来路放排哨。前哨接触后，体学指挥我军迂回将该连包围歼灭，击毙徐国伟，县"自卫"大队脱逃。陈新民部亦从僧塔寺西进策应，看见打响即撤回。我们用棺材收殓徐国伟，转送回罗田县城，影响甚大。

战斗后，七师进行报复作战，以3个团合击未遂，又留2个团追击，被我摆脱。我东向九资河、英山金家铺，转到金寨前后畈回来。这是绕天堂寨的第一圈。回来侦知敌北进，估计仍是报复性质，又转第二圈，两圈共费时1个半月，8月初到罗田白庙河以北。后来地委、军分区讨论中央反无政府无纪律的指示时，部分同志顺便提出第二圈可以不转，当时在罗麻避开敌人的空隙还很多，不转可以争取20天左右休整、训练部队，组织教导队进行学习。

转第二圈中，在英山张家咀，因太热太累休息4天，几乎受敌两个团合围。本来第5天就准备走的，预定5时吃完饭出发。3时许，侦察班从南面回来，说无敌情。其实北进之敌1个团就在他们后面。随即接军区紧急电报："敌两个团拂晓合击黄栗杪"（张家咀以北不远，金寨边境）。我们立即集合，提前出发。渡河上东山，天已亮。蒋军同时到西山，见我已跳出，士兵均躺下喘气，双方都未打枪。在白庙河以北，军分区和十二团领导同志在一起开会，准备解决上下团结中的遗留问题，事先未酝酿成熟，仅交换意见，没有做总结。

（三）区党委扩大会议和两个半月的善后工作

白庙河会后，我提出尽快与黄冈县委少川和进先等同志联系，地委、军分区同意。大约8月上旬末，我和李耀光、张岱松，带十二团1个营（似乎是二营，营长梁柏）去大崎山。张起回县，仍任县委副书记，李本松去取财政科在大崎山存放的银圆，与我们同行。过黄土岭，乡"自卫队"20多人逃脱，进屋其茶尚热，可见其麻痹。当晚住在大崎山北麓，派人找少川、进先。第二天到李家山，进先、少川、先庭、少怀、石川等同志谈当地各方面情况，我和张起通报全国、全区情况和中央指示，及地委和各县对过去错误和今后方针的意见。因进先病未好，议定他暂不回地委，继续留下养病。议定县委以手枪队为基础，集合分散人员，重建县大队。同时议定地方工作由张起和少怀负责。随后，他们两人以魏家冲作县委联络点，逐步恢复村支部、农会和村政府的工作，逐步扩大游击根据地。到年底从原隐蔽坚持的4个保（即隐蔽的游击根据地）扩大到18个保，周围尚有可控制的两面政权26个保。县大队不久也组建起人枪60余，余汉卿为指挥长，能在山地活动。我们带一个营在大崎山只住了两三天。走前，少川要求打徐古，因情报未核对，主要是一个营兵力太少，耀光和我均不敢同意。李本松完成任务，保证了以后部队供给。

8月中旬，在木子店以北祠堂铺附近开区、营以上干部会，我代表地委作检讨，个人承担主要责任。鄂豫区党委书记段君毅同志到会指导，事先看了我的检讨草稿。大家讨论，同意地委和我个人的检讨，最后段君毅同志讲话，肯定我们的检讨及今后部署，也代表区党委承担责任，大家积极拥护。会议主要决定：1. 创立隐蔽的游击根据地（黄冈县委未来开会，他们的群众条件好些，不必那么隐蔽），首先建立歇脚点；2. 广泛宣传新的政策，挽回政治影响，应道歉的如上所述认真道歉（以后群众说我们"有个蛮干阶段，有个跑反阶段，还有个赔礼阶段"）；3. 积极剿灭和瓦解国民党乡保武装；4. 在工作中解决忽视五师经验和埋怨北方干部等思想问题，加强团结。教导队从 8 月上旬起,已开始总结教训,研究今后的工作和学习中央指示。到 11 月 20 日结束,前后三个半月,基本上统一了干部思想。

8 月下旬,鄂豫区党委在祠堂铺召开扩大会议,各地委书记分区司令员、专员参加,总结经验教训,部署今后工作。大会后,副书记刘子厚同志召集四、五地委联席会,作了报告。会议中,军区决定调走三十七团及杨劲。大约过了个把月,克文亦调离(徐觉非早已调离),专署工作张珉负责,克文 5 月底就调行署,仍兼专员,至此不再兼。

经过 8 月半到 10 月底两个半月的善后工作,情况已有相当好转。但罗麻山地创建游击根据地的局面尚未打开,仍处于游击状态。地委在 11 月 1 日《如何打开局面》中分析:1.国民党主力,除七师四一二团外,已全部调走,敌情大为减轻;2.政策的转变已有相当广泛的影响,"除少数首恶和倒算分子以外,地主富农多数已经大体上去掉对我们的顾虑"(当时多数地方是敌来群众即主动退果实,我们认为这不算地主富农倒算,只有少数胁迫群众者才算倒算);3.土顽尚未肃清,乘隙窜扰,有的与我妥协;4.因恶霸地主组织土顽,群众负担大为加重,如黄冈毛家区每户中农半年已出 40 块银圆(这是比较重的,一般要少些);5.我之胜利已成定论,迫使每个人考虑前途,对土顽应以瓦解分化为主、军事打击为辅;6.根据麻城县委已经创立一些优势游击区、可以比较稳当地安置伤病员的经验,提出先创建优势游击区的任务。

9 月中旬,军区组织黄冈、麻城边境战斗,王树声司令员亲临指挥。军区教导一旅 1 个团奔袭李世塆的麻城夫子河乡"自卫队"。分区十二团奔袭徐古。军分区和十二团黄昏从黄岗庙出发,夜行 110 里。拂晓包围。教一旅出动的,即分遣五军分区的第六纵队十八旅五十三团。四军分区调五十一团到五军分区后,该团到独立旅准备渡江未成,调军区。他们攻击得手,摧毁碉堡,歼 200 余人。十二团拂晓发起攻击,发现有一正规连,因长期行军、雨具破旧,许多炮弹引信被淋湿失效,未能摧毁街心堡,撤出战斗,伤亡 40 余人。

(四)两期政治攻势与释放徐庆澜

11 月 1 日布置对土顽以瓦解分化为主,不久又明确提出七分政治、三分军事。因效果良好,12 月初正式布置政治攻势,为期一个月。因桂系集中主力,四一二团于 11 月上半月乘汽车调走,我乘机打乡保队,连战连捷,这为政治攻势创造了有利条件。1949年1月6日，地委总结政治攻势，认为粉壁坳以北已初步形成罗麻边我占优势的游击区。接着布置为期40天的第二期政治攻势。此时国民党集中乡、保武装，组织联防，改编为绥靖团的营、连。

1948年12月下旬，捉住徐庆澜。根据群众反映，前去袭击该敌，将其打散后，军分区侦察排在徐庆澜的姘妇处搜出本人。此人参加东义洲暴乱，有十几条人命，民愤极大；但当时有动摇表现被捉住不久前曾对人说："如果共产党抓住我不杀，我也可以给他干。"麻东同志坚决要求公审处决。为加强政治攻势，地委说服他们，在徐庆澜向张体学司令员答应不再抗拒并努力瓦解部下的条件下，将其释放。赵天云、丁连三（麻东县县长）率一个连带他宣传半月后，放了他。他到麻城县城，捎话说部下不听劝告，难以瓦解；后去汉口，未再与我为敌。此事影响甚大，且波及外区。不几天，黄英手下的几个乡长，派某乡长的妻子到僧塔寺军分区驻地，接洽相互妥协，他们答应为我方活动提供方便，要求我方保证在大军来到后免予惩处。因我们对当地情况不了解，她也不是当事人，谈不具体。当即电告军区转一地委，找某乡长等接洽。对释放徐，当时有争论，事后也引起些错误理解，1949年3月22日，地委从三里畈发出《关于策略问题给各县委的指示》，予以澄清。

（五）四十八团归建与分区改组

淮海战役结束，为准备渡江，四十八团于2月中旬末归建。在此以前，1948年12月中下旬，军区将四十八团政委张志调走。当年年底分区于僧塔寺附近，开十二团与分区直属队连以上干部的民主大会。经过动员，大家畅所欲言，对分区领导提出批评。体学、毓淮和我均作检讨。对体学的检讨反映很好，上下团结无间。对我的检讨反映不如毓淮，但也通过。

与四十八团归建同时，军区改组军分区。调体学到军区独立师任师长，一军分区第二政委寇庆延任师政委。调王毓淮、傅甲三、于振河及四十八团教导团余部到第六纵队归建。派赵鹤亭任四分区副司令员，派陈孝任副政委。进前和我未动。

（六）县联席会布置支前

不久，区党委召集会议布置支前。我于2月底到商城参加，城里已是一片支前气氛。会议还传达中央关于迎接胜利，警惕捧场、防止骄傲、团结民主人士、克服民族自卑感等重要精神。我接受任务，回来即于3月4日在祠堂铺召开各县委联席会传达布置。当时已明显看出，大军过境，江边的城镇将归我控制，平畈丘陵地带的国民党乡保武装可望消灭，而山区的国民党乡保武装一时难以消灭；将出现他们在山区打游击，而我们控制平畈丘陵的"换防"局面。会议提出：1. 要积极从各方面准备迎接新形势的突然变化，全力支前；2. 现在的蒋占区将来突然变成解放区，只好利用保甲完成征粮支前任务，但要注意保护群众利益；3. 克服右的萌芽，防止"左"的复活，进行两条战线斗争。在组织上，撤销了罗麻县委（1948年9月成立，书记任爱生，副书记张若谷、刘敏；姜一因病调地委任干部科长）；恢复罗田县委，刘敏为书记；麻东并入麻城县委，姜为书记，郭欠恒到地委，任爱生区党委撤消；成立浠水县委，张若谷为书记；黄冈县委未动。

军区独立师2月27日成立，3月11日张体学、寇庆延率全师进攻麻城，四十八师一七六旅的五二三团及肥绥靖团逃脱。独立师转向东南，于23日攻克沙河图，全歼黄冈绥靖一团两个营700余人，这对以后黄冈工作迅速开展、支前较顺利，作用甚大。

五、支援大军渡江及黄冈地委成立

（1949年3月21日—5月10日）

3月25日，四兵团十三军（军长周希汉）到福田河一带，我区开始支前。26日，该军解放麻城（未再失守），但先头部队在宋埠附近公路上行进时疏于警戒，遭敌一七六旅伏击，伤亡数百。军分区无法治疗，军区及时派医疗队前来帮助。不久，兵团司令陈赓同志过麻城，召集县委书记姜一、县长梁百朴、县大队全部及附近的地方干部讲话，代表党中央和中央军委，对坚持大别山艰苦斗争的全体同志，表示慰问。我因为路远未通知。十五军过木子店，我得悉连夜赶去，与军长秦基伟、政委谷景生谈至天明。

四兵团过境后，4月6日，地委在白果开会总结经验，准备迎接四野大军。赵鹤亭、王进前、王树成、张珉、张起（代表黄冈县委）和我参加。支援四兵团，虽说努力准备，总是事出仓促，出现混乱现象。会议研究发生原因及克服措施。4月

5 日，四野十五兵团四十三军一二七师攻克黄安，该兵团和十二兵团大部，不久将陆续向小池口至阳逻的江边集结，准备渡江，其中包括浠水和黄冈两县的沿江地带，任务非常繁重。

4 月中旬，我和五地委赵辛初同志一起去开封参加中原局召集的会议，听邓子恢同志传达七届二中全会决议。会议期间，刘建勋、刘子厚找我们两人谈话：1. 接中央决定已成立湖北省委，李先念同志为书记、建勋为副书记、子厚为组织部长；2. 省委决定将鄂豫四、五地委合并为黄冈地委，我任书记、辛初任副书记兼专员；3. 黄冈县大，以易鹏为书记。我们回来已 5 月初，约定分头通知有关同志，在浠水会合成立黄冈地委。

5 月 10 日左右，黄冈地委在浠水开会，正式成立。当时的委员是赵辛初（副书记兼专员）、张国传（司令员）、萧德明（副政委）、汪进先（组织部长）、王树成（宣传部长）、胡广恩（副专员、不久任专员）、易鹏（黄冈县委书记，当时人口 115 万多，不久划出樊口区归大冶地委，人口亦超过百万）、漆少川（副专员）、郭欠恒（公安处长）和我。至此，鄂豫四地委的工作宣告结束。

6 月 16 日，四野十五兵团四十八军，在浠水县大队（指挥长游正刚）配合下，攻克兰溪，歼灭蒋正规军及浠、罗、英 3 县绥靖团千把人，这对 3 县工作的开展，亦起很大作用。18 日，十二兵团克团风、黄州，并渡江。至此，黄冈地区全境解放，但大别山区，仍有郑家贤等国民党乡保武装 2400 人在流窜。省军区派独立三师驻滕家堡，进行"清剿"，至当年底只剩 600 多人，次年春全部消灭。

最后，需要谈一下江西永修县柘林暴动和赣北游击队的情况。中原突围，孙侠夫、黄金标、龙光裕、谭道如等同志先后到江西永修县白槎镇以北山地隐蔽。那里黄冈去谋生的群众不少，可以掩护来往人多，亦易联系。夏瑞金受组织派遣，已去几年，织布为生。夏瑞金 1947 年春回大崎山汇报工作，在马驿被特务扣押。经亲戚保释，并书面声明已脱离共产党始获释。孙侠夫贩布为生中，结识当地小学教师邱才豪。因见邱家门联有革命含义，以口渴讨茶喝为名进去认识的。深谈后，邱才豪提出抗战时在阳新入党，刘青介绍，已失关系，要求恢复。孙侠夫在四地委第一次会议期间向我汇报那边情况，谈到邱才豪的社会关系多、影响好，可能活动当上伪乡长，并请示其入党问题。我告以应积极活动当伪乡长，恢复关系找不到证明人可以按新党员入党，以后查明再说。夏瑞金于 1948 年秋回来汇报，于黄冈边缘山区某村与体学和我见面。他说邱才豪已当了乡长，掌握了武装，如工作顺利，可能拉起武装打游击；邱才豪本人表现不错，但抗战时入党的证明人找不到。我告以积极发展党员，争取群众，隐蔽待机，为武装起义创造条件，邱才豪可以新党员入党。夏瑞金要求对马驿问题做结论。我勉励他安心工作，等以后有条件调查时再进行调查，做出结论。1949 年 2 月 5 日暴动成功。因国民党大势已去，部队迅速发展到 500 多人枪，分区请示军区，给以赣北游击第四（或第五）大队的名义，邱才豪为大队长，夏瑞金为政委。后国民党旧军官王道混入，滥肆扩充到近 2000 人，军纪不好，败坏了部队名誉，且排斥共产党员。部队分裂，我仍掌握三四百人枪的基本力量。2 月中旬，夏瑞金要求派干部，地委无力派出。四野渡江前，四分区介绍四野四十三军王参谋带电台一部，由一侦察排掩护，渡江找夏瑞金和邱才豪。王参谋依托夏、邱大队侦察敌情，向军部报告。黄冈这方面，军分区也派一个连先期渡江，四野派侦察参谋随行，带电台报告情况。王志坚五师时在江南工作过，此时亦渡江到段店一带活动。四野渡江后，该大队又有发展，并于 6 月 7 日改编为四十三军北游击大队，夏瑞金、邱才豪仍任原职。

在结束这篇回忆时，我应当提一下随我南下的警卫员阎玉平（辉县人）、饲养员岳培堂（涉县人），他们勇敢坚定地完成了各自的任务。

事隔 40 多年，我的回忆不一定准确，观点更难免错误，希望继续得到指正。此文于 1987 年 12 月写成后，打印送 33 位同志征求意见。因大家忙的忙，病的病，有的且已辞世，只有王克文、王毓淮、王树成、张志、郭欠恒、张起、任爱生、于振河、赵天云、陈燮南 10 名同志提出书面意见，姜一同志提出口头意见，均已吸收修改。最近又补充了柞林乡暴动和赣北游击队的材料。黄冈地委党史办和档案馆为此文提供了许多宝贵史料。应当说，这篇史料是集体努力的成果。

1990 年 5 月 4 日

原载中共黄冈市委党史办公室等编：《鄂东解放斗争史》，中共党史出版社，1997 年，第 125 ～ 159 页。

回忆鄂豫五地委的战斗历程

◎ 赵辛初① 易 鹏②

解放战争时期，中共鄂豫区第五地委（简称"五地委"）所属蕲春、广济、黄梅、英山4县，位于湖北省东部、大别山南麓、长江北岸。其东接皖西、西连浠（水）罗（田）、南望赣北，习惯称鄂皖边地区。这里历来是军事上的重要战略基地，是具有光荣革命传统的老区。早在大革命时期，黄梅等县就曾是革命势力发展最迅猛的地区之一；土地革命战斗期间，鄂皖边地区先后为湘鄂赣、鄂豫皖革命根据地的重要组成部分；抗日战争时期，该地区党政军民经过英勇奋斗，先后开辟了浠（水）蕲（春）边、蕲（春）广（济）边、蕲（春）太（湖）英（山）边、蕲（春）宿（松）太（湖）边、黄（梅）宿（松）边、黄（梅）广（济）边等游击根据地，成为新四军五师打通军部和开辟鄂南（大冶、阳新等地）、赣北地区的重要前进基地。日军投降后，这块革命根据地曾遭到国民党反动派的严重摧残。留在当地坚持的党组织和武装紧紧依靠人民群众，度过了艰苦的岁月。刘邓大军挺进大别山后，中共鄂豫五地委及所属各级党政军组织在鄂豫区党委领导下，为重建蕲黄广英解放区，又进行了艰苦卓绝的斗争，开创了迎接解放的新局面。

---

① 赵辛初，曾任鄂豫区五专署专员，新中国成立后，首任黄冈专员公署专员。

② 易鹏，曾任中共鄂豫区五地委副书记，新中国成立后，任中共黄冈县委书记、黄冈地委副书记、黄冈专署副专员、专员。

一、大军南下前鄂皖边地区的斗争形势

1945 年 8 月 14 日，日本宣布无条件投降，抗日战争胜利结束。此时，在中共鄂皖边中心县委和鄂皖边指挥部领导下，鄂皖边及赣北地区党组织已发展到 7 个县（工）委；建立了 2 个县民主政府，5 个军政联合办事处；建立了 6 个县总队，所辖武装达 2000 余人。

抗战胜利后，国民党顽固坚持独裁、内战的反动方针，企图独占中国人民血战14 年的胜利果实。他们以受降为名，纠集大批部队，四面包围解放区。此时，盘踞大别山区的鄂东国民党武装配合第九、十战区国民党军队，也打起"受降"的招牌，向中原解放区大肆进攻。鉴于国民党重兵进逼，根据党中央的有关部署及鄂东区党委的指示，鄂皖边中心县委及所属各县党组织于 1945 年 11 月主动撤出鄂皖边地区，开赴礼山（今大悟县）吕王城集结，其所辖武装随后奉命编入中原军区鄂东独立第二旅。

围攻中原解放区的 30 万国民党军队，于 1946 年 6 月 29 日至 30 日全部进入战争状态，准备在 7 月 1 日发起总攻，妄图"全歼"我中原主力部队。为粉碎国民党的"围歼"阴谋，中原军区决定突围。6 月 26 日，中原局和中原军区主力部队向西突围。独二旅奉命向东移动，以牵制国民党军队。7 月 17 日，独二旅胜利完成掩护中原局和军区主力突围任务后，于皖西冶溪河地区会师，次日接到中央电示，即停止东进，并以独二旅党委为基础，组建中共鄂皖地委，继续坚持大别山地区的游击斗争。在此后将近半年的时间里，鄂皖地委及独二旅在大别山区英勇顽强地与敌军周旋，牵制了敌 3 个整编师共 6 个旅，加上 4 个保安团约 5 万余人的兵力，有力地配合了各解放区的作战。在鄂皖地委领导下，鄂皖边地区于 1946 年 7 月后陆续恢复建立了蕲太英浠、浠蕲英罗、蕲宿太、蕲广边等县（工）委。

1946 年秋冬，国民党整编七十二师及四十八师和二十六师各部，在各县保安团（队）配合下，对大别山地区进行了大规模的反复"清剿"。经过频繁激烈的战斗，独二旅遭到严重损失，浠蕲英罗、蕲宿太、蕲太英浠 3 个边县委亦相继遭受破坏。为适应斗争形势的变化，鄂皖地委及独二旅负责人张体学、赵辛初在奉命化装转移之前，于 12 月 14 日在黄梅蔡家垮召集会议，部署了鄂皖边地区的工作，并成立了以易鹏为书记的中共鄂皖边中心县委，统一领导蕲春、广济、黄梅、宿松、太湖、英山、岳西等县党组织和地方武装，坚持鄂皖边地区的游击斗争。1947 年 3 月上旬，鄂皖边中心县委在广济四望山竹林垮召开各县负责人会议，充实和恢复了鄂皖边各县党组织及地方武装领导机构。会议经过酝酿协商，决定增补黄宏伸、郑重、孙超、邹一清、张凤林、何启为中心县委委员；黄宏伸任鄂皖边军事指挥部指挥长，易鹏兼指挥部政委，郑重任副政委，孙超任副指挥长。不久增补王兴发为中心县委委员、副指挥长。中心县委和指挥部分别辖有 3 个县工委、3 个县游击总队：蕲南工委（亦称浠蕲边工委），书记何启，总队长姚广顺；广济工委，书记鲁岱，总队长贺导海；黄广边工委，书记邹一清，副书记蔡琼，总队长马启春。此外，还直属有干仕区委。5 月，又建立了两个县工委、一个县游击总队：黄宿边工委，书记余士钧；蕲宿太边工委及县总队，胡运德任书记兼总队长。

从 1946 年底至 1947 年上半年，国民党正规部队纠集江西保安团、安徽保安五团及黄梅、广济、蕲春等县"自卫队"重点对鄂皖边山区再次进行"围剿"。敌人在重要集镇进驻重兵，在路口小镇设置关卡，同时在经济上对我山区游击根据地实行严密封锁，在政治上强化保甲制度，并采取悬赏重金捉拿地下党及游击队领导人和高官厚禄诱降等手段，企图一举扑灭鄂皖边地区的革命火焰。在一片白色恐怖的气氛笼罩下，活动于深山的地下党组织和游击队处境极端艰难，给养严重缺乏。严冬寒气袭人，许多干部战士仍身着单衣，以野菜野果充饥。面对这一残酷复杂的环境，鄂皖边中心县委及所属工委除留下少数部队坚持山区斗争外，及时率大部分武装转移到沿江湖区，紧紧依靠当地的人民群众，采取分散、隐蔽的游击活动方式，寻找战机，灵活机动地同国民党反动派展开了积极的斗争。1947 年春，中心县委率指挥部武装袭击了广济郑公塔乡"自卫队"，缴获步枪 30 余支。6 月上旬，广济工委率县总队连续袭击了蕲春高家新铺乡"自卫队"和广济仓头埠乡"自卫队"。7 月中旬，黄宿边游击武装袭击了黄梅王家河乡"自卫队"，消灭敌军一个排；黄广边游击总队袭击了广济花桥乡"自卫队"，缴获长短枪 30 余支。8 月中旬，鄂皖边指挥部和黄广边游击总队奔袭广济重镇龙坪，俘敌一个排，缴获机枪 1 挺，步枪 40 余支。随后，指挥部武装又袭击了蕲春白水畈乡公所，俘敌 40 余人，缴获机枪 1 挺，步枪 40 余支。

经过艰苦不懈的斗争，鄂皖边中心县委领导下的革命武装遂发展到300余人，并在湖区和山区初步恢复了游击根据地，保存了一批地方干部，从而保持了鄂皖边地区的革命红旗始终不倒，为大军南下后实施战略展开，重建鄂皖边解放区创造了有利的条件。

二、高山铺战斗和中共鄂豫五地委的建立

1947年6月30日，刘伯承、邓小平率晋冀鲁豫野战军主力12万多人反攻南下，于8月27日胜利到达大别山区。9月7日，刘邓大军第六纵队十八旅五十三团二营解放英山县城。中旬，十八旅五十四团先后攻克广济、黄梅县城，并于黄梅大河铺同鄂皖边中心县委及指挥部胜利会师。

为了粉碎国民党的"追歼"计划，刘邓大军主力决定在蕲春东北部高山铺伏击尾追我军的敌四十师及五十二师八十二旅。10月25日，刘伯承司令员、邓小平政委于蕲春张家塝驻地接见了鄂皖边中心县委书记易鹏，布置了支前任务。随后，易鹏连夜动员各县工委干部，分头下去发动群众支援前线。26日上午，高山铺战斗打响后，蕲宿太、蕲南两县工委配合大军后勤人员迅速在刘公河莲花庵、桐梓河边街等处设立了伤员接待站，在白水畈张德斌冲设立了临时后方医院，并率2000多名民工，带着赶制的1700多副担架及时赶到了前线指定地区。他们一边往火线上运送粮食、弹药，一边冒着枪林弹雨抢运伤员。27日下午，战斗进入最后阶段，溃散的敌人争相四处逃命。高山铺一带经过战斗洗礼的群众纷纷自动组织起来，协助主力部队搜捕俘虏。战斗结束后，蕲南工委和南下工作队组织的担架队，连夜将伤员转运至蕲北临时后方医院，并组织沿途群众慰问伤员。在地方党组织和广大人民群众的配合下，是役取得歼敌1个师部、3个旅部、5个整团，共计1.26万人的重大胜利。

高山铺战斗结束后，刘伯承司令员和邓小平政委于10月28日晚在野战军司令部所在地胡家凉亭接见了刘仰峤、张国传、赵辛初、易鹏、胡广恩、郑重等。邓政委向我们讲了目前的斗争形势和任务，并部署了中共鄂豫第五地委及所属党、政、军领导机构的组建工作。随后，五地委在张家塝正式成立。地委由刘仰峤、张国传、

赵辛初、易鹏、黄宏伸、胡广恩、郑重等组成，刘仰峤、易鹏分别担任地委正、副书记。五军分区和五专署同时成立。张国传为军分区司令员，黄宏伸、蔡启荣任副司令员；赵辛初、胡广恩分别担任正、副专员。为了解决干部和武装部队不足的困难，中原局和野战军司令部决定将第六纵队十八旅五十三团划归五军分区建制，并从部队干部和随军南下的干部大队中抽调一批人员到五地委，和当地的干部相结合，担任各级领导骨干。在地委领导下，各县党、政、军领导机构经过调整充实后陆续重新组建：英山县委书记谭扶平，副书记李方炎，县长程贞茂，军事指挥长王兴发；蕲北县委书记赵辛初（兼），副书记钟子恕、须浩风、刘敬之，县长兼军事指挥长孙超（不久孙超调任军分区参谋长，钟子恕、刘朝望分别担任县长、指挥长）；蕲南县委书记张居庆，副书记王文彩，县长何启，军事指挥长姚广顺；广济县委书记李震宇，副书记居文焕，县长鲁岱，军事指挥长贺导海；黄梅县委书记徐少岩，副书记唐振华，县长邹一清，军事指挥长马启春。11月中旬，根据中原局、中原军区的指示，鄂豫区党委、行署、军区在麻城福田河成立，五地委及所属党、政、军机构随即正式划归鄂豫区建制。

随着刘邓大军主力和鄂豫军区武装连续向外出击并不断取得胜利，大别山解放区逐渐扩大，五地委和所属各县党组织不失时机地大力着手于各基层党、政组织的恢复和发展及地方武装建设，重建蕲黄广英解放区。至1947年11月，全地区已发展到36个区委和区政府，县区武装发展到2500余人。

三、发动群众建立解放区，为大军提供后勤保障

为了从人力、财力、物力等方面支援主力部队，地委遵照中原局和区党委的指示，把动员群众、建立巩固的后方、为大军提供后勤保障作为头等大事来抓。围绕着这项中心任务，地委主要开展了以下三个方面的工作。

第一，根据中原局和中原军区《关于放手发动群众创建大别山解放区的指示》精神，地委和各县委在大力发展武装、抓紧政权建设的同时，分别派出工作组到农村宣传《中国土地法大纲》，发动群众普遍组织贫农团、翻身队，着手打恶霸、分浮财，并在局部地区通过划阶级、斗争地主恶霸，登记和核实田亩、人口，然后采

取将田地打乱平分的办法，进行了土改试点。为了解除群众的顾虑，扫除运动阻力，有的县还镇压了少数民愤极大的恶霸地主。随着运动的展开，进一步发动了群众，打开了工作局面，解放区得到了一定的扩大。但由于没有根据新解放区的特点，机械地照搬了一些老解放区的经验，土改初期曾一度出现打击面过宽的偏差，在一些地区造成了不良后果。

根据党中央发布的《关于新解放区土地改革要点》精神，土改试点在1948年2月后已基本停止。6月下旬，地委于蕲春檀林河召开会议，学习贯彻了中央关于新解放区农村工作的有关精神，着手调整土改政策，纠正土改初期的失误。会后，各地做了大量善后工作。对被侵犯了利益的中农，适当予以补偿；对地富则按抗战时期的经验，先行减租减息，搞好合理负担，集中打击首要的反革命分子。有的县还以县长名义写公开信，争取逃亡的地主回家立功赎罪，争取同开明绅士恢复统战关系。经过一个时期的善后工作，恢复和扩大了党的统一战线，并进一步孤立了少数顽固的反动分子。

第二，党政军群一齐动手，通过各种渠道多方筹集钱粮及各种物资，以解决大军主力供给方面的困难。

1947年入冬以后，根据刘邓首长关于就地筹办部队棉衣的指示，地委和各县党政组织都紧张地行动起来，分头筹措解决迫切急需的冬衣问题。黄梅、蕲北等县政府办起了拥有数十人的缝纫厂，日夜为大军赶制棉衣。广济、蕲南等县干部见部队官兵自己动手弹花裁剪，特地组织一批能工巧匠赶到部队驻地帮忙。经过地方党政组织和广大群众大力筹措缝制，加上部队自己动手制作和大批缴获，很快就解决了急需的冬衣。

为了使筹粮、筹款及各项物资的筹集工作逐步走上正轨，地委成立之后，迅速着手各级财政、税收机构的建立，并在有些地方清算村财时开展了"查黑田"的斗争，对那些瞒多报少的地富采取强制手段，指定其应负担之钱粮数目，限期交纳，从而保证了筹粮筹款工作的顺利进行。蕲北县委还在蕲春白水畈寨里山建立了被服厂和修械所。被服厂百余人，分为弹花、染布、裁剪、缝纫4个组，一天能生产100多套军服；修械所拥有20多名军工人员和铁砧炉等装备，能修理各种枪械。

第三，发动和依靠群众护理部队伤病员。在敌军重兵包围特别是经常处于敌我交错的严峻形势下，安置部队伤病员常常面临着极大困难。各县党政组织，尤其是蕲北县委为此做出了巨大的贡献。

设在蕲北白水畈张德斌冲一带的鄂豫五分区医院，由 3 个医疗所组成。全院 40 余名医护人员分别在宋家树、曹家大山和孙家山借用民房进行医护工作，伤病员则全部分散安置于冲里谈家沟、龙井岸、石榴村、桥边河、桐油畈等垸村的 200 余户群众家中。由于医护人员主要忙于翻山越岭巡回检查、送药、换药，伤病员的护理及生活、安全，主要由负责收养的群众和地方工作人员照看，特别是重伤员的护理，像洗伤口、洗血衣、喂茶饭、端大小便等，均由群众轮流负责。

敌人大举"扫荡"开始后，五分区医院第一、三医疗所遭到破坏，只有设在曹家大山一带的第二医疗所仍在坚持战斗。而国民党军队还在疯狂袭扰，地方反动武装也在暗中监视，伤病员的安全因此受到严重威胁。为了保证伤病员的安全，蕲北县委发动群众配合在深山密林为伤病员搭茅棚、挖山洞，隐藏伤病员。仅谈家沟一处，就先后搭起茅棚 30 余座，发掘地洞 20 多个。此外，二所还将工作人员和轻伤员组成一支小游击队，由所长刘君统一指挥，积极进行自卫，并在各个山口或交通要道设立观察哨，以掌握敌情，及时转移重伤员，就这样，战胜了敌军一次又一次的搜捕。在二所医护人员和广大群众的精心护理下，安置于蕲北的数百名伤病员于 1949 年春季以前陆续康复，安全归队。

由于地委和各县党政军民的共同奋斗，蕲黄广英解放区在敌人的重围中得以艰难地生存和发展，从而成为我军的可靠后方和继续前进的基地。

四、寻机歼敌，粉碎国民党军队的残酷"扫荡"

根据中央军委的指示，1948 年 2 月下旬，刘邓大军主力相继撤离大别山区，转移至黄淮地区展开大规模的运动战。国民党随即组织 20 多个整编旅的兵力对大别山解放区进行"清剿"，并以其整编七师、四十八师、二十八师对鄂豫四、五分区进行重点"扫荡"。敌军在所占地区与乡保长、恶霸地主相勾结，强行筑寨并村，驱赶群众集中。同时广设据点，大量扶持地方反动武装，先后成立了"戡乱建国委员会""戡建大队""联防指挥部"等组织，对我解放区实行"驻剿"与"分区"清剿""，并采取"反复合围""捕捉奇袭"等办法到处捕杀我党工作人员和革命群众,突袭我地方党组织和武装部队。由于敌我力量悬殊,而我一些地方又机械地要求地方干部和武装"县不离县,区不离区",就地坚持,致使力量分散,机动余地小,加上土改初期打击面过大的失误,疏远以致丧失了部分基本群众和统战关系,整个大别山地区因此一度面临着极端艰难的处境,仅五军分区及所属各县地方武装在主力转移后不长时间里,就损失了三分之一。

2月26日,桂军七师两个团3000余人分两路合击英山县委驻地毛家坳。28日晨,县委书记谭扶平等在转移途中,于火炉尖被敌军四面包围。由于敌众我寡,谭扶平在突围时壮烈牺牲。在其后几天里,郑小林、高锡山、张德才、徐彦林等10余名区级干部惨遭杀害,英山各区干队基本被打散。3月初,敌七师5000余人包围了广济西部崇山根据地,并惨无人道地屠杀革命干部和群众,王长江、秦子庚、曹春山、周一鸣、程国英等区级干部和红军老战士、原广济县长张凤林先后英勇牺牲。4月6日,蕲北独立二营一部和蕲南一区区干队于太平遭敌五二二团一营和广济县"自卫队"共600余人围攻,营长胡运德及独立营、区干队干部战士42人在战斗中殉难。4月10日,白水畈区女工作队员梁桂华在边街六斗观响水崖被捕后,纵身跳崖,壮烈牺牲。6月初,五军分区参谋长孙超等率20余人的部队,在蕲春江家冲遭敌包围,突围时英勇献身。

面对日益严重的局势,地委逐步调整了政策和策略,并采取了集中力量和收缩阵地等紧急措施。4月11日,地委派副书记易鹏兼任英山县委书记。随后,英山县委在马家咀召开了县委扩大会议。易鹏在会议上分析了英山的斗争形势,认为在战斗频繁、残酷,敌强我弱的情况下,如仍坚持"区不离区"的分散作战,势必为敌军各个击破。为了保存力量,应付严峻局面,必须将全县干部和武装集中起来开展游击斗争,会议根据易鹏的建议决定:1.立即集中各区干部,找回失散人员;2.全县干部集中整编为一个干部连(即第七连);3.集中各区的零星武装人员,以县指挥部通信班为骨干,建立第三连。接着,又以五十一团派来的一个排为基础建立第一连,并将活动于英山的第二纵队第四旅教导队改为二支队,从此,全县干部和武装约400人,在县委、县指挥部统一指挥下,集中力量,统一行动,并抓住有利战机,多次主动出击,很快扭转了被动局面。5月初,地委在总结初期反"扫荡"经验的基础上，确定了"集中力量，统一指挥，形成拳头，打大圈子，变被动为主动，尽快打开局面"的斗争方针。在此前后，军分区将十三团（1948年3月，五十一团划归五军分区并改为十三团，其原属五十三团调军区）分遣各地的部队大部收回，并将黄梅、广济两县指挥部武装合并成立十四团，以便于统一领导，集中力量开展游击斗争。根据地委提出的斗争方针，各县停止了"县不离县、区不离区"的口号，转而采取"打大圈子"的机动灵活的游击战术，在运动中寻机歼灭孤立弱小之敌，全区逐渐取得了战局的主动权。

由于外线我军主力不断发起攻势并连续取得重大胜利，大别山国民党驻军被迫陆续外调。为了配合主力作战，地委和军分区不失时机地组织部队向国民党武装发起了频繁的出击。5月4日，军分区司令部率十三、十四团一举攻克望天畈，歼灭蕲春县"自卫队"30余人。26日，又于蕲春汪家坝伏击途经该地之敌七师一个营，毙伤敌200余人。10月1日，军分区发起刘公河战斗，消灭国民党蕲春县、乡"自卫队"8个中队大部。21日，发起黄梅大河铺战斗，歼敌2个乡公所及其武装。11月1日，又发起漕河战斗，生擒蕲春县"自卫队"四中队长余致力以下官兵50余人，给敌以沉重打击。8日，军分区率其主力于洗马畈围歼国民党"华中剿总"独立一团第二营，俘敌副团长以下600余人，缴获迫击炮数门，机关枪20余挺，受到鄂豫军区的表彰。洗马畈战斗的胜利，使蕲黄广英地区的形势进一步好转。地委、军分区因势利导，通过发传单、张贴标语、召开各种类型的座谈会等形式，广泛宣传我军在全国各地的重大胜利和党中央的新区政策，从而鼓舞了广大军民的斗志，并使党的统一战线得到进一步巩固和发展。到1949年2月，在人民解放军强大攻势的威慑下，大别山敌军纷纷退驻沿江集镇或县城，蕲黄广英大部分地区已解放。至此，我们胜利粉碎了敌军的残酷"扫荡""清剿"，完成了牵制国民党军队、配合外线主力作战、巩固和坚持解放区的任务。

五、支援大军渡江和肃清残敌，蕲黄广英全境解放

1948年底至1949年初，人民解放军连续取得辽沈、平津、淮海三大战役的胜利，全国局势发生了根本的变化，国民党主力基本被消灭，根据形势的发展和中原

局的部署，1949年2月15日至17日，鄂豫区党委和支前司令部连续发出紧急命令和指示，要求各地紧急动员起来，迎接大军南下，全力支援渡江作战。随后，五地委在易鹏等主持下，于蕲春檀林河桐山冲召开了区委书记、区长以上干部会议，学习贯彻区党委及支前司令部的有关指示精神，集中研究和布置了支前工作，并对部分县级党组织作了调整，将蕲北、蕲南两县合并，成立蕲春县委；同时决定重新组建广济县委和黄梅县委。

檀林河会议以后，地委和各县委迅速建立了支前指挥部，从上到下形成了一个支前工作网络。在广大干部和群众的共同努力下全地区掀起了拥军支前高潮。

蕲黄广英地区重峦叠嶂，丘陵起伏，河流纵横，交通很不发达，加上国民党军队溃退时，破坏交通设施，不少桥梁被炸毁、公路被挖断。为了保证南下大军畅通无阻，地委及各县委积极动员群众昼夜抢修公路和桥梁。黄梅县委按照有钱出钱、有力出力的原则，及时发动了数万群众，在不到一个月的时间里，就抢修了西河公路桥一座，黄（梅）宿（松）公路和县内的黄（梅）小（池）公路60余公里。蕲春县支前指挥部组织民工数千人，迅速修建了西河驿公路桥，并修复了英（山）武（穴）公路蕲春境内40公里的路段。由于各县党政组织和广大群众及时地排除了交通障碍，保证了大军按时抵达长江北岸之鄂东地段。

在积极组织修路架桥工作的同时，各县委在大军南下的必经道路上设立了形式多样的支前粮草供应站，为即将到来的大军备齐急需物资。在征收粮草中，地委、专署根据中原局1949年度公粮合理负担暂行办法，执行了"按产量的总收入规定贫农不超过5%，中农不超过18%，富农不超过25%，地主不超过35%"的合理负担政策，调动了各方面送粮的积极性。尽管当时正是春荒季节，在各级党组织和支前机构的领导下，人民群众克服困难，踊跃交粮献款及布鞋、雨伞、柴草等物资。其中英山县上交黄金60两、银圆7000块、粮食159万公斤、雨伞2000把、军鞋3.15万双。黄梅县仅孔垅一个区的征粮小组，在10天之内就筹集粮食40万公斤、银圆1.2万多块、柴草40万公斤、军鞋3000多双。蕲春县仅上交大米就达114.9万公斤。

鄂皖边国民党驻军为了阻止我大军过江，在败退江南前夕，命令将长江北岸及湖区所有船只调往江南，企图封锁长江。当地船工渔民们在党组织领导下，秘密将部分船只装上泥沙，沉入湖底，巧妙地躲过了敌人的搜查，为大军的到来保存了渡江运输工具。大军进入鄂东地区后，蕲春、广济、黄梅 3 县县委根据地委指示，分别召开各区党、政干部会议，动员群众，组织船只，支援大军渡江。长江岸边的船工渔民们，在大军即将渡江解放全中国的喜讯鼓舞下，纷纷下湖，把沉入湖底的船只捞了起来，并日夜赶制新船。黄梅县在两天之内，就调集船只 370 多条。广济县在不到 20 天的时间里，赶制了近 300 只小船。蕲春县也迅速组织了大小民船 200 余只。

3 月中旬，南下大军前锋进入大别山区，地委率军分区部队随即向境内国民党残军发起全面出击。3 月 19 日，张国传、赵辛初、胡广恩带领军分区主力在十五团（即英山县大队）配合下，冒雨攻打英山县城。20 日拂晓，攻占了英山县城，国民党英山县长张靖海率部仓皇逃窜。4 月 7 日，我二野第十三军三十八师解放黄梅县城。9 日，张国传、赵辛初率军分区武装分两路进攻广济县城梅川，县城守敌闻讯弃城而逃。5 月 14 日，四野一二九师在蕲春县地方党组织配合下，攻克蕲春县城蕲州，歼敌四十六师残部及"自卫队"等 500 余人。至此，除英山石头咀等深山老林外，整个蕲黄广英地区全部获得解放。

1949 年 5 月上旬末，根据中原局的指示，鄂豫五地委、五专署、五军分区撤销，并与鄂豫四地委、四专署、四军分区共同组成黄冈地委、黄冈专署和黄冈军分区，划归湖北省建制。从此，蕲春、广济、黄梅、英山 4 县人民在中共湖北省委和黄冈地委领导下，投入到清匪反霸和社会主义改造的伟大斗争之中。

（库充　整理）

原载中共黄冈市委党史办公室等编：《鄂东解放斗争史》，中共党史出版社，1997 年，第 160 ～ 173 页。

刘邓大军在大别山琐忆

◎ 戴光辉[1]

1947 年夏，全国解放战争形势发生重大变化，敌军主力受到很大损失，他们由进攻转入防御，我军转入战略进攻的时机已经成熟。党中央毛主席便毅然地指挥中国人民解放军由战略防御转入战略进攻，实行以主力打到外线去，把战争引向国民党统治区的方针，将中国革命推向新的高潮。

遵照党中央和毛泽东同志的命令，刘邓大军实施中央突破。1947 年 6 月 30 日，刘伯承司令员和邓小平政委率主力 4 个纵队 124000 余人；一举突破黄河防线，千里跃进大别山。8 月 7 日起，迅速南下；涉越黄泛区，抢渡淮河；于 8 月 30 日胜利到达大别山。

红军回来了

我家是佃农，1937 年同父亲从光山南向店迁到经扶县（今新县）苏家河范家湾租种地主的田地。为了摆脱压迫，就在这年，刚 10 岁的我在文昌宫小学上学了。开始识字时就看到学校白山墙上红军用黑锅烟子写的标语：实行"人人有田种，人人有饭吃，人人有衣穿，人人有房住"。当时我家是个"四无"的穷佃户，没有田种，

---

①戴光辉，1928 年生，新县人，1949 年参加革命，曾任淮滨县农牧局副局长，已离休。

只好从光山逃到经扶县来租种地主的田种；没有房子住，租借别人的房子住，房主经常催要租子；没有衣服穿，夏天赤脚短裤，冬天脚冻烂；没有饭吃，冬天吃两顿清稀饭，春天吃蒿子野菜。在光山我6岁时天天放牛、拾柴劳动，连蒿子稀饭也吃不饱，地主家小孩叫仔毛，不干活还吃白米干饭。我哭着回去问奶奶："仔毛不做活为啥吃白米干饭，我天天干活连稀饭也吃不饱哩？"奶奶说："人家是好家（地主）小孩，要想吃白米干饭，等来生托生到好人家去。"天呀！啥时候才能托生到好人家啊！我想，只要红军来了，不用托生到好家去，就可以有吃、有穿、有田种、有房子住了。

红军啊！你啥时还回来啊！大别山上有多少个红军的老妈妈，在无云的夜晚，她们站在门槛边，遥望着北斗星，心里默念着："儿呀！你啥时候能回老家啊！"

1932年10月11日，红四方面军从大悟县四姑墩出发西行5000里，到达川东而后长征。1932年11月重建的红二十五军由徐海东军长和吴焕先政委领导着打游击时，又用黑锅烟子灰写的大黑字，在范家湾墙上清晰可见："拥护徐海东、吴焕先重建豫鄂皖革命根据地。"可是到了1934年11月16日，红二十五军在罗山何家冲也北上抗日长征走了。红军经过二万五千里长征后，到达陕北。为了团结抗日，易名为八路军，日本投降后解放战争开始，改名为解放军，1947年刘邓大军挺进大别山，就是当年的红军又回来了。离开大别山15年的红军回来后，重建革命根据地，再也不走了。"耕者有其田"，人人有房住、有饭吃、有衣穿的愿望终于实现了。

军民鱼水情

1947年秋，刘邓大军初到大别山时，由于国民党的反动宣传，开始群众不明真相，怕八路军站不住脚，走后又遭国民党、地主的迫害，听说刘邓大军来了，纷纷牵着牛、撵着猪、担着粮食，藏在深山林里，稻子黄了也不敢回去割，一连藏了两天两夜，看到毫无动静，就慢慢地回家看看，这时大军的宣传员来了，"老大爷！老乡们！你们不要怕，我们是人民的子弟兵，我们是穷人的队伍，就是当年的红军、新四军，我们不拿群众一针一线，叫老乡们都回来吧！""我来借镰刀，明天给你家割稻子"。一番话说得大家心里热乎乎的，一切顾虑都雪化冰消，大家互相奔走相告。"不要跑了，回来吧！是自己的队伍来了。"群众慢慢地都回家了，一切都恢复了正常，收割稻谷普遍开始了。大军严格地执行三大纪律八项注意。

有一次，我军一连部队，从湖北到卡房打了一天的仗，夜里来到离我家一里的范家楼，群众都入睡了，部队一天未吃饭，饿着肚子，因怕惊动群众就睡了。第二天部队来到我家要借地主存在我家的租谷，他们了解到我家租种地主戴兆武、戴德生的4石田（每石折7亩，即28亩），每年交给地主稞谷子20石（每石300斤，计6000斤），要求从地主稞谷中借500斤稻谷，由我家付给，打条子从租子里作抵消。我父亲得知这一情况，二话未说，就将稻谷借了，并且还多给了50斤大米，不在借条之内，送给子弟兵吃，但被拒绝了。部队打了一天仗，还饿着肚子走30多里路未吃饭，天底下哪有饿肚子打仗，挨着饿为人民打仗的兵呢？人民群众借点粮食是应该的，就是不还也应该借啊！

两种军队

我家住在大别山北麓新县苏家河朱大庙前河边小独湾，这是个小盆地，地势险要，红军时期未进入，可以称为"白居区"。周围连山为寨，有八寨一关之称，这些寨相距近则二三里，远不超过10里，都是石寨墙修筑，易守难攻。刘邓大军进大别山后，都住在山脚下有群众的庄子里，没有到寨上去，以便发动群众建立根据地。

9月4日国民党军五十八师尾追其后，趁我立足未稳大举进攻，他们从光山南向店向南进逼，5日上午越过樊山，经白果树湾、熊岗，枪声越打越近，越打越激烈，机枪和迫击炮响成一团，很快打到文昌宫、范家湾和我家屋后小河边，好像我家周围成了战场似的，枪声有些炸耳，"震耳欲聋"。枪声稍稀些，就有3个伪兵真枪实弹地上着刺刀，像鬼子进村一样到我家来搜索："有八路军呗！"其实我早藏在大破缸里，未被发现，我父亲藏在厨房柴堆里，被搜出来了，敌人说："你不是好人，给我带路，要跑我打死你。"把父亲拉去，叫他走前头，向徐家寨走去，当走到朱大店畈田里，迎面射来一梭子机枪子弹，打在田埂上，伪兵说："卧倒！快卧倒！"3

个伪兵在田埂上卧倒，把田埂作掩体。我父亲则猫着腰，在稻谷林里向相反方向溜走了，枪响罢了伪兵喊："老乡、老乡，你跑哪里去了？"我父亲不答应，就这样逃脱了。这3个伪兵有拿长枪的，有拿轻机枪的，把邻居朱三先捉着，把两挺轻机枪腿架在他的两个肩膀上，既当机枪架子又抵枪眼，边打边走，把朱三先的耳朵震聋了。国民党的官兵们，深知八路军爱护人民群众，不伤害人民，一见到伪兵令老百姓走在前面抵枪眼，就主动后退，边打边退。

下午4点左右，敌人开始号房子驻营，将我家改成临时医院，住上十几个伤病员，重伤员彻夜号叫不得入眠，我藏在家外地沟里，一夜不敢动弹。五十八师一进村，一场浩劫又开始了，伪兵们持着枪见鸡捉鸡，见猪打猪，各个营地肥吃肥喝。我家的一口猪尚未喂肥，被他们用枪打死，只有百十斤肉。伤兵医院不到30人还未吃完，剩下一锅肉。一口猪当时市场价可值金圆券50万元，他们只给50元（关金票）。南畈徐家豆腐店，喂有3口肥猪，被伪兵用枪打死两口，只拉走一口，这一口死在刺洞里不要了，徐家的人见到自己的死猪还不敢要，喊着："长官！长官！"无人答应，才把死猪拉回家。像这样的土匪军队，虽有美式武器装备，却失去了民心，哪有不败之理啊！

急性土改

1947年10月10日，中共中央颁布了《中国土地法大纲》后，李雪峰同志来到大别山传达中央工委在河北省平山县西柏坡召开的土地会议精神，邓小平、李达等首长在金寨县毛家湾召开团以上干部会议。明确指出："坚决镇压反革命，打土豪、分田地。"

光山南向店以南是大别山深山区，以北则为浅山区，我童年时就住在南向店北裴岗西夏榨小湾里，裴岗是从光山到南向店必经的一个小饭棚。1947年10月，我军地方工作队在这里进行"急性土改"，贫农赵炳朝在裴岗开小饭店，工作队通过访贫问苦，找到了赵炳朝和简正凯，经诉苦串联，成立了贫雇农协会，赵炳朝选上贫雇农协会主席，简正凯选为副主席。这两位有名的穷人头，领导贫苦农民打土豪、分田地、分财物、分粮食，由于政权尚未稳定，群众没有发动起来，表面上看来轰轰烈烈，实际上是明分暗未分，一些骨干分子很积极，相当一部分群众不敢要，我们向他说好话，作一番宣传解释，他们没办法，只好假要，我们一走，又把分的东西送给地主了；或白天接收，夜晚送去，还要向地主赔礼道歉。有的地主还把贫农分他的东西记在账本上，部队走了，地主、还乡团回来了反攻倒算，分一要十，谁领导贫农分他的田地、房屋、粮食、衣物，捉拿问罪。赵炳朝就受到如此遭遇。

1947年10月，赵炳朝这个有名的穷人头，组织贫雇农分了地主的田地、粮食、财物，地主回来后，组织乡保队，到处捉拿赵炳朝，要杀他全家，四街贴布告："活捉赵炳朝，赏银洋八百元。"到处缉拿他，赵和妻子何秀华担着两儿一女全家五口人，连夜逃到我家。

1948年春，我将赵炳朝全家五口人藏在离我家1里的深山洼处邱洼，我在前厅以教私塾作掩护，他经常同雷政委联系，到1949年春，赵炳朝回到南向店当上区长了。赵享年83岁，于1997年作古。

"急性土改"，与新区的客观形势根本不相适应，加之干部缺乏经验，政权尚未巩固，群众未真正发动起来，欲速则不达。这种急性病的做法，很快被上级发现并及时予以纠正。

自己做棉衣

刘邓大军初到大别山，后方供应断绝。大别山区虽是老苏区，但长期受国民党的残酷迫害，群众疑虑极深，加之初到，政权尚未巩固，所以生活极为艰苦，油盐严格实行定量供应，有时供应不上，只好吃清水煮白菜，每月每人5角钱，有的还发不下来，甚至几个月不发。战士们自己修补衣服、鞋子，学打草鞋，有时自己打谷碾米。

秋去冬来，在深山密林里，寒气袭人，难以忍受，而且雨雪交加，从北方带来的军装和换洗的衣服，都穿在身上也难以御寒，冷得打寒战。睡觉时一床薄被子也无济于事，只好下铺稻草上盖稻草。战士风趣地说："大别山尽是宝，金丝被褥真是好，钻在里面睡大觉，既软又暖睡个好。"

我亲眼看到在一个细雨蒙蒙的下午，一群解放军战士一滑一哧溜在泥泞的田埂上行军，他们穿着单薄衣服，每个人还披着一床破线毡，既是棉衣又是被子。从远处看去就像一群花子兵。没吃、没穿、没被子，挨饿受冻还要打仗，仅次于二万五千里长征，世界上哪有这么好的军队啊！部队决定自己筹款，自做棉衣。筹款依靠管辖区域税收和向大户借款或罚款，再通过行商关系买些布匹、棉花，在游击活动中利用空隙时间，用锅烟子灰或木籽树叶放锅里煮，把白布染成灰色或黑色，再剪成四大片、两条袖子，两块前后襟。同时把分配的棉花用自制的弓弦或用两根树条弹花，用粗针大线就做成一套新棉衣，条件好的买到扣子钉上，条件差的就在开大襟钉上两条布带子系起来。由供给处提出式样，做成红军时期的八角帽。干部、战士穿上自制的棉衣，欣喜若狂。当时盛传着刘伯承司令员亲自指导干部战士做棉衣的故事。

有一天，3个小战士来找我母亲帮助指导他们做棉衣，我母亲一夜未睡，给他们3人裁剪好两套缝好一套，第二天清早拿走了，他们非常喜欢，还给我母亲了中州币，母亲谢绝不要，并说："孩子呀！给自己的孩子做寒衣，是每个母亲的责任，哪有要钱的道理？"说着3个小战士都哭了。

淮滨县原水利局局长李子明同志，山东人，1947年冬因在新县沙窝购买白土布给战士做棉衣，被小保队俘虏，后虽逃出，但归队后以脱党论，1953年到淮滨县人武部工作时又重新入党。在"文化大革命"中还将他打为叛徒。当然这些冤案都已澄清。

黑马团　白马团

我常看到随刘邓大军来大别山的有一队骑兵部队，高大黑马和高大白马分开编队，这就是群众称之为"黑马团和白马团"的骑兵。他的主要任务是帮助建立地方政权。随大军一起进大别山，还有1800多名干部，他们随部队展开，发动群众，建立中原根据地的各级政权，安排县、区、乡干部。

1947年10月，第二次解放新县时，伪县长李健刚被击毙，恶贯满盈的保安团长黄古儒被生擒。新集是我鄂豫皖苏区首府，在沦陷15年之后，终于获得了解放。

截至 9 月底，我军一个月来解放县城 23 座，歼敌 6800 多人，在经扶等县建立 17 个民主政府。9 月 10 日穰明德同志在郭家河召开会议，宣布成立新县县委和民主政府，由穰明德任县委书记，刘名榜任县长，邱进敏任县大队长。遵循"分散以发动群众，集中以消灭敌人"的原则，开展武装斗争与政权建设；先后建立了沙河、箭厂河、泗店、浒湾、沙窝、新集、白居等 7 个区级民主政府，下面仍然沿用保甲制。

1947 年 12 月 22 日，经扶县首次人民代表大会在陈店王湾召开，选举邱进敏同志为县长，大会通过将经扶县改为新县，从此在地图上抹去了"经扶"两字，新县回到人民手中来了。

夜行军

为了防止敌人摸清我军的情况，游击战争以夜行军最为理想，这是我军的优良传统之一，也是我军重要战术的组成部分。白天行军敌人容易侦察出我军的人数、武器装备和行动意图，容易造成被动局面。

新县苏家河乡地处湖北、河南两省边陲，和大悟、罗山、光山、新县接壤之地，在红军、新四军时期乃至解放战争时期，夜行军是经常的事。"宿夜行、战胜敌人。"

主力转移　军民坚持斗争

1948 年 2 月 20 日，中央军委指示："我军主力转出大别山，进至淮河、陇海路、沙河、伏牛山之间，在淮河、汉水、陇海、津浦路之间，寻机歼敌。"也就是实行"撤出主力，牵制敌人，立足大别山"的方针。并提出"保存力量，消灭团匪，政策宽大，争取群众，以待形势，避实击虚，游击战争"的策略。普遍克服了"左"的做法，团结开明人士，利用有影响的上层人员为我们工作。伤病员可以寄居在地主家里，如果出了问题，要以地主全家性命是问，这样比藏在穷人家还保险，地主为之保密保护。我们的工作人员也可以到开明士绅家去住着做工作，以便瓦解顽固分子。

离我家半里地的范家湾，地主范济儒是个开明士绅，新县领导同志刘名榜、邱进敏经常到他家住,利用他做了很多工作。1949 年 6 月我在潢川专署工作,范济儒来看刘名榜专员,我听说范济儒来了,便去看望老乡范济儒,他正在同刘专员谈话,我听到他对刘专员说:"戴光辉是戴岐山的小孩。"刘专员说:"戴岐山是个穷人,也是个好人,他给我们做了不少工作。"这次,范济儒还把他自家人范文开(高中生),通过刘名榜介绍到开封政法大学学习,毕业后分配到潢川县踅孜区人民法庭工作。可见刘专员对家乡的青年的成长和培养是多么关怀啊!这个大别山上的儿子虽然逝世了,但他的英名和事迹永远活在大别山人民的心中。

原载中国人民政治协商会议河南省潢川县委员会文史资料委员会编:《光州文史资料》第 15 辑,2000 年,第 61 ～ 71 页。

刘邓大军在宋埠

◎ 周基正　李海咏

1947年10月17日，中国共产党中央委员会电贺刘邓大军在歧亭及张店、李家集等处歼敌两个旅的重大胜利。

1947年6月30日，第二野战军刘伯承司令员、邓小平政委率野战军主力六（4个）纵队124000余人，一举突破从东阿到濮阳一线的黄河天险，揭开解放军战略进攻序幕。7月1日至28日鲁西南战役，歼灭国民党军9个半旅56000余人，扫清了障碍。8月7日起，主力分三路南下，横跨陇海路，涉越黄泛区，强渡汝、淮两河；8月27日跃进大别山；8月28日第六纵队自经扶（今新县）开进麻城。

10月5日，刘邓大军逼近宋埠东南的歧亭地区。

武汉行辕主任程潜闻讯，急令川军五十六师十七旅旅长带一个团（实两个营）连夜乘火车赶到黄陂，10月6日黄昏进入歧亭、柳溪港一带；7日，国民党驻守麻城的五十六师一六四旅四九〇团团部两个营，诈称一个团，控制汉麻公路交通要道。一个营占制高地九螺山。团部率一个营进入歧亭城以作后应，对外虚张声势称为旅部。山上的一个营利用山上固有掩蔽条件，挖战壕、修掩体，建筑坚固工事，企图长期固守。

10月6日，正是传统中秋节，宋埠北边的张杰村竹林张家，迎来了刘伯承将军、邓小平政委和他们率领的人民军队。刘将军住张竹儒家，邓政委住张恩厚家。前线指挥部及各机关分别驻扎张杰、竹林张家、细张家、薛家大垸、陈家大垸。

这天，刘邓首长向中央军委作了《关于进入大别山后的情况和今后的行动的报告》。报告说：我军逐渐适应南方环境。"已学会吃大米饭，会打草鞋，装备减轻，开始学会打山地战。地方工作开始有了头绪，只要能解决棉衣和菜金，加上打两次歼灭战，一切均可克服。"刘邓首长表示："我们决心，以现有兵力在大别山南部调动敌人打一仗。"10月8日，收到中央军委复电，毛泽东同志热情赞扬刘邓首长的"计划很好"，并叮嘱说："你们按自己的情况，逐步克服困难，争取胜利。"

8日傍晚，我野战军一纵队第一旅在歧亭外围，为了打通被控制的汉麻公路，首先切断歧、宋国民党的通信联系，然后，以9倍于敌的兵力，西从沈家凹，东从百步阶，北从细柯家冲分三路向九螺山发起强攻。山上守敌，凭借有利地形，居高临下，恃险坚守。野战军三路围攻，多次冲锋，特别是北面的细柯家冲打得最为激烈。进攻部队苦于地利不济，地形生疏，加上山上配备密集的炮火，连续发射照明弹，每前进一步都要付出极大代价，攻山部队伤亡惨重。

9日10时，野战军改变主攻方向。一纵队一旅二团四营继续在东面百步阶对九螺山机枪阵地佯攻，吸引山上密集的火力，而在北面细柯家冲岗上架起重炮轰击，掩护主攻部队从西面沈家凹迅速匍匐前进。但仍受机枪阵地火力威胁，后经重炮轰塌北面山上机枪阵地，夜半，攻山部队才抢占了主峰。两军在山上展开了白刃肉搏战。歼灭了顽敌，夺取了九螺山战役的胜利。

敌人设在歧亭城内作后应的团部顿时乱作一团，余团长闻风丧胆，忙由护兵驮在背上，拖着士兵，向李家集遁去。

在九螺山战役中被打得焦头烂额的残敌从东南面张家塝方向逃命。一走上公路，忙向老百姓打听歧亭城内的团部，老百姓误以团部为"潭埠"，当即指向余家寨的李家潭埠。溃军直奔"团部"，近前一看，原来是一片汪洋望不见底的深水潭摆在眼前；后面我野战军乘胜紧追不舍，已跟踪赶上。溃军走投无路，纷纷跳入潭中，企图凫水而过。河宽水深流急，一部分被深水吞没，一部分被我击毙，一部分被俘虏。

九螺山战斗结束，刘邓大军占领了歧亭、九螺山，打通了汉麻公路交通线。之后，马不停蹄，挺进柳溪港、李家集。继续歼灭了国民党第五十六师新十七旅及第一团第三营，第二团团直与一、三两营全部，获得中共中央嘉奖。

当刘邓大军10月27日在高山铺全歼国民党12600余人后，11月底，蒋介石又部署14个整编师33个旅，在国防部长白崇禧九江指挥所统一指挥下，对大别山展开大规模围攻。我野战军六纵队第十八旅遂向鄂东北转移。鄂东、豫东南、皖西国民党地方武装纷纷蠢动，威胁着我党南下干部工作的开展。

12月初，鄂东12县的两个保安大队8个中队和麻东地方武装小保队共2000多人，集结于宋埠镇。

赤亭古县的宋埠，位于大别山南麓，扼新洲、红安、麻城3县之要冲，一向为军事要地。12月3日，野战军五十二团、五十四团和四十九团在旅长肖永银率领下，包围了宋埠。肖旅长在掌握敌情后，作了周密部署：四十九团驻歧亭，切断李家集方向国民党的援军；五十四团埋伏举水东岸冯家凉亭一带，作预备队；五十二团主攻。午饭后，我军首先用重炮摧毁了宋埠北门外十字路口的碉楼，30余名小保队全被歼灭。下午5点半，发出了战斗号令，随着信号弹的升起，主攻部队向宋埠镇发起了全面进攻。城上小保队倚仗原来国民党军八十五师抢修的坚固工事——增高了的城墙，加固了的城门，一道道密布的木石栅和铁丝网、四乡搜集住房门板所筑的暗堡——在城头进行顽抗。我军一时难于接近城墙。于是从小街、统一街每间商店住房相间内壁全部打通，直抵城脚，准备翻城。小保队一发现，立即将城墙周围所有房屋放火烧掉，继续阻击我攻城部队。我军不得不调集重炮，摧毁了西城门。于是，主攻部队迅速攻入城内。巷战不到半小时，就解放了宋埠镇。活捉小保队100多人，少数小保队化装成老百姓，潜入了各家各户。我野战军当机立断，集中全城15～50岁男子于天主堂、白果庙。一方面由政治部沿家登记清查户口，一方面对集中的男子一个个查对审问。除一部分人证实确是宋埠镇人全部放回外，1000多小保队连同国民党麻城县长罗文郎，统统押解到鄢家河。为了免生错误，又重加审查，一是令每人说"水"，凡读音"shei"的是宋埠，念"shu（许）"的就是小保队；并令每人详述职业住址，彼此互证。经过这番详细审查后，将罗文郎和以下的小保队全部处决。

由于形势的发展，至12月底，刘邓大军六纵队翻越隘门关，进驻熊家铺，转出大别山，奔赴新的战场了。

原载中国人民政治协商会议麻城市委员会文史资料研究委员会:《麻城文史资料》第3辑，1990年，第1～8页。

挺进大别山

◎ 麻福云

　　我作为中国人民解放军刘邓三纵队政治部一名战士，总难忘亲身经历过的挺进大别山的几百个日日夜夜。

　　那是1947年7月，刘邓主力在鲁西南羊山战役中，一举歼灭了国民党美式机械化装备精锐的六十六师为首的9个半旅后，随即千里跃进大别山。挺进大别山就好像一把尖刀插进敌人的心脏，直逼南京。打乱了敌人的战略部署，从而使我军其他战场由防御转向进攻，这是党中央和毛主席的英明决策。战士们群情激奋，斗志昂扬，顾不得连续作战的疲惫劳累，又踏上了新的艰苦征程。蒋介石慌了手脚，忙从其他战场抽调兵力，集中32个整编师，妄图消灭挺进大别山的刘邓大军。这样一来恰好转移了敌人的视线，使我军其他战场由防御转向进攻。

　　我军刚到大别山，敌人就集中32个整编师进行围攻，我军则实行战略迂回，开始了18个昼夜急行军，白天黑夜都不能睡觉。毕竟是人，困了咋办，我们就把绳子一个接一个地系在战士的背包上，互相牵着走。一两个打瞌睡不要紧，要是几个十几个，一倒就是一大串，急忙搀扶起来又拉着继续前进。有时哭笑不得，但苦中有乐。在急行军期间，恰好遇上1948年的大年初一，天刚亮，领导要大家休息一下，安心吃顿年饭。可是在荒野无际杳无人烟的大山上，只好架起行军锅将战士们粮袋里的米凑起来下锅。既无油也无菜，烧了一锅盐开水泡饭。刚一端碗敌人又追上来了，我们只好抓起一大把饭边吃边跑。好不容易经过了18个夜以继日的急行军，才突破了敌人的包围圈，使敌人扑了空。这叫牵着敌人的鼻子走。蒋介石事后才知道上了当，但已悔之晚矣。听说国民党总指挥白崇禧被蒋介石痛骂了一顿。

在大别山区，由于断绝了和后方的联系，军需供给困难。部队指战员多是北方人，水土不服，很多人患胃炎，加之环境恶劣，不少人打摆子。我也是其中的一个，连续两个多月每天都有一次先冷后烧，冷起来直打哆嗦，高烧起来神志昏迷。当时缺医少药，我们的副政委兼政治部主任阎红彦见我年幼体弱，病情严重，特给卫生部打了电话，要来6粒奎宁，才得以缓解。

入冬以后，大雪飘飘，千里冰封。战士们没有棉衣，更不可能有统一的军装，全都是穿些各式各样的杂牌衣服，补丁摞补丁。有的裹着破麻袋烂棉絮避寒，没有鞋穿，就自己动手用烂布条和稻草打鞋穿。我作为阎政委身边的工作人员，看到他将一支烟分作二至三次来抽，甚至把扔下的烟头拾起来剥开烟丝，用纸卷起来再抽，可想而知当时生活的艰苦。

有一次纵队部与八旅失掉联系，首长派我和贾守元同志去找。只交代八旅在我纵队部以东约8里。当时天下着鹅毛大雪，又是晚上，漆黑一片，伸手不见五指，怎么办？我俩只好凭经验，那就是摸树皮辨方向，树皮光滑的一面为南（因日照而光滑），涩的一面为北，这样边摸边走。大约一个半小时，找到了八旅，传达了首长的命令。当我们返队时，纵队直属机关已出发，我俩只好跟着脚印追赶。可是脚印很快被大雪覆盖。我俩走错了方向与敌人相遇。还好，由于我们两人是轻装，又是在山顶，就势滑下山坡，才幸免于难，又走了约莫半天时间，饥寒交迫，筋疲力尽。看看周围无敌情，就到一家农家休息。这家年轻人早已外出避难，只有一老大娘，她一看就知道我们是解放军，主动端来一碗山芋，使我俩感激不尽。吃后我俩出具条子，叫老大娘以后去人民政府凭条换成粮食钱。老大娘说，人民子弟兵打仗为人民，一碗山芋表表心意。我俩直到第三天天快亮时才找到了部队。首长拉着我们的手说，你们辛苦了，还表扬我们任务完成得很好。

在大别山和敌人来回周旋，一住就是几个月，直到1948年3月底才突出大别山，与华东野战军胜利会师。

由于党中央和毛主席的战略方针英明正确，广大人民群众的大力支持，部队官兵协调一致，同甘共苦，团结奋战，终于取得了这次战略转移的伟大胜利，从而加快了全国解放战争的胜利进程。

（忠县政协文史工委　供稿）

原载中国人民政治协商会议四川省万县市委员会文史资料委员会编：《万县市文史资料》第四辑，1996 年，第 69 ～ 71 页。

千里跃进大别山

◎ 李雪露

    我是 1945 年下半年参军的，我所在的部队是刘伯承、邓小平所领导的第二野战军（应为晋冀鲁豫野战军）第六纵队十六旅。

    抗日战争胜利不久，蒋介石亡我之心不死，大规模调兵遣将进攻我解放区。1947 年年初，国民党军队兵分三路进攻华东野战军（山东），中路进攻我冀鲁豫解放区，气焰十分嚣张，形势逼人。在党中央、毛主席的正确决策下，刘伯承、邓小平率领第二野战军在鲁西南广大地区与敌人周旋了 3 个月，歼敌八九个旅，狠狠打击了敌人的嚣张气焰。然而，蒋介石仍不甘心，又调集数十万军队在黄河南岸摆开架势，要与我军决一死战。在敌强我弱的情况下，不能与敌人硬拼，毛主席下令将战争推向蒋管区。二野刘邓首长遵照党中央、毛主席指示，率军强渡黄河挺进大别山。当敌人醒悟过来时，我军已绕到敌人屁股后面几百里了。为了阻止我军向大别山挺进，慌了手脚的蒋介石立即派兵前堵后追，空中有敌机轰炸，地面有敌军追堵，形势十分严峻。我军没有别的选择，只有前进，不能后退。当时我是一名骑兵通信员，每天随侦察股长带队打前站，任务是侦察敌情，探道路。一天，我们经过黄泛区时，骑兵排 36 匹马拉开距离前进，前方是一条小河，过河就是村庄。正在这时，突然听到飞机的轰鸣声，转瞬间，3 架日本红头小型战斗机飞到了我们的上空，发现我们后，便俯冲下来开始了疯狂的扫射，子弹连珠炮似的炸得尘土飞扬。在一望无际的大平原上，是没有隐蔽之处的，特别是战马就更不好办了，我们只有伏在马背上硬着头皮往前冲,这次空袭使我们 1 名战士阵亡,1 名战士重伤,1 名战士失踪。尽管距今已有 60 多个年头了,但这段战斗经历却深深地印在我脑海里,难以忘却。

我军边打边走,经过 20 多天的艰难行进,终于进入大别山老革命根据地。大别山紧临武汉重镇,又是国民党军队的大后方。蒋介石害怕我们攻打武汉,就急忙从华东战场抽调 20 多个旅,来守卫他的老窝(武汉)。当时野司派三纵到皖西,二纵在平汉铁路的铁山、驻马店一带,四纵渡过黄河进入伏牛山区,只有我们六纵坚守大别山区,我们的任务主要是牵制敌人。

大别山的敌人超过我们好几倍,我们不能硬拼,只能按毛主席的游击战术,以打游击的方式与敌人周旋。记得有一次过元旦节的中午,各连队正忙着包饺子、烙油饼、煮肉庆祝节日,突然连续接到有敌情、马上集合准备出发的命令。刚下锅的饺子还没煮熟,我们只能从老乡那里借来水桶,捞起半生不熟的饺子担起就跑。从中午跑到第二天早上,不知翻了几座山,过了几条河,到达宿营地后,一问老乡才知道离原驻地只有 5 里。

1948 年春,我们六纵在高山铺地区全歼国民党青年军二十师 3000 余人,取得重大胜利,大大鼓舞了士气。紧接着,我十六旅又经过两天一夜的奋战打下了麻城。刚打扫完战场,部队还没有喘过气,大批敌人又向我们包围过来,部队马上突围转移。正行进中,后面传来原地休息的命令。突然,刘邓首长在旅首长的陪同下出现在队伍前面,刘司令员高高的个子,戴着眼镜,穿一身黄色军装,邓政委个子不高,精神十分饱满。"同志们辛苦了!"二位首长边走边向同志们问好。"首长辛苦了!"战士们不断回答。顿时,大家忘记了疲惫,个个精神抖擞。

在大别山艰苦的战斗中,全体官兵疲惫不堪,常常饿一顿饱一顿,当时正逢七八月的高温天气,酷热难熬,但整个部队士气高昂,没有一个叫苦和掉队的。进军大别山后,由于长时间行军不能换衣、洗澡,每个同志的衣裤都成了"胶合板"。大部分同志身上长满了疥疮,身上虱子成群,而在那种艰苦的条件下药品奇缺,就连重伤病员吃药都困难,患疥疮的同志这么多,怎么办呢?部队卫生员想办法,将黄色炸药捣成粉末,拌上猪油制成药膏给患者擦。擦药前先用稻草灰洗澡,经此土办法治疗,病情减轻了。进入冬季后,气候寒冷,战士们还穿着单衣,许多战士生病了。部队首长们十分着急,电告中央,当毛主席得知情况后,就指示李先念同志领导的十二纵队先后两次从华北送棉衣到大别山，但每次都被敌人中途劫去未能送到。在万般无奈的情况下，野司首长下令找地方借衣穿。派出一个团的兵力，到距武汉不远的长江边上的一个小镇，运回大批的各色布匹和棉花。用稻草灰水把布染成灰色，然后将布匹和棉花分给每位战士。我们就找当地的老百姓剪成衣料，自己动手缝制棉衣。寒冷的冬季，气候常常是雨夹雪，战士们光着被冻成冰口的脚在冰冻的石子路上行军，每走一步都疼得钻心。在这种情况下，部队首长号召全体官兵学打草鞋，在艰苦的环境下，我们常常自己动手制衣、做鞋，用这样的办法解决了战士们入冬御寒和行军的问题。我们在大别山区坚持战斗了 7 个月，胜利完成了牵制敌人的任务。1948 年春全国各个战场形势好转，华东野战军发起了反攻。上级命令我们撤出大别山区，我部开往豫西休整一段时间，先后参加了淮海战役、渡江战役，攻占了南京。当时我部已改为二野三兵团十二军。于 1949 年 10 月离开南京，参加解放大西南的战役，抵达湖南常德后，我由战斗部队转入西南服务团，来到重庆。

原载中共重庆市委组织部等编，丁宗贤主编、顾斌副主编：《激情岁月——重庆市老干部回忆录》第五集，重庆出版社，2012 年，第 56～59 页。

在麻城西乡工作给我的教育

◎ 郭欠恒 [1]

我们是 1947 年秋随刘伯承、邓小平同志率领的部队进入大别山的。到麻城后我就留在麻西县委工作了。我们刚到麻城，干部还没分配时，曾在麻城阎河附近一个塆子里住了一天一夜。记得我们是下午到那个塆子宿营的。当夜就有一个 30 多岁的妇女向我们哭诉了大半夜，讲红军主力长征后国民党反动派如何对老苏区实行惨无人道的"三光"政策的情况，以及她被抢出来卖给人家的经过和受的苦难。大家听了无不义愤填膺。同志们不约而同地表示，这个仇一定要报。当我们进入乘马岗、西张店一带时，也听到群众讲反动派制造"无人区"的情况，房屋倒塌，房子里长出了一人多高的草。此情此景，使我们对为中国人民的解放事业做出重大贡献和牺牲的老苏区人民更加崇敬和热爱了！

麻城西部先是成立工委，不久成立县委，地方干部不到 20 个人。刘邓大军第六纵队的补充团（没有新兵）全部及教导团（无学员）一部分干部组成县委、县政府和县大队，并建立了 5 个区委和区政府。5 个区是乘马岗、西张店、林店、福田河、黄土岗。其中，黄土岗曾一度建立区委，以后撤了合并到福田河。

麻西老苏区的群众具有光荣的革命传统，干部派下去很快打开了局面。在区委

---

①郭欠恒，1947年9月至1949年3月先后任中共麻城县工委书记、县委书记，并兼任麻城县军事指挥部政委，四军分区独立第十一团政委。

的统一安排下，召开群众会，贫农团干部也主持得很好。儿童团站岗放哨盘查行人，都是当时的贫农团组织的，不用我们多操心。特别是对付敌人也采取了土地革命战争时期的办法。当时麻城只有少数国民党正规军，敌指挥机关和较多的部队驻在宋埠。群众用在高山上插标杆的办法对付敌人，即在高山顶上竖两个标杆，敌人一出动先倒一个杆，敌人靠近再倒第二杆，一定距离的山头都有人竖杆。据说土地革命战争时期，宋埠敌人出动不到半小时就传到当时鄂豫皖苏维埃政府所在地新集（现新县）了。

我们是在全国解放战争胜利的形势下进入大别山和麻城地区的。人民群众当时欢欣鼓舞，奔走相告："出头的日子到了。"所以在麻西一带，一切工作都开展得很顺利。大约不到两个月时间完成了组织群众（当时主要组织贫农团）、划分阶级、平分土地的工作。人民群众是皆大欢喜，同我们谈一些土地革命战争时期红军的故事。40岁以上的农民差不多都能讲过去红军的一些事情及颂扬红军的歌谣，如"孝感花园打一仗，缴获八架机关枪"和邱江甫的传奇故事等。我们有时参加贫农团的干部会及小组会，群众也不把我当"官"看，讨论问题都是畅所欲言，十分热烈。这期间干部热情也很高，县委开干部会汇报工作及会外闲谈，都是赞扬群众的革命传统及群众的智慧。

大别山及麻城地区，是我们同反动地主阶级长期斗争的地区之一，人民群众有光荣的革命传统，而地主阶级也有丰富的反革命经验。我军胜利进入敌人心脏地区，地主阶级开始惊慌失措，想向我们妥协。就是最反动的商城"亲区"地主也问我们，是要子弹还是要饭吃？我们答复：什么都不要，只要你们的土地。我们进行"急性土改"及对杀人（杀坏人）控制不严，地主阶级也很快拿起武器，对我们进行进攻。当时每个保就有二三十条枪的反动地主武装，福田河敌人一个乡就有100多条枪，还有两挺机关枪。群众把这些反动武装称之为小保队。小保队混迹在群众中，出没无常。对我们分散活动的地方干部、税务人员危害最大。他们不敢向我们县大队进攻，专门捕捉和残害我分散零星活动的地方干部和税务人员。我西张店区就有地方干部被反动地主武装捉去杀害的。

党中央、毛主席发现"急性土改"所造成的损失，曾多次专门指示纠正这些错误。党中央关于新区土地改革的步骤和方法都指示得十分明确具体。"政策和策略是党的生命"就是这时提出来的,还提出充分利用抗日战争时期的经验等重要指示。但是,在大别山贯彻已遇到很大困难。地主武装已组织起来,我们难以分散进行工作了。

为了坚持大别山及麻西地区的斗争,尽量避免损失,我们很快将地方干部集中起来,编成工作队,随县大队行动。当时县大队3个战斗连队,我们将人数较多的连排干部30余人,编为侦察排。这个侦察排对于坚持麻西地区起了重要作用。这样共5个单位在县委、县大队指挥下,以大武工队形式活动。福田河是离敌人较远的地区(指麻城、商城、新集之敌人),当时鄂豫区党委及军区机关长时间在双庙关一带活动。福田河还是豫南的商贩到武汉的必经之地,我们也在福田河收税,这是我们财政之重要来源之一。

我们也以福田河为中心,经常到乘马岗、西张店一带进行游击活动,并寻机打击反动地主武装。1948年年初以后,县大队长由原第六纵队教导团团长于振河担任,他的战斗意志很强。1948年于振河指挥奔袭过几次小保队。记得有两次是把反动地主武装连锅端,一次是在王福店附近,一次是在黄土岗附近。这些行动对稳定群众情绪,鼓舞干部、战士士气起了很大作用。

整个1948年是我们坚持大别山地区最艰苦的一年。我们只能以大武工队形式坚持。就是这样,有时白天我们行军,反动地主武装发现我们后总要前后放一阵枪,但不敢接近我们。因而我们常开玩笑说:"白天行动总有欢迎和欢送的。"纵然我们以大武工队活动避免了些无谓损失,但是部队里的伤病员,特别是重伤病员,不能往群众家里放,放下去就会被反动地主武装捉去杀害,这是我们最头痛的一件事。当时在麻西工作的有原第六纵队补充团一个名叫王建章的连长,是河北邢台人,以贩卖馒头养活他的老母。到麻西搞土改时,他最能接近群众,工作很负责任,作战时总是抢着困难上,也很勇敢。后来生病了,工作队没同我们打招呼就把他放在群众家,结果叫反动地主武装抓去杀了。刘吉祥是乘马岗人,红军时入伍,参加过五师突围,自己要求回麻城工作,当乘马岗区委书记,因生病住在山洞,结果也叫反动地主武装抓去杀了。每当我想起他们,心情久久不能平静。

淮海战役的伟大胜利,给坚持大别山斗争的干部战士和广大人民群众以很大鼓舞,情绪大振,都盼望主力部队能早日解放大别山和武汉,而敌人则明显看到了他们末日到来了，表面上不那么嚣张了。

过江的部队，先是陈赓同志率领的四兵团，兵团副司令郭天民先率十五军去江边搞船去了，陈赓同志率领十三军、十四军兼程前进。由于国民党反动派派代表去北京谈判，兵团接到命令原地待命，于是在麻城住一夜。第二天陈赓及兵团司令部到白果，住了半月左右，又继续前进过江了。当时兵团十三军军长周希汉、三十八师师长徐其孝同志都是麻城人，他们都回到家乡与亲人们见了面。这时老苏区的群众自豪地说："我们老苏区在红军里有3斗6升芝麻官。"是啊，老苏区的人民为革命所做的贡献，所付出的代价是多么巨大啊！怎不应该自豪呢！

四兵团继续前进，接着四野的四十三军、四十四军、四十五军、四十六军、四十七军、四十八军6个军亦经过麻城过江。这样前后共9个军经过大别山过江。我才更进一步认识到毛主席、党中央命刘邓进军大别山地区的决策是何等英明。坚持大别山地区所起的战略作用是巨大的。

在麻城西乡工作对我是很好的教育，老苏区和麻城人民为中国人民解放事业所做的巨大的贡献，已永远载入中国革命的光辉史册，是永垂不朽的！

（胡梅兰　整理）

原载中共黄冈市委党史办公室等编：《鄂东解放斗争史》，中共党史出版社，1997年，第185～189页。

南下大别山暨麻东工作回忆

◎ 任爱生[1]

1947年6月中旬，我们由山西榆社县起程（我当时任榆社县委书记），带领15名干部、11匹马，南下大别山，途经两日到达河南赤岸（是晋冀鲁豫中央局和太行区党委所在地），到太行区党委报到。

在赤岸住了7天，听了刘伯承司令员的报告。刘司令员用手比画着形象地讲，国民党蒋介石实行的是哑铃战术，和《打渔杀家》的教师爷一样，他伸直了，我们好打。我们来个黑虎掏心，中间突破。

6月下旬从赤岸出发，出太行山到达邯郸边界，一股热风吹来，和太行山的清凉气候截然不同，大家有点热不过，闷不过。

6月底，到了山东阳谷，那里真是孔子遗风，男女授受不亲，见不到妇女，不能和妇女说话。我们在阳谷，看了冀鲁豫的贫雇农打天下坐天下的简报，和前方打老蒋后方刨蒋根、望乡台一类"左"的东西，在阳谷经常听到羊山战役的情况。原计划早渡黄河，因羊山没有如期打下，就推迟过黄河了。

7月23日，由山东寿张渡黄河，下午敌人飞机来侦察，我们蹲在高粱地里。晚上坐船过黄河，那船工真热情，船划得快。到黄河中间，我那骡子掉到黄河里，

---

① 任爱生，1947年10月至1949年3月，先后任中共麻（城）东县委书记，罗（四）麻（城）工委书记、县委书记。

我以为它一定死了。结果，王银保（村武委会主任，临时警卫员）把缰绳拉得紧紧的，骡头抬得高高的，没有让它喝水，它靠着船和船一块儿过了黄河。

过黄河后，经梁山、郓城，使人想起当年水泊梁山英雄好汉，不禁令人肃然起敬。后到巨野、定陶，在巨野夜间行走看到敌机轰炸的大坑。又经界首、太和到阜阳至叶家集，走黄泛区，渡汝河、涉淮河进入大别山。我们过汝河时，齐脖子深的水，水很深。过淮河时，好像没有多深的水。

我们的干部队是"天池"（番号）第一大队第三中队。中队长是李尚春，副队长是崔廷智，指导员是我，姜一、张起为副指导员。

我们是随第三纵队第七旅打前站的，沿途势如破竹、所向披靡，如入无人之境。就是在叶家集碰到敌人，俘走我们两个管机要的干部（有个姓宋的），把我们的档案搞走一部分。

第七旅旅长是赵兰田，是我们太行山整风时的同学，对我们照顾得极为周到，使我们甚为感动！

8月25日进入大别山，大家看到水牛很稀奇，很好看。看到桐子以为是什么水果，尝了尝，蛮苦。

进入大别山以后，经六安到金寨（当时叫立煌）。在金寨住了宿。金寨空无一人，沿街商铺好像都是木料盖的。我们自己弄吃的，吃了桐油，大家都拉肚子。在金寨住了一晚上就到漆家店去了。

到漆家店做群众工作，叫群众回来，说我们是红军回来了，不走了。因为金寨是老苏区，群众怕反水，怕我们住不长又走了，所以宣传红军回来不走了，以争取群众、稳定群众。在漆家店住了半个月，然后经吴家店到了麻城东部。

我们到麻东台子塆的第二天，就是农历八月十五日，阳历9月29日。

到了台子塆见了杨殿魁，他当时是工委书记，我们参加了工委为委员。第二、第三天，张起带一批干部到黄冈那边去了，我带的约60余人留在麻东。然后，我带一些人到东义洲搞工作队，和何英才（太行区党委组织部长）、白宪文、张岱松、胡大祥、王从楼他们在一起，白宪文是乡长。

10月中旬成立麻东县委，由我任书记，吴德简任组织部长，廉希圣任宣传部长。县政府，县长是张剑石，副县长是王庆峰，区委书记都是县委委员，县指挥长是白万顺，副指挥长是白宪文，我兼政委。

当时划分 8 个区：1. 东木区，区委书记何英才（原太行区党委组织部长），区长胡大祥，工作队长余清（原粤南省委宣传部长）；东义洲事变后，廉希圣兼任东木区委书记。2. 梅庄区，区委书记李士俊，区长刘光。3. 黄市区，区委书记谭申平，区长陈山林。4. 木栖区，区委书记吴德简（兼），区长李继尧。5. 东河区，区委书记高平，区长梁启杰。6. 龟山区，区委书记李国被，区长李凤期。7. 间河区，区委书记孙辛酉，区长陈化民。8. 三河区，区委书记薄怀奇，区长马次堂。1948 年 1 月夏家垸会议后，为了建设后方，又增设了张家畈区，区委书记刘其玉，副区长梁栋。

从 9 月半到 10 月下旬这段时间，工委和县委工作队的工作是宣传群众，说红军回来了，红军不走了，以安定人心。同时，发动群众，打土豪，分浮财，组织贫农团。当时土豪已差不多跑光了，大的到汉口，小的到麻城县城和宋埠，留下些妇女和管家的，好多群众对我们不敢讲话。积极分子、勇敢分子开始接近我们。我们在任家垸、夏家垸、上马石一带打土豪，搞点粮食，分给群众，还有些破破烂烂的衣物，积极分子、勇敢分子敢要，很多农民不敢要，有的白天要了晚上又送回去了。

我们工作队干部和战士是北方人，南方水土不服，患疥疮的打皮寒（疟疾）的不少。

东义洲是封建反动势力强大的地方，土豪、房族、保甲、土匪合而为一。他们和河南商城"亲区"一样，红军时代没有打进去。就是主力红军长征以后，红二十八军高敬亭的部队才在那里走过。红二十八军在余家河的石壁上写了标语："打土豪，分田地，才能有饭吃。"此标语颇有纪念意义。

土豪、土匪对大军南下打土豪、分浮财不满，想把我们赶走，于是利用保甲、房族作掩护，进行反革命串联，搞暴乱。

10 月 23 日，八字垸恶霸郑姓房长郑绍生，地痞郑家宇、郑家佩，敌区长郑家学，勾结土匪头子郑家贤、徐庆澜等策划反革命暴乱，阴谋搞垮我工作队和贫农团，屠杀革命干部和群众，把我军赶走。他们秘密搜集枪支弹药，网罗各地流氓兵痞，并和保甲长、房户长串通一气，用处死或不准入祠堂祭祖等手段，胁迫群众参加"小保队"，致使不少群众在东义洲参加了暴乱。

我于 10 月 25、26 日到李峰山检查工作看到群众情绪有点变化，阴沉沉的，路上碰到熊金春鬼鬼祟祟的，知道有变化，要多加提防。

10月31日，郑家贤、郑家宇、郑家佩又在古城余家冲开会，研究反革命暴乱的行动，密谋攻打东义洲乡政府。乡长白宪文闻讯立即派人到台子塆县政府报告情况。县委、县政府和部队（五十一团三营八连、九连当时还是驻军，没有归县委指挥，只是配合关系）商量迅速派了一个排的解放军前往任家塆（乡政府所在地）。驻3日，敌人未敢动手。11月3日，解放军返回台子塆，部队要走，乡长白宪文不让走，部队说准备调往他处，后来还是走了。

郑匪得知部队调走的消息后，即于翌日发动武装暴乱。郑匪带领小保队和受蒙蔽受胁迫的群众2000余人，袭击我乡人民政府所在地任家塆，杀害我工作人员、战士。

我们县委、县政府与部队回来后，下午2时得知确实消息说，敌人准备袭击任家塆乡政府。五十一团两个连（八连、九连）晚饭后就待命出发。枪在手，手榴弹在腰，和衣而休息。我和廉希圣同志，跟部队在一起，五十一团三营教导员王子端带领八连、九连原定10点钟出发到任家塆。王子端说改为12点钟。到12点钟，赵金良、游书臣气喘吁吁地来报告（由八字塆来的）说，八字塆正在开会，准备暴乱，我让他们回去再坚持，了解情况。这时我和廉希圣同志让部队出发。王子端说，到拂晓再出发好消灭敌人。此时，白宪文曾想来台子塆报告情况、搬兵，不知什么原因走到八字塆就返回去了。

凌晨2点，游书臣、赵金良来报告说，不行了，八字塆已经行动了，我让他们回去坚持再探，他们说，不行了，也就留在台子塆。拂晓4点钟部队出发，我和老廉、王子端一起商量部队顺沿河大道直奔任家塆（乡政府）。王子端说，从河旁山路走好些。我以为他是沿河旁直奔任家塆。可走到天亮，才发现到了寺基山。我问王子端，为什么把部队带到山上，不直奔任家塆，王子端不答。我让老廉去找贫农团长李继洲，让他带路到任家塆。老廉回来说，李继洲被土豪砍了一刀，找不到了。这时听到任家塆已经打响了，过一会儿明山的小保队也打起枪来了。我让王子端带一个连（八连）冲上去消灭敌人，他不去。两个连（八连、九连）离敌人八九百米，你一枪、我一枪零零星星地打起来了，打到下午天黑才停火。夜晚，两个连住在寺基山，八连在寺基山上，九连住在山腰，我们和王子端及八连在一起。半夜王子端去查哨，可没有答上口令，被哨兵开枪打死了。第二天，八连、九连就都撤到木子店去了。

4号拂晓，胡大祥、张岱松、王从楼等带领七八条枪，白宪文亲自以机关枪开路，奋力突破重围，保护着何英才部长转移到滕家堡。

3日夜晚4日上午，我工作队和战士有30余人，贫农团积极分子、伤病员有四五十人惨遭杀害。粤南省委宣传部长余清同志（原名石辟澜）及警卫员惨遭杀害。我们老乡王志清、王纯仁、吴有忠（昔阳的）、赵有路、巨少五等都遭到杀害。杀害之惨，使人目不忍睹。

5日，叛匪又攻击台子堡县政府。县政府因没有武装保护（两个连队已到木子店），由副县长王庆峰带领工作人员转移到烂泥畈殷家园去了。暴匪在台子堡洗劫搜索以后，又越过山堡向木子店进攻。此时，暴匪气焰嚣张，拿着鸟铳、冲担，打着"呵嗬"，疯狂涌进，连裹胁的群众近千人。我们八连、九连两个连在木子店。我主张集中6挺机枪杀伤敌人一二百名，敌人必然作鸟兽散。后来，县长张剑石说，被裹胁的群众都在前面，土顽骨干都在后面，如机枪扫射打死一二百群众影响恐不好。他言之有理，我们就听从他的了。叛匪就一拥而过上了寺基山、明山。

敌在寺基山、明山，我们八连、九连在木子店与敌周旋，与分区联系不上，8日至9日，十九旅旅长昌炳桂带部队路经木子店附近，我们请求他们帮助剿匪。他先前答应了，后来突然开走了。

11月11日，分区派四十八团一个营约500余人，带有小钢炮、重机枪等武器，协同八连、九连包围了明山细石岭的小保队，小保队被歼30余人，其余叛匪从双尖崖滚下去，经罗家坳、坳峰河出麻城仓皇逃往宋埠。至此，平息了东义洲暴乱。

从11月12日起，在木子店黄市开会，总结麻东事件的经验教训。会议开了3天。会议有地委李友九、王克文、王毓淮同志参加，会议中途适中原局民运部长刘子久同志检查工作路经麻东做了重要指示。

当时，县委总结麻东事件的教训有这几条：

一、封建反动势力强大，基础雄厚，乡保、户族、土豪、土匪结合在一起。

二、利用保甲反被利用。

三、打土豪、分浮财刺激了敌人。

四、军事上右倾。五十一团三营教导员王子端有右倾情绪。共同决定部队直扑任家塆歼灭敌人，结果，他把部队带到寺基山，贻误了歼敌之机。上寺基山后，对明山之敌不敢进攻，部队对处理这一暴乱缺乏经验。

五、领导上麻痹。先是杨殿魁同志没有把金寨秘密传来的消息（金寨老苏区已派人送来讯息，说麻东郑家贤等土匪准备暴乱）给县委交代，没有把部队指挥权交给县委（而是配合关系）。县委主要是我，对暴乱情况估计不足，没有把工作队及早集中起来，免遭损失。直到4日凌晨2点钟，游书臣、赵金良回来报告紧急情况，还要让他们坚持。

中原局民运部长刘子久同志指示：对暴乱有两项措施，一个是防患于未然，一个是亡羊补牢。现在是亡羊补牢，争取群众，加强部队斗志。再一个是利用保甲值得考虑，将来应该取缔保甲，中原局将要研究。

地委指示，强调群众路线，强调工作人员（工作队和贫农团）作风和工作方法，说接触群众的面太窄，依靠积极分子在群众中孤立。还有杀人过多约束不严。

县委当时对地委的批评感到不准，因而县委和干部（工作队）思想不通，有抵触情绪。

11月半以后，县委、县政府驻地由木子店到平斗山、栗树山后来到了黄市。

粉碎暴乱以后（即11月半以后）的工作任务是：贯彻中央土地法大纲，平分土地，搞所谓"急性土改"，发展、充实、巩固贫农团，贯彻贫雇路线，发动群众，积极发展区干队，大力剿匪。

12月初，宋埠战役全歼敌麻城保安队和麻东土顽2000多人，并将保安队排长以上处决。麻东在梨树山将土顽班长以上处决，由本地贫农团干部游书臣等识别，不该杀的放了。经过宋埠战役消灭敌人骨干不少，形势大有改观。重组的小保队龟缩在麻城，不敢进山，工作队员、贫农团干部、积极分子、区干队员情绪高涨。此时，除龟山、阎河部分地区外，在东木、梅庄、黄市、张家畈、三河口、东河、木栖河，都在进行分田。尤以吴德简在佛塔山、廉希圣在寺基山、刘其玉在张家畈、李士俊在梅庄，工作搞得扎实，群众发动得好。此时，各乡各村都在分田、丈量土地，打算盘，造册子，也分土豪的一些浮财，因土豪已跑，都是和平分田，因之声势不小，震动不大。就是开始中农有意见，有侵犯中农利益的情况。后来我们请示地委，不动中农好田，始稍缓解。此外，一些老实农民不敢要田。这时，我们进一步贯彻贫雇路线，发动贫雇农，贫农团领导群众打土豪分田地。贫农团骨干喜气洋洋，积极分子、勇敢分子脱颖而出。在贯彻贫雇路线、纯洁组织中有查三代等过火行为，我们作了实事求是看表现的决定，使紧张气氛有所缓和。

各区都在发展区干队，多则六七十人，少则二三十人不等。

此时，干部、工作队员、战士、贫农团骨干、积极分子情绪高涨，广大群众由中立到倾向我们，土顽不敢进山，俨然像个根据地的样子，此即所谓麻东工作的极盛时期。

1948 年 1 月 21 日至 24 日，鄂豫区党委在夏家塆开会。主要内容是反右倾，进一步贯彻贫雇路线。会上只讲缺点，不讲成绩，对麻东工作进行严厉批评，还批评部队右倾，使干部、工作队员、战士压力很大，情绪低落。有些干部还受到处分。第六纵队文工团干部张力友（当时任工作队长），因在龟头河办"天光酒"受到开除党籍的处分。

会后，干群情绪一蹶不振，工作走下坡路，大有江河日下之势。游击区扩大，麻城"自卫队"、小保队逐渐蚕食阎河、龟山区。到 1948 年 2 月底 3 月初，大军主力转移，地委为了加强领导，派杨劲同志来麻东担任县委书记兼指挥长，我和欧阳景荣任副书记，丁连三任县长，赵天云、何生田任副指挥长，吴德简、廉希圣仍任组织部长和宣传部长。此时，部队将区干队集中编了两个连，连原有的两个连共 4 个连，即八连、九连、十连、十一连。

3 月初，我到前线坐镇，领导阎河、龟山、东河 3 个区的工作。两个连由何生田和张先胜带领和我一起在游荡山、白果一带活动，打击土顽。此时，麻城"自卫队"和小保队已在阎河、龟山不少地区活动，我工作队和部队积极打击土顽。

3 月，大军主力转移后，形势逐渐恶化。敌占潘塘之后，广西军（即张淦部队）和土顽步步逼近。麻城"自卫队"和小保队在阎河、龟山、龟头河一带。东界岭有个迷信组织被敌人利用，到处活动。四军分区科长张波和东河区长梁启杰领导群众开展反特务的斗争，打击此反动迷信组织，除对少数人进行拘留审查外，一律没有捕人，也没有杀人，也没有刑讯，采用教育方式，将此组织基本上瓦解了。后来就没有活动了。

到 3 月 20 日左右，冈麻（今新洲）县的工作队的妇女老弱干部已撤退到张家畈来了。形势日益恶化，广西军配合土顽继续步步前进，一天前进 10 多里路，已到了南太和丁家山。此时，工作队和何生田、张先胜带的两个连失去了联系。23 日晚，开干部会讨论行动问题，龟山、阎河、东河 3 个区的干部工作队都参加了。我主张在龟山两岸游击，吴德简同志也同意。可大家不同意，大家说不行，说和何生田、张先胜带的两个连已失去联系，我们工作队无多大战斗力，必被敌人全歼。大家主张回去找军分区请示。我同意了大家的意见，回后方找军分区。

23 日晚到殷家园，找到地委和军分区。我要把工作队和积极分子集中起来，友九同志说集中起来目标太大，不便行动，想把本地积极分子打发回去。我根据麻东事件的教训，说要把情况估计得严重一些，主张干部要集中，积极分子也要集中，我们坚持斗争、坚持游击战争，除部队和南下干部外，全靠本地积极分子，他们是我们的耳目，是敌人的死对头。友九同志听我说得有理，同意了我的意见。决定武装集中，干部工作队员分片集中，积极分子也集中，把已经打发回去的也叫回来。这一段时间在做集中工作。

4 月 4 日（即清明节前一天）麻东区干队、干部积极分子和冈麻、浠水、罗田的部分区干队、干部积极分子，在白石山、邓家山、佛塔山一带集中，同四十八团向木子店附近转移。结果在木子店附近杨梅愁与郑家贤（他在宋埠漏网后，一度到汉口，又潜回纠集土顽）匪部相遇，李友九同志负伤，麻东区干队魏队长牺牲（后来在"文化大革命"中见过一个人，很像他，有机会向王从楼同志查询即知）。

战斗结束后，我和张先胜带一个连和一部分干部积极分子到福田河护儿山去找杨劲会合。

护儿山部队由 4 个连队编为 3 个连队，即八连、九连、十连干部、积极分子集中 300 余人。我们在黄白山、李峰山一带活动。我于 4 月 4 日带领警卫员王银保、乔文媚在三河口前面一个地方解大手，敌人来了，我们把行李都丢了，那时天天下雨，赵天云同志借给我一些铺盖，才得以过夜。

4 月末，我们在黄白山与地委、军分区相会，军分区王副司令员王毓淮同志带着地委、军分区同志和部分武装，以及冈麻、浠水和麻东的部分干部、积极分子和武装。罗田的县大队也到了。这时，我们（杨劲、我、赵天云、陈居江、张若谷、郑铎、傅甲三等）要王毓淮副司令员到大军区汇报工作，要求组织个拳头打击敌人。大家说分散活动不行，时间长了必被敌人各个击破，非组织个拳头来打击来犯之敌不可，要求王副司令员带领大家找大军区。

5月初到了河南长竹园（和麻东搭界）见到大军区王树声司令员。王司令员召集我们几个县的干部战士、积极分子和分区干部讲了话，讲了坚持大别山斗争的意义和决心，也说了大军主力转移后我们的困难，要大家坚持斗争，反对右倾，准备过艰苦的生活，频繁战斗。一句话说，就是要坚持游击战争，坚持下来就是胜利。然后把罗麻武装合并成立十团，通称罗麻十团，编了4个连（罗田二连、四连、麻东八连、九连），团长郑铎、政委傅甲三，副团长赵天云，副政委谭申平。干部、积极分子集中组织罗麻工作大队，由我和姜一、张若谷同志领导，设队长1人为吴德简、指导员1人为马次堂。干部大队又分为两个队，一个队是干部工作人员，负责宣传群众，协助部队征粮；一个队是积极分子队，任务是配合部队侦察敌情，联系群众，打击小保队。

杨劲同志由王树声司令员宣布调回四军分区任副司令员，即日到职。

我们在长竹园住了三四天，看了顾敬之（商城大土匪头子）的地方，都是砖瓦房，有平房、楼房、炮楼，比麻东夏斗寅的房子还宽敞。

我们在长竹园听到四十八团在熊家铺遭广西军伏击的噩耗，大家非常气愤。我们仍在黄白山、李峰山、东界岭一带游击，到5月半在李峰山和罗田的姜一、李尚春、陈家瑛等同志会合，然后我们就吃住在一起，都属罗麻大队。李友九同志给我们布置了宣传群众、筹粮、打仗三大任务。

5月半以后我们在黄白山把罗、麻、浠、黄的一些老弱病残同志，派部队送往淮北，留下的都是身强力壮、斗志高昂的同志。5月底在李峰山，地委为了加强统一领导，加强部队工作、地方工作的领导，和部队与地方的配合，宣布成立罗麻工委，杨劲兼罗麻工委书记，我和姜一、张若谷任副书记。工委着重管地方工作和部队的配合。

整个5月，我们随军分区就在黄白山、李峰山、松子关、鸡公山（南面归湖北管）、三河口一带游击，打击小保队。广西军驻木子店不敢进山，他们不知我们的兵力多少。

6 月初，广西军撤离木子店，我军于 6 月 12 日（阴历端阳节后天）攻克木子店，摧毁火炮楼、碉堡，歼敌 40 余人，其余土顽小保队逃命到麻城，有的就地回家不干了。

攻克木子店后，群众情绪有了急剧变化，由附敌变为严守中立。因为他们看到我们没有被赶走，又扬眉吐气地回来了，他们感到解放军不会走了，所以一些反水的人保持了中立态度。这里有句顺口溜为证，在此（木子店攻克）以前常说："老百姓好比墙上一根草，东风吹来往西倒，西风吹来往东倒，不倒也不好。"在木子店战斗以后，他们则说："老百姓好比墙上草，东风吹来也不倒，西风吹来也不倒，不倒还更好。"

从此，群众不跑我们的反，小保队也不敢再屠杀我贫农团干部及其家属。自此以后，我军和工作队在木子店、梅庄、佛塔山、黄市、三河口常来常往。小保队噤若寒蝉，不敢向我打枪。其中重要原因之一，就是我们带的"重型武器"——本地贫农团干部、积极分子五六人。

6 月下旬，在滕家堡打了个大胜仗，灭了敌人的威风，我军威风大振、士气大振，对罗麻两县工作起了关键性的转变作用。从此群众对我能站住脚并取得胜利有了信心。滕家堡战役是军分区指挥三十七团、四十八团、罗麻十团打的，全歼敌人一个加强营，消灭敌人四五百人。那次战斗打得很猛，我十团二连连长廖肇康牺牲，九连指导员张吉生负伤。在战斗中，我和姜一、张若谷与杨劲在一起助威。廉希圣负责指挥后勤，带领工作队、积极分子在梅庄、东木区动员群众送水送饭，动员民夫抬担架、安置伤员。由于滕家堡战斗的胜利，群众情绪大变，我们安置的伤员没有出多大问题。

滕家堡战役以后，广西军尾追而来，我们随军分区到英山一带"转圈子"。

8 月，我们又回到罗麻。

8 月半，杨劲调走（调到鄂豫军区教导旅），罗麻两县恢复原建制，并开始进行单独活动。

这时，我仍任麻东县委书记，县长是丁连三，指挥长是赵天云，副政委兼副指挥长是侯占太，吴德简、廉希圣仍任组织部长和宣传部长，增配陈山林为副县长，游书臣为区长，赵金良为武工队长。这时在麻东木子店、梅庄、佛塔山、黄市、马牙山一带，打击小保队，宣传党的政策，纠正偏向，例如不侵犯中农、保护工商业、筹粮要打条子等。8月底，区党委在麻东祠堂铺开会总结经验教训。我在会上对麻东工作作了详细的检查总结，区党委刘子厚同志连连称赞。

到9月底10月初，地委发觉单独分开（罗麻）活动不够条件，为了加强统一领导、统一使用力量（因麻东积极分子多，有五六十人，罗田只有几个积极分子，活动不便），决定建立罗麻县委，由我任罗麻县委书记，张若谷、刘敏任副书记，姜一同志调地委工作。罗麻县委成立后，罗田县委、麻东县委仍保留。罗麻县委成立后，罗麻两县干部和武装有分有合地进行活动。地委、军分区直接领导我们，常常和我们在一起活动。

11月，淮海战役胜利的消息不断传来。干部、战士极为兴奋，群众情绪进一步转变，认为我们将会胜利。土顽处于守势，只想保命求全，不干扰我们，有的退缩到麻城，有的在山沟里钻着。

这时候我们进一步整顿队伍，教育干部和战士实行新政策，打击土顽团结群众。在积极分子、干部中发展了一批党员，还有其他七八个积极分子入了党。11月、12月根据地委指示，在罗麻开展政治攻势，提出三分军事、七分政治。对土顽进行军事打击和政治瓦解，叫他们放下武器回家，对广大群众宣传我新政策，不侵犯中农利益，不侵犯工商业，停止分浮财，筹粮要开条子，将来要还，收税要发收条。

12月下旬，在梅庄由军分区侦察排和赵金良带的武工队，活捉土匪头子徐庆澜。地委为了加强政治攻势，说服麻东同志将其释放。由指挥长赵天云、县长丁连三率一个连和部分干部带徐庆澜宣传半月后，将他释放。此事影响甚大，土顽更不敢顽抗。我们派部队、武工队在余家河歼敌小保队，把枪收了，把人放了。余文斗逃命发誓不与我为敌。

到1949年元旦，我们在木子店、梅庄、三河口、张家畈、木栖河、佛塔山等地已形成巩固的游击区的后方了。

1月至2月，我们留一部分干部积极分子在巩固区维持工作，我们的县委、县政府、县大队就到东河、龟山、阎河、白果继续开展政治攻势，推进工作。

3月4日，地委在祠堂铺开会。我们主要负责同志都参加了，我、赵天云、侯占太、丁连三、陈山林、廉希圣、吴德简、马次堂、赵金良、游书臣都参加了。会议主要是迎接新形势，迎接大军南下，全力支前，配合大军侦察敌情，横扫土顽，大力征粮、筹款。会上确定麻东、麻西合并，调我到区党委工作，麻城由姜一同志负责。

会后，我们县委、县政府、县指挥部搬到阎河驻扎，派赵金良带武工队数十人，化装成小贩进入麻城，搜集敌人的情报。

3月11日，麻城解放。中旬，麻东、麻西在阎家河合并，正式成立以姜一同志、梁百朴同志为首的麻城县委、县政府。我向姜一同志交点人枪、花名清册以后，就到商城向鄂豫区党委报到接受新的工作，任办公室主任。至此，我结束了麻东的工作。

原载中共黄冈市委党史办公室等编：《鄂东解放斗争史》，中共党史出版社，1997年，第190～203页。

难以忘却的缅怀

——回忆大别山战斗生活片断

◎ 魏银熙

1947 年 8 月、9 月间，刘邓大军进入大别山后，我们二纵五旅十五团二营奉命在商城以北地域狙击尾追我军的敌整编五十八师。我当时是二营宣传员。我营刚进入阵地，敌人便发起进攻。在营长张庆林、教导员马进修、副营长王建勋等指挥员的率领下击退了敌军的首次进攻。紧接着敌方再次增加兵力，在猛烈炮火的掩护下攻上山顶，营长张庆林带领四连一排把敌人拼了下去，阵地失而复得，歼敌 50 余名。正当敌军又赶上来时，我们已经完成了狙击任务，奉命撤退并向深山转移，这就是进入大别山后的第一仗。这是历时 3 年的大别山战斗生活的开端。我营转移后驻扎商城西南的达权店开展地方工作。打击和消灭地方反动武装、发动群众、创建根据地、建立政权是我们的主要任务。我的许多战友曾为此献出了宝贵的生命。

当时的地方反动武装十分猖狂，县有"反共自卫总队"，乡有大队（又称"乡保队"）。他们用欺骗、恐吓手段控制群众，说我们同当年红军一样"长不了"，声言"追匪、跟匪者格杀勿论"，使群众不敢接近我们。顽固的反动武装从不间断地袭击我们，对待被俘的我方人员极为残忍，有的用石头砸碎头颅致死。我们六连一名阵亡战士葬于新店附近，团匪竟掘坟焚尸。有一天，我的战友张九会（17 岁）上山挖野竹笋一时大意，被乡保队用柴刀将脑袋劈成两半。1948 年初春，在商城银沙畈后冲，我们 3 人工作组进行扎根串联、发动群众的工作时，被乡保队百余人围困在一间土壁茅顶屋内，对峙了 3 个多小时，他们喊"缴枪不杀"，我们说"不怕死的就进来"。

他们不敢接近我们，我们将茅屋后墙挖了3个洞冲出去才算脱险。不仅如此，我们还要与国民党正规军周旋，打仗成了家常便饭。有了重伤员自己抬着走，能走动的伤病员咬牙拄杖随行。乡下稻田小径，山间崎岖路窄，行起军来总比不上平原畅快，发现了敌人没等我们上去就看不见影子了，所以在剿匪中我们吃亏不少。

当时，我们的生活相当艰苦。粮食需要自己筹借，有时筹不到粮，部队只好挖些野葱、野蒜、野竹笋代用，而且因油盐奇缺只能吃淡菜淡饭。有时筹到一点大米，但里面砂子很多，"砂饭"的味道够人受的了，后来才学会了淘米。同时，对于我们北方籍兵员来说，开始吃大米饭还不太习惯，轻则常感吃不饱肚子，重则反而闹肚子。行军打仗，走村串户，鞋子烂了没有替换，后来学会了打草鞋。夜宿时蚊子个头大咬人利害。秋冬来临，早晚很冷，我们没有棉衣棉被，垫的盖的都是稻草。放哨的同志脚冷也就缠上稻草。稻草，被我们戏称为"救命草"。尤其初到大别山，真所谓困难重重。但是，我们懂得这只是胜利过程中的一些暂时困难，比起当年红军长征来，根本算不了什么。

我们发扬红军的光荣传统，不怕吃苦，不怕爬山，不怕流血牺牲，坚定了战斗在大别山的信心，很快适应了环境。为了争取群众、巩固政权、创建和扩大根据地，克服了各种私心杂念和错误思想，坚决执行党的政策，遵守组织纪律，严格做到旅、团提出的"三不"（不打人骂人、不调戏妇女、不拿群众财物）"四要"（要做宣传工作、要助民劳动、要尊重当地风俗习惯、要保护商贩买卖公平）"五不走"（地不扫不走、水缸不满不走、门板不上不走、借物不还不走、损物不赔不走）的要求。随着时间的推移，群众开始向我们靠拢并逐步信任和拥护我们，一切困难得以战胜，巩固了政权、扩大了根据地，取得了最后的胜利。

我是幸存者之一，回忆起来，当年在大别山3年战斗生活是艰苦的，可我的后半生是幸福的。值得一提的是：建国后一次10多个一同战斗在大别山的战友相聚武汉合影留念，使我终生难忘！

（作者系中南橡胶集团公司离休干部）

原载宜昌市地方志编纂委员会办公室、中共宜昌市委老干部局、宜昌市人事局等合编：《夕阳红》，1999年，第325～327页。

坚定信念　坚持斗争

——千里跃进大别山以后

◎ 苏　枫

1948 年秋收后，岳西县城衙前镇第二次解放了。衙前镇在 1947 年的秋收后曾解放过一次，然而时不多久，敌人重兵进山，这里又陷敌手。仅仅经过 1 年时间，中国的军事形势已进入一个新的转折点，即战争双方的力量对比已发生了根本变化。人民解放军不但在质量上早已占有优势，而且在数量上也已经占有优势。因而岳西这次解放之后，人们高兴地说，国民党的军队再也不能卷土重来；地主恶霸要想东山再起，那只能是白日做梦罢了。岳西回到了人民手里。

这里是老苏区

1947 年 7 月，中国人民的解放战争已进入第二个年头。作战的基本任务是举行全国反攻，以主力打到外线去，将战争引向国民党区域。在这一伟大战略方针的指引下，刘邓大军实行中央突破，千里跃进大别山，直逼长江，威胁武汉、南京，使蒋介石惊慌失措，陷于被动挨打。为实现这一战略目标，华北各老解放区抽调大批地方工作干部随军南下，配合部队承担开辟新区、建设新区的光荣而又艰巨的任务。

根据上级决定，来自太行山各地、县的干部，7 月底都到了区党委集中，编队学习，做好一切准备后，踏上了南下征途。中途曾在武松打虎的那个阳谷县休息待命。我主力部队歼灭了羊山敌人之后,地方干部大队就正式随军南行。8月里正是烈日炎炎,豫皖毗邻地带又是一望无际的平原。为了避开白天的暑热和敌机的袭扰,我们常常是昼宿夜行。时逢多雨,道路泥泞,有的时候一夜还走不出30里路,拉下的路程只好用急行军追赶。8月末渡过淮河,由河南的固始县境进入了大别山区。我们这些曾高唱过"山高林又密,兵强马又壮"的战斗在太行山的人,对山是特别有感情的,是山抚育我们成长,是山掩护着我们有效地打击敌人。眼前的大别山是名副其实的山高林又密,山高水又高(长),高山头上还有水稻。当今我们的队伍更是兵强马又壮,而更为重要的是这里是老苏区,有光荣的革命传统。这一切,使我们有充分的信心在这英雄的大别山上,站住脚跟,坚持到底。

进入山区行军,大家都感到轻快多了,再不用昼宿夜行。沿途清溪秀竹、鸟语花香的自然景色,一扫长途跋涉的疲劳。在一些偏僻村庄的墙壁上,偶尔还可以看到早年打土豪的标语痕迹。

蒋介石经过与我们第一年的军事较量,他输红了眼,把能抽调的兵力都投注到北方战场,以至在这临近武汉、南京的"后院",十分空虚。各县虽有一些看家狗,而他们只顾欺压群众、自己发横财,当我大军压境时,早已闻风而逃了。我主力部队进山后,以迅雷不及掩耳之势,连克数城,如秋风扫落叶般地消灭敌人,迅速向前推进,大片地方解放了。在这种形势下,急需大批地方干部去接管和开展工作。为此我们加快了行军步伐。到霍山县城时,经过短暂的休整和紧张的部署后,新编成的各个工作队,就分赴各县去了。

我们这个队在傅大章同志率领下,由霍山南行奔赴岳西。原来就在这一带坚持武装斗争的滕野翔等同志前来欢迎我们,战友相逢倍感亲热,使我们在这里坚持下去,又多了一份力量。行至黄尾河,已是岳西县境。为了不失时机地开展工作,到头陀河就把我与谷德胜、胡克明、王锁昌、肖兰云、秦斌等同志留下了。我们的任务是负责岳西北部一带工作,包括西美乡、河清乡和石榜乡。这个地区方圆上百里,我们只有这不足10人的工作队,实在太少了,即使都拿出以一当十的拼劲也是不行的。我们还是老主意,放手发动群众。为了便于联系和指挥,我就在河口寺扎点了。

群众起来了

万事都是开头难。虽然我们都是长期搞农村群众工作的，但那是在北方。如今这里是南方农村，一切都陌生。怎么办？还是先从接触群众了解社会情况开始吧！

这一带是皖西支队活动地区，有一定工作基础。我们到这里时，乡保长都在应付我们，所以在开始工作时，我们采取在大面上先稳住乡保长，把工作实劲用在走访基本群众和社会调查上。这里山峦起伏，冲地和坂上的好田地、好房屋，不是为地主所有，就是被地主所控制的公堂所占。我们要走访的对象都不是在冲里或坂上，而是要爬山坡串茅屋才能找到。当时虽然秋收刚过，山区贫苦农民劳动一年所获的稻子，交了地租和捐税，还了春荒时借的高利贷后，仅剩下第二年的种子，难得吃上几顿白米饭，眼下都是以苞米山芋糊口，而且已发愁着来年春荒难过。10月的高山地带，风大霜寒早，他们住的那些草屋柴墙大都是四面通风、五面透气，夜里一家人偎缩在一条破棉絮里。他们终日忙于生计，成年累月面向泥土背朝天，除了有时候为卖柴下山，难得有空到街上走走。自然是耳目闭塞，而且也无心打听当今社会上发生了什么大事。在同他们促膝交谈中，可以看出他们对眼前的解放，则是内心高兴而不外现，既盼翻身解放，又怕好景不长再变天。每当我们动员他们起来闹翻身时，总是顾虑重重。原来这里一些年纪大的人还记得，包家河、头陀河曾在第二次国内革命战争时期先后发生过农民暴动并建立了苏维埃政权，然而，对经过半年时间的苏维埃政权失败后敌人的疯狂报复，他们存有惧怕心理。

半个月后，我们对这段时间的工作情况作了认真的研究，大家一致认为：第一，这样小手小脚的工作方法，虽然在开始时是必要的，但必须改变，否则很不适应形势发展的需要；第二，这里的基本群众正处在饥寒交迫之中，想起来干又害怕，需要尽快把群众发动起来，使他们看到自己的力量；第三，要想尽快解决我们工作面广而干部少的矛盾，也只有抓紧发动群众，早点培养出积极分子和干部。但是如何迈开这新的一步呢？恰就在这一关键时刻，上级关于放手发动群众，创建大别山根据地的指示传达下来了。顿时大家感到思想开朗、心里有数了。

于是决定开办农民训练班。这种办法无论北方南方都是可行的，也是我们都熟悉的基本工作方法。这个计划确定之后，当即向各乡公所发出要民夫的紧急通知，每乡要 100 名，限两日到河口寺王家祠堂报到，不得有误。往常那些为地主阶级服务的保甲长们，只要是上边要民夫，准会把这类差事都派到赤脚丁、穷光蛋的户头上。这次保甲长们果然还是按老皇历办事，可没想到给我们帮忙不小，来的民夫大多是我们要请的朋友和兄弟。在当时若直接说是办贫雇农训练班的话，很可能要混来许多地主的耳目和狗腿子，那就会把事情搞糟。被指派的民夫按通知规定来河口寺集中报到，他们边赶路边猜摸，不知是何苦差事。进了王家祠堂，却都发愣了，工作队的同志们忙着热忱地接待他们，吃的住的都给他们准备好了。在吃晚饭时，有些人边吃边在议论着：奇怪呀，我们从来没有当过这样的民夫！经过 3 天的训练，讲形势说任务，开展诉苦活动，人们的思想觉悟和精神状态，都开始有些变化了。本来这些穷兄弟们都有一肚子苦水，都是在饥寒交迫中挣扎着。在开展诉苦时只要有一个典型突破后，就像山洪暴发一样争先恐后地发言。苦水泪水化在一起，激起了他们的满腔仇恨。他们怒吼呼喊，挺起了腰杆子，胆子大了，都感到彼此是心连心的，是结在一根藤上的苦瓜。仅仅 3 天时间就发生了如此变化，我们的干部看到这般情景高兴极了。原来在蒋管区统治下的农村，竟如同一堆干柴草，只要一点火星就会成为熊熊烈火。

训练班结束前，按照他们各自所在的乡保编队，并且都指定临时负责人带领指挥，规定行动纪律和注意事项。至于各乡保的斗争对象，则由他们根据政策与工作组一起商定。一切都准备好了，闹翻身的农民大军浩浩荡荡地回去了。他们边前进边与沿途地主展开了"农民与地主究竟谁养活谁"的说理斗争，开仓放粮，先急救那些在饥饿中挣扎的兄弟。沿途有很多人闻风赶来，有的是好奇看热闹，更多的人是看了一会儿就加入到斗争行列里了，来势迅猛，简直像滚雪球一样越滚越大。各村农民协会如雨后春笋，应运而生。一切权力归农会了！他们说：从来过灯节也没有这样热闹过。在实践中，一批为群众所信任的积极分子露苗了，通过斗争又增长了他们的胆量和智慧。1 个月前我们所感觉到的几个矛盾，现在都基本解决了，群众运动已初具规模，正向广度深度发展。为了保卫胜利果实，迎接形势变化，及时地开展了参军活动，几日之内，除送走一些补充主力部队外，还组建了区干队，各村都建立了武装民兵，实行盘查巡逻，有些村庄已着手丈量土地，为分田作准备。

住在大山头的农民，也经常下山参加各种活动，分得了些粮食衣物，暂时缓和了饥寒，现出了多少年来少有的喜气洋洋的笑脸。

形势逆转

农民运动正在热火朝天发展的时候，大别山的形势突然发生了变化。蒋介石赌注在山东等地的主力军，不久即尾随我军，进入了大别山区。我们的主力部队要转移到外线打击敌人，只留小部分力量牵制敌人，配合地方部队和干部，坚持大别山的斗争。

敌二十五师还未到衙前，已是谣言四起，有些农会干部和积极分子流露出消沉和恐惧。我们的工作要经受考验了。11月里的一个夜晚，我与储德树、常福根等在青天坂的七屋，帮助农会工作，半夜里突然在我们房外枪声乱鸣，咋呼一阵就溜走了。后经了解，说是地主反动武装复活了。第二天我们当即组织力量，对石河冲、牛草山一带追踪搜索。几天后又听说林燃同志带的工作队，在白帽一带遭反动武装的袭击，我们有一个同志遭到杀害。敌人的枪声，战友的鲜血，告诉我们应抓紧建立革命武装，以应付形势的急变。

时隔不久，敌人占领了衙前。岳西中部和南部地区的大批农会干部和群众，经来榜河、界岭往包家河一带转移。当时大别山尚无巩固的后方根据地，如此大转移是应付不了敌人重兵"清剿"的，是难以坚持下去的。后来除将李培萱带领的汤池区一批干部和积极分子留下外，其他各地的都返回去，组织群众开展武装斗争。我所在的这个地区，挑选了一批积极分子与干部一起武装起来准备打游击。同时还告诉一些村的农会干部，要他们转入隐蔽工作，也可以到外地投亲靠友，以防陷入敌手。另一方面，我们广泛地对群众宣传解释，要他们相信，不管有多大的困难，我们将誓死坚持下去。从此，我们全力转向反"清剿"的武装斗争。

4月里，春暖花开，农事繁忙。只要敌人不来捣乱破坏，人们都在抓紧农时，犁田打埂育秧。工作队员密切监视敌情，一有动静，便及时通知群众。彭涛、曾绍山同志率领的皖西军区机关，是一支非常精干的队伍，经常在岳北一带活动，这对我们是有力的支持，而且，我们还能常常从首长那里得到指示和消息。有一次，敌人约1个团的兵力出来"清剿"，由金龟坂方向过来，夜宿西溪河。我们机关仍在距敌不到10里的界岭。首长们凭着准确的情报和正确的判断，同敌人周旋，领导皖西斗争。4月初，地委通知我到太岳县南庄开会。我离开界岭时，军区还驻在石门山一带，3天后，听说敌人奔袭石门山，而军区在前一天已经转移。敌人扑空后，便气势汹汹地搞起"大清剿"。地主还乡团乘机作恶，不少农会干部和群众遭毒打，被逼迫"自新"，很多农民被地主倒算，逼得死去活来。

南庄会议是次重要会议，会上传达了上级的指示精神。概括起来就是：停止"急性土改"，实行新区政策，准备更艰苦的斗争，树立坚持下来就是胜利的信念。通过实践，面对现实，我们是比较容易接受这次政策转变的，甚至还感到要是早几个月有此精神，我们工作的困难可能会小一些。会议结束，我迅速回返。由于敌人"清剿"，经河图铺到来榜河那条大路已不能走了，便改向东行。彭友珊做向导，我们爬上往茅山方向的大山，中午走进古木参天的森林。夜幕快要降临了，还见不到一户人家，只顾赶路，也忘记了饥饿疲劳，半夜时分，终于走进一户人家。搞了点吃喝，经打听方知已经来到三河坪的南山。稍事休息，天亮前我们又爬上西溪河的西山，在树林里移动观察动静。太阳已快升到正中了，为什么路上没有行人，田里无人劳动，如此沉寂，准是发生了异常。待天黑后，我们凭着地形熟悉，借月光绕界岭直奔大坪。这里是我们常住的地方，熟人比较多，但叫了几家竟然都无人应声，还是在一个偏僻地方叫开了一家，房主人认识我们，也和往常不一样了。他急促地说，前两天敌人"大清剿"，地主回乡队仗势抓人要东西，肖区长在道义保被叛变的民兵杀害了，工作队都上北山了。

斗争形势恶化了。我们必须尽快地把工作队集中起来进行战斗。于是当即从大坪沿着牛草山边，摸到石河冲储德树家，得知谷德胜和工作队的下落，我们集中到一起虽然还不足20人，但每个人手里都有一支好武器。遇到大队敌人，我们能灵活转移。碰上小股土匪可以和他干一场。为了研究情况突变后的工作，我们带上干粮爬上明山寨休整两天。经初步商定：采取在夜间穿插活动，积极地开展政治攻势。时值兰花、杜鹃花盛开季节，白天我们就爬上山岗，欣赏着大自然的美，躺在花丛中养神。在夜深人静的时候，我们沿着公界尖的山边小路，直奔来榜河的上坂。这里是通往衙前的要道，造点声势很快就传播四方了。我们叫开了一户地主的门，果然见到他已倒算回许多东西，此时，他自知有罪，面色俱变，连连求宽饶。我们把他带走了。经过对他的工作，提出几条隐恶扬善的要求，是夜就放他回去了。并要他转告一些地主回乡队，若仗势欺压群众，为非作歹，不听告诫，后果自负，我们将会随时找上门来，不谓言之不预也。原来我常骑的一匹白马，在敌人"清剿"时被敌人搞走了，一些地主回乡队就借此造谣生事，恐吓群众，胡造什么苏大队长、谷组长等被俘，被杀了。有些人真的相信了。今夜突然在这里活人活现，使他们感到格外惊慌。早饭后这些事就像插上了翅膀，很快四处传开了。我们经常采用这种斗争形式，宣传新政策扩大影响。

在牛草山的北面，有一个岳西地图上没有名的小村叫马园，地处深谷之中，房屋被树掩没，没有几户人家。这里是我们在最困难时的喘息之地。有一天太阳已经偏西了，一位大嫂气喘吁吁地由下边跑上山，连声呼叫着，快点跑呀！广西佬搜山啦！我们闻声就走出后门，便在密林里消失了。她是冒着生命危险，从半里路外跑来通知我们的。虽然我现在写不出她的姓名，而她的行为则使我至今不忘。

黄栗园虽然靠近张花子的匪窝包家河，但是这里是储德树的老家，有他一家的掩护。我们曾多次在这里活动。有一次我带领5位同志来这里了解敌情，在通往青天坂路旁的一个窝棚里住了3天，都是他家给送饭和探听消息的。在我们这支队伍里，有一批在斗争中产生的积极分子，他们熟悉乡土和群众，如储德树、王业和、汪戴杨、彭友珊、汪恭胜、汪本卿、汪全信、朱敦朋等同志。在艰苦困难的斗争中，显示了他们的赤诚和勇敢，这是我们在困难中能坚持下来的一个重要条件。有一次我们在黄栗园与军区相遇，首长告诉我们要向西美店一带找杨天保同志，并与他带的县大队合在一起，组成岳北指挥部，杨任指挥长，我任政委，暂归三分区领导并与霍山南部的牛永昌同志联合行动。这是适应形势变化的一次组织调整。

岳北指挥部组建后，我们的队伍已有200多人，有王宏基的老一连，有董柯的主簿园区、李培萱的汤池坂区、谷德胜的河口寺区、王锁昌的头陀河区，共有地方干部、积极分子和区干队等100余人。由于阴雨连绵和过度疲劳，队伍中生疮患病的不断增加，幸而在黄尾河有一小块根据地作为后方留守处。为了广泛宣传新区政策，加强政治攻势，以及为解决青黄不接时口粮的困难，把病号安置好后，我们扩大了活动区域，西到金龟坡、包家河，东到姚河和沈家桥一带。这中间曾先后两次在河口寺和来榜河，打击了敌人。

1948年旧历端阳节前，我们活动到岳西与舒城的毗邻一带，在一个叫管山的地方宿营，不幸遭到几路敌人的合击，教导员刘烈等同志牺牲了。突围后，我与董柯、李培萱等带着病号和汤池区的积极分子队伍，在向晓天方向转移中又遭到敌人的伏击。这次损失比较大，我们唯一的一个儿童团团长，仅有10岁多点，也牺牲了。

我们在管山受挫后，一些恶霸匪徒又猖狂起来，特别是靠近管山的主簿园区和头陀区。有的造谣惑众，有的竟威逼我干部家属，要限期把子弟找回来，否则鸡犬不留。本来我们的同志已是悲愤交加，如今又得知这些地头蛇如此嚣张，更是怒火冲天，强烈要求严厉惩办这些坏蛋。一个夜晚，王锁昌带领王业和等同志，直奔虎形地，捕捉伪保长方在起。此人早已作恶多端，群众恨之入骨，现又威逼王业和同志的母亲来队拉儿子回去，"否则鸡犬不留。"这句话就是他说的。这些坏蛋们满以为太平无事了。是夜我们找了几个地方，终于追逐到他的姘妇家把他抓住了。按照原定计划把方在起就地镇压。释放了有立功表现的保干事吴其呈。还缴获了几支枪。杀一儆百！此后那些保长恶霸们再也不敢用威逼家属的手段来瓦解部队了。

坚持下来就是胜利

夏去秋来真不容易。大别山的形势开始出现有利于我们的新变化，半年多前由大别山转移出去的我军，在中原地区经过休整后，攻开封，打襄樊，战无不胜，攻无不克。一年前尾随我军南下的蒋军，如今又不得不将其正在"围剿"大别山的主力再往北调。1948年秋天，驻岳西之敌，已经无力外出"清剿"，像秋后的蚂蚱一样蹦跶不了几天了。

但是，不可忽视的是在岳北一带，尚存着几股地主武装，他们无力远走，只会在当地垂死挣扎，都是地头蛇。他们是：包家河张花子的野猪队，河清乡汪耀南的乡警队，头陀河郑道显的回乡队，主簿园朱昆东的还乡团。这几股土匪是我们恢复工作的主要障碍。要彻底消灭他们，则需极大的努力。张花子的野猪队，是一股老土匪，据说是1929年包家河农民暴动失利后，地主们搞起的反动武装。1947年秋天我大军压境时，他们插枪隐迹，形势刚发生逆变，他们就原形毕露，杀害我驻包家河的工作组刘清文、任永祥等同志。汪耀南乡警队的主要成员是刘玉标等几个兵痞和杀害我河口区肖兰云区长的叛变民兵张有余等。这一伙亡命之徒，被汪耀南紧紧地控制着。到1949年2月里还在大坪杀害我常福根同志。郑道显一伙于1948年春天，在乐道冲杀害我头陀区区长秦斌等同志，1949年春节除夕之夜，又在西美店枪杀我朱敦朋同志。以上几股土匪竟在1949年4月里，还联合行动，攻打我设在斑竹坂的区政府。而主簿园的朱昆东原是国民党的乡长，我大军初到时为我利用，仍担任乡长，形势刚发生变化，他竟携款投敌组织还乡团，这个还乡团配合敌二十五师"清剿"时，袭击我主簿园区政府，打死我区长李三堂等同志，1949年春天，曾袭击并抓走我途经主簿园的南下干部家属。这几股土匪都是罪恶累累，双手沾满人民鲜血的地头蛇，绝不会轻易放下武器的，需要以军事打击，也需要政治攻势。

1948年9月里的一天上午，我带领基干团和县大队各一部，到牛草山、石河冲一带活动。刚安排好住下，突然在西土地岭一带响起了枪声。相距约有2里路，却只闻枪声，不见其人。我们分析认为，这是张花子匪徒在捣乱示威，吓唬群众。这一伙正是我们前一段时间想找而没找到的，如今却出现在我们眼前，太好了！于是我们巧妙地设网下钩，消灭这股土匪。太阳还未落山，我们把队伍拉上界岭，并故意放出风声，让敌人知道我们夜宿界岭，以便诱其进网上钩。界岭有一条小街，虽然它已在山头上，但它的西面紧靠着比它更高的仓山。估计敌人很可能从西面爬上仓山，凭着居高临下的有利地形夜袭界岭。我们按此判断作了战斗部署。彭友珊、汪恭胜、储德树等同志都熟悉仓山一带地形，他们配合部队在敌人必经之路，而又是有利我军设伏出击的地方休息待敌。果不其然，敌人在拂晓前送货上门来啦！待进入伏击圈还没有醒过来时，我们给予猛烈的袭击，干净利落地将其消灭了。从被俘的野猪队获悉，是夜他们还曾与汪耀南匪徒商定，在拂晓时东西两路夹击界岭。可是还未到拂晓，他们的联动计划便破产了。汪耀南一伙不敢接近界岭，只在4里外的大坪山上放空枪。胜利的消息很快在群众中传开了，临近中午时这个小街突然热闹起来，工作队同志放鞭炮以示庆贺。南来北往的行人都停住脚步拥挤在小街里，想听点消息，看看这伙被俘的野猪队的嘴脸，更想知道我们如何处理这些人的政策。

说起张花子一伙，周围几十里的群众对他们是又恨又怕。1947年我们刚到这里，就听群众说过这个野猪队枪法如何高、胆大不怕死。夜里小孩子听说野猪队来了都不敢哭,如今个个像死猪一样畏缩在墙角下。经过审查了解,我们根据新区政策精神,先对其一般成员教育释放,很多人都没想到要宽大他们,一时影响很大。在这些被俘人员中,还有一位姓汪的是县参议员,河清乡人,他已是第二次被俘。经过工作,我们决定放他回家,并在中午请他们吃饭,我还讲了三国时七擒孟获的故事。希望他们做些有益于人民的事,下次再见面时好说话。此次大胜利,对我们恢复工作影响较大。

大形势越来越好,小气候也是日益喜人。我们从大山头上下来了,干部队伍也由大集中转化为小分散,以适应恢复工作的需要。开始一段时间,有很多人并不知道大形势已经好转,还误以为是暂时现象,怕过不多久又变天。一些被威逼自新了的农会干部,怕我们不谅解他们。对农民搞过倒算的恶霸地主,多在畏罪潜藏中窥测风向。那些仍顽抗的土匪,醉生梦死执迷不悟,还不时放些恐吓信息。还有一些人,对我们"急性土改"中"左"的过失,仍心有余悸。如此等等构成了我们恢复工作的难点。首先是找不到人,都在躲着怕出头露面,看来人们顾虑很大。想各保先找个临时负责人,却谁都不肯干。仓园保群众告诉我们,儿子当国民党乡长,还带领土匪在外,为啥不让他老子现在当保长。心田保提出保公所设在乡警队队副家里。因而在恢复工作开始,就先做上层人士工作。针对这种情况,我们必须迅速贯彻执行新区政策,区别不同对象,进行有针对性的宣传教育,在实际行动中体现新区政策。我们深深感觉到,恢复区的工作,要比开辟新区的工作艰巨复杂得多!

迎接新的历史任务

1949年春节,是我们坚持大别山斗争胜利的第一个春节。经过一年多的战火硝烟,同志们盼望战友团聚胜似过节。县委书记滕野翔和县长李正乾等同志,为了庆祝胜利欢度春节,开好胜利后第一次干部会,做了各种准备工作。按照县委通知,全县干部于节前集中在汤池坂,同志们见面了,不少人流着热泪,怀念牺牲了的战友。大家都是一年多没有见过面。如今见面都有许多话要说,但又不知从何说起。经过几天会议,同志们在谈形势时,都认为形势的变化比自己想象得快,能够在异常困难中坚持下来实在是不容易。在讨论任务时,都感到岳西虽然解放了,而我们仍然是任重道远，不能松劲，誓将革命进行到底。同志们还专门为牺牲的烈士们开了追悼会，大家热泪盈眶，决心化悲痛为力量，继承先烈遗志，努力建设新岳西。

为适应战斗情况，便于坚持斗争，在 1948 年春天曾把岳西划分太岳、岳南、岳北 3 个战斗指挥单位，至此已胜利结束而统一。

3 月里，我县委县政府迁到衙前附近的金家祠堂。我赴六安参加皖西区党委为传达党的七届二中全会精神而召开的地、县委书记会议。回来后根据上级的部署，我们的主要工作任务是：剿匪、反霸，恢复各级政权，开展生产自救，准备支前，迎接更大的胜利。

原载中共安庆地委党史资料征集小组编：《中共皖西一地委史料》，1987 年，第 60 ～ 67 页。

千里跃进大别山琐忆

◎ 张怀恩

参军前后

1947 年，我 14 周岁，是河北省南宫县第五高小六年级学生。当时，老师经常进行时局动态报告，特别是关于解放战争的情况，当听到胡宗南的军队占领延安，同学们义愤填膺，纷纷表示保卫抗战胜利果实、保卫家乡、保卫解放区的决心。记得那时田野里麦苗正是拔节时期，一天，学校贴出布告：谁愿参军可到校长办公室报名。我和十几位同学报了名。学校距我村 6 公里，匆匆回家征求了当时担任村党支部书记的父亲的意见，决定了我弃学从戎的决心和信念。

我和报名参军的同学们步行到三里庄集中，几天后我们大概一个营的新兵出发了。行军 5 天 200 多公里，来到了正在攻打安阳的距市 2 公里的晋冀鲁豫野战军（即刘邓大军）第二纵队四旅旅部和十二团团部所在地张店，在这里可望见安阳城墙，可以清晰地听到炮声和枪声。旅供给处给我们每人发放了两套灰粗布军装，一顶双扣军帽，一副裹腿带，布鞋两双，米袋子一条，挂包一个，皮带一根，手榴弹两颗，然后从树上砍下手指粗的树条做成背包夹儿。吃的是小米干饭。

在未分配具体单位之前，一天早晨我们几个人把换下来的"学生服"拿去河边洗，突然一架敌机飞至当空，用机关炮向河两岸疯狂扫射并撒传单。我们这些读书的孩子从来没有经历过这种场面，一时不知所措，正在惊恐之际，一位老战士向我们招手喊："卧倒，快趴下，不要动，不要动！"敌机飞走了，我们回到张店，在街口碰见经常和我父亲一起开会的南宫县第五区政委率担架营到这里支前。他先看见了我，说："你怎么也来了，用钱不？"说着，他的眼睛里闪动着泪花。我还碰见一位20多岁的战士，瞅瞅我说："你这个小孩儿，穿军装容易脱军装难，出家门容易回家门可就难啰。"

第二天，上级把我们十几个孩子分配到十二团卫生队担任卫生员。卫生队的领导和同志们非常热情，我被分到二班，班长高兴地把我抱起来。从此我开始生活在军人的环境里，每天早上出操，晚上点名，其他大部分时间由军医讲授有关战伤抢救的理论课程及当时的磺胺药物新疗法；班长和老卫生员们实践操作战场伤口消毒法、包扎法、止血法、骨折固定法和内脏突露保护法等战场抢救技术。然后老战士们教我们打背包、步枪射击和投手榴弹的技巧，因为在战场上抢救伤员时遇到敌人是常有的事。

6月下旬的一天夜里，班长令全班整装紧急集合，我们全副武装后班长又给我一个洗脸盆背上，全班公用，既洗脸又洗脚还用来盛饭装菜，一盆多用，3支步枪由大同志扛。我们跑到集合点，上级命令：二纵队马上撤出安阳外围另有新任务，今天晚上开始行动。部队撤到哪儿，干什么，我们一概不知。部队向南开拔，每夜行程约40公里。我们没有走惯长途的新战士，大部分脚上打了水泡、血泡，走起路来像个小脚女人。班长和老同志教我们如何用热水烫脚后用缝针穿线（或马尾）把泡水引出来，这样可以速治脚泡，还能快速恢复体力。

在黄河以北的解放区，广大群众真是热爱人民子弟兵，无论白天或黑夜，部队只要路过村庄，街上就摆满了用柳叶熬的汤让战士喝，那是解渴防暑的"良药"。为了防暑，一般情况部队是夜行昼宿；有时也在烈日炎炎下或风风雨雨中的农村泥路上白昼行军。白天行军除了酷暑难熬外还要随时防空，因为敌机活动非常频繁。为了尽量减少不必要的伤亡，所有的指战员、辎重车辆、战马和炮身都要用树枝或野草伪装起来，浩浩荡荡，如同绿色长龙。那时我们年轻，行军虽然很累很辛苦，睡上一觉就消除了疲劳，也适应了战争环境和军旅生活。

强渡黄河

刘邓大军主力 4 个纵队 12 万余人经过数天的急行军，于 6 月 30 日午夜来到黄河边，渡河地点选定在鲁西南的濮县至东阿之间。这里河宽水深，敌人自恃这一天险可抵 40 万大军，仅在南岸分别构筑了滩头阵地和野战工事，用两个师的兵力直接扼守黄河防御，另外摆一个师在嘉祥地区机动。这夜，一轮皎月悬挂当空，如水的清辉普洒大地，滔滔黄水滚滚东流，岸边停靠着一艘艘被风浪吹打得摇摆不定的木船。此情此景，使没有出过远门的我感到惊奇。

部队无声地列队在河边，每个人左臂上捆条白毛巾以示我军标记。此时，黄河两岸异常平静，这是战前的暂时安宁。午夜，我军大炮开火了，炮声隆隆震动大地，对岸立刻变成一片火海。我们卫生队跟随战斗部队上了木船，对岸敌人的炮火疯狂猛烈地打过来。我们站在船上，船老大平静地说："要开船了，大家听我的，不要动，不要说话。"一艘艘木船运载着指战员们驶入了急流，奋力冲击，当行至离对岸还有几米时因淤沙而靠不了岸，平时很和蔼的班长此时对我们厉声下令："往水里跳！"他第一个跳下水，我们就像青蛙似的也跳入水中。水淹到我腰部，我用力往岸上爬，穿着带水的粗布军装和背包，气喘吁吁地跟上部队，在喊杀声中奔向战地抢救伤员。

部队在刘伯承、邓小平的亲自指挥下，以偷渡和强渡相结合的战术一举突破了黄河天险，敌人的河防部队全线崩溃。7 月 1 日，东方欲晓，作战一夜的部队憩息在黄河南岸大堤，凉风阵阵，卫生队就地而卧，很快进入梦乡。一会儿，参谋长骑着他那匹白马，疲倦而来，命令部队继续前进。他看见我们这些小卫生员们，说："你们这些小鬼，我们都胜利了还睡觉，快起来跟上部队！"

红旗招展鲁西南

部队进入国民党统治区后继续向南疾进，这里已没有了解放区的"军民鱼水情"，老百姓尤其是青年男女早就躲匿了。因天热缺水有些战士中暑晕倒在路上。深夜，在部队行军的乡间道路两侧的谷林草莽里，隐匿着敌人的埋伏哨，他们将手电光柱向夜空照射，引导飞机寻觅目标。此地可不敢掉队，我们相互鼓励，谁如果病了或走不动了，战友们就帮助扛枪，背背包或米袋；有的首长把自己的坐骑让给了病号。

几天的日夜兼程和作战，大军于 7 月 7 日至 10 日相继攻克了郓城、定陶、曹县，歼敌 3 个半旅及 1 个师。在攻打曹县时，我们四旅驻守在距县城东南 10 公里的地方，任务是打援兵。当地的老百姓为了躲避战争，早已逃光。那天下了一夜暴雨，第二天早晨雨仍然未停。约 7 时许，我们刚端起碗来，听到村边青纱帐里响起了密集的枪声。班长把饭碗扔在地上，说：“不要吃了，准备战斗！”卫生队人员手持手枪、步枪及手榴弹，在瓢泼大雨中闯进高粱地青纱帐。此时没有了枪声，我们在搜索目标时贾医生突然发现在高粱棵和豆秧底下两只眼睛在偷窥着他，还发现旁边虚掩着一挺轻机枪。贾医生一个箭步蹿上去大吼一声：“站起来！缴枪不杀！”一个国民党军士兵颤抖着站起来，随后隐藏在高粱地里的一群敌军全都从泥水里乖乖地站起来举手投降。其中有 3 名戴大檐帽的军官，为副连长、排长和副官，其余都是士兵。他们站好队报数后，共是 29 人。我们缴获的美式武器计手枪 3 把、轻机枪 1 挺、迫击炮 1 门、步枪 21 支、炮弹 2 发、子弹数千发。经过盘问，他们是从曹县城墙上突围跑出来的，不敢走大路，只能躲着溜。我们让这些俘虏吃完饭，将人和武器一起上缴了。

羊山集战役

7 月 11 日下午 4 时，部队到达集合点，首长说明任务：现在敌军 3 个整编师陈兵布阵于巨野东南金乡县西北的羊山集、独山集、六营集地区，摆成了长蛇阵。我部以远距离奔袭的战术迅速将敌人分割包围。从现在开始夜行军，路程 90 公里，一夜赶到，明天早 8 点钟以前部队必须进入阵地。消灭敌人愈多，对我们跃进大别山愈有利（这时我才知道部队要去的地方）。为了消灭敌人，希望同志们不要怕苦，不要掉队，发扬连续作战精神，坚持下来争取胜利。

翌晨，太阳从山峦冉冉升起，部队一夜急行军，战士们已是疲惫至极，脸色都变成铁青色。为了消灭敌人，指战员们振作精神，顾不上吃饭，迅速穿插，将敌

3个整编师紧紧包围起来。3颗信号弹腾空而起，激战开始了。此刻，有许多战士没喝一滴水，没吃一口饭，就牺牲了。在战场上，卫生队、运输队、担架队、炊事班和电话班都在忙碌着，我们跟随部队进入阵地抢救伤员。关于战地抢救，可不是有些人想象得那么简单。在枪林弹雨中，卫生员必须跟着战斗部队行动，战士负了伤必须及时处理，以减少死亡。有些战士在水里负伤，卫生员要想办法把他打捞上岸；有些战士负伤在沟壑里或山缝里，卫生员要把他拖拉出来抢救。有时在抢救伤员时遇到敌人，卫生员要用武器保卫伤员和自己。尤其是在黑夜，只能借助月光或炮火的闪光从尸体堆中或呼叫声中寻找伤员，在阵地上作简单处理后由担架队迅速抬下战场。战场上的情况千变万化，卫生员的工作是很艰苦、很危险的。

14日，我军发起羊山集战斗，15日和16日，我军继续攻击羊山集的敌精锐之师第六十六整编师。敌军装备精良，武器先进，又占据三面环水背靠羊山的有利地形，抢修了坚固的工事，并有大批的战斗机、轰炸机在我阵地狂轰滥炸。我军发起数次攻击，伤亡惨重但仍未攻下。这时蒋介石一面命令该师坚守待援牵制我军，一面急调8个师和2个旅的兵力赶来寻觅我主力部队作战。我军趁敌援兵主力尚未靠拢时，22日首先歼灭了金乡来援之敌一个旅。刘邓首长向敌军发出最后通牒令：限在3天之内投降。27日夜，我军集中炮火猛轰敌军阵地，我们站在小山头上观望，隐隐可听到敌人凄厉的哭喊声。拂晓，我军又集中兵力对羊山集的敌人发起总攻，经过一昼夜激战，终于全歼了这批负隅顽抗之敌，活捉了敌六十六师少将师长宋瑞珂。

我军突破黄河天险之后，经过28个日夜奔袭鏖战，歼灭国民党军9个半旅和4个师，共5.6万余人，缴获了大批美制武器弹药，胜利结束了鲁西南战役，打开了跃进大别山的通道。

不虐待俘虏

羊山集战役后，随军成立了"解放大队"即"俘虏大队"，把绝大部分被俘士兵集中起来，由上级派来军政人员给他们授课，讲明共产党、人民解放军的革命目的是为全国穷苦大众尤其是佃农翻身得解放，打土豪分田地，执行耕者有其田的政策，等等。俘虏士兵中绝大多数是贫寒子弟，他们是被抓丁、拉丁、卖丁和替身丁而送上前线的。我军适时发动广大俘虏士兵开展诉苦运动，大会上许多俘虏痛哭流涕，泣不成声，"参加解放军！""打回老家去！""解放全中国！""为亲人报仇！"会场上的呼声像黄河在咆哮。一旦他们被编到连队后，我们对他们平等相待，统称同志。尤其是对技术人员如被俘的军医官，他们参军后与在"国军"的待遇不变，称某医生，为我军的医疗技术水平的提高做出了贡献。在他们之中，很多人立功受奖，入了党当了干部，有些人担任了我军的营、团乃至旅级的指挥员。我们的队长、班长和有些军医及卫生员就是"解放战士"。在这里值得一提的是，我旅的战斗英雄、特等功臣、营教导员任晓祥，在渡黄河之前的庆功大会上还和刘邓首长碰酒干杯呢。他在"国军"里是机枪射手，参军后仍是机枪射手，他作战勇敢、不怕牺牲，在短短的几年里入了党，成了营级指挥员。在我军进入大别山之后的商城二十里铺战斗即将结束打扫战场时，突然一发炮弹在他身旁爆炸，他倒在血泊中，我们迅速爬上山抢救他。他身负八处伤，我们都哭了，喊着他的名字。他无力地微笑着说："小鬼，不要哭嘛，没啥子了不起的，要坚强……"最后壮烈牺牲。

开始跃进大别山

8月8日，一个酷热的夜晚，这是自渡黄河以来我们第一次在驻地某村大街上乘凉、休息和玩耍，忽然看见班长神情紧张地过来，命令我们紧急行动。大部队在野地里狂跑，不知发生了什么情况。跑出10公里在一片荒野坐下休息，参谋长向我们介绍敌情："据侦察员报告，今天各路敌人向我们合击，包围圈今天晚上即将合拢，而由南向北进攻的一路敌军已越过菏泽、巨野公路，我军要利用陇海铁路两侧暂时还没有敌正规军的机会，今天晚上要突然甩开敌人。"刘邓首长把我们4个纵队兵分3路，像三支离弦的箭，我们二纵据中路打前锋，开始了千里跃进大别山。

连日暴雨河水猛涨，我中路部队于18日夜迅速渡过了大沙河。为了快速前进，各路部队实行轻装，埋藏或炸毁了一些必须精减的辎重车辆和不易携带的武器，并再次向部队进行动员，提出"走到大别山就是胜利"的口号。蒋介石政府已经发觉我军行动的目的，急忙从各战区抽调了十几个师尾追而来，上级号召部队要用两只脚和敌人的汽车赛跑。经首长动员后，部队斗志高昂，前进的速度更快了。

自从部队渡黄河之后，战士们雨淋日晒，没有时间洗换衣服，身上普遍生了虱虫，有的染上了疟疾或疥疮，因大量出汗把衣服洇成了"地图"，汗渍发散出难闻的异味，脚上都打了水泡血泡。面对艰险困境，部队情绪毫不沮丧，与敌人斗争的信心更大了。

8月20日，在夜幕的掩护下，我中路部队于晚9时许从民权县段胜利地跨过了陇海铁路，开始跋涉黄泛区。早晨，茫茫水光映入眼帘，举目眺望没有人烟，除了隐约可见的一些坍塌的民房屋脊和横卧的枯树，几只在空中掠过的水鸟外，再也看不见什么了。无水的地方，便是稀烂的泥巴，12万人的大军兵唤马嘶，昼夜从水及腰深或稀滑的泥地中行进，前脚起后脚陷，跌倒爬起浑身泥水，艰难地涉出了黄泛区。23日夜，部队强渡汝河，汝河水深丈余，河床深凹，两岸陡峭，汝南埠渡口南岸被敌军两个旅的兵力占据，摆开了作战架势；我军后面急追的敌19个旅也很快赶来。前有河水和堵兵，后有追敌，怎么办？这时刘邓首长下令："狭路相逢勇者胜，杀条血路冲过去！"深夜如漆，信号弹、曳光弹划破夜空，激战在汝河两岸打响，枪声、炮声、喊杀声在夜空回荡，战斗异常激烈。我卫生队在战火照亮下，迅速地寻觅我军伤亡战士。

8月26日，东方刚露鱼肚白，中路部队来到了淮河边，白水滔滔，因为船只早被敌人扣压，水面景致十分开阔简单。部队聚集在河边，追兵就要赶来，忽然间，我们看见一位老首长和几名年轻军人在水中，老首长手持竹竿探水深浅后，向身边的人说："告诉参谋长，这里水浅，可以渡河。"原来是刘伯承司令员！部队沿着首长探出的水上路标，涉渡了淮河。渡河之后已是早晨7时许了，大队人马继续沿公路前进约15公里，兵临潢川城下。我们四旅速将城内守军包围，经过两个半天和一夜的战斗，攻克了潢川县城，打开了直奔大别山的通道。攻克潢川后，给我们卫生队补充了充足的美制医疗用品和每人5听美制牛肉罐头及2斤奶粉。班长给我们班的硬任务是当天必须把食品吃完，不然行军时带不走。这么多食物怎能一天吃完，吃下去又怎能消化？结果许多人都提不上裤子了。这个时候可不能患病。

挺进大别山

8月28日，刘邓大军千里迢迢终于踏进大别山。大别山山高林密，山崖陡峭，青山碧水，风光秀丽，山林密布，竹林翠绿，溪流潺潺，令我们这些北方人赞叹不已。

在八山一水一田的大别山，从北方尤其是从平原来的人，初走高低不平的山间羊肠小道和不足两尺宽的弯弯曲曲的田埂很不适应，尤其是在黑夜雨中，又不准照明，往往跌得满身泥水，但要爬起来赶快跟上部队。骡马很"聪明"，它一旦跌倒在水里便耍赖不起，想躺在泥水里休息。战士们只好无奈地把它身上驮的武器弹药卸下来，几个人再把它拥（抬）起来；有的骡马尝到甜头，见水就卧，真是对它奈何不得。因为水多草盛，大别山的蚊虫不但多而且个头大，叮咬一口就起个疙瘩，有些战士因此患了大脑炎。部队连续行军作战寝无安居，食无定处，行踪不定；因当地老百姓对我们部队缺乏了解，还像避兵乱一样躲着，特别是青年男女极为少见，所以环境也显得单调。战士们在融融月光下沿着山坡小道行军时，可欣赏到路旁草丛中虫儿们的"音乐会"，那清脆的鸣叫，给战士们疲惫的身心以欣慰。部队睡眠时间非常少，但战士们学会了见缝插针，遇上平坦地边走边睡；如果行进在崎岖不平的山路时因困倦走出队列，后边的人看见了要赶快把他拽住，以防跌入山谷。部队在大山的山缝里钻来钻去，与敌人捉迷藏，对昼夜行军作战的战士来说，能闭上眼睛睡几分钟或打个盹儿，真是极大的享受。部队宿营时，战士们会借住百姓的茅屋，地上铺些稻草，夜不解带抱枪而睡；离开宿营地前战士们要把稻草放回原处，把屋内外打扫干净再走开。战士们有很长时间没有洗脸了，个个都是"三花脸"。自渡黄河以来，战士们一直没有领过津贴费，但大家毫无怨言，因为即便手里有几元钱，也无处买东西。战争年代，兵荒马乱，老百姓不了解我们，无论看见什么兵，撒腿就跑，部队从一个集镇走过，商铺早已关窗闭户，人影也没一个，哪有物品可买？尽管环境如此艰苦，战士们以生命不息战斗不止的精神，与各种困难进行了顽强斗争，部队仍然斗志昂扬。

我军刚刚进入大别山区就受到敌军的两面夹击，当夜必须从敌军夹击的山谷里冲出去。我们二纵转移到安徽省金寨县境内，又传来消息：敌人以几倍的兵力企图合击我部，上级命令部队立即转移到外线作战，到敌人后方实行反包围，具体方向是长江北岸的黄梅、广济和蕲春一带。到了那里，天气已凉，不知上级从哪里搞来一批五颜六色的布匹和棉絮，发给部队自力更生，战士们穿上了自己缝制的棉衣；鞋的供应也很困难，战士们又学会了打草鞋。

10月26日，茫茫大雨中，我军从广济向北进发，经过高山铺战斗，消灭了信阳的来犯之敌5个半团。战斗中有许多战士穿着自己缝制的白棉衣牺牲了，我们心里很难过。部队继续北行，为了避开敌人，要翻过坡度70度上下各30公里的高山。部队沿着被敌人毁坏的山路向上爬行，高山陡峭，人要是踩不稳就会跌下山谷，驮武器的骡马更是难于上青天了。为了战胜困难，战士们勇敢地把牲口驮的山炮或其他武器几个人分开扛着爬山，这样骡马还是爬不上去。战士们又在马鞍上拴上粗绳分成左右两股，每股有两三人把骡马一直拽上山巅；下山时再用力把它缓送下山。此事要万分小心，稍有疏忽就会连人带马一块儿跌下峡谷。骡马也是有感情的，有的牲口跌进山谷再也站不起来时，会用哀求的眼神看着战士们，可大家无力救它。一些骡马由于和部队长期行军作战，有的病了或负伤了，再不能跟随部队行动了。这些牲口和战士们朝夕相处，同生死共患难，战士们与它们建立了深厚感情，成了不会说话的战友，丢弃它们真是痛心难过。然而，只能丢弃它们，这是战斗的需要。它们对部队依依不舍，战士们排队开拔时它们跟在后面不肯离去；无奈，只有把它们拴在树上匆匆走开，这样它们仍瞪着大眼向部队哞哞叫着，许多战士流下眼泪。

黑夜突围

部队继续向东北方向行动，当到达安徽省六安县时，已是农历大年三十的下午了。班长从炊事班领来2斤猪肉，给全班同志们打"牙祭"。肉刚入锅，枪声四起，我们也顾不得肉了，马上随部队转移15公里，卫生队驻在名叫西高店的小山村里。晚9时许，夜空繁星闪烁，部队奉命在旷野集合，鸦雀无声，不知道发生了什么事。首长向大家说得清楚：今天敌人3个师把我们二纵包围了，他们想吃掉我们。现在敌军的包围圈只剩下一千来米的口子了，今天晚上我们要从这个敌人薄弱的小口子里冲出去，要求同志做好战斗准备，子弹上膛，枪上刺刀，手榴弹露弦！参谋长给部队画好了路线图和集合点，又宣布了战地纪律：（一）不准吸烟；（二）不准咳嗽，不许说话；（三）没有命令不许开枪；（四）要跟上部队。参谋长又说："除了二营掩护突围外，其他各单位就行动吧，只要能到达集合点就是胜利。"

部队开始行动，消失在静谧的夜幕里。敌哨兵盲目地喊叫着，为自己壮胆。我军缓慢地向前移动着，六安地区是山区，道路狭窄，凸凹不平，因夜黑看不清路，一名战士跌倒在路边的小沟里，发出了响声。敌哨兵似乎发现了我们，用手电寻觅着目标大声喊叫："共军！有共军！"随即枪响了。我军沉寂无声地趴在地上，或许这是火力侦察或许是摸不清我军情况，敌人未敢轻举妄动。我军迅速地冲出敌封锁口，一气跑了40公里，第二天早晨到达了集合点——叶家集。卫生队聚集在叶家集东侧史河沙滩上，远处响起滚雷般的炮声，史河桥上也发现敌兵，参谋长骑着白马在史河对岸吼着督促卫生队赶快过河。这时敌机飞临史河上空，我们也顾不得冰寒水凉了，迅速地蹚过了滚着冰块的史河，急行军25公里钻进了深山区，到达第二个集合点——金寨县梅山。冤家路窄，在这里又碰见了当地的保安团，经过短时间的战斗打退了敌人，此时已是正月初一的下午了，我们在那里才吃了饭。

关于大别山的伤员

部队在敌占区大别山作战，没有后方医院，伤病员们不可能跟随部队行军作战，只好托靠给当地贫苦基本佃户家疗养，给户主留下一定的伤员生活费（银圆），说好伤愈后俟部队再路过时让他们归队。可是敌人是残忍的，当地的小保队烧杀掠夺，无恶不作，尤其是对我伤病员和我地方干部更是惨无人道。每当我军离开后，小保队便下山疯狂地挨门逐户地抓捕我军伤病员和"掏窝"我地方干部，把他们集中起来进行屠杀，其灭绝人性的手段令人发指：（一）倒栽葱：在荒山野岭将他们倒栽在坑内活埋，地面露着半截腿；（二）揳橛子：屠杀前宣称，你们共产党不是要翻身吗？现在把你们钉死在地上，让你们永远翻不了身；（三）吊金钩：把他们捆绑起来，再用铁钩钩住他们的下巴，用绳把他们吊在树上，强迫老百姓用刀、剪、锥等锐器把他们活活剐死等手段，无所不用其极。

部队把牺牲的战士埋葬了；部队离开后，猖獗的小保队把尸体重新挖出来抛在山谷暴尸荒野，让狗吃狼吞。我们的战士，为了祖国的解放事业，活着献出生命，死后献出躯体，他们永远活在我们心中！

刘邓大军千里跃进大别山，好似孙悟空钻到铁扇公主的肚里，直接威胁国民党统治中心南京和武汉，使蒋介石政府大为震惊，急忙从进攻各解放区的前线调回10个旅，加上原来尾追我军的23个旅，共33个旅约30余万人的兵力，由素有"小诸葛"之称的白崇禧亲自指挥，企图将我已不足12万人的解放军消灭或逐出大别山。可是，我英雄的刘邓大军不仅挺进了大别山，而且在大别山站住了脚，用枪口顶住了南京政府的脑门，揭开了大反攻的序幕，使解放全中国的战争取得全局胜利大大提前。这一伟大创举，这一丰功伟绩，将永载史册。作为一个老兵，每当我回忆起当年的战斗历程，依然心潮澎湃，感奋不已。

原载《文史精华》2002年12期，第39～44页。

跟随邓小平在大别山的艰苦岁月里

◎ 苗福金

我于 1947 年参加人民解放军，在刘邓首长领导下的解放军第二野战军三纵七旅二十团一营机炮连当战士。1947 年秋，我刘邓大军突破黄河天险，千里跃进大别山，拉开了解放战争战略反攻的序幕。我军占据大别山地区，可以东慑南京，西逼武汉，南扼长江，瞰制中原，对蒋介石集团形成重要威胁。蒋介石对此十分恐慌，急忙从豫皖和山东战场抽调了 5 个师 33 个旅的部队对我军展开全面围攻。

我军进入大别山后，刘邓首长即命令部队向预定地点实施展开，一、二纵队在豫东南，三纵在皖西，六纵向南进至武汉以东百公里处。蒋介石以 23 个旅的兵力紧跟我刘邓大军过淮河，欲趁我立足未稳之际，消灭刘邓大军。

我军刚到大别山，周围都是敌人，根据地还未建立，群众尚未充分发动，部队远离后方，供给十分困难，粮食、弹药、被服、药品、人员伤亡等都得不到及时补充，生活异常艰苦。但为了取得战争的胜利，我军发扬自力更生、艰苦奋斗、密切联系群众的优良传统和作风，担负起行军打仗、筹集给养、发动群众等三大任务。

自己动手做冬服、打草鞋

9 月的大别山区，气温逐渐下降，早晚寒气袭人，战士们却还穿着夏天的单衣单裤，冬服一时无法解决。刘邓首长命令全军：自己动手，缝制冬服。我所在的三纵二十团积极响应刘邓首长的号召，由团后勤处从皖西潜山县统一购回布料，分配给各连自做冬服。当时，买来的布料各种颜色都有，部队要求统一做成灰色服装，我们就把白布用稻草灰染成灰色做面子，其他颜色的布做里子。买来的棉花都是带籽的，没有弹花机，战士们就用树条抽打，用手剥棉籽，制成棉絮。

有了布和棉花，裁剪和缝制军装这一难题又摆在了我们面前。要说拿枪打仗，战士们都是好样的，可拿针线做衣服却把我们给难住了，不知如何下手。有的同志建议请当地老乡妇女帮忙，指导员说：这样多的衣服老乡怎能帮得过来呢，要靠我们自己动手克服困难，查查我们解放军的"字典"上，有哪个困难没有克服！我连四班战士小王学过裁缝，于是，他成了我们的师傅。他边讲边示范，我们就跟着他学做，领口剪不圆，就拿小瓷碗比画个圆圈剪成领口……就这样，大家自裁自缝，互相帮助，都穿上了自己做的冬服。虽然颜色深浅不匀，缝的针脚有长有短，衣服裁的有大有小，领子、口袋歪歪扭扭、皱皱巴巴，但这都是战士们自己的"杰作"，穿在身上格外暖和。

因布料少，还差两套棉衣料，可也无法再买到布了，事务长就和我商量（当时我担任事务上士）我们两人都是共产党员，就让给别的同志吧。这样，1947年冬天，我们两人就靠战友们捐出的两套单军装，度过了大别山寒冷的冬季。

部队从安阳到山东，连续行军打仗28天，又从山东千里挺进大别山，战士们带的两双布鞋已破得不能再穿了，没有供给，只好穿草鞋。每到宿营地，我们就找稻草打草鞋，开始是由南方籍的同志打，后来，我们北方的战士也学会打草鞋了。北方人穿不惯草鞋，特别是新打的草鞋，穿在脚上松了会掉下来，系紧了草绳就会勒破脚，有时战斗紧张，草鞋坏了就得光脚板走，故脚板上到处都是血泡。大别山山高路窄，稻田地多，稍不注意就会踏进稻田里，加之部队经常在夜间行军，一晚上不知要摔多少跤。尤其在雨季，我们这些北方战士行军打仗就更困难了。从1947年秋到大别山，到1949年春出大别山，我们部队的干部战士在两年多的时间里大部分穿的是草鞋。

粮食不够瓜菜代

大别山地区很穷，粮食非常缺乏。粮食不够，就要掺吃豌豆、南瓜、野菜等，所以连里的战士给我起了个绰号叫"南瓜上士"。部队每到一处，就地借老百姓的粮，借多少粮打多少收据。团后勤处统一制发借粮公函，新中国成立后老乡可以凭证顶交公粮。有时，部队根本找不到粮食吃，就只好吃南瓜和野菜；有时战斗紧张，断粮、断顿的情况也时有发生；有几次，饭刚做好敌人来了，于是就每人带一点饭，边走边吃，边打边走，同敌人在山上周旋。

在坚持大别山斗争的艰苦日子里，部队没吃过一次白面，尤其是我们北方的同志，生病的时候多么想吃一碗面条呀！但当地不产小麦，根本找不到白面。虽然生活艰苦，但我们毫无怨言，一切为了革命的胜利，再苦再累我们也要战斗。

在老乡家养病的日子里

在大别山战斗的日子里，部队常常以一个团应付敌人几个团的兵力，大家忍饥挨饿，不顾疲劳连续作战，有时一晚上要转几个山头。晚上行军转山头，白天在野外树林中露宿，不论是寒冬腊月还是炎炎夏日，部队很少进住民房，都是在野外宿营。夏天，大别山的蚊子特别多，有些蚊子有半寸长，虽然身上盖着一条军用夹被，但蚊子还是能叮到人身上，咬得人难以入睡，身上都是红疙瘩，又痒又疼。

部队刚进入大别山地区时，根据地还未建立，又远离后方，没有医院，重伤病员无法跟随部队行军打仗时，只好寄养在当地老百姓家里。

1947年9月初，部队刚到安徽的六安县，我就患了疟疾。开始时我还跟着团卫生队走，坚持到霍山县后，因病情加重难以支持，领导就让我坐上担架，把我抬到岳西县。因部队还要行军打仗，我和三营七连战士李敏被留在岳西姬家河附近的一个山庄里，分别住在两户贫苦农民家中养病。我住的王大爷家里，只有王大爷、王大娘和一位童养媳3口人，部队给我留下部分药品就出发了。大爷一家对我关怀备至，王大娘每天为我端水端饭，按时照顾我服药，虽然每天只能吃两顿玉米面糊糊，但王大爷一家还是想尽一切办法，找来些大米、鸡蛋等为我增加营养，好让我早日康复，回归部队。一个月后，我和李敏基本康复，在恋恋不舍告别乡亲们后，又回到部队投入了新的战斗。

站稳脚跟　走向胜利

大别山对敌斗争的胜利，不是由消灭多少敌人决定的，而是以能否站稳脚跟决定的。党中央和毛主席曾估计过，进入大别山可能有三种前途：一是付出了代价，站不稳脚，准备回来；二是付出了代价，站不稳脚，在周围坚持斗争；三是付出了代价，站稳了脚跟。一切要从最困难的方面着想，坚决勇敢地战胜一切困难，争取最好的前途。

根据大别山区回旋余地狭窄、粮食物资供应困难较大、不便于大兵团作战的实际情况，刘邓首长贯彻党中央和毛主席的战略部署，指示部队避开敌人主力，不和敌人硬拼，进行游击战术，打得赢就打，打不赢就走，主要是牵制敌人，同时寻找战机消灭敌人。一部分主力部队留在大别山区，在内线坚持游击战，牵制敌人；一部分跳出敌人包围圈，转入外线，向大别山以西的桐柏、江汉地区实施战略展开。

遵照刘邓首长的指示，三纵决定从七旅抽调二十团、八旅留下二十四团、九旅留下二十七团，3个团合编为皖西分区独立旅，在安徽皖西坚持斗争，与敌人展开反"围剿"的游击战争，并寻找战机消灭敌人，其余部队转入外线作战。我随二十团留在皖西。1947年10月，我所在的二十团在六安东南地区参加了攻打张家店的战斗，经过一昼夜的激战，全歼敌八十八师及六十二旅全部。同年12月30日，我二十团又趁敌人准备过新年的时机，突袭了潜山县保安大队，歼敌500余人。

在1947年10月至12月两个多月的时间里，我军克服了重重困难，共歼敌3万余人，解放县城24座，建立民主政权33个，在大别山地区打开了局面，站稳了脚跟，以较小的损失换取了巨大的胜利，把战线从黄河延伸到了长江，完成了战略任务，极大地鼓舞了根据地军民胜利的信心。正如邓小平同志在对二野的历史进行回顾时所说的："……所以说，战略反攻，二野挑的是重担，还是那句老话，叫做合格。"

半个多世纪过去了，我们回顾历史，更加怀念敬爱的邓小平同志，永志不忘邓小平同志在长期的革命生涯中，身负重任，不畏艰难，英勇奋斗，为中国人民的解放事业立下的不朽功勋，更加珍惜来之不易的幸福生活。

原载《文史月刊》2006年2期，第24～26页。

我是刘邓大军的一个兵

◎芦　凯

在决定新中国前途和命运的 3 年解放战争中，神州大地驰骋着一支部队。他们以简陋的装备，面对着美国机械化装备的数百万国民党军却战无不胜，攻无不克。这就是刘伯承、邓小平率领的中原野战军，老百姓亲切地称其为刘邓大军。

我叫芦凯，原河南郾城县召陵乡大周村人，当年，我就是中原野战军二纵四旅十二团一营的一名战士。如今我已是耄耋之年，但在刘邓大军中的那些日子仍历历在目。

抢渡黄河

兵家素有"得中原者得天下"的说法。1947 年，解放战争由防御转入反攻后，必须迅速越过黄河，争得中原。然而蒋介石把黄河当成了阻碍人民解放军胜利前进的"天险"。国民党除以重兵把守、炮火封锁、飞机轰炸外，还人为扩大黄泛区面积，企图阻止我军抢渡黄河。

解放区的广大民众在各级党委的领导下，掀起了支援解放军渡河的热潮。他们组织 5 万民兵参工参战，训练水手和船工，发动沿河群众修造了 120 余条木船，可供近万人渡河。

刘邓首长亲临防线，对预定渡河地区的地形、敌情等做了周密调查后，决定于 6 月 30 日，首先在鲁西南张科镇到临淄 300 里地段上突破敌人黄河防线，迅速捕歼黄河防守之敌。

6 月 30 日夜 12 时整，在刘邓首长的亲自指挥下，渡河部队的大炮以摧枯拉朽之势呼啸射向南岸之敌，黄河对岸顿时成了一片火海。渡河的木船载着解放军战士向南岸疾驶。国民党守敌拼命挣扎，他们同样用密集的炮火阻挡前进的帆船……

就在帆船激流猛进中，一颗重机枪子弹"嗖"地穿透了我所在帆船吃水下位的木板，木船霎时面临下沉的危险。我急忙脱下衣服，冒着雨点般的子弹，使尽全身力气紧按住洞孔。一分钟、两分钟、十分钟、半个小时，汗水流进我眼里也顾不上擦一下，终于保护着帆船安全驶向对岸。

血战羊山集

险渡黄河后，迎接我们的是更加艰巨的战斗——羊山集之战。

我军在抢渡黄河之后人困马乏、饥饿疲惫、缺少弹药，面临的是国民党十倍兵力的疯狂反扑，羊山守敌横拦了南下的去路。羊山山如其名，就像一只弓腰趴在山头的羊，羊腰是主峰。山虽不太高，但敌人居高临下，并依托着日军遗留下来的大量钢筋水泥工事，易守难攻。打了 10 多天，我军伤亡惨重。

在战地动员会上，二纵陈锡联司令员坚定地说："现在我们决定先攻羊山，再打羊山集。只要羊山攻下，羊山集的敌人就无法存在。所以说，能不能打下羊山是决定这场战役胜败的关键。"

在动员大会现场，我带头把自己在部队这几年的积蓄交给组织作为党费，准备为党献身。这一行动得到全场的热烈响应，大家的"决心书"一沓一沓送到了部队首长手中，官兵激战的情绪非常高昂。

半夜时分，几声山摇地动的巨响后，羊山升起了第一股烟柱，几十门大炮、小炮一起向羊山轰来，烟雾升腾，泥土飞溅。紧接着一场激烈的白刃战、肉搏战打响了，战士们个个像猛虎一样冲向敌群。也许是被我们无畏无惧奋勇拼杀的士气所震慑，一番厮杀后，国民党兵败如山倒。战士们很快骑在了羊背上。我军攻占了羊山集，全歼了国民党第六十六师，师长宋瑞珂和他的部属旅长、团长等统统当了俘虏。

大别山遇险

在夺得羊山集战役胜利后，我随部队经历20多天的急行军，一路突破国民党前堵后追，越过沙河、涡河、洪河、汝河、淮河等一道又一道障碍，挺进了大别山。

大别山雄立于鄂、豫、皖三省交界处，军事上易守难攻，是驾驭长江天险的重要平台。刘邓大军挺进了大别山，等于一把利剑直插蒋介石的心脏。

我军进入大别山后，首先遇到的问题，就是既要开辟根据地，又要应付和牵制打击敌人。刘邓首长创造性地运用了毛主席"分兵以发动群众，集中以应付敌人"的原则应用兵力。但在当时，我军条件相当困难，没有电台，没有电话，部队联系、首长命令，全靠通信员的两条腿跑。我就在大别山上为联络部队、传达首长指示跑腿送信。

有一次经历特别惊险：当时我所要找的部队已经转移，为完成任务我极力寻找，途中被敌人侦察兵发现，遭遇围追。面对敌兵的吆喝，我把通知塞进嘴里，随时准备嚼烂，利用树木和弯道遮身，躲开了敌人乱射的子弹，安全回到部队，保全了部队秘密。

大别山根据地建立后，蒋介石乱了阵脚，他匆忙在南京召开"大别山作战检讨会议"及湘、鄂、皖、豫、赣、苏6省"绥靖会议"，决定成立"国防部九江指挥所"，由白崇禧任总指挥，妄图以所谓的"总力战"摧毁我大别山革命根据地，与我争夺中原。

党中央、毛主席对大别山面临的形势十分重视并做出重要指示，刘邓首长坚决执行了毛主席的指示，决定将大别山的主力部队一分为二，刘伯承司令员转入外线指挥，邓小平政委带3个纵队坚持大别山内线斗争。

为了支持艰苦的外线斗争，我们部队甩掉衣被、背包等轻装，日夜兼程，走出大别山。记得当时从大别山到南阳，一天一夜步行180里路，围歼了正要钳制我华野部队的国民党青年军全部，缴获大批武器弹药等军需物资，支援了大别山根据地的巩固和发展。

淮海战役舍身保护首长

1948年11月6日打响的淮海战役,是继辽沈、平津战役之后第三大关键性战役。蒋介石在这次战役中使出了浑身解数。他5次下令,让当时有少将军衔的化学兵司司长汪逢栗给部队配置化学武器。汪逢栗乘直升机在淮海战区转了一圈,发现当地众多群众投身淮海战役,深感国民党大势已去,民心丧失,而共产党则是人心所向。良知使他猛然惊醒,如果听从蒋介石的命令向人民使用化学武器,将是对人类、对历史的犯罪……于是,他5次拒绝执行蒋介石的指令。后来有报道称《解放军与化武擦肩而过》,讲的就是这个事情。

蒋介石又以"舍车保帅"的手法,调集其精锐部队云集淮海。其中对郾城、漯河骚扰最大的国民党整编十八军十一师就是在开往淮海战场的途中被我军全歼的。

当战役进入关键时期,部队首长要坚守在阵地上。面对炮如林、兵如山的激烈战斗,我暗暗下定决心,到了关键时刻,宁肯牺牲自己,也要保护好指挥官的安全。记得那天硝烟弥漫,我陪同第二野战军十军副参谋长赵晓舟在战地工事上巡查,忽闻身边有"嘶"的一声,头顶如巨石坠落,说时迟,那时快,我飞身扑倒在赵副参谋长身上,一颗巨型炸弹"轰"地落下,弹片如落叶在身上飞过,我的手臂被划破。我顾不上鲜血淋漓,急忙去查看赵副参谋长的情况,发现其安全无恙后才稍稍放下心来。

事也有巧,我成功护卫的赵晓舟副参谋长正是我的老乡,河南郾城东大街人。他在1955年被授予海军大校军衔,1961年晋升为海军少将,并荣获二级独立自由勋章、二级解放勋章,1988年荣获一级红星功勋荣誉章。2007年他在病危中还念念不忘郾城老家人民,不忘淮海战役中舍命保护他的警卫员,并留下遗言让我赴京参加他的追悼会。

在刘邓大军中的那段日子,我先后立过4次功,成为全团模范党员,这成为我一生难忘的珍贵回忆。

(孟凡坤　整理)

原载《文史博览》2016年第6期,第41～43页。

解放霍邱纪实

◎ 张瑞符

1947年10月，鄂豫一分区（辖今商城、固始、金寨、霍邱县）在金寨县古碑冲召开党政军人员大会，地委书记兼军分区第一政委刘毅作了动员报告。提出"背靠大别山，向平原发展，开展游击战，扩大解放区"的口号，宣布以霍邱城西湖、沣河为界成立霍邱、霍固两县。在鄂豫一分区的二纵五旅将第十四团分到霍邱、霍固、固始等县，团政委杨杰带一营到霍固县，副政委马澄清、参谋长刘毅（与地委书记刘毅同名）带第二营到固始县，团长梁俊亭、政治处主任陈玉振带第三营到霍邱县。同时将原俘训团的干部及通信班组成4个武装工作队，刘廷章团长带两个队到霍固县，我与原团政治部副主任张学信带两个队到霍邱县，我参加县委。

建制确定后，霍邱、霍固两县的党政军人员分头奔向各县的管辖区。我们霍邱县这批人第一站到金寨县的龚店、白塔畈，再到霍邱的大顾店、毛沟洼、三元店、乌龙庙、河口集、洪集、长塘梢、三流集等地绕了一圈，初步熟悉地形后，决定划分5个区：洪集、毛沟洼一带为一区，河口集一带为二区，三元、西皋一带为三区，曹庙、众兴一带为四区，西河集、五岔路一带为五区，配备了区委书记和区长执行发动群众，开辟新区的任务。

反敌冬季"围攻"

11月下旬，朱广林县长带第十四团和十三团各一个营向霍邱进击，国民党县长马正九见势不妙，带领县大队弃城而逃。27日，我军一枪未发进入城内，当晚在街上露宿。翌日在黉学广场召开了群众大会，朱县长宣传党的政策，将国民党政府积（存）的麦、面、棉花等物资分给穷人。部队在县城住了3天后，即主动撤出，在长塘稍与我带领的武工队会合，向河口集进发。我带领的武工队便留下同河口区一起工作。区里也很快组织了一个排的武装。半个月后，鄂豫一分区的武装也来到了河口集。

此时，敌军已对大别山区展开大规模的围攻。分区的武装到河口集才3天，敌第四十六师便攻过来了。分区和县里武装在龙潭与扈胡之间进行阻击，因寡不敌众，部队撤退。我带区里的干部和武装撤到毛沟洼，敌人很快追上来了，我们边打边撤，终于冲出了包围圈，与朱广林带的两个连会合同撤到白塔畈。在这次反"围攻"中，河口区损失最大，区长赵明在撤退中被俘，副区长郑寿山留下来搜集敌情，不幸被捕而英勇就义。

我们撤到白塔畈后，霍固县的同志也撤到这里，待敌人"扫荡"后，我们又打过去逮住并处决了阮凌川等残害我革命干部的凶手，为死难同志报了仇。

吴集整风和土地改革

为了搞好解放区的土改，鄂豫一地委于1948年1月将金寨、霍邱、霍固3县区以上干部集中到金寨，学习《中国土地法大纲》。2月，霍邱、霍固两县党政干部又集中到霍邱吴集，进行"三查"（查革命斗志、查阶级立场、查思想作风和工作作风）、"三整"（整顿思想、整顿组织、整顿作风），主要解决斗志问题，树立革命信心，锻炼顽强斗志，讲究斗争策略。通过整风，我们认识到前段工作中出现了一些"左"的倾向（如在反"围攻"后复仇心切，对反革命杀得过多），决心加以纠正，并调整了霍邱、霍固两县的领导班子，我到霍固县任县长。我们在较巩固的周集、马店解放区进行了土地改革，首先学习《中国土地法大纲》，宣传耕者有其田，启发群众挖穷根追富源，以提高阶级觉悟；其次组织贫农团和农会，并确定其为执行土改的合法组织，以树立贫雇农的领导优势；再次结合反"扫荡"、反"清剿"，开展反奸诉苦活动，最后发动贫雇农分田地、分浮财。在土改中，全县成立了95个贫农团，组建了300多人的自卫武装，并划定了个傅井区。

跃进淮北和吕家大寨会议

1948年春，敌第四十六师、四十八师等部又"清剿"过来，重点是打击我县、区武装，摧毁我乡村政权，扶植和发展小保队。敌人在固始、霍邱交界线上摆了个长蛇阵，背靠淮河，向南"清剿"，企图把我霍邱、霍固两县党政人员挤到一块儿，围而歼之。4月初，我们接到分区送来的敌情通知后，便迅速把霍固3个区的干部召集到一块儿开了个紧急会议，决定区乡干部和积极分子全部撤到淮河以北的阜南县。我们过淮河后，阜南县委见我们武装整齐，还请我们出兵镇压了当地的一些土顽。敌军攻进霍固，当地的地主豪绅和反动武装乘机反攻倒算，因我农会骨干和积极分子已随军撤走，人员没受多大损失。

4月20日，鄂豫一地委在吕家大寨召开有霍固、霍邱、固始等县参加的会议，继续整风，进一步检查和纠正"左"倾错误，决定对已分中农的土地财产和没收的工商业限期归还，对逃走的人员争取回乡生产，对受敌人迫害的基本群众和革命军人家属给予优抚，对无力控制的地区建立两面政权。一专署副专员还在会上表扬霍固县吸取了不少地方干部，壮大了队伍，增加了财政收入，也帮助分区解决了经济困难。

两县合并新霍固

6月间，为了便于集中统一领导，上级决定将霍邱、霍固两县并为霍固县，武装力量统编为霍固部队，我任县长，杨杰任县委书记，朱广林任副书记，熊家林任指挥长。

我们消灭了土顽周集区大队、马店区大队和朱家楼等乡小保队，并于6月11日第三次攻克霍邱县最大的反动地主武装据守的圩子——李家圩，俘敌二三百人（在此之前，我军曾于1947年11月、1948年2月两次攻打过李家圩）。随着军事斗争的胜利，党的新区政策的贯彻，至8月底，不仅恢复了周集、马店等区政权，还建立起一些两面政权，并先后在周集、王截流、薛集、白马庙、三河尖等地组织人民自卫武装，使其成为霍固部队的得力助手。上级还要我们在三河尖搞管理工商业的试点，以便为以后接管城市积累经验。我们把三河尖划作一个市，由我兼任市长，行署还专门从各县调来了十几个财经干部。

9月，我们得知固始县敌乡保队100多人集结在桥沟集街上，便决定由县军事指挥长熊家林和县委副书记朱广林等带领3个连去消灭他们。我军乘夜包围了桥沟集，然后冲进街内与敌展开了巷战，激战中政治处副主任苑春华等3位同志牺牲，经询问俘虏才知道敌人是固始县的保安团，有千余人。我军及时调整部署，向敌团部迅猛进攻。敌人阵脚大乱，纷纷溃逃。这一仗我们俘敌50余人，缴枪100多支。

经过几次战斗，大灭了反动武装的嚣张气焰。11月份，县委、县政府便迁到李家圩办公，与各区乡的通信网络也先后建立起来。

支援淮海战役，霍邱全境解放

11月6日，淮海战役拉开序幕，我霍固部队在三河尖承担阻击任务，打击敌增援部队和前线溃逃之敌。11月初，熊家林、朱广林和我率县区武装共600多人到达前线，三河尖镇镇长郝利钩号召全镇人民投入战斗，从三河尖到南赵集，部署20多里长的战线。在三河尖、杨台子、柳台子等处搭了3座浮桥，发动100余名民工，帮助部队修筑工事，准备粮草油盐和军需装备。

虽然逃敌未经霍邱，但战前准备对锻炼队伍、巩固政权起了很大作用。

1949年1月，收音机里传来我军取得淮海大战胜利喜讯的时候，国民党霍邱县长看大势已去，便带了两个随从化装逃走。城里士绅怕刘纪渊、凌致和等土匪扰乱，便派人到寿县找解放军联系，我寿县工委书记朱怀民即于1月26日带一个连武装开进霍邱县城，我和熊家林带3个连则于27日进驻县城与朱怀民会合。并收编了土顽武装，成立了军事管制委员会，我任主席，朱怀民任副主席。3 天后，县政府从李家圩搬到县城。1 月 31 日，在黉学广场召开了庆祝大会，朱怀民和我分别讲了话。后朱怀民带部队撤回寿县。

这时固始县也解放了，鄂豫一地委撤销了霍固县，恢复了原霍邱、固始县建制。霍邱县成立了中共霍邱县委和爱国民主县政府，县委书记为朱广林，我为县长。同时成立了县军事指挥部，熊家林为指挥长，陈玉振为政委。霍邱县下辖城关、河口、周集、石店、长集、三元店、叶集、孟集、刘李集等区镇，县政府设了公安、粮食、税务、民政、财政、教育等科局。至此，在我解放大军捷报频传、国民党反动统治迅速崩溃的大好形势下，霍邱全境终获解放，我们又乘胜开展了支前、剿匪、反霸、生产自救、巩固区乡政权、整顿地方武装等工作，以迎接新中国的诞生。

（李玉林、余春江　整理）

原载陈忠贞主编：《皖西革命回忆录》第三部《解放战争时期》，安徽人民出版社，1991 年，第 371 ～ 376 页。

风雨霍固忆往昔

◎ 郝利钧

初进霍固

1947 年 10 月，中共鄂豫一地委宣布在史河以东，霍邱的沣河、城西湖以西、六叶公路以北，淮河以南的地域内成立一个霍固县。接着县委书记路宪文、县长张春山带领我们 100 多名干部和一个连的武装进入霍固县境。

当时，全县划分为 4 个区，我分在二区（石庙一带）工作。由于敌人的反动宣传，群众不敢接近我们，我们全区 30 多名干部便采取多种形式，广泛深入地宣传我党我军的性质和任务，发动群众到地主庄园分粮、分浮财。这样一来，群众既懂得了斗地主闹翻身的道理，又得到了切身利益，逐渐接近我们，斗争情绪也高了。有的还主动向我们提供敌情，成为斗争中的积极分子。

这年 12 月，敌第四十八师和地方反动武装及反动道会门红学在袭击我三区、四区一带以后，又袭击二区。当时我们正带领群众分地主蔡琴芳的粮食，在我哨兵发现敌军的尖兵化装成便衣包抄过来时，相距只有几十米远了。哨兵迅即鸣枪报警，同时向敌人射击。我们意识到这是大股敌人袭来，便立即带领群众沿东南方向冲出包围圈。

由于县政府驻在我们东边不到一里远的一个圩子里，敌人发觉后，转而包抄过去。方副教导员带领二连迅速往外突围，张春山县长考虑到自己身边有一匹马，目标大，便带上警卫员小高，牵着马从距离连队几十米的北侧突围。二连冲出包围圈后，在向金寨转移途中和我们相遇，因未见张县长和警卫员，便一起连夜找到军分区。刘毅政委听了方副教导员的汇报，立即派第十四团政委杨杰率队寻找县长，我们也一起行动。就这样，我们又冒着寒风，踏着夜霜，向霍固疾进。

到达叶集镇时，天已放亮，于是我们分头寻找。直到下午4时，我们在一个庄子上发现有马粪。警卫员小高听到我们的喊声，悄悄地从柴火堆里探出头，见是我们，一下子钻出来，拉着大家的手，高兴得说不出话来，连忙跑到另一个庄子，把隐藏在那里的张县长找来。看到张县长没有发生意外和小高那机警可爱的表情，我们都放心地笑了。

到了冬天，冰封雪厚，大家穿的还是南下时的单衣，有的战士没有鞋穿，光着脚行军，脚板磨出了血，特别是走山路，扎得更厉害，往往一步一个血脚印。同志们便把裤脚下半截撕下来包脚，用缴获的面粉袋打草鞋穿。由于环境紧张，我们长期没有脱过衣服，解过绑腿，更没有洗过澡，不少同志身上长了疥疮，痛痒难忍，又没有药物治疗，轻的还能忍痛随部队行动，重病号只有放到老百姓家疗养，但是随时都会遇到敌人搜查的危险。后来，在高店子遭遇战中，我们就有5位同志牺牲了。

1948年元旦过后，地委根据形势发展的需要，对行政区划和领导人进行了调查，全县由原来的4个区并为两个区。县里还抽出一个连一分为二，一半到一区，一半到二区。行政区划和班子调整后，我们二区人员在区委书记兼区长何英带领下从金寨熊家河出山。这时二区的活动中心由石庙集一带转为吴集、吴岗集一带，住进了地主吴寅初的圩子。区委研究决定按照发展进步势力、争取中间势力、孤立顽固势力的原则，以吴家圩为立足点，分头组织贫农团，大力发展游击队，努力争取和团结开明士绅，以巩固和发展解放区。白马庙有个叫徐勋甫的士绅，虽然在当地有一些势力，但却看不惯国民党的昏庸腐败。何英得知这一情况，便主动登门拜望，在肯定他深明大义的同时，宣传我党我军政策，教育他要多为解放军办好事。通过教育，徐勋甫当即表示愿意为我军多多效力。以后他果不食言，在我们到杭庙一带活动时，他叫当保长的侄子徐绍溪与我们接头，为我们筹粮，并亲自把两个家门侄子送来参加游击队。转移到他家的我军伤病员，在敌人"清剿"时，也均安然无事。而对刘纪渊、赵益五、董良才、耿相阁等一伙坚持与我军为敌的反动分子，我们则坚决给予打击。

由于我们充分发挥了政策的威力，紧紧依靠群众，工作进展比较顺利，活动区由吴岗发展到马店、茶庵、石庙、泉河埠、朱集、白马庙，由吴集发展到傅井，由田郢子发展到高塘、孔集、石店、郑塔、邵岗、五塔等，并在活动区普遍组织了贫农团。随着活动区的扩大，地方武装也发展起来，区建立了有40多人的游击队，韩同群发展了30多人的游击队，王达发展了10多人的游击队，随区委活动的半个连队也由原来的30人扩充到50多人。新建立的游击队配合主力部队作战，先后摧毁了活动区的国民党区、乡公所。在长塘稍击溃国民党霍邱县常备大队，活捉中队长丁勇，余部鼠窜回城，很长时间不敢出城。

从秘密突围到回师取胜

1948年春，上级决定在基本控制地区进行土地改革。我们二区首先在吴集进行土改试点。地主恶霸对土改恨之入骨，请求国民党军进行破坏。3月初，霍邱县保安团长刘纪渊率部气势汹汹过了城西湖，刚到五塔寺，就受到我军的伏击。熊家林指挥一连、二连和二区游击队以迅雷不及掩耳的火力压住了敌军，消灭敌一个分队，俘虏40多人，刘纪渊带着枪伤跌跌撞撞地逃回城去。但是，地主恶霸贼心不死，又勾结河南300多土顽向我二区扑来，我们集中了一个主力班，就将其击退。

此后，为了继续扩大土改区域，组织上决定我和吴健仁带领区队到马店进行土地改革。到马店后，县里一直没有与我们联系，我们心中不免有些蹊跷，于是就派侦察员丁二去了解一下情况。到了中午时分，只见丁二上气不接下气跑回来说，敌人集中第四十八师、五十八师和四十六师，从固始到霍邱一线摆了一条长蛇阵，背靠淮河，向南"清剿"，企图将我霍邱、霍固两县人员聚而歼之。何英同志来不及通知我们，就带部分干部和积极分子跟县政府、指挥部转移到淮河北岸去了。

我们发现自己陷于敌军包围之中，便立即开会研究，决定抢在敌人前面，突围出去。会后，我们就立即分散隐藏到马店、吴集、石店三角中心区的田野里。这时，敌人的先头部队已到达吴集，接着兵分两路，向马店、石店扑去，在吴集通往石店的大路上扬起了一股股尘灰，敌人的队伍直到下午5点多才过完。

天渐渐黑下来，四周死一般的沉寂。我们派出侦察员，了解到周围除吴集、尚堂、孔集没有敌驻军外，其他集头上都已驻满。吴集坐落在南北大道上，不能久停，尚堂、孔集不靠大路，于是我们先转移到尚堂，和韩同群带领的游击队会合在一起。

这时，天淅淅沥沥地下起了小雨，大家围在一起，对下一步的行动进行了简短的讨论。一致认为今晚是突围的好时机，等到天明将有全军覆没的危险。最后决定选择敌军空当，朝北直插陈村渡口，过淮河寻找县政府和指挥部。

吃过晚饭，队伍进行了紧急动员后，便冒雨出发了。尚堂距离陈村约70里。这时天空像一个巨大的黑锅把四周罩得严严实实，伸手不见五指，狭窄的田埂上像浇了一层油，不少战士被摔伤。雨越下越大，战士们的步子越走越快，就这样，我们终于冲出了敌人的封锁线，在黎明时出现在陈村渡口，并很快和守在那里负责接应的县指挥部战士取得联系。过了淮河，我们又走了20公里，到了指挥部驻地阜南中心岗，受到熊指挥长的表扬。

我们转移后，地主恶霸又猖狂起来，他们乘国民党军"围剿"之机，组织反动武装，杀害我军属和贫农团的干部，一时阴云笼罩着这块土地。为了打击敌人的嚣张气焰，上级决定从在淮北王化集学习的霍邱、霍固两县干部中，抽调一部分组织一个流动区政府，夏季林任区委书记，王健民任区长，我任区委副书记，随军返回霍邱、霍固，宣传政策，稳定群众情绪，发动群众，粉碎地主恶霸的反攻倒算。

我们这支队伍在熊家林率领下渡过淮河，根据群众提供的情报，决定首先在高塘一带给敌人一点颜色看看。6月21日凌晨，东方渐渐露亮，霍邱县敌常备大队正向高塘集蠕动。当敌人接近我伏击圈时，熊指挥长一声令下，数十支枪齐发，敌人顿时乱成一团。敌霍邱县长武汉的弟弟、中队长武友兰大喊大叫，妄图负隅顽抗，被我军当场击毙。这一仗打死打伤敌多人，缴获机枪一挺，步枪数十支。敌残部仓皇坐船逃回城内。

此后，霍邱县常备队又几次前来报复，均遭到我军狠狠打击。我们还消灭了6个联防队和赵益五、李梦庚等地主武装，击溃了固始县保安团的进攻，并在桥沟集以 300 人重创敌千余人，地主恶霸龟缩在圩寨里，心惊胆战。

孟集平叛

1949 年 1 月，霍邱县城新中国成立后，上级先后调张健中、梁景勋和我到孟集工作，并将县军事指挥部第四连武装交给我们作为区队，以便完成解放全区、建立基层政权的任务。慑于我军的声威，国民党孟集乡长许元中、潘集乡长刘悦甫投诚。我孟集、潘集乡政府成立后，许、刘均留用，原潘集乡警卫股主任张文澡和乡兵 20 多人也都留用，编入我区队。后来经过宣传教育，又有 3 个乡公所向我投诚，但敌联防区长王福寿、左王乡长贾炳权、刘李乡长汪济民、冯集乡长马永洪到处流窜，拒不投降。

正当我们准备"围剿"那些流窜匪徒时，县里通知我们要在近期完成 400 万斤的征粮任务，以支援我解放大军渡江南进，我们便集中力量进行征粮。国民党霍邱县党部书记孟府村认为时机已到，潜回家乡孟集，策动许元中叛逃，汪济民匪部在刘李一带活动频繁，贾炳权在左王一带也开始活动。一时谣言四起，引起了群众的极大的不安。面对敌人的挑衅，张建中和我等带领两个排武装分别到刘李、左王剿匪，四连指导员庞文相带领剩下的两个班和张文澡等留用人员合为一个排武装，留守区驻地赵家圩子。

3 月 7 日，我从左王回到赵家圩子，准备第二天到河口集参加县委召开的区委书记会议。当晚，梁景勋、庞文相和我在召开区委会时，有人来报，胡家埠上了土匪，庞文相同志考虑到新编的部队拉不出去，便把随我从左王回来的老步兵班派了出去。

寒风微嘶，夜色深沉。深夜两点左右，匪首汪济民和叛逃分子许元中带领匪徒 100 多人，勾结留用人员张文澡、刘一甫、刘悦甫及他们收买的一些打手，开始了策划已久的叛乱。他们配备了盒子枪，乘我们睡觉时一起下手。我和梁景勋同志睡在西头一间房子里。4 个匪徒慌里慌张进房后，两个守门，两个各自摸到我和梁景勋的床头。"叭叭叭"，匪徒首先向我开了枪，第一颗子弹击中枕头，其他 8 颗钻进了墙壁。因为天冷，我用被子蒙着头睡而没有被击中。惊醒后，我立即抓起手枪翻身下床，伏在地上向匪徒反击。站在我床前的匪徒仓皇窜出房门，站在梁景勋床头的匪徒也慌了手脚，逃跑时胡乱向梁景勋床上打了几枪，弹头全钻进墙里去了。梁景勋惊醒后也抓起盒子枪向敌人反击。

4个匪徒逃到院子里，封住了我们的门。院里的匪徒气势汹汹，喊打喊杀，大有把我区政府干部战士斩尽杀绝之势。我和梁景勋一个在左、一个在右守住房门，同时向外射击。我手枪里6颗子弹打出5颗，梁景勋枪里10颗子弹打了9颗。正在这万分紧急关头，通信员李世平、李新贵从厨房冲进我们屋里。李世平说："政委，给你枪！"我接过盒子枪，梁景勋又从李新贵手中接过子弹。这时，我们4人同时向院内匪徒猛烈射击，匪徒顿时吓得纷纷向外逃窜。

我们4人便冲进院内，我带着李世平把住院门，向围攻连部西院的匪徒射击；梁景勋带着李新贵到南屋从窗户向南院射击。通信班小韩也不顾伤痛从屋子里冲过来参战。随着激烈的枪声，连部院内传来了我战士与匪徒们搏斗的喊叫声。我们3人不顾一切冲了进去，匪徒们见状纷纷外逃。李世平和小韩乘势把住西院门，我迅速到各个屋子里查看情况，发现连部的同志仅有副排长傅大福和值勤看案犯的战士等3人幸存，其余都壮烈牺牲。我忍着巨大的悲痛，安排他们看好案犯，继续战斗。

匪徒们退至大院后，遭到我两处射击，无处藏身，便一个个弯着腰，喘着气逃到大门外，架起机枪封住了大门。我们5人寡不敌众，只有关住大门才能守住圩子。小韩自告奋勇，把关门的任务接受下来，他手持手榴弹，匍匐前进至大门左侧，用绑腿拴住左门板后，又冲到大门右侧，利用匪徒压子弹的瞬息间，他一手拉紧绑腿，一手推住右门板，迅速将大门关了起来。梁景勋带几位同志集中火力压向岗楼上的匪徒。这时，匪徒们见情况不妙，从岗楼上拴根绳子顺绳而下，溜出圩墙外。经过两个多小时的激烈战斗，匪徒们终于溃逃了。

在平叛战斗中，庞文相等10位同志献出了宝贵生命。我机枪射手和副手在身负重伤时，还死死抱住枪和匪徒争夺。机枪手牺牲时一只手握着枪探条，另一只手抓住枪衣；副手牺牲时一只手还紧紧握着机枪梭子带。望着牺牲的战友，同志们悲愤交加，复仇的火焰在胸中燃烧。5月，我们在孟集区王家圩子全歼敌保安团，当场击毙敌团副汪济民，在查清孟集叛乱真相后，将首恶分子张文澡、刘一甫、刘悦甫、许元中、贾炳权等抓获归案，在当地召开群众公审大会，当即将他们处以死刑，为烈士报了仇，为民除了害。

原载陈忠贞主编：《皖西革命回忆录》第三部《解放战争时期》，安徽人民出版社，1991年，第 377 ～ 384 页。

风云茶叶山

——太平县斗争生活散记

◎ 明克诚

1947 年冬，皖西地区局势相当严重。大别山周围驻扎的蒋桂军 30 多个旅，经常进山"清剿"，当地反动武装频繁骚扰。为了适应斗争形势，皖西区党委、行署、军区机关实行精简，将大批干部下放基层做群众工作。

1948 年 1 月初，军区政治部副主任何柱成找我谈话（当时我是军区政治部保卫科长），向我简要地介绍了当时的斗争形势及设置太平县的情况。他说：为了建立一块比较稳固的根据地，有一个比较安全的环境，决定在大别山屋脊上，以霍山县的第八区太平畈为中心设置太平县，下特 4 个区，县直机关以三纵教导团的干部和从霍山、独山两县抽调的部分干部组成。县委书记为王飞，副书记为杜炳南，委员为白柯、梁平、崔学英，白柯任县长。同时以三纵教导团第一大队第二中队部分队员为骨干组编的新三连为县基干连，计 200 余人。最后他通知我到太平县协助地方开展工作，参加县委兼任区委书记。我表示坚决服从分配。次日，就起程到县委驻地——太平畈报到。王飞同志接待了我，通知我到第一区任区委书记，并交代了工作任务，即发动群众，建立基层政权，实行"耕者有其田"；同当地反动武装和蒋桂军作斗争，创建第一区根据地。

接受任务之后，我即赶到区委机关所在地茶叶山（茶园村），成立了区委和工作队。区委机关很精干，区委由我和申书文、李建华 3 人组成，我任书记，申任区长。以教导团的一个排（后来留下一个班）和几个地方干部组成工作队，我兼任工作队政委，申兼任队长，李任副队长。我们的人数虽不多，但战斗力较强，工作队的大多数同志是教导团学员，他们是从部队选拔出来的优秀战士和班长，有作战经验；几位地方干部在华北解放区搞过群众工作；还有在大军南下后参加工作的几位本地同志，他们熟悉本地情况，也有利于开展工作。

发动群众　建立政权

我区地处霍山、英山、岳西、金寨交界的地方，管辖蔡家河、茶叶山、黄栗杪、古佛堂等地，以茶叶山为中心，纵横数十里，层峦叠嶂，松竹满山，确是打游击的好地方。

区委认真分析了形势，认为当前的主要任务是大力发动群众，打击土顽，建立乡村政权。

当地情况是复杂的。由于我军进山的时间不长，来不及建立基层政权，多数基层政权是利用原来的乡村政府人员进行工作。反动乡保人员还在进行活动，土匪武装隐蔽在大山深沟里，经常出没骚扰，其中胡名洋带领的武装最顽固。大地主逃到蒋管区的城市，如倪家大屋的当家大地主、国大代表倪汉炳就跑到南京去了。中小地主跑到山上，与土顽勾结在一起进行活动。这里是老苏区，有优良的革命传统，广大群众拥护我党我军，盼望早日消灭反动势力，让人民翻身做主。但是，由于反动武装还在控制群众，加以我军"几进几出"，群众受到国民党反动派的摧残太甚，担心我军待不长，重受苦难。因此，在我们进村之初，青年人东藏西躲不敢与我们接触，只有老人小孩留在家里，不多语言，仅在周围无人的时候，才悄悄地同我们打招呼，诉说国民党反动派抓丁抢粮、奸淫烧杀等残害人民的罪行。

为了尽快消除群众的顾虑，我们首先积极开展宣传工作，说明我军已经发展壮大，这次进军大别山是战略反攻，蒋介石的死亡日子快到了，我们这次来大别山一定同大别山人民在一起，重建根据地，消灭反动派。同时，宣传我党的各项政策，动员群众回家搞生产。

蔡家河山大林密，是土顽活动的主要场所。我们对土顽进行了"围剿"，乡保队被我们打散，国民党区分部书记王佐才、恶霸地主反动道会门头子陈家祥被我俘获，敌乡保队胡名洋带领残部藏进深山老林，不敢出来活动。我们对于俘虏中的顽匪进行管训，向他们交代政策，指明出路，令其重新做人，立功赎罪。由于贯彻了军事打击与政治攻势相结合的方针，群众发动起来了，土顽也土崩瓦解了，迅速打开了局面。

这时，我们抓住有利时机，立即成立乡村政权。乡村干部大多是从斗争中涌现出来的积极分子，先由工作队在调查摸底的基础上提出人选名单，而后经区委讨论和决定。乡、村政权成立之后，在极其困难的斗争形势下，乡村干部发动群众，开展春耕生产，为战事需要筹集粮草，并为前方战士做了200多双军鞋。

分田地　斗恶霸

遵照中原局和皖西区党委关于土改工作的指示，区委分析了我区的实际情况，考虑到在新区搞土改没有经验，加以工作队员较少，决定先在茶叶山等地搞试点，待取得经验后再铺开。

茶叶山吹响了分土地、斗恶霸的号角！我们工作队员分头到各村召开大小会议，宣传党的土改政策和农会的性质、任务，到处张贴传单，刷大幅标语，大造舆论，还登门到各家访贫问苦；听取对土改的反映和意见。

工作队员以村为单位召开贫下中农诉苦会议，许多贫下中农在会议上控诉了地主和反动派压迫和剥削人民的罪行，从而提高了觉悟，增强了斗争恶霸地主、分田分地的信心和勇气。

当时，有的区、乡犯急性病，搞得过快，出现了一些问题。有鉴于此，经区委研究认为，对土改的态度要积极，步子要稳妥，应着眼于做好工作，不赶速度，不急于求成。不过，那时我们还没能从政策上考虑在新区不宜搞土改的问题。

经过宣传教育和诉苦活动，我们发现和培养了大批苦大仇深、阶级觉悟高、敢于斗争的积极分子。通过酝酿和协商，民主产生了农协委员会。此后，土改的日常工作由农会去组织实施。

工作队和农会在茶叶山的黄家祠堂召开土改大会。这一天，大地银装素裹，会场布置得庄重朴素。主席台上挂着毛主席像，会场四周插着红旗。尽管天仍下着小雪，寒气逼人，但群众斗志高昂，敲锣打鼓，手持彩旗，从四面八方涌向会场。大会开始后，群众对恶霸地主进行了面对面的斗争，有两位苦大仇深的老贫农走上台来，控诉地主对他们的剥削和压迫的罪行。这时，群众怒火填膺，振臂高呼"打倒恶霸地主""土地还家，人民当家做主"，"中国共产党万岁"等口号。为了消除群众分田的思想顾虑，还当场焚烧了地主的契约，农民扬眉吐气，拍手称快。

会后，农会干部对全村的人口、土地逐户进行了登记，制定了分田方案。经过群众评议，出榜公布。根据"给出路"政策，地主也分得一份土地。

这时，地主和土顽气急败坏，进行反攻倒算。罪恶累累的原乡长李朝银，在暗中造谣惑众，说"解放军待不长，国民党来了，天下还是我们的"。土顽队长刘胜中带领武装"野猪队"袭击了县政府所在地太平畈，村长鲁周成被杀害。许多农民怕地主和反动武装进行报复，不敢在分得的土地上耕种。区委分析了这一情况，认为必须对至今仍破坏土改的反动乡长、恶霸地主李朝银进行打击，以鼓舞群众斗志，威慑敌人，因此决定召开公审大会进行批斗。在大会上，群众对他进行了面对面的揭发和斗争。群众愤怒至极，要求立即法办，振臂高呼："血债要用血来还！""我们要报仇，枪毙李老虎！"根据李朝银的罪行和群众的要求，工作队宣布了判决书，立即将其押赴村口，执行枪决。

这次会议虽然狠狠打击了敌人的嚣张气焰，但是，在大别山区我军还处于劣势的情况下，有些群众仍然怕"变天"，不敢在分得的土地上耕种。后来，中央考虑到新解放区的特殊情况，认为土改条件不成熟，决定暂时停止土改。我区在茶叶山试点之后，也停止了土改工作。

斗土顽　反"扫荡"

1948 年 4 月后的几个月，蒋桂军更加猖獗，对我多次大包围、长途奔袭，土顽也活动猖狂，加上物资生活的极端困难，我们的斗争处于异常艰难的境地。

面对新的斗争形势，区委适时地将工作重点转到反"扫荡"、斗土顽这一方面来，并认真研究了对敌斗争的策略。遵照皖西区党委"避广（桂系）打土（顽）"，积极消灭敌地方武装的方针，立脚本区，坚持阵地，进行斗争。为了防患于未然，我们加强了侦察工作，派出便衣侦探敌情。对反动乡保人员和反动地主召开训话会，向他们交代政策，指明出路，令其立功赎罪。他们之中的多数人不敢继续作恶，行动上有所收敛，有的还向我们提供情况和线索，有立功的表现。对个别继续作恶的，则严加管制，对有些人则采取具保释放为我所用的办法。

在反"清剿"、反"扫荡"期间，土顽是我们的主要对手，他们自恃土生土长，情况熟悉，经常打黑枪，威胁和捕杀我积极分子，偷袭我工作队。我们则针锋相对，坚决打击。在许家山战斗中，我们就打散了敌乡分队，并俘虏数名土顽。但不久他们又聚拢一起，同我对抗。一次，我们在马厂召开群众大会，土顽把我们包围起来，工作队立即冲出村子，占据高地，经半小时激战，土顽负伤数人，狼狈逃窜。又有次，我和警卫员张根昌正在群众家中访贫问苦，3个土顽从屋后钻进房内，张即用"快机"还击，我们冲出村庄脱险而归。土顽虽然对我们威胁很大，但他们作恶多端，群众恨之入骨，而且经过几个月的工作，我们已经有了一定工作基础，所以在我们提高警惕，做好防范工作，并积极捕捉战机歼敌后，以我们武装工作队来对付本乡反动武装还是绰绰有余的。

斗争是艰苦残酷的。1948年4月下旬，敌四十八师"进剿"太平畈、古佛堂一带。一天上午，我们在许家山被敌发现，我们边打边退，直到黄昏退到黄毛山顶。恰巧，我南下先遣支队途经古佛堂，在此与敌人遭遇，激战两小时，敌军才退去。当晚，我们露宿韭菜岩，这一天我们只喝了一顿稀饭。

4月份在太平县还有两件大事值得提及。4月19日，土顽配合驻陶家河的敌四十六师五二六团，偷袭我太平县机关。县委事先获得情报，立即转移至燕子河，敌人偷袭扑空，仅留土顽何静峰部"驻剿"太平畈。太平县委同分区驻军商量，决定乘敌五二六团撤走之机，消灭何部。县委对进攻作了部署：分区二十七团三营从黄金山向茶叶山、蔡家河挺进，担任正面主攻；太平基干连由燕子河直入太平畈，对敌进行夹击；独山县大队一个连，配合杨家河、包家河两地区干队于太阳（平）畈设伏，截击可能逃往该地之敌。

战斗在茶叶山打响后，经过两天战斗，敌受重创后逃至太阳（平）畈，又遭我设伏部队迎头痛击，在我追击部队沉重打击下，敌人溃不成军。此战俘敌30多人，缴六〇炮1门、机枪3挺、步枪20多支。

4月下旬，敌五二六团回师"扫荡"，为了保存力量，我二十七团三营、太平及独山县干部战士100多人向太湖方向转移。5月2日，部队行至小界岭时发现敌情，即改道桃花冲，当晚到达。为防不测，分住三处，经会议研究，即以三处宿营地作为行动集体，分散活动，以减小目标，保存力量。

3日拂晓，以太平县副县长梁平负责的霍山、太平两县近百名干部和区干队的驻地，突被敌军包围。梁平和县政府秘书王治淮在土门观察时，被敌发现，王治淮当即牺牲，梁平身负重伤，不幸被俘后惨遭杀害。此时，其他两处干部战士，极力冲杀，边打边撤，竭力掩护梁平部突围。经过数小时激战，我虽突出重围，但牺牲惨重，梁平所部因在前沿，损失最大。

为了保存力量，区党委指示两集团和太平县人员撤至包家河、黄尾河、胡家河等地坚持斗争。桃花冲战斗突围人员会集太湖后，经过短期休整，便转至包家河一带，并歼灭了此处的土顽。

1948年11月间，霍山全境基本解放，太平县完成其历史使命后，奉命撤销，其所辖地区仍分别归属各县。而我也早于6月间调回军区机关，走上新的战斗岗位。我在太平县工作时间虽然只有半年，但紧张艰苦的斗争生活却使我永难忘却。

原载陈忠贞主编：《皖西革命回忆录》第三部《解放战争时期》，安徽人民出版社，1991年，第386～393页。

东南朝霞红胜火

——忆六合县的建立

◎ 王冲霄

　　1947 年 9 月 2 日，三纵九旅第一次解放了六安，我们 110 多名南下干部亦随军进城。当天晚上，皖西工委副书记于一川同志便召集我们开会，宣布成立中共六安县委和县民主政府，我们即留在城关开展群众工作。

　　三纵在皖西迅速展开后，皖西工委从南下干部中抽调了一批同志去开辟新区。在分派干部时，考虑到六安城位居皖西战略要冲，敌我拉锯频繁，组织上遂决定将我们 20 多名年纪轻、身体好且有游击战争经验的同志留在城内。9 月 17 日，我们撤离六安后，与独山县委、县政府会合，在独山镇、西两河口、苏家埠一带开辟农村工作，坚持武装斗争。其间，我们曾协同三纵九旅二十七团二营奔袭张家店以东新街的刘家圩子，歼敌 250 多人，缴枪 150 多支，并缴获一部分棉衣和布匹，解决了部队过冬服装问题。

　　中共皖西三地委成立后，决定在毛坦厂以北、张家店以南地区新建六合县。1948 年年初，中共六合县委和县民主政府正式成立，赵锦章任县委书记，我任县长，同时被派到六合县工作的还有刘本学、李振兰、李德先、郝强、王希贵、袁修岐、刘恒禄等 10 余名南下干部。三分区还专门从二十七团一营抽出 30 多名战士组建成六合县大队，刘海山任大队长，随县委、县政府一起活动。

　　我们创建六合县根据地的工作大致经历了游击、发展与巩固这样 3 个阶段。

　　1948 年 2 月初，在县大队的掩护下，我们离开独山，进入六合县东南部的金子冲、东西湖冲及茶叶冲一带。因为这里距敌较远，而且山地较多，地形复杂，易于我们武装开展工作。

但是，由于当时我主力部队转至外线，土顽活动猖獗，加之我们缺乏新区斗争经验，工作上急于求成，在群众还未充分发动，条件尚不成熟的情况下，便匆忙土改，在执行政策上出现"左"的错误，损害了中农和工商业者的利益，工作开展得十分艰难，以至形成了"走不出两天门，出不了茶叶冲，过不了官亭河"这样一种局面。面对如此严峻的形势，县委认识到必须抓紧调整斗争策略，改进工作方法。我们遵照上级指示精神，逐步停止了土地改革，从实际出发，实行了"二五减租"和"分半减租"，同时将工作重点放在宣传党的农村政策，发动群众，启发贫苦农民阶级觉悟以及争取开明士绅与进步知识分子人心向我等方面。为安定民心，在我们经常活动的地区，请出一些在当地有影响的进步人士主持地方事务，建立维持政权；在我们的势力尚未直接进入的地区，则利用各种可能的关系扩大影响，进行争取和瓦解工作。时间不长，我们的工作便出现明显的效果：贫苦群众被发动起来了，开明士绅愿意与我们接近，一些逃亡地主也逐渐返乡，并主动向我们靠拢，就连我们尚未进入工作的地区如汤家冲、白羊畈、罗古畈、小王冲等地的乡保人员也先后主动与我们接头，甚至在敌"清剿"中，还及时给我们送来情报，使我们免遭损失。

初期工作局面打开以后，我们立即着手组建自己的政权机构。是年3月，县委以东河口一带为中心，首先建立了七区区委和区民主政府，同时县大队还抽出一部分人枪建立了区干队。至4月中旬，我又在南官亭建立了八区区委和区民主政府，亦配备了区干队。区级政权的建立，不仅表明我们对该地区已具有控制能力，同时也给我们开拓新区域的工作以坚实的依托。这样，县委、县政府便结束了过去"游击机关"的状况，已能相对稳定而正常地开展工作，实施指导了。

这时，上级对我县干部作了调整，赵锦章同志调往太平县工作，我由六合县县长改任县委副书记并主持工作，县长则由从一分区调来的张国平同志接任。

1948年的春天是我六合县根据地由初创转入坚持的艰难时期。敌第四十六师、四十八师及地方反动武装继"三月"扫荡""之后，又对我舒六、六合等县进行"四月"清剿"，我县、区干部与武装几乎天天打仗。开始，由于我们对斗争的残酷性认识不足，受"县不离县，区不离区""敌人来得多，我们就上山，敌人来得少就打游击"口号的影响，片面强调坚持原地区斗争，保卫胜利成果，不讲斗争策略，因而在敌人的"清剿"中遭到了不小的损失。为了扭转这一形势，县委于4月底在金子冲召开会议，专门总结反"扫荡"、反"清剿"的经验教训，研究对敌斗争策略。会议认为，在敌重兵压境、敌强我弱的情况下，必须防止"见敌就打"的拼命主义，避免打得不偿失的消耗战。对县、区武装，要正确处理好战时与平时、分散与集中的关系，即在敌未"扫荡"时武装人员可分散发动群众，当敌"扫荡"时则相对集中，以免被敌各个击破。会议还否定了"县不离县，区不离区"的硬性规定，认为这种机械的原地转圈式作战方针只会束缚自己的手脚，造成被动挨打。因此，县委要求县、区武装突破地域的界限，灵活机动地与敌周旋，既有效地打击敌人，又注意保存有生力量。

由于我们认真地总结了经验，采取了新的战略战术，并与三分区东线游击集团和舒六县大队等协同作战，不仅很快改变了原先被动挨打的局面，而且先后在张家店、刘大圩袭击土顽和江家冲、大马厂等地的阻击战中均表现出良好的战绩，武装力量比以前有所发展，活动范围也逐步扩大。继七区、八区建立之后，5月份三地委根据就近领导的原则，又将舒六县二区（张母桥区）划入我县。此时，我们不仅在东河口、南官亭一带立足已稳，而且已将工作东面伸展到长冲、范家店，西面伸入至嵩寮岩、万家畈等地，以已较巩固的根据地为依托向周边发展，建立新的游击区。

在新游击区的开辟过程中，我们始终将军事打击与政策攻心配合推进。遵照党的"发展进步势力，争取中间势力，打击顽固势力"的政策，对一些死心塌地的敌顽分子和罪大恶极的土顽头子，坚决予以打击；对一些地方士绅及一般行政人员，则尽量通过各种关系向他们宣传全国形势，宣传我党政策，动之以利害，晓之以情理，劝其早日弃暗投明。由于我们根据不同对象采取了打、拉、请等具体措施，既鼓舞了基本群众的斗争热情，打击了反动分子的嚣张气焰，也促使一般国民党人员认真考虑出路，寻机立功赎罪。张家店、双河、施家桥一带土顽大都被争取或瓦解，因而加速了敌基层政权的解体。到这年夏末秋初，我们又先后建立了双河、思古潭、施家桥及张家店等4个新区。从年初开展工作至此时，六合县已发展至7个区、17个乡、149个保，人口20余万，县、区武装近300人枪，成为一块颇具规模的游击根据地了。

1948 年秋，全国解放战争已进入战略决战阶段，我军在东北、华北、华中等战场已对国民党军队展开全面反攻，胜利捷报不断传来，这使盘踞在皖西的残敌犹如惊弓之鸟，惶惶不可终日。9 月中旬，中原局指示皖西区党委抓住有利时机，加强政治攻势，以扩大根据地，巩固民主政权。

遵照上级开展"从政治上去瓦解敌人争取两面派"的工作，"在反帝反蒋统一战线中壮大自己，孤立敌人"的指示，我们立即对六合县境内之敌展开了"秋季攻势"。由于我们在形势宣传、政策攻心等方面已经做过大量工作，有一定的基础和经验，因而开展起来颇有成效。为了大张旗鼓地宣扬我军的胜利，并使之深入人心，每当前线捷报传来，我们便立即召开群众祝捷大会，不仅区里开、乡里开，甚至基础好的保也开，如埠塔寺、雨淋岗、双河等乡召开的祝捷大会，每次均有千人以上参加；八区仅小王冲一保即召开了有 300 多人参加的祝捷大会 3 次以上，一时间，前线胜利消息频传，后方祝捷锣鼓不断。同时印发宣传品，开展一封信运动，利用各种渠道传递消息，扩大影响。据当时初步统计，仅传单一项，全县即印制 10 种 2030 份，其中结合本县情况编写的有 3 种，约 650 份。

在大规模地宣传胜利的同时，我们还分别召开乡保士绅座谈会及敌军政人员家属会等，宣传我军的胜利及对敌政策，争取敌军政人员立功赎罪，弃暗投明。凡是有亲属在敌占区做事的，我们都动员其家属给其写劝诫信，县里还专门印了一批信件，寄给国民党军政人员，敦促他们认清形势，少做危害人民的事。据统计，当时发给六合新区敌军政人员的信件达 254 封之多。接到信件的敌军政人员，有的很快回了信，表明态度，留下后路；也有当即辞职回乡或者投奔解放区的；还有一部分人愿意与我建立地下联系，为我工作。

对于那些在敌占区握有实权的敌行政人员，我们则先查清其社会关系，然后组织方方面面对其进行政治围攻，或先礼后兵，或双管齐下。如对敌范家店乡长的工作是通过其女婿来打通的；瓦解张母桥敌部首脑是由其母亲出面做通工作的。对已经与我建立关系的国民党人员，我们一般鼓励其开展再瓦解工作，为我们搜集情报。如敌张母桥区谍报组长刘延全就曾提供过该地土顽活动情报，使我县、区武装及时抓住战机，歼灭了经常对我进行骚扰的几小股土顽。我们也间或采取控制敌顽分子家属的方法，结合政策攻心，也能收到一定效果。如敌富亭乡分队长邵德五，接到我们的去信后长时间未回音，我们便令其父带着敦促信前去劝其归顺，不久邵即单人携枪投诚。但是，也有些顽固分子气焰十分嚣张，官亭乡乡长及其武装接到我连续3封敦促信后，仍然我行我素，并扬言"不吃那一套"。于是我县大队决定拔掉这颗钉子，杀鸡儆猴，给其他敌顽分子以警告，遂在10月底的一个黑夜长途奔袭，将其全部活捉。

我们对敌开展的政治攻势和军事打击，极大地震动了敌人，巩固了根据地，更鼓舞了广大的基本群众，坚定了他们的胜利信心。有的群众对我们说，"去年不敢干，今年放胆干"，"胜利有盼头，革命有劲头"。不仅群众的革命热情被激发起来了，原先一些观望的人，态度也逐渐明朗化；甚至连国民党六安县参议员李朗斋也在写给其侄子的信中慨叹："国民党已寿终正寝，共产党就要胜利，本来在我的立场上是不容这么说的，但这是大势所趋，我们还是顺应潮流吧。"此人从县城回官亭乡后，即主动找我当地政府接头，并愿意利用自己的身份为人民政府做点工作。为此，他到国民党官亭乡公所，登门劝诫乡公所人员说："旁人在虚干，你们还在实干，这年头眼光得灵活点，别把后路给堵死了！"

政治攻势深入之际，不仅国民党行政人员纷纷待机脱离敌占区，即敌区、乡公所武装人员亦不断起义、投诚。11月3日张家店土顽7人携枪投诚后，我们发给其奖金，妥善安置其家属。在此后一个多月的时间里，埠塔寺、雨淋岗、陈家河、张家店、思古潭等6个乡公所的武装人员170多人闻讯先后起义，带来步枪150支，机枪4挺。

1948年11月，白鲁克同志从舒六县调我县任县委书记。此时，六合县革命根据地的创建工作已基本完成，为巩固新生的革命政权，我们便将工作重点逐步转入恢复和发展生产等方面。连年的战争和国民党政府的横征暴敛，已使六合新区的城镇工商业倒闭，农村田地荒芜（仅六合县4个新区就有荒田2295石），人民饥寒交迫。为了尽快地恢复经济、发展生产，县委指示在全县范围内开展生产自救活动，政府除给贫苦农民发放贷粮贷款、开展社会救济外，还发动社会互济号召亲帮亲、邻帮邻，并具体帮助群众制订生产计划，解决其劳力及生产资料不足等问题。由于县委在抓此项工作时措施得力，补救及时，我们六合县不仅带领群众顺利地渡过了难关，并且按时完成了支援刘邓大军的征粮 45 万斤、棉布 2500 匹、棉花 4000 斤的任务。

淮海战役胜利后，长江以北的国民党地方党政机关及反动武装纷纷南逃。1949 年 1 月，六安全境解放。同月 25 日，皖西三地委决定撤销舒六县，将其六安部分与我六合县合并改称六南县。此时，白鲁克同志已调往寿县工作，县委书记由原舒六县委书记余光同志继任，县长仍为张国平。在此之前，我已调到专署工作。至此，中共六合县委和县民主政府胜利完成了开辟六合县革命根据地的光荣任务，在皖西革命斗争的历史进程里，留下了自己的印迹。

（江舒　整理）

原载陈忠贞主编：《皖西革命回忆录》第三部《解放战争时期》，安徽人民出版社，1991 年，第 394 ～ 401 页。

淠河两岸尽春晖

——忆六北县的建立

◎ 丁继哲　江　声

1948 年秋，解放战争进入战略决战阶段，辽沈战役正在胜利进行，淮海战役即将开始，国民党政权正处于即将全面崩溃的境地。此时，皖西之敌兵力空虚，内部惶恐不安，矛盾重重，正是我发展新区，扩大根据地的大好时机。但皖西干部普遍不足，为此，皖西区党委向中原局请求增派干部。中共豫皖苏分局遵照上级指示精神，决定将华东局国区部留在豫皖苏地区帮助工作的原皖江抗日根据地的北撤干部，仍调回皖西以开辟新区。

一

到皖西地区的干部在三河尖集中后，由皖西独立旅护送南下。经过几天长途行军，进入皖西境内。

在皖西区党委所在地晓天，我们受到领导的接见和同志们的热烈欢迎。区党委决定，开辟六安北部地区（南部已有六合县），在原六安县境的合（肥）叶（集）公路以北地区新建六安县，任命江声为副书记主持工作，丁继哲为县长。主要任务是开辟新区，建设政权，发展武装。三地委的李延泽同志代表组织同我们谈话后，我们便带着 19 位此次南下的干部和两个排（60 人、2 挺机枪）的武装，急忙赶至毛坦厂与原在六合县工作的白鲁克同志会合，开始了我们在六安的战斗生活。

此时，六安北部地区仍由国民党军控制，这里除国民党正规部队活动外，尚有国民党地方部队驻守各个乡镇，每个乡镇还有乡保武装，加上多年战乱，土匪多，碉堡多，民间枪支也多。

但六安也是革命老区，基本群众觉悟高；刘邓大军南下后，皖西区党委领导皖西军民已开辟了根据地，建立了地方武装，由三纵分遣的军区武装也有很强的战斗力；我们这批南下干部虽然人数不多，但大都是经过抗日战争锻炼的皖江干部，且团结好、工作协调，这些都为新区的开辟创造了条件。为了迅速站稳脚跟，尽快开展工作，根据三地委决定，县委与六合县的同志议定，以六合县的施家桥区为后方，在东至许小河、南至椿树岗、北至先生店范围内积极开展游击战争站稳脚跟后，再逐步向北推进。

斗争开始时，由于群众对我们还不了解，加之我们这批外来干部对地形不熟，对敌情、村情、民情也不十分了解，在工作和生活上碰到不少困难，但我们始终严格遵守群众纪律。一次，丁继哲带领部队到椿树岗胡家圩子执行任务后，天色已经很晚，为了找住宿，我们敲了很长时间的门，老百姓就是不开。没有办法，我们只好在外面硬挺了一夜。隆冬雪夜，寒风刺骨，战士们只能互相偎依在一起取暖。第二天清晨，每个同志眉毛、头发都结上一层冰花。户主开门后，我们向他作了解释。户主解除了顾虑，感动得将大家拉进屋里取暖。有时群众看战士们生活太清苦，便煮咸鹅给战士就餐，可大家全都坚决辞谢，只吃花钱买来的腌菜。群众看在眼里，称赞共产党军队真是秋毫无犯的仁义之师。

根据当时的情况，解除群众顾虑，提高群众觉悟，是打开局面的关键。我们便和杭翼东、李唤农4名县委委员，分头带领小分队，向群众宣传党的新区政策，宣传全国即将解放的大好形势，通报淮海战役即将胜利的喜讯。在此基础上，根据斗争需要调整了施家桥区干部，丁济生仍任区长，杭翼东任区委书记，接着成立罗管区，李唤农任区长兼区委书记。

我们初到六合，除带少数精干的武装警卫外，便只有身上背的十几条短枪。为了有效地打击敌人，必须建立一支由我们控制的武装，为此，我们一面发动群众，收集民间枪支，以带来的武装为骨干，成立区干队，由李唤农任区队长，黄银芳任副队长，一面收编土顽武装，对其进行改造。

但收编的土顽队伍，匪性未改，常打着共产党八路军的旗号，到驻地以外的许小河、双河一带抢劫，败坏了党和政府的声誉，已到了非整治不可的地步。这年12月间，我们经过细致的准备之后，通知刘二甩子、宣传宝、黄四方等4个土顽头目到思古潭开会。他们既已收编，又无借口推脱，只好带队按时赶到。见县长、区政委等人仍像往常一样地和他们打着招呼，会场外也未见到什么异常，紧张的心情已放松一半。他们的部下也被我们警卫战士拉扯到一起，谈讲起来。丁继哲宣布开会后，杭翼东同志接着讲话。他滔滔不绝，从目前形势讲起，直到工作任务、今后打算、粮秣给养、职务安排。4个头目没有看出什么破绽，来时的一点拘谨和警惕早已抛到脑后，丁继哲看火候已到，便严厉地说："你们收编后不守纪律，损害群众，为非作歹，把他们枪下了！"警卫连长鲍启豪便带着早已准备好的区武装队员一拥而上，以两个夹持一个的方法干净利落地下了他们的枪，送上级处理。他们的部下失了头目，早已乱成一团，也都乖乖地缴了枪。然后将这些人集中起来，由杭翼东宣讲政策和形势，给以出路。愿意干的经过整训收编入县大队，不愿干的遣散回乡生产，分给田地，结果有百分之九十的人愿意留下来。

在做好群众工作和组建区级政权的同时，立即开展武装斗争，以扫除向北推进的障碍。

在椿树岗一带，有一个叫张明华的土顽头目，是国民党椿树岗乡自卫队队长。多年来，他独霸椿树岗，欺压百姓，还到处收罗爪牙，扩大武装，妄图同我对抗。为此，县委决定拔掉张明华这根钉子。

一个阴雨天的夜晚，丁继哲、江声、李唤农率领警卫连从施家桥出发，攻打椿树岗敌人碉堡。

天阴路滑，战士们满身泥水及时赶到了指定位置，在由我们支持打进敌政权机关任椿树岗乡长丁贯九的配合下，采用内外夹攻的战法，出敌不意，发起攻击。枪一响，敌人便惊慌失措，乱成一团，只用半个小时就结束了战斗。只有张明华趁夜色逃跑，但在我军事攻势和政策攻心双重打击下，几天后张明华还是回来向我投降。妨碍开辟新区的"钉子"拔掉了，群众无不拍手称快。第二天清晨，我们押着20多名俘虏，挑着缴获的枪支弹药凯旋。

这次战斗，扩大了政治影响，群众对敌斗争的热情也高昂了，根据地也由原来的施家桥一带推进到六安东北乡一带。在开辟新区的过程中，我们和敌人时有遭遇。一次，县委和三分区司令部正在思古潭休整，突然遭到敌人正规军偷袭，由于敌人行动突然，数量又多，我方兵力分散，又处于无准备状态，我们便迅速转移。

后来，我们改变战术，经常采取夜间出击穿插打游击的方式，先后攻打了先生店等地的国民党乡公所，制裁了几个顽固的敌乡保人员，缴获了敌人一部分枪支弹药，使大多数乡保人员再不敢公开与我们为敌了。

<h1 style="text-align:center">二</h1>

基层政权建立之后，根据三地委"要及时向敌人展开政治攻势和做好敌上层人士统战工作"的指示精神，县委对统战对象进行一次排队。当时国民党地方武装力量主要是两个自卫团。自卫二团共 800 余人，团长张布泉在第二次国共合作期间，负责六安城防工作，曾与唐晓光同志有过交往，并受到唐晓光同志的教育和影响。县委研究认为在做好工作的基础上，张部有起义的可能。

三分区司令员曾庆梅向江声交代任务后，江声便带着三地委副书记唐晓光写给张布泉的亲笔信，化装成教师，由与我党和张布泉均有关系的民主人士曾伯淳同志陪同前往张布泉处，凭着曾伯淳的社会关系，掩护江声顺利到达淠东甄刘张布泉圩子。在张布泉家，江声宣传我军在全国各个战场胜利的消息，讲清我党一贯坚持的统一战线的政策。

江声和曾伯淳就住在张布泉家，耐心地做他的工作。张也把江声待为上宾，相互倾谈。经过深入细致的工作，张布泉表示拥护我党政策，愿意接受改编。我们及时向张布泉宣布三分区首长关于起义的几点指示：对外暂保留国民党六安自卫第二团番号以迷惑敌人，原编制不动，听候整编，部队驻地不动，保持现状；不要被骗走，待机在国民党部队行动时，给以突然打击。

起义时机成熟了。1949 年 1 月 24 日，由张布泉在自卫团团部所在地马头集宣布起义，并迅速通知驻守在各乡镇的 3 位营长，要确保全县的粮仓和财产安全。在马头集还印发和张贴由江声拟稿的六北县委宣布接受张部起义的"告全县同胞书"，并很快传遍全县。这一天马头集家家户户张灯结彩，鞭炮齐鸣，大街小巷张贴标语，庆祝解放。

　　与此同时，县委分工由杭翼东对丁集地带的第一营营长王国璋部进行接管，罗管庙一带的第二营营长江松崖部由李唤农接管，枣树店、椿树、太平、木厂一带的第三营营长任曙东则直接带队到县政府所在地潘家圩。

　　此后对部队进行了整编，宣布成立六安县独立团，团长丁继哲（兼）、副团长张布泉（张调任后，由分区基干团副团长荚存秀继任）、政治委员江声（兼）。我们带到六北警卫武装的指战员，都是经过考验的老战士，此时便作为骨干，充实到起义部队担任各级干部。经过整训教育，建立规章制度，指战员们思想觉悟和战斗力都有了很大提高。

　　统一战线是中国革命三大法宝之一，在建立和巩固六安县革命政权斗争中，我们曾得到椿树岗丁老圩子丁聘泉一家的大力支持。1941年丁在无为即被聘为抗日民主政权的参议员，1944年唐晓光任新四军七师参事室主任时，丁被聘任为参事。抗战胜利后，丁聘泉又毅然随军北上。解放战争期间丁受党的委派，协同王光远同志回到六安，开办丁裕茂蛋庄，由其弟丁光泉任经理，作为中共华东局国区部六安联络站的机关。刘邓大军南下后，"蛋庄"划归三地委领导。

　　在丁聘泉影响下，丁家子弟同情革命，追求进步。在六北县创建过程中，丁家曾以各种方式支持和掩护过我们工作；多次派人为我们带路送信收集情报；积极为部队筹集粮款和武器弹药；缺子弹，丁锡九就亲自带人扛着成箱子弹送往部队，路途不熟，丁锡九便随军行动，为部队做向导；担任椿树岗国民党乡长的丁贯九，利用在国民党政府任职的合法身份，不仅掌握了乡公所的几十条枪，而且签发了百余张"身份证"，保证了我地方干部安全来往，为掩护部队的安全他曾被捕入狱，受尽敌人拷打。丁家为开辟六安的工作做出了一定的贡献。

三

　　1949年1月21日，国民党反动武装向南溃逃，六安全境解放。从此，皖西迎来了黎明曙光。皖西区党委及三地委鉴于六安是大县，情况复杂，工作繁重，于25日决定在城关成立六安市，六合县改称六南县，六安县改称六北县。六北县江声仍任县委副书记，主持县委工作；丁继哲仍任县长，县委机关先后驻木厂埠及潘家圩。

六北县成立后，经研究决定，以淠河为界划罗管、丁集两区，河东由李唤农负责，河西由杭翼东负责。以后相继建立丁集、新安、罗管、马头、先生店5区，约27万人。县政府由江毅任副县长，冯道生任民政科科长，曾伯淳任财粮科科长，陈载阳任文教科科长，马俊麟任工商局局长。

六安新中国成立后，正值迎接渡江战役，县委根据三地委"支前工作是党政军民中心任务"的指示精神，号召全县人民团结起来，不惜一切代价，全力支援解放大军；制订了"多的多出，少的少出，没的不出"的负担政策，群众积极拥护，踊跃支前。

为了保证支前任务的完成，县委还抓紧对旧政权的改造、对新骨干的培养工作，加强党对区乡政权的领导。六安初解放时，因干部缺乏，我们执行对旧政权争取、利用、改造的方针，采用政权过渡的办法加以解决，我们除了对极少数区乡派了指导员，大部分区乡都是利用原有的乡镇旧人员为我们工作。为解决干部问题，1949年2月，县委在潘家圩开办了两期干部培训班。首批培训的约有100余人，经过一个月的学习后，由涂竹西、陈载阳带队，组成工作团，下乡协助区乡政权征收渡江粮，组织担架队。第二批干训班分为中、青年两个班约100人，中年班主要培训原苏区基层干部，青年班主要培训知识青年，该班由两个队组成，一队负责人李曦，二队负责人余芳。培训内容主要是进行形势政策教育，并讲授中国革命基本理论。主要学习材料有《中国社会各阶级分析》《新民主主义论》等毛主席著作和中央政策文件。丁继哲、江声、涂竹西等都给学员作过报告。经过40多天学习，学员们提高了认识，端正了思想，认清了形势，明确了任务，再经过实际工作的锻炼，然后逐步充实区乡政权机构，使绝大部分乡政府配上了指导员和正、副乡长。

县委还在"一切为了前线"的号召下，设立了支前指挥部，区设支前委员会，乡设支前工作小组。木厂、马头集、椿树岗、徐集等处还设了支前兵站，由负责同志任兵站站长，如江毅任马头兵站站长兼政委，沈轩任徐集兵站站长、杭翼东任政委，黄银芳任椿树岗兵站站长、杜锡忠任政委。兵站负责办理粮草、油盐、马料的供应。为了通信联络工作的需要，县里成立了船筏委员会和工程队，负责调集船只，修补公路、桥梁。在马头北面淠河上游架设了两道浮桥，便利解放军人马过河。全县还组织了一支上千人的担架队，由丁贯九任队长、邓竹虚任政委带队支前。

1949 年 3 月 2 日，当南进的解放军通过我县境内时，成千上万的群众争先恐后地挑着担子，推着小车，把大批的粮食、柴草和军鞋送到兵站。全县的干部群众都有一个共同的心愿，就是保证解放大军"吃得饱，住得好，人有粮，马有料"。每到夜晚，各路兵站高悬马灯，领料送料川流不息。

由于各级政府的重视，广大人民群众的支援，据 1949 年 5 月统计，全县共完成渡江粮 778 万斤，大柴 275 万斤，草 85 万斤，马料 40 万斤，香油 1.7 万斤，食盐 6300 斤，军鞋 3000 双，土白布 1100 多匹。

四

在全县区乡人民政府全部建立起来之后，人民群众开始过上安居的生活。但是，一些土顽匪特勾结原乡保甲长中的不法人员，时常对新生的区乡革命政权进行武装骚扰。

当时在我县境内的匪特，经常向四周群众侵扰掳掠，他们不但持枪抢劫、绑票拉夫、杀人放火，而且对抗我人民政权，公开袭击我区乡政府。单王乡政府遭土匪袭击时，乡长王星五奋起抵抗，终因寡不敌众，英勇牺牲。其时，马头区负责人朱明璋、赵君实闻讯即派一个分队前往救援；沈轩接到江毅电话后也从丁集带人驰援。解放军某军负责人途经寿县隐贤集，六北县政府警卫连长胡其法带一个排接送，被土匪围困，我军经激烈战斗，将其击溃。1949 年 4 月 4 日，岳歧山匪部赵光汉获悉丁集区干部和区武装到县里开会，区政府只有副书记申世文一人留守，便乘虚偷袭。纠集了数百名匪徒，从固镇出发，围攻丁集区公所。没想到杭翼东同荚存秀从县里开会回来，并打电话给副区长沈轩，准备传达会议，当天沈便带来一个排，驻在南头碉堡。天黑后，匪徒们蜂拥而上，直逼区政府门前。区委和区政府领导分头组织战士们据守碉堡，奋力反击，终将匪徒击退。

当时土匪的气焰非常嚣张，如不及时进行"清剿"，肃清残匪，新生的革命政权就不能巩固，城乡的社会秩序也得不到安定。4 月 20 日县委决定，以县独立团为主力，区乡武装配合，全力投入剿匪。先后对马头集、新安集、丁家集、椿树岗等地几股势力较大的土匪，集中兵力，重点"清剿"。经过政策攻心和几次大的"清剿"行动，狠狠打击了土匪武装，土匪们死的死，伤的伤，逃的逃，有的主动向人民政府自首，再也不敢公开与我们对抗。几股匪首已经感到继续同人民政府作对，必将死路一条，他们便通过各种渠道同我们接头，设法为自己找条生路。

为了彻底肃清土顽残余，我们一方面宣传"首恶必办，立功受奖，胁从不问"的政策，另一方面对那些比较顽固的匪首采取相应措施。经过"清剿"和各个击破，基本肃清了土匪残余，使城乡的社会秩序得到安定。

1949 年 6 月 26 日，中共皖西三地委决定撤销六安县境内的原六北县、六南县和六安市的建制，合并成统一的中共六安县委和六安县人民政府。至此，我们正式完成了创建六北县的光荣任务。

（刘金城　整理）

原载陈忠贞主编：《皖西革命回忆录》第三部《解放战争时期》，安徽人民出版社，1991 年，第 402 ～ 411 页。

六安城头红旗飘

◎ 储鸣谷

淮海战役后，溃败在皖西的国民党残余部队，已经是兵无斗志，一触即溃。

1949年1月1日晚间9时多，皖西军区司令部来电话说："驻六安城内之敌正规军，已大部向合肥、舒城方向撤退去了，仅留下土顽1000多人。我皖西独立旅明晨进攻六安，命令你们独立团明日在六安东十里头到二十铺一带布防，以阻击可能来自合肥的援敌。"我接到命令后，即刻向全团指战员作了战前动员。事后我得知这情报是胡苏明在给国民党专员贺元旦时，亲眼看到了撤退电报，待他回到学校，广西军已开始撤退，胡苏明把消息写好，赶紧叫学生聂建中送给了我们部队。

我们团驻地距六安东二十铺还有110里路程，经过7个多小时夜行军，于次日凌晨5时许，接近六安罗管庙区先生店。当地土顽杨莲山部企图抵抗，被我击溃。到下午3时许，我先头部队已到东十里头，立即占领该地一带山地，并沿公路向二十铺前进。这时接分区副司令员吴先洪通知："独立旅到六安南郊时，城内敌人稍加抵抗，即出城向北逃窜，我军追至北外菜市湾，敌军不支，继续向北逃窜。"他要我和团政委刘伟同志迅速进城，部队仍驻原地待命。

我和刘伟进城后，晚9时许，六安专员霍衣茹和吴副司令告诉我们："中原军区来电说，明日有敌人4个团分别由合肥、舒城出发向六安进犯，命令我们今夜全部撤出六安，向霍山方向转移。"霍专员还指示说："在我们进城时，凡欢迎我们的人和为我们做过工作的人，明确告诉他们如愿意走的今晚可以和我们一起转移，尤其要通知中学校长胡苏明，因为他一向拥护革命，这次我们进城前后，他做了很多工作，如他愿转移的话，可以马上集合到云路广场待命，我在那里等他。"我立即派人去中学通知胡校长，据送信的人回报，胡校长接到通知后，立即召集留校师生员工说明国民党反动派命运，这次拼凑残兵败将来争夺六安，实在是垂死挣扎，他们很快就要灭亡，所以我们不同他们争夺一城一地。他个人决定同解放军一起撤出城去打游击，如有愿意参加革命的就一块儿撤出去。胡校长还指一指他背上的包袱说，将来到山里去打游击，山里人家少，哪里弄得许多被子，所以他同他的老伴宋毓惠什么都不带，每人只背一床薄被和单衣服，大家也只能带单衣服和薄被子，不能带过多的东西，走起路来以轻快为好，不能为东西所累。此时胡校长看看表说："11点钟后，我们就要出城，同部队一齐行动。现在已快10点了，要走的将应带的行装背来，我们就出发，进城同解放军一起撤出。"

夜10点半，北外中学的师生员工185人，背着被包，整整齐齐地站在大礼堂门口。胡校长问："人可到齐了？"站在前头的一位教师回答："都到齐了！""好，到齐了就马上出发，路上不要掉队！"在云路广场，霍衣茹同志对我说："这次胡校长率领100多名学生和教职员工随我们到根据地去，不仅扩大了政治影响，也增添了革命力量。这一批知识分子，实在是一大宝贵财富。我们要好好保护，不能有丝毫损失，尤其是在行军途中，要特别注意，你交两个连给我，以便沿途保卫他们。"当时一营教导员靳启明同志在场，我便请靳教导员拨两个连来。霍专员转而向整齐地站在云路中间的师生员工讲话，欢迎他们投身革命并讲了夜行军应注意的事项。他对教导员说："一个连在前，一个连在后作为后卫。"刚出发时他又对我说："他们中间有些女同志，还有拄拐杖的老同志是不习惯夜间走路的，我在队伍前面走，可掌握行军的快慢，你告诉分区同志，说我带他们先走了。"他说完便沿着队伍一路向后检查有无掉队的，一直等到后卫部队走完，才迅速地回到队伍前头。

第二天中午，胡校长一行，安全地到达皖西根据地毛坦厂。

这天上午8时，已撤至城外的三分区首长们在樊通桥进早餐，分区政委马芳庭说："军区来电说今天上午10时左右，敌人即可到达六安，而我们昨夜已经撤出六安城，如果土匪乘这空隙窜到城里抢劫老百姓，我们就对不起六安人民。"我看他好像在考虑用什么方法来解决当前的矛盾。我说："我带少数部队进城去，土匪知道我们进城，是不敢进城来抢的。"马政委同意我的意见，我便集合了通信班。三分区首长见我只带一班人都说："太少了，多带点人去。"我说："反正不是去打仗，有一班人就够了。"

我刚准备出发，唐晓光政委进到室内说："听说你们进城，我也去看看。"唐政委的4位警卫员背起冲锋枪，随我们一起走出樊通桥。刚到三里店，皖西军区独立旅马忠全旅长站在店门前说："刚才曾司令来电话说你们俩要进城，我也预备去。"站在马旅长后面的还有各团负责人，听说旅长进城，他们互相看了一眼，就跟着旅长走出三里店。警卫连1排人走在前面，2排人跟着首长。

我们由南门进城，一直登上古楼，察看城内外动静后，就沿大街去北门，上了北门城墙头。唐政委在抗日初期曾任六安县长，这时很多群众围上来问长问短，并要求他讲话。唐政委说："城墙上地方小，请各位站到街上，我同大家谈谈。"待大家站好后，他把手一挥说："六安城现在已经解放了，解放的六安城属于人民。现在敌人来了，我们不是不打他，就像你们做生意一样，也要找个市口，生意才能做得好，打仗也要找一个有利的地形，如果我们在城里打仗，损失的都是人民，所以我们先撤出城，有了有利的地形，我们就可消灭他们。你们放心，我们马上就要回来的！"老百姓听了，紧张情绪开始稳定。

就在这时，马旅长对我说："你看东北两方都有部队向城移动，那是什么部队？"我拿起望远镜一看说："是敌人。"接着我将城里街道情况和我们应怎样避免在城里和敌人遭遇向马旅长作了简要汇报。他立即把警卫连长叫到跟前说："听储团长给你们下达命令。"我听了后，向马旅长报告说："旅长在这里，我怎么能下命令？"他马上说："我命令你下命令！"我向旅长行了一个举手礼，转向连长说："敌人距城不到3里地，我们出南门也有3里路，为了避免在城里十字街同敌人遭遇，你派一排跑步向东门，打响后迅速向南门转移，与担任掩护的第五营会合，然后向霍山方向转移。第二、三两排跟我们走，二排做前卫，三排做后卫，由鲁同志当向导，由此经北门大街，由书院拐经南北古楼大街、黄家大街转南门头道巷出南门。"

我们转出南门后即由六霍公路向霍山方向转移，刚走到南岗头北边的田冲里，敌人突然由望城岗打来几炮，炮弹就落在公路两旁水田里，溅了我们一身泥水。一发炮弹落在唐晓光同志附近，一位警卫员急忙跑过来，只见唐晓光将沾满泥水的手一伸说："没有什么，只是溅了一头泥水。"我们走过南三里岗约 2 里路时，由小华山方向插来一股敌人，我们没有理会他。敌人追到樊通桥东岗头，我指挥一个连，占领桥头西边山地堵击敌人过桥。敌人被堵在桥东，我们撤出樊通桥，敌人继续尾追到距城 15 里地的宝峰寺，我们在该山地又加以堵击，敌人才被阻退回去了。

分区曾庆梅司令员带全团撤到施家桥一带，第二天才带通信班到刘家大塘团部。我抓紧时机整训部队。时隔 3 个星期，1 月 20 日晚上，分区曾庆梅司令员来对我说："六安以北的敌人已全部向安庆方向撤退，我独立旅已开向大小关一带堵击向南逃窜的敌人，过江先遣纵队已派汪伯民同志带部队去解放舒城。我同你今夜出发，明天上午去解放六安。"

我根据曾司令指示，只带一个连同司令员在鸡叫三遍时出发，到北店时天已大亮。上午 8 时进南门，城内敌人已逃，曾司令指示 2 个排在城内外巡逻放哨。我们选择六安县中作临时指挥所，住进中学，当即派人去晓天、毛坦厂、南官亭等地，通知六安已于 1 月 21 日上午 8 时正式解放。

（牛青　整理）

原载陈忠贞主编：《皖西革命回忆录》第三部《解放战争时期》，安徽人民出版社，1991 年，第 412 ～ 416 页。

皋城春晓

——忆解放初期的六安市

◎ 林　杰

　　1949 年 1 月 10 日，淮海战役胜利结束。人民解放军直出长江，皖西全境解放。此时，舒六县奉命撤销后，组织上派我和张子清、赵福仁等 5 人到六安城内负责组建六安市。六安市辖清水河、桃湾、田家湾、南外、莲花庵 5 个乡及市南、市北、东外 3 个镇。地委、专署和军分区也迁移驻六安城。并委派李浓云同志及一个公安大队在皖西区党委保卫部门和财经部门协助下开展建市工作。1 月 25 日，六安市委和六安市人民政府正式宣布成立。赵锦章任市委书记，我任市长，李浓云任公安局局长，大家分工负责，团结协助，努力工作。那天大街上张灯结彩，锣鼓喧天，全城披上节日的盛装，大别山文工团抬着毛主席、朱总司令的巨幅画像，上街游行庆祝，还表演了腰鼓、秧歌、话剧等节目。一时欢歌笑语，充满了城内的街头巷尾。27 日，市人民政府在体育场召开全市各界群众大会，出席大会的有党、政、军主要负责同志。会上，六安军事管制委员会主任何柱成作了当前的形势报告，宣布人民解放军接管城市的政策。接着，我代表市政府作了报告，号召全市人民大力支援前线发展工农业生产，开展生产自救，解决人民生活困难，贯彻工商业政策，稳定物价，繁荣市场；对旧政权行政人员进行改造；欢迎知识分子参加政府工作；恢复和开办各类学校。报告过程中广大群众报以一阵阵热烈的掌声。

　　市政府成立后，在皖西三地委直接领导下，我们一面向群众宣传贯彻党的城市政策，一面进行接管，加紧政权建设。由于任务繁重，干部缺乏，我们对旧政权人员采用暂时留用办法，吸收知识青年，举办短期干训班，进行革命理论和城市政策教育后分配基层工作。我们依靠工人，接管旧政权档案、物资，收缴枪支弹药，整编乡保武装，清查敌特，严厉打击破坏社会秩序的敌对分子，及时恢复工商业，接管邮政交通；为不误学业，依靠教职员工，组织中小学校按时开学上课。此外，我们还着重做了以下三方面的工作：

动员干部群众积极支援前线

市政府成立之初，在百废待举的情况下，把动员人力、物力、支援前线放在一切工作的首位。遵照三地委关于支前工作的紧急指示，市委召开了扩大会议，要求党政军以此为中心，全力以赴，完成任务。

为此，市政府立即成立了支前指挥部，并设立了皖西三分区第四分兵站，我和赵锦章同志分别担任指挥部的指挥和政委。在我基层政权未建之前，原乡、保仍予保留，监督使用。各支前支站就分设在乡镇，由留用的乡、镇长充任站长。为方便工作的开展，又将全市划分成4个支前工作区，各工作区都派出支前工作队，委派得力干部担任工作队的正副队长，切实加强对支前工作的领导。

为使支前工作的重要性和迫切性家喻户晓，深入人心，以乡、镇或保为单位普遍召开群众大会，反复向群众宣传皖西虽然解放，但敌人并未完全消灭，要想永远过好日子就必须打过长江去，解放全中国。同时，只有军队打仗，没有后方人力、物力的不断支援，是不可能取得最后胜利的，使群众明白为谁打仗，为谁支前。同时，在城乡张贴了"紧急动员起来，支援解放军，解放江南人民""人民战争，人民支援""支前立功，百世光荣""全力以赴，支援前线""将革命进行到底"等大幅标语，造成强烈的政治气氛。

在宣传发动中，各级支前组织和支前工作队都采取各种形式向群众宣讲。号召群众一切为了前线，一切为了胜利，有粮出粮，有钱出钱，有力出力，做到多的多出，少的少出，没有的不出。市政府规定，负担面不超过总收入的百分之二十。同时宣布这次征粮是暂借性质，在麦收前不再派粮，城市工商业亦不得因此受到影响。所派的粮、柴、草负担数先经基层经办人员和群众推选的评议员共同评议，再召开群众会，设立意见箱，广泛征求群众意见，然后造册张榜，执行中对不妥之处还可修正，求得公平合理，建立账目，开付收条，以避免混乱和弊端发生；为加快粮草入库进度，乡与乡、保与保进行了热烈的挑应战，发现先进，及时表扬。

开征后，各乡、镇群众热情高涨。风雨无阻，纷纷挑着稻谷向仓库集中。清水河乡万家灯火，连夜加工大米。大家共同的口号是"保证解放大军，人有粮、马有料，吃得饱，住得好"。2月27日，市支前指挥部发出通告，表扬桃湾乡、田家湾乡已将渡江粮、军柴、军草、军鞋等物资，统于限期内全部征集完毕。由于两乡人民表现了高度的政治觉悟，不分昼夜，冒雨送粮，市府派出的工作干部及乡、保人员均异常努力，因此，市政府决定给他们记功一次，并通令嘉奖。

由于计划周到，措施落实到位，不到两个月的时间，我市即完成配借渡江粮2195786斤，渡江款25827元，以及大批柴草、马料和军鞋，同时修筑公路20里、桥梁8处，共征派民工29715名。4月上旬，渡江大军陆续进抵我市境内，群众亲眼看到这些身经百战、英姿勃勃的战士们，更加激起了支前热情。在大军经过的沿途，到处设立接待站、茶水站和欢迎鼓动站，热烈欢迎人民解放军。广大群众争先恐后，肩挑手推把大批粮草、马料送到指定的兵站。工程队在公路、桥梁上仔细检查整修，保证大军在行进道路上不发生任何障碍。妇女们专门组织起来帮助大军洗衣服，补衣服。他们还在家里准备好锅盆碗筷，以备大军借用。

刘伯承司令员为指挥渡江战役经过六安，曾接见了三分区司令员曾庆梅和三地委书记马芳庭同志，表扬了六安的支前工作。

深入动员与组织担架队

组织担架队随军奔赴前线，救送伤员，运输弹药，时间长、任务艰巨。为了避免国民党过去那种抓丁抓夫的恶劣影响，市委专门发了指示，对于动员谁，谁动员，动员方法，如何组织和优待照顾等都做了详细说明；把动员360名队员的总任务（包括部分挑夫），分配到4个支前工作区办事处，强调既要坚决执行政策，反对硬性摊派，又要保证完成任务。

市委指示发出后，各办事处立即召开了乡、镇干部会议，进行了具体落实。他们采取典型引路、积极分子带头、大会动员、小会讨论、个别谈话、举行军民联欢等各种有效形式进行动员。市委、市政府领导同志也亲自到支前动员第一线工作，以清水河乡为点，总结经验，推动全盘。

2月30（28）日，清水河乡召开了群众动员大会，会议开得十分热烈。会上，有两个事先就报名的苦大仇深的积极分子带头上台，戴上光荣花，影响很大。紧接着就有12个青年上台报了名，戴上大红花，其中还有兄弟俩争着戴花。为了使他们安心支前，乡长在大会上保证对担架队家属实行优待，搞好代耕。

第二天，清水河乡工作队又及时召开了动员对象家属座谈会。座谈会上，家属踊跃发言。有的说："一人参加，全家光荣!"彭德全更是激动得流着热泪说："过去连区公所的门我们也不敢进，现在共产党领导我们能出头讲话了，我家有饭吃，让我儿子去干，别说半年回来，就是长期干也情愿。"说完，就回家找儿子报名。何先山也挤进会场中间说："我兄弟在外帮工，这回我叫他参加，也光荣光荣!"说完，他就到15里外找兄弟去了。沈少轩的妻子说："我男人去报名当担架队，我家无田，两个孩子，我自己去纺纱养活他们。我回去给他准备新布鞋一双，新布褂一件，把他衣服全部洗一遍送他上路。"座谈会散了，当过红军的杨贤明又跑到乡公所，要求送儿子去担架队，他说："过去还乡团杀了我们多少人，现在我送儿子打老蒋，好报仇。"在3天内，该乡自动报名的达42人。

南外乡太平庵保，还出现了张大嫂劝小叔荣先胜参加担架队的故事。先胜是个饱受饥寒的雇工，有心参加担架队，又怕老妈妈在家没人照管。张大嫂看透了小叔子的心思，就劝他说："帮工人家也不给你多少钱，老妈妈我照顾，你去参加，咱家也光荣光荣。"在大嫂子的鼓励和支持下，先胜下了决心，和李纯右一起报名参加。在该保群众大会上，受他俩影响，当场就有14名青年报了名，个个戴上光荣花。第二天，该乡召开了全乡动员大会，报名参加的青年达到92名。

经过深入动员，细致工作，很快出现了一个父送子、妻送夫、兄弟相送的报名热潮。经过认真挑选，仅用20天时间就顺利完成了担架队编组工作。3月28日，担架队员在清水河乡集中后，即随部队出发。这些担架队员跟随大军胜利渡江，直达浙赣路沿线，长达45天。5月中旬，他们完成任务胜利归来后，全市又召开了记功评模大会，其中的优秀分子入了党，充实了我们基层政权的干部队伍。

努力开展生产救灾

六安城区是国民党在皖西的统治中心，反动派长期对广大人民进行横征暴敛，敲诈勒索，在其垮台的前夕尤其凶残。因此，田园荒芜，经济萧条，不少基本群众饥寒交迫，急待救济。据不完全统计，市郊受灾田地达 471 亩，受灾群众 991 户 3608 人。春播在即，这些农户既无种子，又缺牛力；在市区还有历年从北方黄淮灾区逃荒而来的大批饥民，全靠做手艺卖苦力，乞讨为生，更是困苦不堪。面对这种局面，开展生产救灾已刻不容缓。

市委在"依靠群众，组织群众，发动群众，互助互济，生产自救"的方针指导下，召开了一系列会议进行部署，提出"生产不荒地，救灾不饿死人"的口号。在生产方面，市郊各乡在坚持自愿等价的原则下，搞好换工互助；同时，动员半劳力下地干活，做到村无闲人。在 20 天内，保质保量突击完成了割麦、插秧、播种 3 项任务。全市共有秧田 17800 多石，除高塝田 28.5 石种上旱粮外，其余全部按时插上了秧，群众还积极开荒扩种，全市共开荒地 2059 石，扩大了播种面积。要求在生产救灾工作上加强领导。每乡建立两个基点村，创造经验，推动一般。对组织不纯、领导不力的生产救灾委员会进行改选。

救灾方面，市政府在深入调查，摸清情况的基础上，对受灾较重，困难较大的农户，及时发放救济粮 30530 斤；放手发动群众，发展副业生产，运输、磨面、捕鱼、打柴、挖药材、做买卖，只要合法都让干；号召群众开展互借互济，做到亲帮亲、邻帮邻，共渡难关。同时，对城区贫民及时给予救济，一共救济了 3 次，发放救济米 14776 斤，共救济 1504 户 4238 人。

在抓好生产救灾的同时，各乡还按照市委提出的"大胆发展，严格审查"的要求，整顿和发展了农民协会。当时改选生产救灾委员会，发放救济粮，清查积谷粮，都须通过农协，连送信、派工都由农协通知。群众有事就找生产代表和生产委员，不找保、甲长，实际上生产组织已经取代了保、甲。这样，就大大提高了农协的威信，也为以后摆脱保、甲，建立我们的基层政权创造了条件。东外乡马家洼保农协为原保干事掌握，混进了部分不纯分子，在改选生产救灾委员会时，通过调查，弄清情况后，以不通知开会的方式清洗了一部分人，纯洁了农协组织。清水河乡十里桥保农协原有 6 人，在生产救灾中发展了复员担架队员 2 人，其中 1 人参加了生产救灾委员会。他们不仅到处宣传搞好生产，还反映仓库主任吴克成的贪污情况，通过清算，清出粮食 2282 斤，作了救济粮使用。

其间，各乡农协除清算了原保甲的积谷稻、枪支米、壮丁费等粮款外，还清查了暗藏的武器，掌握敌情，加强了防奸防匪的斗争。马家洼保农协，摸清土匪组织有 80 多人，扰乱社会治安，立即组织农协会员持枪追剿。为了防范匪患，清水河乡各保共查出步枪 58 支。莲花庵乡九龙庵保因时有土匪来抢劫，农协及时发展民兵，掌握步枪 9 支，每夜值班巡逻。群众每晚都把耕牛拉到乡政府附近看管，自此便一直未发生盗情。

我们进城后，坚决执行党的城市工作方针政策，依靠工人阶级、贫下中农及城市劳动群众，团结知识分子，争取各界人士，区别对待国民党军政人员，领导人民群众同残余反动势力作斗争，克服了种种困难，在短短的 6 个月时间内，人民政权日益巩固，社会秩序日趋安定，城乡生产不断发展，人民生活有了改善。

1949 年 6 月 26 日，根据六安地委、行署指示，六安市、六北县、六南县合并为六安县，六安市正式撤销。

（傅彩风　整理）

原载陈忠贞主编：《皖西革命回忆录》第三部《解放战争时期》，安徽人民出版社，1991 年，第 417 ～ 424 页。

寿州春色

——忆寿县和平解放前后

◎ 柴献忠

1949 年年初，家乡结束了国民党反动派的黑暗统治，人民获得了新生。这曙光的迎来，没有枪声，没有炮声，但却充满着激烈的无声战斗。40 年过去了，每当我想起寿县解放前后的日日夜夜，想起机智、巧妙地做策反工作的朱怀明、蒋树民、常传勃等同志，那紧张感人的情境又浮现在我的眼前。

投身革命

我家住在淮河边，靠近正阳关，我当时在正阳关附近的柴家港中心小学任教导主任。

1945 年 8 月的一天，我正在乘凉，忽听有远道客人来找。此人身穿绸大褂，脚穿布鞋，头戴草帽，既像商人，又像教员。他满脸笑容，握住我的手："柴先生，不认识了吗？"我稍一迟钝，便马上认出是我多年不见的老同学朱怀明。

我听他说明了来意，欣喜万分。

朱怀明是定远县池河镇人，他是奉新四军对敌工作部淮海办事处的指示来的。当时，抗日战争刚刚取得胜利，为了适应形势的变化和斗争需要，党组织决定北撤，留下少数干部坚持地方工作，扩大统一战线，运用各种方式，开展党的工作。

朱怀明在我们学校里住了月把时间，做了不少调查、宣传工作。他要我参加宣传组织工作，尤其在寿县上层人士中做好工作。此后至 1948 年春，我凭借老同学、亲友族门的关系，先后联络了常传勃、袁传华、王士仪、邸子贞、柴仲仰、柴瑞生等社会人士和青年学生 100 多人。

我们先后在正阳、城关、团城子、双桥、迎河等地建立了 10 多个联络点，每个点上十数人，都配有枪支。

我们的宣传活动开展得很红火，不少人认清了革命的前途，积极向我们靠拢。

当朱怀明陪同城工部长蒋树民又来到寿县时，看到这里的形势发展很快，很满意。他们又分别到各点去查看，进行形势和前途教育，讲授"青年运动方向""目前形势和任务"，还用通俗的语言联系当地实际，揭露国民党反动派的腐朽本质及必然灭亡的命运，宣传革命形势的深入发展和中国革命的美好前途。一时间，整个寿县西乡革命激流在群众心头激荡。

寿县参议长孙勤刚，县商会会长孙培良，国民兵团团长程凌霄，寿县简师校长刘惠民，参议员袁少仪、常持青，还有程华亭都受到了一定的教育，震动很大。

看到这大好的局面，我十分激动，深感能亲身投入到争取自由解放的战斗行列是多么荣幸。1948 年 8 月 1 日，这是个我永远不能忘怀的日子，党组织正式接收我和袁传华、常传勃等同志为中国共产党候补党员。

摸清敌情

寿县正阳关地理位置重要，敌军过往甚多，情况很复杂，到 1948 年年底，常驻的就有这样几股：国民党"正义部队"一个团（3 个大队）；由阜阳地区副司令何峻之率领的两个营；正阳商会的武装一个中队；以及驻在与正阳一河之隔的地主孟宗周家的霍邱逃亡地主 50 人枪。比较起来，"正义部队"力量最强，它是国民党的杂牌部队，长期驻守地方，人员复杂，搜刮的装备物资也多，正扯起招兵买马的旗子，妄图扩充实力，待机而动。其次是何峻之的两个营，武器装备精良，有机枪、迫击炮。

正阳关还设有安徽第八绥靖区正阳指挥所，主任是廖运泽，又名廖汇川，他是黄埔第一期学生，曾是共产党员，参加了南昌起义。抗日战争时期，历任国民党暂编第十四师师长、骑兵军长。他的堂兄廖运升，又名廖仲平，毕业于黄埔第四期。

他们俩在 1927 年、1931 年曾两次反过蒋介石，故蒋介石不予重用。

长江以北的国民党军队全面崩溃后，廖运泽、廖运升又被起用。蒋介石打着如意算盘，想利用他们组成新的战斗队；廖氏兄弟也想乘此机会重拉队伍，并为在适当时机向人民靠拢作准备。1948 年夏，廖运泽担任了第八绥靖区副司令兼正阳指挥所主任，他将阜阳地区颍上、临泉、太和等县保安队以及地方上的杂牌军队（包括寿、凤一带的零星武装）改编为安徽第一纵队，并任司令，推荐廖运升任副司令，纵队所有事情都由廖运升负责。

寿县城内驻有国民兵团，大约有 1500 人，加上所属的区队、中队，共有 6000 多人。争取国民兵团起义，首先是要争取其第一大队队长李旭东。因为他是国民兵团里举足轻重的人物，做好他的工作，就可推动全兵团起义。

对上述几股武装力量与地方上的关系，我们做了细致分析，决定用户族关系，采用政策攻心的策略，以策动其投向人民。

策动起义

我与朱怀明、蒋树民研究后，向上级作了汇报，征得上级组织的同意，由我与常传勃等同志利用户族关系打进敌"正义部队"，做策反工作，并决定由我出面集合人枪。

我由定远回寿县，略过蚌埠时，遇见王石泉在蚌埠贩卖粮食。王在我们家乡也算小有名气，手下有几十条枪。我便有意与王闲谈，他无意中说想回家乡组织队伍，可就是没有番号。我一听，心中来劲，试探着他的意图。最后我答应为他想办法搞个番号，他听了很高兴，并要我和他一块儿干，说自己有 30 多条枪藏在鲁口子。

我由蚌埠回寿县的第二天，由族兄柴松泉介绍，会见了"正义部队"司令陆亚夫，说明了来意，声言自己有 50 多支枪，100 多人，要求给一个支队的番号，便于今后扩充队伍。陆对这突如其来的人、枪，异常高兴，便欣然同意。当即派副官到鲁口子，委任王石泉为支队长，我为支队副。不久，袁传华带了 6 个人 3 支手枪，也相继进入这支部队。有这么多自己人打进来，我们的通信联络就灵活自如了。

到 1948 年 10 月，"正义部队"奉命改编为第十三支队，下辖 5 个大队。其中由我任队副的第五大队已发展到 200 多人，80 多条枪。根据上级指示，为尽快掌握这支队伍领导权，我们首先设法降低王石泉的威信，然后就写报告要求罢免王的职务。这样，终于把土匪出身的王石泉赶下台，由我接任大队长职务。这支队伍掌握在我们手中后，朱怀明同志以此为掩护，活动更自由安全了。

淮海战役胜利结束后，敌军残部狼狈南逃，我们县境内的一些杂牌军队惊恐万状，也准备逃亡江南。在这关键时刻我们抓紧在士兵中间进行前途教育，并针对士兵不愿离乡的情绪，劝说他们离队返乡，结果有 700 多人乘机开小差回家了，其余被迫离开寿县。但就在这时，敌人对我们五大队已有所注意，行军时有意把我们摆在中间严密监视。我们便故意与队伍拉了一段距离，结果我们这个大队大部携械返回寿县，下余七八十人枪驻在寿县西乡的团城子、顾家寨一带，维持地方秩序，准备配合解放军解放寿县。"正义部队"就这样被我们瓦解了。

其时常传勃同志也打进了寿县国民兵团。常家在地方上有一定关系。他的祖父常藩侯早年曾追随孙中山进行民主革命，当时虽是国民政府监察委员、安徽省文献委员会主任委员，但被蒋介石所排挤。常与柏文蔚、"二廖"的关系也十分密切，在上层人物中很有威望，常以其社会政治地位，支持家人的反蒋活动。常传勃的伯父常持青，抗战时期以其任国民党县长的有利条件，与共产党人联系，并在工作中给予掩护和资助，朱怀明等同志就经常化装住其家。常传勃原是国民党的一个下级军官（连长），在山东战场被收容，经解放区集训后遣回。受家庭政治影响，又亲身体会到我们党优待俘虏的政策，目睹解放区的朝气蓬勃景象，军民的鱼水关系，干部的民主作风，认识到反动派腐朽没落。从此，他靠近党组织积极为党工作。

常传勃就依靠常家户族的地位一次次地和李旭东谈话、交涉。经过一段时间，李旭东口头上答应起义，行动上举棋不定。我便向组织汇报，后又由朱怀明亲自出面找李旭东谈话，要他当机立断，不能再误。在这种情况下，李旭东决心起义，并说负责对第二、三大队做争取工作。

这第一步棋走完后，朱怀明同志在道华小学多次召集会议，研究下一步的部署，以李旭东请客为名，邀请县政府官员，主要上层人士李仲璜、范幼山、程守之，国民兵团第二大队队长毛贯青，第三大队队长武立德，进行政策教育，准备起义。另外，让李旭东尚未回城的一个中队连夜回城。

在李旭东举行的宴会上，朱怀明等同志也参加了。朱向在座的国民党官员和上层人士阐明当前的形势及对敌军政人员的政策，揭露了国民党反动派纸老虎的虚弱本质。在座的人听了朱怀明的一席话，纷纷表示愿意起义，弃暗投明，跟共产党走。

地下党组织的长期工作，已为寿县和平解放奠定了基础。但就在国民兵团计划起义的当天清晨两点钟，突然有人报告，县长潘顺裕及警察局长等带一个排和师管区的一个新兵连逃走了，我们判断，有人透露了消息。

此时，我们的起义计划已落实，为防止意外，决定马上起义。天亮前我们就断绝了交通，对一些文件、物资进行了封存。又让李旭东、程守之马上分别召开国民兵团排以上人员及县政府全体官员会议。当天上午，在原国民党县党部召开了起义宣誓大会，会议由常传勃主持，成立寿县军事管制委员会，主任朱怀明，副主任程凌霄，顾问程守之，下设经济接管组，组长常传勃，行政组组长常传纶宣布将寿县国民兵团改编为寿县独立团，团长李旭东，政委朱怀明。

寿县国民兵团一起义，各处便纷纷响应。常持青搞的一个区大队跟着一块儿起义了。保义区副区长夏至栋为我们的起义做了不少工作，搞联络、散发传单等。宣布起义的还有三觉的权世超、权仰之等。有的区乡武装虽未起义，但我们收编时都很顺利。寿县城关解放时，参加起义的部队共1个团、3个大队、12个中队，约1300人（国民兵团900余人，阜阳保安队300余人，"正义部队"100余人），步枪700支、轻机枪40挺、迫击炮4门、短枪30支。其后，国民党区乡镇武装也纷纷起义、投诚，逃到正阳关的国民党阜阳保安队副司令员何峻之带领的一个营武装正在犹豫不决时，军管会当即指示我到正阳关做何峻之的工作，终于争取他率部投诚。经过两个星期的收编，起义人数扩大到2000多人。也有起义后又叛变的。如苏王区的李典伯，他手下有100多条枪，在寿县国民兵团起义时，他参加了大会，保证跟共产党走，可会后回到苏王，却带领武装进攻我们正阳区政府。正阳新中国成立后，组织上便任命我为正阳区长，此时我正因公在县城，闻讯后即带领一个大队500余人赶回正阳，俘获了李典伯以下48人，并立即将其押送到县城，公审后镇压。

我们曾收到东线工委书记刘宠光、王剑指示，抓紧做廖运泽、廖运升工作。

朱怀明后来到寿县便经常住在廖运升的好友常持青家，这样他就有更多机会与廖运泽、廖运升接触。记得一次廖运泽委派廖运升为代表，同我方代表到吴家老圩以南的一个村子里谈判。朱怀明建议廖氏兄弟在条件成熟的时候，能就地起义就抓住时机就地起义，否则就撤退到江南，将来策应大军渡江。廖运升认为现在条件还不成熟，请朱怀明向上级汇报，并要求组织上经常与他们联系，行动要隐蔽、保密。朱怀明把这次谈话情况向东线工委做了汇报，并带去了廖运泽、廖运升关于蒋军情况的汇报和一些来往蒋管区的护照。

也就在这时，廖氏兄弟也派廖运凯、蒋树藩在河南漯河找到了廖运周（二野四兵团四十二师师长），起义事宜得到了廖运周和司令员陈赓的支持。二野敌工部的袁血卒同志在四十二师见了他俩。他们返回时，带回廖运周要"二廖"做好准备，见机起义的亲笔信。后来"二廖"的部队在我地下党协助下，终于在江南起义成功。

1949年1月中旬，我中原野战军第六纵队由淮海战场南下，配合皖西三分区部分武装分路出击。为迅速掌握起义部队，我二十四团三营与基干一团一部也向寿县进发。1月17日，军政联合在黉学广场召开了群众大会，由朱怀明主持，并散发了《告寿县人民书》。此时，蒋树民（时任皖西三地委城市工作部副部长）到三地委请示汇报工作。1月下旬，三地委、三分区负责人曾庆梅、唐晓光、彭宗珠、吴先洪等来寿县指导工作，决定成立中共寿县工作委员会、寿县民主政府。朱怀明任书记，代县长蒋树民，副县长常传勃。

初期建设

随着寿县全境解放，各级政权也相继建立。根据上级指示，寿县划瓦埠湖以东为寿合县，瓦埠湖以西为寿县。2月下旬，皖西三地委决定撤销寿县工作委员会，成立中共寿县县委，派白鲁克任书记兼军管会政委，刘伟任县长兼军管会主任，朱怀明、蒋树民则随军准备渡江南下。

寿县县委在对起义部队进行整编的同时，集中力量进行政权建设、剿匪反霸、恢复生产、支援前线。

政权建设方面，将寿县划分为城关、正阳、迎河、堰口、众兴、保义6个区，共33个乡镇。区长都是我党干部，每区辖3~5个乡不等。

对于武装力量，于1月29日决定以起义部队中之9个步兵连、1个机炮连组成三分区基干二团，由李旭东、李仲璜分任正、副团长，朱怀明任政委，并增派郑淮舟同志来团工作，以加强部队的领导。同时成立了县大队，作为地方武装。

为了使起义官兵得到教育改造，从 2 月下旬开始，进行全面整训。组织上选派优秀干部以加强部队领导力量；将主力部队以连建制编入，作为骨干以便掌握；对成分复杂、作风散漫的乡保武装则打乱原编制，实行混编，对兵痞流氓和坚持反动立场的则坚决清洗；对起义干部也分别情况，作了留用、调训或遣散的处理。思想工作方面，大力宣传我党方针政策，进行两种军队不同性质、中国人民解放军光荣传统及参加我军的光明前途教育。通过整训，纯洁了部队，绝大部分官兵思想觉悟有了提高，对壮大我地方武装力量，安定社会秩序起了保证作用。

为了安定社会秩序，巩固地方政权，支援大军渡江作战，县大队配合分区武装大力"清剿"匪顽，开展反霸斗争。保义区干队曾配合分区八团在保义集附近歼匪一股，毙伤俘匪 60 多人。剿匪期间收缴枪支数千支。王家圩恶霸地主王小胖外号王屠户，是个杀人不眨眼的刽子手，逮捕后押送城关公审枪决。群众纷纷拍手称快。

为了支援前线，我们积极发动群众准备粮草、木板等物资。早在春节前后，当二野六纵部队在正阳关和瓦埠湖作渡江训练时，县里就组织了一批水手和民船紧密配合，同时还成立担架师，由刘伟县长任司令员，准备支前。

1949 年 6 月，遵照上级指示，寿县、寿合两县合并，恢复寿县原建制，归属六安地区。董积贤、董完白分别任县委书记、县长；白鲁克、刘伟则调到金寨工作，分别任县委书记和县长。

（赵志华　整理）

原载陈忠贞主编：《皖西革命回忆录》第三部《解放战争时期》，安徽人民出版社，1991 年，第 425 ～ 434 页。

寿合县工作始末

◎ 董完白

1949 年 1 月，寿县全境解放。鉴于寿县是个大县，情况复杂，接管任务繁重，经皖西区党委和江淮区党委协商，决定打乱原寿县的建制，采取过渡的形式，划瓦埠湖以西为寿县，瓦埠湖以东、淮南铁路以西地区为寿合县。

2 月，经中共江淮区党委和定远地委批准，成立中共寿合县委员会，下辖寿凤工委和庄墓、下塘、寿合、瓦埠 4 个区 28 个乡。寿凤工委辖三和、马厂、曹庵 3 个区 17 个乡，同年 3 月为支援淮南煤矿发展生产，寿凤工委、寿凤办事处所辖地区划归中共淮南特区委领导。寿合县委、县民主政府隶属定远地委、定远行署，机关先驻下塘集，后迁到王楼。寿合县委书记宋孟邻，副书记黎岚、杨刚、邹云龙；寿合县县长董完白，副县长孙祝华、谷儒珍；寿合县总队总队长李树清，副总队长张亚非。

淮海战役胜利后，国民党刘汝明、李延年两个兵团节节南撤。1 月底，前线杨效椿同志来电给我，要我即日整理部队接收淮南铁路。我连夜集合队伍，进行战斗动员，向同志们说明：人民解放战争已经取得伟大胜利，蒋军兵败如山倒，现在敌军主力已逃到长江以南，我们要抓住他的尾巴狠狠揍它一下，把淮南铁路夺回到人民手中。

指战员们个个情绪高昂，星夜出发。敌人如惊弓之鸟，在我们政治攻势和火力试探之下，十分恐慌，连夜南逃。敌人一撤，我们便衔尾接收，两三天内就接收了近百公里长的铁路。

2 月上旬我到下塘集时，国民党缉拿董积贤、董完白等人的布告还贴在街上，许多文书档案都未带走或销毁，可见他们逃跑得多么慌张。我们跟踪接收到合肥时，刘汝明残部已退到长江边上了。我奉命返回寿合县民主政府工作。

根据上级要求，我们积极准备粮草和过江水手，支援前线。在解放大军挺进长江沿线时，我们在水家湖至合肥的铁路、公路上分段设立粮草供应站和茶水站，供应充足；动员了 70 名擅长驶船、精于泅水的瓦埠湖水手，派往前线，随军行动。这些水手后来都参加第一批运送大军过江的光荣战斗行列，立下了战功。除一名水手光荣牺牲外，其余皆安全回乡。

4 月间，我县奉命组织民工队支援渡江战役。当时刚解放不久，还有一些隐藏下来的敌特和不肯改悔的反动分子，他们煽动群众抵制支前工作，大肆造谣说："长江是天险，曹操八十三万人马都填了江底，你们去，不是成了炮灰，也就喂了江鱼。"我们坚决打击造谣破坏者，派出工作队大力宣传，进行形势和政策教育，讲解渡江战役和支援大军过江的伟大意义，规定有钱出钱，有粮出粮，有力出力，合理负担，保护群众。随军民工在服役期间其家属享受军属待遇，保证支前、生产两不误，以解除他们的后顾之忧。由于我们与人民群众有着血肉相连的密切关系，又代表了人民大众的利益，所以经短期宣传动员后，很快就组织了万人民工队，其中有 5000 人的担架队由我率领去明光报到，副县长谷儒珍带 4000 余名民工到巢湖。民工队在大军过江完成任务后，由我和谷儒珍带回，他们中不少人回来后当了村长、乡长，还有数百名粗通文字的青年民工被提拔为干部，分到各地工作。

6 月，皖北区党委、皖北行署决定，寿合县与瓦埠湖以西的寿县合并为寿县，董积贤任县委书记，我任县长。寿合县完成了它的历史使命。

原载陈忠贞主编：《皖西革命回忆录》第三部《解放战争时期》，安徽人民出版社，1991 年，第 435 ～ 437 页。

消弭匪患建政权

◎ 宣育华　周心抚　邹德胜

1947 年 10 月，宣育华由皖西区党委分配来肥西地区开展工作，于 12 月间奉命组建中共肥西工委，宣任书记，隶属中共皖西三地委。同时成立肥西南办事处，郭崇毅为主任，张劢（后叛变被我捕获后镇压）为副主任。

那时，我们活动的中心点仅限于肥西与六安毗邻的双河镇一带，约 5 个保的范围。因为肥西历来是地主多、土匪多、民枪多、碉堡土圩多的地区，反动的联防队乡乡皆有，地主武装明则保圩，暗则通匪，土匪活动猖獗。加上国民党安徽省保安团的一团、二团和五团以及各股地主武装经常在肥西地区骚扰，奸淫烧杀，真正到了兵匪不分、官匪不分的地步。

在这种环境中，我们的活动受到了很大限制，地方党组织不能马上恢复和建立起来，因而肥西工委在焦婆店、周新街、肥南、塘西、五十埠、大潜山 6 地设立了秘密联络点，搜集情报，装备供给，维持社会秩序。

为帮助我们开辟肥西地区的工作，上级先后派来两支武装：一是殷华领导的武工队，开始只有二三十人，后来发展到八九十人，活动在焦婆店、大潜山、山南馆等地；另一支为六合支队，是 1948 年 4 月由皖西三分区派邹德胜等 16 人前来组成的，约 40 多人，活动在肥西与六安交界的双河、山南、官亭等地。

但在开始一段时间，因为匪情严重，一时无法深入群众、瓦解土匪。我们就设法接触地方人士，通过我方地下工作人员，在双河附近找到了可供我们落脚的地方。

于是我们在双河周围开始发动群众，组织农会，收编或瓦解土匪，开展武装斗争。1948年6月，宣育华和殷华率领肥西武工队赶到周新街旁边的周老圩，与张劢任支队长、邹德胜为副支队长的六合支队会合，成立肥西支队，约130人，下分两个中队，在一起活动了两个月，发展到300多人。8月间，经皖西军区批准，正式成立肥西支队，张劢任支队长，邹德胜任副支队长，宣育华、谷浪分任正、副政委，下辖两个中队。以后逐步发展到4个中队，五六百人。1949年5月，肥西支队已发展到1600余人，成立了肥西独立团，团长黄明、副团长邹德胜、政委宣育华。

随着革命武装的扩大，党在肥西地区的工作有了很大起色。1949年1月间，经上级批准，成立了中共肥西县委、肥西县民主政府，马力、李坚、黎岚先后任县委书记，宣育华和赵锦章任县委副书记；周心抚、张劢为正、副县长，下辖山南、紫蓬、程店、城南4个区。张劢曾当过国民党乡长，在当地有一定影响，他曾联络了约30人的小股土匪，他们自称为肥西南办事处"外围军"。因为我们力量太小，既无力消灭这些土匪，又不能真正收编改造他们，因此这些"外围军"私下抢劫、放火，甚至强抢民女为"花票"。碰到肥西南办事处的张劢等人，除请吃喝外，一斗米一包的紫金山香烟是一包包地送，张劢他们也敢公开地接受，在群众中影响极坏。我们决心消弭匪患，安定社会秩序。对经济性质的土匪主要采取收编的办法，对属政治性质的土匪则坚决打击。经我们多次教育，所谓的"外围军"大都答应受编，但又托词拖延，甚至竟说要等处理完了"花票"再来受编。为了打击首恶，以儆效尤，我们就对继续为非作歹，绰号为"老三哥"的土匪头目采取措施，将他当场击毙，俘获其全部人枪。"老三哥"抗拒收编被镇压后，股匪在我政策威慑和感召下，纷纷接受我们改编。但他们人数超过了我们，短枪也比我们多，我们就设计下了他们的枪。接着又对他们进行整训，把他们同我们部队插花编组，防止他们串联活动。

在肥西独立团成立前后，我们曾配合三分区打了几次小仗。1949年1月间，四分区政委唐晓光同志从巢湖来到双河，我们全部武装人员就随他转战到官亭、雷麻、梁岗一带。民盟成员、国民党官亭区区长龚衡军是唐晓光派人要他利用关系当上区长的，唐晓光一到，他就率领地方武装近千人在杨新圩宣布起义，被我们改编为合肥支队，支队政委唐晓光，副政委马力兼政治部主任。后来这批人枪编入我南下大军某旅了。这时，中共江淮四地委决定在肥西江夏店成立六合工委和六合办事处，工委书记杨刚，办事处主任张亚非，下设肥二（合肥二区）、六二（六安二区）、蜀西、金夏等区。3月间，六合工委和六合办事处奉命撤销，其所属官亭、城西两区划归肥西县（划入寿合县的蜀西区后来也归肥西）。

在我们开辟合肥西南地区工作的同时，皖西四地委派出余衡等同志到三河开展工作，建立皖西区党委与四地委的秘密联络站。1948年冬，余衡护送一批大学生到大别山里去，途中为掩护学生被一股土匪扣押做人质，时达一个多月。一天晚上，土匪们在谈论到解放军在某地又打了胜仗时，谈到他们过去和程明远等人有联系（程明远抗战时期在当地战斗过，当时在皖东，1949年1月任江淮五地委书记、五分区政委），以后能否找他去，等等。余衡看到他们可以争取，当即插话给他们讲了各战场的形势。土匪听了大为吃惊，认定他不是商人老板。为了争取这伙土匪，余托词说自己是司令部副官，其实余当时任皖西四专署工商局副局长。经过余衡同志做工作，土匪们也考虑到为自己留条后路，第二天就派人护送他到三河治疗。余衡在三河还策动了商卫队武装起义。1949年1月25日，顾鸿率华东警备二旅六团三营解放了三河镇。2月，中共三河县委、县政府成立，郑厚友任县委书记，余衡任县长。3月，三河县改为三河市，隶属皖西四专署。1950年3月撤销三河市，成立三河区，划归肥西县管辖。

1949年4月，肥西县政府从梁岗迁到上派河，下辖山南、紫蓬、程店、城南、长军、城西、蜀西、官亭等8个区，至此，肥西县政权建制基本定局。6月，肥西划巢湖地委管辖。8月，肥西直属中共皖北区党委。

1949年春，为了稳定社会秩序，巩固政权，保证支前任务的顺利完成，县委投入很大力量"清剿"匪特。对于经济性质的土匪，我们主要采取收编改造或收缴武器遣散人员的方法。有一股土匪头子叫陈光亮，在答应接受我们收编后，其部下有两名士兵恶习未改，仍强奸民女。我们就派人找陈谈话，严肃地批评了他的错误。陈沉思一会儿后，马上将两名罪犯枪毙以严军纪。到1949年5月，担任剿匪任务的县独立团已发展到1600多人，又相继消灭了土匪300多人，缴获长短枪300多支。6月中旬，独立团被整编为六安军分区警备第八团，团长黄明兼政委，副团长邹德胜，直属六安军分区领导，6月底调离肥西前往霍山剿匪。巢湖军分区随即派人来重建肥西独立团，将各区队整编递补进来，共编成4个连又一个警卫排，各区队仍保持编制。新编的肥西独立团暂缺正职，由章开如任副团长，张子玉任副政委，参谋长为黄胜金，政治部主任为陈立斋。

而在这时，皖西地区出现了所谓"九路军"的反动武装，在六安、合肥边区就有1200条枪，又都是本地人，超过了我们新编独立团的力量。8月上旬，巢湖军分区一部分武装来肥西，配合我们在上派附近剿匪，但我们的力量还不够，而且分散，有一个连驻山南馆一带，一个连驻雷麻店，一个连驻上派，团部驻周老圩。跟随团部的警卫排长勾结"九路军"匪特，于8月13日夜间里应外合，袭击周老圩，打死副政委张子玉和其他一些干部，并将皖北行署拨给独立团的两万发子弹、一挺重机枪、一门六〇炮等武器全部劫走，制造了惨痛的"周老圩事件"。14日，巢湖军分区司令员马长炎亲自率领一个团来肥西剿匪，在西道士山包围了袭击周老圩之匪，毙匪百余，俘匪39名。叛徒排长及"九路军"头目被抓获，开枪打死张子玉副政委的周姓恶霸地主也被镇压。

为了彻底清除匪患，稳定社会秩序，皖北区党委以肥西为重点，除增调皖北军区警备一旅二团到肥西剿匪外，还派900多名地方干部组成剿匪反霸工作队，并撤换了一批不适宜于担任基层工作的区、乡干部。直到此时，肥西的基层政权才算真正建立并逐步巩固起来。

（肥西县委党史办　供稿）

原载陈忠贞主编：《皖西革命回忆录》第三部《解放战争时期》，安徽人民出版社，1991年，第438～442页。

"一定要注意调查研究"

——二野首长会见记

◎ 张冀凯

　　1949 年 3 月初，中国人民解放军第二野战军在刘伯承司令员的率领下，浩浩荡荡跨过淮河，向长江北岸进军，准备渡江作战。寿县是部队进军必经之地，二野首长和司政机关曾在这里稍事停留，给古城人民留下了永恒的忆念。

　　这天上午 9 点多钟，我正在办公室聚精会神地查阅国民党特务人员的材料，突然听到一声问话："请问，谁是县委负责同志？"

　　我抬头一看，站在面前的是一位身穿灰军装，挎着手枪的解放军战士，便急忙起身说："同志，请坐，你有什么事？"

　　战士说："首长请县委负责同志去一下。"

　　我解释说："书记、县长都不在家，去迎河区了。我是县委委员、公安局局长，县委叫我在家负责。"

　　那位战士想了一下说："那就请你去一下吧！"忽然他把目光停在我腰间的手枪上，又补充了一句："请你把枪留下，见首长不必带枪去。"

　　战争期间，来人未讲去见哪位首长，我也不便打听，便把手枪摘下，跟着这位同志去了。

　　从东大街走到十字街口，拐向北大街，走不多远，进入座高大门楼。这里原是晚清状元孙家鼐的故居，现在成为二野司政机关的临时驻地，3 间堂屋和 6 间东西厢屋都住有干部和警卫员。我在院里停了一下，等警卫员通报后，才喊我进去。

走进堂屋，只见中间放了一张方桌，摆满了文件和办公用品，墙上挂着大幅军用地图。这时，从西里间走出一位中等身材、精神抖擞的中年首长，很客气地挥手示意我坐下。我在他对面的一条长凳上坐下，觉得这位首长颇有点面熟，一时却又想不起来。我便首先作了自我介绍，说明了情况，问是否要把县委书记和县长叫回来。首长微笑着说："不必了。"接着就问我寿县县城是什么时候解放的，县城有多少人口，城里社会治安情况怎样，当前都抓些什么工作。我就首长提出的问题，一一做了汇报。首长听后满意地点了点头，又问我由寿县去合肥的路程，到六安途中有哪些村镇。忽然首长话锋一转，问我寿县有啥名胜古迹。我来寿县近20天，但每天忙于日常工作，无暇注意名胜古迹，只能笼统地作了回答。这时，从西里间走出一位身材魁伟、戴着眼镜的首长，向东里间走去，我一眼就认出他是刘伯承司令员。脑子一转，我猛然想起，坐在对面和我谈话的首长原来就是当年八路军一二九师参谋长李达同志啊。我向李达同志汇报工作，这是第二次了。第一次是1940年2月，当时国民党发动第一次反共高潮，进攻我抗日部队，杀害我地方工作人员，我八路军忍无可忍，奉命反击。一二九师首长率部队进驻林县任村一带，司令部设在西坡村，在那里指挥反顽战斗。我和其他4位同志受林县八路军工作团（林县县委）指派，到西坡村司令部接受紧急任务。在首长住的房子里，由李达同志向我们布置了去林县东岗、姚村侦察敌情，准备随部队南进做向导的任务。我们劲头十足，连夜侦察，把情况搞清后，迅速返回，向李达等首长做了汇报，受到了首长的表扬。想不到时隔9年我和首长们又在新区见面了，我们的大部队兵强马壮，正准备"打过长江去，解放全中国"，怎能叫我不激动呢？

　　可是没容我多想，李达同志又急切地问我有无寿县县志，如有就借一部来给他们看看。我没有看到过寿县县志，只好答应回去找找看。李达同志便语重心长地告诫我，说："到一个新地方工作，一定要注意调查研究，了解情况，做公安工作的不仅要了解和掌握敌情，还要了解各方面的情况。"听了李达同志的话，就像服了一帖清醒剂，我站起身来向李参谋长表示，一定牢记首长教导，注意调查研究，努力搞好工作。

　　我想到城关区区长袁传华同志是知识分子出身的地下党员，对寿县城关知识界情况比较熟悉，谈话结束后，我抑制不住激动的心情，向城关区政府奔去。见到袁传华，我急切地说："传华同志，请你赶快设法找一部寿县县志来！"袁传华奇怪地望着我说："干什么，你要看吗？"我说："先不谈这些，你马上去找，越快越好！"袁传华没有再问，立即赶到一位姓孙的老先生家借了一部《寿州志》。吃中午饭前，我就把县志送到首长手里。

第二天下午，袁区长对我讲，上午有位部队首长，长得很魁伟，戴着眼镜，穿一件军大衣，在东大街、南大街看了许多商店，问这问那，问得很详细，态度又很和气，身后还跟4个警卫员，看样子是个大首长。这时我才兴奋而又神秘地告诉他："刘伯承司令员、李达参谋长等首长都来了，你讲的那位首长可能就是刘伯承司令员。昨天上午叫你借的那部《寿州志》，就是首长们要的。"我还要袁区长保密，可是这消息早已不胫而走，满城群众都在兴奋地传告："刘伯承来了！"

第3天傍晚时分，首长的警卫员把《寿州志》送回来了。就在这一天夜里，刘伯承、李达等领导同志随部队离开寿县，向渡江前线进军。

原载陈忠贞主编：《皖西革命回忆录》第三部《解放战争时期》，安徽人民出版社，1991年，第556～559页。

柳营移向杏坛来

——忆刘伯承司令员驻六安城北小学

◎ 鲍传鲁

1949年3月底的一天，整个六安城都是沸腾着的：人民解放军像潮水一样涌过来，欢迎大军的人流滚滚向前，支前民工大队络绎不绝，城里城外红旗如海，歌声如潮。大街上到处张贴着"打过长江去，活捉蒋介石""支援解放军，解放全中国"等巨幅标语。人人脸上都堆满着兴奋、愉快的笑容。

城北小学是六安市人民政府在原来中正小学校址上首先建起来的一所完全小学，居于全市中心。当时校舍还包括孔庙（现县文化馆），院落宽敞，房屋较多。校门前有师生动手用松柏色纸扎起来的彩门，两边贴着一副新作的对联：

政简刑清，江北腾欢呼解放；

兵雄马壮，华南指日庆成功。

在那欢腾的日子里，学校师生人人精神焕发，干劲冲天，一面坚持正常教学，一面积极开展支援大军的宣传工作。这天下午，我正随学生队伍在城东郊迎接解放军，一位留守在学校的老师突然告诉我：有两个解放军来看房子，说是要驻军。我赶紧回到学校，此时，市长林杰同志也赶到了学校，一见到我，就开门见山："放假几天，支援渡江大军！"

我刚向学生宣布放假，即有部队同志来联系安排房子，学校除留一个教室作女教师临时宿舍外，其余全部让给了部队。

一阵喇叭声，校门前开来两三辆吉普车，从一辆车子里走出一位身材魁梧、戴着墨镜的同志，一看就知道是位高级首长。他走进办公室坐下休息，警卫员便把他的行李搬进隔壁刚腾出来的教师宿舍。随同住进这个宿舍的还有他的夫人和两个女孩。

在滔滔不绝的人流中，有人背电讯器材，上下忙碌，不一会几十间房子都拉起了电线，挂上了灯泡，夜幕降临时，随着车载发电机一阵轰鸣，全校立即大放光明。校内住有教师，需要出入；住校外的教职工，有时也需到学校里来，大家进出是否方便呢？我们正在考虑，就有位部队同志来找我商量，他问过全校职工人数之后，便毫不迟疑地提出：由我们学校自制一种出入证，盖学校公章，凭此即可随时出入。教职工知道这件事，都非常高兴，组织上对我们是多么信任呵。

天黑后，地委书记马芳庭和副书记唐晓光赶来看望首长。他们亲切地谈了一个多小时才离去。首长送走了他俩，又伏在桌上看起文件来。第二天，一位大约是做政治工作的同志来找我谈心，他问我可知道来的首长是谁，我说不知道。他悄声告诉我："不要向外说，是刘司令员来啦！"

刘司令员看起来约有 50 多岁，身体颇健壮，他经常伏在桌上办公和接待请示工作的同志，往往到深夜。有时也站起来在室内漫步或到走廊上闲眺。即使在这时候，也在默默地思索着什么，并未真正休息。为了打过长江，夺取解放全中国的胜利，作为几十万大军的统帅该有多少问题等待他裁决啊！

刘司令员工作那样辛苦，一天三餐却很简单。当时我们学校在校就餐的人很少，没有真正的厨房，只在保管室外走廊上砌了个矮小的土锅灶，刘司令员的炊事员就在这个锅灶上为他做饭菜。每餐的菜都只有两三样，且多是素的，有时见炊事员烧鳜鱼，大概这是刘司令员餐桌上最好的菜肴了。

刘司令员夫人汪荣华同志是六安郝家集人，早在六霍起义时期就参加了革命，这时常有当年的战友来学校看她，同她叙旧。汪荣华同志对人亲切、热情，也不止一次地到我们的住所，和我们谈心。

刘司令员和司令部在学校只住了 4 个夜晚，即继续前进，随着他们南进的步伐，不断传来新的捷报。不久，百万大军越过长江的特大喜讯就飞到了六安，飞遍了全国。

原载陈忠贞主编：《皖西革命回忆录》第三部《解放战争时期》，安徽人民出版社，1991 年，第 560 ～ 562 页。

刘伯承视察舒城县政府机关

◎ 杨　震

1949 年 1 月 22 日舒城新中国成立后，我们县人民政府奉皖西区党委之命，于 1 月 24 日下午进驻城关。进城后除紧张地忙于接管旧机关事宜外，主要是准备大军渡江的支前工作。

4 月上旬，我二野部队经过舒城到安庆沿江一带准备渡江。刘伯承司令员也随军到达舒城，下榻舒城西街天主堂旧址，在舒城住了 5 天，于 10 日离舒去桐城。在戎马倥偬之中，刘司令员还挤出时间来到舒城县政府机关视察，随同前来的有二野参谋长李达，十二军军长王近山，十一军军长曾绍山、政治委员鲍先志，十军军长杜义德、政委王维刚，以及师级领导人史景班、马忠全、赵兰田、周伟、何正文、卢仁灿等同志。

这天上午，我正和副县长俞梦平、主任秘书王晓晴在办公室研究工作，忽见曾绍山和马忠全同志陪同几位首长走了进来。其中一位衣着朴素、戴眼镜的首长进门就问："哪位是杨震县长啊？"我立即站起来说："报告首长，就是我。"首长便和气地说："好，好！"于是我请他们坐下，王晓晴忙着倒茶。这时另一首长自我介绍说："我是二野参谋长李达。"接着又分别向我们介绍了其他几位首长。

各人分别坐下，马忠全同志坐在我的身边，我因不认识那位戴眼镜的首长，便小声地向他打听。马忠全同志也悄悄告诉我："是刘司令员，对外不要讲。"顿时，我的心情极为激动，欢快之情，非笔墨所能形容。我注意看了一眼刘伯承同志的衣着，全身是一套普通的灰布军服，布鞋还破了一个洞。待大家坐定后，刘伯承同志便亲切地问我哪里人，多大年纪，何时参加革命工作，坚持在大别山与敌人斗争多长时间，同敌人打了多少次仗……我都一一做了回答。刘司令员笑容可掬，这时，我紧张激动的心情才开始平静下来。

刘司令员接着问我："你知道你们安徽的封建统治根子在哪儿吗?"我说："安徽封建统治者有李鸿章、段祺瑞、刘六麻子、唐五肚子①、卫立煌等。"他说："你都讲错了，你讲的是安徽大军阀，封建统治的根在桐城。桐城不是出过张、姚、马、左4个封建宰相吗?"我听了才恍然大悟。

接着，刘司令员询问我们舒城地区的匪情以及存在什么困难。我说："舒城刚解放，残匪不少，主要是国民党部队的散兵游勇，当地土顽加上合、巢的惯匪在一起，总共约有万把人。"

刘司令员关切地说："万把人，你们能吃得了吗?"

我答："这些人都是乌合之众，溃散之后，毫无战斗力，我们一个班，就能对付他们一个连。"

刘司令员听后连声称赞说："好，好!"并问："消灭散匪，还有什么困难吗?"

我说："就是机枪和弹药少了点，短枪不多。"

刘司令员用手指了指李达同志说："你要武器，下午派人找李达参谋长去领。机枪有，手枪有，子弹也有。要坚决把土匪消灭。"随后，他又详细地询问我们为大军渡江所做的各项准备工作情况，我把各级都建立了支前组织，指定主要负责同志分管，一切准备就绪的情况都一一做了汇报。首长听了非常满意，高兴地说："好，你们准备得很好，还要认真检查落实，工作要做得周密。"

那天，机关院子里横七竖八拉着绳子，杂乱地晾着许多衣服，小便桶也放在墙角。刘司令员看到后，关切而带有批评地说："杨震同志，现在三大战役已胜利结束，整个形势很好，我们马上就要渡江，全国就要解放了，你们的游击习气很浓，要注意克服，进城后，一切要正规化，生活也要有规律。"我听后觉得很不好意思，忙叫人去整理。不知不觉时间已过了两个小时，首长们要起身离开了，临别时，刘

---

① 刘六麻子即刘铭传。唐五肚子即唐定奎，淮军将领，曾任直隶正定镇总兵、福建陆路提督。

司令员重重地握着我的手叮嘱："大军就要过江，剿匪这副担子就交给你们了！"刘司令员走了，但他亲切的教导一直在我脑际萦回，我始终把它作为指导我们开展城市工作的座右铭，让它时时鞭策着我前进。

下午，我们遵照刘司令员的指示，派王晓晴、袁雪勤带几位同志找到李达参谋长，领到轻机枪4挺、步枪40多支，子弹4箱。次日，十一军军长曾绍山又给了我们卡宾枪1支、20发快机短枪1支，为我们消灭散匪增添了给养，充实了力量。

原载陈忠贞主编：《皖西革命回忆录》第三部《解放战争时期》，安徽人民出版社，1991年，第563～565页。

五十八师撤潢城　万民欢腾迎解放

◎ 詹象离

时光易逝，潢川县城解放以来，屈指已 41 年。县城解放前夕的许多往事，仍时刻清晰地萦绕脑际，不断浮现眼前，特略述于下。

1948 年农历腊月二十九（阳历 1949 年 1 月 27 日），潢川县城驻军五十八师正在垒沙包、设路障、修地堡、埋地雷、架铁丝网，巩固城池；严查身份证，定时放行，加强防守，并杀猪宰羊准备过年之际，夜 11 时许，忽听军哨紧吹，战马嘶鸣，一看各家驻军（当时军队都住民房）的军官停止了打麻将牌，士兵停止了刮猪毛、宰鸡鸭，而都在紧张地打背包，抬辎重；带家眷的军官忙着收拾行囊和唤醒小孩，有些带家眷的班排长，因为上峰不给夫马，家眷走不动而吵闹、哭啼。保长挨门筹款征派车、夫，大街上断续传来沙哑的口令声，鸡鸣犬吠，打破了冬夜的宁静。我见此情景以为是人民解放军发动夜袭，询及我家所驻军官，他私下对我讲："徐州战况不佳，华中'剿总'发来急电，饬令我师连夜动身，否则长江封锁，就过不去了。"天明后，军队已全部逃窜，城门被群众拆开了，居民一大早忙着开门摆摊营业，都感到行动自由了，出进城再不遭检查放行的麻烦了（当时城门凭居民身份证出入，上、下午各放行一次）。上午 8 时许，九区专员兼保安司令张玉龙首先率部逃窜信阳，县长、公安局长召集地方士绅交代之后也尾随而逃。地方上保安团的兵和警察，有的欢欢喜喜各自回家（都是为逃避壮丁而参加团队的）去，有的被潢川国民兵团副团长王智泉、县大队长邓雨霖带往信阳投奔张轸。税局停止了征收，机关停止了办公，撇下一个没人管、没人问，只有平头百姓的自由城。市场很快恢复了昔日的繁荣，一向受管制、受压迫，处在战火硝烟中的群众，无不倍感轻松愉快，笑逐颜开。

1947年刘邓大军过境时，不但党、政、军及殷商、富户都纷纷外逃，而且群众也在国民党的反宣传下随之而逃。可是，这次却大反常态，不但群众泰然不动，而且地方官绅也在筹组“和平委员会”，并推派苏绍闻、刘理葛、胡直际、陈召南等开明人士分途下乡欢迎解放军进城。

年三十下午，家家户户照例悬灯结彩，张贴对联，鸣放鞭炮，猜拳行令，包饺子，辞旧岁，迎新春。大年初一，拜年的人熙来攘往，络绎不绝，恭贺发财声此起彼伏；孩子们燃放烟花爆竹，龙灯、狮子也上街耍起来；江南会馆的京剧也开锣了。城外铺设的地雷被一些胆大的人拉响了，这响声配合着声声爆竹，增添了新年的欢乐气氛。是日，又遇多年年初一少有的晴朗天气，饱经内战灾难的潢川人民，沉浸在温暖的春天里，迎接即将来临的光明、幸福和美好的明天。

在解放军未进城前的三天三夜里，除国民党兵痞郭丹和红帮流氓陈茂林，冒充陈济棠的国民革命军，企图召集散兵游勇，并找殷商派款外，其他没有发现任何混乱现象，城内秩序井然。五十八师未逃窜之前，城门紧闭，专署、县政府门前军警林立，今天查户口，明天搜查，白天街上有巡逻队，夜间不准通行，而打、抢、奸、偷等事件还不断出现，社会动荡，人心不安。可这几天却出现了出乎人们意料的平静局面。之所以如此平安无事，说明了人心所向，久乱思治。

年初三，“和平委员会”鸣锣通知，张贴欢迎解放军标语，准备鸣放鞭炮，欢迎解放军进城。上午迎来了潢川爱国民主县政府任行涛副县长及县大队；下午迎来了鄂豫二专署、分区熊作芳司令员所带的部队。军管会及时发布了安民告示，宣告潢川县城的解放。群众长久盼望的一天终于到来，大家感到万分的欣慰。大街上龙灯、狮子、大头罗汉、高跷、旱船、花车，不但都出动了，而且连多年不玩的古会、背阁、抬阁、五里蹶等玩意儿也都出动了，人们也都上街扭秧歌。各样的灯笼都提前挂起来了。到夜晚，灯笼火把齐明，映红了一张张笑脸，一直欢腾到元宵节后才停止。

原载中国人民政治协商会议河南省潢川县委员会文史资料研究委员会编：《光州文史资料》第7辑，1990年，第16～18页。

和平解放息县城的回忆

◎ 张树藩

    1948年12月,我从正阳调到息县任县委书记。随我去息县的有公安局局长张坚、工商科科长郭树屏、组宣干事金锐,还有一些公安干警同志共30多人。这时孙士祥副书记和廖进平副县长已早来息县工作了,他们有100多人(包括县大队在内),我们合在一起,共有140多人,干部不足30人。

    息县县城是和平解放的。但当时情况比较复杂。1949年1月,以县城知名人士、共产党的同情者周柱丞老先生为首,组织了一个"息县和平解放委员会"(以下简称"和委会"),并与廖进平同志取得了联系。廖进平同志曾把此情况向地委作过汇报,我们县委也专门开会进行了研究,我于1949年2月初某日又向八地委领导同志做了汇报。地委书记谭冠三、副书记兼专员李建波、组织部部长肖章、宣传部部长×××(江西人)、军分区司令员匡斌、副司令员卜万科、副政委郑思群等领导同志在一块儿分析了当时的形势,认为北平的和平解放对全国影响很大,息县的进步人士和群众都有和平解放息县的愿望,尤其周柱丞是真心实意的,敌人内部也更动摇分化,要求和平解放是可能的。但国民党河南省主席张轸在开封新中国成立后已把省政府搬到了信阳,他们还有几个师的军队,息县以南驻有张轸的两个旅6个团,城里还有一个保安团(不足1000人),敌人还有统一指挥系统。当时虽从全国来说我军大大超过了敌人,但在信、息地区,敌人的兵力和武器装备都超过我们数倍。和平谈判也很可能是敌人企图利用人民群众迫切要求和平解放的心愿,来实现他们不可告人的阴谋。因此，我们做好两手准备，对付可能出现的两种情况：一、可能县城的国民党武装人员有投降的诚意。二、可能是企图利用"和委会"的名义来引我们上钩。我们充分估计到可能发生的意外事变，仔细研究了应采取的对策。经过反复认真分析研究，最后决定见机行事，"和委会"提出的保证国民党保安团不被改编、保证国民党县政府人员的生命财产安全及保证国民党政府人员正常上班等3个条件全部答复，做好充分准备，尽快解放县城。在兵力部署上，让军分区独立三团、骑兵团、新蔡县的独立团全部参加，由军分区司令员匡斌和副政委郑思群两位首长负责指挥。军分区的骑、步两个团防守在县城正南、西南的淮河沿岸，对付淮南敌军的两个旅，新蔡县独立团防守在县城的西关。同时有两个连和我们县大队进城，负责警卫和解除保安团的武装与接收工作，县委、县政府机关部分人员留在包信。

1949年2月3日（即农历正月初六），军分区副政委郑思群带领我和县长廖进平（这时已提为县长）、副书记孙士祥、公安局局长张坚等一块儿进城。天亮时到达县城北关外千佛庵，并在千佛庵小庙里临时召开了个小会，按照地委事先研究的进城作战计划，又进一步做了明确安排。

进城时，群众敲锣打鼓，鞭炮齐鸣，高呼口号，夹道欢迎。"和委会"成员臂戴袖章，前来迎接。我们先到北镇小学（现在北关小学）暂停休息，前来欢迎的"和委会"成员及群众跟随部队，都进入北镇小学。这时，周柱丞等也赶来迎接。稍停片刻，廖进平县长、郑思群政委分别向前来欢迎的群众讲了话。

午后，部队就开往城内，当天下午，我们就在濮淮中学分别召开了国民党保安团排以上军官会议（由军分区副政委郑思群负责召开）和国民党保安团班长以下的士兵会议（由解放军某负责人召开）。凡参加会议的人员，进门就先将枪支交出来，集体存放在守卫室里，然后向他们讲了目前形势和我党我军政策，愿意回家的送给路费，愿意参加解放军的可补充到军分区步兵团。就这样分别将国民党保安团的武装解除了，首先解决了里应的问题。当时，国民党保安团自卫副总队长陈镜月思想不通，说我们没有按3个条件的第一条办事，不应解除他们的武装。我们向他做了说服教育工作。迫使他们缴械投降。然后，我们又分工召开了国民党县政府人员和党、团骨干（包括乡镇人员）会议，教育界、工商界人士会议以及群众大会，当时我和廖进平县长、孙士祥副书记负责分别召开国民党县政府人员和党、团骨干会议。在县政府我讲了全国解放的大好形势和新民主主义（即新三民主义）的胜利，蒋介石如何背叛三民主义，背叛革命，倒行逆施，走向反革命、反人民道路的行为，以及我党我军的政策，并要求他们原班人员照常上班（因为我们当时还来不及接管）。

进城的当天晚上，我和孙士祥、廖进平等几位领导同志都住在周柱丞家中，通夜平安无事，全城秩序稳定。至此，没打枪，息县城就和平解放了。

原载中国人民政治协商会议河南省息县委员会文史资料委员会：《息县文史资料》第 3 辑，1990 年，第 1 ~ 5 页。

解放战争中的鄂豫军区第二分区

◎ 熊作芳

　　1947 年 12 月，我奉命到野战军指挥部去接受新的任务。在野指临时驻地檀树岗，李先念同志将我介绍给邓小平政委。邓政委对我说："已决定派你到鄂豫军区第二分区任司令。"其时，敌情严重、形势紧张，国民党集中了 33 个旅的兵力，对大别山进行大规模的围攻，企图将我军挤出大别山或围困于大别山区而后歼灭之。为了适应斗争形势的需要，野战军指挥部已分为前、后两个指挥所，由刘伯承司令员率后方指挥所并一纵北（向）淮河，机动于淮西地区；邓小平政委则率前方指挥所及野战军主力留在大别山区坚持斗争。邓政委简单地给我作了敌情介绍，同时交给我一项任务，要我和刘名榜同志一起，将野战军隐藏的物资转移一下，以防落入敌手。然后，邓政委介绍我到鄂豫区党委书记段君毅、鄂豫军区司令员王树声那里去报到。

一

　　鄂豫军区、区党委和二分区当时都在新县郭家河。我同王树声、段君毅见面之后，就直奔二分区。在我到职之前，二地委及二分区已经成立。郝中士同志任二地委书记，占四山（即杨四山）同志任二分区副司令员，魏文建同志任分区参谋长，就等着我这个司令员到职了。接待我的是地委书记郝中士同志。一见面，他就对我说："今天我迎接你，过几天你就该欢送我了。"这时，上级已决定由穰明德同志接替郝中士同志的职务。在我接受任务时，邓政委、段君毅先后告诉我了。在我到后十几天郝中士同志调走，穰明德同志调来了。稍后，刘名榜同志也调任二专署的专员。二分区是在二纵六旅教导团的基础上成立的。分区司令部实际上就是教导团的团部。副司令员占四山是原教导团的团长，参谋长魏文建是原教导团的参谋长。教导团则改为分区六团。名义是一个团，实际只有4个连队，四五百人。当时分区所辖武装除六团外，还有经扶县大队4个连、光罗支队两个连、光山支队两个连、潢固支队两个连。光山支队有一阵子称商光支队，之后因主要活动于白雀园一带，才改为光山支队。

我到二分区不久，刘邓大军主力逐步撤出大别山，敌情日益严重。我分区要对付的敌人是3个整编旅。敌人的兵力部署是：两个旅驻潢川，一个旅部零两个团驻光山，一个团驻新集。驻在新集的这个团经常留下一两个连守城，余则在潢川、光山之敌配合下，疯狂地、反复地在东大山、西大山"清剿"我们。随着敌正规部队的"围剿"，反动地主、土豪劣绅乘机反扑，保甲制度很快恢复，反动武装迅速滋生。各乡公所都成立了联保中队，多则百十人枪，少则四五十人枪。各村还成立了小保队。这些地方土顽与国民党正规部队互为狼犬，疯狂地搜逮我土改积极分子和区、乡干部。并经常到郭家河一带去搜寻大军隐藏的物资。由于我在邓政委那里接受任务以后，把转移军用物资的任务交给了刘名榜同志，才免遭大的损失。当然，这应归功于刘名榜同志，归功于忠于革命的新县人民。为什么野战军把全部家当隐藏在新县呢？就是因为刘名榜同志在那里长期坚持，有非常好的群众基础，敌人不管怎么搜，也只能是大海捞针。不过，由于叛徒告密，敌人还是挖去了极少的银洋和烟土。

在反动武装猖獗的情况下，部分群众两头跑反，见兵就躲。以前我回家去，上下垮的群众老远就喊"熊司令回来了！"可这时回去却连一个人都见不到，老百姓都跑到山上躲了起来。当然，他们不是怕"熊司令"，而是怕我们走了以后小保队抓他，说他通共，通"熊司令"。所以，老百姓极力回避我们，尤其是回避北方来此工作的干部，使得我们的区、乡干部很难在下边隐蔽，少数干部惨遭敌手，文工团的几个女同志也曾被韩家老屋的小保队捉去，几经周折，才换回来。环境恶化以后，我们队伍内部少数同志坚持斗争的信心开始动摇，甚至少数立场不坚定者或者开了小差，或者投向了敌人。这是我们经历的最紧张、最困难的一个时期。

二

尽管我们面临着很多危险和困难，但是上级仍要我们坚持在大别山。为了对付当面之敌，扭转主力撤走后一时混乱的局面，我们于1948年年初在新县沙石塆召开了地委扩大会议，各县的县委书记均参加了会议。这次会议我们做了如下决定。一、撤销乡一级政权。基层干部能在群众中隐蔽的则在群众中隐蔽，不能隐蔽的则集中到区里。二、各区将集中的干部组织成区中队，开展游击战。三、争取保甲长中立。同时着重指出，目前群众情绪低落，不敢接近我们甚至躲避我们，是暂时慑于敌人的淫威，同时也因为我们不能给群众以强有力的保护。因此，我们不应该埋怨群众而应体谅群众的难处。会后，我们派光罗支队到罗南杨店、万店一带活动，若能在那里展开，就在那里成立罗南工委。我们还计划派光（山）罗支队去开展息县的工作。但是，光罗支队几次进罗南都被敌人赶了出来，使我们的计划未能实现。

经过一段时间的频繁战斗，我们颇感手头的机动兵力不足。便打算在二野留下来的一个营的基础上再成立一个团。这个营在罗南开展工作时，形势有些紧张，营长、教导员擅自将部队带过了淮河，找到了主力部队。刘邓首长得悉此事很生气，说，留下坚持的干部随随便便将部队带出了大别山，这还行，就将那个营长、教导员撤职了，并命令那个营重返大别山。当时刘邓首长发电报征求王树声的意见，王树声又征询我们的意见。我说此事看上边如何定，他们回不回来无所谓。结果他们没有回来。这样，我们只好从地方武装中抽调部队，组织分区的第五团，当时确定抽调新县县大队两个连，光罗支队一个连加上野战军留下的一个连。这些连队尚未集中，五团团长胡德发同志同分区一起行动。几天之后，我们分区到达陡山河附近，五团就是在那里成立的。我和穰明德同志在成立大会上讲了话。当时五团已集中的部队有新县县大队的两个连和光罗支队的一个连。另一个连尚在白雀园一带。我们又从分区警卫连抽出一个排，作为五团的警卫排。五团成立起来后，分区即命令他们到白雀园一带找光山县委书记王黎之同志接头，迎接另外一个连，然后，在白雀园以南沙窝、新东一带，与沙窝区委书记徐小舟同志一起活动。胡德发同志当即带着五团出发了。

三

五团在新东活动了一阵，由于站不住脚，只得同分区一起行动。此后，分区带着五团、六团在东、西大山辗转游击。有时，我们也到光山、罗南一带寻机歼敌，形势一紧张，就转回东、西大山。此时，一部分同志产生了右倾畏难情绪，担心部队被敌人捂在山沟包了"饺子"，总想将部队带过淮河，去找主力部队。这也难怪，部队中大部分同志是北方人，生长在大平原，对于大别山区的人情地理一概陌生，走不惯田埂，吃不惯大米，打不惯山区的游击战争。分区主力部队的同志有这些思想倾向，各县的地方武装也缺乏独立自主地开展游击战争的精神，总想跟着分区转。区中队更是离不开县大队，各县武装人员庞杂、队伍冗肿，极不利于部队坚持游击战争。

为了克服这种不正常状况，我们在商城余家集召开了第二次地委扩大会议，严厉地批评了右倾畏难情绪；提出了"县不离县、区不离区"的口号，要求各县、区坚持独立自主地开展游击战争；调整了部队的作战方针，即尽量避免与敌正规部队接触，集中力量，有效地打击、消灭乡联保中队和小保队。对于顽固与我们为敌的地主、保甲长，则坚决镇压之。至于开小差的干部和投机分子，亦警告他们不要帮助敌人做坏事，否则予以严惩。

这次会议是一次很重要的会议，对于扭转混乱局面和被动的境地起到了关键作用。会议后，各县支队或大队都能做到"县不离县"，各区也基本做到了"区不离区"。坚持较好的区有沙窝区、泗店区和陡山河等区。地委、分区及时地推广了他们的经验，全区迅速地掀起了打击土顽的高潮，给了乡联保中队、小保队等地方反动武装以沉重的打击。

分区带着五团和六团，从东大山，到罗南、三里城、平汉路，沿途袭击了几个伪乡公所。回来后，住在泼陂河。泼陂河的乡公所以前一直住在光山县城附近。此次他乘我们西去之机，往泼陂河方向移动了一些，但仍未敢住泼陂河，只好住在泼陂河之北的一个水围子。我们到了泼陂河后，便决定消灭它。我对五团团长胡德发同志说："打这个乡公所的任务就交给你吧。"他表示坚决完成任务。我又令六团往北警戒，准备打援。夜晚，胡德发带着五团摸进了水围子，将里面的 50 多个敌人全部活捉，干脆利索地铲除了又一个鱼肉乡里、危害人民的反动政权。为了避免与光山敌正规部队接火，我们在五团完成任务后，立即撤回六团，星夜转移到白雀园一带。在白雀园，我们接到侦察员的报告，说是伪经扶县保安团一个中队孤军冒进，驻在余家冲。这真是个歼敌良机。我当即命令六团派一个连从东小界岭到西小界岭，直插余家冲；一个连由周家河直上孤儿山，控制制高点；再派一个连经徐家畈、野鸡河插到孤儿山的南边。分区则带领团从五龙山进到紫龙潭堵口子。到了紫龙潭，我骑在马上朝村里一看，见出来一个老百姓。那个老百姓一见到我们扭头就跑，我让警卫排立即去追。还未追到村口，余家冲枪响了。我立即将分区指挥所移至鄢家塆。约过了一刻钟，通信员来报告，说与我们接火之敌是宋大个子带的一个保安中队。这宋大个子是八里宋家畈人，大革命时期就开始当土匪，与共产党为敌，是个杀人不眨眼的刽子手。我的父亲就是被他杀害的。我一听是宋大个子，高兴得不得了。立即让通信员去向六团团长郭善亭传达命令：一定要活捉宋大个子。通信员还没到郭团长那里，郭团长就派通信员来报告，宋大个子负伤后被他活捉。我当时真是高兴得难以形容。晚饭后，我端起手枪，亲手枪毙了这个恶贯满盈的惯匪头子。

部队转到西河时，我命令将开小差的、叛变投敌的人统统捉来，一夜之间，警卫连捉了十几个，其中包括原沙窝区区长熊国良等。这些人都是老熟人，有些是上下塆的，有些还是亲戚。和穰明德商量后，我唱"黑脸"，狠狠地骂了他们一顿。接着，穰明德唱"红脸"，给他们做了一些工作，主要是警告他们不能给国民党办事。穰明德对他们说："我们的熊司令是本地人，他想什么时候捉你们都可以。你们就是跑，也是跑得了和尚跑不了庙！"之后，一个不杀，全部释放了。对于罪恶大的叛徒，则根据地委第二次扩大会议精神，严惩不贷。如晏家河有一个姓陈的乡长，叛变后跑到光山县城，帮国民党干了不少坏事，我们的区中队将他诱出后杀掉了。

经过 3 个月的斗争，乡联保队和小保队等反动土顽开始跑我们的"反"了。群众的情绪也有了很大提高，主动地给我们送粮食。同时，我们成功地运用了"白天上山，晚上下山；打得赢就打，打不赢就上山；速战速决，打完就走"等游击战术，不仅没有被敌人包过"饺子",反而打了不少小胜仗。解除了北方同志的思想顾虑,坚定了坚持大别山斗争的必胜信心。

四

到了1948年七八月份,全国战场上敌我双方的力量有了明显的改变。国民党在大别山的兵力逐渐减少,我们二分区正面的敌人由3个整编旅减少到1个整编旅。旅部带两个团驻潢川,一个团驻光山,光山之敌又派一个营驻新集。这时,我们分区主力部队有1000多人(敌人情报上称我们有2000之众)。如果对付驻新集的一个营,是有把握的。于是,决心寻机打击新集之敌。

有一天,新集的敌人出动了。我们就在泼陂河、浒湾一带设伏,把他们打得落荒而逃,活捉了连长以下几十人,还缴获了几挺机关枪。但是,没料到潢川之敌两个团已于前夜到达白雀园。当我们的伏击战正在进行时,它赶来增援了,从我们的屁股后兜过来,一下将分区同六团割开了。六团撤到南向店方向,分区则带着五团撤到李家南冲的高山寨。敌人撤走后,我派人去打扫战场,发现六团牺牲了十几个战士。这是二分区成立以来最惨重的一次损失。我和穰明德当即向鄂豫区党委和军区做了报告,并准备接受首长的批评。不料,段君毅和王树声却鼓励我们道:"你们还算打了个胜仗!在这种情况下,打垮的比跑垮的强!"此仗是我们和敌人正规部队的最后一仗。此后敌正规部队始终没敢出来。

一个多月以后,正是淮海战役的前夕,大别山的敌军更加空虚,新集的一个营撤走了,光山只留下一个营,潢川的敌人也减至一个团。在此有利时机,军区决定收复新集。军区和分区集中了20个连的兵力,而新集城内的守敌不足千人,我们真可以说是"杀鸡用牛刀"。王树声的指挥所设在河东,负责攻击南边,我的指挥所设在长潭,负责攻击北面。新集南北各有一座突出的小山,敌人分别在这两座山上修筑了永久性工事,组成交叉火力网,互为掎角之势,使我们根本无法接近城墙。担任北面主攻任务的是六团,五团向北延伸,警戒光山之敌。六团派出两个排的兵力,花了很大力气,也没有拿下北面山头上的碉堡。我去看了看地形,决定采用火攻。便派人从长潭搬来稻草,但是,却又无法接近碉堡。几次强攻未见奏效,我便到河东王树声指挥所研究对策,决定晚上再攻。这时军区部队也没有拿下南面的山头。回到分区指挥所,我让郭善亭团长在发起攻击前,即天黑之前,一定派一个连去堵死城西的路口,以免天黑后敌人逃掉。结果,天将黄昏时,派去堵口子的二连还在吃饭,敌人就从西操场上冲了出去,往装家河方向逃窜。二连立即猛扑下去,但只截一个尾子,毙敌20余人。我立即命令另两个连和五团追击敌人,我指着南去的路命令道:"你们就顺着那条路去追,一直追到箭场(厂)河,非要消灭他们不可。"可是,狡猾的敌人并没往南逃,而是冲过西操场,爬过座子顶,上了莲塘山。我向王树声建议道,敌人必定要下陡山河。我们应立即派部队到陡山河堵击。王树声采纳了我的意见。我便带五、六两个团,星夜西奔。天一亮,在陡山河捉住了两个散兵,得知逃敌在白沙关集合。我们又掉头向白沙关追击,可惜稍晚了一步,敌人已集合就绪,同我们一接上火,就逃之夭夭。

这一仗打得很不成功。王树声懊丧地说:"我们用20个连还没消灭敌人10个连,这种糟糕仗我这辈子还是第一次。"后来才知道,城内的守敌,有居洋人、陶正堂、胡克这帮叛徒,他们非常熟悉我们的作战规律。尤其是居洋人,红军时期就当过我们的便衣队长,抗战时期又任过鄂东抗日军事指挥部的指挥长,和我很熟悉,对我们的作战特点非常了解。后来,我们在宣化店剿匪时,才将他捉住枪毙。

五

新集收复之后,淮海战役开始了。按照中原局的指示,为防黄维兵团向南逃窜,所有大别山的地方部队集结于淮河两岸。我们分区也按照军区的指示,将部队开到潢川、息县一带。到淮河边后,不断听到淮海战役的捷报,全国其他战场的胜利消息也频频传来,给了我们以极大的鼓舞。

这时潢川、光山之敌已处于孤立无援的境地,成为瓮中之鳖。王树声司令员向中原局建议:鉴于黄维兵团已被野战军包围于双堆集,大别山的国民党正规军龟缩于据点之中,正是开展大别山工作的大好时机,军区部队应重返大别山,消灭大别山残存之敌。中原局当即同意了王树声同志的意见。

我们一回到大别山,首先以迅雷不及掩耳之势,消灭了熊家湾的小保队。邱进敏的县大队也将陡山河乡公所给端掉了。然后，分区又令五团配合新县县大队，前去消灭苏家河的顽匪曾伯龙。我对胡德发同志说："你先去消灭曾伯龙，我们在这里将光山的敌情侦察清楚，待你们完成任务后，分区将集中五团、六团、光罗支队、光山支队，解放光山。"

我带着六团，驻在距离光山县城约 15 里的椿树店。此时，穰明德、刘名榜同志带着地委、行署在新县的李家南冲开展工作。我派六团对光山的敌情、地形作了连续侦察，周密地分析之后，选择了攻城路线、突破点等，并制订了突袭和强攻两套作战方案。我们还在群众中找来了十几个向导。经过 5 天的准备，一切基本就绪了。就在这时，我从收音机里听到延安的广播，说是淮海战役胜利结束，我军在双堆集全歼黄维兵团！当时我高兴地从屋子里一下跳出来。司令部的工作人员很诧异，问：司令员今天怎么了？我将胜利的消息对大家一说，同志们都和我一样，高兴得不能自已。淮海战役的胜利更坚定了我们解放光山的决心，打！就是付出些代价，也要收复光山！我当即命令给军区发报，请示攻打光山。这时，离 1949 年春节只有一两天时间了。一面为了等待军区的回电，一面为避免光山之敌作困兽之斗，我们决定缓攻一步，暂时将部队撤到南向店。谁知一到南向店，寨河集的游击队便来报告，说光山之敌已经北逃。我立即派六团的一个连和光罗支队去追。他们到寨河集，堵了一个尾巴，截获 8 辆汽车，缴了一挺轻机关枪，十几支步枪，抓了十几个俘虏。我们分区也随后跟进到文殊寺。不想我们到了文殊寺，光罗支队和那个连也回来了，报告说只留下一个排在寨河集监视。我当即批评那个副支队长：你们回来干什么？应该堵在那里嘛！第二天，我带着六团和光山支队进了光山县城。到光山后，我立即派人去潢川侦察。

往潢川侦察的同志向我报告说，潢川之敌尚未逃走。我心想，再不能让潢川的敌人也溜了。第二天，我便带着六团和警卫排向潢川开进。天下着大雨，道路泥泞，黄泥巴糊满了战士们的军装。走了一半路程，碰到两个人，来人把名片一递，说："我们奉司令的命令来接你进城。"原来，在淮河岸边有个大土匪、大流氓头子，他乘国民党军队撤退之机搜罗了二三十个流氓地痞，自称"司令"，接管了潢川城。我问来人："你们司令有多少人？"他说有一个警卫队。我又问县保安团呢？回答说县保安团没有走，住在南城。我说："那好，你在前边带路吧。"当时，潢固县委带着潢固支队也到了潢川东边,准备配合我们夹击潢川之敌。我们从西关入城。一进西关,老百姓敲锣打鼓,鸣炮奏乐,热烈地欢迎我们,场面甚是动人。我们一路冒雨行军,样子有些狼狈,便在城边整理了一下部队,大家收起雨伞,叠好雨衣,扎好子弹带,肩扛着枪,雄纠纠地开进了专署。一到专署,我们便把哨兵撤了出去,那个所谓的"司令"出来接我。他说他是奉李主席的命令接管潢川的。还胡扯什么"李济深主席和毛泽东主席在延安已经商量好,豫南由中国人民革命军豫南支队接管"。他还说他的人马都在淮河两岸,正待集中。我对他说:"我是奉鄂豫军区王树声司令员的命令来接管潢川的。我只知道有毛主席,不知道有什么李主席。延安没有给我们这一类的指示。按照王树声司令员的命令,潢川的所有武器弹药,包括你的武器,都由我们收缴保存。"他起先不愿意,我的态度很硬,命令六团将他的警卫队赶到一起,全部缴了械。这时,驻在南城的县保安团也派人来说,他们的队伍已集合好,宣布集体投降。我马上派郭善亭团长带两个连去南城接收他们。这时,潢固支队也从东边进了南城。他们进城后,立即宣布成立潢川县人民政府,潢固县委改为潢川县委。县委、县政府的牌子当夜就挂了起来。

我连夜派人送信给穰明德、刘名榜。他们这时仍住在李家南冲。穰、刘接信后,于第二天(1949年的正月初四),率领地委、行署机关赶到潢川县城。地委首次在潢川城内召开会议,决定成立军管会,由我任军管会主任。随即,我们发布安民布告。规定伪政府人员原地不动,商人照常开市,学校照常上课,……所有军用物资,均须上交军管会。我们共收缴了两部电台,1000多条枪,十几万发子弹。那次算是发了"洋财",因为正是缺子弹的时候。潢川新中国成立后,第二分区正式移驻潢川。1949年5月,河南省军区成立,陈再道任司令。鄂豫军区第二分区和皖西军区第一分区合并成立潢川分区。穰明德同志、魏文建同志调回二野,随军南下。原皖西一地委书记刘毅任潢川地委书记,我任潢川分区司令,继续战斗在大别山麓和淮河两岸。

(方继华、张光怀 记录整理)

原载中共新县县委党史资料征编委员会编:《中共新县党史资料》第一辑,1985年,第284～298页。

回忆息县城和平解放

◎ 廖进平

我是于 1947 年 12 月底从宁陵县调回息县开辟工作的。1948 年 2 月成立息县爱国民主政府，我任副县长。5 月正式恢复中共息县县委，我任县委委员，后任县委常委、县长，兼县大队大队长。

1948 年春，全国解放战争节节胜利，革命形势迅速发展，与息县北部接壤的新蔡县人民政权已经建立，八军分区独立三团经常活动在全区各县，进行剿匪反霸斗争。在这种大好形势下，我率领县大队和县工作队，到息县东岳乡的廖庄、秦围孜一带活动，进行访贫问苦，扎根串连，召开诉苦会，广泛发动群众。各村都推选了贫雇农代表，县工作队又发给贫雇农积极分子部分枪支、弹药，并分别在东岳乡的秦围孜、廖庄、冯围孜等村建立了农民协会组织。同时，我还经常率领县大队和县工作队队员（当时工作队员系南下干部）利用逢集的时机在东岳、包信、岗李店等地进行宣传、发动群众，讲解共产党和人民政府的政策，并号召广大进步青年积极参加我们的革命队伍。通过这些活动，开辟新区的范围逐步扩大，我们的县大队也由几十人迅速壮大到 150 多人，形成了一支战斗力量。在刘邓大军二十旅七团、八军分区独立三团先后大力配合支援下，经过半年左右的时间对全县土匪进行了"清剿"，接连取得了付腰庄、王茨林、杨棚剿匪战斗的重大胜利。

经过我们的艰苦工作，先后建立了东岳、岗李店、张里店、包信等地的区人民政权和区人民武装。这时，我们县委、县政府机关设在包信集北。在巩固新政权的同时，积极在全县展开剿匪反霸斗争，扩大解放区，准备解放息县城。

1949年1月底，付兴中受息县进步人士周柱丞的委托，从县城来和我联系说：国民党息县县长张玉龙跑了，新的县长李缉五在城内，县城进步知名人士以周柱丞先生为首成立的"息县和平解放委员会"（以下简称"和委会"）邀请您进城。并带有周柱丞先生给我写的信，信的意思是，欢迎解放军进城和平解放息县，并提出了三个条件：一是保证保安团不被改编，二是保证国民党县政府人员的生命安全，三是保证国民党县政府人员正常上班。当时我表示对一切军政起义投诚人员，按照共产党和人民政府政策办事。我一方面安排付兴中休息，一方面向县委和在息县指导工作的八军分区副政委郑思群做了汇报。县委、县爱国民主政府及时进行了研究分析，认为有两种可能：一个可能是县城的国民党武装人员有投降的诚意，同意"和委会"欢迎我们进城；另外也可能是一种阴谋诡计，利用"和委会"的名义来引我们上钩，企图伏击我们。经过反复分析研究，最后决定做好一切战斗准备，见机行事，尽快解放县城，并立即向八地委请示。

1949年2月2日（农历正月初五），我们从包信集出发，当天到张陶姚楼住下。半夜有人向我报告，说是县城来个叫付兴中的人要见我。我一听是付兴中来了，就说赶快请他进来。付兴中说，县城"和委会"委托我来和你们联系，欢迎你们明天（2月3日）进城……我就立即向随同我们一起行动的郑思群副政委和卜万科副司令员汇报。两位首长立即召集独立团朱团长、尹政委和张树藩、张坚等县领导同志，对县城和平解放的具体计划又做了进一步的安排。

1949年2月3日（即农历正月初六），我们向县城进军，天亮时到达城北关外千佛庵，并在千佛庵庙里临时开个小会，对进城的作战计划又做了明确部署。当时"和委会"成员臂带袖章、到城北关外来迎接我们进城。"和委会"委员郑培英首先前来向我报告说："我是'和委会'委员，代表和委会全体委员及县城人民，欢迎廖县长进城。"我和郑握手后说，我们先到北关小学院里休息下（实际是想观察敌人动向）。这时，欢迎我们的群众越来越多，我向欢迎的群众讲了话，大意是，息县要和平解放了，对于息县人民真诚拥护共产党、热爱人民军队的这一正义行动，我们表示感谢。军分区副政委郑思群也讲了话，他讲了全国解放战争的大好形势和我们要解放全中国的决心，并号召全县广大群众积极做好支前工作等。然后在"和委会"成员的陪同下，我们进到城里，当时，息县城关锣鼓喧天，鞭炮齐鸣，广大群众手拿红旗高呼口号，欢迎解放军进城，庆祝息县和平解放。我们进城后，分别召开了各种会议，向群众和县城国民党军政人员进行了宣传教育。城里社会秩序稳定，我们没打一枪一炮，息县城就和平解放了。

原载中国人民政治协商会议河南省息县委员会文史资料委员会:《息县文史资料》第 3 辑，1990 年，第 6 ～ 10 页。

跟随县长廖进平和平解放息县城的情况

◎ 于克忠

    1948 年 4 月，组织上让我当廖进平县长的警卫员。当时的息县爱国民主政府还没有进城，主要活动在汝河、洪河一带，新蔡以南以及息县的包信、东岳等地。廖进平县长走到哪里就宣传到哪里。在张陶集南头柴行里，在岗李店北头粮行的槐树下，在包信集柴行的方桌上，都进行过宣传。宣传的主要内容是共产党的政策，国民党的腐败无能，各种名目繁多的苛捐杂税（如梦麦——保长睡在床上想谁家每亩出多少麦子就得出多少麦、壮丁费等），并列举了彭泽民、夏策三、阎瑞吾等几个匪霸头子的罪恶事实，号召广大群众团结起来，向土匪恶霸作斗争。

    起初，我们不管走到哪里都遭受土匪的袭击，处境十分困难。经过宣传发动，群众觉悟起来了，主动帮助我们进行剿匪，积极要求参军参战，使县大队由几十人壮大到 150 多人。我们县大队在刘邓大军一纵二十旅七团和八军分区独立三团的配合下，从 1948 年的 3 月到 10 月底，接连取得了付腰庄、王茨林、杨棚剿匪战斗的胜利，扩大了共产党的影响，教育鼓舞了广大群众，为解放息县城奠定了基础。

    1949 年春节，我们是在杨棚一个叫张××的国民党保长家过的年，吃的是掐杂面馍。群众说："过年啦！还吃这劣面馍，太艰苦了！"一个群众送来一小笊篱蒸熟的红芋给廖县长吃。农历正月初二大半晚上，国民党县政府派两个代表，身穿深蓝色便衣，说是来杨棚找廖县长的，欢迎廖县长带领解放军和平解放县城。当时廖县长恐怕和平解放县城是敌人搞的圈套，安排我监视好这两个人，外面不发枪便罢，一发枪便要我干掉他们。一夜无事，第二天吃过早饭，廖县长和他俩谈了话，他们俩才走。

正月初五吃过中午饭，廖进平等县领导同志率领县大队以及独立三团从包信集北出发，当天夜里住在张陶集和附近庄子上。第二天，天刚刚亮，我们部队就从张陶出发，去解放息县城。这时，只见沿街的墙上、树上贴满了"中国共产党万岁!""欢迎廖进平县长进城!""廖县长劳苦功高!"等大红标语。群众还放起了鞭炮。我们离开张陶集好远了，还听见街上的鞭炮在响。出发时，步兵在前，骑兵在两边，我和廖进平县长在中间，后面还跟有部队。上午9点多钟，我们走到离县城二三里远时，看见过来一行人，每人胳臂上都戴有红布，上面黄字写着"和平委员会"。我听见有人说，他们是迎接廖县长进城的。上午进城后，我跟着廖县长等领导人先停在北街城门口路西门朝东的王银匠家里休息。当天就分别在国民党县政府和濮淮中学召开了国民党军政人员会议，息县就此和平解放了。

原载中国人民政治协商会议河南省息县委员会文史资料委员会:《息县文史资料》第3辑，1990年，第10～13页。

虎穴劝降

◎ 胡向荣

1949 年 3 月 20 日，英山县城解放了。国民党英山县政府县长张靖海率部逃到浠水兰溪，县境内还残存几支反动武装，张靖海经常派人回英山散布"长江天堑共军突破不了，绥靖团不日随广西军回英山"的谣言，国民党的飞机经常窜来侦察，社会上人心惶惶，秩序比较混乱。

这时县人民政府交给我的任务是找回城关商界巨头陈石山和民生工厂厂长方汉章，动员各私营商店全部开业，开业开工，以安定民心。4 月上旬，反动会道门大刀会不自量力，纠集乌合之众进攻县城，被一举击溃，使人们清楚地看到了人民解放军的强大力量，共产党领导的人民政权不可侵犯。这时，有些想靠近共产党但对党的政策不清楚或有历史问题的人，想到县城探听政策，悔过自新，求得谅解。这些人当中大部分是我认识的，他们纷纷要求我带他们去和县首长会见（我当时名义上是城关小学教员，实际上是按党的要求做安定社会秩序的工作）。县人民民主政府设在圣庙内，圣庙的大殿就是县长办公室，也是会客室，我每次带去的人都是由县长程贞茂在这里亲自接见。由于这些人平时听到的都是国民党的歪曲宣传，所以都是怀着恐惧不安的心情而来。程贞茂向他们说明了政策，指明了出路之后，不少人清除了思想疑虑，笑容满面而去。这时陈石山、方汉章等人先后回城，商店全部开门营业，旧社会遗留下来仅有的一个手工业工厂（民生工厂）也开工了，社会秩序总算有了初安。但是摆在我们面前的一个障碍是国民党杨柳垸区区长胡建中率领的约 40 多人、30 多条枪的国民党区自卫队经常在杨柳垸、土门河一带进行骚扰，严重影响人民民主政府开展工作和社会秩序的安定。

4月下旬，程贞茂县长把我找去说："胡建中这支区自卫队的存在，对我们来说是个心腹之患。我们如果派人去打，肯定会消灭他们，但人民的生命财产也会受损失。我们共产党人一切从人民利益出发，不愿意这样做。故想请你去说服他认清形势，缴枪投降，你看怎样？"我乐意接受。程县长还作了周密安排，说："陈时梓家离胡建中家不远，地方熟，又是亲戚，他同你一起去；另外找陈石山、方汉章两人写劝降信。"我听后更有信心完成这项任务。回到家里，和老婆华永春商量好，准备出发。我的一些亲戚则担心张靖海逃到浠水兰溪后就明令通缉过我，肯定已和胡建中通气，此去凶多吉少。我反复考虑，完成这项任务虽有危险，但也有顺利的一面：第一，胡建中对当时形势还不大清楚，即有轻信谣言、梦想国民党卷土重来，还会负隅顽抗的可能，但他并不是个傻瓜，他知道国民党政权土崩瓦解不可挽回，因而不会不考虑自己的处境和前途，可能放下武器；第二，陈石山、方汉章是英山有声望的人，他俩的劝告胡还是听得进去的；第三，我的嫡亲表姐张冬秀是胡建中的亲嫂嫂，她贤惠、勤劳，丈夫胡远骧死了 20 多年，她一直在胡家守寡，胡建中兄弟三人没有分家，一大家人全靠她撑持，赢得了全家的尊敬，胡建中曾誉她为"包拯的嫂娘"。有她在，可以助我一臂之力，起码胡建中不会轻易对我下手。

为了帮助胡建中了解当时形势和对起义投诚人员的政策，我到县人民政府找出有关的三张《中原报》，承蒙县副指挥长刘瑞年的关心，又交给我两张北京报纸。恰好我出发的头一天，乐幽兰进城来了，这又是个机会。清末民初，胡建中的胞叔胡海鲲与乐同在安庆求学时为结盟兄弟，胡建中对其毕恭毕敬，称为世叔。因此，我又找乐幽兰给胡建中写了一封信。临行前，县政府在当时经济极其困难的条件下还专门办了酒饭为我和陈时梓饯行，席间各位领导关怀备至地嘱咐我们："既要完成任务，又要注意自身的安全。"我和陈表示一定要完成任务，报答领导对我的殷切希望。

出发的当天下午 4 时左右，到达土门河清塘坳胡建中家，他的哥哥胡超（即胡远驷）早已在大门前等候，一见面他说："已经知道你们到来的消息，建中晚上一定回来。"这使我感到很惊诧，怀疑城里有人为胡建中通风报信，怕把事情弄僵。

实际上是因为陈时梓是东庄畈人，当我俩进入东庄畈以后，一路上陈遇到的熟人很多，加之胡建中在杨柳垸、东庄畈一带设有暗探，因此我们人未到消息却先到了。乘胡建中还未到家，我先去屋内看望张冬秀，并请她帮忙，据她说胡建中把队伍带回土门河，全家都惶恐不安，她表示愿意协助。夜幕降临的时刻，胡建中在十几个荷枪实弹的士兵簇拥下回来了。见面寒暄以后，我说明来意，话还未完，胡建中就打断我的话头，说："目前交枪不交枪，我还未考虑；不过二位远道而来，今晚在我家住一夜，明天再走。"我们愕然了，他这是对我们下了逐客令，还准备作困兽之斗。我随即将带来的报纸和三封信交给他，他接过去后马上就走了。正当我们吃晚饭时，胡回来了，态度与前大不一样了，他说："我原来误认为共产党的政策是首恶必办，张靖海离开了英山，我就算首恶了，刚才看到报纸上所载这么多起义将领的谈话，共产党对他们都既往不咎，我胡建中算什么，现在我作投降准备，不过还要和一些人商量再定。"真是"千呼万唤始出来，犹抱琵琶半遮面"。他的话音刚落，恼怒了在一旁的张冬秀，她大喝一声："建中，你还犹豫什么，难道敬酒不吃要吃罚酒?! 自从你哥哥远骧死后，我在你家守寡20多年，为你们做牛马，不图什么，只想平平安安地了却我的一生，自你把几支破枪带回家以后，我日夜担惊受怕。你要是不缴枪投降，那也好，反正我近50，嫁人没人要，自明天起，我去讨米要饭，也落得清静。"她这样哭诉着，全家人七嘴八舌，都埋怨说，建中再不投降，将危及全家。胡建中眼看自己众叛亲离，当即表示投降，并爽直地和我诉苦说："张靖海这个王八蛋，在英山时看不起我，逃窜以后才多次派人来和我联系，要我坚持反抗，他不久要打回来；自己跑得远远的，倒让我为他们卖命。从今天起，我不再上这个当，与张靖海一刀两断，明天把枪收集起来，后天随二位一起到县政府请罪。"第二天一大早胡建中就收集枪支去了，晚上回来，说："枪支都收集起来了，明天一同送到县里去。"我和陈时梓为顺利完成任务由衷地感到高兴，准备晚上舒舒服服睡一觉。可是就在这天深夜，发生了一件令人意想不到的事情。我们正在熟睡之中，忽然一阵人声鼎沸，把我们从梦中惊醒。我以为胡建中在搞假投降的阴谋，要在半夜对我俩下毒手。正在猜疑时，又听到一阵"站住""不许动"的喊声，我俩就更慌了，连忙起床点灯想探个究竟，可又摸不着火柴。正在慌乱之际，外面有人敲门，我摸黑把门开了，闯进两个人，把手枪和手电筒对着我们，问道："你们是什么人?"

我见有一位穿着解放军服装的同志，这时才放心了，就简要说明了来意，他们赶忙和我们握手，连声说："误会，对不起，你们受惊了!"并首先自我介绍，穿解放军服装的是安徽省岳西县与我县毗连的一个区的干部。因为他们在当天下午抓到胡建中的一个士兵，从士兵的口里得知胡建中收集枪支，准备明天送到英山县政府缴械的消息，故深夜来索要岳西县一些恶地主过去送给胡建中的枪支。我们则认为胡的枪支应缴回英山。双方相持不下，最后还是那位指导员提了个折中的办法，叫我们回县汇报，说："岳西是个大山区，土匪多，剿匪任务大，需要这批枪支，希望英山能让给他们，如果不同意，只好属于英山的归英山，属于岳西的归岳西。"至于胡建中的家属，岳西县那个区干部坚持要带到岳西去作人质，以促使胡早日交枪。当晚相安无事，翌晨起来一看，胡建中全家都逃光了，只剩下我们这两个"不速之客"了，全垸的人都关门闭户，连昨日还和我们有说有笑的孩子们，今天见面也像不相识了。我和陈时梓一时摸不清底细，在路边闲聊，商量对策。正在交谈中，迎面来了一个青年人喊我老师，说他叫胡某某，曾在英山县一中读过书，并请我俩到他家吃饭。这时，我俩早有饿意，便欣然应允。在他家吃饭时，我问他胡家垸的这些小孩子为什么今天不理睬我们，他说："昨天我们这里人们都说，你俩来招降是假，目的是把胡建中引出来，借岳西人之手抓起来，送县法办。"这使我们大吃一惊，这个误会如果不解释清楚，胡建中势必要铤而走险，将会危及群众生命财产安全。于是，我要求这位学生，设法送我们与胡建中再见一面。在他的帮助下，找到一个曾在胡的部下当过兵又知道胡行踪的人为我们带路，走了约5里山路，通过两道岗哨，在路边的几间茅屋里见到了胡建中，此时他又纠集了十来个人，重新武装起来了。我俩首先说明头天夜晚发生的事是偶然的巧合，并非预谋。胡建中说："这是误会，你们两人一来就澄清了，如果真有此事，难道不怕我把你们捆起来，也当作人质吗?"说得大家都笑起来。我问他究竟如何打算，他说："既是共产党对我们如此宽大，陈石山、方汉章、乐幽兰等3位如此真诚相告，又有你们两位亲自来舍下相劝，我还有什么话说，决意缴枪投降。不过今天我还不能随你们去，因为送枪恐怕出意外。"还说："如果英山县不要这几支破枪，缴到岳西县，就可以把家属带回来。"接着他指派一位青年说："我叫他们今天和你们一起去，请示英山县政府，看是否可以，我在这里等候回音。"

次日上午，我和陈时梓回到县人民政府，向程贞茂县长做了汇报，提到胡建中关于枪支归属问题的要求时，程县长发出一阵爽朗的笑声，说："我们英山和岳西同是在共产党和毛主席的领导下，他们要枪剿匪，剿完匪，我们英山边境的老百姓就能安居乐业，这不好吗？"随即说："叫来人告诉胡建中，把枪送到岳西去交，再到英山县城来见面。"不几天，胡建中向岳西交完了枪，来到英山县城，正式投降。从此全县广大地区都畅通无阻，各项工作顺利进行，人民过着安居乐业的日子。

原载政协黄冈市委员会文史资料委员会编：《黄冈文史资料》第五辑，2002 年，第 114 ～ 119 页。

解放蕲州县城的战斗

◎ 吴 哲

1949 年 4 月下旬,中国人民解放军横渡长江,国民党军的长江防线崩溃,接着解放大军向长江中下游推进,横扫国民党军江北据点。5 月中,前锋来到蕲春。

是时,蕲春除县城为国民党军盘踞外,其余广大地区已为中共地方武装占据,鄂豫军区第五军分区已进驻漕河。

蕲春县城据山临江,形势险要,为鄂东地段长江沿线国民党军桥头堡之一,时蕲州城有国民党桂系整编四十六师一个营又一个突击排,蕲春县绥靖团一个营及城安乡常备中队共约 800 余人,桂军营长黄怀川任城防司令。为做好城防设施,拆毁从江岸至北门三层楼之商店、民房 72 家。从水西门至东长街全长 2 里的街道及其他街道上的石板全部被翻挖起来,在整个城防线大筑明、暗碉堡几十座,深挖战壕,设置铁丝网,企图顽抗;同时在西门江边集中大批船只,准备一旦战败,于西门渡江逃跑。

时四野部队已进驻广济地区。5 月 13 日,五军分区司令员张国权、政委刘仰峤派蕲春县人民政府税务所主任方运才带几个人做向导,赴广济迎接解放军,在栗木桥与四野派来蕲春的攻城部队一二九师某团相遇,当夜,解放军随方运才等由菩堤坝到施家塘,即分兵三路向县城包围:第三营向右绕道 20 余里,由上屋廒经两路口、红石头,沿江边至西门,从长江上游堵敌退路;第二营向左约 8 里由黄土岭经银山、横坝、新港,往西门靠拢,从长江下游堵敌;第一营由施家塘沿 15 里的大路直逼符乾关。

14 日凌晨,二营先到新港,与 6 个暗堡内的国民党军队交火。城内守军听到枪声,惊惶万状,纷纷通问西门,夺船过江。三营赶到搬运站时,与绥靖团陈老九中队相遇,稍一接触,敌即溃逃。两路解放军随即赶到西门,这时岸上、江边,乱兵仍在挤挤撞撞,已有一个多连的桂军渡江逃走,其残部被围,乃作"困兽之斗",与解放军激战,碉堡内的机枪亦猛烈扫射,解放军一时被阻。战斗正激烈时,解放军团部调来火炮支援,轰隆两声,敌工事即被摧毁;二、三营战士乘势跃进,全歼守城之敌,计毙伤敌连长以下官兵近 60 人,余则全部被俘。

一营到达符乾关,守关外灵长庵之绥靖团孙建选中队一枪未发,即举手投降。一营随即冲到北门,被城上国民党军之机枪密射所阻。这时团长、政委都已到前北门外镜头尖勘察地形,当即选定小巷口、东长街两处居民宅院作机枪阵地,架起机枪,交叉扫射,压制敌人火力,同时组织一个突击班向北门外地堡突击。在激烈的战斗中,解放军机枪手瞅准机会,对准敌堡枪孔猛射几梭子子弹,敌机枪顿时被打哑,主攻连迅速跃过壕沟,逼近城墙。在机枪的掩护下,战士们用杉木绑制的云梯搭上城墙,强行登城。但此时敌军亦拼命抵抗,用刺刀、手榴弹截击登城战士,炸毁云梯,爬城几次受挫。这时主攻连长已赶到前面,他察看了一下形势,马上扎好一束手榴弹,打开保险盖,命战士架设云梯,一跃而上。一阵枪弹飞来,连长身中数弹,他身子晃了晃,忍痛爬上城头,拉开导火线,将一束手榴弹扔向敌群,轰隆一声,敌人死的死,逃的逃。后续战士一齐跃上城头,端着冲锋枪,横扫残敌。上午 10 时,解放军的红旗上了麒麟山顶。是役,解放军活捉国民党蕲春县县长叶景福,俘虏国民党炮兵连长以下官兵 500 余名,人民解放军牺牲营长以下指战员 49 名。为纪念牺牲的英烈,在蕲春县城解放一周年的 1950 年 5 月 14 日,蕲州镇人民政府在城郊竹根山立烈士公墓一座,1973 年将公墓迁至打鼓台。

原载中国人民政治协商会议湖北省蕲春县委员会文史委员会:《蕲春文史资料》第 2 辑,1988 年,第 1～3 页。

解放蕲州见闻

◎ 陈中元

今年 5 月 14 日是蕲州解放 39 周年纪念日。当年的今天，人民解放军以摧枯拉朽之势，消灭了国民党盘踞在蕲州的广西军及县自卫队，解放了古城蕲州。

解放军来了

1949 年，我在蕲州私立启明中学高中部读书（校址在城内天主堂，即今康复医院），因米吃完，伙食团停伙，5 月 13 日（农历四月十六日）下午，我出县城到一中（校址在城外东岳庙，今东门外砖瓦厂址）找堂兄陈仲铎、堂姊爱芳（均是一中教师）借钱缴伙食费。但他俩也无钱，我只好准备次日回家，当晚住在仲铎处。晚饭后，他随教师打牌去了，我一人睡在他房间，夜晚 1 点左右，枪声把我从梦中惊醒，当时，仲铎慌张地进房来，我问他："你知道是哪里的枪声？"他说："别讲话，快熄灯，解放军来了！"

红旗插上麒麟山

战斗打了一夜，有时打得很激烈。天刚亮，短时间没有听到枪声，学校仍关门闭户，怕冒烟不敢做饭。一位教师诙谐地说："枪不响了，我肚子却在响（想吃饭呢。"司铃员准备出去看看，刚开门就缩回来，原来校门外有一机枪手伏在机枪边，不准他出去。校长王光裕说："天亮了，战斗没有停止，可能有飞机来轰炸，大家准备防空。"于是师生们七手八脚地将桌子并拢，桌上面放一层铺板，铺板上又倒放一层桌子，等于三层木板的防空洞，桌子底下再放铺板，人坐在桌底下的铺板上。据说这样即使不能防轰炸，总可以避免流弹中伤。我没有参加劳动，不便进去，只是来回地看那紧张的气氛，爱芳姐知道我的心情，她坐在桌底铺板上急催我说："快到这里来躲，如马上投下炸弹会炸死你！"听她说得那么严重，我也钻到桌底去。10点钟左右，枪声又停了，工友打开校门，门外机枪没有了，到校外一看，啊！红旗已插上麒麟山。

我第一个由大西门进城

蕲州解放了，我急于返校，途经东长街，商店、居民都平安无事，只见解放军来回忙着，有的抬伤病员，有的维持秩序，没有一个战士进居民家，没有一个拿群众一针一线，顿时，我忽然想起1948年2月21日（古历正月十二日）那天我到蕲州打听开学情况，住在瓦硝坝亲戚家，是晚，由中共蕲南县委书记何启同志率领战士，趁国民党县自卫队玩莲船喝酒之机，一举拔掉了符乾关方氏祠内菩堤乡公所。当晚退后，国民党军政人员以"清匪"为名，沿家搜索，翻箱倒柜，抓人抢物，无所不为，搞得鸡犬不宁。不仅如此，他们还成立城防司令部，由县长陈康明兼司令，以示加强戒备。

到北门外，我见铁丝网旁壕沟里斜躺着几具尸体。有两个战士站在北门外边，不准人进城，我转由西门进城，走到江边，那里有十几具国民党军尸体，奇形怪状地与两匹死马并躺在水边，他们可能是企图逃跑而受到的惩罚。我到西门外，向守城的战士说："同志，我是城里的学生，昨晚出城到哥哥处，没有返校，现还没吃早饭，请让我进去吧！"他和蔼地回答："对不起，现在还不行，等一会可以。"正好，这时来了一位身材魁梧的战士，对守门的战士说："现在可以让人们进出了。"我算是新中国成立后第一个由大西门进城的。

活捉叶景福

5月14日下午1点钟左右，我返回学校，学生们正在谈论叶景福被捕经过。启明中学后面天主堂内有间地下室，能容100多人。战斗一打响，学校除留少数教师护校外，其余师生都进入了地下室，以防飞机、流弹。不一会儿，叶景福来了，随他来的有20多个溃兵。叶与学校领导耳语几句后，即脱掉军服，换上学生装，改名换姓为赵胜，伪装军事教官，叫人称他为赵教官，随之混入地下室，挤在教师中间。解放军进校，令师生都出来站队，叶景福也跟着站在教师队伍中间，师生们拿出证件经检查亮相后，到另一边站着，大约只剩下三四十人没检查时，叶景福见势不妙，向坐在旁边的战士招手说："那位长官请过来。我坦白，我就是本县县长叶景福。"该同志与他握了握手，叶随即向地下室喊："我们的人都出来！"于是一个个举着枪，弯着腰，低眉落眼地走出地下室，缴枪后，按指定的地方坐下，检查完毕，叶景福和俘虏一起被带出了学校。（据当时启明中学学生李亚兰说，叶景福是被解放军进天主堂地下室提出来的。）

打扫战场

凤凰山南麓的城墙旁，有一棵大樟树，树干在城里，树枝长出城外，从树干到树枝可以爬出城。城里的国民党溃兵，多是由那里逃出城的。启明中学校址，是去那棵樟树必经之路，来不及逃走的溃兵，就钻进学校，丢掉武器弹药，改头换面，伪装成师生或市民，致使学校多处丢有武器弹药。15日晨，被俘人员随解放军来学校寻找武器，他们在水井里、水缸里、尿缸里、菜地里、寝室床铺下找到了不少的长、短枪支，仅在厕所里就捞出17条步枪。学校领导恐怕学生也藏有武器，再三动员同学们拿出来。教导主任姜宏汉说："你们有一颗子弹壳也要交出来，不然，是会犯法的。"初中部陈正香同学年龄小，较调皮，他戴着军帽，挂着叶景福用过的铁棍，神气十足地在教室外面踱来踱去，扮演叶景福。后来说叶景福的手枪在他那里（实际叶已交了），他吓得没法，连拾得的一个手帕也交了出去。这时，城外的铁丝网也拆了，江边的人、马尸体都掩埋了，商店开始营业，街道上行人来来往往，欢天喜地，一派生机。

敲锣打鼓庆解放

6日早饭后，城关区区长徐行来学校开会，他介绍解放战争各战场的大好形势，号召学校复课，回答同学们提出的一些疑问，希望师生振奋精神，恢复正常工作。于是学校相继组织各种活动，会画的画漫画，会写的办墙报、黑板报。还有文艺宣传队学扭秧歌舞，歌唱《东方红》《咱们工人有力量》《解放区的天是明朗的天》等歌曲。城内外墙报、漫画遍贴街头，秧歌队接连不断，人人喜笑颜开地敲锣打鼓庆解放。

原载中国人民政治协商会议湖北省蕲春县委员会文史委员会：《蕲春文史资料》第2辑，1988年，第4～7页。

身残志更坚

——忆坚持大别山斗争二三事

◎ 孙守德[1]

1947 年 7 月，我刘邓大军奉党中央指示千里出击，由华北强渡黄河，转战山东，挺进大别山。锋芒所向，西逼武汉，南控长江，北慑淮水，东胁蒋家王朝老巢南京。它像一把利剑插进国民党反动派的心脏。从此，中国人民解放军由内线作战转入外线作战，为夺取全国革命胜利创造了有利条件。

1947 年 10 月 26 日至 27 日，我军在湖北蕲春县境内的高山铺，激战一昼夜。我当时在六纵队四十九团三连二排任排长。27 日天刚亮，我奉命率领全排战士向负隅顽抗的敌人发起冲锋，不幸被敌人子弹打断了左腿颈骨，被迫撤下火线。战斗结束，我军歼敌 12000 多人，但我方的伤病员也有五六百人，被安置在鄂豫皖军区五分区野战医院治疗休养。当时野战医院设在蕲春、黄梅、广济和宿松 4 县交界的一带山区，有院总部，下辖 3 个所。院总部和一所驻在蕲春斌冲宋家树；二所驻在曹家大山、淡家沟、方家冲、龙井岸、杨家、邱家山等地；三所驻在孙家山。我和一部分伤员被安置在二所驻地。从此，开始了新的战斗生活。

起先，我住在曹家大山李家畈张吉盛大伯家里（这个野战医院并无固定的医疗场所，所有伤病员都是分片住在群众家里），由二所所长刘君同志带领的十多名医

---

①孙守德同志，原籍山西长治，1943 年入伍，随部队转战山东中原和大别山区，新中国成立后在宿松县工作，曾任政协宿松县第一届委员会副主席，现已离休，住宿松县城。

务同志轮流为我们治伤。这支医疗队，不仅有较好的医疗技术（刘君所长系北方大学医学院毕业生），而且又是一支精悍勇敢、充满了青春活力的战斗队。他们身背药箱，手握枪杆，一边给伤病员治疗，一边还要与骚扰的敌人进行战斗，以保护伤病员的安全。在缺少药材和医疗器械的情况下，他们总是想方设法，到深山老林找中草药，用炼过的麻油、猪油当作凡士林，把蒸过的床单布当作纱布和绷带，用竹片和铁片制成镊子，用木片制成夹板，用谷米作的酒和盐水洗伤口，用扎针方法治疗疟疾，等等。每次来为伤病员治疗的时候，他们还常常给伤病员报告前线胜利的喜讯，讲故事、拉家常、说笑话，非把你逗乐不可。我是由二所唯一的一个医生李佩文同志（他现在河南平顶山市卫生学校工作）负责治疗的，他为我受伤的左腿绑上自制的木夹板，每个星期来给我换一次药，无论是风雨霜雪的天气还是形势紧张的时候，都未曾间断过一次。他每次来换药，都要亲切地安慰我一番，叮嘱我要尽力配合，他一定想尽办法保全这条腿，不给锯掉。就这样一直在老乡家堂屋躲了3个多月。当最后一次他来给我解下绷带，让我撑着木棍试着走动的时候，他竟高兴得拍手跳跃起来了，大声笑着说："好啦！好啦！"这时，我的眼睛噙满泪水，心里无比感激党的关怀和同志们的温暖。当时，我们伤病员只要见到了这支医疗队，就会忘了伤，也不想家了，心中有盘（团）火，眼前是春天。

在曹家大山这个方圆不过40里的山区里收容了我军五六百名伤病员，给当地群众带来了沉重生活负担和敌军"围剿"的威胁。但当地群众却像慈母一样保护着我们，照料着我们。我在张大伯家堂屋躺了3个多月，张大伯一家人天天给我端水端饭，接屎接尿，毫无怨色怨言，平时总要设法做点好饭好菜端到我手中，语重心长地说："亏待了你们，苦不过呀。吃吧，吃得好点，伤好得快点呀！"冬天到了，张大伯就把家里一床好棉絮给我铺上，说"淌多了血的人怕冷，别推让了！"晚上陪着我烤火，一家人围着倾心交谈。为了对付敌人的"扫荡"，张大伯到离家三四百米的半山腰，在草木丛中为伤员搭起3个茅草棚，在住屋下边的山沟里挖了一个高约一米，长、宽两米多的山洞，一旦得到敌人进山"扫荡"的消息，就立刻把我们送进草棚或山洞躲好。不论下雨下雪，每天早晚都把饭菜、茶水送到我们手上。平时小孩放牛或大人在山头干活，发现敌人来了就高声呼喊："野狗来了！野狗来了！""牛跑了踩坏了庄稼！"于是各家各户就赶快把伤病员转移。敌人扑了几次空后改变了行动时间，由白天来改为晚上来。先把群众包围，然后挨户搜查。敌人曾经把张受水的儿子、媳妇和张吉祥、吴玉梅及张庆英大嫂、王全英婆婆苦打逼供，他们连半个字也不吐。敌人把李家畈的贫民委员张开山捉去杀害了，也没得到伤病员的一点消息。后来敌人"扫荡"更频繁了，手段也更毒辣了。他们放火烧山，拉网搜山，许多伤员旧伤未好又烧成新伤。药品奇缺，群众生活更加艰苦了。为了挫败敌人的"围剿"，引开敌人的注意力，减少曹家大山群众的负担，根据上级指示，轻伤员参加武装小分队，转移到黄梅古角寨和宿松罗汉尖一带打游击，重伤员转移到其他山村。这时，我和另外38名伤员转移到宿松的邱家山。要离开这鱼水相依的父老乡亲，心情真是非常沉重。当时许多乡亲泣不成声，许多战友泪湿戎装。

1948年年初，大别山区的斗争形势日益紧张起来。一方面，国民党企图重兵占领陕甘宁中央根据地和向山东重点进攻的阴谋已被彻底粉碎；另一方面，刘邓大军开创大别山根据地的节节胜利，直接威慑着国民党统治的重镇武汉和南京。因此，蒋介石集中30多个旅的兵力对大别山根据地大举进攻。大别山区各地的反动武装也一时蜂起麇集，疯狂镇压革命。这时，刘邓大军主力已撤出大别山区。形势对我们伤病员极为不利。虽然已采取转移措施，但留在曹家大山、邱家山一带的伤病员还有100多人。为了救护这批伤病员，刘君所长劝止了部分同志要去找大部队的念头，决定成立以二所医务人员为骨干，由轻伤员参加的武工小分队，刘君任队长，依靠群众，展开游击战，坚持斗争。

邱家山在宿松、蕲春、黄梅3县交界的罗汉尖的西南面，虽然翠竹绵延，山清水秀，但生产落后，群众贫困。家家户户一年到头靠编织竹篾家具挑到山下几十里外的贩区兑换粮食、油盐、布匹度日子。初到邱家山，我们住在群众家里，由村长挨家挨户派老百姓供饭。有些群众怕事或碍于生活困难，起先对我们并不热情，我们只好跑到山上去躲。时间长了不行，又只好到群众家里搞点什么吃吃，饱一顿饿一顿的。这时，国民党反动派军队第七师和四十八师，带着地主土顽、乡保队和猎户队，轮番上山扫荡，几乎天天有敌情。而我们同军分区领导机关又失掉了联系，加上当地群众被国民党军队打怕了，不敢接近我们，使我们几乎处于孤立无援的境地。有的人埋怨上级把伤病员撇下不管，暗中策划投敌（曾当场处决了欲叛逃的武装班战士郑金狗）；有的对胜利丧失信心，返回华北去了；有的当了敌人的俘虏。

这时在邱家山仅留下了我和李文斐两名伤员，以后又来了一位撑双棍的胡争龙同志。斗争环境，异常险恶。为扭转这一局面，刘君同志召集各地伤病员中的党员开会，成立了党支部，推选马庭栋同志任书记，王林阁、傅更年为副书记，并在第一次党支部会议上做出了应急五项措施：一、进一步加强武工队的活动，沉重打击反动派气焰；二、及时了解和掌握敌情，以利避实就虚，相机行事；三、向群众大力宣传党的方针政策和全国革命大好形势；四、发动群众抗丁、抗税、抗租；五、对敌伪人员展开政治攻势，做好分化瓦解工作，坚决除奸细。这次会议坚定了大家革命信念，鼓舞了大家的革命勇气。同志们统一了思想，明确了方向，按照会议决定多方努力，果然不久形势有了好转。

我同李文斐住邱山贫农吴述祝、吴述均兄弟家，又在蕲春境内的淡家沟也找了一户人家落脚。因为国民党分省管理治安，上山"扫荡"不过边界，这叫"各扫门前雪"吧。我们就利用这个条件保存自己，展开斗争。我们首先通过房东把当地的各方面情况摸得一清二楚；告诉他们我军在全国各地进入战略进攻取得了重大胜利，大别山区斗争尖锐是敌人灭亡前的垂死挣扎的必然现象，蒋家王朝末日到了；向他们分析革命形势，宣传我党、我军方针政策，然后由房东去向各家各户宣传动员。这样群众心里亮了，胆子大了，主动找我们反映情况，了解形势。我和刘君队长分别开了群众动员会后，群众纷纷要求我们带领他们一起干。我们立即宣布，从今后我们穷人不当壮丁，不交租，不纳税，团结一致同反动派斗争! 男女老少个个欢天喜地，斗志昂扬。群众发动了，我们抓住时机找保、甲长做耐心的政治工作，交代政策，要他们弃暗投明。我和刘队长亲自找家住邱山、在国民党长溪乡的地方武装——西北联防队里做事的吴绍清来谈话，争取他将西北联防队活动情况及时向我们报告。此外，邱家山群众还利用到黄梅、望江、潜山和宿松二郎河一带做竹器生意的机会为我们了解敌情。到这时，山上有乡亲站岗放哨，山下建立了几个秘密情报站，百十里外敌人活动我们也掌握得清清楚楚。在这年冬天的一天，群众送来了情报说："陈汉沟的国民党乡公所抓了30多名壮丁，准备明天送往驻二郎河的国民党部队。"得此情报后，我们二所的武装小分队，立即在当天傍晚出发，从宋家岭到八斗坪，走进廖家河一个只有3户人家的小院子里，找到一个在地主家当长工的人做向导，直奔陈汉沟包围了伪乡公所。从一个伪乡丁口里得知这批壮丁已转移到距乡公所2

里的朱家祠堂里关押着。我们小分队又马上追过去，并叫这个伪乡丁带路。刚接近朱家祠堂时，在此守卫的乡干队在朦胧的月光下发现了我们，吓得一枪未发就逃跑了。我们立即进去打开关押壮丁的房门锁，并用刺刀把捆绑壮丁的绳子一一割断，叫他们赶快离开。这批被救的穷苦老百姓在我们战士面前含着热泪连连叩头说："感谢八路军救了我们！"这时，敌人对我们毫无办法，不是扑空而回，就是等着挨揍。于是敌人就利用与我们有联络的吴绍清作奸细，企图掌握我们的活动情况。有一天正当吴绍清在陈汉沟的国民党保安队部汇报我们情况时，被一位曹家大山寻找自己儿子的老大娘发现，这位老大娘马上赶回来告诉了马庭栋同志。在下次接头时，刘君队长枪毙了这个坏蛋。同时，武工队还在蕲春孙家冲处决了几个不法地主分子。从此，大树正气，大快人心。邱家山一带军民联合的革命行动，直接威胁着周围几百里的宿松、黄梅、蕲春等地的国民党反动政权，使敌人震惊丧胆。邱家山的声势大了，相邻几县都知道邱家山有个老孙和老李，于是敌人或公开"扫荡"，或化装暗探，经常突然袭击，恨不得一举干掉我们，扑灭邱家山的革命烈火。然而，我们已经拥有天时、地利、人和，灵活地展开"磨盘战术"，粉碎了敌人的多次进攻。

1948年7月底，蕲春孙冲的猎户队气势汹汹地窜进邱家山，搜捕我和李文斐。在群众掩护下，我们安全地转移了。猎户队没抓住我们，就在群众家里搜查，碰到什么中意的东西就抢去，最后把几个群众吊打一顿，拷问一番就去了。猎户队一走，吴述祝兄弟二人带上几个小伙子，就去把我和老李接回来。我和老李去看望被吊打的群众，说是我们连累了他们，我们一定要报仇。他们异口同声地说："你们为什么在这里吃苦，敌人为什么要杀你们，我们心里明白。只要你们好好的，我们就是被打死也值得。"听了这些肺腑之言，我们感动得说不出话来，心里在说：多好的人民啊，我们永远不会忘记你们。

九月初十，我住在杨家塘。这天晚上柳坪保公所派人上邱家山来抓壮丁，只到了上下屋，就被群众打跑了。有个保丁逃跑掉了一只鞋，也不敢回头去捡。第二天一大早，邱家山群众就向我报告昨晚发生的事，并说乡公所今晚要派猎户队来，要我拿主意。我立刻写信给武工队。刘队长和马教导员当天天黑就带着武工队几十人来到邱家山。我们把邱家山的群众全部转移到杨家塘，摆好阵势，"等君入瓮"。谁知这些家伙从陈汉沟到了柳坪，听说我们的武工队来了，就没敢上山，而转移到邱家山背后的西庙去了。武工队从天黑等到第二天 11 点钟才撤退。

重阳节后，有一天我起得很早，用白毛巾裹住头，找来送信的吴寿来。突然发现棋子岭那边有人提着枪往这里跑。吴寿来知道是猎户队，一边叫我快走，一边拔腿就跑。敌人打了一枪就追他去了。我赶忙拉下头上的白毛巾，一口气冲到白果树附近，钻进士绅吴国清房屋东头的猪圈里，急忙从怀里掏出银圆，把它埋在猪圈地下，自己爬上墙角黑暗处的猪圈栅栏上，身子紧紧贴住墙壁，屏住呼吸。片刻之后，猎户队队长吴振球跑到路边，用手枪指着屋里对后面的人说："有个人钻进去了，留一人守着，回头再搜！"说完又追人、抓人去了。这时外面到处是枪声。一会儿猎户队长赶回来，叫守门人进屋搜。这个人两次进来查看，都没发现我。等他们刚转身，我赶紧下来踢开吴国清家的耳门，躲到楼上去。前排屋里住了一位老奶奶。猎户队来盘问她，她说吴国清一家到九江去了，后屋没人住。敌人又扑了个空。

12 月底，我同李文斐、关扶信带着两条枪从唐家沟到邱家山找老胡一道去杨家塘。途中听群众说广西佬部队到了黄梅龙坪山。接着邱山的甲长从陈汉沟带来伪乡长吴志刚的口信，叫我躲一躲，陈汉沟到了兵，也是广西佬。为了摸清敌人的动向，我们就到离杨家塘不远的插园嘴茶馆里，准备派人送信去黄梅山里联系。我正在写信，突然听到一声枪响。国民党自卫队三路进攻，向茶馆包抄追来。我们几个冲出茶馆分头跑开，在群众掩护下，我们都安全脱险了。

1948 年冬，辽沈、淮海、平津战役结束，我军大捷，歼敌 100 多万。不久我军百万雄师集结江北，以摧枯拉朽之势，拉开渡江战役的序幕。整个大别山地区的斗争形势有了根本的好转。我们学习了中国人民解放军总部发表的《中国人民解放军宣言》。宣言庄严地发出"打倒蒋介石，解放全中国"的号召，提出了"成立民主联合政府"的政治纲领。赵辛初同志（当时五分区专员）在湖北万天坂召开会议，向我们宣布了我军取得伟大胜利的消息，同时指出我们在坚持大别山斗争中犯了"左"的错误，杀了不该杀的人。他动员我们扩大统一战线，做好一切准备，支援大军渡江，迎接全国解放。喜讯传到邱家山，男女老少无不欢天喜地，意气风发。我们伤病员都已恢复了健康，积极协同当地党组织，建立地方基层政权，组织群众献粮、献款、献用品，为大军胜利渡江贡献力量。

"血沃中原肥劲草，寒凝大地发春华。"曹家大山、邱家山的人民群众不惜殒首喋血，无微不至地关怀着人民子弟兵，与之并肩战斗，征服千难万险，终于冲破白色恐怖，砸烂锁链，走向幸福和光明。他们以可歌可泣的业绩在中国人民解放斗争的英雄史诗上写上了光辉的一笔。虽然它只是简短的一笔，但它显示了一个永不磨灭的伟大真理——只要忠于人民，依靠人民，我们任何事业就会无往而不胜！

如今，离开曹家大山和邱家山虽已38年了，然而对鱼水相依的乡亲和生死与共的战友仍时刻牵挂在心，永难忘怀。真是人同此心的缘故吧，前年11月，刘君、马庭栋、傅更年、李佩文诸战友，分别从广州、桂林、武汉、平顶山市等地飞车千里来到宿松，去看望曹家大山和邱家山的父老乡亲，最后来我家团聚。当年浴血战友，今朝白发老翁，阔别重逢，分外欢欣。煮酒烹茗，促膝谈心，抚今思昔，感慨不已！当时，我们情不自禁地举杯高吟："靠人民，支援永不忘，他是重生亲父母，我是斗争好儿郎，革命强中强。"是呵，在那枪林弹雨、刀丛火光中用鲜血凝成的革命情谊，在几十年后的今天，回想起来，怎能不更加感到亲切，更加激动人心！

（孙守德　口述　廖道安　整理）

原载政协宿松县文史资料研究委员会：《宿松文史》第一辑，1986年，第121～130页。

马力当县长

◎ 曾　克

固始城像没有经过战争一样，老百姓和一些商店照常生活着，特别是东关，解放军一到，就更加热闹起来。只是，人们的心里可不是那么平静，他们看见了解放军，都有种说不出的亲切。不少人从几十里的乡下跑来，要跟解放军走。一个理发店的学徒，黑夜从一个小镇上偷跑来找到我们，无论如何要我们收留他，因为，他的哥哥是1930年的时候跟红军走的，走了以后，全家被反动派杀光，只剩他一个人藏在姨母家，还几次差点叫拉了壮丁。大家都知道这回来的解放军，就是从前的红军，过淮河的时候他们都听到了音信，眼巴巴地在等待着，城门楼下面，或者贴着我们布告的地方，都一层层堆满着人，他们指着"鄂豫皖人民的子弟兵回来了"的连环画，又笑又落泪。到处都听见他们带着期望的议论：

"怎么还不见县长的安民布告呀？"

"解放军是不是在咱们这儿常住下去呢？"

8月28日，是解放的第3天。一大清早，街上的人们都带着一种特别喜悦的神情，各街长在向各家各户传达一个令人新奇又兴奋的通知：吃过午饭到衙门府去听县长讲话！

就在这天的上午，县长的安民布告也出现在人们的眼前。

一天，流水似的，县政府里再没有断人。县政府并不是怎样堂皇，但是，在反动政权手里，一般老百姓是几辈子也没有机会踏进府门和登上大殿的机会的。所以，老太太们，大闺女，小媳妇，一拉一群的都走进衙门，看县长来了。他们指指点点的都说县衙门就是不小，往时，门上站着双岗，大堂上经常传出阴惨的审人的声音，有几个女孩子喳喳地说："我买东西、上学打这儿过，就吓得赶紧跑！"

一个老太太走到所谓大堂的房子里，像受到什么刺激似的哭起来，她用手去捣着县长拍惊堂木的半圆形的审判台悲痛地说："解放军早来半年，我儿子也不会冤死在这里呀！"

有人劝住了她，把她带到一个安静的房间里，她除了讲因为恶霸想要她的儿媳妇而将她儿子诬为通"匪"且害死的惨状，还一直喊着要向县长申冤！

中午的时候，县长马力同志带着几个工作同志，开始搬往县府办公了。他们各人背着自己简单的行李。

在我们南征大军的行列中，有好几个地方工作大队，他们之中很多都穿着太行山的土布便衣，头上包着毛巾，一路和战士们一样自己背着背包，夜行军，跑步，来到了大别山。县长、县委书记都是这样以身作则。现在，来建立第一个人民民主县政府的，就是他们中极少的一部分。

当马力同志和他带的十几个同志，把背包往一个屋子里放好后，就一起到了大堂里，亲手扫地，贴标语，摆凳子，搬石头，布置群众开会的会场。

老百姓看见有了动静，都高兴起来，有的就跑上来问："同志，县长快来了吧？"

马力同志笑着点点头，他们完全没有想到和自己说话的这个穿着极普通衣服的人，就是县长。

开会了，大堂里和院子中挤满了人，经过一个同志简单的报告开会意义后，老百姓最大的希望就是要看看自己的县长。掌声响了很久，因为，大家的眼睛都在找，看县长从什么地方出来，虽然马力同志已立在他们前面半天，他们还以为这个扫地的人，也是在等望县长是否来了。

"老乡们，大家坐好，这就是咱们的马县长，大家好好听他讲话！"

这样，人们才静下来，互相投送着惊奇的目光。

马力同志用着他一贯的朴素诚恳的声调，向固始县的群众做初次会面的谈话。他介绍人民解放军，20年来它的发展和壮大，和这次回来的任务。由于他的话非常通俗，把群众的情绪完全抓住了，当他用重复加重的语句说"我们再不会离开大别山了，我们要替大别山的群众申冤报仇"的时候，群众都激动了！他最后说："咱们人民民主的县长，不是坐（做）官，是替老百姓当差办事，谁有什么事都能来，用不着花钱托人写什么呈子。"

群众细心地记着马力同志的每一句话。他们初步了解了人民解放军的各种政策。散会以后，一个在中学里教书的老先生，认真地拉着马力同志说："座谈会明天要是一定开，今晚上我就回去找人，城里师范、中学好几个，先生学生都没走远。"

黑夜，各街市民们响应县长登记人口、组织起来的号召，开会的锣声也按时敲起了。

原载中国人民政治协商会议固始县委员会文史资料研究委员会:《固始文史资料》第 1 辑，1986 年，第 15 ～ 18 页。

在战斗中成长

——忆三十七团的战斗历程

◎ 陶怀德　张力行

第三十七团是刘邓大军挺进大别山后，由原皖西人民自卫军第一支队改编而成的，归三纵七旅指挥。

1947 年 11 月 6 日、7 日，七旅首长召集我们开了一次小型会议，传达野战军司令部和三纵首长关于三十七团暂由七旅指挥的指示，宣布陶怀德任团长、张力行任政委、张林舒任参谋长、温恩生任政治部主任。全团下辖 3 个营，每营都辖 3 个连，共 2300 余人，其中有老红军、八路军、新四军的同志，绝大部分战士则是皖西当地参军的农民，来自四面八方，真够得上是"五湖四海"了。全团装备也还整齐，每个营部设重机枪排，各连都配有 3 挺机枪和一至二门小炮。只是在当时条件下部队的服装很不统一，有黄军衣、灰军衣，也有蓝色、黑色的，还有少数便衣。

1947 年 11 月 10 日，在太湖西郊张家畈召开全团誓师大会，会议开始由三纵七旅赵兰田旅长宣读刘邓首长《关于组建三十七团和团领导干部任职的命令》，宣告三十七团成立。接着三纵陈锡联司令员和刘昌毅副司令员、皖西区党委副书记兼军区副政委桂林栖、七旅副旅长何德庆讲话，除表示热烈祝贺外，还要求新成立的三十七团要很好继承和发扬老三十七团（原八路军嵩岳军区六支队有个三十七团，抗战胜利后该团改编为三旅七团，是个能战斗的部队）英勇顽强的战斗作风，最后张力行政委代表全团指战员表示决心并做了出征动员。

誓师大会后，三十七团就在七旅首长指挥下，从太湖出发，沿着宿松通往湖北黄梅的公路前进，一路士气饱满，斗志昂扬。途经广济高山铺一带时，还目睹了不久前刘邓大军歼灭国民党整编第四十师和八十二旅时留下的累累弹痕，受到巨大鼓舞。又经浠水、麻城进入河南新县，再经光山、潢川、固始，回到皖西金寨、岳西。这次持续20多天的长途行军，使部队经受了一次新的锻炼和考验，正如旅首长要求的那样，一是通过行军使干部了解熟悉大别山，便于坚持斗争；二是通过行军使我们发现部队中的问题，以便改进工作，使部队能适应今后的战斗环境。通过这次行军的确暴露出了部队存在的问题，参军不久的新战士，第一次远离家乡，生活不习惯，吃不了苦，有的生病住院，有的干部管理教育方式简单生硬，个别干部还有打骂战士的现象。途经河南时，三纵阎红彦副政委深入我团检查指导工作，召开了连以上干部会，严肃批评不良的领导作风，要求干部要教育、关怀、体贴战士。回到皖西后，陈司令和卢仁灿主任来团里召开政工会议，陈司令员讲话中强调谦虚谨慎，搞好团结，批评个别干部骄傲自大。纵队首长这些讲话，对部队首先是干部启发教育很大。

不久，三纵主力离开皖西去打大仗，把我们团留下来了，在皖西军区领导下，继续坚持斗争，进行剿匪，打击敌人，掩护地方党委和政府展开工作；同时利用战斗空隙在干部当中进行以三查（阶级、思想、斗志）为主要内容的整风运动并对战士加强军事训练。

1948年2月，中央决定在中原军区新组建一个中原独立旅，旅长张体学、政委鲍先志，下辖两个团，即三十七团和四十八团（原属六纵十六旅）。张体学旅长亲自到岳西冶溪河迎接我团，在听取三十七团的汇报后，召开了全团排以上干部会议，传达了刘邓首长关于组建中原独立旅的命令，欢迎我团编入中原独立旅，并高度赞扬我团英勇善战，特别擅长山地游击战。因为保密关系，当时他没有讲成立中原独立旅的目的，原是准备先遣渡江与江南游击队会合，为日后迎接大军渡江作准备。因此，他当即率领我们团从岳西冶溪河出发，再一次进入湖北，经英山、罗田到达黄冈一带与四十八团会合，集结待命，在这期间，中原独立旅便转战在鄂豫边区，打击敌人，掩护当地党委和政府开展工作。部队接受鄂豫军区指挥，军区首长王树声司令员、郭天民副司令员都曾先后给我团干部讲过话，使干部、战士受到鼓舞和教育。

那时，我中原野战军大部主力已转向平汉路西作战，而进入鄂豫边区的敌人广西军在我牵制下，不断向我独立旅进攻，而我也在积极寻找时机打击敌人，因而战斗非常频繁、激烈而艰险。其中较大的战斗有两次，一次是1948年四五月在麻城熊家铺的遭遇战，敌广西军两个团先期占领了有利地形，布好"口袋"，企图让我们往里钻。那天四十八团前卫，我团后卫，旅部本队，我团三营紧接在旅部后面。行进中，张体学旅长在马上用望远镜突然发现，前方几里路的熊家铺北面和东面山上有敌人运动，后（南）面还有敌人跟踪，在此危急情况下，他立即跳下马，提着驳壳枪，命令我团三营不惜一切代价，抢占西侧制高点；一边身先士卒，奋不顾身地冒着敌人侧射火力迅猛向制高点冲去，我们也立即跑步向前指挥三营七连强占西边制高点。七连奋勇冲上高地，一阵机枪、手榴弹把将要上来的敌人打下去了。接着旅长偕同我们同上到高地后，他要三营在高地山坳坚守至黄昏，掩护我军转移。这次阻击，先后打退敌进攻十多次，共打死打伤敌人百余人，我仅伤亡4人。而四十八团和旅直一部是在敌人调动中乘机闯过去了，战斗结束后，张旅长在我团战评会上，表扬了三营打得英勇顽强，出色地完成了任务。一次是6月17日，在罗田滕家堡打了一个漂亮的歼灭战。我团在行动前已侦察到在滕家堡有敌罗田县大队驻守，可是在离滕家堡10里多路时才发现该地又增加了敌广西军一个加强连。经团领导分析情况并报经张旅长同意后，下决心消灭这批（股）敌人。负责警戒罗田方向的张旅长还风趣地对我们说："要针对敌人的添油战术，我们来他个敲牛皮糖战术，一块一块地把他敲掉！"首长的话增强了我们克敌制胜的坚定信心，我团先由一营吃掉距滕家堡一里多路熊家山上的守敌罗田县大队和一个乡自卫队百余人，而后由二营、三营（八连警戒麻城方向之敌），集中全团重机枪和小炮，于下午7时开始总攻，打得很激烈，进展也顺利。9时左右战斗结束，除少数敌人换便衣藏在老百姓家中，来不及清查外，这次战斗歼灭敌县自卫大队、乡中队和一个加强连，俘敌100余人，毙敌大队长以下100余人，缴获轻重机枪10余挺、迫击炮1门、长短枪200余支。此时罗田、麻城之敌援兵已出动，我即打扫战场后转移。这次战斗我也伤亡20余人，其中二营副营长刘长胜、七连连长刘得胜在此次战斗中光荣牺牲。此次战斗结束后，全团受到鄂豫军区首长的通令嘉奖，其中四连荣立集体功。

6月下旬鄂豫军区首长要我团护送百余名赴淮北学习的地方干部和800多名伤

病员去淮北治疗，经团党委研究决定由张力行政委和张林舒参谋长率一营去完成此任务。经过充分准备，连续几天行军，比较顺利地抵达淮河南岸，正在准备渡河之际，突然有当地会道门千余人分两路向我袭来。张林舒同志在战斗中不幸光荣牺牲，长眠于淮河之滨，被护送的干部和伤病员渡河后由当地政府和军区后勤部门接收，并发给我团全部人员夏季服装，还补充了经费（当时用的是银圆）、医药和弹药，而后又顺利地重返大别山。

约8月中旬一天晚上，旅部在豫南某地一座山间草屋召集我团营以上干部参加欢送会。张体学旅长和李友九参谋长，向我们传达了刘邓首长的命令，决定中原独立旅建制番号自即日起予以撤销，所辖部队归还原建制，人枪一律不许调动。并风趣地用"天下大事，分久必合，合久必分"来说明中原独立旅成立与撤销都是革命的需要，并对我团半年多来转战在鄂豫边作了高度评价。翌日，张旅长又赶到驻地同正在出发的干部、战士热情送别，预祝大家奋勇前进，胜利时再见。

当部队回到皖西某地时，皖西区党委书记兼军区政委彭涛亲临我团讲话，他说："你们的足迹踏遍了大别山，你们团出色完成了上级所赋予你们的各项任务，现在又载誉胜利地回到皖西，我代表区党委和军区首长热烈欢迎你们！你们团是我们皖西的一只铁拳头！"他还生动地讲解了全国各大战场的大好形势，对大家鼓舞教育很大。

回到皖西后，我团在皖西军区和皖西军区独立旅首长直接领导指挥下，为牵制敌人、打击敌人，巩固皖西革命根据地，又打了不少仗。其中除参与旅部统一组织的老爷岭、三十里铺等战斗外，我团较大的战斗有：9月底在六安毛坦厂附近，同敌广西军两个团遭遇，这次战斗由三营掩护团主力转移，但同敌人靠得较近，敌人火力较猛，三营营长胡裕楚在这次战斗中英勇牺牲。另一次战斗发生在12月初，为配合淮海战役，我团在皖西军区政治部鲍先志主任直接指挥下，采用围点打援战术，由二营主攻驻守庐江金牛镇碉楼之敌，三营埋伏在通向庐江县城公路的两侧小丘陵地区打援，一营为预备队在团指挥所待命。狡猾的敌人援兵未走大路，而是利用夜间行动，从小路绕过我三营设伏点，于拂晓直扑我团指挥所。一营和团警卫连、教导队迅即奋起反击。战斗非常激烈，我军打得十分顽强，终于将援敌安徽省保安团击退。二营、三营在向西转移的过程中遭敌杀伤，我团付出了相当大的代价，共伤亡 30 余人，其中团副参谋长武彬、政治处副主任钱继元，一营营长曹柏喜、教导员杜克等 4 位同志在战斗中英勇牺牲。这是我建团一年多来，营团领导干部牺牲最多的一次战斗。

1948 年年底，我团一举攻克了庐江县城，接着参加解放六安城的战斗，并在那里驻守了一段时间。

1949 年 4 月，皖西军区独立旅改为皖北军区独立师时，三十七团也划归独立师建制。独立师主要任务是，肃清残敌，迎接我大军南下渡江。

团部同二营、三营经桐城、潜山、怀宁向安庆推进。3 月中旬，我团已进至安庆市北郊某地，有一天从师部开来一辆汽车，接我团营以上干部到师部开会。这是我们在大别山第一次乘汽车开会，大家在车上说说笑笑。想过去，看现在，展望未来，真是兴奋极了。师部召开的营以上干部会，主要是听取师长、师党委书记马忠全同志传达毛主席在中共七届二中全会上的报告，这是一个指导夺取全国胜利后建设新中国的纲领性文件，与会同志极其认真地逐字逐句地听，受到极大鼓舞和深刻教育。

接着，为肃清江北残敌，并为解放安庆扫清障碍，3 月下旬，我团受命攻打安庆西郊重要敌据点洪家铺之敌。这个据点的碉堡是一座由日本鬼子修建的钢筋水泥碉楼，因此战斗一开始师部炮兵即配合作战。经过战斗，于 3 月 27 日清晨，全歼敌桐怀潜边区联防署上校主任林珣以下共 300 余人，缴获迫击炮和六〇炮各 1 门、重机枪 2 挺、轻机枪 4 挺、长短枪百余支、子弹数万发，我团也伤亡 10 余人，其中六连一排排长蔡桂花同志在此次战斗中英勇牺牲。

战斗刚刚结束，全团配合了兵团主力，投入解放安庆和渡江的准备工作。皖北军区独立师没有过江任务，而是留在江北担任安庆一线防守任务。大约 5 月下旬，师首长率独立师各团团长、政委到南京参加了由二野召开的团以上干部会，会后部队加强了军政训练，补充人员和装备，为解放全中国做积极准备。

1949 年 6 月，皖北军区独立师在安庆十里铺改编为第三兵团十军三十师，三十七团改编为九十团，团长常修利，政委张力行，副团长李文忠，副政委李华安，参谋长王之章，政治处主任王德纯。在解放大西南的动员会上，师首长讲话动员为解放大西南而战斗。8 月下旬我团就随全军开始跨上了向大西南进军的新征途。

当我们和原在三十七团工作过的张凯辉、左德新、叶富学等十几位老同志回忆起这段战斗岁月时，便激动不已。在三十七团番号存在的一年零八个月里，全体同志一直艰苦转战在大别山区，为巩固与发展大别山革命根据地，为劳动人民的翻身解放，为新中国的诞生，团结奋斗，英勇作战，许多好同志在战斗中光荣地献出了他们宝贵的年轻生命，他们的英名和业绩，永远值得我们怀念和纪念。

原载陈忠贞主编：《皖西革命回忆录》第三部《解放战争时期》，安徽人民出版社，1991年，第 290 ～ 296 页。

皖西战斗生活片断

◎ 张志明

敌变我也变

1947 年冬，国民党调集 33 个旅，对我大别山根据地发动了疯狂的围攻，我们在皖西军区三分区坚持斗争的九旅二十七团也投入了紧张的反"围攻"斗争。

我们团在舒六县金子冲完成掩护大部队进山的任务后，便转移到白塔寺一带做发动群众的工作。第 3 天，敌人分几路向我合围，这时分区领导考虑到部队长期行军作战十分疲劳，稻田地区夜间行军不便，故不作大范围的迂回，只是暂向九十里铺、七十里铺方向转移。黎明时，行至雨淋岗，战斗打响。为使部队便于作战，便把马匹、电台等大行李集中一起，结果轻装的战斗部队很快突击，而带着行李的后续部队却被敌人截成几段。走在前边的部队由分区副政委彭宗珠和团政委张敬一带出。剩下的无法前进，二连副连长程才林中弹牺牲，形势万分危急。但是，我们的军队是共产党领导的人民军队，我们的战士是有高度觉悟的革命战士，他们临危不惧，一声"同志们，跟我来"，便冒着敌人枪林弹雨奋勇向前冲击。当时随我冲出来的有团直的部分马匹、大行李、分区的电台和担任掩护的二连一排共 100 多人。

我们冲过几道丘陵，才把敌人摆脱，一直向北走到天黑，才停下来搞饭吃。这时部分新战士情绪有些波动，有个解放战士靠近我说："文化干事，我们是老乡，我跟着你，一起回家。"我十分严肃地回答："我们的家不在北方，而在南方，根据地就是我们的家。"接着部队集合，进行动员，要求同志们相互关照，一起冲出来就一起打回根据地去，不能丢掉一个同志，还要保证把电台带回去，不得丢失。然后重新编队，划分战斗小组。排长马太松带一排同志和两挺机枪走在前面，有情况就掩护后边同志转移，还有几位是侦察员，就让他们在最前边侦察前进。

夜色昏沉，路上又沟渠纵横，涉水费时费力，战士们连日转战实在太疲劳，有的同志休息时坐下就睡着了。但是为了摆脱险境，人人重新振作起来，向山区根据地快步前进。黎明时分我们跳过南官亭，回到几天前的出发地金子冲，与先期到达的彭宗珠、张敬一相遇。突围后再见到首长，真像失散多年的儿女再见亲人一样感到分外亲切。首长们也关切地询问了我们突围的情况，一个一个清点了人数，对我们进行了表扬。这时南官亭镇上传来了敌人的枪声，我们顾不得饥饿和疲劳立即转移，沿途又与马童才等分散突围的同志相遇，直到九桠树才与分区首长和大部队会合。虽然大家相隔才一天多时间，见面时却像久别重逢，互相拥抱，问长问短。

这次战斗，我们受到一些损失，吃一堑长一智，一时的挫折使我们认识到在刘邓大军主力转出外线作战，敌人重兵压境的情况下，我们的战术思想也应发生变化：部队进行了轻装，采取集中和分散相结合的办法，即集中以打击敌人，分散以发动群众，直至斗争的最后胜利。

咸菜锅巴分外香

"部队一直转战，没有休息，非常辛苦，过年了，一定弄点猪肉或豆腐给同志们吃吃。"这是我们舒六县县长林杰向驻地区长交代的任务。此时，副营长董殿军考虑部队在船形地已经住了两天，敌人可能已得知我们的行踪，况且过年敌人"扫荡"已成规律，此地不可久留。据侦察获悉，霍山县城敌人出动，晓天镇已发现敌人，遂决定立即转移。我们这支小部队在副营长指挥下，掩护县政府工作人员，便迅速整装出发。

待我们行至距东溪 5 里地时，听到前方有枪声，便立即登上左边的潘家山。山顶庙里，有转移来的民兵。这时桃李河方向又传来枪声，我们马上又返回船形地，只见这里鸡鸣狗叫，群众南北来回乱跑。一问，才知我们前脚刚走，敌人后脚就到，还对准我们驻过的房子，一气乱扫；敌人刚走，我们又赶了回来。群众惊魂未定，指着沟口气喘吁吁地说："你们怎么又回来了啊！"我们顺着老百姓手指一瞧，只见沟口已显露出另一股敌人的身影。

"冷静，沉着"，副营长告诫自己，然后带领部队，在两股敌人的夹缝中，跟随前进。这时，只听到一个传一个的口令："上刺刀！"此外便只有唰唰的脚步声。待到行进至一处转弯处，部队钻进了森林，爬上大山，才甩开敌人。

午夜，到了梯子岭，经过一天转战，肚子确实饿透了，我们叫开了一户姓褚的群众家门，老乡立即为我们做饭吃。战争年代，群众生活也很艰苦，只有臭咸菜和过年的米饭，虽然没有大鱼大肉，但在我的记忆中，从来没有吃过这么香甜的饭菜。

反动土顽武装，由于熟悉环境和地方情况，对我威胁极大，因此在和敌正规军周旋的同时，把打击的重点逐渐集中在这些地头蛇身上。

一天晚上，我们从毛坦厂出发，急行军赶到霍山县的五里墩。当敌哨兵发问时，我尖兵班的手榴弹已在其身后爆炸，敌哨兵当即被擒，我们遂将敌住处包围，以机枪扫射，敌队长霍守义以下50多名，未来得及穿衣就被我活捉。

挡不住的铁流

1948年11月间，我们皖西军区独立旅奉命到淮河边的三里尖领取物资和迎接又一批南下干部。在返回舒六县的途中，在清山附近遭到预伏之敌的突然袭击。担任后卫的我们二十七团，因狂风大作，未能发觉前面部队同敌人的战斗情况，直到前卫二连在鸡头山发现敌人用木板抬着伤员匆匆穿过时，才知情况有异。"前边发现敌人！"我们迅速抢占山头。这时敌人的炮火已向我们袭来，六班班长虽然臀部负伤，仍顽强地带领全班同志抢占了山头阵地。我则带邱贤树战斗小组和1挺机枪伸进到双墩山，向帽檐山上的敌人扫射。这时，营教导员杨金泉也赶上来，命令我们掩护大部队前进，一定要坚守阵地，不能后退一步。我代表大家表示：人在阵地在，请首长放心。

敌人封锁了前进的通道，三连和一连先后两次冲锋都没成功。三连正、副连长负伤，指导员申双成等同志牺牲，敌人延伸的炮火又将杜德云团长击伤。全团由政治处主任张见礼代理指挥，张主任根据敌情，命令全队撤回淠河西岸。

当我们最后撤下山头时，邱贤树不幸头部中弹，昏迷过去。我和马太松等同志轮流背他下山，到九公寨找到一家老百姓，答应收留他。我们急忙给邱贤树重新作了包扎，留了药，嘱咐他安心养伤。这时他还不能说话，只是点了点头。

部队在独山附近山区稍作休整，避开敌人，于第3天从青山与霍山间的公路穿插过去，顺利进入根据地。为了庆祝胜利完成任务，我们连杀了一头猪，改善生活。正在忙活的时候，听到连部门口有人声，赶出来一看，原来是邱贤树同志回来了。大家把他围在中央问长问短，邱贤树喘着气说，幸好子弹从右腮出来，没有伤着要害部位。战士离开连队就像孩子离开妈，所以他借了老乡的破衣服，戴顶旧草帽，星夜出发，一天赶了150里地回到了部队。

同志们听后都很感动，庆功会上我们给邱贤树等同志记了功，二连也荣获"巩固部队模范连"的光荣称号和一面鲜艳的红旗。

原载陈忠贞主编:《皖西革命回忆录》第三部《解放战争时期》,安徽人民出版社,1991年,第309～313页。

智擒石家祥

◎ 马长炎

    1948 年 4 月中旬，我带领南下先遣队一个营，护送华东局派到皖南开辟根据地的曾庆梅、杜维佑等 500 多名干部，日夜兼程，于下旬抵达大别山区山峦青翠、树茂林密的霍山县大化坪。

    这里已经建立了县区民主政府，南下干部田世五、曹福祥同志分别担任了县长和大化坪区区长。国民党反动派不甘心失败，除派出正规军"围剿"外，还组织土顽武装进行骚扰。其中很棘手的土顽便是石家祥部。

    石家祥是当地的一个大地主，第二次国内革命战争时期当国民党军队的团长，后任霍山县保警大队大队长。石家祥纠集 300 多名土顽武装，钻山洞，穿林海，搜捕我伤病员，杀害了很多革命干部和群众，老百姓对他恨之入骨。

    这股土顽武器装备是不差的，有轻重机枪 6 挺、步枪 300 多支，有个小队每人还配备长、短两样家伙。石家祥带一个中队住黄叶坪自己的大院，另两个中队分别驻守对面的两个山头，构成交叉火力、互相策应。这里地形险峻，易守难攻，敌人在山腰上修筑很多明碉暗堡、明沟暗道，犬牙交错。老巢四处还设有情报网点和流动哨，一有动静，石家祥很快就能知道，能打则打，不能打就往暗道一钻。石家祥自恃地形熟悉，装备精良，经常窜扰三县边境，袭击我民主政府和县大队，切断我游击区的交通，严重影响我根据地的开辟与巩固。我地方武装虽然早就想铲除这股顽匪，但终因力量悬殊，难以拔掉这颗钉子，石匪却越来越猖狂。

这次我们路过这里，地方同志想借助主力部队把石家祥这条地头蛇斩断。我们认为满足地方同志的请求是应该的，同时石匪又盘踞在我们南下的道路上，这仗是非打不可。可是我和曾庆梅、杜维佑等同志研究后认为，虽然我军素质好，可是长途跋涉疲惫，敌人以逸待劳，且占据有利地形，以1个营对付敌人1个营，战斗成败难以预料。我们考虑再三，决定相机行事，做好智取的准备。

于是我们对部队进行了战斗动员和部署，主力三连为前导，一、二连护卫干部大队居后，间隔前进。部队到了青枫岭脚下，夕阳已经西坠。这里离石家祥老巢黄叶坪还有一天路程。部队在一个山村简单地吃了晚饭，便又匆匆踏上征途。

山区的夜晚来得早，刚出村口便伸手不见五指，转过一座山冈，忽见不远的山冲里两束手电筒亮光忽明忽暗地朝我们方向移来，黑暗中渐渐显出两个人的身影。在这深山老林中谁会打着手电出来闲溜（遛）呢，显然是敌人。我向何连长耳语了几句，他便快步跨到队伍前头，亮开嗓门，学着广西腔假意训斥部队："丢那妈孩，这样磨蹭，到什么时候才能到达黄叶坪与石大队长会师呀，快步前进！"

来人正是石家祥派出的流动哨，他俩听到脚步声正在狐疑不决时，忽听见广西人的讲话声，还提到石大队长，觉得像是"国军"，还没等他俩作出决断，部队已到了跟前。他俩装作行路人，用手电筒照来照去，见我军一色黄军装，武器齐全，便认为是"国军"，不约而同地点头哈腰地问道：

"请问贵军是……"

"我们是四十八师的。"三连长何良义暗喜敌人已经上钩，便左手叉腰，摆出一副盛气凌人的架势，瓮声粗气地喝问："你们是干什么的？"

两人见何连长"国军"派头十足，赶紧双足一并，规规矩矩地说："报告长官，我们是石大队长的部下。"

"那好呀，他在哪？我们正要找他。"何连长一语双关。

"在黄叶坪留守处，我们带路。"两个匪徒讨好地赶到队伍前面，我与何连长紧紧地跟在他俩后面。路上，两个匪徒眉飞色舞地争相介绍兵力部署，夸耀他们的"剿匪"战功。

下半夜，部队到达离黄叶坪仅20多里的石家祥姘头家，也是他的一个情报点。进屋一看，见石家祥不在，我赶紧命令部队快速前进。

山区的寒夜，地上铺满一层寒霜，山风一吹，冷飕飕的。可是经过几个小时急行军的指战员们，个个汗湿内衣，头上冒着热汗。

渐渐地，东方现出鱼肚白，一座高耸入云的大山，展现在我们面前。根据时间推断，离黄叶坪已经很近了，突然山腰传来吆喝声："什么人？站住！"

"国军，四十八师。"走在前面的七班长大声回答。

"口令？"

"山鸡。"

砰，嘎，两颗子弹掠过我们头顶。怎么回事？两个带路匪徒说，队上一昼夜要换几次口令，此时下半夜口令已换，连他两人也弄不清了。

何连长一边喊"自己人不要开枪！"一边命令部队迅速抢占左侧200米高处的小山头，一排随他由正面，二排从左，三排从右，三面包抄而上。又命令两个匪徒喊话。匪徒边走边喊："我是夏胡子。国军来了，不要误会！"

我们一鼓劲上了山头，山上没有部署兵力，我与何连长才嘘了口气。我们正向远处薄雾缭绕的高山瞭望，通信员郑维信指着山脚下急促地说："连长，看……"我们低头望去，只见一大批敌人拎着枪正从树林中向上爬。我的心弦又拉紧了，一面命令后续部队跑步前进以防不测，同时冷静分析眼前形势。我认为敌人虽然发现了我们，但并不清楚我们的真实身份，何连长也同意我的看法。于是我们决定部队散开隐蔽，不许随便开枪，将戏继续演下去。

刚起身的石家祥听到两声枪响，以为是碰上我地方游击队，赶紧下令副官集合队伍。听到夏胡子的喊话，心里不免一阵狐疑，国军到来，事先并未通知；如说不是，明明是自己人在喊话。怀着将信将疑的心情，他带着队伍向小山头爬来。

石家祥大摇大摆地走在队伍前面，他头戴拿破仑帽，身穿黄呢制服，腰间子弹带上挂着袖珍小手枪，右手拄根文明棍，身后跟4个身背"二十响"、手端汤姆式的警卫。

相隔30米远的时候，我与何连长交换了一下眼色，随即往亮处一站。何连长厉声问道："哪位是石大队长？我们是四十八师直属团，路过这里去岳西，你们的岗哨开枪'打死'了我们两个弟兄。"

石家祥听到喊声，三脚两步上到山头。他爬山的本领真不错，连几个卫兵都被他甩在后面。上到山头，石家祥用审视的目光扫了我们一眼，眼睛里流露出怀疑的目光，看来，他是不太相信我们。此时，何连长迅即跨上几步，愠怒地开了腔："你是石大队长吧，我是四十八师直属团二营三连连长。你们带路的两个哨兵答不对口令，岗哨不管三七二十一就开枪，'打死'我们两个弟兄。我们师长马上就到。"

石家祥不愧是条老狐狸，他不动声色，冷冷地说："我就是石家祥。你们来，未通知我们。"说着一个箭步窜到何连长左侧上首站定，右手按在枪把上，摆出一个随时拼杀的架势。

何连长镇定一下自己，随即发出一阵大笑，说："石大队长这种小心谨慎的精神，令人敬佩。"我接过他的话头，把脸一沉说："这是一次特殊任务，你懂吗？混蛋，还不叫弟兄们都上来！"这时不远处也传来打骂声："什么屌兵，立正稍息都不会，把枪统统给我放下！"

我们一看，正是韩指导员带着队伍搜索过来，他听到石家祥话里透着疑问，灵机一动，便来了这么一手。他身材高大，满脸络腮胡子，紧绷面孔，斜叼香烟，身后跟着十来个端着冲锋枪的"卫士"，一副国民党军官的派头。石家祥分不清真假，只得赔着笑脸说："长官，我们弟兄受训不多，比不上国军。不要打，我们没错，不能放下武器。"

恰在这时，祝教导员和刘副营长带着后卫两个连赶到了。何连长跨前几步，立正敬礼，递过话去："报告'团长'，这就是石大队长，他们的人'打死'了我们两个弟兄，请'团长'训示。"

刘副营长心中有数，立刻倒竖浓眉，虎着脸骂开了："混蛋！你们竟敢向'国军'开枪，活够了？"石家祥有点慌了，话也结巴起来："是，是，团长，这是误会。"一边掉过头去，拿两个带路的匪徒出气："'国军'新来乍到，你们他妈是哑巴？"两个匪徒吓得浑身哆嗦，不敢吭声。

刘副营长虎着脸，命令道："石大队长的人'打死'了我们两个弟兄，把他带走，请师长发落！"

祝教导员朝几个战士把头一偏："把石大队长带走！"这下石家祥真慌了，把胸脯一挺，"叭嗒"来了一个立正，并解释："团长，这，这是误会。我们留守处里还关着刘伯承的29名'共匪'哩！"

"胡说，你们向'国军'开枪，又把共军留着，目无党国，图谋不轨，有话到师长那儿去说。"又转身命令道："三排长，你去把留守处的共军带来，统统'枪毙'！"

这时，警卫人员已把石家祥手枪下了，交给何连长，这只凶狠狡猾的老狼耷拉着脑袋，就这样束手被擒了。

韩指导员往匪徒面前一站，说："这不关大伙的事。弟兄们，谁打死'共匪'最多就报功，站到左边去，等师长驾到就论功行赏！"

听了这话，匪群一阵骚乱，嚷成一片："我有功，我用石头砸死过十几个'共匪'。""我用刺刀戳死4个。"

……

这一招真管用，真有"功"和假报功都纷纷站到"有功"的行列。

韩指导员心里乐开了花，没料到这出戏演得这样成功，这些顽匪这样愚蠢，这样听摆布。他气宇轩昂地朝中间一站，环视一眼两旁的顽匪，大声训话："大家在三县边区'剿匪'多年，可谓劳苦功高。师长要我代表他，一来表示慰问，二来我们带来一批美国造，你们使的枪已破旧，要全部换上新的，以示嘉奖。"他一边假意要警卫员通知二连把枪抬上山，一边要顽匪把枪架好。接着一声："向后转，齐步走！"匪徒们便"唰唰"地向后走去。为了显示他们训练有素，步伐迈得还很整齐哩。待他们离开枪支，韩指导员便大吼一声："把他们统统捆起来！"就这样轻轻巧巧把敌人的武装解除了。

在匪徒们缴械的同时，何连长带一排人来到了黄叶坪。石家祥的大院里确实关着十几个被俘的南下干部和游击队员。何连长佯称：奉"团长"之命，把关押的"共匪"拉出去枪毙。一面命令五班长去执行，一面要土匪们出来站队训话。何连长对着排好队的匪徒大发雷霆，痛骂石大队长指示部下向"国军"开枪、留着"共匪"不正法是心怀鬼胎，我们师长十分恼怒，要把你们缴械听编，如有不服者，以军法从事。

何连长话才落音，战士们便"哗"的一声端起枪来，一个班的看守又成了俘虏。五班长带着被俘的同志来到山墙，激动地说："同志们受惊了，我们是解放军，自己人！"战士们迅速割断绑在同志们身上的绳索。被俘的同志醒悟过来，眼里噙着泪花，紧紧地抱着战友。

小山脚下不远处，有个只有十多户人家的村子，石家祥就关在东头一幢瓦房里。

没想到房主竟是石匪的婶娘，人很狡诈。她瞥见看守战士帽上没有国民党帽徽，便找了个机会递话给石家祥，她把右手比画成个"八"字，说："你聪明一世，糊涂一时。他们是什么'国军'？我看准是这个，你瞧瞧他们的帽子。"

石家祥在紧张、慌乱中确实没有注意到这一点，他看看门外两个战士，似有所悟，惊得几乎叫出声来。正在他授意婶娘撬窗让他逃走时，何连长大步走了进来，照面就问：

"石家祥，你们一个排的流动哨怎么还不回来？"

石家祥朝何连长身上望了望，眼神充满着怀疑。何连长心里完全明白，为了迷惑敌人，于是拉着嗓门说道："石大队长，你们开枪'打死'我们弟兄的人直到现在还未回来。我们师长大发脾气，下令把你捆起来！"

"误会，完全是误会。请转告师长暂息雷霆之怒，只要放我出去，对开枪的人我一定严办。"

"别废话。我是奉命差遣，先委屈你一下。"一挥手战士们就把石家祥结结实实捆了起来。

何连长一声冷笑，诙谐地说道："石大队长，没想到今天落到了我们手里吧？"

石家祥瞪大了眼珠："你们到底是什么人？"

何连长一板一眼地说："我们是中国人民解放军！"

石匪听了，像断了脊梁的癞皮狗，一下瘫坐在地上，半晌才发出微弱、颤抖的声音："好，好，还是你们本事高，我戎马生活 20 年，今天算栽在你们手了！"

我们把俘虏和缴获的枪支弹药，全部交给田世五县长后，部队又迈着坚定的步伐，精神抖擞地继续向南进发。

（杨从群、朱奇荣　整理）

原载陈忠贞主编：《皖西革命回忆录》第三部《解放战争时期》，安徽人民出版社，1991 年，第 314 ～ 321 页。

在千里跃进的行列中

◎ 王定烈

1947年夏，解放战争进入战略反攻阶段。刘邓指挥的晋冀鲁豫野战军实行中央突破，挥师南下挺进大别山。当时，我所在的中原独立旅四团涓流汇海，也参加了这一历史性的伟大壮举，亲身感受了刘邓首长高人一筹的指挥艺术。每当忆及当年战斗情景，总是令人兴奋不已。这里忆述的是中原独立旅第四团在千里跃进的行列中的一些战斗侧面。

平岗会师之后

在战略反攻的英明决策即将实施的前夕，我中原游击纵队（即江南游击纵队）从鄂西北辗转回到了豫皖苏。6月12日，在睢县西南之平岗，与豫皖苏军区张国华司令员、吴芝圃政委、陈明义参谋长率领的部队会师。经过短期整训，纵队改称为中原独立旅，旅长张才千，副旅长罗厚福，副政委李人林，参谋长吴昌炽，下辖一团、四团。我支队改称四团。这时，困集在豫皖苏的敌军，虽然已是大难临头，覆没的命运正在等待着他们，但是，根据他们统帅部的命令，仍在穷追不舍，对我豫皖苏军区部队加紧"清剿"。6月下旬，敌获悉我军区主力集结于平岗一带，便分五路向我合围。敌一八三旅由西南方向之太康，一五三旅由西北方向之睢县，交警二总队和保一、二团由西面之龙集、付集一带，十一旅之三十三团及交警十七总队由淮阳等地，气势汹汹，蜂拥而至。伪张岚峰部3个团置于张弓、黄岗、戴口一线，防我东进。其总兵力达14个团之众，妄图一举将我"聚歼"。

为避实击虚，摆脱敌之合围，豫皖苏军区决定，中原独立旅和军区独立旅立即转移，跳出敌之合围圈。6月24日，独立旅由厚墙集出发，经百里行军，当晚进至阜阳近郊，次日拂晓对阜阳之敌发起攻击，一举占领该城。

正当我们与当面之敌周旋的时候，6月30日，刘邓指挥的晋冀鲁豫野战军在300里宽的正面，实施强行渡河作战，突破黄河天险，势不可当，直逼鲁西南。最先感受到刘邓大军强大威力的当然是鲁西南战场上的各路蒋军及其统帅部。但是，处在被敌重兵"围剿"中的我豫皖苏部队，也很快感受到了我刘邓大军进逼重压之效。因为这时"围剿"豫皖苏军区之敌正规军纷纷北调，留在豫皖苏的只剩下敌六十四旅、交警十七总队和省保安团以及土顽武装。

看到战局的急剧发展和刘邓大军锐不可当的前进势头，广大指战员极为兴奋，大家已感到我军的战略反攻就要开始了。为配合晋冀鲁豫皖野战军于鲁西南地区消灭敌人，豫皖苏军区及时提出了"加强夺取敌人据点，破坏敌人交通，牵制敌人"的作战方针。我中原独立旅同军区部队并肩战斗，冒着盛夏酷暑，不怕疲劳，连续作战，7月上旬，连克亳县、太和、鹿邑、扶沟、西华、鄢陵、柘城等7城，粉碎了敌人的合围，牵制了敌人。7月20日，解放了逍遥镇（西华县伪政府所在地），并从监狱中救出我团干部论训队队长张清安等人。

当我军攻占逍遥镇后，敌以保三、保四团在漯河以东的老窝集、归村一带布防，以防我西出平汉路，敌六十四旅（欠一九〇团）也由鄢陵南下尾随而来。但我撇下该敌，迅速折兵经邓城东进，于7月23日夜，对周口之守敌发起进攻。经过两天两夜的激烈战斗，全歼敌交警十七总队千余人，获武器甚多。

周口战斗后，我们转向杞（县）南，然后奉命转移至柘城地区与刘邓司令部会合。

夜袭朱堂店

1947年8月下旬，我中原独立旅在河南柘城南玄武镇奉刘邓首长之命，加入千里跃进大别山的行列，担任刘邓大军右翼战略牵制的任务，并归野战军（右翼）一纵队（杨勇、苏振华）指挥。

此时，蒋介石急忙抽调了23个旅的兵力，前来"围堵"。整天空中飞机不断地轰炸、扫射，地面炮声隆隆。我军则多路展开，像箭离开弓弦一样，由豫东平原向大别山飞驰而去。根据刘邓首长部署，一纵队和我中原独立旅为西路，我旅由项城县北之新站强渡沙河、经上蔡县北之东洪桥，过平汉路直奔嵖岈山地区。为了迷惑敌人，制造假象，分散敌人对我主力的前堵后追，我们在东洪桥、塔桥一带，把部队分成多路，均冒称团以上番号，散布传单，打上火把夜行军。沿途破坏铁路，砍倒电杆，割断电线，炸毁桥梁，袭击敌人据点，并声言，要打回伏牛山、桐柏山去。搞得敌人一时摸不着头脑，使敌第八十二旅（师）、六十五师、八十五师及罗广文的十师、胡琏的十一师等5个师的兵力穷于应付，虽据有铁路交通之利，但却动弹不得，被我紧紧地钳制在铁路沿线。

我们完成了战略牵制任务以后，8月27日，刘邓首长电令我们东进占领礼山（大悟）、宣化店地区，逼近平汉线活动。8月29日晚，我团的前卫，从信阳南之柳林车站附近东越平汉铁路，抵达朱堂店宿营。当进至杜家畈时，前卫第四连碰上两个老乡匆匆赶路，就把他们叫住询问："半夜三更的，干什么去？"老乡说："给'国军'带路的。"并说："你们段旅长（段海洲）的队伍，下午从柳林下车，就要我们挑行李、背子弹、当向导，星夜赶到朱堂店。听老总们说，是共产党的队伍到了五里店了……"他们把我们当成国民党军队了。我们哪里坐了什么火车，都是靠"十一号汽车"走来的。

可事情就那么凑巧，敌人偏偏同我们选定了同一个宿营地点——朱堂店。我们告诉那两个老乡："我们不是'国军'，是人民解放军，就是从前的红军、新四军、李先念的队伍，专打国民党的。"这时，老乡才恍然大悟地说："同志们，你们可回来啦，老百姓想死你们啰！龟孙子国民党，不是东西，做尽坏事，该遭五雷轰。你们早点把他们斩尽杀绝，替老百姓出出气吧！"于是，把知道的敌情一五一十地都告诉了我们，并自告奋勇给我们带路。

原来，这股敌人是整编五十二师三十三旅九十九团第二营，是同年春夏之交，在湘鄂边境一直同我周旋的老对手。真是冤家路窄，"老朋友"又相会了。他们是从武汉乘火车调来的。一下火车,就急忙地赶往朱堂店来堵击我军,大部队还在后面,先到的虽只有一个营的兵力,但有碍我军前进,必须除掉它。我们分析了敌人的情况:他们只顾向北防我大军南进,不会料到在屁股后面会杀出个"程咬金"。他们刚进入防地,还来不及挖工事,没有什么可靠防御,对我攻歼十分有利。我们决心"换防",把敌人消灭后就地宿营。

我团继续向朱堂店推进。沿途不断碰上敌人放回的民夫,情况越打听越清楚,敌人的营部就驻扎在朱堂店西面的刘氏祠堂,四、五、六连分布在高刀山、上刘清、檀树咀附近几个小山岗上,形成一个马蹄状的防御线,我们从他的后方捅上去,恰中其软腹部。

我们把突击任务交于二、三营。四连连长张国斌负责先拿下敌人营部,其余按一对一,我五、六、七连负责攻敌四、五、六连,乘夜幕进行夜战、近战,以迅雷不及掩耳之势,打他个措手不及。

夜深了,天气凉爽起来。指战员们一接受战斗任务,便把长途跋涉的疲劳忘得一干二净,一个个精神抖擞地沿着山间小道,火速向刘氏祠堂摸去,很快接近祠堂大门口。

突然间,门口的一个哨兵问道:"干什么的?"我四连突击排一声不吭,就向院内投进一排手榴弹。敌哨兵张皇失措,慌乱地放了一枪就钻进了大门。我尖兵班跟踪而进,还未待敌人弄清是怎么回事,就把敌营长、营副以下数十人全部俘虏了。

根据敌营长的交代,我们进一步证实了其各连的确切位置,即令敌营部通信兵引路,我五、六、七连直向山上敌人阵地扑去。刘氏祠堂发生了什么情况,山头上的敌人毫无所知。他们连电话也没有架,既看不见,又听不着,还误认为是营部"走了火"呢!

我各连按任务向各自目标发起了攻击。我和杨劲政委、常志义参谋长到晒谷场上察看动静。只听见附近竹林里有唰唰的声音,便立即派侦察队、警卫排去搜索。原来敌人的机炮连就在这片林中休息,其中有8匹驮马、2门迫击炮、4挺重机枪,全都紧紧地捆在马鞍上,还没有卸下来哩!那些当兵的懵懵懂懂还不知道发生了什么事情,炸弹虽惊醒过他们,可是又迷迷糊糊地睡着了。我命令敌营长下令"机炮连集合",结果将他们全部缴了械,把士兵和迫击炮、马匹、弹药一块儿补充了我们的炮兵连。

这时,北面山上也响起了一阵枪声,火光四射。我各分队都已打响,"缴枪不杀"之声响彻夜空。山头上的敌兵也刚从梦中惊醒,就乖乖地当了俘虏,只有十几个顽固的家伙钻树林跑掉了。经过约一个小时的突袭战斗,全歼了敌人一个加强营,我无一伤亡。

战斗结束后,部队只进行短暂休息,当天下午,即整理行装,带着战利品,踏着矫健的步伐,继续东进。此时,接野战军电令,要我们到光山县砖桥地区与野司会合,进行休整,待命行动。

攻克经扶

1947年8月底,我刘邓大军实现了千里跃进战略目标,先后进入大别山地区,把主力摆在大别山北麓之商城、光山、罗山之间,一面牵制、消灭敌人,一面向皖西、鄂东展开,先后解放县城23座,歼敌6000余人。

在我军实施战略展开的时候,尾我之敌23个旅,先后压过淮河,寻找我主力决战,妄图把我刘邓大军赶出大别山。我军先后在商城之河风桥打击滇军一个师,在商城西之中铺地区歼敌一个团,在光山东南打击了东援之敌一个师。

9月10日,我中原独立旅进驻光山南砖桥地区休整待命。我军主力一、二纵队在商城地区诱歼敌人八十五军(吴绍周部),因迂回部队动作迟缓,让敌人跑掉了。刘邓首长在光山白雀园附近之王大湾召开一次高级干部会议,严肃地批评了那种"没有卵子"的现象。刘司令讲话时,强调了加强组织性、纪律性的重要性。他说:"战争的规模越打越大,有时要几个纵队协同作战,有时甚至两个野战军配合作战。规模这么大,这么多的部队在一个战场上作战,没有坚强的组织纪律性,没有指挥上的高度集中统一,没有步调上的绝对一致,是不可能战胜敌人的。我们每一支部队,每一个共产党员都必须做到党指向哪里,就战斗在哪里,不能讲任何价钱……"刘司令员的讲话,对我们鼓舞鞭策很大。这次会议后,我们认真贯彻了刘司令员的指示,加强了对部队的纪律教育,部队的战斗意志更加坚强了。过后,我们讲笑话,说那是一次"安卵子"的会议。

9月下旬，集结在大别山北部的敌军6个多师，妄图合击光山、商城、经扶地区，把矛头指向我野司。刘邓首长决定：分两路向南转移，以三纵队为东路，向皖西运动，亲率一、二、六纵队主力及中原独立旅为西路，乘虚出鄂东、再皖西。一面寻机歼敌，一面就地解决冬衣问题。

当时，刘邓首长令我们旅为先锋，并以一纵队五十九团加强我旅，配属山炮两门，任务是打下经扶、黄安两个县城，扫清大军南下的障碍。9月30日，我们从白雀园附近出发，向经扶挺进。10月1日拂晓，到达经扶城郊，首先扫清外围。一团占领了黑洼沟、碾子湾、牵公寨地区，五十九团占领了洞下坪等地，我团进至猪头山以东地域，将敌包围。

经扶地理位置十分重要，它地处潢水上游，大别山中段，毗邻湖北省，是河南省东南门户。县城依山傍水，易守难攻。周围山势起伏，层峦叠嶂。城东有一条南北流向的小潢河，北有菩萨山，东有猪头山，西有白毛尖山，三山鼎立，拱卫着城池。

当时，经扶驻扎着国民党一个保安团，团长黄古儒。这个家伙是靠反共反人民起家的反革命老手。从国民党的连长、区长、保安大队长爬到保安团长。他心狠手辣，杀戮无忌。只要是与共产党、红军、新四军沾亲带故的人或同情我们而对国民党不满的人，就一律加上"通共"罪名，加以残酷杀害。他派捐、收税、抓丁、敲诈勒索、强占民女，无恶不作，把经扶搞得乌烟瘴气，民不聊生。

保安团下属一个大队，有五六百人，在白毛尖山高地有一个中队固守，在猪头山驻有陈松儒大队的一个中队，在城北洞下坪、菩萨山高地布置有乡保安小队，大部兵力集中在城内，黄古儒亲自率领保安团团部据守在东南角。他们依仗四周围有一道两丈多高、七尺多宽的城墙和4个城门上的碉楼以及城外各据守点构筑的土围子、战壕、掩体、碉堡、铁丝网、鹿寨、竹钎等障碍物，企图顽抗到底，并自吹为"固若金汤"。

1日下午3时，我旅发起攻城战斗。一团由木城湾、小河边直逼城东南角；五十九团由北湾直攻北门，并迂回城西；我团为预备队，从猪头山派小部队从城东佯攻；纵队配属的山炮排布置在猪头山，由我负责指挥。当一团一营突击到城东南距城墙约 200 米时，敌人以密集火力阻击我突击队前进。此时，我令炮兵瞄准敌东南碉楼，轰！轰！轰！连续开了 3 炮，正中敌人炮楼。一股浓烟腾起，从望远镜中可以清晰地看见，炮弹把碉楼炸开了一个几公尺的大洞。敌人的机枪哑巴了，我一团突击队第三连乘势像猛虎般钻进去。城内敌人乱作一团，不敢同我巷战，向西南白毛尖山阵地溃逃，我突击部队紧跟不放，敌人的队形大乱，我山炮、迫击炮不停地延伸轰击，最后，又把白毛尖的碉堡摧毁。

敌人像一群受惊的兔子，没命地狂奔，但却没有跑掉一个，全部为我一团、五十九团追击部队俘虏。这次战斗全歼敌保安团，俘黄古儒以下 360 余人，毙伪县长李建刚以下百余人，缴机枪 16 挺，步马枪 420 余支，小炮 1 门，短枪 14 支，各种弹药万余发，以及电台、马匹等物资。

高山铺告捷

我旅在打下经扶之后，接着打下了黄安，进逼黄陂，在河口与敌遭遇。我主动转移，随主力沿宋埠、新州、团风、黄冈、浠水、蕲春抵达九江对岸。300 余里的长江北岸皆为我军所控制，刘邓大军的声威，震撼了南京、武汉。蒋介石如热锅上的蚂蚁，慌忙赶往庐山牯岭坐镇指挥。

10 月的天气，早晚寒气袭人。因我军远距解放区，供应跟不上，指战员们还都是穿着单衫、单裤。眼看严冬就要来临，因此，解决棉衣已是十分迫切的问题。根据刘邓首长要自己动手缝制棉衣的指示，我们一面与敌人周旋，一面派出采购人员筹集布匹、棉花发给连队，发动大家自己动手缝制。那些天把干部、战士中会裁剪的"能人"简直忙得不可开交。忙不过来就请房东妇女帮忙星夜赶做。买来的布料五颜六色，这样，要求整齐划一就成了问题。买来的棉花有少量是弹了的，大都是皮棉、籽棉，也只好自己加工，没有弹花、轧花机，就用树条抽打，用手剥。为了整齐划一，就把白布用锅灰、草木灰染成灰色，做面子，色调鲜艳的花布做里子。未缝制起来的，遇到部队转移，就背上走，到宿营地再做。这样，经过半个月的努力，人人都有了一套新棉衣。猛看还相当整齐，细看就太粗糙了。有些战士缝的针脚有长有短，歪歪扭扭；絮的棉花疙疙瘩瘩，厚薄不匀。不过大家谁也不去讲究那些，只求身上暖和，能行军打仗，消灭敌人就行了。

10 月 30 日，我们到达蕲春县之竹瓦店。蒋介石以为刘邓大军即将渡江，万分惊恐，急调海军第二舰队封锁长江，大、小 30 多艘舰艇，不分昼夜在江面游弋。同时又调江南之青年军二〇三师、新十七旅渡江北上，占领蕲州、小池口，控制江北岸要点，加强守备。令尾追我军至罗田之整编四十师、五十二师之八十二旅兼程东进，以三路重兵，欲于蕲（春）、广（济）、黄（梅）一带合击我军。

刘邓首长早已成竹在胸，决定将计就计，命令部队继续用"拖刀计"诱敌深入，同时在浠水东南之高山铺地区，调兵遣将设置口袋阵，杀个"回马枪"，将其置于死地。

10 月 21 日，敌青年军二〇三师第六团的团长率领两个营千余人，耀武扬威向我竹瓦店一带扑来，企图在竹瓦店安设据点，并打开至漕河的通路，不料正碰上团长钟春林、政委邝铁率领的一团。开始只听见零星枪声，大家都以为是乡保队捣乱，不大在意。可是，枪炮声愈来愈密，也愈来愈近了。原来它正在追赶我向启和、白玉清同志领导的游击队哩！一团部队立即向两侧展开，让游击队诱敌深入。待敌人接近时，三面夹攻将其一部歼灭。毙敌团长以下 150 余人，俘敌官兵 650 余人，缴获了一批美械装备。其中，有 100 多箱迫击炮弹，5 天之后，在高山铺战斗中，我们就让四十师"饱餐"了一顿。大家讥讽地说："蒋该死，是及时雨，想得真周到。"

10 月 24 日，接一纵杨、苏首长急电，告诉我们，敌人已进入浠水，刘邓首长诱敌深入的意图已达成，歼灭敌人的时机已成熟，各兄弟部队正在向预定地域开进，令我旅赶到清水河、高山铺以南，占领大王寨、蜈蚣岭一线高地。我团接电后，连夜急行军赶到指定地点，构筑工事待机歼敌。

10 月 25 日，在蕲春东北的漕河镇发现了敌四十师的先头部队。这股敌人，果不出所料，正按刘邓首长的"调动"，不停地前进。这时，一纵已到高山铺东南岭一线，与我右翼（一团）毗邻，六纵正日夜兼程向高山铺一带汇集。

高山铺四面皆山，的确是个捕猎的好战场。但是，如果敌人一旦发现我意图，或停止不前，或改变方向，那么，已到嘴边的肥肉，就有丢掉的可能。当晚，敌人的前锋到达清水河。旅部派出一批侦察员，穿着各色各样的便衣，背着"汉阳造""老套筒"一类旧枪，去骚扰敌人，吸住敌人，搞得敌人一夜不得安宁。26日，天一亮，敌人沿着公路成多路纵队，灰蒙蒙一片，若无其事地继续前进。我们侦察员在公路两旁，打上一阵冷枪，扭头就跑，然后，再打，再跑。敌人以为不过是几个土共军，并没有放在眼里，边打边追，毫无顾忌。我们预伏在大王寨阵地上看得很真切，一枪不发，让他继续往里钻。

中午时分，敌人终于被牵到高山铺、清水河一带，钻进了我们的"口袋"里。后面拖着长长的尾巴好像一条"大带鱼"。当敌人先头部队伸到界岭、洪武垴地区时，立即遭到了一纵队二旅的坚决阻击。

直到这时，敌人还没有弄清我们的情况，只派了两个排去抢山头，想扫清前进的道路。及至后来，在我自动火力的猛烈射击下，两个排几乎全部送命，才恍然大悟，上了我军圈套。于是逐渐加大兵力，由一个连、一个营，一直到整团兵力连续发起冲锋。为保障其右侧安全，还组织营规模向我团一营阵地猛攻。但整整折腾了一个下午，除了留下一堆又一堆尸体，始终未能前进一步。

这时，敌"武汉行辕"的将军们还蒙在鼓里，一个劲地打电报给四十师打气说："高山铺最多只有共军一个旅，可大胆放心前进。"并派飞机到上空来助威。绕道先到达蕲春的敌四十师师长李振清，还在报话机上催促他的部队赶到蕲春去吃晚饭哩！岂知已入"瓮中"。但狡猾的敌人很快嗅出了气味不对，天一黑便马上命令部队原地停止，转攻为守，妄图伺机突围，可惜为时已晚也。

晚上，经过长途跋涉赶来的我六纵队，在敌人后面摆了个马蹄形部署，并渐渐合拢，完成了对敌人的四面包围。敌人为了夺路突围，半夜急忙派出兵力，控制来时路上的马骑山、李家寨山，哪知几个钟头前他们曾走过的路，已经全堵死了，遭到我纵队的迎头痛击。整整一个夜晚，高山铺至清水河一带，枪炮声、杀声不绝。敌人一度想从我团与一团的接合部打开一个缺口，逃往蕲春去，但被我顽强阻击，而龟缩回去。敌人像一只关在笼子里的野兽，进行着疯狂的挣扎。刘邓首长决定：次日，9点整发起总攻击。

10月27日凌晨，忽从报话机中获悉：敌人欲集中主力，预定6时30分开始向我蜈蚣岭、大王寨一线突围，夺路奔往蕲春县城。纵队立即决定，我团提前（于6时）投入战斗；以打乱敌人的突围计划。6时整，我团第一营在郭瑞功、林邓率领下向高山铺以南之敌人发动猛攻，把逼近我阵地之敌一个营打垮，夺占了敌人阵地。敌人不甘心，又迅速组织一个团的兵力反扑上来，把我三阵地占领，我又反攻下去，敌人再反扑上来，来回拉锯，斗了4个回合，一直到上午9点。

9点整，我军总攻开始了。各兄弟部队，由四面八方向敌人压将下来，把敌人的战斗队形打得四分五裂，不到一个小时的工夫，敌人就乱套了，开始向西溃退。两丈多宽的公路，被大批人马拥挤得水泄不通，之后，就溃不成军，像放鸭子一样，铺天盖地在稻田地、田埂上乱窜。先丢掉化学迫击炮、重机枪、马匹，以后就连背包也甩了，人踩人、马追马地狂奔。在这个时候，一切火力都用不上了，敌我双方转入"长跑竞赛"，像鹰抓兔子，你跑我追。

我团占据的位置，正在"口袋"的边沿上，特别有利。我们一面令部署在大王寨的迫击炮连向敌群猛烈轰击，一面把部队全部撤出去，连炊事员、饲养员以及机关的勤杂人员，也操起扁担参加战斗。一口气俘虏敌人3000多人，缴迫击炮、六〇炮40多门，轻重机枪80多挺，步马枪2000多支，其他物资不计其数。跑得最快的敌人被六纵队兜获。敌四十师及八十二旅的12600余人，就这样全部被歼。

"武汉行辕"的将军们，并未料到他的军队会垮得那么快，还从武汉派了几架轰炸飞机，向我阵地丢炸弹，又派4架运输机，投下许多热乎乎的烧饼、馒头，正好都"慰劳"我军了。

我们捉了俘虏，缴了枪炮，又吃了烧饼、馒头，个个欢天喜地。这一仗之后，我们的迫击炮连、机枪连就全部武装起来了。

高山铺战斗，是进入大别山以来，继张家店战斗（歼敌六十二旅）之后，又一个大歼灭战，打得痛快淋漓，大大地鼓舞了指战员的士气，振奋了人民的斗争热情，同时，也使敌人丧胆。从缴获的敌人的文件看，敌人对刘邓首长用兵之术极为恐惧。文件中这样写道："共军善用口袋战术，把我军装进之后，就发狠心下毒手……"

在高山铺战斗之前的一段时间内，我们曾多次与敌人接触，有时条件对我还极为有利，可是野战军首长总是下令一再"转移"，当时也不理解是为什么，通过一连串战斗的胜利，干部战士们才亲身领略了刘邓首长用兵如神的高超指挥艺术。刘邓首长的深谋大略是我们这些一般指挥员事先难以想到的。

高山铺战斗结束后，我独立旅就在洗马畈附近，靠近野战军司令部休整了1个月，进行"两忆三查"，改造新补充的1800多名解放战士，准备迎接新的战斗任务。

原载骆荣勋、郑明新主编:《挺进大别山》,河南人民出版社,1987年,第42～55页。

艰苦的岁月

◎ 寇庆延

刘邓大军千里跃进大别山，揭开了解放战争战略反攻的序幕，在解放战争史上谱写了光辉的篇章，是中外战争史上的伟大壮举。

1946年夏，蒋介石为了独吞抗战果实，破坏国共合作，实现其反革命独裁统治，全面发动了反共反人民的反革命内战。在战争初期，国民党在军事上处于优势，它有435万军队（大部分美式装备），拉制了3亿以上人口的地区和全国所有大城市及绝大部分铁路交通线，接收了日军100万人的全部装备，还有美帝国主义大量的经济、军事援助；而人民解放军只有120万人，武器装备是小米加步枪。在敌我力量对比暂时悬殊的情况下，以毛泽东同志为首的党中央科学地、清醒地估计了当时的革命形势，决定了正确的战略方针，充满信心地带领解放区军民向国民党反动派作战。

经过一年的战斗，到1947年夏，我军共消灭敌正规军97个半旅，粉碎了敌人的全面进攻，重点进攻也遭到粉碎性打击，敌人的总兵力已下降到370万人，后方空虚，加之蒋管区人民开展反饥饿、反内战的斗争，形成反蒋的第二条战线，我军则发展到195万人。毛主席、党中央抓住有利时机，做出我军解放战争第二年的战略任务由战略防御转入战略进攻的英明决策。中国人民解放军把战略进攻的矛头首先指向鄂、豫、皖三省交界的大别山，我军占据大别山，就可以东慑南京、西逼武汉、南扼长江，控制中原，将战争引向国民党统治区。按照党中央规定的战略计划，刘伯承、邓小平奉命率领晋冀鲁豫人民解放军的主力 4 个纵队，于 1947 年 6 月 30 日，在鲁西南强渡黄河，揭开了我军战略进攻的序幕。

南下大军于 7 月 1 日至 28 日，发起鲁西南战役，歼灭了国民党 9 个半旅，共 5.6 万余人。其中，最后一仗是在羊山消灭了蒋介石的嫡系部队第六十九军。我二纵五旅全部参加了由包围到消灭这个部队的战斗过程。我军坚决执行党中央、毛主席关于"下决心不要后方，以半月行程直出大别山"的指示，8 月 7 日起，迅速南下，横跨陇海铁路，涉越黄泛区。此时，敌人才发现我军的战略意图，打乱了敌人的战略部署，于是慌忙地从各战场上调动了大量军队前阻后追。我军在刘邓的正确指挥下，粉碎了敌人的阴谋，经过半个多月的急行军，终于在 8 月底胜利地到达大别山区。

到达大别山后，我军迅速战略展开，先后建立鄂豫、皖西、桐柏、江汉 4 个军区。当时，我是二纵五旅政委。五旅奉命在鄂豫区组成第一军分区，辖霍邱、金寨、商城、固始 4 个县，以金寨县为我旅的后方。我军迅速组织大批工作队，普遍发动群众，建立区、乡基层政权，建立民兵等地方武装，主力部队则在大别山寻找作战机会，消灭敌军的有生力量。

刘邓大军千里跃进大别山，犹如一把钢刀插入敌人心脏，因而重建大别山革命根据地的斗争是非常艰苦的。

南下时，我二纵五旅是中路大军的后卫，掩护晋冀鲁豫野战军总部直属的一个榴弹炮营。这是在邯郸战役中缴获的美式榴弹炮，是我军当时最重型的武器，需要汽车牵引。但是走到黄泛区以北，没有公路，汽车没法行走，榴弹炮也就走不了。为了不影响我军的战略行动，经总部命令，把四门榴弹炮连同牵引的汽车全部销毁了。在破坏这些东西时，在场的许多干部、战士都哭了，很是惋惜。假如不是敌情严重，决不会这样做的。

过黄泛区。黄泛区是蒋介石决黄河大堤形成的，决堤时，一片汪洋，淹死了许多人，到了 1947 年夏，黄泛区还有很多积水。8 月 17 日，我军却以惊人的毅力，通过横宽三四十里、污泥齐脐的黄泛区。当时环境非常恶劣，地下是齐腰深的泥水，天上有国民党飞机扫射轰炸，前有敌人阻击，后有追兵，就这样我军克服重重困难胜利地渡过黄泛区，进入大别山区。

到达大别山后，敌人也把注意力集中到了大别山，敌人当时集中了几十万人的兵力，要同我决战。我军在大别山也有十几万兵力。鉴于敌人兵力占绝对优势，且密集靠拢，向心合击，我军难以捕捉战机打歼灭战。总部根据中央军委的指示，决定把主力转移到淮北平原，实行大兵团机动作战，大量歼灭敌人的有生力量，留下小部队坚持大别山的斗争。1948年2月，主力离开大别山前夕，总部在大别山区召开了最后一次干部会议。我当时奉命带十五团两个营和旅炮兵连到新县去领取由十纵从华北带来的经费，返回到"亲区"时，发现敌人进攻，当即命令部队停止前进，我到前面一个小山头去观察敌情时，敌人发现了我，相距二三百米首先向我开火，打穿了我的帽子，我当即命令部队掩护，大部队另选路线，向总部前进。当晚到商城南时，我找到了邓小平政委（刘帅已率总部直属部队和一纵先走了）。邓小平同志亲自向我交代了坚持大别山斗争的任务，他说：总部决定主力转到淮北平原，寻找机会打大的歼灭战，消灭敌人的有生力量，留下你们坚持根据地的斗争，独立自主地开展更广泛的、更积极的、群众性的游击战争，把游击战争和发动群众结合起来，进一步坚持和巩固大别山阵地。

我军主力到了淮北后，敌人以20多个旅的兵力，配合地方反动武装，对大别山区进行疯狂"扫荡"，妄图一举摧毁我地方政权，将我坚守大别山的部队和地方武装就地歼灭，或驱向淮河以北。从此，大别山军民面临国民党军队的疯狂"扫荡"，对敌斗争进入极端困难的阶段。

我军实行无后方作战，后方供应断绝，加上我旅在金寨埋藏的一部分多余的武器、文书档案和其他物资全部被地主武装挖去了，因此，一切要从敌军和新区取给养，遇到了很多意想不到的困难。当时，生活甚为艰苦，油、盐严格实行定量供应，有时弄不到就只好吃清水煮菜，每人每月5角钱的草鞋费有时还发不下来，甚至几个月不发，干部、战士们自己缝补衣服和学打草鞋，有时还需自己舂米磨面。我们部队战士都是北方人，不会赤脚走路，也没有穿草鞋的习惯，鞋破了没有补充，部队行起军来就很辛苦，有人简直走不动。这时我光着脚，从部队的后尾跑到前卫，带头克服困难，干部战士看我都如此，于是大家咬紧牙关奋勇前进。秋去冬来，在深山密林里，不仅寒气袭人，难以忍受，而且是雨雪交加，从北方带来的夏军装和换洗衣服都穿上，也冷得打战。根据上级关于"就地筹款解决棉衣"的指示，在所辖的区域和游击区内实行税收和向大富户借款罚款，用筹集起来的钱，想了许多办法才买了一些白布和棉花。在游击活动中，干部、战士利用空闲时间，用稻草灰或橡子壳放在锅里煮，把白布染成灰色或黑色，棉花是没有弹过的，干部、战士就利用竹条来抽，然后粗针大线，把棉衣做起来。

在最困难的时候，走到哪里都见不到群众，因此，斗争特别艰苦。究其原因：一是敌情严重，地主武装回乡，桂系军队对我进行疯狂"围剿"，群众对我军能否站住脚产生怀疑。因为，我军主力曾三次撤离该区，我每撤一次，就要死一批人，许多村庄就要被夷为平地。二是大别山的群众对"左"的路线、政策印象很深。我军一到大别山区，年长的群众就问，听你这位同志的口音，像是本地人，是不是红四方面军的？我们说我们就是当时红四方面军的，现在回来了。群众就问，你们还走不走，还搞不搞"肃反"？如果你们还走，还搞"肃反"，那么就你们干你们的，我干我的。我们针对群众的疑虑，开展宣传教育工作，说明当年我军之所以要走，是因为敌强我弱，不能不走。现在形势发生了变化，我军千里跃进大别山是战略反攻，在全国战场上，我军已消灭百万国民党军队，同时宣传我军进入大别山对解放战争的重要意义。因此，当年的红四方面军——鄂豫皖人民的子弟兵打回家乡来了，要与大别山的人民同生死，共患难。关于"肃反"问题，明确告诉群众，当年鄂豫皖的"肃反"是错的，党中央、毛主席已作了结论，凡是搞错了的要一律平反，恢复名誉。经过一系列的宣传鼓动工作，群众很快就发动起来了。

后来，因为我们搞了"急性土改"，有的地方提出了"村村点火，处处冒烟，走到哪里，分到哪里"的口号，划成分普遍提高一级，侵犯中农利益，分了中农的田，对地主不分大、中、小，恶霸与非恶霸，一律乱打乱杀。我们政策和策略上的失误，造成了不良后果，将一部分可以联合的力量推到敌人阵营，完全脱离了群众，因此，在有些地方，我们的部队一到，群众就都跟地主武装上山去了，地主武装还在四面打枪，部队集合出发后，又在后面打枪。当时我们的战士风趣地说："来者欢迎，去者欢送。"

中原局及时发现并纠正了这种"左"倾急性病的错误，到1948年春，就停止了土改，普遍实行减租减息和合理负担，中原局还指示，要公开向群众检讨"急性土改"的错误。到哪里去找群众呢？后来想了一个办法，就是部队一到驻地，就派一部分人上山，动员群众下山，召集他们开会，公开向他们道歉，还请群众吃饭。这个办法非常灵，头一次部队去，村子里没有人，开了会后，第二次去，村子里就有人了。正反两方面的经验教训，使我们部队大大提高了政策水平，认识到党的政策绝不能违反。

当时，敌情是十分严重的。同我们斗的是国民党的桂系军队。桂系军队善于班排活动和山地作战，同时，在抗战时期，李宗仁是安徽省主席，他的后方就是大别山，桂系军队曾在大别山驻扎了8年，对大别山的山山水水都很熟悉。因此，斗争特别艰巨，在敌人残酷的"扫荡"下，我军付出了很大的代价。由于未适时集中兵力打击敌人，而机械地采用"区不离区，县不离县"的原地坚持的方针，使我分散的部队受到很大损失，不少人被捕、牺牲，武装力量过分分散，班、排的力量既不能保护工作人员的安全，又无力打击敌人，陷于被动，失去游击的本能。鉴于这种情况，我们改变了战术，遂由普遍地分散兵力转为相对集中兵力，使部队具有一定的战斗力，既叫敌人的大部队吃不到，又叫敌人的小部队吃不下，还可以打击地主武装。采取灵活机动的战术，开展反"清剿"、反"扫荡"的游击战争，从而使斗争局面逐步由被动转为主动。

淮海战役打响后，国民党桂系军队不敢动了，地主武装也老实些了，鄂豫军区相对集中了一部分力量，组织两个旅，每旅两个小团的兵力。我旅编为鄂豫军区独立第三旅（十三团跟纵队走了）。为配合淮海战役，我军主动出击，展开了全面反攻。在敌人向武汉撤退时，鄂豫军区首长集中我们两个小旅在宣化店南打击敌人的后尾，俘虏数百敌人，缴获武器弹药一批。随后解放了商城、金寨、霍邱等县城，使大别山广大地区联结成片，巩固和发展了根据地。

大军过江，武汉新中国成立后，在大别山的敌人主力都跑了，只剩下地主土匪武装，我军转向同国民党土匪武装作斗争，很快就肃清了土匪。

我二纵五旅跟随刘邓大军千里跃进大别山，在艰苦卓绝的环境中，始终在大别山区坚持革命斗争，一直到解放大军过江，胜利地完成了野战军总部首长交给我们的任务。

原载骆荣勋、郑明新主编:《挺进大别山》，河南人民出版社，1987年，第68～74页。

保卫野司首长的一场特殊战斗

◎ 许　绰

　　1947年下半年，我刘邓大军千里跃进大别山，打了许多胜仗。是年12月间，我们一纵队随刘伯承司令员和中原局机关北进淮西区。当时，我在一纵二旅四团三营任教导员。12月14日拂晓，当部队运动到光山县的北向店地区时，与蒋介石的整编第十一师遭遇。野司首长立即组织我们一纵二旅四团就地进行防御，于是，敌我双方展开了一场激战。这是一场血与火的殊死战斗，虽然已经时过38年，但至今回忆起来，还使人感到惊心动魄。

　　1947年12月13日夜，我军行程90余里，刚刚到达北向店宿营地，团长晋士林同志就向我下达命令说："许绰同志，在你营面前，发现了蒋军整编第十一师，而在你营背后就是纵队首长，背后山上就是刘司令员和中原局机关。为了保卫野司和中原局首长的安全，你们立即就地选择地形，构筑防御工事，准备阻击敌人。战斗打响后，你们一定要坚守阵地，不准后退一步。"

　　我营当时只有3名营级干部，接受任务后，我马上与副营长张申明、副教导员朱恒舍一起，召集各连连长、指导员勘察地形，区分作战任务，构筑工事。我们在北向店以西之无名高地组织防御，十连守高地左侧，十二连守高地右翼，十一连为营预备队。营机炮连的重机枪分别配属给十连和十二连指挥，以加强这两个连的防御能力。迫击炮由营部掌握，以支援各连的战斗。同时抽调部分副职干部和各连炊事员一起，由副教导员朱恒舍同志带领，组织骡马、鞍具、担架等，负责全营的战斗保障工作。任务明确后，各连立即行动，准备迎击敌人。

14日拂晓，大雾弥漫，视界很近。为了及早发现敌人，我们决定十连、十二连各派出一个班，进入警戒阵地，距营主阵地50余米，担任警戒。发现敌人后，以鸣枪为号阻止敌人。战斗打响后趁着迷雾从两侧撤回主阵地。还规定当战斗打响后，将敌人放进我阵地投弹距离范围以内，才准许开火，以火力猛烈杀伤敌人。当敌人溃逃时，只准以最多不超过一个排的兵力，组成小分队，进行短促反击，反击距离最多不超过50米，即马上返回阵地，以确保我主阵地防御之安全。为了确保刘司令员和中原局其他首长的安全，我们决心誓与阵地共存亡。

早晨6时许，敌人以一个连的兵力，在迷雾掩护下隐蔽行动，对我营阵地实施偷袭。当敌人运动到距我主阵地80余米时，被我警戒阵地兵发现，首先鸣枪，继之投掷了两排手榴弹，阻止了敌人的前进，然后我警戒哨撤回了主阵地，粉碎了敌人偷袭企图。

敌偷袭失败后，即由偷袭转强攻，7时进行炮火准备，约20分钟后，以一个营的兵力，在炮火掩护下，分数路向我营阵地实施冲击。这时迷雾已消散，视界开阔，便于我观察敌人。我营防守之部队沉着应战，密切监视敌人行动。当敌冲击到距我阵地30余米时，我轻重机枪、步枪、冲锋枪、枪榴弹、手榴弹、迫击炮一齐开火，以猛烈的稠密火力打击来犯之敌。经激战30分钟后，敌伤亡惨重。我十二连四排二班在副班长齐同思率领下，乘敌人混乱之际，实施反冲击，歼敌一部，残敌狼狈逃窜，我出击的小分队也随即撤回主阵地。这时，我前沿防御阵地抓紧修复工事，挖交通沟，将各单人掩体连接起来。根据敌人炮火猛烈的特点，我们还挖了防空洞。团长晋士林同志又一次来到我营阵地，听我们报告战斗情况后，决定把团教导队暂划归我营指挥，加强了我营的战斗力，对我们是很大的鼓舞。

上午9时左右，敌人仍不甘心失败，又以一个营的兵力，在炮火掩护下，分数路向我阵地发起冲击。我十连、十二连仍以猛烈火力杀伤敌人，敌遭重大杀伤后，仓皇溃散。这时，我十一连方面发现有敌人向我无名高地右侧迂回；营里命令十一连沿高地右侧之河沟迅速行动，实施反迂回。该连运动到敌迂回兵力之后右侧50余米时，突然猛烈开火。此时，二十旅左翼阵地也以火力侧射敌人，迂回之敌在我两面夹击之下，丢下了10余具尸体，狼狈逃窜。十一连又迅速撤回原阵地。此时，旅参谋长王晓同志也到了我营阵地，视察了防御工事，督促我们找门板加强掩体，这就更增强了我们的战斗信心。

敌人3次进攻连遭失败后，便恼羞成怒，又组织各种炮火对我无名高地实施猛烈轰击，我阵地工事大部被摧毁，十连、十二连遭受重大伤亡，十连连长李朝同同志光荣牺牲，十二连连长张玉宝负重伤。在这十分危急的情况下，十连指导员白玉、十二连指导员王福勤，分别担任连的指挥，命令各连预备队投入战斗。11时许，敌人对我阵地发起冲击，激战约40分钟后，因弹药将尽和伤亡惨重，我十二连二排阵地被敌人占领，一排阵地也被敌人突破。我各连预备队在指导员的率领下，怀着满腔怒火，以手榴弹开路，与敌人进行白刃格斗，以此支援前沿阵地。激战20分钟后，有的战士胳膊断了，仍然坚持战斗；有的眼睛负伤了，仍与敌人拼杀；我指战员用刺刀、铁锹、石块等与强敌拼杀，痛击突入之敌，一举夺回了阵地。经激战后，十二连伤亡过半，阵地上的工事大部分都被敌人的炮火摧毁，我阵地后面鱼塘里的鱼都翻了白，水面上漂着一层死鱼。全营弹药消耗殆尽。为了加强防御，十二连指导员王福勤一面组织修复工事，一面组织共产党员冒着生命危险，去敌人的尸体上收集弹药，用来补充自己。

约13时许，敌人在经过一段时间的喘息后，又以两个营的兵力，在其更猛烈的炮火掩护下，连续进行了两次冲锋，我十二连指战员以英勇顽强的阻击，将进攻之敌击退。此时，该连只剩下30余人，十连也只有50余人，这两个连排以上的干部只有两名坚持战斗，其余的都牺牲或负重伤。鉴于这两个连伤亡太大，我们命令十连、十二连放弃前沿阵地，退至无名高地西南之棱线上进行防守，这条棱线地形可以防炮，比较安全，弹道低了落在山上爆炸，弹道高了打过了山。

敌人在连遭失败后，14时，又以百倍猛烈的炮火，对我阵地实行疯狂的轰击。轰击40分钟后，由军官组成督战队，用冲锋枪驱赶着一个营的兵力，以密集队形，对我阵地实施集团冲击。我十连、十二连英勇阻击，大量杀伤敌人，敌人在其督战队的威迫下，实行轮番攻击。我阵地被敌人突破。此时，营部命令十一连反击。十一连在时维坤同志的率领下，与敌人进行拼死（战斗），再次夺回了阵地。就这样反复争夺，经过11次的激烈拼杀，无名高地仍掌握在我们手中。被美式装备武装到牙齿的国民党整编第十一师，在我四团三营的阵地面前彻底绝望了，他们终于停止了进攻，沮丧地撤出了战斗。

黄昏时候，上级下达了命令，要我们撤下无名高地。我们终于完成了保卫野司首长和中原局机关的任务，离开北向店地区，继续北进。

（杨圣强　整理）

原载骆荣勋、郑明新主编：《挺进大别山》，河南人民出版社，1987年，第132～136页。

重建鄂豫解放区的斗争

◎ 段君毅　刘子厚[①]

今年是刘邓大军千里跃进大别山的 40 周年。回顾往事，当年晋冀鲁豫部队和地方干部英勇作战、艰苦奋斗的历史画面，依然历历在目，催人奋进。

一

1947 年 8 月，刘邓大军主力一、二、三、六 4 个纵队十几万人，在胜利进行鲁西南战役之后，遵照党中央、毛主席关于继续南进、直插敌战略纵深大别山区的指示，经过近 20 天的急行军和对敌作战，以迅雷不及掩耳之势，先敌进入大别山地区。进入大别山后，我主力部队乘敌主力被甩在淮河以北，大别山敌人兵力薄弱的有利时机，迅速实行战略展开，尽力占领一切可以占领的城镇，不断拓展和巩固已占区域。经过一个月的激烈战斗，共歼灭敌正规军 6000 余人，土顽 760 余人，解放了 22 座县城，初步完成了在大别山地区实现战略展开的任务。重建鄂豫解放区的工作，就是随着刘邓大军的战略展开而进行的。刘邓大军在大别山的胜利，为重建鄂豫解放区打下了坚实的基础。

---

① 段君毅，晋冀鲁豫野战军第六纵队政治委员，1947 年 11 月任中共鄂豫区委员会书记。刘子厚，中共鄂豫区委副书记，兼鄂豫行政公署主任。该文原载《中共党史资料》第 24 辑，现征得作者同意，转载于此。

鄂豫区地处鄂、豫、皖三省边界，巍峨的大别山群峰纵贯其中。北部是丘陵地带，中间是山地，南部紧靠长江，为平原湖泊地区。这里地域广阔，物产丰富，能为我军提供较充足的物资。从战略地位上看，它南扼长江，西通武汉，沟通南北，堪称"咽喉"。大别山是革命老根据地，有光荣的革命传统，便于我们立足生根，坚持长期斗争。重建鄂豫解放区，具有十分重大的战略意义。我军进入大别山后，刘邓首长十分重视解放的创建工作，要求全军将士、地方干部"全心全意地义无反顾地创造巩固的大别山根据地"。遵照这个指示，各部队一面阻击牵制追敌，一面就地"铺摊子"，开展地方工作。到 10 月中旬，进山大军不仅初步完成了战略展开，而且还在已解放的 22 个县中建立了 17 个县的民主政权，为建立鄂豫、皖西解放区奠定了基础。10 月 12 日，中原局、中原军区发出《关于放手发动群众创建大别山解放区的指示》，决定在已建立的鄂豫、鄂东、皖西 3 个大区工委的基础上，归并成立鄂豫、皖西两个解放区。11 月中旬，鄂豫区党委、军区和行署在麻城福田河正式成立，下辖地委、军分区和专署各 5 个。王树声任军区司令员，郭天民任军区副司令员，段君毅任区党委书记兼军区政委，刘子厚任副书记兼行署主任。

鄂豫区成立后，遇到的第一个困难就是干部人数少。区党委、军区和行署紧紧依靠 3 个方面的力量，同心同德地开展重建鄂豫解放区的工作。一是依靠从主力部队抽出三分之一的部队的力量。一、二、六纵队共抽出了 1000 余名得力干部到鄂豫区工作，加强了重建鄂豫解放区的斗争方的领导力量；同时还调来成建制的主力部队，组成军区、军分区武装，壮大了地方部队。二是依靠从冀鲁豫、太行、冀南区党委抽调并随军南下的 1000 余名地方干部（南下途中称"天池部队"）。这支干部队伍全副武装，既是工作队，又是战斗队。三是依靠五师突围后长期坚持大别山斗争的本地同志。1946 年五师突围后，国民党反动派为了彻底摧毁大别山革命根据地，曾出动数万大军进行了长达一年之久的"清剿"，疯狂搜捕和残杀了我数以万计的干部和基本群众，大别山老区遭到了空前的严重破坏。然而，大别山红旗不倒，至大军进山前，鄂豫方面仍有 3 个中心县委和 10 余支游击队在坚持斗争。这些始终坚持大别山游击战争的同志，是重建鄂豫解放区的一支重要力量。依靠这三股力量，我们较好地解决了干部人数少、力量不足的困难。区党委根据干部条件，将这三方面的干部搭配起来，分别派往地、县、区三级担任领导工作。在区党委、军区和行署的统一领导下，这三股力量很快地汇合在一起，拧成一股绳，在极其艰难的情况下，全面进行基层政权和各级财政税收机构的建设，使鄂豫解放区不断扩大和巩固。

我们在创建鄂豫解放区的过程中，除了注意加强上述三股力量的团结，还十分注意加强党、政、军、民的团结，以形成坚强有力的"拳头"。区党委、军区和行署实际上融为一体，其人员住在一起，活动在一起。领导同志互相尊重，有事同商量，关系十分密切。没有三股力量和党、政、军、民的紧密团结，鄂豫解放区是创建不起来的。

二

重建鄂豫解放区不容易，然而，巩固已经建立起来的新区更是艰难。在当时的情况之下，积极开展武装斗争，消灭土匪，是巩固新解放区的关键所在。为了在鄂豫解放区站稳脚跟，区党委、行署和军区领导全区军民积极开展武装斗争，集中力量消灭对我解放区危害最大的反动民团、乡保队之类的土匪。大别山各地股匪活动猖獗。鄂豫解放区建立初期，境内有股匪数万人。这些股匪以大地主和乡、保长为匪首，成员大多是流氓、兵痞和政治化了的惯匪。他们长期与我为敌，有反革命斗争的经验，加上地形熟悉，很不容易对付。我主力部队进山后，他们化整为零，隐蔽起来，保持实力，一有机会，他们便进行骚扰破坏，以图东山再起。如麻东匪首郑家贤，趁我军主力部队转移的机会，纠集上千名匪徒举行反革命暴乱，偷袭麻东县政府和任家垴乡政府，捕杀我干部群众六七十人，原粤南省委宣传部部长、工作队队长余清（石辟澜）等同志壮烈牺牲。如果不彻底肃清这些作恶多端的股匪，我们在大别山就难以立足。

10月12日，中原局和中原军区发出指示，要求军区及分区基干武装部队在地方党委的统一领导下，大力开展剿匪工作，对顽匪进行奔袭和穷追，坚决予以歼灭。同时，刘邓首长还多次亲自深入鄂豫区一些县、区检查督促剿匪工作，并做出了周密的部署。全区党、政、军、民同仇敌忾，各地剿匪斗争迅速开展。四分区为了给麻东事变中死难的烈士报仇，派出主力四十八团穷追郑家贤股匪。麻（城）东寺基山一仗，歼其主力200余人，给这股顽匪以沉重的打击。接着，该分区部队又相继攻克黄冈上巴河和新洲等敌土顽据点，共歼敌 4 个保安中队及 7 个乡公所的乡保队，计 400 余人，受到鄂豫军区的通令嘉奖。我驻英山剿匪的主力部队十六旅更是战果辉煌：英（山）、罗（田）、霍（山）边界三角地区的大股顽匪悉数被歼，余部土崩瓦解。到 1948 年 1 月中旬，大别山区共剿灭顽匪 10000 余人，剿匪斗争取得了重大的胜利。随着剿匪斗争的节节胜利，鄂豫解放区的地方武装也不断发展壮大，各地出现了群众性参军热潮。五分区在很短的时间内，地方武装就扩充了一倍多，各县县大队均发展到有三四个成建制的连队。新县箭厂河区出现了 100 多家父送子、妻送夫参军和 800 多群众送行的动人场面，全县一次扩军五六百人。不断发展壮大起来的地方武装力量，在保卫来之不易的胜利果实和巩固新区的斗争中，发挥了很重要的作用。

在剿匪斗争中，我们注意及时总结经验教训，讲究斗争策略，对土顽及蒋军被俘人员不杀不辱，愿留者留，愿走者走；对敌乡、保武装，采取军事打击与政治攻势相结合的办法，实行区别对待：一般成员只要放下武器，便既往不咎，首恶分子，也允许将功赎罪，可杀可不杀者尽量不杀；对保、甲则实行改造，逐步建立两面政权，让其为我办事。这些政策和做法，分化瓦解了敌人，孤立其最顽固的部分，壮大了我方力量，减轻了匪患对解放区的危害，为后来我们坚持大别山的斗争创造了有利条件。

在分化瓦解敌人的基础上，我们还广泛地开展了统战工作。一是通过两面政权，给敌县、乡自卫队官兵和逃亡地主寄送统战信件，向他们讲明我军必胜的趋势和我党"既往不咎、立功受奖"的政策，给他们指明出路。这样，大大动摇和瓦解了敌人的军心和士气。有的敌官兵主动投诚，有的暗中做我内应，有的对我采取不抵抗政策。敌我力量对比发生了变化，造成了有利于我而不利于敌的局面。二是开展对开明士绅和国民党内有识之士的争取工作，注意团结一切可以团结的社会力量。在我们的努力争取下，鄂豫解放区内不少开明士绅和国民党有识之士积极参加到统一战线中来，协助我军和地方民主政府筹集物资，向我们提供敌人活动的情况，并帮助我们做敌人的分化瓦解工作。如黄冈六区有一个抗战时期就与我有联系的士绅，在我方动员下，说服了该区的乡长，使之不与我为敌，等等。随着统战工作的发展，一些原来对我有偏见的士绅也改变态度，与我们的关系日益融洽。全区各级城工部门利用统战关系，派出我方人员打入武汉、信阳、团风等敌占城镇，设立秘密据点，收集敌方情报和筹办我军急需物资，有力地支援了剿匪斗争和解放区的工作。剿匪斗争的胜利和各项工作的开展，特别是我刘邓大军主力在张家店、高山铺两个战役中取得的重大胜利，进一步打开了创立大别山根据地的局面，并使我们站稳了脚跟。

三

广泛发动群众，建立巩固的后方，从物资、兵源等方面支援主力进行战略反攻，是解放区的一项重要任务。刘邓大军远离晋冀鲁豫解放区后方，千里挺进大别山地区作战，军需供应断绝，吃饭、穿衣都很困难。鄂豫解放区一建立，区党委就把广泛发动群众，建立巩固的后方，尽一切力量为大军提供后勤保障，作为头等重要的大事来抓。我们经过艰苦细致的工作，克服了一个又一个的困难才逐步密切了同群众的关系，打开了建立巩固的后方的新局面。

鄂豫区人民有着光荣的革命传统，但是，由于土地革命战争时期和解放战争初期，我军曾3次撤离大别山，群众受过反动派的血腥镇压；鄂豫解放区建立之初，境内股匪活动猖獗，暗中威胁群众；加上在我大军挺进大别山之时，国民党反动派对群众的欺骗宣传，群众担心我们来了又走，惧怕同我接近后又会遭敌人屠杀。他们内心虽然欢迎我们，行动上却对我们避而远之。这给我们完成广泛发动群众、建立巩固的后方的任务，带来了一定的困难。为了消除群众的担心和恐惧心理，解放区各级党、政、军机关做了大量的宣传教育工作和思想政治工作。

首先，积极配合大军向群众进行宣传。我们一是向广大群众宣传党中央、毛主席关于创建大别山解放区的伟大战略决策，讲明建立大别山解放区对于"打倒蒋介石，解放全中国"的重大战略意义。二是对群众进行形势教育，宣传我军已由战略防御转入战略进攻的大好形势，指明"蒋必败、我必胜"的必然趋势，增强群众对我解放全中国的信心。三是反复向群众说明，我们是当年的红军——鄂豫皖子弟兵，现在打回家来了。我们这次回来是要深深扎根于大别山，决不让敌人再占领大别山。我军胜利反攻的消息也给鄂豫区人民极大鼓舞。群众的觉悟提高很快。老根据地到底还是老根据地，大别山的老百姓真好。党中央、毛主席把战略进攻的矛头选定在大别山，真是选得太准了。

其次，严明军纪，用遵纪爱民的模范行动影响和教育群众。在发动群众的过程中，我们始终坚持教育全区党、政、军干部发扬我军的优良传统，并用大军在挺进大别山途中不拿群众一针一线，处处保护群众利益的事例教育大家。部队南下途经闻名全国的砀山梨产地砀山，正值梨子成熟季节，树上挂满了诱人的大梨，战士只要一伸手就可以摘到。可是，为了保护群众利益，没有一个战士摘一个梨。大军过后，这件事一直被砀山群众传为美谈。区党委用这个典型事例教育干部，增强了大家遵守纪律的自觉性。在加强自身建设，做好群众工作方面，刘邓首长更是处处为人表率，给鄂豫解放区的广大干部和全体指战员做出了光辉榜样。他们带头发扬艰苦奋斗的作风，进山后一直穿着自己缝制的粗布衣，在生活上从来不搞特殊化。一次，鄂豫区金寨县有位区委书记从关心首长身体健康出发，给前来检查工作的邓小平政委和李先念副司令员送了几斤猪肉和葵花子，当即受到小平同志的批评。刘邓首长不仅带头发扬艰苦奋斗的作风，而且还时刻关心大别山的群众，模范地做好群众工作。1948年1月，区党委负责同志陪同邓小平政委、李先念副司令员、李达参谋长到鄂豫一分区检查剿匪、土改工作，路经商城"亲区"，住了一夜。在与房东谈话中，邓政委了解到房东的一头耕牛被国民党反动民团抢走了。到金寨后，邓政委通知我剿匪部队寻找这头耕牛。我金寨地方部队在剿匪中，曾在从商城流窜过来的敌人手中夺回了一头耕牛，到处打听也没有找到失主。接到邓政委的通知后，部队立即把耕牛送还房东。当房东知道帮他找牛的是指挥十几万大军的邓政委时，感动得热泪盈眶，连呼恩人。在刘邓首长的言传身教下，鄂豫区各级党、政、军干部和战士自觉保护群众利益，作风艰苦，深深地感动和教育了广大群众。

经过努力，军民之间的鱼水关系开始形成。群众主动为我们当向导，提供情报，监视敌人。有一次，鄂豫区领导机关驻扎在麻城北面隘门关附近的村庄，只有两个连的兵力警卫。一天半夜，下着大雨，伸手不见五指。有几个老百姓摸黑赶到我们驻地，告诉我们敌人桂系部队有一个团驻在离我们只有3里路的地方。听了老百姓提供的情报，我们鄂豫区机关连夜北上，转移到安全地带——磨盘山，避免了一次重大损失。同时，群众拥军支前的积极性空前高涨，到处呈现出一派为刘邓大军献粮献菜、赶制冬衣的热烈景象。仅罗田滕家堡以北的落梅河穷山区，就先后献出军粮 20000 多斤，蔬菜上千担，食油 500 斤，土布 400 余匹。春节前夕，不少地方的群众还拿出自己仅有的一点年米献给大军，使部队在到达大别山的第一个春节过上了一个好年。各地群众还为部队赶制军鞋和冬衣，经过各级党、政干部和全区群众的共同努力，加上部队从敌人手里缴获的战利品，终于较好地解决了部队穿鞋穿衣问题。

为了解决农民迫切希望解决的土地问题，使解放区人民得到实惠，建立起巩固的后方，我们在全区逐步开展了土改运动，组织贫农团和农会，着手打土豪，分田，分浮财。开始阶段，各地在执行政策上比较谨慎，打击对象只限于群众痛恨的少数地主恶霸，将他们占有的田地、浮财分给贫苦农民。当时，农民参加土改的积极性比较高。尽管境内的顽匪还没有肃清，经常有敌人出来破坏骚扰，但农民参加土改的人数越来越多，运动开展迅速。后来，由于我们脱离大别山的实际，没有认真考虑在大别山局部地区仍是敌强我弱的斗争形势，并且硬性照搬华北解放区的经验，致使土改运动曾一度出现偏差，犯了"急性土改"的错误。结果是，大多数地方只是搞一下宣传发动，或者只是进行了登记、插牌子之类的初步工作，田地没有真正分到贫苦农民手里；一些地方土改表面上轰轰烈烈，实际上是假分田地和财物；有的地方虽说分了田和财物，但只有少数积极分子敢要，一般群众则不敢要；更有甚者，一些地方的地痞、流氓利用外来干部不了解情况的弱点，冒充"积极分子"，霸占斗争果实，群众敢怒不敢言；有的地方还出现了敌人反攻倒算的现象。总之，土改在大多数地方走了过场。上述"左"的错误，前后虽然只有两个来月的时间，但造成的影响和危害是不小的。幸而很快被中原局发现和纠正，才未造成更大的损失。这件事给了我们深刻的教育。我们认识到，任何时候、任何地方都要坚持实事求是、一切从实际出发的思想路线，单凭良好的主观愿望，急于求成是不行的。

根据党中央、中原局对新区工作的指示，我们区党委专门开会总结经验教训，研究和部署政策转变工作。自 1948 年 3 月中旬开始，区党委先后发出了《鄂豫对工商业问题的指示》《鄂豫给各地的补充指示》《鄂豫区党委关于老苏区工作指示》《鄂豫区党委关于双减问题的指示》等文件。在区党委的领导下，全区在 3 月中旬就停止了没收工商业的错误做法，各地均注意保护厂主、店主、商人照常营业。3 月底，又着手纠正侵犯中农利益的错误，对受害者赔礼道歉，并退还被错分的田地、财物。入夏以后，又根据不同的区域，分别实行不同的新政策：在我控制区，实行主、佃双方都接受的减租减息；在敌我拉锯的游击区域，则以抗丁、抗粮和反对特务、保甲统治为口号，着重解决基本群众和各阶层不堪忍受的痛苦。与此同时，我们还组织解放区人民大力发展生产，救济春荒。在集镇，大幅度地降低工商业税率，对因资金短缺经营有困难者，发放工商业贷款，给以大力扶持。在农村，则以组织春耕救灾为中心。对受敌摧残严重的无人区，千方百计地动员群众回家春耕，对缺粮、缺种子农户，设法调剂，做到不违农时。各地还十分注意抚慰和照顾军烈属。对困难户，除救济一部分急需的口粮衣物外，还抽人帮助耕种。经过一段时间的艰苦细致的工作，土改走上了正轨，而且调动了一切有利于我的社会力量，鄂豫解放区的工作从此进入了新的阶段。

四

坚持大别山斗争，反对敌人"围剿"，是鄂豫解放区最艰难的时期。蒋介石为了同我争夺大别山这一战略要地，调集了14个整编师33个旅的优势兵力，于1947年11月27日开始向大别山发动全面的围攻。我刘邓大军和大别山解放区军民面临着一场严峻的考验，处境十分困难。党中央曾催促有关部队尽快向南出击，以减轻大别山的压力。但是，刘邓首长却发电中央，请华东野战军主力不要急于南下。刘邓（首长）宁愿自己"在大别山背重些"，再承受一些损失，也要让华野主力在黄河两岸休整好，以便积蓄力量更好地打击敌人。刘邓首长这种不畏艰险、始终顾全大局的精神，给我们留下了很深的印象。在此期间，刘邓首长还一直注视着陕北方面的情况，时刻惦念着党中央、毛主席的安危。有一次，区党委负责同志到黄安（红安）七里坪中原局的驻地向刘邓首长汇报工作。邓小平同志破例请大家喝了一杯酒，他高兴地说："我们已有3天没得到延安方面的电报了，今天收到党中央发来的电报，电报上说毛主席和中央机关安然无恙，所以喝一杯庆祝酒。"刘邓首长时刻关注着党中央、毛主席的安全，与党中央、毛主席心心相印。

在反"围剿"的斗争中，我们鄂豫区军民大体上经过两个阶段。

第一阶段，配合主力部队开展反"围剿"斗争。对于敌人"围剿"的斗争，刘邓大军采取内线坚持和分兵向外、内外配合、寻歼弱敌的方针。战术灵活,致使敌人精心组织的合击连连扑空。在此期间,鄂豫区军民和地方干部,以全力投入了反"围剿"斗争。我们一方面发动群众反抓丁、反掠夺,破击敌人设置的三网(谍报网、碉堡网、公路网)和经济封锁;一方面组织游击集团,配合主力部队作战。12月下旬,鄂豫四分区各县武装,利用敌人正规军转移的间隙,分别奔袭浠水团陂、新洲钱家寨和罗田丁家套等敌军据点。歼敌乡保武装500余人。五分区部队在主力十六旅攻克广济县城(梅川)的第二天,乘胜出击蕲春、广济童司牌、黄梅濯港,歼敌正规军4个连和2个县"自卫队"大部。12月30日,三分区部队收复了礼山(大悟)县城,并将礼山至河口的敌人碉堡、电线及公路全部破坏,起到了拦截阻止敌人的作用。经过三四十天的转拖敌军和小部队灵活歼敌,我军取得了反"围剿"斗争的主动权,鄂豫区的局势逐渐发生了有利于我的变化。

第二阶段,主力部队转出外线作战,鄂豫区军民顽强坚持反"清剿"斗争。由于反"围剿"斗争的初步胜利,加上陈谢、陈唐兵团在外线的积极作战,一个南抵长江、北至陇海线的广阔战场逐步形成。根据中央军委关于率"野战军主力转出大别山"和"设立南线指挥中心"的指示。2月24日,在内线指挥作战的邓小平、李先念等领导同志率前方指挥所到达淮北临泉县韦寨,与后方指挥所会合。在此前后,二、三、六纵队主力也陆续转出了大别山。前指转移前夕,邓小平同志把区党委负责同志叫去交代工作。他说:"主力部队走后,你们要坚持,主力在外边打几个胜仗局面就会变化。内线顶住就是胜利。"接着,小平同志还对鄂豫区坚持斗争作了许多具体指示,前指北去后,遵照邓小平同志的指示,区党委专门就主力转出外线后的对敌斗争作了研究和部署。经过紧急动员,党、政、军机关一致表示,一定坚持大别山斗争,情况再严重也不过淮河一步。

我主力转出后,敌人仍然组织20多个整编旅并辅以大批反动地方武装,向我鄂豫区、皖西区进行残酷的"清剿",妄图一举抢占大别山地区。敌我力量悬殊,从当时大别山地区的特定环境讲,局势暂时变得于我不利,斗争也较过去艰苦。在敌人的残酷"清剿"中,我鄂豫区遭受不少损失。新县浒湾、箭厂河一带十室九空,(黄)安北、麻(城)东等地很快成了无人区。我地方党、政组织也大多被破坏,全区被捕、牺牲和失散的地方干部共约700人。3月以后,大别山我腹心地区包括各军、政机关所在地相继沦陷，鄂豫解放区又一次沦为游击区。但是，鄂豫区军民并没有被一时强大的敌人所吓倒，军区和各分区部队均顽强坚持下来了。鄂豫区领导机关较多的时间是驻在黄安（红安）、麻城一带山区，各武装部队分散活动于大别山群峰之中。大别山群峰山高林密，部队一钻进去就看不见踪影，便于隐蔽自己，实行宽大机动。我们利用大别山提供的这天然条件，机动地与敌人周旋，并抓住机会歼灭敌人。当时，我们的口号是"淮河以南度春秋"（鄂豫区在淮河以南，故淮河以南即指鄂豫区）。即使是在最艰苦的情况下，大家也坚持战斗在鄂豫区，没有一个县委和部队跑过淮河以北去。就这样，最艰苦的1948年3、4、5月过去了，全区仍然保持了十五六块相对稳定的小块根据地。

在艰苦的反"清剿"斗争中，鄂豫区的主要领导同志始终保持清醒的头脑，注意冷静地分析形势，在总结经验教训的基础上，一方面继续大力贯彻党的新区政策，团结一切可以团结的社会力量，以孤立、打击敌人；另一方面又着手调整组织和兵力部署，相对集中力量，提高机动应敌能力。1948年3月间，我们将刚从皖西调来的三十七团调到四分区，换出四分区的五十一团到五分区，加强被敌人重点进攻地区的力量。5月，根据敌我情况的变化，又调整了部分区域，新设了几个边界县，同时将县以下的小区合并成大区；依据各县情况分别设两至三个工委以及指挥部，将地方干部全部编入武工队。继之，又在各县武工队的基础上，组建了游击队、分区基干团和联县新编团，分别担负县内游击和在临界地区较大范围机动的任务。不久，军区还抽调五十三团（五分区武装）、五十五团（三分区武装）组成教导旅。这样一来，大大加强了全区机动作战的力量。在整个反"清剿"斗争中，我们坚决执行了邓小平同志的指示，始终坚持战斗，顶住并寻机歼灭敌人。例如：三分区部队于礼山以南的刘家集伏击敌人，毙敌鄂东战地观察小组少将组长刘心怡，俘敌少将副组长周齐稷，并迫使信义乡、柿子乡的乡、保武装全部向我缴械投降。四分区部队于罗（田）北滕家堡地区，歼敌正规军两个连，毙、俘150余敌人，缴步枪130余支，轻重机枪9挺，大大挫败了敌正规军的嚣张气焰。这一期间，我鄂豫区共歼敌3000余人。

为了进一步打击敌人，配合外线主力机动作战，8月下旬，我们鄂豫区党委在麻东祠堂铺召开了各地委书记、专员和分区司令员参加的区党委扩大会议。会议全面总结了前一时期武装斗争和执行政策方面的经验教训，正确分析和估计了形势，并讨论研究了下一段工作任务和措施。会议决定，在继续贯彻党的新政策的同时，进一步集中力量，多打胜仗，使我之小块隐蔽的根据地向大块公开根据地发展。会后，全军区部队开始由山地转向平原作战，在敌人薄弱的地区开展反攻，取得了不少胜利。10月19日，我们区党委发出了反击作战的指示，要求部队首先拓展北面地盘，巩固山区，进而打通与淮北的联系，并逐步向沿江发展。同时，军区集中部队主力攻打商城，敌五十八军新十师弃城逃走，区党委、军区、行署进驻商城。接着，一分区部队解放固始县城。从此，在大别山北麓形成大块解放区，并和淮河以北的豫皖苏解放区连成一片。为日后进行淮海战役和南下渡江作战创造了有利条件。淮海战役开始后，有一小股敌人自淮北向南逃跑，刘邓指示我们集中力量堵截消灭，可惜我们没有截到。对此，我们一直深感不安。淮海战役结束后，二野渡江向大西南进军。因开辟大西南新区工作的需要，段君毅、郭天民及原留大别山坚持的主力部队，奉命回归二野建制。以后鄂豫区的工作就由王树声、刘子厚负责了。

五

建立大军渡江作战的前进基地，保证大军顺利渡江，是大别山解放区肩负的光荣任务。淮海战役胜利结束之后，第二野战军四、五兵团，从淮北南下大别山区，进到长江北岸，第四野战军沿平汉铁路挺进到信阳地区，和二野、三野协同一致，准备南渡长江作战完成解放全中国的伟大历史使命。在这种形势下，我鄂豫区党委召开了扩大会议，部署全力支援大军渡江作战。会后，我们立即动员和组织全区军民，一方面进一步肃清境内残敌，一方面做好支前工作，建立大军渡江作战的前进基地。在"清剿"残敌的斗争中，我鄂豫区和各分区部队紧紧抓住大军南下的机会，组织强大的阵势，如秋风扫落叶一样横扫残敌。到1949年4月中旬，全区共歼灭残敌1980余人。由于大军迅速南进和鄂豫、皖西军区部队积极主动出击，长江沿岸除敌人最后盘踞的两三个孤立的据点外，其余据点全被拔掉。两区"清剿"残敌的胜利，既为大军渡江作战扫清了障碍，同时也更有利于解放区的支前工作。

为了保障大军胜利渡江，我鄂豫区在1949年2月成立了以王树声为司令员、刘子厚为第二司令员的支前司令部，负责指挥支前工作。区党委和支前司令部连续发出《鄂豫区支前司令部一号命令》《为紧急动员起来支援前线给各级党委的指示》等文件，要求各地紧急动员起来，在公路沿线和大军即将经过的地方设立支前站，大量准备修路、架桥器材和渡船，筹备各种急需物资，切实做好支前工作。在区党委和支前司令部的领导下，全区各地迅速掀起了以筹粮筹草为中心的支前工作热潮。据当时几个地方的初步统计，黄冈县（含新洲县）先后供应大军粮食 1000 万斤，柴草 3300 余万斤；蕲春县捐大米 229 万斤；罗山五里店一带群众每天给驻信阳我军运送粮食 50000 斤至 80000 斤，等等。广大群众不仅设法筹措了数千万斤的粮草，还为渡江部队准备了大批食盐和雨具。大别山人民为支援渡江作战，做出了巨大的贡献。

为创立大别山根据地和实现全国解放，无数革命志士无私地奉献了自己的鲜血和生命。今天，我们回顾这段光辉历史，既是对英烈们的深切悼念，也是为了激励自己奋进不息。

原载中共黄冈市委党史办公室等编：《鄂东解放斗争史》，中共党史出版社，1997 年，第 105 ～ 119 页。